인공지능 대전환(AX)과 법

AI Transformation & Law

이성엽

박영사

서문

우리는 지금 인공지능(AI)이 주도하는 인류 문명의 근본적인 변곡점, 즉 'AI 대전환(AX, Artificial Intelligence transformation)'의 시대를 살아가고 있습니다. AI 기술은 혁신의 속도를 가속화하며 산업과 사회의 경계를 허물고 있지만, 기존 법질서는 기술의 진보를 따라잡지 못하는 '법의 지체(Lag of Law)' 현상에 직면해 있습니다.

AI 기술은 이제 더 이상 하나의 산업적 도구나 디지털 편의성의 문제가 아닙니다. 그것은 사회가 스스로를 이해하는 방식, 인간이 자신과 기계와의 관계를 해석하는 방식, 국가가 미래를 설계하는 방식 자체를 재구성하는 힘이 되고 있습니다. AX는 기술혁신의 사건이 아니라, 우리가 어떤 사회를 만들 것인지에 대한 철학적 선택이자 법적 선택인 것입니다.

필자는 오랫동안 AI·데이터·통신·플랫폼 정책과 규제의 현장에 참가하면서, 기술의 속도와 법의 속도가 충돌할 때 발생하는 긴장과 가능성을 누구보다 가까이에서 경험해 왔습니다. 하지만 그 과정에서 더욱 절실하게 느낀 바는, 문제는 기술이나 법 자체가 아니라 기술을 이해하고 다루는 우리의 태도와 사유 방식이 중요하다는 것입니다.

우리가 AI를 어떻게 받아들이고 규정하느냐, 어떻게 활용할 것인가에 따라 규제는 억압이 될 수도, 촉진이 될 수도 있습니다. 우리가 데이터의 본질을 어떻게 파악하느냐에 따라 개인의 권리와 산업의 혁신은 상충할 수도, 조화될 수도 있는 것입니다. 플랫폼, 미디어, 통신, 거버넌스의 논쟁 또한 결국 기술과 법을 통해 사회를 어떻게 조직할 것인가라는 질문입니다.

구체적으로 본서는 다음과 같은 세 가지 문제의식을 담고 있습니다. 첫째, 법은 기술을 따라가는 것이 아니라, 기술이 만들어낼 사회의 모습에 선제적으로 응답해야 합니다. 위험 통제가 법의 본질이라고 이해되지만 나아가 혁신을 통한 사회 변화를 선도하는 인프라가 될 수 있어야 한다는 것입니다. 둘째, 혁신을 강조하면 권리 침해가 문제 되고, 권리를 강조하면 산업이 정체되고, 국가 개입을 강조하면 자유와 창의성이 훼손될 수 있습니다. 이러한 갈등을 제로섬의 함정이 아니라 새로운 조화를 설계할 기회라고 봐야 합니다. 법은 어느 한쪽의 승리를 목표로 하는 것이 아니라, 서로 다른 가치들이 충돌하지 않고 공진화(co-evolution)하도록 만드는 설계의 기술이 되어야 합니다. 셋째, 본서는 실현 가능성 없는 원론이 아닌 지금 한국이 실제로 선택해야 할 방향은 무엇인가라는 질문에 대한 답을 제시하고자 노력했습니다.

본서는 필자가 2021년부터 2025년까지 주요 일간지, 전문지 등의 기고 총 197편을 토대로 AX 시대의 법적 쟁점을 총 8개의 거대 주제로 나누어 입체적으로 다룹니다.

제1장은 AI 자체의 규제 방향을 집중적으로 분석하며, 생성형 AI를 둘러싼 데이터 이용, 경쟁 변화, 글로벌 규제 동향을 심도 있게 다룹니다. 제2장과 제3장은 디지털 경제의 근간인 데이터, 개인정보 활용과 보호, 그리고 글로벌 빅테크의 독점적 지위를 다루는 플랫폼 경쟁과 규제 이슈를 다룹니다. 제4장과 제5장에서는 리걸테크, 가상자산, 메타버스 등 디지털 신산업의 발전과 OTT, 6G 통신 등으로 재편되는 통신미디어산업의 법적 과제를 제시합니다. 제6장과 제7장은 다크패턴, 가짜뉴스 등으로부터 디지털 이용자의 권리를 어떻게 보호할 것인지와 사이버·정보보안의 법제적 과제를 논합니다. 마지막 제8장에서는 기술의 속도에 맞춰 행정과 법치가 어떻게 재정립되어야 하며, 혁신과 안보, 자유와 책임이 조화된 지속 가능한 디지털 국가 모델을 어떻게 구축할 것인지에 대한 통찰을 제공합니다.

본서의 출간을 기꺼이 지원해 주신 박영사 안종만 회장님, 안상준 대표님, 김한유 과장님과 편집을 위해 아낌없는 노력을 기울여 주신 최유라 님께 이 자리를 빌려 깊이 감사드립니다. 또한 칼럼 집필 기회를 주신 여러 언론사 관계자들께도

감사의 말씀을 드립니다.

개인적으로 『디지털 트랜스포메이션과 법』, 『AI 규제법』 이후 세 번째 단독 저서를 출간하게 된 점을 기쁘게 생각하며, 법조인의 꿈을 펼치기 위해 노력 중인 아이에게도 행운이 있기를 바라고 아이의 꿈을 열심히 응원하고 있는 아내에게도 감사를 표합니다.

본서는 AI 대전환 시대를 이끌어갈 정책 입안자, 법률 전문가, 관련 산업 종사자, 그리고 미래를 준비하는 대입 및 로스쿨 수험생 등 모든 독자에게 명확한 지도와 나침반이 되어줄 것입니다. 본서를 통해 모든 분들이 인공지능 대전환의 시대에 요구되는 법적 지혜를 함께 나누기를 기대합니다.

끝으로 위기에 처한 한국의 AI 3대 강국의 꿈이 실현되기를 간절히 바라며, 그 과정에서 법이 걸림돌이 아닌 디딤돌이 되기를 기대합니다.

감사합니다.

2025. 12.

고려대 연구실에서 저자 이성엽

차례

I 인공지능의 발전과 규제

III 플랫폼 경쟁과 규제

V 통신, 미디어 산업

Ⅷ AI, ICT 거버넌스와 균형국가

I

인공지능의 발전과 규제

1 AI 시대 인간에게 던져야 할 질문들

2022년 12월 1일 미국 스타트업 '오픈AI'가 ChatGPT(Chat Generative Pre-Trained Transformer)를 출시하면서, 사람의 언어를 이해하는 것은 물론이고 사람의 질문에 꼭 맞는 유용한 답을 내놓는 대화형 생성 AI 시대가 열리고 있다. 2016년 인간 바둑기사를 이긴 알파고의 충격 이후 6년 만이다.

일반적으로 인공지능(AI)은 인간의 학습 능력과 추론 능력, 지각 능력, 자연언어 이해 능력 등을 컴퓨터 프로그램으로 실현한 기술이지만, 생성형 AI는 패턴을 인식하고 예측하도록 설계된 기존 AI 시스템과 달리 대규모 데이터의 패턴을 자기지도학습(self-supervised learning)하여 명령어에 따라 새로운 텍스트, 코드, 이미지, 음악, 영상 등의 콘텐츠를 생성한다는 점에서 차원이 다르다.

이처럼 '창조' 능력을 지닌 생성형 AI가 범용인공지능(Artificial General Intelligence, AGI)으로 발전하고 있는 점도 주목된다. AGI는 인간처럼 종합적으로 사고·학습·추론하는 인공지능으로 텍스트 이해·생성, 자연어 처리, 이미지 분류, 예측, 추론 등 다양한 태스크를 동시에 처리하는 인간의 능력을 모방한다.

생성형 AI의 등장이 시사하는 바는, 인간의 고유 능력이라고 여겨지던 사고, 추론 등의 지적 능력을 기계인 인공지능도 발휘하는 것이 가능한 상황으로 접어들고 있다는 것이다. 인간만이 감정과 이성을 가진 유일한 존재로서 존엄성을 지닌다는 가정이 도전을 받기 시작한 것이다. 이렇듯 AI의 발전은 인류가 일구어온 생활에 가장 큰 영향을 미칠 것으로 보인다. AI 시대, 우리 인간은 어떤 질문을 하고 어떤 답을 준비해야 할까. 첫째 질문은 이것이다. 인간은 AI의 위험성을 통제하면서 투명하고 공정하며 신뢰 가능한 AI를 만들어 갈 수 있을 것인가? 생성형 AI의 위험성은 먼저 결과물의 진실성 문제, 즉 소위 환각(hallucination) 이슈다. 이는 생성형 AI가 사실과 다른 정보를 생성하거나 관련성이 없는 답변을 하는 것을 말한다. 이에 따라 생성형 AI의 결과물에는 오정보(misinformation)와 역정보(disinformation)가 발견되며, 이용자가 이를 그대로 수용하는 경우 막대한 피해를 초래할 수 있다. 의료나 법률 분야의 오정보는 특히 위험성이 높다. 또한 생성형 AI는 역정보 내지 허위조작 정보, 즉 가짜 뉴스를 만드는 데 이용될 수 있다. 또한 AI의 일반적 특성인 편향성도 문제가 될 수 있다. 편향된 데이터를 학습하거나 설계자의 개인적 편향으로 인해 편향된 결과물을 생성할 수 있다.

다음 위험성은 생성형 AI가 데이터를 학습하는 과정에서 저작권과 개인 정보를 침해할 가능성이다. 생성형 AI는 공개된 소스를 통해 얻은 데이터로 언어 모델을 훈련시켜 작동하는데, 이 데이터에 저작권이 설정되거나 개인 정보가 포함될 수 있다. 끝으로 생성형 AI를 오남용하는 문제이다. 누구나 쉽게 사이버 공격을 위해 생성형 AI를 이용해 다양한 악성 소프트웨어를 만들 수 있다. 나아가 AI를 이용한 드론 공격 등 AI가 살상용 무기로 사용될 가능성도 있다.

둘째 질문. 인간은 AI로 인한 일자리 대체 위협에 대처할 수 있을 것인가? 글로벌 투자은행인 골드만삭스는 최근 보고서에서 생성형 AI 발달로 미국과 EU의 일자리 4분의 1이 자동화할 것으로 봤다. 업종별로 보면 사무·행정 지원 근로자(46%), 법률(44%), 건축·공학(37%), 생명·사회과학(36%), 경영·금융(35%), 사회서비스(33%), 관리(32%), 판매(31%) 순으로 나타났는데, 상위권은 대부분 화이트칼라 업종이 차지했다.[1]

한편 미국 스탠퍼드대 인간중심 인공지능 연구소(Human-Centered AI Institute)는 다양한 분야에서 생성형 AI가 미칠 영향을 분석한 보고서를 발표했는데, 교육 문제에 대해 '진행 중인 재앙(disaster in the making)'이라는 표현을 사용해 다른 분야 대비 매우 비관적인 전망을 내놓았다. 새로운 자동 작성 도구로서 AI 활용은 전문적 환경에서는 성과를 향상시킬 수 있으나 교육 환경 등 특별

1 Jan Hatzius, Joseph Briggs, Devesh Kodnani, Giovanni Pierdomenico, The Potentially Large Effects of Artificial Intelligence on Economic Growth, Goldman Sachs, Global Investment Research, Global Economics Analyst, 26 March 2023,

한 고려 사항이 없는 곳에서는 창의력을 잠식할 수 있다는 데 큰 우려를 표시했다.[2]

셋째 질문. AI는 민주주의와 법치주의에 어떤 영향을 주며, AI가 민주주의와 법치주의에 기여할 방안을 만들 수 있을 것인가? 인공지능은 가족, 학연, 지연 등 인간이 가진 편견과 자의를 배제하여 공정하고 평등한 결정을 가능하게 한다. 이런 점에서 AI는 법치주의에 기여할 수 있다. 그러나 학습데이터 자체에 편향이 존재하는 경우, 알고리즘의 설계자나 운영자의 편향이 알고리즘에 반영되는 경우 등에는 인공지능의 공정성, 중립성도 기대하기 어렵다. 민주주의와의 관계는 어떨까. 누구나 쉽게 사용할 수 있는 생성형 AI는 AI 기술에 대한 접근성을 높이고 개인의 창작 능력을 확대한다는 점에서 민주주의에 기여한다. 다만, AI 활용 능력에 따른 개인 간 격차가 심화되면서 평등 원칙을 침해할 우려가 있다. 특히 인간의 지능을 넘어서는 초지능AI가 현실화될 경우, AI를 잘 활용하는 소수의 생산성이 극대화되며 양극화가 심화될 수 있다.

넷째 질문. 우리 인간은 AI의 위험성을 이해하고 장점을 이용함으로써 효율과 편익을 누릴 준비가 되어 있는가? 여기에서 중요한 것이 AI 리터러시(literacy) 함양을 위한 교육과 AI 윤리 교육이다. 미국 국가 인공지능자문위원회(NAIAC, National Artificial Intelligence Advisory Committee)에서는 AI 리터러시를 'AI 툴뿐 아니라 AI를 통한 결과물을 사용하고, 비판적으로 평가할 수 있는 역량' 으로 정의하고 있다. 즉 AI 리터러시란 AI를 이해하고, 비판적으로 수용하고, 능동적으로 활용하는 능력이다.

AI 윤리 교육은 다음과 같은 내용을 포함해야 할 것이다. 먼저 AI 기술 개발 및 활용 과정에서 발생할 수 있는 윤리적 문제점을 인식하고, 그 중요성을 깨닫도록 해야 한다. AI 윤리 원칙으로는 공정성, 투명성, 책임감, 인간 중심 등이 있다. 다음은 AI 편향에 대한 것으로, AI 개발자와 사용자가 데이터의 품질과 편향성을 인식하고 관리하는 능력을 키워야 한다. 다음으로 AI와 개인정보 보호에 대해 다루어야 한다. AI가 데이터를 수집하고 처리할 때 발생할 수 있는 프라이버시 침해 문제를 해결하기 위해 데이터 익명화, 데이터 최소화 등 개인정보 보호 대책을 세워야 한다. 또한 AI와 사회적 책임에 관해 다루어야 한다.

---

2 스탠퍼드대학교 HAI, "AI Index Report", 2024, https://aiindex.stanford.edu/report/

AI의 결정이 잘못되었을 때, 책임은 누구에게 있는가. AI 시스템의 개발자, 사용 주체, 혹은 시스템 자체에 책임을 묻는 문제가 제기된다. AI 윤리 교육에서는 책임의 범위와 주체를 명확히 하고, AI 시스템 설계 단계에서부터 책임성 있는 AI 개발을 강조해야 한다. AI를 활용하여 타인에 대한 명예훼손, 개인정보 침해, 성범죄 등이 발생할 경우, 엄격히 이용자 본인 책임임을 명심하고 이러한 행위로 나가지 않도록 도덕성을 함양할 수 있는 다양한 교육 수단을 활용해야 할 것이다.

끝으로, 앞의 질문들을 포괄하는 종국적 질문으로서 향후 인간과 AI는 공존할 수 있을까를 생각해 본다. 과연 AI를 인간의 통제하에 두고 인간에게 유용한 방향으로 사용되도록 할 수 있을까. 이 질문에 대한 답은 인간이 AI와 다른 강점을 계속 유지, 발전시켜야 한다는 명제와, 윤리와 법을 통한 AI 규제가 필요하다는 명제를 환기시킨다. 창의성, 예술성, 공감 능력, 전반적인 통찰력에서는 인간이 AI보다 우위에 있다고 보는 견해가 많으므로 인간은 이런 능력을 계속 갖출 수 있어야 한다. 그리고 기술 개발,산업 진흥 및 이로 인한 이용자 편익을 해하지 않는 범위 내에서 투명성, 공정성, 책임성, 안전성 있는 AI를 위한 법과 윤리가 마련되어야 할 것이다.

2 AI도 권리주체가 될 수 있을까

A씨는 자신이 키우던 반려견 두 마리를 B협회에 위탁하고 위탁료를 납부하였으나, B협회 측에서 위 반려견 두 마리를 다른 유기견으로 오인하고 안락사를 시켰다. 이를 알게 된 A씨는 B협회를 대상으로 자신의 정신적 고통에 대한 위자료를 청구하였고, 나아가 반려견 두 마리가 안락사를 당하였을 때 느꼈을 정신적 고통에 대한 위자료를 청구하면서 해당 위자료를 자신이 상속하였다고 주장했다. 이 사안에서 쟁점은 동물인 반려견이 위자료청구권이라는 권리의 주체가 될 수 있느냐 하는 것이었다.

이에 대해 대법원(2013. 4. 25. 선고 2012다118594 판결)은 "동물의 생명보호, 안전보장 및 복지증진을 꾀하고 동물의 생명존중 등 국민의 정서를 함양하는 데에 이바지함을 목적으로 한 동물보호법의 입법 취지나 그 규정 내용 등을 고려하더라도 민법이나 그 밖의 법률에 동물에 대하여 권리능력을 인정하는 규정이 없고 이를 인정하는 관습법도 존재하지 아니하므로, 동물 자체가 위자료 청구권의 귀속 주체가 된다고 할 수 없다. 비록 애완견은 감정을 지니고 있고, 고통을 느낄 수 있으며 때로는 가족공동체 일원으로서 취급받고 있다고 하더라도, 애완견 역시 법적으로는 물건에 불과하므로 애완견의 고통에 대한 위자료 청구권의 주체가 될 수 없다."고 판단했다. 현재로서는 동물은 물건에 해당한다는 판단이었다.

이와 관련 법무부는 2021년 7월 발표한 민법 일부 개정안에서 동물의 법적 지위를 신설했다. '동물은 물건이 아니다', '동물에 대해서는 법률에 특별한 규정이 있는 경우를 제외하고는 물건에 관한 규정을 준용한다'고 규정했다.[3] 반려동

3 이처럼 2021년 정부(법무부)가 민법 개정안을 발의하며 동물은 물건이 아님을 명시하려 했다. 그러나, 법원행정처의 신중 검토 의견 등 사실상 반대 의견이 제시되며 법안 논의가 지지부진해

물을 키우는 인구가 늘어나고 있고 이들이 이제는 인간과의 정서적 교감의 대상이 되는 시대 상황을 반영한 것이지만, 아직은 동물이 물건은 아니지만 물건으로 본다는 애매한 규정에 머물고 있다. 결론적으로 동물은 아직은 권리주체가 될 수 있는 자격, 즉 법인격(法人格)이 인정되지는 않는다.

민법상 법인격이 인정되는 것은 사람(人)과 법인(法人)뿐이다. 다만, 고대 노예에게는 법인격이 인정되지 않았으며, 외국에서는 동물과 같은 자연물뿐만 아니라 강(江)과 같은 환경, 즉 자연에도 사람과 유사한 법적 지위를 인정한 경우도 있다. 이처럼 법인격은 시대상을 반영하면서 법정책에 따라 달라질 수 있는 탄력적인 개념이라고 할 수 있다.

최근 동물의 법인격 논의와 유사한 이슈가 인공지능(AI), 로봇이 권리의무의 주체가 될 수 있는지 하는 것이다. 2018년 뉴욕의 크리스티 경매장에서는 오비어스라는 AI 화가가 그린 에드몽 드 벨라미의 초상이 43만 2500달러에 낙찰되는 등 이미 많은 분야에서 인공지능이 창작, 발명을 하고 있다. 그러나 기존의 저작권법, 특허법이 권리주체를 모두 인간으로 한정하고 있기 때문에 AI에게는 권리능력이 인정되지 않는다. 그렇다면 어떤 조건이 충족되는 경우 권리능력이 인정될 수 있을까.

첫째, 스스로 유효한 행위를 할 수 있는 의사능력과 행위능력이 있어야 한다. 사람은 스스로 자유롭게 행동하려는 욕구와 의지를 가지고 있으며 이에 따라 자율적인 사고와 행동을 한다. 이 점에서 보면 현재 수준의 AI는 제한된 범위 내에서 인간의 판단을 보조할 뿐 책임의 기초가 되는 인간의 자유의지나 합리성에는 이르지 못하고 있다.

둘째, 법인격 부여의 법정책적 필요성 내지 법적 편의가 있는지에 관한 것이다. 자연인이 아닌 단체에게 권리능력을 부여하는 법인(法人) 제도는 사회적 필요에 의해서 법정책적 결단으로 탄생한 것인데, AI에게도 이와 같은 이유로 법인격이 부여될 필요가 있을까. 근대에 이르러 회사·노동조합 등의 단체는 개인으로는 달성하지 못하는 사회적 기능을 담당하게 되었다. 단체는 다수의 개인에 의하여 구성되어 있으나, 사회적으로는 단일체로 행위하는 것으로 의식되고 있다. 여

지다가 결국 21대 국회 임기 만료로 법안은 폐기되었다.

기에서 법적으로 그 단체 자체에 권리능력을 부여하여 단체 자체를 권리의무의 귀속처가 되게 함으로써 개별 구성원을 초월한 단체의 독립성·단일성을 보장한 것이 법인 제도이다. 현재로서는 AI가 단일체로서 사회적 기능을 수행하고 있다고 보기 어렵다.

셋째, 사회 현실이 AI를 인격체로 받아들이고 있는지 여부이다. 반려견과 유사하게 이미 AI나 로봇에게 감정이입을 하는 경우가 발생하고 있다. 예컨대, 미국 로봇기업인 보스턴 다이내믹스는 로봇의 견고함을 보여줄 목적으로 로봇을 발로 차거나 막대기로 찌르는 동영상을 유튜브에 올렸는데, 일부에서는 이를 학대로 규정하면서 반대하기도 했다. 그러나 감정이입이 있다는 것만으로 인격을 부여하기에는 부족하다. 고대 로마나 중세 유럽에서는 신과 같은 초자연적 존재와의 공감대를 이유로 인격을 부여한 것과는 사정이 다르다고 볼 수 있다.

2017년 유럽의회는 AI에 '전자인(격)'이라는 법적 지위를 부여할 필요가 있다는 결의안을 통과시켰다.[4] 그러나 전문가들은 AI에 의한 피해 발생은 기존 법규로 해결할 수 있으며, 오히려 AI에 법인격을 부여하는 것은 로봇제조자가 책임을 회피하려는 의도라고 비판하였다. 결론적으로 아직은 AI에게 법인격을 부여하려는 시도는 타당성이 부족해 보인다. 다만, AI도 데이터를 활용하고 새로운 경험의 학습 등을 통하여 자신의 활동을 결정하고 나아가 인간과 같은 의식을 가질 수 있을 때, 즉 AI의 인간화가 진전되는 경우 AI에게 법인격을 부여하는 것이 가능할 수도 있을 것이다.

사람과 사람의 필요에 의해 만들어낸 법인이라는 존재 외에 AI에게도 법인격을 부여하고 이들과 더불어 살아가는 것이 과연 인간의 존엄과 가치를 해치는 것은 아닌지, 아니면 피할 수 없는 인간의 운명인지, 어떻게 AI를 통제하면서 인간의 이익을 위해 활용할 수 있을 것인지 등의 물음에 답해야 할 시기가 오고 있다.

---

4 European Parliament resolution of 16 February 2017 with recommendations to the Commission on Civil Law Rules on Robotics(2015/2103(INL)) 제59조 원문은 다음과 같다. In the longer term, the possibility of creating a specific legal status for robots in the form of an electronic person should be considered, at least for the most sophisticated autonomous robots, so that they could be responsible for making good any damage they may cause." 동 결의안도 권고사항으로만 남아 있으며, EU AI Act(2024) 에서는 법적 인격 부여는 명시적으로 제외되었다.

3 인공지능 발명에 대한 권리문제의 대안으로서 사용자주의 도입

2019년 11월 스티븐 탈러(Stephen Thaler) 박사는 본인이 개발한 인공지능 DABUS(Device for the Autonomous Bootstrapping of Unified Sentience)의 두 가지 발명을 유럽특허청을 포함해 국제특허 출원을 했다. DABUS는 다중 신경망을 연결함으로써 새로운 아이디어를 만들어냈는데, 그 아이디어는 가치 있으며 참신하다고 판단되는 주제를 발굴할 수 있었다. 탈러는 본인은 일반적인 정보만을 입력한 보조자의 역할을 했을 뿐이고, 인공지능인 DABUS가 이 정보에 기초하여 서로 다른 카테고리를 연결하고 필터링함으로써 두 가지 발명의 기술적 사상을 도출했다고 보고, DABUS를 발명자로 기재해 특허 출원을 한 것이었다.

이에 대해 영국 법원은 발명자는 자연인에 한정되므로 DABUS의 발명자 지위를 부정하였으나, 호주 법원은 DABUS의 발명자 지위를 인정했다. 영국과 같이 종래 세계 각국의 특허 당국은 발명자를 자연인으로만 해석하여, 인공지능 발명은 보호하지 않았는데 호주 법원의 판결은 달랐다.

그렇다면 인공지능 발명에 대한 권리를 효과적으로 보호함으로써 인공지능 발명을 촉진하면서도 현행법상 권리관계를 간명하게 해결하는 방법은 무엇일까. 이를 위해서 2단계 검토가 필요하다. 첫째, 인공지능에게 발명자 지위를 부여할 수 있을 것인가의 문제이다. 둘째, 인공지능에게 발명자 지위가 부여된다고 하더라도, 특허받을 수 있는 권리를 법인격이 없는 인공지능에게 귀속시킬 수 없는 문제는 어떻게 해결할 수 있을지에 관한 것이다.

첫째 이슈는 발명행위는 사실행위에 해당하는 점을 근거로 해결이 가능하다. 즉, 사실행위는 의사표시를 본질적 요소로 하는 법률행위와는 달리 의사의 표현을 본질적 요소로 하지 않는 행위이기 때문에 인공지능도 주체가 될 수 있다고 할 것이다. 마치 의사무능력자라도 사실행위의 주체가 될 수 있는 것과 유사하다.

둘째 이슈는 결국 법인격이 없는 인공지능이 수행한 발명에 대한 권리를 자연인이나 법인에게 어떻게 승계할 것인가가 이슈이다. 그런데 인공지능 발명의 형태는 인간의 지시나 관리에 의해 인공지능이 발명한 것이어서 외형상 발명진흥법에서 규정하고 있는 직무발명과 유사한 측면이 있다. 직무발명은 종업원 등이 업무범위 내에서 행한 발명은 발명자인 종업원 등에게 원시적으로 귀속하나, 사용자에게는 직무발명에 대한 일정한 권리를 부여하는 제도이다. 즉, 종업원이 개발한 직무발명을 사용자인 기업이 승계·소유하도록 하고, 종업원에게는 직무발명에 대한 정당한 보상을 해주는 제도이다.

인공지능이 발명자인 경우에도 직무발명의 법리를 적용할 수 있다. 다만, 발명진흥법 제10조 제1항 및 제13조상 예약승계 계약을 전제로 사용자 등이 특허받을 수 있는 권리를 승계하거나 무상의 통상실시권을 획득하는 규정이나, 발명진흥법 제15조 및 제16조상 직무발명에 대한 보상 규정은 성격상 계약 능력이 있는 자연인을 전제로 한 것이어서 법인격이 없어 계약 능력이 없는 인공지능에는 적용될 수 없는 문제가 있다.

다만, 이런 문제는 한국의 직무발명 법제가 발명자 주의를 채택하고 있어서 발생하는 것이다. 발명자주의는 자기 노동의 과실인 발명 또는 관념은 원시적으로 본인에게 귀속하므로 그 자신이 가질 자연권을 가진다는 자연권 사상에 기초하여 종업원이 행한 발명에 대해서도 민법 제655조의 고용계약의 원칙과는 별도로 예외적으로 봐야 한다는 입장이다. 즉, 발명은 발명자의 특별한 능력과 노력에 의해 비로소 이루어진 것이므로 발명에 관한 권리는 사용자가 아닌 발명자에게 속해야 한다고 한다. 다만, 종업원 발명에 대한 배타적 독점권을 취득할 권리는 발명을 이루게 된 사정과 사용자로부터의 요청하에 비로소 사용자에게 승계된다. 이에 반해 사용자주의는 고용계약의 원칙을 종업원이 행한 발명에 대해서도 동일하게 적용하고자 하는 것으로 종업원이 행한 발명을 고용계약의 목적, 즉 노무의 제공 그 자체로 보며, 종업원이 직무상 행한 발명은 모두가 당연히 사용자에게 귀속된다고 한다.

직무발명과 유사한 저작권법상 업무상 저작물에 대해서는 사용자주의 원칙이 도입되어 있다. "업무상저작물"이란 법인·단체 그 밖의 사용자의 기획하에 법인 등의 업무에 종사하는 자가 업무상 작성하는 저작물로 법인 등의 명의로 공표되는 업무상저작물의 저작자는 계약 또는 근무규칙 등에 달리 정한 것이 없는 경우에는 그 법인 등이 저작자가 된다. 권리 귀속과 관련 발명자주의를 채택하는 직무발명과 상이하게 업무상저작물은 사용자주의를 채택하여 예약승계 없이 사용자가 업무상저작물에 대한 권리를 원시 취득할 수 있는 것이다.

인공지능 발명에도 업무상 저작물에 대한 사용자주의의 도입을 검토할 필요가 있다. 즉, 종업원과 유사한 지위 또는 형태를 가지는 인공지능이 수행한 발명에 대해서도 별도 계약이나 사용자가 부담해야 하는 의무 없이 특허를 받을 수 있는 권리를 원시적으로 사용자에게 귀속시키는 사용자주의를 도입함으로써, 현행 인공지능의 계약 능력과 인공지능에 대한 보상을 요구하는 현행 직무발명 법제와의 모순을 해결할 수 있을 것이다.

종국적으로는 발명진흥법을 개정할 필요가 있다. 인공지능이 관여하는 발명 중 종업원이 발명 계획을 세우고 구체적인 발명을 실행할 때 인공지능을 보조적으로 활용하는 경우나, 종업원이 발명 계획을 세우고 구체적인 발명의 실행을 인공지능에게 지시한 경우에는 기존의 직무발명 법제를 이용하여 종업원의 보호라는 발명자주의의 이점을 유지할 필요가 있다. 다만, 인공지능 스스로 발명 계획을 세우고 구체적인 발명의 실행을 인공지능이 단독으로 완수하는 경우에는 사용자주의를 도입하여 인공지능 발명의 특허받을 수 있는 권리를 사용자가 당연 승계하도록 하는 것이 타당할 것이다.[5]

---

5 위 글은 전영관, 이성엽, 「직무상 인공지능 발명에 대한 사용자주의 도입에 관한 시론적 연구」, 서울대 법학연구소 『경제규제와 법』, 제15권 제1호, 2022. 5 참조.

4 인공지능 영향평가 어떻게 해야 하나

나날이 발전하는 인공지능 기술이 이제 우리 일상으로 점점 파고들고 있다. 인공지능 로봇이 식당에서 서빙을 하거나 청소를 하는 것은 물론 그림을 그리기도 하고 챗봇은 무료한 일상에 말벗이 되어주기도 한다. 산업적으로도 AI 활용은 산업 전반의 생산성을 제고할 것으로 예상된다. 예컨대 국내 금융분야는 AI 활용 초기단계이지만 로보어드바이저, 챗봇, 상품추천, 이상거래탐지, 신용평가 및 여신심사 등에서 활용되고 있는데, 향후 금융산업의 디지털 전환 및 생산성 혁신을 이끄는 핵심기술로서 금융산업의 지형을 근본적으로 변화시킬 것으로 보인다.

이러한 AI가 가지는 사회경제적 파급효과가 두려운 이유 중 하나는 언젠가 AI가 사실판단의 영역을 넘어서는 가치판단에서도 인간을 능가하지 않을까 하는 것이다. 이러한 예상되는 위험을 사전에 방지하기 위해 도입이 검토되는 것이 인공지능 영향평가(impact assessment)이다. 일반적으로 영향평가라 함은 신규 기술, 비즈니스 등이 도입되면서 발생하는 위험, 부작용 등을 사전에 평가하여 이에 대한 개선안을 강구하는 과정이라고 할 수 있다. 이미 교통영향평가, 규제영향평가, 환경영향평가, 개인정보영향평가 등 다수의 영향평가제도가 도입되어 있다.

2021년 11월 채택된 유엔 산하기구인 UNESCO의 AI 윤리권고안에서도 인공지능 윤리영향 평가를 권고하고 있다. 이에 따르면 AI 윤리영향 평가의 목적은 AI 시스템의 혜택, 우려 및 위험을 식별·평가하고 적절한 위험 예방, 완화, 모니터링 조치를 개발하기 위한 것이다. 이러한 영향평가는 소외계층, 취약계층 혹은 취약한 상황에 노출된 개인의 권리, 근로권, 환경 및 생태계, 윤리·사회적 의미와 같이 인권 및 기본 자유에 영향을 미치는 요소를 식별하고, 본 권고안에 제시된 가치 및 원칙을 따라 시민 참여를 촉진해야 한다고 규정하고 있다.

주요 내용을 보면 다음과 같다. 첫째, 회원국은 AI 시스템이 빈곤에 미치는 사회경제적 영향을 평가하고, 국내 그리고 국가 간 빈부 격차와 정보 격차에 따른 갭이 현재와 미래에 대규모로 도입될 AI 기술로 인해 심화되지 않도록 해야 한다. 둘째, 인권에 대한 잠재적 위협으로 식별된 AI 시스템의 경우 시장에 출시되기 전 AI 행위자들에 의해 윤리영향평가의 일환으로 광범위한 테스트를 거쳐야 한다. 셋째, 회원국과 비즈니스 기업은 AI 시스템 수명주기의 모든 단계를 모니터링하기 위해 의사결정에 사용된 알고리즘, 데이터, 관계된 AI 행위자의 모니터링과 같은 적절한 조치를 시행해야 한다. 특히, 최종 사용자와의 상호작용이 필요한 공공 서비스의 경우 윤리영향평가의 일환으로 이러한 조치가 이뤄져야 한다.

한국의 경우에도 지능정보화기본법 제56조에서 인공지능 서비스의 사회적 영향평가를 도입하고 있다. 국가 및 지방자치단체는 국민의 생활에 파급력이 큰 지능정보서비스 등의 활용과 확산이 사회·경제·문화 및 국민의 일상생활 등에 미치는 영향에 대하여 지능정보서비스 등의 안전성 및 신뢰성, 정보격차 해소, 사생활 보호, 지능정보사회윤리 등 정보문화에 미치는 영향, 고용·노동, 공정거래, 산업 구조, 이용자 권익 등 사회·경제에 미치는 영향, 정보보호에 미치는 영향에 대한 사항을 조사·평가할 수 있도록 하고 있다.

국가인권위원회도 2022년 5월 11일 인공지능 개발과 활용 과정에서 발생할 수 있는 인권침해와 차별을 방지하기 위하여 '인공지능 개발과 활용에 관한 인권 가이드라인'을 마련하였는데, 그 내용 중 AI 인권영향평가가 포함되어 있다. 즉, 국가는 인공지능 개발 및 활용과 관련하여 인권침해나 차별이 발생할 가능성을 고려한 인권영향 평가제도를 마련하고, 평가 결과 부정적 영향이나 위험성이 드러난 경우 이를 방지할 수 있는 조치사항을 적용하며 그 내용을 공개하여야 한다고 규정하고 있다.

이처럼 AI 영향평가가 윤리, 서비스, 인권. 기술 측면 등에서 속속 도입되고 있지만 실제 시행까지는 상당한 난항이 예상된다. 첫째, 영향평가가 가져올 혁신에 대한 부작용을 고려하면 이를 의무적 사항으로 제도화하는 것에는 신중할 필요가 있다. 이에 따라 현재까지 논의는 권고나 가이드라인 등 연성규범의 형태를 띠고 있다. 둘째, AI 영향평가를 제도화하는 경우에도 대상, 절차, 평가방법, 운영방법을 어떻게 할 것인지, 영향평가 결과를 어떻게 활용할 것인지, 즉 어떤 조치를 하도록 할 것인지에 대한 논의도 쉽지 않다. 사회적 파급효과가 큰 공공부문에 먼저 도입하는 방안이 유력하지만, 대기업과 중소기업, 국내기업과 글로벌기업을 어떻게 차별화할 것인지도 과제이다. 셋째, AI 윤리영향 평가의 경우 윤리를 법적으로 제도화한다는 것 자체가 자기모순으로 자칫하면 윤리의 범규범화를 초래할 우려가 있다는 점을 유의해야 할 것이다. 또한 윤리라는 것이 속성상 역사적, 지역적 고유성을 지닌다는 점을 고려하면 유네스코 권고의 실효성이 높다고 하기도 어렵다.

결국 AI 영향평가는 제도 자체의 순수성에도 불구하고 기업들에게 강력한 사전규제로 작용할 가능성이 있다는 점을 고려해 공공부문 우선 도입 원칙, 연성규범을 통한 자율규제 원칙, 광범위한 사회적 공론화와 합의 원칙을 준수하면서 진행하는 것이 타당할 것이다.[6]

6 EU AI act에 따르면 고위험 AI를 배포하는 사용자(Deployer)는 시스템 사용 전 기본권 영향평가를 수행해야 한다. 한국의 AI 기본법은 고영향 인공지능 또는 이를 이용한 제품·서비스를 제공하는 사업자는 사전에 사람의 기본권에 대한 영향평가를 받기 위하여 노력하여야 한다고 규정하고 있다 (제35조). EU AI Act의 강제적인 '의무(Obligation)'와 달리, 법적 처벌을 수반하는 직접적인 의무가 아닌 자율적인 이행을 권장하는 '노력 의무'를 규정하고 있다.

5 생성형 AI에 대한 규제 필요한가

2022년 11월 출시된 오픈AI의 생성형(Generative) AI인 챗GPT가 폭발적으로 보급되면서 AI의 위험성을 규제해야 한다는 논의가 이어지고 있다. 202년 3월 말에는 일론 머스크 테슬라 최고경영자, 애플 공동창업자 스티브 워즈니악, 베스트셀러 작가 유발 하라리 등 AI 석학 1,000여명이 독립적인 외부 전문가가 감독하는 안전 프로토콜을 개발할 때까지 모든 AI 연구실에서 GPT-4보다 강력한 AI 개발을 최소 6개월간 중단할 것으로 요청했다. 특이하게도 오픈AI는 물론 이에 투자한 마이크로소프트도 규제가 필요하다는 입장이라는 점이다.

일론 머스크 등이 오픈AI에 대한 견제 차원에서 기술개발 중단을 요청한 것이라는 분석도 있지만, 피규제자인 오픈AI마저 규제 필요성을 인정하는 것을 보면 예상보다 생성형 AI의 발전속도가 빠르다는 것과 생성형 AI의 성능과 인류에 대한 영향이 지대하는 것에 대해서는 공감대가 이루어진 것이라고 할 수 있다. 그렇다면 과연 AI에 대한 규제는 왜 필요한 것일까.

가장 큰 문제는 생성형 AI의 결과물의 진실성의 문제, 즉 소위 환각(hallucination) 이슈이다. 이는 생성형 AI가 사실과는 다른 정보를 생성하거나 관련성이 없는 답변을 하는 것을 말한다. 이는 생성형 AI의 특성인 대규모 언어 모델(Large Language Model)에서 발생하는 것인데, 통계적으로 확률이 높은 단어를 연쇄적으로 생성해가는 작동원리가 그 원인이 된다.

이에 따라 생성형 AI의 결과물에는 오정보(misinformation)와 역정보(disinformation)가 다수 발견되며, 이용자가 이를 그대로 수용하는 경우 막대한 피해가 생길 수 있다. 의료나 법률 분야의 오정보는 특히 위험성이 높다. 또한 생성형 AI는 역정보 내지 허위조작 정보, 즉, 가짜 뉴스를 만드는 데 이용될 수 있다. 정치인, 공무원, 연예인 등 공개된 정보가 많은 경우 그럴 위험성이 높다. 또한 AI의 일반적 특성인 편향성도 문제가 될 수 있다. 대규모 언어모델도 편향된 데이터를 학습하거나 설계자의 개인적 편향으로 인해 편향된 결과물이 생성될 수 있다.

둘째, 생성형 AI가 데이터를 학습하는 과정에서 저작권과 개인정보를 침해할 가능성이다. 생성형 AI는 웹 스크랩핑, 오픈소스 저장소 마이닝 등을 통해 얻은 데이터로 언어모델을 훈련시켜 작동하는데, 이 데이터에 저작권이 설정된 데이터나 개인정보가 포함될 수 있다. 저작권이 없더라도 생성형 AI가 저작물을 학습용 데이터로 이용할 수 있는지, 공개된 개인정보의 경우 정보주체의 동의 없이도 이용 가능한 것인지가 쟁점이다. 미국에서는 이미지 도용을 원인으로 생성형 AI에 대한 소송이 진행되고 있으며, 이탈리아 데이터보호청은 챗GPT의 개인정보 유출과 무단 이용을 이유로 잠정적으로 접속을 중단했다.

셋째, 고용과 교육에 미질 영향이나. 글로벌 투자은행(IB)인 골드만삭스는 최근 보고서에서 생성형 AI 발달로 미국과 EU의 일자리의 4분의 1이 자동화될 것으로 봤다. 업종별로 보면 사무·행정 지원 근로자(46%), 법률(44%), 건축·공학(37%), 생명·사회과학(36%), 경영·금융(35%), 사회 서비스(33%), 관리(32%), 판매(31%) 순으로 나타났는데, 상위권은 대부분 화이트칼라 업종이 차지했다. 한편 미국 스탠퍼드대 인간중심 인공지능연구소(Human-Centered AI Institute)는 다양한 분야에서 생성형 AI가 미칠 영향을 분석한 보고서를 발표했는데. 교육 문제에 대해 '진행 중인 재앙(disaster in the making)'이라는 표현을 사용해 다른 분야 대비 매우 비관적인 전망을 했다. 새로운 자동 작성 도구로서 AI 활용은 전문적인 환경에서는 성과를 향상시킬 수 있으나 교육 환경 등 특별한 고려 사항이 없는 곳에서는 창의력을 잠식할 수 있다는 것에 대해 큰 우려를 표시했다.

넷째, 생성형 AI를 오남용하는 문제이다. 우선 사이버 공격에 생성형 AI를 이용하는 경우이다. 누구나 쉽게 사이버 공격을 위해 생성형 AI를 이용해 다양한 악성소프트웨어를 만들 수 있다. 또 사용자가 영업비밀 또는 개인정보를 생성형 AI에 입력하면 이들이 유출될 우려가 있다. 이미 일부 기업은 이미 생성형 AI 사용 시 영업비밀이나 개인정보를 입력하지 말도록 가이드를 만들어 시행하고 있다.

다섯째, 챗GPT 안에 외부 서비스를 모아 기능을 높이는 일종의 추가 확장 소프트웨어를 지칭하는 플러그인 기능은 마치 애플과 안드로이드 앱 생태계처럼 별도의 챗GPT 생태계를 구축하면서 AI 플랫폼 독점, 기술·데이터 종속 문제를 발생시킬 수 있다. 또한 AI를 이용할 수 있는 계층, 국가와 그렇지 못한 계층, 국가 간 소외, 불평등도 심화될 수 있다.

이런 이슈들에 대해, 규제받지 않는 AI는 인류에게 위협이 될 것이기 때문에 통제할 수 없는 상황이 오기 전에 미리 규제 논의를 서둘러야 한다는 입장과 이는 과도한 우려에 불과하며 AI 개발을 진행하면서 부작용을 최소화하려는 것으로 충분하다는 입장이 대립하고 있다.

전자의 입장에서 EU, 미국, 한국 등은 AI 규제 입법을 시도하고 있다. 대부분 고위험 AI에 대해 사전 고지, 영향평가, 신뢰성과 안전성 조치의무 등 사전적 규제를 포함하고 있는 것이 특징이다. 다만, 제기된 이슈들은 이미 플랫폼, 데이터 경제 시대에도 존재하던 것으로 사전적, 사후적 정책적 대응이 필요한 것이지 반드시 사전적 규제가 필요하다고 보기는 어려운 것들이다. 아직 EU를 제외하면 플랫폼에 대해서도 규제입법이 가시화되지 않고 있다.

오히려 기술 진보를 사전적으로 예측하고 선제적으로 법제를 도입하는 것은 자칫하면 현실적 집행이 곤란한 규제를 양산할 수 있으며, 기술 혁신으로 인한 편익을 저해할 수도 있다. 사전 규제, 사후 규제, 정부 규제, 자율규제 등 다양한 규제방식 중에서 기술 진보에 유용하게 대응하면서 사회적 위험을 최소화할 수 있는 유연하고 탄력적인 방식을 채택할 필요가 있다.

스탠퍼드 연구소의 의견대로 생성 AI 모델이 산업과 사회, 우리 삶에 미치는 영향은 매우 클 것이다. 한편으로는 인간의 노동력을 보완하여, 우리 삶이 더 생산적이고 창의적일 수 있도록 할 것이나, 다른 한편으로는 우리의 편견을 강화시키거나, 정보에 대한 신뢰를 떨어뜨릴 수 있다. 결국 기술의 양면성은 보편적인 것이며 어떻게 기술을 인간에 유용하게 사용할 것이냐가 중요한 것이다. AI가 인간을 대체하는 것에 대해서도 적절한 대응이 필요하지만, AI를 이용하지 않는 자가 이용하는 자에 의해 대체될 가능성에 대해서도 유의해야 할 것이다.

6 생성형 AI에서 데이터 이용의 과제

생성형 AI는 문장을 생성(Generative)하는 모델로서 사전학습(Pre-trained)을 통해 훈련을 받았으며, 트랜스포머(Transformer)라는 구조에 기반한 인공지능 언어모델이다. 생성이란 문장을 사람처럼 만들어낸다는 것이고, 사전학습이란 많은 데이터를 사전에 습득했다는 것이며, 트랜스포머란 단어 간 연관성 파악이 가능한 혁신적인 심층신경망이라는 것이다.

이처럼 생성형 AI의 특성 중 하나는 인터넷에 공개된 대규모의 데이터를 학습한다는 점이다. 크롤링 등의 방식으로 대규모 데이터를 수집하거나 공개된 데이터를 데이터셋으로 구축하여 지속적으로 학습을 한다. 그런데 문제는 이 과정에서 필연적으로 데이터의 법적 특성에 따라서는 데이터 이용이 적법한 것인지 여부가 이슈가 된다는 것이다.

데이터란 존재형식을 불문하고 타 데이터와 상관관계가 없는 가공하기 전의 순수한 수치나 기호를 의미한다. 이런 데이터 중 일부는 특별한 법적 보호를 받는다. 대표적인 것으로 개인식별성을 지닌 개인데이터의 경우 프라이버시 보호를 위해 개인정보보호법 등 특별법에 의한 보호를 받는다. 또한 인간의 사상과 감정을 표현한 창작성이 있는 데이터는 저작권법의 보호를 받는다. 그 외에도 영업비밀 등에 해당하는 데이터는 부정경쟁방지 및 영업비밀보호에 관한 법률, 데이터 자산에 대해서는 데이터산업진흥 및 이용촉진에 관한 기본법, 산업데이터에 대해서는 산업디지털전환촉진법의 보호를 받는다.[7]

생성형 AI 모델에서 데이터의 이용 관계 이슈는 주로 학습대상 데이터에 저작

7 이상 상세내용은 이성엽 편, 이성엽 편, 『데이터와 법』 제2전정판, 박영사. 2025년 참조.

권이 설정된 경우와 학습대상 데이터가 개인정보인 경우에 발생한다. 원칙적으로는 두 경우 각각 저작권자와 정보주체의 사용허락을 받아야만 적법한 사용이 되지만, 이를 그대로 적용하는 경우 AI 개발이나 서비스 제공이 불가능하므로 이에 관한 예외를 인정하기 위한 논의가 진행 중이다. 그 외 데이터 이용관계 이슈로는 데이터 크롤링 등이 부정경쟁행위에 해당하는 경우가 있다.

먼저 저작권 관련 이슈인데, 저작권법의 예외를 인정받기 위해서 두 가지 법이론이 있다. 첫째, TDM(Text and Data Mining) 면책규정이다. 이는 정보분석 등의 목적으로 AI가 데이터를 이용하는 경우에는 저작권자의 저작물을 인공지능 학습용 데이터로 사용할 수 있도록 하자는 것이다. 이미 EU, 영국, 일본 저작권법에 도입되어 있다.

한국은 저작권법 개정안이 제안된 상태이다. 저작권법 개정안에는 컴퓨터를 이용한 자동화 분석기술을 통해 다수의 저작물을 포함한 대량의 정보를 해석(패턴, 트렌드, 상관관계 등의 정보를 추출하는 것)함으로써 추가적인 정보 또는 가치를 생성하기 위한 것으로, 저작물에 표현된 사상이나 감정을 향유하지 아니하는 경우에는 필요한 한도 안에서 저작물을 복제·전송할 수 있다고 규정하고 있다. AI는 통계적 특성을 학습하는 것일 뿐 인간과 같이 사상과 감정을 향유하기 위한 목적이 없기 때문에 저작권법 위반 책임을 물은 이유가 없다는 점을 분명히 하고 있는 것이다. 다만, 여전히 창작자 단체를 중심으로 동 입법에 반대의견이 있으며, 나아가 보상금이나 기금 조성 등이 필요하다는 의견이 있어 입법까지는 난항이 예상된다.

두 번째 법이론은 공정이용(fair use)이다. 공정이용은 형식적으로는 저작물의 복제 등 저작권 침해행위에 해당하더라도 저작권법의 궁극적인 목적인 '문화의 향상발전'이라는 목표에 비추어 허용되는 행위를 말한다. 이는 기술 발달과 저작물 이용환경의 변화로 다양한 형태의 저작물 이용이 나타나고 있어, 기존의 제한적 면책규정으로는 다양한 이용형태를 둘러싼 이해관계자의 입장을 조정하는 데 한계가 있으므로, 저작권 제한사유를 포괄할 수 있는 일반규정을 둘 필요성이 있다는 의견에 따라 도입되었다.

한국의 저작권은 저작물의 통상적인 이용 방법과 충돌하지 아니하고 저작자의 정당한 이익을 부당하게 해치지 아니하는 경우에는 이용의 목적 및 성격, 저작물의 종류 및 용도, 이용된 부분이 저작물 전체에서 차지하는 비중과 그 중요성, 저작물의 이용이 그 저작물의 현재 시장 또는 잠재적인 시장 또는 가치에 미치는 영향을 고려하여 공정이용 여부를 결정하도록 하고 있다. 미국 저작권법의 경우에도 공정이용에 해당하는지 여부는 상업 또는 비영리 교육 목적 등 이용의 성격, 저작물의 성격, 저작물을 사용한 정도의 양 또는 상당성, 저작물의 사용이 저작물의 잠재적 시장 또는 가치에 미치는 영향을 분석하여 결정된다.

아직 AI의 학습데이터 이용에 대해 공정이용 여부를 결정한 판결은 없지만, 구글 북스 사례를 참고할 수 있다. 2016년 4월 18일 미국 연방대법원은 이용자에게 도서 검색의 편의를 제공하는 한편 도서 내용의 일부를 공개하는 구글의 도서 디지털 변환 프로젝트인 구글 북스가 공정이용에 해당된다고 판단하여 10년간의 저작권 침해소송을 마무리 시있다. 법원은 구글 북스의 목적이 독자, 연구자 등에게 도서 검색의 편의를 제공하는데 있다는 점, 소설에 비해 저작권 보호의 필요성이 크지 않은 비소설이 디지털 변환의 주요 대상이라는 점, 도서의 일부만을 열람할 수 있다는 점, 구글 북스가 도서 가치의 재발견에 기여할 수 있다는 점 등을 이유로 공정이용에 해당한다고 판단했다.

최근 챗GPT가 뉴스기사를 학습데이터로 사용한 것에 대해 저작권 위반이 아니냐는 논란이 미국 내에서 일어나고 있는데, 미국 언론사가 ChatGPT를 뉴스저작권 위반으로 제소한 상황에서 향후 법원의 공정이용 여부 판단이 주목된다. 한국도 TDM(Text and Data Mining) 면책규정 도입 전까지는 공정이용 조항의 이용을 고려할 수 있을 것이다.

둘째 이슈는 공개된 데이터에 개인정보가 포함된 경우이다. 즉, 생성형 AI가 인터넷상 성명과 함께 이미 공개되어 있는 사진이나 동영상 등 개인정보를 수집하는 경우, 정보주체의 동의 없이 그러한 개인정보를 수집하는 것이 적법한지에 대한 것이다. 당초 데이터산업법 초안에는 AI 학습데이터가 개인정보인 경우에는 정보주체의 동의를 받아야 하지만, 개인정보처리자의 정당한 이익을 달성하기 위하여 필요한 경우로서 명백하게 정보주체의 권리보다 우선하는 경우, 법령에 따라 공시되거나 공개된 데이터, 출판물이나 방송매체 또는 공공기관의 인터넷 홈페이지 등의 매체를 통하여 공시 또는 공개된 정보, 정보주체가 스스로 사회관계망서비스 등에 직접 또는 제3자를 통하여 공개한 데이터의 경우에는 동의 없이 이용할 수 있도록 했었다.

그동안 공개된 정보의 이용에 대해서는 개인정보보호법상 명문의 규정이 없어 혼란이 있었으나, 2016년 로앤비 사건에서 대법원이 "이미 공개된 개인정보를 정보주체의 동의가 있었다고 객관적으로 인정되는 범위내에서 수집·이용·제공 등 처리를 할 때에는 정보주체의 별도의 동의는 불필요하다"고 판시함으로써 기준이 제시되었고 이후 2020년 8월부터 시행된 신용정보법은 같은 취지로 조문을 입법화하기에 이르렀다.

이러한 판례나 법령을 따를 때 AI의 데이터 학습과정에서 공개된 개인정보의 수집, 이용은 동의 없이 가능하다고 할 수 있으나, 비금융 분야에도 이를 입법화를 검토할 필요가 있다고 할 것이다. 생성형 AI가 개인정보를 수집하는 경우 인간과 달리 개인식별성이라는 목적을 가지지 않는다는 점도 고려할 필요가 있을 것이다.

셋째, 크롤링 이슈이다. 크롤링이란 웹사이트에서 공개된 데이터를 수집하는 행위로, 크롤러(crawler)라는 소프트웨어를 이용하여 웹사이트에서 자동으로 대량의 데이터를 복제·수집한다. 크롤링은 정보통신망법상 정보통신망침해, 저작권법상 데이터베이스권 침해, 부정경쟁방지법상 성과도용 등에 해당할 가능성이 있다. 숙박플랫폼 간의 크롤링 이슈와 관련해 대법원은 형사이슈에 대해서는 정보통신망법상 정보통신망침해, 저작권법상 데이터베이스권 침해에 대해 무죄를 선고했지만,[8] 민사 손해배상 이슈에 대해서는 상당한 비용과 시간을 들여서 수집·분류·갱신한 숙박업소 정보를 무단으로 복제한 것은, 공정한 상거래 관행이나 경쟁질서에 반하는 방법으로 경제적 이익을 침해한 것으로 보고 손해배상을 명했다.[9]

한편 위 판결 이후 신설된 부정경쟁방지법상 데이터자산의 부정사용 등 행위에 관한 사항(동법 제12조 제3항)에서는 보호되는 데이터를 "데이터 산업법 제2조

8 대법원 2022. 5. 12. 선고 2021도1533 판결.

9 서울고등법원 2022. 8. 25. 선고 2021나2034740 판결.

제1호에 따른 데이터 중 업(業)으로서 특정인 또는 특정 다수에게 제공되는 것으로, 전자적 방법으로 상당량 축적·관리되고 있으며, 비밀로서 관리되고 있지 아니한 기술상 또는 영업상의 정보"에 한정함에 따라 불특정 다수에게 공개된 데이터에 대한 크롤링은 부정경쟁방지법 위반이 아닐 가능성이 높아졌다. 결국 AI에 의한 데이터 크롤링의 경우 법적 리스크가 감소했다고 볼 수 있다.

AI는 대량의 데이터를 수집, 분석해야만 타당한 결과를 도출한다는 점에서 데이터가 없거나 부족한 경우 제 기능을 발휘할 수 없다. 저작권을 보호함으로써 창작 의욕을 고취하고 개인정보를 보호함으로써 인간의 존엄성을 지키는 것이 중요하지만, AI의 기능과 효용에 필수적인 면책규정도 도입함으로써 AI가 인간에게 유용한 도구의 역할을 할 수 있도록 할 필요가 있다.

정부도 지난 2023년 4월 초거대 AI 경쟁력 강화방안을 발표하면서 저작물의 학습용 데이터 활용, 비정형데이터 가명처리 기준 마련, 재현데이터 활용 확대, 적극적으로 공개한 자기 개인정보의 AI 학습용 데이터 활용 허용 등을 통해 AI 학습용 데이터 활용을 제고할 수 있는 방안 등을 논의하기 위해 인공지능 법제정비단을 운영하기로 했는바 가시적인 성과를 기대한다.

7 생성형 AI로 인한 법률 시장의 변화

2022년 11월 대화형, 생성형 AI인 챗GPT 등장 이후 여러 산업의 변화가 예상되지만, 특히 큰 변화를 겪을 것으로 예상되는 분야가 법률산업이다. 이와 관련하여, 생성형 AI가 법률업무를 획기적으로 바꿀 것이라는 영국의 시사주간지 이코노미스트의 보도가 눈길을 끈다.[10] 이에 따르면 변호사는 준비성, 현명함, 선례에 대한 존중으로 보상받는 보수적인 집단이라고 전제한다. 이에 따라 변호사는 실사(due diligence), 연구 및 데이터 분석 등 문서를 면밀히 조사하는 데 엄청난 시간을 할애하는데, 이는 이미 AI가 변호사보다 더 잘할 수 있음이 입증되었고, 생성형 AI는 키워드 검색을 없애고 직접 답변을 하는 등 더욱 강력한 도구가 되었다고 한다. 이제 변호사들이 법률 검색사이트인 Westlaw, LexisNexis를 찾는 대신 한 번의 클릭으로 법적 결론을 내릴 수 있게 되었다는 것이다.

또한 이코노미스트는 3가지 방법으로 법률업무의 변화를 예상하였다. 첫째, 생성형 AI가 대형 로펌의 인력 우위를 떨어트린다고 보았다. 대형 로펌은 복잡한 사건에 대해 많은 변호사를 투입해서 사건에 대응하는데, 이제 소형 로펌도 수백만 페이지의 문서를 AI에 업로드하고 검토할 수 있게 된다는 것이다. 대형 로펌보다 소형 전문 로펌이 소송 실무에서 경쟁력을 가지게 될 것이라고 전망했다. 둘째, AI가 로펌의 수익체계를 바꿀 수 있다고 봤다. 현재는 변호사들이 상담과 법률자문 등에 투입한 시간에 따라 보수를 청구하지만, 이제는 법률업무를 몇 초만에 처리하는 AI로 인해 정액제 방식으로 변경하거나, 아니면 AI 사용의 대가로

10 Generative AI could radically alter the practice of law – (https://www.economist.com/business/2023/06/06/generative-ai-could-radically-alter-the-practice-of-law)

기술료를 청구할 수도 있을 것이라는 주장이다.

끝으로 변호사 수요도 달라진다고 보았다. AI가 20초 안에 12명의 고용변호사가 각각 50시간이 걸리는 작업을 수행할 수 있다면 왜 대형 로펌은 수십 명의 고용변호사를 둘 필요가 있을지 의문을 제기하고, 현재 대형 로펌에서 고용변호사와 파트너의 비율이 7대 1 수준을 유지하고 있는데, 이 비율이 동등해질 수 있다고 설명했다. 다만, 이런 변화는 단기간에 일어나지는 않을 것이라면서 가까운 미래에는 AI가 법률서비스 비용을 낮추거나 인력이 부족한 중소 로펌들의 소송 실무에 도움을 줄 것이라고 보았다. 특히, AI가 개인 변호사의 실무를 지원하면서 오히려 변호사 숫자는 늘어날 수 있다고 보았으며, 종국적으로 고객이 AI라는 소프트웨어를 이용함으로써 더 편익을 얻을 수 있을 것이라고 보았다.

미국 스탠퍼드대 인간중심인공지능연구소도 생성 AI는 개인의 사법접근성 문제, 법률 대리인의 업무 처리, 판사의 판결 등을 보조할 잠재력을 보유하고 있고 개인은 생성형 AI를 통해 필요한 법률 문서를 준비하고, 변호사는 법률 연구와 문서 작업, 판사는 판결의 정확성과 효율성을 개선시킬 수 있다고 보았다. 다만, 생성형 AI는 거짓말을 할 수 있고, 사실, 사례, 원칙 등을 만들어낼 수 있어 판결과 같은 법적 의사결정에 있어 생성 AI에 전적으로 의존하는 것은 법조인의 직업윤리는 물론 법치주의에 심각한 문제를 야기할 수 있다고 경고했다.

법률산업은 법조문, 판례, 법이론 등이 공개되어 있는데, 법적 결론이 대부분이 선행 판례에 의존한다는 점에서 생성형 AI에 대한 의존도가 높아질 가능성이 있다. 법률과 AI가 접목되는 리걸테크가 변호사의 업무의 질 향상은 물론 소비자의 법률 서비스 접근성 제고라는 측면에서 향후 법률 시장의 키워드가 될 전망이다. 한국도 늦지 않게 이에 대한 준비를 서둘러야 할 것이다.

8 AI 규제 어디로 가야 하나

대화형, 생성형 AI 모델인 챗GPT의 등장과 함께 인류는 그동안 영화에서나 보던 로봇, 인공지능의 위험성이 현실화될 것으로 보고 AI에 대한 규제 논의를 본격화하고 있다. 먼저 불을 지핀 것은 유럽(EU)이다. 2021년 4월 EU 집행위원회에서 AI 법안의 초안을 발표하였고, 2022년 12월에는 각료 이사회에서 수정안을 발표하였으며, 2023년 5월에는 의회가 수정안을 발표하였다. 의회 수정안에는 GPT로 대표되는 파운데이션 모델에 대한 규제가 추가되었다.

이에 따르면 파운데이션 모델은 대규모 데이터에 의해 학습되고, 출력의 범용성을 고려하여 설계되었으며, 다양한 작업에 적용될 수 있는 AI 모델로 정의된다. 파운데이션 모델 공급자는 모델의 위험관리, 신뢰성 관리를 위한 검증, 자신의 모델을 공급받아 활용하는 하위 사업자의 서비스 내용까지 고려한 모델에 대한 기술문서와 지침의 작성, 제공 등의 의무가 부과된다. 특히, 생성형 AI 파운데이션 모델 공급자는 이용자에게 AI 시스템 활용 사실을 알려야 하고, 위법한 콘텐츠 생성을 방지할 수 있도록 모델을 설계·개발해야 하며, 또한 저작권에 의해 보호되는 학습데이터를 이용할 경우 이에 대한 정보를 문서화하여 공개하도록 하고 있다.

미국 의회는 2022년 2월 '알고리즘 책임법안(Algorithmic Accountability Act of 2022)'을 발의했다. 그 내용은 자동화된 의사결정 시스템에 대한 투명성과 책임성을 확보하기 위해 기업이 이용자와 규제기관에 '자동화된 의사결정 프로세스'가 어떻게 활용되는지를 인식할 수 있도록 관련 정보를 제공하도록 하고, 기업이 의사결정의 영향평가를 지속적으로 수행하도록 하는 것이다.

한국은 2023년 2월 14일 국회 과학기술정보방송통신위원회의 법안소위에서

'인공지능산업 육성 및 신뢰 기반 조성에 관한 법률안'을 통과시켰다. 법안은 인간의 생명과 안전 및 기본권의 보호에 중대한 영향을 미칠 우려가 있는 영역에서 활용되는 부분을 '고위험 영역 인공지능'으로 정하고, 인공지능 사업자에게 이용자에 대한 고위험 영역 인공지능 사용 사실의 고지의무, 신뢰성 확보조치, 인공지능 도출 최종 결과 등에 대한 설명의무를 부여하고 있다. 다만, 법안은 누구든지 인공지능기술과 알고리즘의 연구·개발 및 인공지능제품 또는 인공지능서비스의 출시 등과 관련한 행위를 할 수 있도록 보장하는 것을 원칙으로 함으로써, 우선 허용, 사후 규제라는 네거티브 규제원칙을 선언하고 있다.

이와 함께 2023년 6월 23일 개최된 「인공지능(AI)과 데이터 프라이버시 국제 컨퍼런스」에서 한국의 개인정보보호위원장은 AI 서비스 제공자에 대한 안전장치 제공, 규정 중심(rule-based)에서 원칙 중심(principle-based)으로 규제 패러다임 전환, AI의 리스크 기준으로 차등적인 규제 도입을 담은 세 가지 주요 정책 방향을 제시하였다.

이처럼 AI 규제가 필요하고 정당하다면 그 방향은 어떻게 잡아야 할 것인가. 먼저 살펴볼 원칙은 원칙 중심 규제(principles-based regulation)이다. 이는 정책을 통해 달성하고자 하는 결과를 기본원칙(principles)으로 제시하고 그 결과를 달성하는 방법이나 프로세스를 수범자에게 위임하는 결과지향적인 규제방법이다. '규정 중심 규제(rule-based regulation)'는 규제의 내용을 구체적이고 상세하게 법령으로 정하는 것인데, 사업자의 예측가능성이나 책임소재를 높이는 장점이 있으나, 기술발전에 대응한 시의적절한 규제가 어려운 문제가 있다. 원칙중심규제의 성공적 수행을 위해서는 수범자의 규제준수 의지가 매우 중요하므로 이를 지원하기 위한 인센티브도 필요하다. 이 점에서 원칙 중심 규제는 자율규제와도 일맥상통한다. AI 기술발전 속도를 법제가 시의에 맞게 대응하는 것은 어렵고 그렇다고 사전에 기술, 서비스 발전을 예측해서 규제를 설계하는 것도 어렵다는 점에서 AI 분야에서 원칙 중심 규제는 유효하다.

다음 사전규제와 사후규제이다. 사전규제는 불법 행위가 발생하기 전에 위험방지를 위한 적법 행위의 요건을 세밀하게 정해두는 것이고, 사후규제는 위험이 발생한 경우 이를 제거하기 위한 조치를 취하는 것이다. 한국의 인공지능법이 취하고 있는 네거티브 규제도 사후규제 원칙의 한 모습이다. 네거티브 규제는 명시적으로 금지되지 않는 한 모든 것이 허용된다고 보는 규제방식으로, 명시적으로 규정된 것에 한해서만 허용하는 포지티브 규제의 반대 개념이다. 급속하게 발전하는 AI 기술에 대한 과도한 사전규제는 AI 상품과 서비스의 시장 출시를 저해할 우려가 있다는 점에서 AI 분야에서 사후규제는 유용한 접근이다. 유발 하라리(Yuval Noah Harari) 교수는 의약품에 대해 사전 위험성을 평가 후 시장 출시를 하고 있는 것과 같이 AI 제품도 사전 적합성 평가를 할 필요가 있다고 주장하고 있으나, 이는 고위험성이 있는 AI에게만 적용되는 것이 타당하다. 이런 이유로 고위험의 범위를 합리적으로 정하는 것이 매우 중요한 작업이다.

다음 국내적 규제와 국제적 규제이다. 규제란 원칙적으로 주권국가가 독립적으로 제정, 집행하는 것이 원칙이지만, AI를 비롯한 디지털 분야는 초국경성을 특징으로 하기 때문에 국제적 규제가 중요하지 않을 수 없다. 윤 대통령은 2023년 6월 23일 파리에서 챗GPT 등 기술이 고도화하는 시대에 AI를 포함한 디지털 질서 규범 제정을 위한 국제기구 설치를 제안했다. 개리 마르쿠스(Gary Marcus) 뉴욕대 교수도 중립적인 비영리 국제기구로서 IAAI(International Agency for AI) 설치를 제안했다. 그는 유사 모델로서 81개 국가로 구성되어 검사권을 가진 국제원자력기구(International Atomic Energy Agency)와 각국이 독립적인 법을 집행하되 기구로부터 조언을 듣는 국제민간항공기구(International Civil Aviation Organization)를 제시했다. 다만, 국제기구의 필요성은 인정되지만, 각국의 AI 기술과 서비스의 발전 상황이 다르다는 점에서 국제적으로 동일한 규제를 강제하는 것은 오히려 역차별이 될 수 있다.

가장 앞서가는 생성형 AI 모델인 챗GPT 개발사인 오픈AI 샘 알트만 대표가 규제 필요성을 역설하는 것이 신규 진입자의 '사다리 걷어차기'라는 비판을 새겨들을 필요가 있다. 각국의 상황과 특성을 고려한 유연한 규제가 필요하다. 개인정보위원회 주최 국제컨퍼런스에서 아누팜 챈더(Anupam Chander) 미국 조지타운법대 교수는 국가별로 AI 규제 파편화가 불가피하다면서, 이에 대한 해결책으로 개인정보 국외 이전에 대한 국가 간 적정성 결정과 같이 핵심원칙에 대한 합의를 기반으로 상호호환성을 갖도록 제안했다.

끝으로 위 규제원칙들을 포괄하는 가장 중심적인 규제원칙은 "비례적 규제"이다. 이는 AI 기술, 서비스로 인한 편익을 훼손하지 않는 한도 내에서 적절한 위험관리가 이루어져야 한다는 것이다. 위험기반 접근(risk-based approach)도 이런 비례적 규제의 한 형태라고 할 수 있다. 결론적으로 AI에 대해서는 원칙 중심 규제, 네거티브 규제, 국내규제와 국제규제의 조화, 위험기반 규제 등을 고려한 비례적 규제 원칙을 채택하는 것이 타당하다고 할 것이다.[11]

11 이상의 내용은 이성엽, 「생성형 인공지능(AI) 규제원칙에 관한 연구」, 『고려법학』, 제110호, 2023 참조.

9 생성형 AI로 인한 경쟁의 변화

2022년 11월 오픈AI의 챗GPT로 촉발된 생성형 인공지능(AI) 개발과 서비스 경쟁이 갈수록 격화되고 있다. 오픈AI에 투자한 마이크로소프트(MS)가 앞서가고 있는 가운데, 검색 시장의 92%를 장악하고 있는 구글도 생성형 AI 바드를 출시하면서 경쟁에 뛰어들었다. 2008년 구글이 크롬을 내놓으며 MS의 인터넷익스플로러를 역사의 뒤안길로 보내버린 후 15년 만에 다시 인터넷 세계의 초강자의 지위를 되찾으려는 MS의 야심찬 행보가 시작된 것이다. 두 빅테크 외에도 아마존은 자체 개발 대규모 언어모델인 타이탄을 적용한 기업용 클라우드 서비스 베드록을 발표했고, 메타와 일론 머스크도 생성형 AI 경쟁에 가세했다.

한편 챗GPT는 플러그인을 통해 외부 앱 서비스까지 연동하면서 전체 인터넷 생태계에 영향을 미치고 있다. 이제 챗GPT를 통해 원하는 답 외에도 관련된 쇼핑, 호텔 예약 등 다른 앱 서비스를 받을 수 있다. 애플, 구글의 모바일 iOS, 안드로이드 앱 생태계가 생성형 AI 앱 생태계로 변화할 가능성을 보여주고 있는 것이다.

이처럼 생성형 AI는 기존 검색 위주의 빅테크 시장에 큰 변화를 초래하고 있다. 가장 눈에 띄는 변화는 생성형 AI 부상으로 검색 시장의 핵심 가치가 검색 효율성에서 생성된 답변의 신뢰성으로 변하고 있다는 점이다. 이제 검색에서 정답(from search to answer)이라는 가치로 인터넷 관문의 역할이 바뀌고 있는 것이다. 2007년 아이폰의 등장은 PC 시대에서 모바일 시대로 진입하는 첫걸음에 해당했다면 2022년 생성형 AI의 등장은 또 다른 디지털 기술혁명의 가능성을 시사하고 있다.

생성형 AI가 경쟁에 미치는 영향에 대해서는 두 가지 시각이 존재한다. 하나는 강력한 컴퓨팅 파워와 대량의 데이터를 독점한 기존 빅테크의 지배력을 더욱 고착화시킬 것이라는 견해이다. 다른 견해는 오픈AI를 통한 MS의 검색시장 재도전 사례와 같이 빅테크에 대한 뉴테크의 도전을 가능하게 하여 집중을 완화시킬 것이라는 견해이다. 또한 생성형 AI에서 경쟁의 향방을 결정하는 특징적인 요소가 경쟁자원의 제한(resources constraint)이다. 그동안 디지털 기술은 높은 개발비용에도 불구하고 서비스 운영 비용은 크지 않았으나, 생성형 AI는 서비스 운영을 위한 클라우드 컴퓨팅 비용이나 AI 반도체 비용이 엄청나다는 것이다. 따라서 인프라 경쟁이 필수적일 수밖에 없어 기존 빅테크를 제외하면 사실상 의미 있는 경쟁이 어렵다는 점이다. 이에 대한 반작용으로 나타난 것이 경량화이다. 즉, 컴퓨팅의 원칙으로 정확성(fidelity) 대신 효율성(efficiency)을 추구하는 것이다. 엄청난 비용이 드는 파라미터 대신 토큰(token)의 양과 질에 집중하는 것으로 대표적인 것이 메타의 라마(LLaMa)이다.

이런 글로벌 경쟁 양상 속에서 한국의 선택은 무엇일까. 국내 검색의 최강자인 네이버가 올 8월 24일 공개할 하이퍼클로바X는 커머스·금융·법률·교육 등 각 전문분야에 특화된 한국어 중심의 초거대 AI이다. 그 외 KT, 카카오, SK텔레콤, LG AI 연구원도 초거대 AI를 개발하고 있다. 규모의 경제, 엄청난 비용을 고려하면 한국 기업이 미국 빅테크와의 직접 경쟁하는 것은 어렵다. 다만, 최근 한국소프트웨어산업협회 내에 사업자 자율로 구성된 초거대 AI 협의회와 같은 협력 메커니즘을 통해 산, 학, 관이 머리를 맞대고 해법을 찾아야 할 것이다.[12]

12 이상의 내용은 임용, 「인공지능과 시장경쟁: 데이터에 대한 규율을 중심으로」, 한국경제포럼, 제12권 제3호, 2019, 공정거래위원회, 「생성형 AI와 경쟁」 정책보고서, 2024. 12 참조.

10 생성형 AI와 사이버보안

2023년 5월 22일 미국 국방부 영내에서 폭발 사고가 발생했다는 사진 게시물이 사회관계망서비스를 통해 확산됐다. 이 게시물은 트위터에서 유료 인증을 받은 한 계정에 처음 게시됐고 이후 러시아 관영매체인 RT가 "펜타곤 근처에서 폭발이 일어났다"며 사진을 트윗했고, 유명 블로거 등이 연이어 '펜타곤 근처 폭발'이라는 설명과 함께 사진을 게시하면서 온라인으로 퍼졌다. 사진이 유포된 몇 시간 사이 미 금융시장은 일시적으로 출렁였고, 안전자산인 미국 국채와 금값은 상승했다. 이 사진은 생성형 AI가 만들어낸 것이었다.

또한 최근에는 사이버범죄에 특화된 생성형 AI가 발견됐다. 이메일 보안기업인 슬래시넥스트가 사이버범죄 포럼에서 생성형 AI 범죄도구 '웜GPT'를 발견했다고 밝혔는데, 이에 따르면 웜GPT는 챗GPT와 비슷한 형식의 챗봇으로 개인화된 피싱(phishing), 비즈니스 이메일 침해 공격 등 사이버범죄를 쉽게 실행하기 위해 만들어졌다. 이처럼 생성형 AI의 확산으로 사이버보안의 위협요소가 크게 증가하고 있다.

AI 기술과 사이버보안의 관계는 크게 두 가지 측면에서 살펴볼 수 있다. 첫째는 AI 기술을 이용해 사이버보안을 강화하는 측면이며(Security by AI), 둘째는 AI 기술이 사이버 공격에 이용되는 경우이다(Cyber attack by AI). AI 기술을 사이버보안에 이용하는 대표적인 예가 AI 기반 보안 관제이다. 사람이 하루에 수백만 건에 달하는 보안 위협을 분석하는 것은 불가능한데, AI 기술은 사람의 개입 없이 보안사고로 이어질 가능성이 큰 보안 위협을 찾아내서 해당 위협의 원인과 추후 공격 양상 그리고 잠재적인 공격자 등을 식별하는 데 이용될 수 있다. 다음 AI를 이용한 사이버 공격의 경우, AI가 공격 대상 조직의 정보시스템의 취약성을 찾고 이 취약성을 이용한 공격 방법을 찾아 사이버 공격을 감행하는 데 이용된다. 자동화된 대규모 공격을 감행하기 위한 공격 수단을 개발하는 것이다.

문제는 생성형 AI의 출현으로 비전문가에 의한 사이버 공격이 훨씬 쉬워졌다는 것이다. 공격 측면에서 보면 챗GPT를 활용하여 악성도구를 개발하는 사례가 확인되고 있다. 생성형 AI가 자연스러운 언어능력을 가짐으로써 피싱 메일이 증가할 수 있다는 것이다. 게다가 번역능력은 해외공격자의 언어적 한계를 극복할 수 있게 한다. 또한 생성형 AI는 코딩 능력이 매우 우수한 것으로 알려져 있다. 이에 전문지식이 부족한 공격자도 랜섬웨어와 같은 악성코드 생성, 웹페이지 공격 수단 검색, 취약점 분석, 공격스크립트 생성을 통해 해킹 공격을 할 수 있다.

한편 이용자 측면에서는 질문(prompt)에 개인정보나 영업비밀을 포함함으로써 보안상 심각한 문제를 일으킬 수 있다. 이에 따라 기업이나 공공공기관들이 챗GPT 사용을 금지하는 사례가 증가하고 있다. 또한 보다 근본적 문제로 생성형 AI 모델의 신뢰성에 타격을 주는 경우가 있다. 딥페이크와 같이 가짜 영상을 쉽게 만들어 사회적 혼란을 초래할 수 있으며, 또한 학습데이터를 조작하여 AI 모델의 정확도를 낮추거나 오류를 유발하는 데이터 오염 공격으로 인해 신뢰성에 해칠 수 있다.

생성형 AI의 사이버보안에 대한 위험에 대응하는 방안으로는 첫째, 조직 내부 차원에서 AI의 공격에 대비해 광범위하고 정기적으로 보안환경을 업데이트하고, 직원들에게 공격자들이 사용하는 전술을 교육해 항상 보안에 유의하도록 해야 한다. 특히, 개인정보를 노린 피싱 공격이 가장 많은 만큼 경영진이나 비즈니스 관계자를 사칭한 외부 이메일이 도착했을 때 자동으로 경고하는 시스템을 갖추어야 할 것이다.

둘째, 생성형 AI가 만들어내는 가짜뉴스로 인한 우려와 관련 현재 기술로서는 이를 원천적으로 막는 것이 어려운 것이 현실이다. 결국 이용자의 AI 리터러시를 배양하는 것이 대안이지만, 법적 규제에 대해서도 고민할 필요가 있다. 특히, 사회적, 국가적 법익을 침해하는 가짜뉴스의 경우 규제의 공백이 있는바, 이에 대한 사회적 논의가 필요한 시점이다.

셋째, 생성형 AI에 대한 가이드라인 제정이다. 이미 2023년 6월 국정원은 생성형 AI 기술을 안전하게 이용하기 위한 보안수칙으로 비공개·개인정보 등 민감정보 입력 금지, 생성물에 대한 정확성·윤리성·적합성 등 재검증, 생성물 활용시 지적 재산권·저작권 등 법률 침해·위반 여부 확인, 연계·확장프로그램 사용시 보안 취약 여부 등 안전성 확인, 로그인 계정에 대한 보안설정 강화 등을 제시한 가이드라인을 배포했다. 또한 행정안전부도 2023년 5월 챗GPT에 사용시 주의사항을 담은 안내문을 기관에 배포했다. 해당 안내문에는 의사결정이 완료되지 않거나 공표되지 않은 정보는 생성형 AI에 입력하지 않을 것과 행사 참석자와 민원인들의 정보와 같이 업무 처리 과정에서 수집한 개인정보도 챗GPT와 공유하지 않을 것을 명시했다. 챗GPT의 답변의 진실성도 유의사항으로 제시됐다. 민간분야에 적용가능한 가이드라인도 마련할 필요가 있다.

끝으로 2022년 11월 국가사이버안보기본법안이 제안된 이후 아직 입법화가 지지부진한 상황이다. 동 법안은 대통령 소속 국가사이버안보위원회의 위원장을 국가안보실장이 맡는 등 국가안보실이 컨트롤타워 역할을 하고 여러 중앙행정기관이 역할을 분담하도록 하고 있다. 조속히 사이버안보법제가 마련되어 사이버위협에 대한 체계적 대응이 이루어지도록 해야 할 것이다.

집을 나설 때 현관문을 잠그는 것이 당연한 일상인 것처럼 사이버 공간에서의 보안도 이제 당연한 것으로 받아들여야 하지만, 아직 조직의 리더는 물론 일반 국민도 보안의식이 일천한 상황이다. 아마도 아직은 사이버 공격의 피해가 사회 전반으로 확대된 경험은 없었기 때문일 것이다. 그러나 점점 강화되는 사이버공격이 물리적 피해로 이어지고 그 규모도 전 국민의 피해로 확대되지 않도록 사전에 철저한 대비가 필요하다. 또한 생성형 AI 시대를 맞이하여, AI를 이용한 보안기술의 발전이라는 긍정적 효과를 극대화할 필요가 있지만, AI를 이용한 사이버공격이라는 부정적 효과를 최소화하기 위한 노력도 중요하다.

11 생성형 AI와 글로벌 프라이버시 보호 규제

빠르게 확산되고 있는 생성형 AI인 오픈AI의 챗GPT가 세계 각국의 규제당국으로부터 프라이버시 보호 규제에 직면하고 있다. 먼저 포문을 연 것은 이탈리아이다. 2023년 3월 31일 이탈리아 데이터보호청은 개인정보 보호를 이유로 챗GPT 접속을 차단했다. 데이터 보호청은 오픈AI가 챗GPT 알고리즘 훈련을 위해 개인정보를 수집하고 저장하는 것을 정당화할 법적 근거가 없다고 지적했고, 또한 이용자 연령과 관련 13세 미만의 어린이에게도 부적절한 응답 내용에 접근하도록 한 것이 적절한지 검토가 필요하다고 했다.

이에 데이터 보호청은 챗GPT의 데이터 처리 방법 등 정보를 자사 웹사이트에 게시할 것, 챗GPT가 부정확하게 생성한 개인정보를 수정·삭제할 수 있도록 하는 도구를 추가할 것, 이용자 연령 확인 시스템을 도입할 것을 오픈AI에 서비스 재개 조건으로 제시했고, 오픈AI는 이 조건을 반영한 뒤 4월 28일 서비스를 재개했다.

미국 연방거래위원회(FTC)도 챗GPT의 소비자보호법 위반 여부를 조사하기 시작했다. FTC는 오픈AI가 소비자의 평판에 피해를 주는 불공정하거나 기만적인 행위를 했는지 조사하고 있는데, 오픈AI가 챗GPT를 교육하는 데 어떤 자료를 사용했으며 그 자료의 출처와 취득 방식도 밝히라고 했다. 또 오픈AI가 2023년 3월 공지한 이용자의 개인정보 유출 사고와 관련한 자료도 요구했다고 밝혔다.

한국도 규제대열에 합류했다. 2023년 7월 26일 개인정보보호위원회는 최근 개인정보 유출이 발생한 오픈AI에 대해 개인정보보호법상 신고 의무 위반으로 과태료 360만 원을 부과하고, “재발 방지대책 수립, 국내 개인정보보호법 준수, 개인정보위의 사전 실태점검에 적극 협력” 등을 내용으로 하는 개선권고를 했다고 밝혔다.

법 위반 등 이슈가 된 사항은 다음 세 가지이다. 첫째, 개인정보 유출 건이다. '23. 3. 20. 17시부터 3. 21. 2시 사이 챗GPT 플러스에 접속한 전 세계 이용자 일부의 성명, 이메일, 결제지, 신용카드 번호 4자리와 만료일이 다른 이용자에게 노출되었는데, 여기에는 한국 이용자 687명이 포함된 것으로 확인되었다. 이 유출이 개인정보 안전조치의무 위반으로까지는 보기는 어려우나, 유출 인지 후 24시간 내 신고하도록 되어 있는 의무를 위반한 것에 대해 과태료를 부과했고, 개인정보처리시스템을 자체적으로 점검 후 재발 방지대책을 수립할 것을 권고했다. 둘째, 개인정보보호법 위반 건이다. 개인정보처리방침과 실제 가입 절차 등을 검토한 결과, 처리방침을 영문으로만 제공하고 있고, 별도 동의 절차가 없으며, 내용상 위·수탁 관계, 구체적 파기 절차 및 방법, 국내 대리인이 명확하지 않은 등 보호법상 의무 미흡 사항 등이 발견되었다. 또한, 13세 미만에 대해 가입을 제한하고 있어 국내 보호법상 법정대리인 동의 적용 연령 기준인 14세 미만과 불일치하는 문제도 있었다. 셋째, 최신 기술로서 프라이버시 침해요인을 점검하기 위해, 개인정보 등 데이터 수집 및 활용, 한국어 학습데이터의 출처, 윤리 문제 예방 노력, 수집거부 방법 등에 대해서도 자료를 요구하였으나, 오픈AI 측의 설명은 일반적·포괄적 수준에 그쳐 명확한 분석이 곤란하였다.

사실상 한국의 개인정보위는 세계 최초로 글로벌 신규서비스인 챗GPT에 대해 자국 국민의 데이터 보호를 위해 규제 권한을 행사했다. 특히, 개인정보위는 오픈AI가 서비스 국가(Supported countries and territories)에 대한민국(South Korea)을 포함하고 있는 점, 기술보고서상 한국어 정확도가 77%에 이른다고 명시한 점, 한국 이용자가 있는 점 등을 종합적으로 고려해 한국 개인정보보호법 적용대상으로 판단했다.

이 사례들에서 알 수 있는 바와 같이 글로벌 플랫폼 기업은 서비스 대상 국가별로 요구되는프라이버시 규제를 준수하여야 한다. 그렇다면 이런 컴플라이언스 의무는 규범의 파편화 현상으로 봐야 하는 것인지 아니면 국가의 데이터 주권 차원으로 봐야 할 것인지 문제가 될 수 있다. 국가 이익 관점에서 보면 양자는 매우 상대적 개념이다. 디지털 선진국 입장에서는 후진국의 데이터 규제가 규범의 파편화로 인식될 수 있음에 비해, 후진국 입장에서는 데이터 주권의 문제로 인식된다. 미국기업인 오픈AI의 입장에서 보면 EU, 한국 등의 상대적으로 강한 프라이버시 규제는 생성형 AI 서비스 제공에 큰 장벽이 된다. 이미 글로벌 기업인 한국의 현대자동차가 자율주행을 위해 데이터를 처리하는 경우나 삼성전자가 디지털 기기를 판매하면서 개인정보를 처리하는 경우 각국의 다양한 데이터 규제는 장벽이 된다.

그러나 규제가 가지는 속지주의적 특성으로 인해 글로벌 기업들은 엄청난 비용이 수반됨에도 불구하고 서비스 제공 국가의 규제를 준수하지 않을 수 없다. 결국 디지털 기술이 가진 초국경성, 초연결성이라는 특성으로 인해 전 세계는 인터넷을 통해 하나로 연결되어 있지만, 각국은 자국 이익을 고려해 각기 다른 데이터 정책을 규범화하면서 국가 간 갈등이 일어나고 있는 것이다. 이런 상황에서 중요한 역할을 하는 것이 디지털 통상협정 내 데이터 규범이다. 이는 각국의 데이터의 상호 운용성과 공통된 표준을 촉진하여 글로벌 디지털 시장에 통일된 데이터 거버넌스 도입을 촉진하는 역할을 하고 있다.

개방과 혁신을 통해 성장한 한국 입장에서 데이터 규범은 산업의 경쟁력을 결정짓는 중요한 요소이다. 글로벌 데이터 규범 정립에 한국의 이익을 적극적으로 반영하고, 데이터 규범 논의와 연계해 국내 제도개선에도 노력해야 할 것이다. 특히, 한국의 경우 글로벌 진출을 원하는 플랫폼, 데이터 기업들이 국내 데이터 규제로 인해 글로벌 사업자와 국내 사업자 간 차별이 생기지 않도록 국내 데이터 규제를 개선하여 국내 사업자의 해외 진출을 촉진할 수 있도록 해야 할 것이다.

12 주요 국가의 AI 규제의 차이점과 시사점

생성형 AI인 오픈AI의 챗GPT를 시작으로 AI가 일상생활에 파고들면서 전 세계 규제당국도 AI에 의한 위험을 통제하기 위한 규제를 본격화하고 있다. 잘 알려진대로 EU는 2021년 4월 EU 집행위원회에서 AI 법안의 초안을 발표하였고, 2022년 12월에는 각료 이사회에서 수정안을 발표하였으며, 챗GPT가 등장한 후인 2023년 5월에는 의회가 수정안을 발표하였다. 의회 수정안에는 챗GPT로 대표되는 생성형 AI 모델에 대한 규제가 추가되었다.

파운데이션 모델(foundation model)을 광범위한 데이터 규모로 학습되고, 일반적 결과물(generality of output)을 제공하기 위해 설계되었으며, 광범위한 작업에 적용할 수 있는 AI시스템으로 정의하고, 파운데이션 모델 공급자는 모델의 위험관리, 신뢰성 관리를 위한 검증, 자신의 모델을 공급받아 활용하는 하위 사업자의 서비스 내용까지 고려한 모델에 대한 기술문서와 지침의 작성, 제공 등의 의무가 부과된다. 특히, 다양한 수준의 자율성을 가지고 복잡한 텍스트, 이미지, 음성 또는 동영상과 같은 콘텐츠를 생성하기 위한 목적의 AI 시스템으로 정의된 생성형 AI 파운데이션 모델 공급자는 이용자에게 AI 시스템 활용 사실을 알려야 하고, 위법한 콘텐츠 생성을 방지할 수 있도록 모델을 설계·개발해야 하며, 또한 저작권에 의해 보호되는 학습데이터를 이용할 경우 이에 대한 정보를 문서화하여 공개하여야 하며, EU 법률과 표현의 자유 등 기본권에 따라 AI 시스템을 설계 및 개발할 의무를 부과하고 있다.

자국의 AI 산업 혁신을 위해 아직 이렇다 할 규제를 도입하고 있지 않은 미국은 행정부에서 2022년 10월 AI 권리장전(Blueprint for AI Bill of Rights), 연방의회 차원에서 2022년 3월 알고리즘 책임법(Algorithmic Accountability Act of

2022)을 수정 발의했다. 다만, 이는 챗GPT 서비스 이전의 규제안으로 아직 생성형 AI에 대한 규제는 아직 가시화되지 않고 있다.

AI 권리장전은 백악관 과학기술정책실에서 작성한 것으로 미국민의 보호를 목적으로 자동화시스템이 준수해야 할 5대 원칙으로 안전하고 효과적인 시스템, 알고리즘의 차별로부터 보호, 개인정보 보호, 고지와 설명, 대인(對人) 서비스 제공 선언을 제시하고 있다. 적용 범위와 관련해서는 미국 대중의 권리, 기회 또는 중요한 자원이나 서비스에 대한 액세스에 의미 있는 영향을 미칠 가능성이 있는 '자동화시스템'에 적용된다. '자동화시스템'이란, 매우 광범위하게 정의되고 있어 본질적으로 계산을 사용하여 결정을 내리는 모든 시스템을 의미하지만, 일반적으로 산업에서 활용되는 AI 시스템 등에 대해서는 적용되지 않는다는 점을 분명히 하고 있다. 다만 권리장전은 법적 구속력이 없는 입법 지침에 불과하다.

알고리즘 책임법안은 고용, 금융 서비스, 의료, 주택 및 법률 서비스를 포함한 다양한 부문에서 개인의 생활에 영향을 미치는 중요한 결정(critical decisions)을 내리는 "자동화된 의사 결정 시스템"에 대한 영향평가를 수행하도록 요구하고 있으며, 영향평가 문서는 연방거래위원회에 제출해야 한다. 영향평가를 통해 중대한 부정적 영향을 신속히 제거하거나 완화하는 조치를 의무화하고 있다.

미국과 AI 분야 경쟁을 하고 있는 중국은 생성형인공지능서비스관리잠정방법을 2023. 4. 11.발의해서 8. 15.부터 시행하여 세계 최초로 법적 규제를 시행했다. 생성형 AI의 건전한 발전, 표준화된 적용 촉진, 국가안보와 사회공공이익 수호, 권익 보호를 목적으로 제시하고 있으며, 생성형 AI 서비스 제공, 이용 관련 관리 감독 체계, 기술개발 촉진, 데이터 처리, 데이터 라벨링 및 학습규제, 차별방지, 개인정보 및 미성년자 보호, 콘텐츠 규제, 보안평가 등 총 24개 조항으로 구성되어 있다.

이 중 데이터 규제를 보면, 합법적 출처를 가진 데이터 및 기반모델 사용, 타인의 지적재산권 침해 불가, 개인정보의 경우 당사자의 동의를 얻거나 법률 및 행정 법규의 규정에 부합, 사이버보안법, 데이터보안법, 개인정보보호법 및 기타 유관 법령 및 유관 부처의 관련 감독 요구 사항 준수 등이 규정되어 있다. 콘텐츠 규제와 관련해서 보면, 사회주의 핵심 가치의 반영을 위해 국가권력 전복, 사회주의 체제 전복, 국가 분열 선동, 민족단결 저해, 테러 조장, 극단주의, 인종 증오와 차별, 폭력, 음란 및 허위 정보, 경제 및 사회 질서 교란 위험이 있는 내용을 포함하는 것을 금지하고 있다. 또한 알고리즘 설계 및 훈련, 데이터 선택, 모델 생성 및 업그레이드, 서비스 제공 등의 과정에서 인종, 민족, 신앙, 국적, 지역, 성별, 연령, 직업 등에 대한 차별을 방지할 의무를 부과하고 있다.

미국과 중국은 가장 대비되는 AI 규제를 도입하거나 할 계획이다. 미국이 자국 AI 산업의 진흥을 위해 규제를 제한하고 있음에 비해, 중국은 생성형 AI에 대해 "사회주의 핵심가치의 반영"이라는 목표하에 콘텐츠 규제, 차별 규제, 저작권, 초상권, 명예권, 개인정보 보호 등 광범위한 규제를 도입하고 있다. 다만, 양자 모두 기술패권 전쟁에서 승리하기 위해 보안(security)을 강조하고 있는 점은 동일하다. 즉, 경제산업안보, 국가안보 차원에서 AI 규제를 다루고 있다는 것이다. 또한 미국과 중국 모두 규제의 대상에서 대중이 아닌 일반 산업 등에 서 활용되는 AI에 대해서는 규제를 적용하지 않는다. 이에 반해 EU는 AI 일반에 대해 규제를 도입하고 있음과 동시에 리스크 별로 차등화된 규제 방식을 채택하고 있고 그 목표도 프라이버시 등 기본권 보장이 우선하고 있다는 점에서 미, 중과는 다른 접근방식을 채택하고 있다.

한국에서는 AI 산업 진흥과 규제의 조화를 목표로 "인공지능산업 육성 및 신뢰 기반 조성에 관한 법률 제정안"이 국회에서 발의되어 논의 중이다.[13] 동 법안은 신산업 분야 혁신을 도모하기 위해 우선허용·사후규제라는 네거티브 규제 원칙을 선언하는 한편 고위험 AI에 대한 사전고지 의무, 사업자의 책무 및 신뢰성 검·인증 등을 통해 AI로 인한 피해나 위험성을 사전에 방지하고 있다. 아직 생성형 AI에 대한 규제원칙은 포함되어 있지 않은데, 아직 규제논의가 진행되고 있는 미국 등 주요국의 선례를 참고하되 충분한 시간을 두고 한국의 규제모델을 고민할 필요가 있다. EU와 달리 초거대 AI 모델을 보유하고 있는 한국으로서는 규제의 역차별의 문제, AI 산업경쟁력, 창작자와 이용자 보호 등 여러 요소를 종합적으로 고려한 묘안을 찾아야 한다.

13 동 법안은 2024년 12월 통과되어 2025년 1월 시행을 앞두고 있다.

13 불붙은 인공지능 규제 경쟁

챗GPT가 등장한 지 약 1년이 지나는 시점에서 AI의 성능은 인간의 능력을 뛰어넘을 것으로 전망되고 가짜 영상 등으로 인한 폐해가 곳곳에 나타나면서 AI에 대한 규제 논의가 활발해지고 있다. 크게 보면 최근 다음 3가지 이벤트가 주목을 끌고 있다.

먼저 2023년 10월 캐나다, 프랑스, 독일, 이탈리아, 일본, 영국, 미국, 유럽연합(EU)으로 구성된 주요 7개국(G7) 정상이 AI 기술의 위험과 잠재적 오용 가능성을 완화하기 위해 기업에 대한 국제 행동 강령 마련에 합의했다. 11개 항목으로 구성된 이 강령은 기업이 AI 수명 주기 전반에 걸쳐 위험을 식별, 평가 및 완화하기 위한 적절한 조치를 취하고 AI 제품이 시장에 출시된 후 사고 및 오용 패턴을 해결할 것을 촉구하는 내용을 담고 있다.

뒤이어 2023년 10월 30일 조 바이든 미국 대통령이 안전하고 신뢰할 수 있는 AI 개발과 사용에 관한 행정명령(Executive Order on Safe, Secure, and Trustworthy Artificial Intelligence)에 서명했다. 해당 행정명령은 크게 3가지 중요한 내용을 포함하고 있다. 첫째, 미국의 안보, 경제, 공중 보건 또는 안전에 위험을 초래하는 강력한 AI 시스템 개발자는 국방물자생산법(Defense Production Act)에 따라 안전 테스트 결과를 대중에게 공개하기 전에 미국 정부와 공유한다. 둘째, 국립표준기술원(NIST)은 AI 공개 전 안전을 보장하기 위해 광범위한 레드팀 테스트에 대한 엄격한 표준을 설정, 화학과 생물학, 방사선, 핵 및 사이버 보안 위험을 해결한다. 셋째, 상무부는 AI 생성 콘텐츠를 명확하게 가려내기 위한 콘텐츠 인증 및 워터마킹 지침을 개발한다는 내용을 담고 있다. 이번 행정명령은 상당히 광범위한 규제 내용을 담고 있다는 점에서 의미가 있으나, 법률에 비해 효력이 제한적이며, 상당한 조항이 기업의 자발적 협력을 전제로 하고 있다는 점에서 혁신과 경쟁을 중시하는 미국의 기본 입장에는 변화가 없다고 평가할 수 있다.

바이든 행정명령 하루 뒤인 영국 블레츨리 공원(Bletchley Park)에서는 세계 주요국 정상급 인사와 빅테크 경영자 및 학계 전문가들이 참가한 가운데 'AI 안전 정상회의(AI Safety summit)'가 열렸다. AI의 급속한 발전으로 인해 발생할 수 있는 재앙적 위험에 대한 이해와 함께 대응책을 세워 국제사회가 협력한다는 취지의 '블레츨리 선언'이 공개됐는데, 이는 AI 안전과 관련한 국제사회의 첫 협력 선언으로 미국 중국 한국 등 28개국과 EU가 동참했다. 한편 동 회의에서는 공공의 안전에 심각한 위험을 초래할 만큼 위험한 능력을 보유한 고도로 유능한 파운데이션 모델인 프런티어(frontier) AI에 대한 대응도 논의가 되었다.

영국 정부는 세계 최초로 열리는 AI 안전 정상회의를 유치하는 한편, 미국은 AI 안전 정상회의 하루 전 행정명령을 발표하고, EU는 이미 2년 전 AI법 초안을 발표했고, 중국은 생성형 AI 규제법을 시행하고 있다. 또한 2023년 10월 말 UN도 AI 관련 자문을 담당할 국제기구를 설치하는 등 AI 규제 주도권을 확보하기 위한 각국의 경쟁이 뜨겁다.

규제는 본질적으로 산업혁신의 한계를 설정한다는 점에서 선발기업이나 국가가 높은 수준의 규제를 설정하는 경우 후발기업이나 국가에게는 진입장벽이 될 가능성이 높다. AI로 인해 발생하는 많은 위험은 본질적으로 국제적인 성격을 띠고 있으므로, 이는 국제 협력이 필요한 것은 맞지만, 국가 간 격차를 인정하고 각 국가의 상황에 적용가능한 규제체계를 가질 수 있도록 하는 것도 중요하다고 할 것이다.

14 혁신과 규제의 갈림길에 선 챗GPT

2022년 11월 30일 출시된 대화형, 생성형 AI 챗GPT는 인간만이 가능했던 콘텐츠를 생성하면서 게임체인저 역할을 톡톡히 하고 있다. 출시 2개월 만에 매주 1억 명의 활성 사용자 기록을 달성했으며, 불과 1년 만에 다양한 산업 분야에서 통합되어, 글쓰기, 프로그래밍, 금융, 엔터테인먼트 등 모든 분야에서 혁명적인 변화를 가져왔다. 예컨대, 복잡한 작업을 더 쉽게 처리할 수 있게 해주어, 건축 계획이나 컴퓨터 프로그램 작성과 같은 작업에서 수 주에 걸쳐 해야 할 일을 몇 분 만에 수행할 수 있게 했다.

그런데 11월 17일 챗GPT 개발, 운영사인 오픈AI의 이사회는 CEO인 샘 알트만을 이사회와 솔직한 의사소통을 하지 않았다는 이유로 해고하면서 테크 업계를 충격에 빠뜨렸다. 이후 알트만이 마이크로소프트 내 AI 연구팀으로 자리를 옮기기로 하고 뒤이어 오픈AI 직원 대부분이 그를 따르겠다는 의사를 밝히자, 오픈AI는 5일 만에 그를 다시 복귀시켰다.

이번 사건의 배경에는 AI가 방치되면 인류에게 실존적 위험을 초래한다고 믿고 규제를 옹호하는 비관론자(Doomer)와 AI 종말에 대한 두려움을 경시하고 발전가능성을 강조하는 성장론자(Boomer)의 대립이 있었던 것으로 추정된다. 이는 철학적으로 효과적 이타주의(effective altruism)와 효과적 가속주의(effective accelerationism)에 근거를 두고 있다. 전자는 증거와 이성을 사용하여 세상을 개선하는 효과적인 방법을 결정하는 철학임에 반해 후자는 기술 진보를 가속화하여 중요한 변화를 가져오겠다는 철학이다.[14]

---

14 Martino.agostiniDivergent Philosophies on AI Development: Effective Altruism vs. Accelerationism, Jun 12, 2024. (https://medium.com/@tarifabeach/divergent-

AI에 대해서 효과적 이타주의는 AI 개발을 윤리적이고 안전하게 진행하는 것에 중점을 두며, 인류에게 긍정적 영향을 미치는 방향으로 기술을 이끌고자 하나, 효과적 가속주의는 기술 발전을 가속화하여 사회적 변화를 촉진하는 것에 더욱 초점을 맞추며, 윤리적 고려보다는 변화의 속도와 규모에 더 중점을 둔다. 결국 알트만의 복귀는 Boomer와 효과적 가속주의의 승리, AI 이상주의에서 실용주의로 변화, AI 자본가 승리라는 논평이 이어졌다. 다만, 알트만은 두 그룹 모두에 공감하는 듯한 입장을 보였다. AI를 안전하게 만들기 위한 '가드레일'을 요구하는 한편, 오픈AI가 더 강력한 모델을 개발하도록 압박하고, 사용자가 자신만의 챗봇을 구축할 수 있는 앱 스토어와 같은 새로운 도구를 출시하도록 촉구했다.

어쨌든 AI 실용주의가 산업적으로는 우위를 가져가고 있는 것처럼 보이나 규제기관의 생각은 다른 것 같다. 바이든 행정명령이나 AI 안전 정상회의 등 안전한 AI를 위한 규제 필요성에 대한 공감대가 확대되고 있으며, 후발 AI 강국을 꿈꾸는 한국도 비슷하다. 아직 혁신성과가 부족함에도 불구하고 학습데이터에 대한 저작권, 개인정보 관련 이슈에 대해 혁신친화적인 입장에서 후퇴하고 있는 것으로 보인다.

사실 이타주의와 가속주의가 각각 대표하는 규제와 혁신은 동전의 양면 같은 것이다. AI 개발에 있어서 윤리적 고려, 장기적 영향 평가, 증거 기반 접근은 규제의 핵심 원칙으로 AI의 변혁적 잠재력이라는 혁신의 원칙과 결합될 수 있어야 한다. 결국 이는 AI 기술이 가져올 긍정적인 변화를 극대화하면서도 사회적, 윤리적 책임을 다해야 한다는 것이다. 다만, 국가와 기업이 처한 상황에 따른 유연성은 필요하다고 봐야 할 것이다.

---

philosophies-on-ai-development-effective-altruism-vs-accelerationism-4078f65b5f88). 참조.

15 국내 최초 본격 AI 규제인 "자동화 결정 대응권"

생성형 인공지능이 빠르게 발전하면서 이제 인간의 능력과 유사하게 다양한 분야의 작업을 할 수 있는 범용 인공지능 시대의 도래가 멀지 않았다는 예상이 증가하고 있다. 주요국도 인공지능의 위험성을 통제하기 위한 규제 논의를 본격화하고 있는데, 한국은 오는 3월 15일 전 분야에 걸친 최초의 인공지능 규제인 "자동화된 결정에 대한 대응권"을 시행한다.

2023. 3. 14. 개정된 개인정보보호법 제37조의2로 신설된 자동화된 결정에 대한 정보주체의 대응권의 내용은 "정보주체는 인공지능 기술을 적용한 시스템을 포함하여 완전히 자동화된 시스템으로 개인정보를 처리하여 이루어지는 결정이 자신의 권리 또는 의무에 중대한 영향을 미치는 경우에는 해당 개인정보처리자에 대하여 해당 결정을 거부할 수 있는 권리를 가지며, 또한 정보주체는 개인정보처리자가 자동화된 결정을 한 경우에는 그 결정에 대하여 설명 등을 요구할 수 있다."는 것이다. 즉, 자동화된 결정에 대한 정보주체의 대응권은 거부권과 설명요구권으로 구분되는데, 전자는 정보주체의 권리 또는 의무에 중대한 영향을 미치는 경우에만 인정되고, 후자는 자동화된 결정 일반에 대해 인정된다.

다만, 거부권은 정보주체의 동의를 받은 경우, 법률에 특별한 규정이 있거나 법령상 의무를 준수하기 위하여 불가피한 경우, 정보주체와 체결한 계약을 이행하거나 계약을 체결하는 과정에서 정보주체의 요청에 따른 조치를 이행하기 위하여 필요한 경우 등에는 인정되지 않는다. 거부권이 행사되는 경우 개인정보처리자는 해당 결정을 적용하지 않는 조치를 하거나 인적 개입에 의한 재처리를 하고 그 결과를 정보주체에게 알려야 한다. 정보주체의 설명 요구를 받은 개인정보처리자는 해당 결정의 기준 및 처리 과정 등에 대해 설명해야 한다.

정부의 시행령 작업이 막바지에 있기는 하지만, 여전히 자동화 결정 대응권과 관련해 불명확한 점이 몇 가지 있다. 첫째, 인공지능 등 완전히 자동화된 시스템으로 개인정보를 처리하여 이루어지는 결정이 무엇인가에 관한 것이다. 사회 각 분야에서 인공지능이 광범위하게 사용되고 있는 현실을 고려하면 법의 적용 대상이 명확해야 하는데 개정법은 이 개념에 대한 설명을 하지 않고 있다.

문언대로 해석하면 완전히 자동화된 결정이란 사람의 개입 없이 완전히 자동화된 시스템으로 개인정보를 분석하는 등 처리하는 과정을 거친 결정이므로, 결정이 이루어지는 과정에서 권한과 능력이 있는 인간의 실질적인 개입이 없어야 하는 것이 핵심 요건이다. 만약 인간의 개입이 단순 결재 등 형식적인 절차만을 운영하고 있다면 실질적으로 사람의 개입 없이 이루어진 결정이므로 완전히 자동화된 결정에 해당된다고 할 수 있다.[15] 인공지능 면접만을 통해서 응시자의 개인정보를 분석하여 불합격 결정을 하는 경우는 완전히 자동화된 결정에 해당할 수 있다. 다만, 인사위원회를 통해 실질적으로 채용 여부를 결정하는 절차를 운영하고, 인공지능 면접에 의해 산출된 자료를 참고만 하는 경우는 제외될 것이다.[16]

다음 완전히 자동화된 결정에서 "결정"의 개념에 관한 것이다. 현행법은 '결정'의 개념에 대해 침묵하고 있으나, 이는 법이론상 정보주체의 권리, 의무에 변동을 초래하는 개별·구체적인 형성적 행위를 의미한다고 봐야 할 것이다. 따라서, 개인정보처리자가 추천하고 정보주체가 이용 여부에 대한 선택과 결정을 하는 맞춤형 상품, 광고, 뉴스의 추천 등과 같은 행위는 "결정"에 해당되지 않는다고 보는 것이 타당하다.

---

15 행정기본법 제20조에 따른 행정청의 자동적 처분은 개인정보 보호법 제37조의2의 적용 대상에서 제외된다(개인정보 보호법 제37조의2 제1항, 행정기본법 제20조). 행정기본법 제20조(자동적 처분) 행정청은 법률로 정하는 바에 따라 완전히 자동화된 시스템(인공지능 기술을 적용한 시스템을 포함한다)으로 처분을 할 수 있다. 다만, 처분에 재량이 있는 경우는 그러하지 아니하다.

16 자동화된 개인정보 처리의 대표적 유형인 프로파일링(profiling)이 법문에 명시되어 있지는 않다. 그러나 프로파일링은 정보주체의 권리 또는 의무에 중대한 영향을 미칠 수 있으며, 실제로 자동화된 결정이 정보주체의 권리를 침해하는 사례는 종종 프로파일링과 관련하여 발생한다. 이의 중요성을 고려할 때, 법에 프로파일링의 정의 및 프로파일링에 법 제37조의2가 적용됨을 명시적으로 규정할 필요가 있다는 견해가 있다(박노형, 『개인정보보호법[제2판]』, 박영사, 2023년, 475-476면).

또한 현행법은 설명요구권의 대상을 자신에 대한 자동화된 결정의 존재만을 요건으로 하며, 거부권과 달리 정보주체의 권리 또는 의무에 영향을 미칠 것을 요구하지 않고 있다. 이는 자동화된 결정이 본인에 관한 법적 효과를 초래하거나 이와 유사하게 본인에게 중대한 영향을 미치는 경우에만 인정되는 유럽의 GDPR의 설명요구권보다 완화된 것이다. 다만 권리, 의무에 영향이 없는 일반적인 경우에 모두 설명요구권 등을 인정하는 것은 개인정보처리자에게 과도한 부담을 준다는 측면에서 입법적 개선이 필요하다고 할 것이다. 다만, 현재로서는 완전히 자동화된 결정의 개념을 권리, 의무에 영향을 미치는 결정으로 해석함으로써 설명요구권의 대상도 권리, 의무에 영향을 미치는 결정으로 한정하는 것이 타당할 것이다.

설명요구권에서 설명의 기준을 정하는 것도 중요한 문제이다. 설명요구권의 취지는 정보주체가 자신에 관한 자동화된 결정이 있는 경우 이에 어떻게 대응해야 할지 결정하기 위한 정보를

획득할 수 있도록 하기 위한 것이다. 따라서 알고리즘의 공개나 복잡한 설명보다는 결정의 이유와 기준에 관한 충분한 정보를 이해하기 쉬운 방법으로 제공해야 할 것이다.[17]

인공지능 등 자동화된 결정에 대한 대응권의 신설로 정보주체인 국민이 인공지능 서비스를 안전하게 신뢰하면서 이용할 수 있는 사회적 안전장치 중 하나의 역할을 하면서, 개인정보를 기반으로 하는 혁신적인 인공지능 서비스가 확산될 수 있는 선순환 구조가 마련될 것으로 기대가 된다.

다만 동의를 받은 경우에는 정보주체의 거부권이 인정되지 않아 제도의 효용성이 얼마나 있을지 의문이며, 설명요구의 경우에는 블랙박스 등의 문제로 설명이 형식화되는 경우 정보주체에게 실익이 없을 가능성이 있다. 다른 한편으로는

---

17 개인정보처리자는 정보주체가 설명을 요구하는 경우, 정당한 사유가 없으면 다음 사항을 포함한 간결하고 의미 있는 설명을 제공해야 한다(개인정보 보호법 시행령 제44조의3 제2항):
가) 해당 자동화된 결정의 결과
나) 해당 자동화된 결정에 사용된 주요 개인정보의 유형
다) 주요 개인정보의 유형이 자동화된 결정에 미친 영향 등 자동화된 결정의 주요 기준
라) 해당 자동화된 결정에 사용된 주요 개인정보의 처리 과정 등 자동화된 결정이 이루어지는 절차

자동화된 결정의 개념, 범위, 효력 등에서 여전히 불명확한 점이 많기 때문에 시장에서 상당한 혼란이 일어날 수도 있다. 따라서 개인정보보호위원회는 가이드라인을 통해 제도의 실효성을 높이는 작업을 조속히 진행해야 할 것이다.

16 AI는 법률상담을 할 수 있을까

2022년 챗GPT 등장으로 시작된 생성형 인공지능(AI) 열풍은 법률 분야도 예외가 아니다. 리걸테크 분야 글로벌 선두 기업인 미국의 렉시스넥시스는 각국 법률 데이터와 언어를 학습시켜 법률 해설, 판례·논문 검색, 법률 문서 작성 서비스를 제공하는 모델을 만들어냈고, 3월 한국에도 생성형 AI 기반 솔루션 '렉시스플러스 AI'를 출시했다.

2024년 3월 20일에는 국내 모 중견 로펌이 토종 법률상담 AI 챗봇을 내놓았다. 이 서비스는 온라인 채팅 방식으로 실시간 무료 법률상담을 해준다. 이 서비스를 위해 약 9개월 동안 소속 변호사들이 1만여 개 질문과 답변을 직접 만들어 AI를 학습시켰다. 현재 이 서비스는 100개 질문 중 88개에 정확하게 답할 수 있는 수준이라고 한다. 이 서비스를 통해 일반인들은 법률 정보를 신속하게 획득하게 될 수 있으며, 해당 로펌도 변호사의 생산성 향상은 물론 로펌의 홍보에 도움이 될 것으로 보인다.

다만 언론보도를 종합해 보면, 대한변호사협회는 이 서비스에 대해 법 위반의 가능성을 제기하면서 해당 로펌에 대한 징계를 논의하고 있다. 그 사유는 크게 세 가지다.

첫째, "24시간 무료 법률상담 서비스"라는 서비스명이 변호사 광고 규정 제8조 제1항 '변호사 등은 무료 또는 부당한 염가의 법률상담 방식에 의한 광고를 하여서는 아니 된다'라는 규정을 위반하여 공정한 수임질서를 해치고 있다고 한다. 이에 대해 해당 로펌은 공식 명칭을 법률상담 대신 '법률 Q&A'로 변경했다.

둘째, 이용자가 법률 질문을 입력하면 해당 답변과 함께 포털 화면 하단에 상담을 위한 변호사 광고가 뜨는데, 이 광고를 통해 로펌이 포털에서 직간접적 수익을 얻을 가능성이 높다고 봤다. 그런데 이는 비변호사인 제3자를 통해 법률 서비스를 제공하거나 이익을 분배받아서는 안 된다는 변호사법 제34조(변호사가 아닌 자와의 동업 금지 등) 제5항 위반이라는 취지다. 이에 대해 해당 로펌은 보도자료 제공이 광고는 아니며, 변호사 광고에 해당 로펌의 변호사 광고는 없으며, 법률 정보 제공을 법률 서비스로 볼 수는 없다는 입장이다.

셋째, 해당 서비스를 학습시키기 위한 자료들이 해당 로펌이 지금까지 수행했던 소송사건들을 바탕으로 구성됐을 확률이 높다며, 의뢰인들에게 개인정보 활용 동의 등을 받지 않았으면 변호사법 제24조(품위유지 의무 등)와 변호사윤리장전 제5조(품위유지 의무) 등을 위반한 것으로 봤다. 이에 대해 해당 로펌은 판례들을 이용했을 뿐 직접 수임한 사건을 활용한 적이 없기 때문에 개인정보 침해 이슈는 없다는 입장이다.[18]

리걸테크 기업인 로톡과 8년간의 지리한 싸움에서 패한 대한변호사협회가 이제 다시 법률 AI와 싸움을 시작했다. 그러나 법 해석에 대한 논쟁은 형식을 실질에 짜맞추기 위한 공방일 뿐이다. 본질은 과연 AI를 이용한 법률상담이나 법률문서작성을 어느 범위에서 인정하는 것이 법치주의, 민주주의 관점에서 정당하냐는 것이다.

미국 스탠퍼드대 인간중심 AI 연구소는 생성형 AI는 개인의 사법 접근성 문제, 법률 대리인의 업무 처리, 판사의 판결 등을 보조할 잠재력을 보유하고 있고 개인은 생성형 AI를 통해 필요한 법률 문서를 준비하고, 변호사는 법률 연구와 문서 작업, 판사는 판결의 정확성과 효율성을 개선시킬 수 있다고 보았다. 다만, 생성형 AI는 거짓말을 할 수 있고, 사실, 사례, 원칙 등을 만들어 낼 수 있어 판결과 같은 법적 의사결정에 있어 생성형 AI에 전적으로 의존하는 것은 법조인의 직

---

18 '법무법인(유한) 대륙아주'의 법률AI(챗봇)인 'AI 대륙아주'(24시간 무료 법률 Q&A 챗봇)가 2024. 3. 20. 공개되어 7개월간 55,000명이 이용하고, 약 10만 건의 문의가 있었다. 2024. 10. 8 변협(대한변호사협회)의 징계 절차 개시 통보를 계기로 "적법성 여부와 무관하게" 서비스를 잠정 중단했다. 2024. 11. 19 변협 징계위가 법인 과태료 1,000만 원, 대표변호사 2인(김대희·이규철) 및 홍보 참여 변호사 1인 각 500만 원, 기타 대표변호사 등 견책을 의결했다. 변협 징계위는 대륙아주가 '변호사가 아닌 자는 변호사가 아니면 할 수 없는 업무를 통해 보수나 그 밖의 이익을 분배받아선 안 된다'는 변호사법 제34조 제5항과 '무료 또는 부당한 염가를 표방하는 광고를 금지한다'는 변협의 '변호사 광고에 관한 규정'을 위반했다고 판단했다.

업윤리는 물론 법치주의에 심각한 문제를 야기할 수 있다고 경고했다.

사실 법률 분야의 AI 도입은 양면성을 지닌다. 법률 분야는 법조문, 판례, 법이론 등이 공개되어 있는데, 법적 결론이 대부분이 선례에 구속된다는 점에서 생성형 AI의 결론이 타당할 가능성이 높아 활용도가 매우 높을 수 있지만, 한편으로는 법적 결정은 사람의 생명, 신체, 재산 관련 결정이라는 점에서 아무리 기계인 AI의 결론이 타당성이 높다고 하더라도 인간의 최종적 개입이 불가피하다는 점이다.

2023년 존 로버츠 미국 연방대법원장은 AI가 가난한 소송 당사자의 사법 접근성을 높이고, 법률 연구에 혁명을 일으키는 것은 물론 법원이 사건을 더 빠르고 저렴하게 해결하도록 지원할 수 있는 잠재력이 있다고 평가했다. 다만, 법적 결정은 종종 인간의 판단을 적용해야 하는 회색 영역을 포함한다며 판사만이 피고인 발언의 진실성을 평가할 수 있는 영역이 있다고 했다. 피고인의 떨리는 손과 목소리, 억양의 변화, 땀방울, 순간의 망설임, 눈맞춤 등의 미묘한 차이는 인간 판사만이 포착할 수 있다는 것이다.

다시 돌아가 한국의 상황을 돌아보면, 인간의 최종적 개입과 책임 귀속을 전제로 법률 AI를 최대한 활용할 수 있는 유연한 법 해석이 필요하다. 법 해석의 한계를 넘어서는 경우 입법적 개선도 필요하다. 또한 판례 공개의 확대, 생성형 AI 기술의 발전, 데이터 학습을 위한 면책 규정의 도입 등 법률 AI 산업 발전을 위한 조치를 고민해야 한다. 이미 챗GPT는 한국법에 대한 답변을 생성하고 있다. 그러면 오픈AI도 변호사법을 위반하고 있는 것인가.

인쇄술이 법이론의 엄청난 확산을 가져왔고, 인터넷이 법률 정보의 대중화를 가져온 것처럼, 이제 AI는 법률가라는 전문직의 생산성을 엄청나게 향상시키는 것은 물론 법률소비자의 사법 시스템 접근을 획기적으로 제고하게 될 것이다. 이런 기술변화를 일자리 대체 차원에서만 이해해서는 안 된다. 우리 사법 시스템도 AI를 맞이하고 수용할 준비를 해야 한다.

17 AI 산업 근간 뒤흔드는 데이터법 운용

인공지능(AI)은 전 산업에 걸쳐 혁신을 주도하고 있으며, 경제 및 사회 시스템 전반에서 혁신을 주도할 범용기술이 되고 있다. 이런 AI의 거대한 물결에 올라타지 못하는 기업, 국가에는 미래가 없다고 해도 과언이 아닌데, 이를 위해 세계 주요 국가는 데이터 규제혁신을 통해 AI 산업 진흥에 진력하고 있다.

AI는 데이터로부터 가치 있는 정보를 찾아내어 이를 활용한다. AI는 빅데이터를 학습, 분석해서 일정한 패턴을 찾아내고 그 패턴에 따라서 결과를 예측한다. 특히, 생성형 AI는 대규모 데이터와 패턴을 학습하고 기존의 데이터를 활용하여 텍스트, 이미지, 비디오 등 새로운 결과를 만든다. AI에게 데이터는 원천 재료이자 자양분인 셈이다. 대규모의 양질의 데이터를 확보할 수 있는지가 AI의 성능을 좌우한다.

생성형 AI에서 데이터의 이용 관련 가장 큰 장애는 학습 대상 데이터에 저작권이 설정된 경우나 데이터가 공개된 개인정보인 경우이다. 두 경우 각각 저작권자와 정보주체의 이용허락을 받으면 문제가 없지만, 대규모 데이터를 기계적으로 분석·학습하는 AI 모델 특성상 개별적으로 동의를 받는 것이 사실상 불가능하다. 이 문제를 해결하기 위해 저작권법상 예외 규정으로 TDM(Text and Data Mining) 면책규정이 논의되고 있다. 이는 정보분석 등의 목적으로 AI가 데이터를 이용하는 경우에는 저작물을 AI 학습용 데이터로 사용할 수 있도록 하자는 것이다. 이미 영국, 독일, 일본 저작권법에 도입되어 있다. 특히 일본은 영리적 목적의 TDM도 허용하고 있지만 한국에서는 이 논의가 답보상태이다.

공개된 개인정보의 경우 정보주체의 동의가 있었다고 객관적으로 인정되는 범위 내에서 처리 가능하다고 할 수 있다. 개인정보보호위원회도 같은 입장이며, 나아가 위원회는 AI 개발, 서비스를 제공하는 개인정보처리자의 정당한 이익이 정보주체의 권리보다 명백하게 우선하는 경우 개인정보 수집, 이용이 가능하다고 밝히면서, '정당한 이익'의 구체적 내용, 정당한 이익이 인정되는 사례 등에 관한 가이드를 곧 발표할 것이라고 한다. 다만, 미국 캘리포니아 개인정보보호권리법, 호주 빅토리아주 개인정보보호법과 같이 공개된 개인정보의 경우 법 적용대상에서 제외하는 것을 검토할 필요가 있다.

한편 최근 법원은 1심, 2심 공히 '정보주체는 개인정보처리자에 대해 자신의 개인정보 처리의 정지를 요구할 수 있다'고 규정한 개인정보보호법 제37조 제1항에 근거해 개인이 가명처리 정지를 요구할 수 있다고 판결했다. 그러나 가명정보 제도는 데이터 활용에 대한 시대적 요구를 반영하여, 가명처리를 통해 개인정보를 보호하되, 개인정보처리자가 '정보주체의 동의 없이' 개인정보를 연구, 통계 등 특정 목적에 가명 처리해 활용할 수 있도록 허용한 것이다. 법원의 해석은 입법자의 의사를 무시한 것이며, 판결이 이대로 확정되면 데이터 활용이 불가능해지고 결국 AI 사업 근간이 흔들리게 될 것이다. 일본, 미국도 가명처리 정지를 인정하지 않는다.[19]

한국은 데이터, AI 산업에 있어서 미국, 중국을 제외하면 선도국이라는 자부심이 있지만 최근 라인 사태에서 보는 바와 같이 일본으로부터도 도전을 받고 있다. 더구나 일본보다 더 경직적인 데이터 법제를 운용하고 있는 한국에서 AI 산업의 전망이 밝을 수 없다.

---

19 대법원은 원심판결에 개인정보 보호법 제37조 제1항 제1문의 적용범위에 관한 법리를 오해하여 판결에 영향을 미친 잘못이 있다고 보아 원심판결을 파기하고 사건을 서울고등법원에 환송했다(대법원 2025. 7. 18. 선고 2024다210554 판결). 대법원은 "가명처리"는 개인정보 보호법 제37조 제1항 제1문에서 처리정지 요구의 대상으로 정한 개인정보 "처리"에 해당하지 않는다고 판단했다. 첫째, "가명처리"를 '개인정보의 일부를 삭제하거나 일부 또는 전부를 대체하는 등의 방법으로 추가 정보가 없이는 특정 개인을 알아볼 수 없도록 처리하는 것'(제1호의2)으로 정의함으로써 "가명처리"를 같은 법 제2조 제2호의 "처리"와는 별도로 규정했다. 둘째, "가명처리"는 그 개념적 정의에 의하더라도 개인정보에 대한 식별의 위험성을 낮추는 방법이므로, 정보주체에 대한 권리 또는 사생활 침해의 위험을 발생시킬 수 있는 개인정보 보호법 제2조 제2호에서 규정한 여러 유형의 개인정보 "처리"와는 구별된다. 데이터 관련 신산업 육성이 범국가적 과제로 대두되고 인공지능, 클라우드, 사물인터넷 등 신기술을 활용한 데이터 이용이 필요한 상황에서 데이터의 이용을 활성화하기 위한 가명정보조항의 입법취지를 고려하면, "가명처리"는 개인정보 보호법 제37조 제1항 제1문에서 처리정지 요구의 대상으로 정한 개인정보 "처리"에 해당하지 않는다고 보아야 한다.

18 AI 버블 논쟁의 시시비비

2022년 12월 생성형 인공지능(AI)인 오픈AI의 챗GPT 출시 후 AI가 인류의 삶을 획기적으로 혁신할 것이라는 기대가 높아져 갔다. 생성형 AI는 텍스트 기반의 언어 모델에서 텍스트, 이미지, 비디오 등 멀티모달 모델로, 사람처럼 보고 듣고 말하는 범용(Artificial General) AI로 발전하고 있다. 시장 전망도 낙관적이었다. 2023년 골드만삭스는 AI가 전 세계 일자리 3억 개를 자동화하고 향후 10년 동안 세계 GDP의 7%를 증가시킨다고 전망했다.

그러나 최근 AI에 대한 투자 열기가 식으면서 투자 대비 수익이 없다는 소위 'AI 버블' 논쟁이 일고 있다. 2024년 6월 20일 미국 세쿼이아캐피털의 파트너 데이비드 칸은 'AI의 6000억 달러 문제'라는 보고서를 통해 빅테크들이 AI에 투자한 비용을 회수하기 위해 필요한 매출은 연간 6000억 달러인데, 실제 매출은 1000억 달러에 불과해 5000억 달러의 갭이 있다고 지적했다.

그동안 AI에 대한 막대한 투자와 기대에 비해 주가가 하락하고 생산성 혁신도 보이지 않으면서 마치 1990년대 후반부터 2000년대 초반까지 인터넷 회사들의 주가가 급등하고 이후 급락한 사건인 "닷컴 버블"과 유사한 AI 버블이 나타나고 있는 것처럼 보인다. 그럼 AI 버블의 징후 즉, AI의 미래 전망을 어둡게 하는 요인은 무엇일까.

먼저 AI 수요 전망의 불확실성이다. 가트너사가 기술의 성숙도와 채택 과정을 설명하기 위해 개발한 하이프 사이클 모델에 따르면, 혁신 기술은 기술 촉발, 과도한 기대의 정점, 환멸의 골짜기, 계몽의 단계, 생산성의 안정기를 거친다.[20]

20 Fenn, J. (1995). When to leap on the hype cycle. Gartner Research Note. Stamford, CT: Gartner Group. 이 논문이 최초이다.

2024년 보고서에서 가트너는 생성형 AI가 환멸의 골짜기에 막 진입한 것으로 봤다. 거품이 빠지고 유행이 줄어드는 단계라는 것인데, 향후 여러 분야에서 응용 사례가 증가하는 계몽의 단계를 거쳐 생산성의 정상에 갈 수 있을지 주목된다.

AI가 추가적인 단계로 상승하기 위해서는 AI에 대한 유용성과 용이성을 높여야 한다. 유용성이 실제 이용자에게 편익을 주는 것이라면 용이성은 이용자가 AI를 쉽게 이용하는 것이다. 메타버스 버블은 킬러 콘텐츠를 확보하지 못해 유용성을 주지 못했고 고가의 단말기, 어지러움 등으로 인해 용이성을 확보하지도 못해 생긴 것이었다. 멀티모달을 이용한 창작의 경험은 이용자에게 AI의 유용성을, 온디바이스 AI와 AI 비서는 스마트폰을 통한 편리성이라는 용이성을 제공할 수 있다.

다음 데이터 부족 등 규제 이슈이다. AI 연구기관인 Epoch AI에 따르면 2026년부터 학습용 데이터가 소진될 전망이다.[21] AI 학습 속도가 데이터 증가 속도를 앞지르고 있기 때문이다. AI는 인터넷에 공개된 정보를 크롤링하여 학습 데이터로 활용하고 있지만 이도 무한한 것이 아니다. 이에 대한 대책으로 AI가 생성한 데이터를 AI에 다시 학습시키는 방법이 있지만 이는 데이터의 성능을 저하시킨다. 다른 데이터 부족의 요인은 규제이다. 저작권자의 보상 요구가 높아지고 있고 규제도 이를 수용하면서 데이터 비용이 증가하고 있다.

그 외에도 규제법이 AI 버블의 요인이 될 수 있다. 예를 들어, EU에서 메타는 인터넷에 게시된 공개 데이터를 사용할 때 EU 데이터 규제와 충돌할 가능성으로 인해 생성형 AI 제품 출시를 연기했다. 애플도 EU의 디지털시장법으로 인해 개인정보보호 등 제품의 무결성이 손상될 수 있다고 우려하며 아이폰의 AI 기능인 '애플 인텔리전스' 출시를 보류했다.

결론적으로 킬러 서비스와 수익 모델의 부족, 데이터 부족, 규제 이슈 등이 AI 버블 논란을 키우고 있는 셈이다. 다만, 아직 최종적 판단을 하기는 이르다. 전기와 같은 범용 기술로서 인정받는 AI의 잠재 가치는 엄청날 것이기 때문이다. 순다르 피차이 구글 CEO의 말처럼 AI에 대한 과소 투자의 위험이 과잉 투자의 위

21 Epoch AI (2023). Will we run out of data? Evidence from projecting dataset sizes and model consumption(https://epoch.ai/blog/will-we-run-out-of-data-limits-of-llm-scaling-based-on-human-generated-data)

험보다 훨씬 클 수도 있다. 다만, 과도하게 낙관적이거나 비관적인 시각을 피하고, 객관적, 실질적 평가를 통해 AI의 가치를 판단해야 한다. 또한 불필요하고 과도한 규제로 인해 기술 발전으로 인한 편익을 막는 우를 범하지 말아야 한다.

19 워터마크와 AI 생성 허위정보 규제

한국도 총선이 다가오면서 딥페이크 등 허위정보로 인해 선거가 혼탁해질 가능성이 높아지고 있다. 이에 우선 선거 주무기관인 중앙선거관리위원회가 나섰다. 공직선거법 제82조의8을 신설하여 선거일 전 90일부터 선거일까지 선거운동을 위해 인공지능 기술 등을 통하여 실제와 구분하기 어려운 가상의 음향, 이미지 또는 영상(딥페이크 영상 등)의 제작·편집·유포·상영·게시를 금지했다. 또한 중앙선관위는 AI 모니터링 전담요원과 AI 전문가로 구성된 감별반 등을 확대 편성하여 대응 중이다.

글로벌 차원에서 생성형 AI의 위험성에 대한 규범 정립 논의가 활발히 진행 중인데, 특히 워터마크 도입 논의가 활발하다. 워터마크(watermark)란 디지털 이미지나 문서에 삽입되는 로고나 텍스트로, 해당 자료의 소유자나 원본을 표시하는 역할을 한다. 이를 통해 불법적인 복제나 사용을 방지하고, 소유자의 권리를 강화할 수 있다. 또한 저작권 보호나 인증을 목적으로 사용되는데, 이에 따라 해당 자료의 무단 사용을 방지하고 저작권 침해에 대한 증거로 활용된다. 생성형 AI에서는 생성형 AI로 생성된 콘텐츠를 더 쉽게 식별할 수 있도록 한다. 이로 인해 허위정보일 가능성이 높다는 점을 추정할 수 있게 된다.

미국은 '23. 7. 자율 서약(Voluntary Commitments)'에서 미 바이든 정부와 주요 AI 기업 7개가 안전, 보안, 신뢰를 강조하는 8가지 약속에 AI 생성 시청각 콘텐츠 표식(워터마크) 개발 규정을 포함했다. 또한 '23. 10. 행정명령(Executive Order)'에서 미 행정부가 직접 AI 생성 콘텐츠 식별을 위한 기술 개발 촉진 및 인증 지침을 마련하며, 정부 생산 디지털 콘텐츠에 AI 생성을 표시하는 지침을 제정했다. EU는 인공지능법(AI Act)에 범용 AI 모델 관련 콘텐츠가 AI에 의해 생성되었음을 명시하는 투명성 의무를 규정했고, G7은 '23. 10. AI 행동강령'에서 히로시마 AI 프로세스에 따라 워터마킹 등 AI 생성 콘텐츠 식별을 위한 인증 및 출처 표시 항목을 포함했다.

사업자들의 자율규제 움직임도 나타나고 있다. 구글, 오픈AI, 메타 등 빅테크들은 2024년 2월 16일 개막한 독일 뮌헨안보회의(MSC)에서 딥페이크가 세계 각국 선거에 영향을 미쳐 혼란을 야기할 수 있다는 데 의견을 모으고, 딥페이크를 차단하는 방안을 마련하겠다는 내용의 합의문을 발표했다. 여기에서 빅테크들은 딥페이크를 감지해 라벨(꼬리표)을 붙이는 등 조치를 취하기로 했다. 또 효과적으로 딥페이크 등을 막은 모범 사례를 공유해 위법한 콘텐츠에 대해서 신속하게 대응하기로 했다.

국내 기업은 '23. 9. 초거대 AI 도약 행사'에서 자발적 안전조치 이행 선언을 했고 '23. 10. 제4차 AI 최고위 전략대화'에서 워터마크의 단계적 도입에 합의하였으나, 아직 대부분의 기업이 워터마크 기술을 도입하지 않는 상황이다. 다만 최근 사업자들의 자율규제가 도입되고 있다. 네이버는 딥페이크 관련 키워드 검색 결과에 경고나 주의 문구를 노출하는 방안을 검토하고 있다. 또한 자사 AI 서비스 클로바X에서 음란성 콘텐츠나 얼굴 합성을 요청하는 경우 결과물, 즉 답변을 제공하지 않도록 했다. 카카오의 AI 전문 자회사 카카오브레인은 자체 개발한 이미지 생성 AI 모델 '칼로'에 워터마크 기술 도입을 검토 중이다.

다만 워터마킹의 문제점은 그것이 완벽하지 않다는 것이다. 이미지의 워터마크는 설계에 따라 감지될 수 있어 제거될 수 있으며, 비디오 워터마킹의 경우 워터마킹이 비디오 프레임 전체에 걸쳐 있으면 일반적인 비디오 압축 방법에서 손실될 우려가 있다. 텍스트의 경우 간단한 텍스트 편집을 통해 워터마킹이 쉽게 깨질 수 있다.

한국은 워터마크에 대한 법적 규제도 검토하고 있다. 국회에 계류 중인 기존 인공지능법 제정안에 AI 콘텐츠 워터마크 표시 의무화를 추가한 개정안을 마련하고 국회 통과를 기다리고 있다.[22] 그러나 허위 정보에 대한 법적 규제, 자율규

---

22 2024년 12월 제정되는 AI기본법 제31조(인공지능 투명성 확보 의무)는 ① 인공지능사업자는 고영향인공지능이나 생성형 인공지능을 이용한 제품 또는 서비스를 제공하려는 경우 제

제 외에 제일 중요한 것은 허위 의심 정보에 대한 진위 여부를 판단할 수 있는 이용자의 리터러시 함양이다. 그러나 문제는 심각한 정치적 편향과 확증 현상으로 인해 믿고 싶은 정보만 믿는 현상이 난무하고 있는 것이다.

결국 플랫폼 기업이 조금 더 허위 정보를 선별하고 신속히 제거할 수 있는 노력을 해야 할 것이며, 그와 함께 정부와 민간 기업이 리터러시 함양을 위한 대대적인 캠페인을 벌이는 방안을 강구해야 할 것이다.

품 또는 서비스가 해당 인공지능에 기반하여 운용된다는 사실을 이용자에게 사전에 고지하여야 한다. ② 인공지능사업자는 생성형 인공지능 또는 이를 이용한 제품 또는 서비스를 제공하는 경우 그 결과물이 생성형 인공지능에 의하여 생성되었다는 사실을 표시하여야 한다. ③ 인공지능사업자는 인공지능시스템을 이용하여 실제와 구분하기 어려운 가상의 음향, 이미지 또는 영상 등의 결과물을 제공하는 경우 해당 결과물이 인공지능시스템에 의하여 생성되었다는 사실을 이용자가 명확하게 인식할 수 있는 방식으로 고지 또는 표시하여야 한다. 이 경우 해당 결과물이 예술적·창의적 표현물에 해당하거나 그 일부를 구성하는 경우에는 전시 또는 향유 등을 저해하지 아니하는 방식으로 고지 또는 표시할 수 있다.

20 딥페이크 성범죄 문제, 기술 보완 넘어 디지털 윤리 교육 필수

2024년 8월 15일 광복절을 맞아 AI 크리에이터인 하일광 작가가 딥페이크(deepfake)를 활용해 광복절 영상을 만들었다. 안중근 의사, 유관순 열사, 김구 선생 등 독립운동가들이 손을 들고 웃는 모습이 나오는데, 이를 본 많은 국민이 감동을 받았다. 고인의 생전 모습을 딥페이크를 통해 재현한 것이다. 이처럼 즐거움을 주는 영상물도 있지만, 최근 여성 얼굴에 음란물을 합성한 뒤 이를 텔레그램방에서 유포하는 이른바 딥페이크 성범죄 영상물 사태가 심각한 양상으로 확대되고 있다. 특정 텔레그램 채널에서 운영되는 봇(Bot) 프로그램에 사진을 올리면 사진 속 얼굴과 나체 사진을 합성한 사진을 완성하는 형태다.

더 큰 문제는 10대가 딥페이크를 악용한 범죄에 가담하는 일이 꾸준히 증가하고 있다는 것이다. 조은희 국민의힘 의원이 경찰청에서 받은 자료에 따르면 최근 4년간 허위 영상물을 만들어 배포해 입건된 10대는 전체 피의자 중 70.5%였다. 또한 딥페이크 성범죄의 피해자도 10대가 절대다수이다. 더불어민주당 양부남 의원이 경찰청에서 제출받은 자료에 따르면 2024년 3년간 경찰 수사가 진행된 딥페이크 성범죄 사건의 피해자 10명 중 6명이 미성년자였던 것으로 나타났다.

딥페이크 성범죄 영상물의 가해자도 피해자도 미성년자가 다수라는 점에서 학교 현장의 혼란은 심각한 상황이다. 더구나 미국 사이버보안 업체 '시큐리티 히어로'가 발표한 '2023 딥페이크 현황' 보고서에 따르면 전 세계적으로 유포된 딥페이크 성착취물 피해자의 절반 이상이 한국 연예인이라고 한다.

딥페이크는 인공지능(AI)을 활용해 실제와 거의 구분하기 힘들 정도로 정교한 가짜 사진·영상을 만들어내는 기술인데, 원본 이미지나 영상 속의 사람을 다른 사람으로 대체하거나 영상과 오디오를 합성하는 데 이용된다. 딥페이크는 딥러닝(Deep Learning)과 가짜(Fake)의 합성어로 만들어진 용어로서, 딥페이크를 생성하는 대표적인 알고리즘이 생성 적대 신경망 GAN(Generative Adversarial Network)이다.

GAN은 이미지를 생성하는 생성자(Generator)와 이미지가 진짜인지 가짜인지를 구별하는 감별자(Discriminator)로 구성된다. 생성자는 특정한 분포로 이미지를 생성하여 이 이미지를 원본 이미지와 함께 감별자에 제공하고, 감별자는 제공된 이미지가 원본 이미지인지 생성자에서 생성된 이미지인지를 구분한다. 이렇게 경쟁적으로 생성과 구분이 반복되면서 감별자도 결과적으로 진짜인지 가짜인지 판단하기 힘든 이미지를 생성자가 생성해 낼 수 있게 된다.

문제는 딥페이크를 일반인도 쉽게 이용할 수 있게 된 것이다. 종래에는 가짜 이미지나 합성사진을 생성하기 위해서는 포토샵이나 일러스트레이터와 같은 이미지 편집 프로그램을 사용했지만, 최근에는 공개된 딥러닝 알고리즘을 이용하면 누구나 쉽게 가짜 이미지 및 동영상을 생성해 낼 수 있게 되었다. 구글 스토어에서 리페이스(reface)라는 무료 AI 얼굴합성 앱은 다운로드 수가 1억 회를 넘어섰는데, 이런 딥페이크 애플리케이션을 다운받으면 10초 만에 가짜 영상을 만들어낼 수 있다.

기술 자체에는 선악이 없지만, 최근 딥페이크 기술이 성범죄는 물론 가짜뉴스의 생산에도 이용되면서, 공동체의 존립에 악영향을 미치고 있다. 이에 여러 기술적, 제도적 대안이 논의되고 있다.

우선 기술적 대책으로 논의되는 것이 딥페이크 탐지 기술이다. AI를 이용하여 영상 합성물을 탐지하고 가짜 영상을 추적·삭제하는 방식이다. AI 기술로 얼굴 변화를 감지하거나, 음성과 입 모양의 부자연스러운 부분을 분석하는 것이다. 인텔이 2022년 공개한 딥페이크 탐지 프로그램 '페이크캐처(fake catcher)'는 정확도가 96%에 달하는데, 사람 얼굴의 혈류 변화를 추적해 예상되는 얼굴색과 영상 속 얼굴색을 비교하는 방식으로 딥페이크 여부를 판별한다. 얼굴의 핏줄 정보를 실시간 검사하며 영상을 픽셀 단위로 분석해 가짜 영상인지를 판별하는 것이다. 그러나 창과 방패의 싸움처럼 딥페이크의 품질이 향상되면서 탐지기술을 이용한 대응도 한계가 있다.

다음으로 논의되는 것이 딥페이크 제작 단계에서부터 가짜 콘텐츠를 구별할 수 있도록 하려는 시도인 워터마크(water mark) 기술이다. 워터마크란 디지털 이미지나 문서에 삽입되는 로고나 텍스트로, 해당 자료의 소유자나 원본을 표시하는 역할을 한다. 생성 AI에서는 생성 AI로 생성된 콘텐츠라는 사실을 쉽게 식별할 수 있도록 한다. 이로 인해 허위정보일 가능성이 높다는 점을 추정할 수 있게 된다. 한국 정부도 AI 생성물 '워터마크' 의무화 계획을 발표했으며, 국회에 계류 중인 AI 기본법에도 이를 포함할 계획이다. 다만, 워터마크도 기술적으로 제거될 가능성이 있고, 워터마크 부착 의무를 창작자 개인에게까지 부과하는 것은 과도한 규제가 될 수 있다는 비판이 있다.

다음 딥페이크 범죄에 대한 처벌강화이다. 정부는 성폭력처벌법을 개정해 음란 딥페이크 콘텐츠에 대한 처벌을 강화하기로 했다. 현재 딥페이크 같은 '허위 영상물'을 유포하면 징역 5년 이하 또는 5000만 원 이하의 벌금에 처하도록 돼 있는데, 이를 불법 촬영물 수준인 징역 7년 이하 또는 5000만 원 이하 벌금으로 강화하겠다는 것이다. 또한 딥페이크 성범죄 영상을 만들더라도 유포할 목적이 입증돼야만 처벌할 수 있는 제도를 보완해 제작·소지·시청만으로도 처벌하는 방향을 검토하고 있다.

한편 딥페이크 영상물이 유통되는 경로인 플랫폼 기업에 대한 관리, 감독을 강화하여야 한다는 논의가 있다. 이미 전 세계적으로 범죄 콘텐츠 유통과 관련해 플랫폼에 대한 법적 책임을 강화하고 있다. 2024년 9월 24일 프랑스 당국은 텔레그램 창업자이자 최고경영자(CEO)인 파벨 두로프를 미성년자 성 착취물 유포와 마약 밀매 등을 방조했다는 이유로 체포했다. 국내에서도 선거법을 개정해 딥페이크 영상을 제작·편집해 유포하거나 상영·게시하면 7년 이하의 징역 또는 1000만 원 이상 5000만 원 이하 벌금에 처하도록 했는데, 이에 올해 초 선거관리위원회가 유튜브에 선거 관련 딥페이크 콘텐츠 삭제 등을 요청하자, 2~3일 내 조치가 이뤄졌다.

이미 유럽은 2023년 8월부터 온라인 플랫폼에 불법 콘텐츠 차단, 삭제 의무를 부과하는 내용 등을 포함하는 디지털서비스법(Digital Service Act)을 만들어 시행하고 있다. DSA에 따르면 온라인 플랫폼은 불법 정보를 삭제 및 차단하고 이용자의 피해 예방을 위한 다양한 조치를 취해야 한다. 또한 불법 콘텐츠 신고 메커니즘을 구축해야 하고, 범죄 의심정보는 사법당국에 신고해야 한다.

딥페이크 성범죄 영상물에 대한 대처는 정부, 기업, 이용자 모두에게 주어진 시급한 과제로 기술적 보완은 물론 제도적 개선 등 가능한 모든 방법을 동원할 필요가 있다. 이러한 온라인상의 불법에 대한 광범위한 규제가 표현의 자유를 침해하거나 플랫폼의 혁신을 저해한다는 우려가 있지만, 신뢰 가능한 디지털 환경이 조성되지 않는다면 혁신도 지속가능하지 않다는 점을 유의해야 한다. 물론 사업자의 자율규제나 이용자 리터러시 강화 노력 역시 계속될 필요가 있다. 특히, 디지털 윤리 교육 등 학교 차원에서 리터러시 함양 교육이 대폭 강화되어야 할 것이다.

21 소버린 AI 전략 가능할까

국가 간 생성형 인공지능(AI) 경쟁이 치열해지고 있다. 마치 열강들의 AI 신제국주의라고 해도 과언이 아니다. 미국은 틱톡에 대한 퇴출명령을 내린 가운데, 생성형 AI 핵심부품인 엔비디아의 GPU에 대한 중국 수출을 금지했으며 추가로 AI 칩에 대한 통제도 계획하고 있다. 캐나다는 AI 산업지원을 위해 총 2조 4천억 원의 패키지 투자를 진행하고 있으며, 프랑스의 오픈AI라 불리는 미스트랄 AI는 설립된 지 1년 4개월에 불과하나 기업 가치가 58억 유로(약 8조 6274억 원)에 달한다. 일본 정부는 5월 소프트뱅크의 AI 개발을 위한 슈퍼컴퓨터 정비에 최대 421억 엔(약 3877억 원)을 지원한다고 발표했다.

이처럼 자국의 생성형 AI 산업 발전을 위한 국가들의 노력을 시사주간지 이코노미스트는 AI 국가주의(nationalism)이라고 명명했다.[23] 이런 상황에서 최근 등장한 개념이 소버린 AI(Sovereign AI)이다. '소버린(Sovereign)'은 주권을 의미하는 것으로 여기에 AI를 붙이는 경우 특정 국가가 타국에 종속되지 않고 독자적인 AI 서비스를 제공하는 것을 말한다. 국가나 기업이 자체 인프라와 데이터를 활용하여 독립적인 인공지능 역량을 구축하는 전략을 의미하는 것으로, 이를 통해 외부 기술 의존도를 줄이고 자국 내 데이터의 보안과 활용을 극대화할 수 있는 장점이 있다. 다만 자국 데이터만을 활용하여 학습하기 때문에 편향된 결과를 낳을 수 있는 점 등의 문제가 있으나, 이 문제는 글로벌 AI와 소버린 AI의 경쟁과 이용

23 Welcome to the era of AI nationalism, Sovereigns the world over are racing to control their technological destinies, Jan 1st 2024(https://www.economist.com/business/2024/01/01/welcome-to-the-era-of-ai-nationalism?utm_source=chatgpt.com)

자의 선택으로 해결 가능하다.

소버린 AI 개념의 유래는 불명확한데, 올해 2월 엔비디아 CEO 젠슨 황은 모든 나라는 자신들만의 AI를 만들 수 있어야 한다며 모든 국가가 자국의 데이터를 바탕으로 각 나라의 사회와 문화를 이해하는 AI를 가져야 한다면 소버린 AI을 강조한 바 있고, 네이버의 최수연 대표도 역사적, 문화적 맥락을 제대로 이해하는 소버린 AI가 국가마다 필요하며, 각국에 기술력을 제공하고 다양성을 더하는 역할을 할 것이라고 밝혔다.

네이버 분석에 따르면 한국의 경우 소버린 AI 역량 지표라고 할 수 있는 파인튜닝 모델, 사전 학습모델, 자국 사전학습데이터, 학습, 운영 인프라로서 클라우드, 자국 안정성 기술, AI 반도체, 자국 응용산업 생태계 7개 지표에서 미국과 중국과 함께 이를 모두 보유한 유일한 국가이다. 또한 네이버는 이런 역량으로 국내에서 소버린 AI를 구축하고 이들 소버린 AI 확보를 원하는 국가들과 협력을 통해 해당 국가의 소버린 AI를 공동 개발, 투자, 운영하는 방식으로 기술을 수출할 계획이다.

기본적으로 소버린 AI 전략은 미, 중 간의 AI 전쟁에서 한국이 독자적인 플랫폼을 구축하는 전략으로서 의미가 있다. 그동안 검색, 메신저 등 분야에서 글로벌 플랫폼과 경쟁하는 토종 플랫폼을 지켜온 우리의 자존심을 생성형 AI 시대에도 지속할 수 있게 된다는 점에서도 중요하다. 다만 이를 위해서 소버린 AI 역량을 지닌 국내의 통신사, 플랫폼 기업, 제조업체, 스타트업과 정부가 원팀이 되어 역할을 분담, 조정하는 것이 필요하다. 이를 위해 현재 국회에서 계류 중인 AI 기본법이 조속히 통과되고 특히, 곧 출범 예정인 국가AI위원회는 소버린 AI 원팀을 구성하고 실행하는 것을 중요한 임무로 삼아야 할 것이다.

22 AI, 디지털 교과서 논란과 과제

2022년 11월 오픈AI의 생성형 인공지능(AI) 챗GPT 등장 이후 AI 기술은 눈부시게 발전하고 있는데, AI 기술은 생산성 향상을 통해 인류에게 엄청난 편익을 가져올 것으로 전망된다. 이에 따라 최근 사회 각 분야로 AI 기술 적용이 확대되고 있는데, 그중 하나가 교육 분야이다.

정부는 2024년 5월 디지털 대전환 등 시대적 변화 속에서 학생 한 명 한 명이 미래에 충분한 핵심역량을 갖추고 성장할 수 있도록 교육의 변화가 필요하다고 보고 2025년부터 디지털 기반 교육 혁신을 위한 교원 역량강화 연수와 수업 혁신을 지원하는 AI 디지털 교과서(AI Digital Textbook: AIDT) 도입 등을 통해 교사가 이끄는 "교실 혁명"을 추진한다고 밝혔다.

교실 혁명의 핵심 기반이 바로 AIDT인데, 이는 학생 개인의 능력과 수준에 맞는 다양한 맞춤형 학습 기회를 지원할 수 있도록 인공지능을 포함한 지능정보화 기술을 활용하여 다양한 학습자료 및 학습지원 기능 등을 탑재한 교과서이다. 이의 핵심 기능은 AI를 통해 학생별 학습 수준과 속도를 진단·분석하고, 이에 따른 맞춤 콘텐츠를 제공하는 학습 코스웨어를 지원하는 것이다. 정부는 AIDT를 내년부터 초등학교 3·4학년, 중학교 1학년, 고등학교 1학년을 대상으로 영어·수학·정보·국어(특수교육 대상자) 과목부터 단계적으로 도입한다.

AIDT의 특성은 크게 4가지다. 첫째, 맞춤 설계로 개발 과정상 학생, 교사 등 사용자가 참여하도록 하여, 쉽고 편리하며 활용성 높은 기능 및 UI/UX 설계가 포함된다. 둘째, 학생에게 AI 튜터를 제공한다. AI를 이용해 학생과의 질의응답, 추가 학습자료 제공, 학습전략 제안 등 피드백을 제공하는 서비스를 제공한다. 셋째, 교사에게 AI 보조교사를 제공한다. 교사가 AIDT를 활용하여 학생별 맞춤수업설계, 교과서 콘텐츠 재구성, 평가지원 등 서비스를 제공한다. 넷째, 접근성 확보로 특수교육대상 학생 및 장애 교원을 위한 보편적 학습설계 및 다문화 학생을 위한 기능 등을 지원한다.

전통적인 교과서와 달리 AIDT는 여러 장점이 있다. 학생의 학습데이터를 분석해 강점과 약점을 파악하고 이를 바탕으로 학습 스타일과 속도에 맞춰 개인화된 학습을 지원한다. 학생은 자기 수준에 맞는 자료를 선택해 학습할 수 있으며, 문제를 풀 때는 AI 실시간 피드백을 통해 학습의 효율성을 제고한다. 사례들이 교과서를 출판하는 동시에 고정되는 전통 교과서와 달리 비디오·애니메이션 등 다양한 상호작용 콘텐츠를 제공한다. 이는 학생의 학습 흥미를 유도하고 이해도를 높인다. 또한 디지털 형식으로 제공되므로 다양한 기기에서 사용가능해 접근성이 뛰어나다. 즉, 개인 맞춤형 학습, 실시간 피드백, 상호작용 콘텐츠, 개인 데이터 분석, 접근성 강화 등의 장점이 있다.

다만, 이에 대해 반대론도 상당하다. 먼저 디지털 기기 과몰입 현상이 심화된다는 것이다. 과학기술정보통신부의 '2023년 스마트폰 과의존 실태조사'에 따르면, 2023년 기준 한국 청소년(만 10~19세) 10명 중 4명이 스마트폰 과의존 위험군이었다. 현재도 상황이 이런데 AIDT마저 도입된다면 청소년의 디지털 기기 과의존 현상이 심해질 것이라는 것이다. 최근 10대들이 스마트폰 중독으로 사회성 결여, 주의력 결핍, 만성적 수면 부족 등을 겪고 있고 우울증도 심해지고 있다는 연구 결과는 시사하는 바가 크다.

둘째, 학생들의 문해력이 저하될 것이라는 의견이다. 스웨덴은 일찍부터 유치원 등에서 디지털 교과서를 도입했지만, 아이들의 문해력 저하 문제로 2023년 6세 이하의 아동에 대한 디지털 학습을 중단한 바 있다. 미국 스탠퍼드대 인간중심 AI 연구소에서도 새로운 자동 작성 도구로의 AI 활용은 교육 환경 등 특별한 고려 사항이 없는 곳에서는 창의력 잠식의 우려가 있다고 보았다. 즉 글쓰기의 질은 사람의 사고 능력에 기반하기 때문에, 생성형 AI에 의존하여 텍스트 모델이 글을 쓴다면 학생들은 생각하는 법을 배우는 것이 아니라는 것이다.

셋째, 개인정보와 보안의 문제이다. 맞춤형 학습을 위해 AI가 학생을 정확히 분석하고 그에 맞는 학습 코스를 제공하려면 막대한 양의 개인정보가 필요하다.

특히, 교과서개발에 참여하는 민간 개발사가 개인정보, 학습데이터 등을 수집함에 따른 개인정보 침해 우려가 있다. 끝으로 교사의 역할이 AI에 의해 대체될 가능성이 있다는 우려와 AIDT 내 AI 기능이 없거나, 단순 문제풀이형 AI에 불과하다는 지적도 있다.

이러한 여러 우려는 일견 타당성이 있다. 따라서 디지털 과몰입 문제를 해결하고 문해력 저하를 막기 위해서는 AIDT는 서책 교과서와 함께 교사의 설계에 따라 적정 빈도·방식으로 적재적소에 활용되어야 한다. AIDT는 교사와 학생의 보조 도구로서 사용되어야 하며, 비교육용 사이트 접속 차단, 학생 참여형 활동을 확대하는 방향으로 사용돼야 한다. 또한 미래세대인 학생들이 디지털 기술을 책임감 있고 안전하게 활용할 수 있도록 디지털 리터러시 교육을 강화해야 할 것이다. 개인정보와 보안의 문제를 방지하기 위해서는 민간 개발사는 개인정보보호법에 따라 개인정보 등은 동의하에 최소한으로 수집하도록 하고, 법령 위반 시 엄정한 처벌을 부과하고, 일정 수준 이상의 보안인증 등급 이상을 의무 획득하도록 하고 데이터의 목적 외 활용도 엄격히 금지해야 할 것이다.

사실 한국은 교육 분야에서 AIDT 도입을 위한 하드웨어 인프라는 잘 갖추어져 있다. 2020년 코로나 이후, 비대면 교육이 일상화되면서 스마트 기기가 널리 보급되고 초고속 인터넷망이 구축되면서 디지털 기반 교육 환경이 탄탄하게 조성됐다. 전 세계 최고의 학구열을 지닌 부모와 학생, 최고 수준의 엘리트인 교사까지 이제 AI 소프트웨어의 도입과 활용만 잘 이루어지면 한국이 AI, 디지털 활용 교육 분야에서 퍼스트 무버가 될 가능성이 높다.

AI 확산에 따라 사회 전반에 걸쳐 AI 기술이 가져올 변화에 대한 이용자의 대응력을 높여가기 위한 교육체계 개편과 시스템 구축이 필수적이다. 교육 개편은 국가사회의 AI화 추진을 위해 가장 긴요한 준비수단이며, 이를 위해서는 AI, 디지털 교육 혁명이 필수적이다. AIDT는 이런 여정의 첫발이라고 할 수 있다. 다만, 각종 우려와 예상되는 부작용을 꼼꼼히 챙기면서 실질적인 성공모델을 만들어 나가야 할 것이다.[24]

---

24 이재명 정부 출범 이후 법적 지위를 기존의 '교과서'에서 '교육자료'로 변경하는 초중등교육법 일부 개정안이 2025년 7월 4일 국회를 통과했다. '교과서'로 지정되면 의무 사용의 성격이

23 EU 인공지능법의 브뤼셀 효과

AI 기술이 엄청난 속도와 성능으로 발전함에 따라 이를 윤리적이고 책임감 있게 개발하고 활용하기 위한 규제 거버넌스 논의가 확산되고 있다. 이런 상황에서 유럽연합 의회는 세계 최초로 AI 시스템 전반에 적용되는 포괄적인 규제 체계를 규정한 인공지능법(AI Act)을 통과시켰다. 이 법은 AI 시스템을 안전, 건강, 기본권에 미치는 위험도에 따라 차등화하여 규제한다.

EU 인공지능법도 브뤼셀 효과(Brussels Effect)를 낼 수 있을까. 브뤼셀 효과란 EU의 규제가 회원국에 적용되는 것을 넘어 다른 나라도 이를 따라가는 현상을 말한다. 브뤼셀은 EU 본부가 있는 도시이며 여기에서 EU의 법안이 만들어진다.

브뤼셀 효과를 처음 사용한 미 컬럼비아 대학교 로스쿨 Bradford 교수에 따르면, EU가 직접적인 정치적·군사적 영향력을 행사하지 않더라도, EU 규제를 전 세계의 기업들과 정부들이 따르게 된다고 한다. 이유는 글로벌 시장에서 EU의 경제적 영향력으로 인해 글로벌 기업들이 EU에 접근하기 위해 자발적으로 규제를 따른다는 것이다. 예컨대 EU의 일반개인정보보호법(GDPR)은 구글, 애플 등 글로벌 기업이 GDPR에 맞춰 개인정보 보호정책을 수정하도록 했으며, 100개 이상의 국가가 GDPR과 유사한 데이터 보호법을 제정토록 했다고 한다.[25]

EU AI act가 제정된 이후 글로벌 기업이나 다른 국가의 상황은 어떨까. EU AI act에 대한 준수 부담으로 인해 애플은 아이폰에 탑재될 애플 인텔리전스 기

강해지지만, '교육자료'로 규정되면 학교 자율에 따라 사용 여부가 결정될 수 있다. 이로 인해 AIDT의 전면 도입은 사실상 무산될 가능성이 높아졌으며, 기존에 막대한 투자를 했던 교육 업계 및 학교 현장에 큰 혼란을 야기하고 있는 상황이다.

25 Anu Bradford, 「The Brussels Effect」, 107 『Nw. U. L. Rev.』 1 (2012). Anu Bradford, 『The Brussels Effect: How the European Union Rules the World』, 출판사: Oxford University Press (OUP), 2020년.

능을 유럽에 출시하지 않기로 했고, 메타 역시 오픈 소스 LLM인 라마 3를 유럽에서 배포하지 않기로 결정했다.

또한 미국은 아직 연방 차원 규제법 제정 움직임은 없으며, 다만, 「안전하고 신뢰할 수 있는 AI에 관한 행정명령」과 미국 국립표준기술연구소의 AI 규제 프레임워크를 통해 AI 규제를 시행하고 있다. 프랑스의 개인정보보호위원회인 CNIL(정보및자유위원회)은 20204년 6월 7일 AI 시스템 개발에 관한 권고사항을 발표했는데, 혁신적이고 책임 있는 AI 시스템 개발을 위한 개인의 권리 존중과 혁신의 균형을 취하도록 하고 있다.

영국은 2024년 3월 혁신친화적인 AI 규제(A pro-innovation approach to AI regulation) 백서를 발표했다. 이에 따르면 영국은 혁신을 저해하는 법규제를 도입하지 않고 개별 분야별로 AI 규제에 적용 가능한 접근 방식을 취할 것이며, 새로운 단일 규제기관을 만들지 않고 기존관련 기관들에 권한을 부여하는 방식을 채택했다.

이런 영국의 전략은 EU의 전략과 대비된다. EU가 모든 분야에서 AI 거버넌스의 필요성을 인정하고 단일한 규제 프레임워크하에 중앙정부가 규제를 하는 수평적 접근법을 취함에 반해, 영국은 맥락에 따른 AI 위험에 대응하기 위해 분야별 개입을 하면서 개별 기관이 규제를 하는 분야별(domain-specific) 접근법을 취하고 있다. 다만, 영국의 신정부는 챗GPT와 같은 첨단 AI 모델인 프런티어 모델에 대해서는 강제규정을 포함하는 법안을 제정하되, 비프런티어 모델에 대해서는 여전히 분야별 규제 방식을 취하기로 했다. 사실상 글로벌 빅테크에 대해서만 법규제를 도입하는 것이다.

결론적으로 아직 주요 선진국 누구도 AI에 대해 EU와 같은 포괄적, 수평적, 중앙집권적 법규제를 도입하지 않았고 당분간 도입할 계획도 없다. 이런 점에서 EU 인공지능법의 브뤼셀 효과는 현재로서는 불투명하다.

만약 한국이 상당수 규제가 포함된 AI 기본법을 제정한다면 브뤼셀 효과를 입증하는 최초의 AI 선진국이 될 것이다. 주요 국가들이 EU 인공지능법을 따르지 않는 이유는 분명하다. 핵 보유 여부와 유사하게 AI 기술과 산업 진흥이 국가의 존망을 좌우할 것이라는 믿음이 있기 때문이다.

24 국가 핵심 자산으로 부상하는 AI

2024. 10. 24. 미국 정부는 AI를 핵무기 같은 국가의 전략 자산으로 간주해 개발을 지원하고 위협을 통제하겠다는 내용을 담은 AI에 관한 '국가 안보 각서(National Security Memorandum)'를 발표했다. AI 개발 지원을 위해 AI 인재 유치에 총력을 기울이고 컴퓨팅 인프라에 대한 허가 절차 등을 간소화하고, AI 통제를 위해 자국 AI 기술에 대한 외부 접근 과 AI를 이용한 무기 제조 및 사용 등의 차단 방안을 마련하기로 했다.

이제 AI가 원자력 기술과 비견되는 기술로 인정받고 있는 셈이다. 두 기술은 몇 가지 점에서 유사하다. 첫째 엄청난 혁신성을 지니고 있어 국가경쟁력과 안보에 결정적 영향을 미친다는 점이다. 원자력은 에너지, 의료, 농업 등 다양한 분야에서 활용되며, AI 역시 의료 진단, 자율주행, 금융, 법률 분석 등 사회, 경제 모든 영역에서 영향을 미치고 있다. 또한 핵무기와 관련된 경쟁이 군사적 긴장을 높이는 것처럼, AI 역시 국방, 정보 수집, 사이버 보안 등에서 강대국 간의 경쟁을 초래하고 있다.

둘째, 이중 용도(dual use)를 지닌 기술로 양면성을 가진다는 점이다. 원자력은 발전을 통한 청정에너지 공급이나 암 치료 같은 이점을 제공하지만, 동시에 핵무기라는 파괴적 위험 요소로 활용될 수 있다. AI 또한 사회적 문제 해결이나 효율성을 높일 수 있지만 동시에 프라이버시 침해, 편향적 의사결정, 자동화에 따른 실업 등의 부정적 결과를 초래할 수 있다.

셋째, 국제적 규제와 관리 필요성이 있다는 것이다. 원자력 기술은 이미 핵확산 방지 조약(NPT) 등 국제적인 규제와 감독을 통해 통제되고 있는데, 향후 AI 기술도 점점 더 국제적 가이드라인 등을 통해 관리되어야 한다는 논의가 진행되고 있다.

넷째, 고급 인력과 대규모 자본이 필요하다는 것이다. 핵 기술은 원자력 공학, 물리학 등 고도의 과학적 지식과 시설 투자가 필요하고, AI 역시 컴퓨터 과학, 수학 등 전문 지식과 고성능 컴퓨팅 자원이 요구된다.

이런 이유로 인해 주요국은 모두 AI를 국가 핵심 자산으로 보고 핵 보유와 같은 선상에서 AI 경쟁을 벌이고 있다. 영국 언론기관인 토터스미디어가 발표한 2024년 글로벌 AI 인덱스에 따르면 각국의 AI 경쟁력은 미국이 1위, 중국이 2위, 싱가포르가 3위, 영국이 4위, 프랑스가 5위, 한국이 6위를 차지했다. 싱가포르를 빼면 한국보다 상위 국가는 모두 핵보유국이다.

또한 위 발표에 따르면 미국은 글로벌 AI 지수에서 거의 100점을 기록하며, 53.9점을 기록한 중국을 포함한 다른 국가와 압도적 격차를 보이고 있다. 특히 고급 AI 과학자 글로벌 인재풀의 약 27%를 미국이 보유한 것으로 확인되고 있지만, 이에 만족하지 않고 고급 AI 인재 확보에 총력을 기울이고 있다. 한국은 AI 역량 강화를 위한 명확한 국가전략을 바탕으로 정부 전략에서 높은 순위를 달성했으나 법률로 통과된 AI 관련 법안 수 등을 측정하는 운영환경에서 큰 폭의 하락세이다.

한국이 최고 수준의 원자력 기술을 보유한 것처럼 AI 분야에서도 최강의 경쟁력을 갖춰 정부의 목표대로 3대 강국으로 가기 위해서는 AI 기본법 마련을 비롯하여 고급 AI 인재 유치를 위한 국내 법·제도 환경 정비를 서둘러야 할 것이다.

25 인공지능 기본법의 분석과 평가

1 들어가며

2024. 12. 26. 「인공지능 발전과 신뢰 기반 조성 등에 관한 기본법」(이하 "인공지능(AI) 기본법")이 국회 본회의에서 의결되었다. 이로써 한국은 유럽연합(EU)의 인공지능법(AI act)법에 이어 세계 두 번째로 인공지능을 포괄적으로 규제하는 법을 제정했다. AI 기본법은 인공지능 관련 혁신과 규제를 균형적으로 달성하고자 산업진흥과 안전성 규제를 위한 다양한 법 조항을 도입했다. AI 산업 진흥을 위해 여러 시책은 다른 산업진흥법과 크게 다르지 않으나, 안전성 규제와 관련해서는 인공지능에 관한 전 분야에 적용되는 포괄적, 수평적 규제를 전면 도입했다는 점에서 특색이 있다.

2 법의 주요 내용 분석과 평가

1. 인공지능 등의 정의

"인공지능"은 학습·추론·지각·판단·언어의 이해 등 인간이 가진 지적 능력을 전자적 방법으로 구현한 AI 그 자체를 의미한다. 다만, 이런 인간유사적 AI 개념에 대해서는 인간과 유사한 기능을 반영하지 않는 AI 기술을 규율 대상에서 제외하게 되며, 나아가 인간의 능력을 뛰어넘는 AI를 포섭할 수 없는 문제가 있다는 비판이 있다. AI 개념을 의인화가 아니라 AI 기능이 합리적으로 인간의 편익을 증진하고 권리를 침해하지 않도록 하는 기능합리적, 인간중심적 AI 개념을 도입해야 한다고 본다.

인공지능을 고영향 인공지능과 생성형 인공지능으로 구분하고 있다. "고영향 인공지능"은 사람의 생명, 신체의 안전 및 기본권에 중대한 영향을 미치거나 위험을 초래할 우려가 있는 인공지능시스템으로서, 법에서 열거하는 영역 중 하나에 해당하는 경우를 의미하는데, 법률에서 「에너지법」 제2조 제1호에 따른 에너지의 공급 등 10개의 유형을 정하고 있고 향후 대통령령으로 추가할 수도 있도록 하고 있다. "생성형 인공지능"이란 입력한 데이터의 구조와 특성을 모방하여 글, 소리, 그림, 영상, 그 밖의 다양한 결과물을 생성하는 인공지능시스템을 의미한다고 규정하고 있다.

또 인공지능사업자를 각 인공지능을 개발하여 제공하는 자인 "인공지능개발사업자"와 인공지능을 이용하여 제품 또는 서비스를 제공하는 자인 "인공지능이용사업자"로 구분하고 있다. 또한 학습에 사용된 누적 연산량이 대통령령 기준 이상 인공지능 사업자는 고영향에 해당하지 않더라도 추가적인 의무를 부여하고 있다. 이를 "고성능 인공지능 사업자"로 명명할 수 있는데, 소위 범용 인공지능이 여기에 포함되는 것으로 해석된다.

EU법과 같이 위험 기반 접근 방식을 취하여 고영향 인공지능에 대하여 특별한 규제를 하고는 있으나, EU법과는 달리 금지되는 AI를 도입하지 않았고 고위험(high risk) 대신 고영향(high impact) 개념을 도입한 것이 다르다. 영향이라는 개념은 위험보다는 상위 개념으로 인간에게 도움이 되는 긍정적 영향도 규제 대상이 될 수 있는 문제가 있다.

2. 인공지능사업자별 규제 내용

고영향 인공지능사업자의 경우 1) 안전성·신뢰성 검·인증을 받도록 노력해야 한다. 검·인증은 일종의 자율인증이나 국가기관 등이 고영향 인공지능을 이용하려는 경우에는 검·인증 등을 받은 인공지능에 기반한 제품 또는 서비스를 우선적으로 고려하도록 함으로써 사실상 강제성을 띠고 있다. 2) 투명성 의무와 관련해 제품 또는 서비스가 인공지능에 기반하여 운용된다는 사실을 이용자에 사전에 고지해야 한다. 3) 고영향 인공지능에 해당하는지에 대하여 사전에 검토하여야 하며, 필요한 경우 과학기술정보통신부장관에게 고영향 인공지능에 해당하는지 여부의 확인을 요청할 수 있다. 4) 위험관리방안의 수립·운영, 인공지능이 도출한 최종결과에 대한 설명 방안의 수립·이행 등 안전성·신뢰성 확보를 위한 조치 의무를 이행해야 한다. 5) 기본권에 미치는 영향을 평가하기 위하여 노력하여야 한다. 국가기관 등은 영향평가를 실시한 제품 또는 서비스를 우선적으로 고려하도록 함으로써 사실상 강제력이 있다.

생성형 인공지능사업자는 1) 제품 또는 서비스가 인공지능에 기반하여 운용된다는 사실을 이용자에 사전에 고지할 의무, 2) 결과물이 인공지능에 의하여 생성되었다는 사실을 표시할 의무, 3) 실제와 구분하기 어려운 가상의 음향, 이미지 또는 영상 등의 결과물을 제공하는 경우(딥페이크) 해당 결과물이 인공지능시스템에 의하여 생성되었다는 사실을 이용자가 명확하게 인식할 수 있는 방식으로 고지 또는 표시할 의무를 부담한다. 고영향 인공지능 사업자와 달리 표시 의무도 부담한다. 고성능 인공지능 사업자는 인공지능 수명주기별 위험 식별, 평가 및 완화, 인공지능 모니터링 및 위험관리 체계 구축 의무가 있다.

고영향 여부에 대한 확인 조항은 EU법에는 없는 조항으로 일종의 진입규제로서 성격을 가지며, 확인은 처분성을 가지게 되어 이에 대해서는 행정쟁송으로 다툴 수 있다. 사업자가 AI를 출시할 때마다 사실상 고영향 여부를 확인받을 수밖에 없어 혁신을 곤란하게 할 수 있다.

또한 고영향의 경우 이미 정의 규정상 법 및 개별법에 따라 고영향 여부가 1차적으로 정해지는데, 다시 고영향 확인을 받을 수 있도록 하고 이후 다시 기본권 영향 평가까지 받도록 하고 있어 3중 규제의 가능성이 있다. 또한 안전성·신뢰성 검·인증과 안전성·신뢰성 확보를 위한 조치 의무도 중복적일 수 있는 문제가 있다.

정의 규정에서는 개발 사업자와 이용 사업자를 구분하고 있으나, EU법과 달리 각 조항별 의무 부담의 주체가 명확하지 않은 문제가 있다. 법문상 규정의 내용을 통해 추정하면 고영향 개발 사업자의 경우 사전 고지의무, 영향평가가 미적용되고, 생성형 개발 사업자의 경우 사전고지, 딥페이크 표시 의무가 미적용되는 것으로 보인다.

그 외 법 집행의 실효성 확보를 위해 사실조사 등에 관한 규정도 포함됐다. 과기정통부장관은 투명성, 안전성, 신뢰성 확보 의무와 관련하여 (i) 위반되는 사항을 발견하거나 혐의가 있음을 알게 된 경우, (ii) 위반에 대한 신고를 받거나 민원이 접수된 경우에 사실조사를 실시할 수 있으며, 의무나 시정명령 위반에 대해서는 3천만 원 이하의 과태료를 부과할 수 있다.

3 나가며

AI 기본법은 EU법에 비하면 규제 총량이나 강도가 상당히 약화되어 있어 혁신친화적이라는 평가가 가능하며, 법 시행으로 인공지능 기술 개발, 제품 및 서비스 제공에 대한 규제 불확실성이 제거되고 인공지능 산업 진흥을 위한 지원 정책이 체계적으로 추진될 것으로 기대된다. 다만, 당초 기대와 달리 규제 내용도 상당수 포함되어 있어 운용 여하에 따라서는 혁신을 저해할 가능성이 있다. 특히, 수평규제는 규제대상의 일반성, 동질성이 전제되는 경우 가능하며, 특성상 다른 도메인별 기존 수직 규제를 해체, 통합하는 방식으로 진행되나 한국은 기본법이라는 명분으로 개별법상 도메인별 규제를 예정하는 방식으로 수평규제가 도입되었다. 부처중심주의가 강한 한국적 현실과 다양한 분야의 AI 용례와 그 위험성에 대한 도메인별 전문성을 무시할 수 없다는 점에서 향후 수평규제와 수직규제가 병립되며 중복·저촉될 가능성이 있다.[26]

소위 기본법이란 특정 영역에 대해 기본적인 법규범을 조망하고 정책의 목적과 기본 지침에 대한 포괄적이고 추상적인 내용을 규정하면서, 구체적인 권리와 의무의 변동을 일으키는 내용은 개별법 내지 특별법에 맡기는 것이 보통이다. 기본법과 개별법은 법의 효력상 우열은 인정되지 않지만 법도그마틱상 특별법 우선 적용의 원칙에 따라 개별법이 우선적 효력을 가진다. 다만, AI 기본법은 내용상 구체적인 권리, 의무 관계를 정하는 규정이 많아 기본법으로서의 성격도 분명하지 않은 상황이어서 타 부처의 개별법과의 충돌이 우려되는 것이다.

이미 방송통신위원회의 AI 이용자 보호법 제정 추진 외에도 개인정보보호위

---

26 같은 견해로 박상철, 「인공지능 기본법의 시행 전 개정 필요성 – 규제 조항의 체계·축조상 문제점을 중심으로」, 『정보법학』, 제28권 제3호, 2024 참조.

원회, 금융위원회, 문화체육관광부 등 여러 부처가 올해 업무 계획에서 AI 규제를 천명한 상황이다. 미국, 영국, 일본 등 주요국이 기존 규제에 AI를 적응시켜 맞춤형 규제를 하는 부문 특유적(sector-specific) 규제 체계를 취하고 있는 점과 다른 방향이다. 중복, 과잉 규제의 우려가 있는 만큼 국가인공지능위원회가 강력한 컨트롤 타워 기능을 행사해야 할 것이다.

한국은 EU가 3년 이상에 걸쳐 고민한 AI 규제법을 본격적인 논의나 의견 수렴 없이 몇 차례의 국회 회의만으로 통과시켰고, 시행 시기도 EU법은 규정별로 순차적으로 시행되어, 2026.8. 전면 시행되어, 전면 시행 시기를 기준으로 하면 공포 후 1년인 2026년 초로 예정된 한국의 AI 기본법이 더 빠를 것으로 예상된다. 향후 하위 법령 제정 과정에서 불명확한 사항은 명확히 하되, 중복, 과잉 규제로 변질될 가능성이 있는 조항들은 규제 범위를 명확히 획정해야 할 것이다. 또한 AI 기본법상 규제와 부처별 규제의 규제 범위와 시행 시기 등을 조율할 필요가 있을 것이다.

26 인공지능 세 번의 충격과 한국의 현주소

인간의 지능을 닮은 기계라는 인공지능(AI)이 인류에게 충격으로 다가온 첫 번째 사건은 소위 알파고(AlphaGo) 충격이다. 이는 2016년 3월, 구글 딥마인드(DeepMind)의 AI 알파고가 세계 최정상급 바둑 기사 이세돌 9단을 4승 1패로 이긴 사건이다. 신경망을 이용한 딥러닝과 강화학습을 결합한 AI 기술이 인간의 사고력을 요하는 바둑이라는 복잡한 게임에서도 최정상급 수준을 넘어설 수 있음을 보여주었다. 본격적인 AI 시대 도래를 알린 이 충격으로 인해 단순 반복 작업뿐만 아니라 창의적 사고가 필요한 영역에서도 AI가 인간을 능가할 수 있음을 보여주었다.

두 번째 AI 충격은 2022년 11월 출시된 생성형 AI ChatGPT이다. 기존 AI 기술이 데이터를 분석하고 패턴을 예측하는 역할에 머물렀지만, 생성형 AI는 창작·아이디어 생성·코딩·문서 작성 등의 작업까지 수행할 수 있게 되었다. ChatGPT과 같은 대규모 언어모델은 자연스러운 문장을 생성하고 맥락을 이해하며 대화하는 수준으로 발전했다. 인간의 고유 영역이라고 보았던 생성, 창조의 영역을 AI가 대체하게 되면서 지식 노동의 AI 대체 현상이 진행되고 있다. 나아가 과거 AI 기술은 소수의 연구기관이나 기업만 활용할 수 있었지만, 생성형 AI는 일반 사용자도 쉽게 접근가능한 형태로 제공되면서 AI 활용이 전 산업으로 확대되고 있다. 이에 개인과 기업이 AI를 활용할 수 있는 능력이 생존과 성장을 좌우하게 될 것으로 예상된다.

세 번째는 딥시크(Deepseek) 충격이다. 중국의 AI 스타트업 딥시크가 등장하며 전 세계 기술업계와 금융시장에 충격을 던진 사건이다. 딥시크는 중국 명문대인 저장대에서 전자정보공학으로 학·석사를 마친 량원펑이 2023년 7월 창업한

회사로 한국 설 연휴 기간 중인 올해 1월 챗GPT의 일부 성능을 뛰어넘는 AI 모델 '딥시크-R1'을 출시하며 세계 시장을 뒤흔들었다. 1957년 소련이 세계 최초로 인공위성을 쏘아 올려 미국이 받은 충격인 '스푸트니크 모멘트'에 비견되는 사건이라는 논평도 나왔다.[27]

딥시크의 발표에 따르면 이 모델에 투입한 개발비는 약 80억 원에 불과해 미국 오픈AI가 챗GPT 개발을 위해 들였던 비용의 5%에 불과했다. 딥시크는 미국의 수출규제로 고성능인 엔비디아 칩인 H100이 아닌 저성능 AI 가속기인 H800 등으로 뛰어난 성능의 AI 모델을 만들었다. 결국 딥시크의 등장으로 고성능 AI를 개발하려면 고비용이 들어야 한다는 고정관념이 깨졌고, 저비용 고성능 AI 가능성을 제시했다. 또한, 미국 빅테크 중심의 AI 경쟁에 중국이 참여하는 계기가 되었으며, 미국의 AI 및 반도체 기술 제재 속에서도 중국이 AI 분야에서 독립적 생태계를 구축할 수 있게 된 것이다.

또한 딥시크는 오픈소스를 통해 모델을 공개하면서 폐쇄모델을 선택하고 있는 오픈AI, 구글과의 본격적인 경쟁을 예고했다. 오픈소스란 누구나 AI 기술을 사용할 수 있어 스타트업, 연구기관, 개인 개발자도 AI를 활용할 수 있는 것인데 이를 이용하면 기술 발전과 혁신에 유리한 장점이 있다. 중국은 오픈소스 생태계를 활용하여 글로벌 AI 시장에서 영향력을 확대할 수 있을 것으로 전망된다.

딥시크의 충격은 AI 산업의 가치 중심이 GPU와 같은 하드웨어에서 소프트웨어 모델 및 서비스로 이동할 가능성을 보여주었다. AI 모델이 경량화되고 비용이 줄어들면, 기업들은 비싼 GPU를 구매하기보다 저렴한 AI API나 SaaS(Software as a Service) 모델을 활용할 가능성이 높다. 이 경우 클라우드 AI 수요가 감소하면, 엔비디아의 데이터센터 GPU 판매도 줄어들 가능성이 있다.

다만 AI가 더 효율적으로 발전할수록 자원 소비가 줄어들 수 있지만, 오히려 더 많은 사람들이 AI를 개발, 사용하게 되면서 전체적인 자원소비는 증가하는 역설적인 현상을 설명하는 제본스의 역설(Jevons Paradox)이 작동한다면 GPU 소

27 1957년 소련(Soviet Union)이 세계 최초의 인공위성 '스푸트니크(Sputnik 1)'를 발사한 사건을 빗대어 국가가 기술 경쟁에서 위기감을 느끼고, 이를 계기로 대전환을 결심하는 역사적 순간을 말한다.

비가 줄어들지 않을 것이라는 설명도 있다. 다만, 이 역설이 유효할지는 여부는 AI가 얼마나 많이 활용될 것이냐에 달려있기 때문에 좀 더 상황을 두고 봐야 할 것이다.[28]

한편 애플은 빅테크 간 AI 경쟁에 뛰어들지 않아 큰 비용을 줄일 수 있었는데, 이제 딥시크와 같은 가성비 AI를 통해 효율적 AI 도입이 가능해졌다. 다만, 딥시크 등장으로 인한 가장 수혜자는 소비자라고 봐야 한다. 이제 소비자는 치열한 경쟁에 따른 선택권 확대라는 편익을 누리게 되었기 때문이다.

그러면 글로벌 AI 3대 강국을 꿈꾸는 한국 AI 현주소와 딥시크가 주는 시사점은 무엇일까. 소프트웨어정책연구소의 발표에 따르면 2024년 글로벌 시장에선 총 122개의 초거대 AI 모델이 공개되었는데, 미국이 63개, 중국이 45개 모델을 선보여 1, 2위를 차지했고 한국은 프랑스(3개)와 공동 3위에 올랐다. 모델 수로는 AI 3강을 유지한 셈이다. 다만, AI 모델 수와 다른 질적인 측면에서는 아쉬운 상황이다. 대학원 수준 문제 해결 능력으로 모델을 분류한 LM테스트닷컴의 글로벌 초거대 AI 모델 순위를 보면 상위 60개 모델 중 미국이 42개, 중국은 11개, 프랑스가 4개, 이스라엘이 2개, 캐나다가 1개 모델을 차지했고 한국 모델은 포함되지 않았다. 또한 미국 보스턴컨설팅그룹이 73개국 대상으로 실시한 연구에 따르면 한국은 AI 성숙도 부문에서 2군에 포함됐다. 1군은 'AI 선도 국가'로 미국, 중국, 영국, 캐나다, 싱가포르가 해당하고 한국은 프랑스, 일본, 대만, 이스라엘, 호주 등과 제2군인 'AI 안정 국가'로 분류되었다.

딥시크 충격을 긍정적으로 평가하는 의견은 인프라, 컴퓨팅 자원이 절대적으로 부족한 한국 입장에서도 기술력만 갖춘다면 경쟁력을 가질 수 있을 것이라는 희망을 보았다고 한다. 다만, 현재 한국의 AI 기술력이 딥시크를 따라갈 수 있는 수준인지 여부도 회의적이지만, 과연 한국의 AI 생태계가 오픈AI와 딥시크와 같은 스타트업이 최신, 최고의 기술을 제품화하는 것이 가능하도록 형성되어 있느냐는 것도 의문이 있다.

---

28 제본스의 역설(Jevons Paradox) 은 1865년 윌리엄 스탠리 제본스의 저서 『The Coal Question』 에서 처음 제시된 개념으로, "효율성이 높아질수록 자원 소비가 감소하는 것이 아니라 오히려 증가할 수 있다"는 경제학적 역설을 뜻한다. 현대의 관련 논문으로는 Alcott, B. (2005). 「Jevons' Paradox." Ecological Economics」, 54(1), 9-21. 참고할 수 있다.

AI 경쟁력에 가장 중요한 것이 전문 인력이다. 현재 우수한 이공계 인재가 의대에 진학하고 이공계로 진출한 경우에도 국내보다 미국에 체류하는 현상은 현재의 이공계 인재가 국내에서 스타트업 창업을 통해 안정적이고 부유한 삶의 실현이 불가능하다는 판단 때문일 것이다. 정부든 기업이든 스타트업에 대해 실패를 용인하는 투자, 중장기적 투자, 그리고 획일적이고 균등한 것이 아닌 선택과 집중을 하는 투자 문화가 만들어져야 하지만 현실은 그렇지 않다. 취업이 어려운 학생들이 스타트업 창업 스펙을 대기업으로 가는 통로로 이용하고 있다는 자조 섞인 이야기도 들린다. 또한 장기적 안목에서 수학, 과학 등 기초 학문에 대한 투자가 응용 학문과 기술의 발전에 결정적인 중요성이 있다는 점은 그동안 수없이 논의되었지만, 실제 그렇게 진행되고 있는지는 확인하기 어렵다.

아무리 딥시크가 가성비 AI를 가능하게 했더라도 그건 미국에 비해 상대적인 저비용일 뿐 상당한 규모의 재원이 필요한 것은 여전한 팩트다. 딥시크가 보유한 GPU 수는 한국 정부가 내년까지 구입하려는 GPU 수와 유사한 수준이다. 데이터센터, 컴퓨팅 인프라가 부족한 한국으로서는 정부가 마중물이 되고 기업이 후속으로 과감히 투자하는 것이 필요하다.

한편 딥시크가 사회주의적 가치에 위배되는 답변을 거부하는 사례에서 보듯이 자국의 데이터와 인프라를 기반으로 한 독립적인 소위 소버린 AI의 필요성도 확인되었다고 볼 수 있다. 독도를 우리 땅이라고 답변하는 AI 모델이 없다는 것은 불행한 일이다. 빅테크와의 기술협력을 통해서든 아니면 독자적인 기술력을 통해서든 한국형 AI 모델을 발전시키는 방안을 강구해야 할 것이다.

이처럼 한국이 AI 분야 강소국을 넘어 강대국으로 가기 위해서는 넘어야 할 산이 많다. 자본도 기술도 인재도 절대적으로 부족한 상황에서 데이터 등의 규제는 미국, 중국에 비해 많은 상황이다. 자본, 기술, 인재를 집중할 수 있는 정부 주도의 강력한 리더십이 필요하고, 데이터 등 과감한 규제혁신도 필요한 상황이다. 각 대학·연구실·기업·부처별로 AI 개발과 진흥을 외치는 현재의 상황에서 한국의 AI의 미래는 암울하다.

차제에 한국의 기술, 인력, 자본, 정책 및 규제 환경을 미국, 중국과 비교, 분석해서 부족한 점을 따라잡을 방안을 강구해야 할 것이다. AI는 미국, 중국 등 선진국이 보유한 핵과 인공위성과 달리 고도의 IT 역량을 지닌 우리가 업그레이드를 통해 비교우위를 가져갈 수 있는 분야이다. 한국이 AI 소비국으로 전락할 것인지 여부가 결정되는 골든 타임이 지나고 있다.

27 인공지능 거버넌스 정비 시급하다

점점 우리 일상에 인공지능(AI)이 스며들면서 AI 정책이나 규제에 관한 관심도 뜨거워진다. 고유한 기능이나 이해관계를 가진 정부부처들도 각자의 입장에서 AI 정책과 규제를 형성, 집행한다. 2023년 10월 조 바이든 미국 대통령이 서명한 안전하고 신뢰할 수 있는 AI 개발을 위한 행정명령을 수행하는 연방기관은 국립표준기술연구소, 상무부, 백악관 관리예산실, 국토안보부, 노동부, 에너지부, 저작권청, 특허상표청 8곳에 이른다. 행정명령 대상은 아니지만 법무부, 연방거래위원회, 연방동신위원회도 AI 규제에서 중요한 역할을 한다.

한국도 마찬가지다. 과학기술정보통신부, 산업통상자원부, 문화체육관광부 등 정책부서와 개인정보보호위원회, 공정거래위원회, 방송통신위원회 등의 규제기관이 AI 정책과 규제에 관심을 보인다.

과학기술정보통신부는 AI 정책과 규제의 총괄부서 역할을 한다. 2019년 'AI 국가전략'을 시작으로 초거대 AI 경쟁력 강화방안, 전 국민 AI 일상화 계획 등 정책은 물론 AI 윤리기준, 디지털 권리장전, 새로운 디지털질서 정립 추진계획 등 규제계획도 발표했다. 산업통상자원부도 최근 제조업을 중심으로 한 산업분야에 AI를 활용할 정책을 마련하기 위해 AI 시대의 신(新)산업정책위원회를 구성하고 활동을 시작했다.

문화체육관광부는 저작권 정책부서로서 2023년 12월 창작자와 생성형 AI 기업 간의 적절한 보상체계 마련 등이 포함된 '생성형 AI 저작권 안내서'를 마련했고 올해 학계·법조계·산업기술계 등으로 구성된 회의체인 AI-저작권 워킹그룹을 통해 구체적 이행계획을 마련할 계획이다.

개인정보보호위원회는 2023년 8월 AI 시대 안전한 개인정보 활용 정책방향을 발표했는데 거기에는 기업들의 불확실성 해소를 위한 사전적정성 검토제 외에 AI 개발, 활용과정에서 개인정보 이슈 해소를 위한 7대 가이드를 제공하는 것이 포함돼 있다. 비정형데이터 가명처리 기준, 생체인식정보 규율체계, 공개된 정보활용 가이드라인, 이동형 영상기기 촬영정보 활용 가이드라인, AI 투명성 확보 가이드라인, 합성데이터 활용 가이드라인 등이 그것이다.

공정위는 빅테크 규제의 일환으로 알고리즘 규제를 집행 중이다. 2023년 1월 '온라인 플랫폼 사업자의 시장지배적 지위 남용행위에 대한 심사지침'을 제정, 시행하면서 알고리즘 조작 사례에 대한 제재를 본격화했다. 이미 2020년 비교쇼핑서비스 검색결과에서 자사 판매상품이 상단에 노출되도록 검색 알고리즘을 왜곡한 네이버의 행위를 제재했다. 지난해 2월에는 카카오T가 자사 가맹기사에게 유리하게 배차알고리즘을 운영해 승객의 호출을 몰아준 행위를 제재했다. 최근에는 쿠팡이 알고리즘을 조정해 자사 PB상품을 상위에 노출했다고 보고 이를 제재하기 위한 전원회의를 진행 중이다.

방송통신위원회는 포털사 뉴스서비스 알고리즘의 투명성 증진, 딥페이크 등을 이용한 허위조작정보 확산방지, AI 콘텐츠 워터마크 표시 등을 추진함과 동시에 AI의 부작용으로 인한 국민의 피해를 줄이기 위해 'AI서비스 이용자 보호에 관한 법률' 제정을 추진 중이다.

이처럼 여러 부처가 경쟁적으로 정책과 규제를 추진하면서 현 정부의 AI 3대 정책목표인 혁신, 안전, 포용이 균형적으로 고려되기보다 상대적으로 집행이 용이한 안전문제가 강조되는 경향이 있다. 과기정통부, 산업부를 제외한 다른 부처들은 안전에 방점을 둔 것으로 보인다. 부처의 목표나 규제에 친한 위원회 조직의 한계라는 점이 인정되지만 보다 상위기구로서 컨트롤타워의 조정이 없다면 한국의 AI 정책은 갈 길을 잃을 것이다. 현 정부가 시행령을 근거로 추진 중인 대통령 직속의 국가AI위원회가 조속히 구성돼 혁신, 안전, 포용이 균형적으로 고려돼야 할 것이다. 또한 AI 기본법이 없는 AI 거버넌스는 사상누각에 불과하다. 22대 국회가 출범한 이상 여야는 AI 기본법 제정을 시급히 진행해야 할 것이다.

28 규제에서 진흥으로 바뀌는 EU의 AI 정책

2024년 8월 세계 최초의 AI 규제법을 시행한 유럽연합(EU)의 의도는 AI 위험을 통제하여 시민의 기본권을 보장한다는 대의와 함께 미국의 빅테크 규제를 통해 자국 AI 산업의 진흥을 도모하는 것이었다. 그런데 최근 EU가 AI 규제에서 진흥으로 변하고 있다.

첫 포문은 2024년 9월, 마리오 드라기 전 유럽중앙은행 총재가 발표한 EU의 경쟁력 강화 보고서이다. EU가 그동안 규제를 통해 빅테크 견제에만 매달려온 과거를 반성하면서, 규제만으로는 자체 AI 생태계가 회복되는 것이 아니라는 점을 분명히 했다. 또한 EU의 주권적 기반을 구성하는 핵심 서비스들이 미국 빅테크의 클라우드 인프라에 완전히 의존하고 있는 점의 위험성을 지적하며, 디지털 인프라가 경제, 안보, 민주주의 성패를 결정하는 기반 인프라임을 환기시켰다. 이에 EU가 클라우드 서비스를 사용할 때, EU 사업자의 서비스를 함께 받도록 정부 조달 규정을 마련하되, EU 자체의 역량 기준, 자격 제도를 구축한 후 이를 정부 조달에 적용할 것을 제안했다.[29]

다음 중요한 변화는 2025년 2월 10일 열린 파리 AI 행동 정상회의였다. 우선 AI 발전 방향과 글로벌 규제 거버넌스를 마련하기 위해 동 회의에서 채택된 '지속 가능하고 포용적인 AI 추진을 위한 공동 선언문'에 미국과 영국이 참여하지 않음으로써, 향후 글로벌 AI 규제 거버넌스 합의는 사실상 어려울 것이라는 시그널을 보여주었다.

오히려 우르줄라 폰데어라이엔 EU 집행위원장은 약 300조 원 규모의 투자를

29 Mario Draghi, 「The future of European competitiveness - A competitiveness strategy for Europe」, European Commission, 2024.9.9.

통해 AI 산업을 지원하겠다는 '인베스트 AI 이니셔티브'를 발표했고, AI 규제도 중복을 조정해 단순화하고 기업의 행정부담도 줄이기로 했다. 프랑스 마크롱 대통령은 기조연설에서 향후 167조 원의 투자를 통해 프랑스 AI 역량을 강화하겠다는 내용을 발표하면서, 기존 EU AI 규제는 미친 규제(crazy regulation)라고 혹평했다.

최근 중국의 가성비 AI 딥시크의 등장으로 중국이 미국과의 본격적 AI 경쟁에도 돌입했고, 미스트랄 AI를 내세운 프랑스를 중심으로 한 EU도 미·중 간 경쟁구도에 가세하면서, 이제 AI는 미, 중, EU라는 3극 경쟁으로 재편되는 듯하다. 경쟁력 확보를 첫째 전략은 대규모 자본의 투입이다. 미국이 720조 규모의 스타게이트 프로젝트, EU가 300조 규모의 투자 계획이 그 사례이다. 다음은 규제혁신이다. 이미 미국 트럼프 2기 정부는 바이든의 AI 규제 행정명령을 폐기했고 중국은 데이터 규제를 최소화하고 있다. 이에 반해 EU 규제법으로 인해 산업계는 규제준수 비용 부담, 기술 혁신 저해 우려를 표명해 왔고 회원국도 실행 가능성 문제를 제기하면서, EU 차원의 규제 개선 작업이 시작되었다.

그동안 EU의 기본권, 안전 중심의 접근과 미국, 영국 등의 혁신 중심 접근으로 글로벌 AI 거버넌스가 분화되었지만, 이제 AI 기술, 산업, 안보에서 우위를 차지하려는 시장, 혁신 중심 접근으로 글로벌 AI 거버넌스가 수렴하고 있다. 한국도 'AI 국가대표 정예 팀'을 선발해 독자적인 거대언어모델(LLM)을 개발하는 '월드 베스트 LLM 프로젝트'를 추진하고 내년 상반기까지 고성능 GPU 1만 8000장 확보하는 전략을 발표했다. 다만, 이런 혁신 지원 외에도 상당수 중복, 모순적 규제를 담고 있는 AI 기본법의 개선 방향도 고민할 필요가 있다.

29 생성형 AI에서 이용자 보호와 책임

인공지능(AI) 기술은 데이터를 활용해 패턴을 분석하고 미래를 예측하는 것을 넘어 이용자의 특정 요구에 따라 결과를 만들어 내는 생성형 AI 기술로 발전하고 있다. 인간의 고유 영역이었던 이미지, 영상, 음성, 텍스트 등 콘텐츠를 AI가 창조할 수 있게 된 것이다. 단, AI 기술의 발전은 한편으로는 명예훼손, 차별·편향, 프라이버시 침해 등 부작용을 동반하고 있다. 이에 생성형 AI 이용자의 안전 및 권리를 보호할 필요성이 높아졌고 이에 방송통신위원회는 2025년 2월 28일 "생성형 AI 이용자 보호 가이드라인"을 발표했다.

가이드라인은 이용자 보호를 위한 4대 원칙과 이를 실행하기 위한 6개의 실행 방식을 제시하고 있다. 4대 원칙은 다음과 같다. 첫째, 인간중심 원칙으로 인간의 존엄성을 보호하고 개인의 자유와 권리를 보장하며, 인간이 적절하게 통제하고 감독할 수 있어야 한다. 둘째, 투명성, 설명가능성으로 AI 시스템 사용에 따른 작동 원리 및 결과, 이용자에게 미치는 영향 등에 대하여 이용자에게 알기 쉽게 설명될 수 있어야 한다. 셋째, 안전성으로 서비스는 안전하게 작동되어야 하며, 예상치 못한 피해를 최소화하고 악의적으로 이용되거나 변경되지 않도록 해야 한다. 넷째, 공정성으로 이용자에게 차별 또는 불공정한 결과가 발생하지 않도록 해야 한다.

6개 실행 방식은 다음과 같다. 첫째, 이용자 인격권 보호를 위해 인격권 침해 요소를 발견하고 통제하는 알고리즘을 구축하고 내부 모니터링 체계 및 이용자 신고 절차를 마련한다. 둘째, 결정 과정을 알리기 위해 산출물이 인공지능으로 생성되었음을 고지하고 생성형 인공지능의 결정 과정에 대한 정보를 제공한다. 셋째, 다양성을 위해 차별·편향적 사용을 방지하기 위한 필터링 등 기능적 장치를 마련하고, 편향적 정보 생성 등 위험성에 대한 신고 절차를 마련한다. 넷째, 입력데이터 수집·활용 과정에서 이용자의 입력데이터를 수집하고 학습에 활용하는 것에 대한 사전 동의 절차를 마련하고, 기업 내 관련 책임자를 선정해 관리한다. 다섯째, 서비스 제공자 및 이용자의 책임 범위를 정의하고 책임 주체가 이를 명확히 인지하도록 안내하고 점검 시스템 등 위험관리 체계를 마련한다. 여섯째, 부적절한 콘텐츠를 생성하거나 공유하지 않도록 안내하고, 이용자의 입력과 산출물이 도덕적·윤리적 기준을 준수하는지 검토·관리한다.

가이드라인의 전체적인 내용은 그동안 논의된 AI 윤리규범 대부분을 포괄하고 있고 상세한 지침을 제공하고 있다는 점에서 의의가 있다. 다만, 생성형 AI는 대화형 AI라는 점이 중요하다. 대화형 AI는 인간과 자연스럽게 상호작용할 수 있도록 설계된 기술로 이의 사용에서는 AI 개발자, 제공자뿐만 아니라 이용자의 책임이 중요하다. 이용자가 어떤 데이터를 입력하고 어떤 방식으로 사용하는 지가 우선적으로 AI의 기능과 품질을 좌우하게 되기 때문이다.

이 책임의 주요 내용은 이용자가 제공하는 데이터를 AI가 저장, 분석해 다시 활용하는 것을 방지하기 위해 민감한 개인정보를 제공하지 않을 것, AI의 답변을 전적으로 신뢰하기 전에 공식적인 자료나 전문가의 의견을 참고할 것, AI를 이용해 허위 정보, 차별적이거나 혐오적인 콘텐츠 생성하지 말 것, AI를 이용해 자동화된 악성 메시지나 스팸을 생성하는 등 비윤리적으로 사용하지 말 것 등이다.

향후 이용자의 책임을 제고하기 위한 리터러시 가이드도 마련되어야 할 것이다. 또한 가이드라인이 2024년 12월 제정된 AI 기본법의 하위 법령 제정 이전에 마련되었다는 점에서 동법과 충돌이 없는 지도 충분히 검토돼야 한다. 이미 AI 기본법에 생성형 AI에 대해 사전 고지, 표시 의무, 딥페이크 고지 및 표시 의무가 있는 상황에서 본 가이드라인이 중복규제가 될 우려가 있다. 또한 방통위가 추진 중인 AI 이용자보호법도 타법과의 충돌이 없도록 유의해야 할 것이다.

30 신정부의 AI 전략 방향

2024년 12월 이후 계엄과 탄핵 그리고 대선으로 숨 가쁘게 달려온 정치 일정이 마무리되고 야당 대표가 대통령이 되면서 마침내 새로운 정부가 탄생했다. 신정부는 무엇보다 침체된 경제를 살리는 것과 이념, 지역 등으로 갈라진 국민을 통합하는 것을 최우선 과제로 두어야 한다. 경제를 살리기 위해서는 구조조정과 함께 성장 동력을 회복하는 것이 시급한데, 성장 동력 회복의 핵심 수단은 첨단 기술개발과 인재 양성이며, 그 중심에 인공지능(AI)이 있다.

AI는 게임체인저 기술로 미국과 중국은 AI에 핵 보유 이상의 의미를 두고 사활을 건 대격전을 벌이고 있다. 90년대 중반 이후 초고속인터넷망이라는 정보고속도로 구축과 전 국민에 대한 컴퓨터 보급으로 시작된 한국의 정보화 추진이 IT 강국의 신화를 가져온 것처럼 신정부도 5년 내 AI 3대 강국의 전략을 마련하고 실행해야 한다.

신정부는 AI 투자 100조 원 시대를 여는 것을 목표로 GPU 확보 및 AI 데이터센터 건설, 거대언어모델 및 소규모 언어모델 연구개발 및 사업화 지원, 국가대표 AI 기업 육성 및 민관 합작투자 추진, AI 학습용 고품질 데이터 집적 클러스터 조성, 공공데이터 개방 추진, 국민 누구나 생성형 AI 도구를 자유롭게 사용할 수 있도록 하는 모두의 AI 프로젝트 등을 구체적 계획으로 제시했다. 동시에 대통령실에 'AI 미래기획수석'을 신설했다.

100조 원 투자 계획과 모두의 AI 프로젝트는 참신한 면이 있지만, 단순한 정책의 나열을 넘어 보다 체계적인 방향 설정이 필요하다. 첫째, 수평적(horizontal) 접근 내지 생태계 조성 전략이다. 이는 AI가 작동하고 성장하는 데 필요한 다양한 요소들을 유기적으로 연결하고 발전시키는 전략으로 인프라 구축, 데이터 활용,

기술 및 모델 개발, 인재 양성, 윤리 및 안전 확보, 글로벌 협력 등을 구성 요소로 한다. AI 투자의 경우 반도체-모델-플랫폼-서비스로 이어지는 전 Value Chain의 생태계 조성에 투자하여 시너지 효과를 창출할 수 있어야 한다. 한국은 AI 메모리 반도체와 AI 모델을 제외하면 어느 분야도 경쟁력을 확보하지 못하고 있다. 오히려 세계 최초로 시행 예정인 AI 규제는 생태계 조성에 악영향을 끼칠 수 있다.

둘째, 수직적(vertical) 접근이다. 이는 AI를 다양한 산업과 융합(X)하여 국가 전반의 혁신과 경쟁력을 제고하기 위한 AIX 전략이다. 이는 AI를 다른 분야와 결합하여 새로운 제품, 서비스, 비즈니스 모델을 창출하고, 특정 분야가 직면한 문제들을 AI의 분석, 예측, 자동화 능력을 활용하여 해결하는 것이다. 제조, 금융, 법률, 의료, 교육 등 분야의 AIX를 통해 현재의 저성장 문제를 해결할 수 있다. 특히, 한국이 강점을 가진 제조업에서 이루어지고 있는 '자율제조'는 AI, 로봇 등을 활용하여 사람의 개입 없이 공장과 설비가 스스로 제품을 기획, 설계, 생산, 공급하는 고도화된 제조 시스템이다. 이는 인구 감소, 글로벌 공급망 불안정 등 한국의 제조업이 직면한 문제들을 해결하고, 제조업의 경쟁력을 확보하기 위한 핵심 전략이다. 다만, 특정 분야 AIX 성공을 위해서는 이해관계자의 갈등 조정과 규제 혁신이 필수적이다.

셋째, 거버넌스(governance) 전략이다. 대통령실 수석이나 위원회는 방향 설정이나 조정에는 유리하나 실질적인 집행력에는 불리하다는 점에서 AI 전담부처를 신설할 필요가 있다.[30] 한국이 AI 전략의 실패로 AI 주권을 지키지 못하면 데이터에 대한 통제력을 상실하고, 알고리즘에 종속되어 국가의 중요한 결정들이 외부의 영향력 아래에 놓일 수 있다. 빠른 AI 전략 계획 수립과 함께 구체적인 실행 계획을 명확히 하고 추진 속도를 제고하는 것과 아울러 민간과의 실질적인 협력 강화를 통해 정책의 현장 적용 가능성과 지속 가능성을 높이는 것이 중요하다.

30 2024년 9월 30일 국무회의에서 정부조직법 개정으로 과기정통부가 부총리급으로 승격했다. 과기정통부 장관이 부총리직을 겸임하며, 과학기술·인공지능(AI) 정책 분야의 총괄·조정 기능을 수행한다. 부총리 직속으로 과학기술·AI 정책협력관이 신설되고, 과학기술·AI 관계 장관회의도 설치된다. AI 전담 조직도 기존 국(局) 수준의 AI 기반정책관이 'AI 정책실'로 격상되었다.

31 미중 AI 경쟁양상과 한국의 위상

2025년 6월 5일 하버드 케네디스쿨 벨퍼 센터는 반도체, AI, 바이오, 양자, 우주 등 5대 핵심·신흥 기술 인덱스 2025 보고서에서 국가별 경쟁력 순위를 발표했다. 미국이 1위(84.3점), 중국이 2위(65.6점)이며 그 뒤는 유럽(41.0점), 일본(23.8점)이고 한국은 5위(20.0점)를 기록했다.[31] AI 분야만 보면 미국, 중국, 유럽이 선두권이며 한국은 9위를 기록해 독일, 영국, 프랑스, 인도, 캐나다에 뒤처졌다. 미국이 선두이고 중국이 바짝 따라가고 있는 형국인 셈이다.

다만, 과학 학술시에 게재된 논문 기여도를 바탕으로 국가 및 기관의 연구 성과를 객관적으로 측정하는 지표인 네이처 인덱스 2024에 따르면 중국이 처음으로 미국을 제치고 1위로 올라섰다. 또한 상위 10위권 연구 기관 중 7곳을 중국 기관이 차지했다. 중국과학원이 1위이고 중국과학기술대학, 중국과학원대학, 베이징대, 난징대, 칭화대, 저장대가 포함되었으며, 미국은 유일하게 하버드대가 2위에 포함됐다.[32] 중국의 연구기관이 세계 과학 생태계에서 양적·질적 측면에서 모두에서 압도적 영향력을 끼치고 있다는 점이 확인되었다. 이런 중국의 기초과학의 강력한 기반이 AI, 반도체, 바이오 등 첨단 기술의 발전으로 이어지면, 중국이 기술경쟁력 세계 1위 자리를 두고 미국과 치열한 경쟁을 벌일 것으로 예상된다.

실제 중국의 약진을 예측하는 분석도 있다. 2025년 6월 2일 글로벌 투자은행

---

31 Harvard Kennedy School, Belfer Center for Science and International Affairs, Critical and Emerging Technologies Index, 2025.6.5.

32 Springer Nature, Nature Index Research Leaders 2024(https://www.nature.com/nature-index/)

모건스탠리는 '중국의 AI: 잠에서 깨어난 거인'이라는 보고서에서 중국 AI 경쟁력의 요소로 데이터, 전력 공급, 반도체를 비롯한 컴퓨팅 자원, 인재 등 4대 분야를 들고 중국이 이 분야에서 글로벌 경쟁력을 확보했다고 분석했다. 데이터는 14억 명의 인구와 11억 명의 모바일 앱 이용자를 보유하고 있고, 에너지는 전 세계를 합친 것보다 더 많은 원자력발전소를 건설하고 있으며, 인재는 최고의 AI 연구자의 47%, AI 특허의 50%를 차지하고 있으며, GPU 국산화율도 2027년까지는 82%를 달성할 계획이라는 것이다.

중국은 향후 5년 내에 AI 분야에서 완전한 자립을 이루겠다는 목표를 세웠으며, 딥시크 사례에서와 같이 효율적인 저비용의 AI 개발, 자국 AI 기술을 공개하면서 생태계를 확장하는 오픈 소스 전략을 취하고 있다고 평가했다. 결국 중국은 정부의 지원과 효율성으로 세계의 리더가 될 것으로 보았다.

IT 강국에 이어 AI 3대 강국을 목표로 하는 한국의 위상은 어떨까. 하버드 핵심·신흥 기술 인덱스 2025 조사에서는 반도체에서 우위를 바탕으로 5위의 순위를 기록했지만 AI 분야는 9위를 기록했다. 보고서는 한국은 경쟁력이 있는 자체 AI 모델이 없이 기존 미국 빅테크의 알고리즘을 변형하는 수준에 그치고 있으며, 생성형 AI 분야에서도 기술 격차가 확대되고 있음에서도 민간 투자가 감소하고 AI 인력도 부족하다고 지적했다. AI 인재 지표의 한국 점수는 2.6점으로 미국(19.1점), 중국(20점), 유럽(17.6점)과 많은 차이를 보였다. 2025년 스탠퍼드대 AI 인덱스도 한국은 인재 순유출국이며, 민간 AI 투자 규모는 13.3억 달러로 11위를 기록하며 전년 대비 하락했다고 지적했다.

결국 신정부는 자체 소버린 AI 모델 개발은 물론 해외 인재 국내 유치와 국내 인재의 유출방지, 민간투자 확대를 위한 유인책 등을 고민해야 할 것이며, 중국 사례에서와 같이 효율적이고 가성비 있는 AI와 오픈 소스 전략도 같이 추진해야 할 것이다.

32 미중 패권전쟁과 AI 주권 확보

AI 기술은 2010년대 초반 딥러닝, 2022년 생성형 AI 등장 이후 최근 에이전틱 AI까지 자율성과 적응성을 점차 확대하면서 빠르게 발전해 사회의 모든 부문을 근본적으로 변화시키고 있다. 어제 GPT 5.0 등 연일 새로운 파운데이션 모델이 발표되면서 국가 간 기술 주도권 선점을 위한 글로벌 경쟁이 치열해지고 있다. 특히, 최근 미국과 중국은 AI 패권 경쟁에서 승리하기 위해 국가 차원의 전략을 수립했다.

미국은 2025년 7월 23일 AI 인프라, 혁신, 안보를 3대 축으로 하는 "AI Action Plan"을 발표했다. 계획의 중점은 하드웨어부터 소프트웨어까지 모든 기술 영역을 포함하는 이른바 '풀스택(full-stack) AI 패키지'를 우방국에 수출하겠다는 것이다. 이는 한국을 비롯한 우방국들의 중국과의 AI 협력을 배제함과 동시에 각국의 소버린 AI에 대한 제한을 의도한 것으로 보인다. 중국은 7월 25일에 발표한 "글로벌 AI 거버넌스 행동계획"에서 포용과 협력을 강조하고 있다. 특히, 개발도상국, 후진국을 의미하는 '글로벌 사우스' 국가들을 지원함으로써 이들 국가에 영향력을 확대하고 국제사회에서 자국의 입지를 강화하려는 의도를 드러냈다.

미국이 규제 완화를 통한 혁신과 실용을, 중국은 협력과 개방을 통한 안정적 발전을 추구하는 차이가 있으나, 양국 공히 우방국이나 제3세계에 대한 영향력을 확대하기 위한 AI 패권 확대 전략을 취하고 있다는 점이 주목된다.

한국은 소버린 AI 개발에 박차를 가하고 있다. 국가대표 AI 모델 개발을 위해 산, 학, 연, 관이 힘을 합치고 있는데, 산학연 컨소시엄을 구성해 기술과 역량을 결합하고 정부가 GPU, 데이터 등 인프라를 지원하는 민관 합동 전략을 취하고 있다. 그러나 내부적으로는 소버린 AI에 대한 불신과 오해가 여전하다. 대표적인 것이 한국이 아무리 노력해도 미국과 중국 수준의 파운데이션 모델을 개발하는 것은 불가능하니, 자체 모델 개발 대신 외산 모델을 사용하더라도 산업특화 AI에 집중하자는 현실론이다.

그러나 한국은 미국과 중국을 제외하면 모델, 데이터, 클라우드, 기술, 반도체, 응용 산업 등 소버린 AI 역량 요소를 모두 가진 유일한 국가이다. 또한 소버린 AI는 국내 데이터를 외부에 유출하지 않음으로써 데이터의 보안과 활용을 극대화할 수 있고 독도의 영유권 분쟁 등 역사적, 정치적으로 예민한 사안에서 한국의 가치관과 문화를 반영할 수 있는 장점이 있다.

이처럼 소버린 AI는 우리에게 기회가 있으며 필요성도 인정된다. 기초 모델이 없는 상황에서 응용 AI는 가치 창출에 한계가 있으며 기술 종속을 피하기도 어렵다. 단, 실행에서는 파운데이션 모델 개발 전략을 추진함과 동시에 AI 전환을 위한 특화 분야에서는 외산 모델도 사용하는 투 트랙 전략을 추진할 필요가 있다. 또한 자체 모델은 국방 등 공공용 AI만이 아니라 기업과 소비자의 선택을 받는 시장에서 경쟁력이 있는 모델이어야 한다.

한편 한국은 최근 개최된 APEC에서 보여준 것 같이 다자간 협력의 장에서 미국과 중국 사이의 균형점을 찾고 양측을 아우르는 가교역할을 수행할 필요가 있다. 모처럼 우리는 국가와 기업이 원팀이 되어 자체 모델 개발 경쟁을 하고 있다. 여러 우려를 불식하고 진정한 소버린 AI로서 실질적 성과를 보여주기를 기대한다.

33 인공지능(AI)과 개인정보보호 규제의 정합성

유럽(EU)과 한국은 기본권, 건강, 안전을 보호하려는 목적으로 AI 시스템의 안전성, 신뢰성 보호를 위한 포괄적 AI 법제를 도입했다. 그런데 AI는 데이터로부터 가치 있는 정보를 찾아내어 이를 활용하므로 AI에게 데이터는 원천 재료이다. 문제는 데이터에 개인정보가 포함되어 있으면 AI 사업자는 AI 법상 규제와 함께 개인정보보호 규제를 같이 준수해야 한다는 것이다. 이에 AI 기술의 급속한 발전은 AI 법제와 기존 개인정보보호 체계와의 정합성 문제를 야기한다. 대표적인 것이 양 법상 유사한 내용으로 충돌, 중복 소지가 있는 안전성 조치 의무, 영향 평가, 자동화된 의사결정 등에 대한 인간 감독 조항이다.

AI 기본법에 따른 고영향 AI 사업자는 고영향 AI 또는 이를 이용한 제품·서비스를 제공하는 경우 고영향 AI의 안전성·신뢰성을 확보하기 위하여 위험관리 방안을 수립·운영해야 한다. 개인정보보호법에 따르면 개인정보처리자는 개인정보가 분실·도난·유출·위조·변조 또는 훼손되지 아니하도록 내부 관리계획 수립, 접속기록 보관 등 안전성 확보에 필요한 기술적·관리적 및 물리적 조치를 하여야 한다.

또한 AI 기본법에 따르면 고영향 AI 사업자가 고영향 AI를 이용한 제품 또는 서비스를 제공하는 경우 사전에 사람의 기본권에 미치는 영향을 평가하기 위하여 노력하여야 한다. 개인정보보호법에 따르면 개인정보파일의 운용으로 인하여 정보주체의 개인정보 침해가 우려되는 경우에는 그 위험요인의 분석과 개선 사항 도출을 위한 개인정보 영향평가가 공공기관에는 의무화되어 있고 민간의 경우에는 정보주체의 개인정보 침해가 우려되는 경우에는 적극 노력 의무가 부과돼 있다.

또 개인정보보호법에 따르면 AI 시스템을 포함하여 완전히 자동화된 시스템으로 개인정보를 처리하여 이루어지는 결정에 대한 거부권, 설명요구권이 인정되며, AI 기본법에는 고영향 AI사업자의 안전성, 신뢰성 확보 조치 의무 중 하나로 "고영향 AI에 대한 사람의 관리·감독" 의무가 규정돼 있다.

수범자인 기업은 원칙적으로 양 법의 의무를 모두 이행해야 한다. 만약 법의 실질적 내용이 동일함에도 개인정보보호법상 의무 이행 외에 AI 기본법상 의무 이행을 요구하는 경우 기업으로서는 부담이 아닐 수 없다. AI 기본법은 이런 중복 및 충돌 가능성에 대비해 AI 사업자가 다른 법령에 따라 안전성, 신뢰성 확보 조치에 준하는 조치를 이행한 경우에는 조치를 이행한 것으로 본다는 조항을 두고 있다. 다만, 구체적으로 어느 범위까지 이행한 경우 이를 인정할 수 있을 것인지는 하위 법령에 따라 정해질 것으로 보인다.

EU의 일반 개인정보보호법(GDPR)의 개인정보 영향평가는 고위험 관리를 위한 사전 예방 도구로서 EU AI 법상 기본권 영향평가와 기능적으로 연계된다. EU AI 법은 고위험 AI 시스템 배포자에게 기본권 영향평가를 의무화하면서, 개인정보 영향평가가 기본권 영향평가 요구사항을 실질적으로 충족시킬 경우 기본권 영향평가를 보충적 수준에서만 시행하도록 규정한다. 한국도 기업이 이미 개인정보 영향평가를 수행했다면 이를 AI 영향평가로 인정하되, AI 영향평가는 AI로 인한 위험이 개인정보 처리를 넘어서는 영역에 대해서만 보완적 평가를 실시하도록 해야 할 것이다. 안전성 조치나 인간의 감독 의무도 마찬가지이다. 다만, 이 과정에서 개인정보보호법상 제도들을 AI 시대에 맞게 확대하고 고도화함으로써, AI 규제에 대해 효과적인 대응이 가능하도록 할 필요가 있다.

AI 규제당국과 개인정보 규제당국은 이런 제도적 상호연계를 통해 제한된 규제 자원으로 최대의 보호 효과를 달성하는 등 효율성을 높일 수 있으며, 기업에게는 일관된 규제 프레임워크를 제공함으로써 규제 준수 부담을 줄일 수 있다. 향후 진행될 AI 기본법 하위 법령 제정 과정에서 규제당국 간 충분한 협의가 필수적이다.

34 트럼프 2기 정부 출범에 따른 디지털 정책의 변화와 대응

치열한 승부를 예상했던 미국 47대 대통령 선거에서 도널드 트럼프가 압승을 거두고 당선이 확정됨으로써 이제 한 달 후인 2025년 1월 20일 대통령에 취임한다. 당선 직후 트럼프는 제2기 행정부는 1기와 같지만 더 강력한 내용을 담은 위대한 미국 재건(Make America Great Again)을 슬로건으로 내세웠다. 이에 따라 트럼프 2기에서는 미·중 간 글로벌 기술 패권 경쟁 속에서 경제 안보를 앞세운 '신보호주의' 정책과 미국 경제, 일자리 보호를 최우선으로 삼고 관세 인상 등 대외무역과 외국자본에 강력한 규제를 도입하려는 '자국 우선주의' 정책 기조가 한층 강화될 것으로 예상된다.

이러한 기조는 AI, 플랫폼, 데이터 등 디지털 정책에도 그대로 투영될 것으로 예상되어 한국 정부와 기업도 대응을 고심하고 있다. 특히, IT 강국의 위상을 이어 AI 3대 강국으로의 도약을 꿈꾸는 한국으로서는 트럼프 2기의 디지털 정책에 대비하지 않을 수 없다. 먼저 AI 정책에 대해서 보면, 기본적인 방향은 규제보다 산업 지원을 우선시하여 기존 규제를 폐지 내지 완화하고 중국 등 다른 나라와의 기술 격차를 벌리는 데 집중할 것으로 보인다.

트럼프는 이미 바이든이 2023년 10월 발표한 AI 행정명령을 폐기하겠다고 밝힌 바 있다. 트럼프는 제1기 재임 시인 2019년 2월 국가 번영 증진, 국가 및 경제 안보 강화, 자국민 삶의 질 향상에 중점을 둔 '미국 AI 리더십 유지 행정명령'(Maintaining American Leadership in Artificial Intelligence Executive Order 13859) 발표한 바 있다. 당시 행정명령은 AI에 대한 과도한 규제를 제한하고 AI 기술 개발을 촉진하는 것이 초점이었다.

그런데 트럼프는 경선 과정에서 'AI 안전성 검토' '딥페이크 콘텐츠 워터마크 표식 의무화' 등을 포함한 바이든 정부의 AI 행정명령을 불법 검열이라고 비판한 바 있으며, 7월 공화당 전국위원회에서는 바이든의 행정명령을 AI 혁신을 저해하고, 급진 좌파적 이념(Radical Leftwing ideas)을 AI 개발에 강요하는 위험한 것으로 보고 이를 철회할 것이라고 밝혔다.

이와 관련 트럼프와 신임 각료 지명자들은 표현의 자유 보호를 강화하려는 입장을 일관되게 밝히고 있는 점이 흥미롭다. 트럼프에 의해 연방통신위원장(FCC)으로 지명된 브렌던 카(Brendan Carr)는 통신품위법 230조상 인터넷 콘텐츠의 합법성 여부에 대한 플랫폼의 면책과 플랫폼의 콘텐츠 자율규제에 대해 수정이 필요하다는 주장을 해온 인물이다. 트럼프는 빅테크가 이 조항을 이용해 보수적인 의견을 불공정하게 검열하거나 억제한다고 보고 있다. 결국 트럼프의 표현의 자유 주장은 전통적인 공화당의 보수주의 수호를 위한 빅테크에 대한 압박에 불과하여 이를 과연 정부와 빅테크의 개입 제한을 내용으로 하는 일반적인 표현의 자유 확대로 볼 수 있을지는 의문이다.

트럼프 2기의 AI 정책과 관련 굳이 규제로 볼 수 있는 부분은 AI 기술, 제품의 중국 등에 대한 수출통제가 될 것으로 보인다. 최근 중국이 미 빅테크 기업의 오픈소스를 군사적으로 활용하는 사례 등이 나타남에 따라 미국은 자국의 AI 기술이 군사적으로 활용되는 것을 강력히 통제함으로써 AI 기술을 국가 안보 차원에서 대응할 것으로 전망된다.

다음 트럼프 2기의 플랫폼 정책의 방향에 대해서는 전망이 엇갈린다. 표현의 자유 보호 차원에서 플랫폼에 대한 규제를 강화할 것이라는 전망이 있지만, AI 관련해서는 반독점법 집행을 완화할 것이라는 전망도 있다. 연방거래위원회(FTC) 위원장으로 지명된 앤드류 퍼거슨(Andrew Ferguson)도 빅테크가 경제적 권력을 표현의 자유 억압에 사용했다고 주장했다. 트럼프는 2024년 12월 5일 게일 슬레이터(Gail Slater)를 법무부 반독점 차관으로 임명하면서 빅테크는 수년 동안 폭주하면서 가장 혁신적인 부문에서 경쟁을 억제했으며, 시장 지배력을 사용하여 중소기업과 미국인의 권리를 억눌러왔다고 밝힌 바 있다. 결국 트럼프 정부의 플랫폼 정책은 기본적으로 바이든 정부의 반독점 규제 입장을 이어갈 것으로 예상되지만, AI 분야에서는 규제 완화 입장을 취할 것으로 보인다.

데이터 분야에서 미국은 전통적으로 데이터의 국경 간 이동의 자유화를 주장해 왔으나, 최근 틱톡 금지법 등 안보를 이유로 하거나 노동자 중심 디지털 통상 정책 반영을 위해 데이터의 국경 간 이동을 제한해야 한다는 입장이다. 반면 전통적으로 데이터 이동 제한을 주장하던 중국은 2024년 11월 발표한 디지털 무역 가이드라인에서 중요한 데이터와 개인정보의 보안을 보장하는 전제에서 국경 간 데이터 흐름을 위한 효율적이고 편리하며 안전한 메커니즘을 구축하기 위해 노력할 것이라고 밝혀 정책변화를 시사하고 있다. 이제 데이터 이동의 자유화 내지 제한이라는 이분법으로 설명하기 어려운 자국 보호주의 방향으로 가고 있다고 할 수 있다.

트럼프 2기 정부의 AI 규제 완화와 산업진흥 정책, 플랫폼 규제 관련 강온 전략을 한국은 어떻게 받아들여야 하는 것일까. 우선 정부는 글로벌 AI 기술 패권 경쟁 속에서 한국 기업들이 경쟁력을 제고할 수 있도록 기술 역량과 인석사원을 확보하도록 지원해야 한다. 또한 EU와 다른 최소한의 AI 규제를 도입해 기업들의 예측 가능성을 높여야 한다.

현재 정부 등이 추진 중인 플랫폼 규제나 망 무임승차 방지법의 대상에 미국 빅테크가 포함되는 경우 미 정부의 통상 압력이 거세질 것으로 예상된다. 이런 경우 국내 플랫폼에 역차별적인 규제집행이 현실화될 가능성이 있는 만큼 신중한 법 제정이 필요하다. 그리고 무엇보다 정부는 불확실성이 증가할 것으로 보이는 트럼프 2기의 디지털 정책 분야별 영향 요인에 대한 분석과 전망, 한국의 현 상황에 대한 진단과 전략 방안을 적시에 마련해야 할 것이다.

35 AI 기본법 시행 유예와 재검토 필요하다

유럽연합(EU)의 인공지능법(AI act)에 이어 세계 두 번째로 2024년 12월 통과된 한국의 AI 기본법은 AI 혁신과 규제를 균형적으로 달성하고자 산업진흥과 안전성 규제를 위한 여러 법 조항을 도입했다. 이 법은 EU법에 비하면 규제 총량이나 강도가 상당히 약화되어 있어 혁신친화적이라는 평가가 가능하며, AI 산업 진흥을 위한 지원 정책이 체계적으로 추진될 것으로 기대된다. 다만, 법 시행으로 AI 기술 개발, 제품 및 서비스 제공에 대한 규제 불확실성이 제거될 것으로 보았으나, 당초 기대와 달리 과도한 규제 내용에 대한 논란이 지속되고 있다.

마침 한국인공지능법학회는 AI 기본법 제정 직후인 2024년 1월부터 학자, 연구자, 판사 및 변호사 등 법조 실무가, 공공기관 관계자, 기업 관계자 등 50여 명의 전문가가 참여하는 법 개정 연구위원회를 발족하여 법 개정 연구를 진행했고 2024년 6월 16일 중간 연구 성과를 발표했다. 법이 제정된 후 시행 전에 국내 AI 법 전문가 대부분이 참여하여 법의 문제점을 지적하고 이의 개정 목소리를 높인 것은 매우 이례적이다. 그만큼 법 제정 과정에 전문가의 참여가 부족했다는 점과 기존 제정법에 이론적, 실무적 문제가 많다는 반증이라고 할 수 있다.

학회의 지적 사항의 요점은 모든 분야에 일률적으로 AI 규제를 도입할 것이 아니라 각 영역에서 행위와 용례를 중심으로 필요한 규제를 핀셋형으로 하자는 취지이다. 특히, 고영향 AI 의 경우 주무 부처가 큰 그림을 그리되, 각 부처가 도메인별로 소관 법령의 정비를 통해 집행하는 체제를 구축하자는 것이다. 구체적으로는 인간의 지적 능력을 기준으로 하는 의인화 기반 AI 개념의 재정립, 개념 모호성이 큰 고영향 AI에 대해서는 권익 영향 AI와 안전 영향 AI로 이원화, 행정 규제로 작용할 수 있는 고영향 AI 확인 조항 개정, 생성형 AI의 일률적인 표시,

고지 의무 개선 등이 포함됐다.

전체적으로 타당한 지적이다. 사실 AI 기본법의 핵심 문제는 미국, 영국, 일본 등 주요국이 기존 규제에 AI를 적응시켜 맞춤형 규제를 하는 부문 특유적(sector-specific) 규제 체계를 취하고 있는 점과 달리 EU와 같이 포괄적, 수평적 규제를 도입하고 있는 점이다. 수평적 규제는 AI 산업 진흥을 결정적으로 위축시킬 수 있기 때문에 미국, 중국 등 AI 선도 국가는 이를 고려하고 있지 않다. 특히, 미국과 중국에 이어 AI 3대 강국을 목표로 하는 한국 입장에서 전면적 AI 규제 도입은 부정적 효과가 상당할 수밖에 없다. 국내 AI 경쟁력은 기술, 인력, 자본 등 전 분야에서 중위권에 머무르고 있는데, 여기에다 전면적 규제까지 시행하는 것은 AI 3대 강국의 목표를 포기하는 것과 다름이 없다고 볼 수 있다. 한편 일부 시민단체의 경우에는 금지 AI 규정의 부재, 국가안보 목적의 AI의 법 적용 제외 등의 문제를 제기하고 있다.

이런 점을 고려할 때 AI 기본법 규제 조항에 대해서는 일정 기간 시행을 유예하는 것을 고려할 필요가 있다. 국회에서도 황정아 의원의 시행 3년 유예 법안이 발의되어 있다. 또한 EU법은 고위험 AI를 포함해 2026. 8. 전면 시행되는 데 반해, 한국법은 2026년 초로 예정되어 있어 고영향(위험) 기준으로 하면 세계 최초의 법 시행 국가가 된다. 또한 현실적으로도 수범자인 기업이 AI 기본법 준수를 위한 조직, 인력 등을 갖추기 위해서도 시행 유예가 필요하다.

결론적으로 일단 법 시행을 일정 기간 유예하고 그 기간 동안 AI 기술 및 해외 규제 동향을 고려하여 이해관계자, 전문가와 충분한 숙의를 거쳐 합리적인 법 개정안을 마련하는 것이 AI 강국에 진심인 신정부 입장에서 바람직한 선택이라고 할 것이다.[33]

---

33 2025년 10월 현재 정부는 규제 유예는 고려하지 않고 있다. 다만 AI 기본법 제43조 제1항에는, 투명성 확보 의무(예: 사전 고지, 결과물 표시 등), 해외 사업자의 국내 대리인 지정 누락, 시정명령 불이행 등 위반 행위에 대해 최대 3,000만 원 이하 과태료를 부과할 수 있다는 조항이 포함되어 있는데, 법 시행 초기 기업 부담을 완화하고 제도 정착을 유도하기 위해, 정부는 과태료 부과의 직접 시행을 유예하거나 계도 기간을 운영하는 방안을 검토하고 있다. 기간은 1년 이상이 예상된다.

36 AI 만난 리걸테크의 미래

지난 9일 법률 플랫폼 '로톡'을 운영하는 로앤컴퍼니는 생성형 인공지능(AI)을 기반으로 한 대화형 법률 서비스인 '슈퍼로이어' 시연회를 개최했다. 이는 법률 리서치, 초안 작성, 문서 요약, 문서 및 사건 기반 대화 등 생성형 AI 기능을 법률 분야에 특화한 것이지만, 한국어 능력이 우수하다는 점, 할루시네이션을 최소화하기 위해 검색증강 기술을 특화했다는 점이 특징이다. 슈퍼로이어가 변호사 대상 일종의 B2B 서비스라면, 2024년 3월 법무법인 대륙아주가 출시한 법률 챗봇 서비스인 'AI 대륙아주'는 일반인도 이용가능한 B2C 서비스라고 할 수 있다.

이처럼 법률과 기술이 결합한 새로운 법률 서비스인 리걸테크가 AI와 만나면서 한 단계 발전하고 있다. 검색 등을 넘어 법률문서 작성까지 가능하게 되면서 변호사의 역할은 물론 법률시장에 대한 소비자의 접근 방식에도 큰 변화가 예상된다. 이미 미국, 독일, 일본 등 주요국은 리걸테크를 주도하고 있다. 주요국은 정부와 법조계가 법제를 정비하거나 가이드를 마련해 변호사법과의 충돌을 지혜롭게 해결함으로써 리걸테크와 상생을 도모하고 있다.

미국은 리걸테크 기업들이 이미 2,000여 개를 넘어섰으며 그 중 기업가치 1조원이 넘는 유니콘 기업이 20개나 된다. 미국의 리걸테크는 당사자 간 이뤄지는 법정 외 증거 공개 절차인 디스커버리 제도가 2006년부터 'e디스커버리(전자증거개시제도)'로 변화하면서 발전의 계기를 마련했다. 리걸테크는 AI를 이용해 수많은 문서 중 필요한 정보를 찾아준다. 독일은 변호사법 외에 별도로 법률서비스법을 제정해 비변호사인 리걸테크 기업에게도 소액 다수 소비자 피해사건, 채권 추심 등을 허용하고 있다.

일본 리걸테크 기업 총 60여 개 중 유니콘 기업은 2개다. 특히, 2005년 설립된 리걸테크 플랫폼인 벤고시닷컴은 일본 변호사의 절반이 가입해 있다. 2023년 8월 일본 법무성이 AI 기술을 활용한 리걸테크 기업이 합법적으로 사업을 영위하기 위한 가이드라인을 발표한 이후 AI 계약서 심사 서비스 등 신기술 출시가 활발하다.

한국은 우수한 법조인을 보유하고 있고 AI 분야 강국임에도 불구하고 리걸테크 분야에서는 아직 걸음마 단계이다. 유니콘 기업은 물론 아직 법제나 가이드라인은 없고 법조 직역과 리걸테크 간 갈등의 골도 깊다. 다만, 최근 국회에서 "리걸테크 산업진흥 및 이용촉진에 관한 법률안"이 발의되었고, 법무부도 가이드라인을 준비하고 있다는 점에서 향후 귀추가 주목된다.

최근 필자는 한국의 리걸테크와 법률 AI 서비스의 발전을 위한 학술 연구 및 정보 교류를 목적으로 학계, 법조계, 산업계 전문가로 구성된 "리걸테크와 AI 포럼"을 창립했다. 향후 리걸테크와 AI 발전을 가로막는 규제를 개선함과 동시에 법률소비자 편익 제고, 기존 법조 직역과의 상생, 법률 AI의 위험 통제 등을 위한 성책을 발굴해서 공론화할 계획이다.

사실 리걸테크와 법률 AI는 법률소비자의 사법시스템에 대한 접근을 제고하고 변호사의 업무의 생산성과 법률서비스의 품질을 향상시킨다는 점에서 더 이상 선택이 아닌 필수사항이다. 다른 AI와 같이 법률 AI 분야도 이로 인해 변호사가 대체되는 것이 아니라, 이를 활용하지 못하는 변호사가 이를 활용하는 변호사에 대체될 것이라는 점을 잊지 말아야 할 것이다.

37 'CES 2025'에서 본 인공지능의 미래

2025년 1월 7일부터 나흘간 미국 라스베이거스에서 열린 'CES 2025'를 참관할 기회가 생긴 필자는 다양한 국가와 기업의 제품을 둘러보면서 이번 전시회의 슬로건인 '다이브 인'(Dive in), 즉 몰입은 AI에 몰입이라는 것을 실감할 수 있었다. 올해 CES에서는 AI 관련 전시품이 50% 이상 증가했고 로봇, 드론, 모빌리티, 가전, 헬스케어 등 전 영역에 AI 기능이 광범위하게 적용됐다.

젠슨 황 엔비디아 최고경영자는 기조연설에서 물리적(physical) AI, 휴머노이드(humanoid) 로봇 시대를 예고했다. 물리적 AI란 AI 기술이 가상세계에 머물지 않고 현실세계에서 물리적으로 상호작용하거나 기능을 수행하는 것을 의미하는데 대표적으로 로봇, 자율주행차다. 인간은 AI를 컴퓨터나 스마트폰에서만 느낄 수 있는 것이 아니라 일상생활에서 물리적 실체로서 경험하게 된다.

로봇은 인간의 형태를 지니고 인간의 동작을 모방하는 휴머노이드 로봇으로 진화하고 있다. 이는 인간의 작업을 지원하거나 대체하며 인간과의 상호작용을 통해 인간과 교감이 가능하다. 대표적인 휴머노이드 로봇인 테슬라의 '옵티머스'는 손가락으로 계란을 집어 냄비에 삶는 작업을 할 수 있다. 알고리즘에 따라 단순 반복적 작업만 가능하던 로봇이 AI 두뇌를 탑재해 인지, 추론까지 가능해진 것이다.

다음 AI의 개인비서(personal agent)화 경향이다. 이는 단순히 이용자의 요구에 답변을 제공하는 것이 아니라 이용자의 의도를 파악해 실행계획을 세워주고 이를 알려줌으로써 중요한 일정을 놓치지 않도록 하는 AI로 SK텔레콤은 'CES 2025'에서 '에스터'를 선보였다. 에이전트 AI는 아마존 등 빅테크 외에 가전사, 통신사도 서비스를 출시했는데 수익모델로서 가능성이 주목된다.

나아가 온디바이스(on device) AI 경향도 뚜렷해졌다. 기존 클라우드(cloud) AI는 특정 웹사이트에 접속하거나 앱을 통해서만 이용이 가능했기 때문에 통신 연결에 따른 트래픽 과다나 프라이버시 침해 등 보안이슈가 있지만 온디바이스 AI는 기기에서 바로 명령을 실행할 수 있어 이런 문제가 없다. 데이터센터에 들어가는 AI칩을 경량화해 기기에 탑재하는 것으로 퀄컴, 인텔, 삼성전자 등이 이를 주도한다.

물리적 AI, 휴머노이드 로봇, 에이전트 AI, 온디바이스 AI화의 경향은 기존 오픈AI, 구글, 마이크로소프트(MS), 메타 등 빅테크들이 주도하는 생성형, 클라우드 AI에 대한 도전으로서 의미를 가지며 더이상 AI가 특정 기업의 전유물이 아니라 전 산업으로 확장되고 있음을 의미한다.

한편 'CES 2025'엔 미국, 중국, 한국 순으로 많은 기업이 참가했고 지난 10여 년은 한국과 중국의 가전·컴퓨터 업체의 대결이었지만 올해는 일본 기업이 대거 참가한 것이 특색이다. AI를 통한 디지털 패권을 꿈꾸는 일본은 대표 자동차 기업인 토요타가 우븐시티(Woven City)라는 AI 기반 스마트시티를 선보였고 혼다는 전기차에 AI 기반의 첨단운전자보조시스템, 파나소닉은 AI 기반 에너지관리 솔루션을 전시했다.

구글, 아마존, 애플, MS 등 미국 빅테크들은 CES에 참가하지 않고 개별적으로 다른 기회에 신제품을 소개함으로써 첨단기술 경연장으로서 CES의 의미는 반감됐고 오히려 스타트업의 신기술 경연장으로서 의미가 부각됐다. 한국은 올해도 삼성, 현대차, 정보통신기획평가원(IITP) 등의 지원을 받은 600여 개 스타트업과 지원기관이 참가했다.

'CES 2025' 전체를 관통한 기술은 데이터와 AI다. 이용자의 데이터, 이용경험을 수집해 AI가 이를 분석하고 추론해서 초개인화한 서비스를 다양한 기기를 통해 제공한다. 한국도 CES에서 나타난 AI 미래를 거울삼아 AI 3대 강국을 위한 총력전을 펼쳐야 할 것이다.

38 AI 시대의 빛과 그림자, 대응방안은

인공지능(AI)은 더 이상 미래의 상상이 아니다. 우리 삶의 모든 영역에 깊숙이 파고들며 혁명적인 변화를 일으키고 있다. 다양한 분야에서 혁신을 주도하며 인간의 능력을 보완하고 확장시키고 있으며, 나아가 점차 인간을 대체하고 있다. 이런 변화의 동인은 AI 기술이 인간의 능력을 보완하는 것을 넘어 범용 AI(Artificial General Intelligence, AGI), 에이전틱(Agentic) AI 등 인간 대체 기술로 발전하는 것이다. 범용 AI는 인간처럼 다양한 문제를 해결하고 새로운 상황에 적응하며 스스로 학습하는 AI이며, 에이전틱 AI는 단순한 명령을 수행하는 것을 넘어 스스로 목표를 설정하고, 계획을 수립하며 환경과 상호작용하면서 복잡한 작업을 자율적으로 실행하는 AI이다. AI는 인류에게 전례 없는 혁신이라는 빛과 동시에 인간 대체라는 그림자를 던지고 있다.

AI의 빛은 무엇보다 엄청난 생산성 혁신과 인간의 삶의 질의 향상이다. AI는 대규모 데이터를 분석해 인간이 도달하기 어려운 통찰을 제공한다. 기업은 생산공정을 최적화하고, 개인은 반복적 업무에서 벗어나 창의적 활동에 집중할 수 있다. 맥킨지 보고서에 따르면, AI 도입으로 글로벌 GDP는 2030년까지 최대 15% 증가할 수 있다고 전망된다. 의료 분야에서는 환자의 영상 데이터를 분석해 조기 진단을 가능케 하고 맞춤형 치료법을 제시한다. 교육에서는 개인 맞춤형 학습 콘텐츠가 제공되어 학습 효율을 높인다.

이에 반해 AI의 그림자도 점점 커지고 있다. 가장 심각한 문제는 AI로 인한 인간의 일자리 위협이다. 최근 미국 테크 기업의 대졸 신입 채용이 25% 감소한 것으로 나타났다. 마이크로소프트(MS)가 해고한 인원의 40%는 코딩 개발자였으며, 로펌도 신입 변호사 채용을 줄이고 있다. AI는 이런 반복적·사무적 업무를 대체하는 것은 물론 제조, 서빙 등 단순노동도 로봇에 의해 대체되면서 거의 모든 분야 일자리를 위협하고 있다. 문제는 줄어드는 일자리 속도만큼 새로운 일자리가 늘지 않는다는 것이다.

다음 그림자는 알고리즘 사회의 부작용이다. AI 시대 알고리즘은 주로 빅데이터를 기반으로 작동하는 컴퓨터 연산 규칙으로 검색, 추천, 금융 거래, 자율주행차 등의 이용자의 선택 과정에서 보이지 않는 손(invisible hand)의 역할을 하고 있다. 문제는 맞춤형의 자동화된 선택이 인간에게 편리성을 주지만 반대로 다양한 관점을 제한하고 개인정보 오남용을 유발할 수 있다는 것이다. 대표적인 것이 자신의 관점과 일치하는 정보만 접하게 되는 필터 버블(Filter Bubble)이다. 선호하는 정보만 반복 소비하게 만들고 반대 의견이나 새로운 시각은 차단된다. 사생활 침해도 문제다. 알고리즘이 내 취향을 정교하게 맞추기 위해서 플랫폼은 검색 기록, 클릭 패턴, 결제 이력, 위치 정보 등 방대한 데이터를 끊임없이 수집·분석한다.

셋째, AI가 민주주의와 법치주의에 악영향을 줄 수 있다. AI는 인간이 가진 편견과 자의를 배제하고 공정한 결정을 가능하게 한다는 점에서 법치주의에 기여할 수 있으나, 데이터 자체에 편향이 존재하는 경우, 알고리즘의 설계자, 운영자의 편향이 알고리즘에 반영되는 경우 등에는 공정성, 중립성도 기대하기 어렵다. 또한 생성형 AI는 누구나 쉽게 창작이 가능하다는 점에서 AI 기술에 대한 접근성을 높이고 개인의 능력을 확대한다는 점에서 민주주의에 기여하지만, AI 활용 능력에 따른 격차가 심해지면서 평등 원칙을 침해할 우려가 있다.

이런 그늘에 대응해 우리는 리터러시를 확보해 AI의 위험성을 이해하고 장점을 이용함으로써 효율과 편익을 누릴 준비를 해야 한다. 일자리 위협에 대응해 재직자에 대한 지속적인 재교육과 AI를 활용하는 능력을 배양하는 것이 필요하고 구직자는 AI와의 협업을 통해 생산성을 높이고, AI가 대체하기 어려운 창의성과 비판적 사고 능력을 키워야 한다. 알고리즘 사회의 부작용, 민주주의와 법치주의 악영향을 막기 위해 투명성, 책임성, 설명가능성 있는 AI가 되도록 하는 법적, 윤리적 규제도 필수적이다.

39 AI 도입에 따른 일자리 전망

인공지능(AI)의 도입이 가속화되면서, "AI가 인간의 일자리를 대체할 것인가?"라는 질문이 화두다. 전체적으로 보면 일자리가 줄어들 것이라는 전망이 지배적이어서 사회 전반의 불안을 자극하고 있다. 맥킨지, 골드만삭스 등의 글로벌 리포트에 따르면 향후 10~15년 내 전 세계 일자리의 20~30%가 자동화될 가능성이 있다. 앤트로픽(Anthropic)의 CEO 다리오 아모데이는 AI가 "글로벌 노동시장에 인류 역사상 가장 큰 변화"를 가져올 것이라고 말했다. 오픈AI의 샘 올트먼은 블로그에 "아마 10년 뒤에는 지구상의 모든 사람이 오늘날 가장 영향력 있는 사람이 할 수 있는 것보다 더 많은 것을 성취할 수 있게 될 것"이라고 했다.

종래 자동화가 조립라인이나 회계와 같은 반복적, 일상적 업무를 대체했다면, AI는 비일상적·창의적 업무까지 영역을 넓힐 수 있다. AI는 명시적인 지시 없이 스스로 학습하고, 패턴을 인식하고, 예측할 수 있으며, 글을 쓰고 제품을 설계할 수도 있게 되었다. 다만, 단순한 일자리에 대한 혁명적 변화 전망 외에 다음과 같은 구체적 질문도 제기된다.

첫째, 일자리 대체는 모든 계층에게 동일하게 이루어질 것인지 하는 것이다. 우선 대체되는 일자리는 주로 AI와 자동화에 취약한 단순 반복 업무 및 정형화된 사무직일 것이다. 은행 창구 직원, 우편 서비스 직원, 데이터 입력 직원 등이 대표적이다. 다만, 생성형 AI, 에이전틱 AI의 출현으로 초급 화이트칼라 일자리 역시 타격을 받고 있으며, 향후 5년 내 관련 일자리의 절반 가까이가 사라질 것이라는 전망도 나오고 있다. 결국 중상급 내지 최고 의사결정권을 지닌 소수의 화이트칼라 인력을 제외하면 모든 계층이 AI에 의한 영향을 피할 수 없을 것이다.

더 큰 문제는 저숙련자와 고성과자 간 AI 활용으로 인한 격차가 늘어나는 것이다. 이코노미스트에 따르면 AI 도입 초기에는 AI가 '평등화 도구' 역할을 했다고 한다. 즉, AI 도입으로 숙련도가 낮은 근로자가 생산성 향상을 통해 기회를 평등하게 부여받았다. 예컨대, 스탠퍼드대의 에릭 브린욜프슨(Erik Brynjolfsson) 등의 2023년 연구에 따르면, 생성형 AI 도구가 '초보 고객지원 직원'의 생산성을 34%나 향상시켰다. 이처럼 초기 연구에서는 실적이 낮은 사람들이 AI 결과물을 모방함으로써 혜택을 받을 수 있었지만, 최근 연구에 따르면 과학 연구, 사업 운영 및 투자와 같은 더 복잡하고 창의적인 작업에 AI 활용 성과가 크다. 이런 맥락에서 고성과자가 저성과자보다 AI로 인한 혜택을 더 크게 보는 반면, 미숙련자와 반복적인 업무에 종사하는 노동자는 자동화로 인해 점차 일자리와 임금 위협을 받고 있는 것이다. 이에 노동시장 격차는 좁혀지지 않고, AI 활용 역량 격차가 새로운 사회적 분화 요인으로 작동할 것이다.[34]

둘째, AI로 인해 더 늘어나는 일자리는 있는지, 있다면 어떤 것인지 하는 것이다. AI가 업무를 재편함에 따라 기존 인력은 다른 업무에 집중하게 될 것이다. 예를 들어 엔지니어들은 여유 시간을 이용해 보다 창의적인 작업에 집중할 수 있고, 신입 변호사들은 사무적인 일 대신 고객과 더 많은 시간을 보내게 될 것이다. 한편 AI의 확산은 새로운 직업을 만들어낼 가능성이 있다. 첫째는 AI 기술을 개발, 활용하는 분야에서 새로운 직업들이 부상할 것이다. AI·머신러닝 전문가, 프롬프트 엔지니어, 빅데이터 전문가, 핀테크 엔지니어, 정보보안 분석가 등 기술 관련 직무의 수요가 증가할 것이다. 둘째, AI 윤리감사관, 데이터 거버넌스 매니저, 생성형 콘텐츠 감독자 등 AI를 관리, 감독할 직업이 나타날 것이다. 이들은 기술과 인문, 법제도 모두를 이해하는 복합 전문가이다. AI가 인간을 보조하는 도구를 넘어 사회적 결정에 영향을 미치는 주체가 되는 만큼 이를 감시·평가하는 새로운 직업군이 필요한 것이다.

셋째, 왜 일자리 감소 전망에도 불구하고 아직 변화가 더딘 이유는 무엇인가 하는 것이다. 이코노미스트에 따르면 미국의 경우 첫째, 아직 10% 미만의 기업만이 AI를 실질적인 상품 및 서비스 생산에 사용하고 있고, 둘째, 기업들이 AI를 도입하더라도 직원을 해고하지 않는 대신AI를 단순히 직원들의 일을 보조하는

34 How AI will divide the best from the rest, The Economist, Feb 13, 2025.

생산성 증강 도구로 이용하고 있기 때문에 현재로서는 AI로 인한 대규모 일자리 감소가 일어나지 않는다고 한다.[35] 다만, 테크 기업 중심으로 감원이 현실화하고 있다는 점을 주목할 필요가 있다. 메타(Meta)는 AI 슈퍼 인텔리전스 개발에 집중하면서도 조직의 효율화를 명분으로 AI 연구 부서를 포함한 AI 관련 인력 수백 명을 감축하는 구조조정을 단행했고, 아마존(Amazon)도 내부 전략 문서를 통해 2030년까지 물류 창고 운영의 75% 자동화를 목표로 하며 60만 개에 달하는 일자리를 로봇으로 대체할 계획이다.

그동안의 인류 역사는 기술 혁신이 숙련된 사람에게 유리하게 작용해 왔음을 보여준다. 산업혁명 때는 새 기계를 다루는 엔지니어의 임금이 급등했고 단순 노동자는 소외되었다. 컴퓨터 시대에는 소프트웨어 엔지니어가 보상을 받았고 타이피스트는 사라졌다. AI도 비슷한 길을 갈 것이다. 복잡하고 정보가 풍부한 환경에서 판단력, 민첩성, 전문성을 발휘할 수 있는 사람이 AI로 인한 일자리 대체에 영향을 받지 않는 것은 물론 막대한 보상을 받을 것이다.

미 조지메이슨대학 경제학 교수인 타일러 코웬(Tyler Cowen)은 AI가 아무리 발전하더라도 에너지, 데이터, 제도, 규제 등 비기술적 요소가 성장 속도를 제한할 것이라고 보았다. 프랑스의 콜레주 드 프랑스(Collège de France) 교수인 필리프 아기옹(Philippe Aghion)은 "AI는 어부의 문제는 해결하지만, 연못의 생태계는 바꾸지 못한다"고 표현하며 AI의 혁신이 근본적인 자원 제약을 넘지 못할 수 있음을 지적한다.

이는 AI로 인한 일자리 변화의 양상과 속도는 물론 이에 대한 대책 수립에 있어서 정부의 정책과 규제가 결정적인 역할을 할 수 있다는 것을 암시한다. 또한 정부의 적절한 개입이 있는 경우 AI가 전면적, 즉각적으로 노동을 대체하기보다는 '인간과 AI 협업(hybrid productivity)' 형태가 지속될 것이라는 예상이 가능하다.

---

35 Why AI hasn't taken your job, May 26th 2025, Economist.

40 EU의 AI 규제완화 추진과 시사점

2024년 8월 발효된 유럽연합(EU)의 '인공지능법(AI Act)'은 세계 최초의 포괄적, 수평적 AI 규제법안이라는 역사적 의의를 가졌으나, 동시에 유럽 내 기술 혁신을 저해하고 기업들에게 과도한 컴플라이언스 부담을 지울 것이라는 우려를 낳았다. 실제로 법 시행 초기 단계에 이미 표준이나 가이드라인 제정 지연 등 현실적인 이행 장벽들이 드러났다. 이에 EU 집행위원회는 2025년 11월 19일, AI법의 실효성을 높이고 기업의 부담을 줄이기 위한 결단을 내렸다. 바로 'AI에 대한 디지털 옴니버스(Digital Omnibus on AI)' 제안이다.[36] 이번 제안은 규제의 끈을 놓지 않으면서도, 혁신이라는 엔진이 꺼지지 않도록 '규제 단순화(simplification)'와 '이행 지원(enablement)'으로 정책의 무게중심을 이동시켰다는 점에서 시사하는 바가 크다.

현실을 반영한 유연한 타임라인과 표준 연동 등 규제 부담 완화

이번 제안에서 가장 눈에 띄는 변화는 고위험 AI 시스템(High-risk AI systems)에 대한 규제 적용 시점을 유연하게 조정한 것이다. 당초 계획대로라면 고위험 AI 시스템에 대한 의무 사항은 2026년 8월부터 적용될 예정이었다. 그러나 기업들이 규제를 준수하기 위해 필수적인 조화된 표준, 적합성평가 지침, 기술문서 표준양식 등 규정 준수 도구들의 준비가 늦어지면서 기업들의 불확실성이 커졌다.

36 아래 내용은 European Commission – Press release, Simpler EU digital rules and new digital wallets to save billions for businesses and boost innovation, Brussels, 19 November 2025, European Commission, Proposal for a REGULATION OF THE EUROPEAN PARLIAMENT AND OF THE COUNCIL, Brussels, 19.11.2025 COM(2025) 836 final 2025/0359 (COD) 참조.

이에 EU 집행위는 규제 적용 시점을 표준 등 규제 준수 지원 수단의 가용성(availability)과 연동시키는 메커니즘을 도입했다. 즉, 집행위가 표준과 가이드라인이 이용가능하게 되었다고 결정을 내린 후, 고위험 AI 시스템의 유형에 따라 추가 유예 기간을 거쳐 규제가 적용되도록 한 것이다. 법 부속서 III(신용평가·채용·교육·사회서비스·법집행 등)의 고위험 AI 의무 적용은 집행위가 표준, 가이드라인 등 규제 준수 지원 조치가 이용 가능하다고 결정한 날로부터 6개월 이후에 시행되며, 해당 적용 시점은 최대 2027년 12월까지로 연기될 수 있다. 또한, 부속서 I(제품안전 규제 연계 분야)의 AI는 12개월 이후에 시행되며, 최대 2028년 8월까지로 연기될 수 있다. 이는 규제 당국이 인프라를 갖추지 못한 상태에서 민간에게만 의무를 강요하지 않겠다는 합리적인 태도 변화로 평가된다.

다음 EU 경제의 허리인 중소기업(SME)과 스타트업에 대한 보호막도 두터워졌다. 특히 이번 개정안은 지원 대상을 기존의 SME에서 '소형 중견기업(Small Mid-Caps, SMCs)'까지 확장했다. SMC는 SME보다 성장 속도와 혁신 수준이 높지만, 대기업과 동일한 규제를 적용받을 경우 성장통을 겪을 수 있는 기업군이다. 구체적으로 SMC와 SME는 기술문서 작성 요건을 간소화된 양식으로 제출할 수 있게 되며 과징금 부과 시에도 기업의 경제적 생존 능력을 고려하여 감경받을 수 있는 특례가 적용된다.

또한, 기존에는 개별 고용주에게 직원들의 AI 리터러시 제고를 위한 교육 의무를 부과했지만, 개정안에 따르면 이 의무가 집행위원회 및 회원국의 정책적 촉진 의무로 변경되었다. 회원국과 집행위는 교육 기회 제공, 정보 리소스 제공, 모범 사례 공유 등의 비구속적(non-legally binding)인 이니셔티브를 통해 기업들이 직원들에게 적절한 수준의 AI 리터러시를 제공하도록 지원해야 한다. 이는 AI 리터러시(Literacy) 교육에 대한 기업의 행정적 부담을 덜어준 것이다. 다만, 고위험 AI 시스템 배포자에게는 별도로 명확한 교육 의무가 존재한다. 또한 고위험 영역에 해당하더라도 제공자가 자체 평가를 통해 '고위험이 아님(not high-risk)'으로 결론 내린 경우 EU 데이터베이스 등록 의무를 면제할 수 있도록 했다.

혁신을 가속화하기 위한 실질적인 조치들도 포함되었다. EU 집행위는 AI 규제 샌드박스의 활용을 확대하고, 기존 회원국 단위의 샌드박스를 넘어 2028년부터는 AI 사무국(AI Office) 산하에 EU 차원의 통합 규제 샌드박스를 설립하기로 했다. 이는 국경을 초월한 AI 프로젝트의 개발과 테스트를 용이하게 할 것이다.

또한, 기존에는 샌드박스 안에서만 실환경 시험이 가능했으나, 규제 샌드박스 외부에서도 고위험 AI 시스템에 대한 '실환경 테스트(Real-world testing)'가 가능하도록 허용 범위를 넓혔다. 특히 자동차 산업과 같은 핵심 산업 분야의 제품에 내장된 AI 시스템에 대해서도 자발적 협약을 통해 실환경 테스트를 진행할 수 있는 법적 근거를 마련함으로써 실험실을 넘어선 현장 중심의 기술 고도화가 가능해질 전망이다.

AI 성능의 핵심인 데이터 활용과 관련해서도 변화가 있었다. 원래 민감정보에 대해서는 처리금지가 원칙이나, AI 시스템의 편향성을 탐지하고 수정하기 위한 목적의 민감한 개인정보 처리는 엄격한 보호조치하에 예외적으로 허용하는 법적 근거를 마련했다. 이는 GDPR 상 엄격한 개인정보보호 규정과 AI 성능 향상 사이의 딜레마를 해소하려는 시도로 AI 공정성·비차별성 감독을 위해서 데이터 보호 규제를 완화한 것이다.

거버넌스 측면에서는 범용 AI 모델과 이를 기반으로 한 시스템, 그리고 초대형 온라인 플랫폼(VLOPs)에 탑재된 AI 시스템에 대한 감독 권한을 AI 사무국으로 일원화했다. 이는 국가별로 상이한 법 해석으로 인한 파편화를 방지하고, 일관된 집행을 통해 기업의 법적 불확실성을 제거하기 위함이다.

규제는 혁신의 발목이 아닌 예측가능성 높여주는 길잡이가 되어야

EU의 이번 AI 규제 완화는 규제가 단순히 금지와 제재에 머물러서는 안 되며, '예측 가능성'과 '규제 이행 지원'이 동반되어야 함을 명확히 보여준다. 이번 AI 규제완화를 포함한 데이터·사이버보안 등 전체 디지털 옴니버스 패키지 추진으로 인해 EU 내 기업들은 2029년까지 약 50억 유로(약 7조 3천억 원)의 행정 비용을 절감할 수 있을 것으로 추산된다.

AI 기본법 시행을 앞둔 한국 상황에서 EU의 이러한 행보는 중요한 시사점을 제공한다. 첫째, 속도 조절이다. 한국이 계획대로 내년 1월 법안을 시행하는 경우 부속서 I 제품안전 AI 를 기준으로 하면 EU보다 최대 2년 반 이상 먼저 고영향

AI 규제를 시행하는 세계 최초의 AI 규제 시행국이 될 수 있다. 하위 법령이 11월에 입법예고된 상황에서 내년 1월 시행은 기업의 컴플라이언스 준비를 사실상 불가능하게 한다. 이에 따라 법 시행과 동시에 대부분의 기업이 법 위반 상태에서 놓이게 된다. 둘째, 기업 규모별 차등적 규제이다. 스타트업과 중견기업이 규제 비용으로 인해 성장의 사다리를 걷어차이지 않도록 세밀한 배려가 필요하다. 셋째, 샌드박스의 활용이다. 한국도 AI 기본법에 샌드박스를 직접 도입함으로써 혁신의 실험장 역할이 가능하도록 해야 한다.

결국 EU의 이번 정책 선회는 "유럽의 방식대로 기본권을 보호하되, 불필요한 규제를 줄이고, EU 법령을 단순화하며, 데이터 접근을 확대함으로써 혁신이 일어날 공간을 내어주겠다"는 헨나 비르쿠넨(Henna Virkkunen) 부의장의 말처럼, 규제와 혁신의 균형점을 찾으려는 고민의 산물이다. 우리도 AI 3대 강국을 지향하는 마당에 최초의 규제 시행보다는 혁신과 규제의 조화를 고민해야 할 것이다.

II

데이터 경제 활성화를 위한 과제

1 공개된 개인정보를 영리목적으로 동의 없이 사용할 수 있을까

수도권의 한 국립대학교 교수로 재직 중인 A씨는 2010년 법률정보 제공업체인 로앤비가 자신의 사진, 성명, 성별, 출생연도, 직업, 직장, 학력, 경력 등 개인정보를 수집해 로앤비 사이트 내 '법조인' 항목에 올린 다음 이를 유료로 서비스하자 개인정보를 무단으로 제3자에게 제공한데 따른 손해배상을 청구하는 소송을 냈다. 로앤비는 A씨의 출생연도는 1992학년도 사립대 교원명부 등에서 나머지 정보는 A씨가 재직중인 대학 홈페이지에 공개된 내용을 바탕으로 수집한 것으로 나타났다.

이 사건의 논점은 비록 공개된 개인정보이기는 하지만 정보주체의 동의 없이 이를 영리목적으로 사용한 것이 법적으로 허용되는 것인지에 관한 것이다. 하급심은 개인정보를 유료로 불특정 다수에게 제공한 행위는 개인정보자기결정권을 침해한 불법행위라고 판단하였지만, 대법원의 판결(2014다235080)은 달랐다.

우선 개인정보자기결정권이 침해된 것인지에 대해 대법원은 개인정보에 관한 인격권 보호에 의하여 얻을 수 있는 이익과 그 정보처리 행위로 인하여 얻을 수 있는 이익 즉 정보처리자의 '알 권리'와 이를 기반으로 한 정보수용자의 '알 권리' 및 표현의 자유, 정보처리자의 영업의 자유, 사회 전체의 경제적 효율성 등의 가치를 구체적으로 비교 형량하여 어느 쪽 이익이 더 우월한 것으로 평가할 수 있는지에 따라 그 정보처리 행위의 최종적인 위법성 여부를 판단하여야 하고, 단지 정보처리자에게 영리목적이 있었다는 사정만으로 곧바로 그 정보처리 행위를 위법하다고 할 수는 없다고 하면서, 이 사건의 경우 로앤비 등의 정보처리자의 '알 권리' 등 이 정보주체의 인격적 법익에 비하여 우월하다고 할 것이므로, 로앤비 등의 행위를 원고의 개인정보자기결정권을 침해하는 위법한 행위로 평가할 수는 없다고 보았다.

다음은 개인정보 수집, 이용, 제공에 동의를 요구하는 개인정보보호법을 위반한 것이냐는 것에 대해 대법원은 정보주체가 직접 또는 제3자를 통하여 이미 공개한 개인정보는 그 공개 당시 정보주체가 자신의 개인정보에 대한 수집이나 제3자 제공 등의 처리에 대하여 일정한 범위 내에서 동의를 하였다고 할 것이며, 따라서 이미 공개된 개인정보를 정보주체의 동의가 있었다고 객관적으로 인정되는 범위 내에서 수집·이용·제공 등 처리를 할 때는 정보주체의 별도의 동의는 불필요하다고 보아야 할 것이라고 판단했다. 이 사건의 경우 로앤비 등이 개인정보를 수집하여 제3자에게 제공한 행위는 원고의 동의가 있었다고 객관적으로 인정되는 범위 내라고 봄이 타당하고, 로앤비 등에게 영리목적이 있었다고 하여 달리 볼 수 없다는 점에서 개인정보보호법 제15조나 제17조를 위반하였다고 볼 수도 없다고 판시하였다.

이 판결은 공개된 개인정보의 동의 없는 사용에 대한 기준을 제시하고 있다. 즉, 공개된 개인정보는 정보주체의 동의가 있었다고 객관적으로 인정되는 범위 내에서 정보주체의 별도의 동의 없이 처리가능하도록 한 점과 정보처리자의 이익과 정보주체의 불이익을 형량하여 동의 없는 개인정보 활용을 가능하도록 하였다는 점에 의의가 있다.

결국 공개된 개인정보는 영리목적이 있다고 하더라고 객관적으로 인정되는 정보주체의 추정적 의사의 범위 내에서 동의 없는 처리가 가능하다고 할 수 있다. 다만, 공개된 개인정보의 성격, 공개의 형태와 대상범위, 그로부터 추단되는 정보주체의 공개의도 내지 목적뿐만 아니라, 정보처리자의 정보제공 등 처리의 형태와 그 정보제공으로 인하여 공개의 대상범위가 원래의 것과 달라졌는지, 그 정보제공이 정보주체의 원래의 공개 목적과 상당한 관련성이 있는지 등을 검토하여 객관적으로 판단하여야 한다는 점에서 실제 동의가 필요한지 여부는 사안별로 검토돼야 할 것이다.

이 판결은 그동안 정보주체의 개인정보자기결정권을 보다 강조해왔던 법원과 정부의 입장에 커다란 전환점을 이룬 것으로 평가된다. 데이터 경제 시대 도래에 따라 데이터 활용의 사회적 요청이 높아진 상황에 부응하는 판결이라고 할 수 있다. 이에 따라 2020년 개정된 신용정보호법은 신용정보주체가 스스로 사회관계망서비스 등에 직접 또는 제3자를 통하여 공개한 정보에 대해서는 해당 신용정보주체의 동의가 있었다고 객관적으로 인정되는 범위 내로 한정하여 동의 없이 처리할 수 있도록 입법화하였다. SNS 등을 통해 공개된 정보를 이용하여 신용평가 등을 할 수 있도록 한 것이다.

다만, 아직도 개인정보보호에 관한 일반법인 개인정보보호법은 공개된 개인정보에 대해 침묵을 지키고 있다. 특히, 최근 컴퓨터에 의한 자동화된 분석기술을 통해 타인의 데이터를 포함한 대량의 데이터를 분석하여 패턴, 트렌드, 상관관계 등의 정보를 생성하는 경우 그 분석의 대상이 공개된 개인정보인 경우에 동의 없는 이용이 가능하도록 할 필요성이 높아지고 있으나, 아직 입법적 해결이 되지 않고 있다. 최근 국무회를 통과한 개인정보보호법 개정안이나 국회를 통과한 데이터 산업진흥 및 이용촉진 기본법에서 공개된 개인정보의 활용을 위한 추가적인 논의가 진행되기를 기대한다.

2 불법 유통 영화·드라마 링크 공유는 저작권 침해일까

2015년 A씨는 자신이 개설하여 운영하는 이른바 '다시보기 링크사이트' 게시판에, 불법 유통된 영화나 드라마 등 영상저작물이 올라와 있는 해외 동영상 공유사이트에 업로드한 영상저작물에 연결되는 링크를 2015. 7. 25.부터 2015. 11. 24.까지 총 450회에 걸쳐 게시하였다. 이 경우 링크 게시자는 저작권을 침해한 것일까.

링크(link)란 'hyperlink'를 줄여 쓰는 말로서 웹사이트들 또는 문서들 사이를 서로 이어 주는 것을 의미하며, 보통 단순 링크와 임베디드(imbeded) 링크로 구분된다. 단순 링크는 인터넷에서 링크하고자 하는 저작물의 웹 위치 정보 내지 경로를 나타낸 것, 즉, 링크를 클릭하면 해당 사이트로 이동하여 영상이 재생되는 방식이다. 이에 반해 임베디드 링크란 링크된 정보를 호출하기 위해 이용자가 클릭을 할 필요 없이 링크제공 정보를 포함한 웹페이지에 접속하면 자동으로 링크된 정보가 바로 재생되는 방식의 링크, 즉, 링크를 클릭할 경우 해당 사이트로 이동하는 것이 아니라 자신의 홈페이지나 게시물에서 바로 영상이 재생되는 것이다.

법원은 단순 링크의 경우는 저작권법 위반이 아니라고 보고 있다. 왜냐하면 저작권법 위반이 되려면 영상을 복제하거나 전송하는 행위가 있어야 하는데, 인터넷 링크는 개개의 저작물 등의 웹 위치 정보나 경로를 나타낸 것에 불과하여 복제나 전송에 해당하지 않기 때문이다(대법원 2010. 3. 11. 선고 2009다80637 판결).

위 사례와 같은 임베디드 링크는 어떨까. 원칙적으로 임베디드 링크로 영상이 사이트에서 재생이 된다고 해도 그 영상을 다운로드, 업로드하는 것은 아니기 때문에 영상의 복제나 전송이 이루어진 것은 아니므로 저작권 직접 침해로 보기는 어렵다. 그렇다면 간접 침해, 즉, 저작권 침해의 방조행위로는 볼 수 있을까.

그동안 대법원은 "링크는 영상저작물의 웹 위치 정보 등을 나타낸 것에 불과하다"면서 "인터넷 이용자는 링크 부분을 클릭함으로써 저작권자의 복제권이나 공중송신권을 침해하는 웹페이지 등에 방문해야 해당 게시물에 접속할 수 있게 되기 때문에 그 행위는 저작권 침해행위의 실행 자체를 용이하게 한 것이 아니라 그와 무관한 지위에서 단순히 전송권이 침해되고 있는 상태를 이용한 것에 불과해 이를 방조행위로 볼 수 없다는 입장이었다.[1] 다만, 하급심은 저작권 침해의 불법행위에 대한 방조를 인정하여 손해배상책임을 인정한 바 있으며,[2] 학계에서도 게시물을 통한 저작권 침해의 심각성 등을 고려해 방조행위 인정의 필요성을 제기하는 견해가 잇따랐다.

이런 흐름에 따라 마침내 대법원은 2021년 9월 전원합의체 심리를 통해 링크 행위도 공중송신권 침해의 방조에 해당할 수 있다며 기존 판례를 변경했다.[3] 재판부는 "링크 행위자가 정범이 공중송신권을 침해한다는 사실을 충분히 인식하면서 그러한 침해 게시물 등에 연결되는 링크를 인터넷 사이트에 영리적·계속적으로 게시하는 등으로 공중의 구성원이 개별적으로 선택한 시간과 장소에서 침해 게시물에 쉽게 접근할 수 있도록 하는 정도의 링크 행위를 한 경우에는 침해 게시물을 공중의 이용에 제공하는 정범의 범죄를 용이하게 하므로 공중송신권 침해의 방조범이 성립할 수 있다"고 밝혔다. 다만 "인터넷 등을 이용하는 과정에서 일상적으로 이루어지는 링크 행위에 대해서까지 공중송신권 침해의 방조를 쉽게 인정하는 것은 바람직하지 않다"면서 "검사는 링크 대상인 게시물의 불법성을 명확하게 인식할 수 있는 정도에 이르렀다는 점을 엄격하게 증명해야 하며, 링크 행위가 정범의 공중송신권 침해와 밀접한 관련이 있고 그 법익침해를 강화·증대하는 등의 현실적인 기여를 했다고 보기 어려운 경우에는 공중송신권 침해 방조행위라고 쉽사리 단정해서는 안된다"고 덧붙였다.

이 판결에 따라 링크행위는 구체적인 사안에 따라서는 저작권 침해의 방조범이 될 수 있게 되었다. 그동안 대법원은 링크를 게재하는 행위를 저작권 침해행

1 대법원 2015. 3. 12. 선고 2012도13748 판결.

2 서울고등법원 2017. 3. 30. 선고 2016나2087313 판결.

3 대법원 2021. 9. 9. 선고 2017도19025 전원합의체 판결.

위로 의율할 가능성을 부정함으로써 권리자 보호에 미흡한 측면이 있었다. 이제 링크를 통해 연결되는 게시물이 저작권 침해 게시물인 사정을 알면서도 영리적·계속적으로 링크를 게재하는 행위를 저작권 침해의 방조범으로 의율할 수 있도록 함으로써, 저작권 보호를 강화하면서도 표현의 자유가 위축되는 것을 방지하고자 점에서 동 판결의 의의가 있다고 할 것이다.[4]

한편 저작권보호심의위원회는 이미 대법원 판례 변경 이전에도 임베디드 링크 행위에 대해 저작권 침해 정보로 보아 시정권고를 내리고 있었다. 즉, 링크만 제공하고 있으므로 불법복제물 직접 전송 중이라고 보기는 어려우나, 심의대상 게시물의 링크를 '저작권이나 저작권법에 따라 보호되는 권리를 침해하는 정보(저작권 침해 정보)'로 보아 시정권고의 대상인 '불법복제물 등'에 해당한다고 판단하였다.

동 위원회는 인터넷상의 링크는 하나의 웹페이지 내에서 여러 문서와 파일을 비롯하여 다른 웹페이지까지 상호 연결이 가능하도록 하고 있으며, 이는 마우스 클릭이라는 매우 간단한 방법으로 이루어지고 있다. 초고속정보통신망의 발달에 따라 클릭 행위에 의하여 정보가 전송되는 데에 걸리는 시간은 매우 짧아졌으며, 이용자로서는 클릭 행위를 통해 접하는 정보가 외부 웹페이지로부터 전송되는 것임을 인식하기조차 어렵다. 따라서 실질적으로 인터넷상의 링크는 웹페이지 간 상호 연결의 기능을 넘어, 링크된 웹페이지의 내용을 이용자에게 직접 전달하는 것과 동일한 기능을 수행하고 있어, 링크는 '저작권 침해 정보'에 해당한다고 보았다.

사실 하이퍼링크는 인터넷에서 일반인에 의한 표현의 자유를 엄청나게 확장해왔다는 점에서 그 공을 인정하지 않을 수 없다. 따라서 저작권자의 권리보호를 위해 보다 상위의 기본권인 표현의 자유의 과도한 제한에 이르지 않도록 유의할 필요가 있으며, 이런 점을 명확히 하기 위해 저작권법에 링크에 대한 입법화를 고려해볼 수 있을 것이다.

---

4 이 판결에 대한 논문으로 류동훈, 「공중송신권 침해 게시물로의 링크행위와 저작권법위반죄 – 대법원 2021. 9. 9. 선고 2017도19025 전원합의체 판결을 중심으로」 – 충남대학교 법학연구소『法學硏究』第33卷 第4號, 2022. 참고 가능.

3 디지털 플랫폼 정부와 마이데이터

2022년 대선 기간 국민의힘 대선 공약 중 하나가 디지털 플랫폼 정부의 구축이었다. 디지털 정부나 플랫폼의 개념은 익숙하지만, 이를 합친 디지털 플랫폼 정부라는 개념은 생소하다. 당선인 측 설명에 따르면 "디지털 기술과 빅데이터에 기반한 국민 맞춤형 서비스 정부"라고 한다. 추가적인 설명에 따르면 이는 모든 정부 부처를 하나로 연결해 신속하고 효율적인 행정서비스 제공을 목표로 하며, 아울러 국민들이 단일 사이트에 접속하면 모든 정보·민원을 처리할 수 있는 원사이트 토털 서비스도 제공한다. 또한 국민 개개인에게 고유한 계정을 부여하고 다양한 행정 데이터를 각 계정에 입력하면 국민이 직접 복지, 의료기록, 건강정보 등을 알아보러 다닐 필요 없이 정부가 집사처럼 챙겨주는 '마이AI포털'도 제공한다.

이를 종합해보면 디지털 플랫폼 정부는 부처 간 데이터 통합서비스, 국민의 원사이트 토털 서비스, 마이AI포털 서비스 3가지로 구성된다. 다만, 데이터 통합이나 원사이트 토털 민원서비스는 기존 디지털 정부, 전자정부 3.0 계획에서도 유사한 내용이 추진 중이라 오히려 중점은 마이AI포털 서비스에 있는 것으로 보인다.

마이AI포털은 AI가 데이터를 분석해 개인이 원하는 행정서비스를 제공한다는 측면에서 최근 시작한 마이데이터, 특히, 공공분야에 도입된 공공 마이데이터와 유사하다. 마이데이터란 정보주체의 개인정보이동권에 기반하여, 정보주체가 정보제공의무자로 하여금 본인이 원하는 서비스를 제공받기 위해 정보수신자인 마이데이터사업자에게 본인의 데이터의 이전을 요구하는 것이다. 마이데이터사업자는 이전받은 데이터를 분석해 신용, 자산, 건강관리 등의 서비스를 정보주체에게 제공한다.

공공분야의 경우 정부는 2021년 6월에 「전자정부법」을 개정하여 행정·공공기관 등이 보유·관리하고 있는 본인에 관한 행정정보에 대한 제공요구권을 도입하였으며, 12월부터 국민이 본인 행정정보를 확인하고 제3자에게 제공할 수 있는 '공공 마이데이터 포털'을 본격 서비스하여, 국민이 주민등록등본, 소득금액증명 등 26개 기관의 본인 행정정보 95종을 확인하고 행정기관이나 은행·신용정보회사 등 873여 개 기관(제3자)에게 바로 제출할 수 있도록 하였다.

공공 마이데이터 포털에 AI가 개인의 정보검색이나 서비스 신청 내역을 분석해 필요한 행정서비스를 추천해주는 기능을 추가하는 경우 마이AI포털과 유사한 것으로 보인다. 다만, 현재 공공 마이데이터 서비스는 공공부문이 직접 제공하는 것으로 디자인되어있으나, 이는 마이데이터의 이상과는 차이가 있다. 금융분야의 민간 마이데이터사업은 흩어져 있는 내 금융정보를 통합조회하고 자산을 관리하는 것에 머물러있지만, 향후 마이데이터는 민간 마이데이터사업자가 금융뿐만 아니라 상거래, 교육, 의료, 공공 등 다양한 분야의 나의 데이터를 모아 종합적인 자산, 건강 및 행정서비스를 제공하는 것을 목표로 하고 있다. 정부도 이런 전분야 마이데이터의 확산에 필요한 법제도를 마련하고 데이터 표준화 작업도 진행하고 있다.

이 점에서 보면 마이AI포털은 민간의 마이데이터 사업자가 주도하는 모델 내지 최소한 민간 마이데이터와 협업하는 모델을 검토해야 할 것이다. 이렇게 구성하는 경우 정보주체인 국민 개개인과 민간 마이데이터 사업자의 상호작용을 중개하는 의미에서 진정한 디지털 플랫폼 정부 모델이 탄생하게 될 것이다.

4 '규제에 발 묶인' 금융 마이데이터 서비스

내 손 안의 금융비서를 목표로 2021년 1월 5일부터 본격 시행된 금융분야 마이데이터 서비스는 2022년 4월 4일 기준 약 2,596만 명이 가입해 양적으로는 상당한 성공을 거두었다. 그러나 소비자들은 대부분의 마이데이터 서비스가 자산 조회나 관리에 머물러 있어 기존 서비스와 별반 다르지 않은데, 오히려 개인정보가 집중되면서 유출위험이 높아진 것은 아닌지 우려하고 있다. 사업자들로서도 고객의 지불의사를 자극하는 혁신적인 감동서비스를 제공하지 못하면서 수익모델 발굴에 애로를 겪고 있다.

이처럼 차별화된 혁신서비스가 나타나지 않고 있는 이유의 상당 부분은 불합리한 규제 때문이다. 가장 큰 문제는 마이데이터를 다양한 금융상품을 비교·추천하는 금융플랫폼화 하는 것에 대한 규제이다. 사실 정부가 마이데이터를 도입한 핵심 취지는 개인정보의 분석·가공을 통한 맞춤형 상품 추천이다. 즉, 마이데이터 사업자가 금융플랫폼으로서 카드내역, 보험정보, 투자정보 등을 분석해 유리한 금융상품을 추천하고, 소비자들은 자신에게 특화된 정보관리·자산관리·신용관리 등의 서비스를 합리적인 비용으로 누리는 것이 마이데이터의 이상이다.

그런데 2021년 9월 금융위원회는 같은 해 3월 시행된 금융소비자보호법에 따라 기존의 마이데이터 사업자들이 제공하던 대부분의 비교·추천서비스가 금융상품판매대리중개업 등록이나 개별 금융관계법상 허가를 받지 않은 불법 서비스라는 유권해석을 내렸다. 이에 사업자들은 신용카드, 보험의 비교·추천, 투자권유 등의 서비스를 중단했고, 서비스가 중단된 지 거의 10개월이 되어 가지만 보험 비교·추천을 규제샌드박스를 통해 허용하겠다는 방침 외에 아직 뚜렷한 해결책이 없는 상황이다.

불완전판매에 따른 소비자 피해를 방지하기 위해 도입된 금융소비자보호법상 규제가 아이러니하게도 소비자의 편익을 외면하고 있는 것은 물론 마이데이터의 비즈니스 모델 정립을 어렵게 만들고 있는 셈이다. 샌드박스의 도입, 개별 금융 관계법의 개정 등의 방법이 있지만, 종국적으로는 금융소비자보호법에 예금, 대출, 카드, 보험, 투자 등 다양한 금융서비스를 원스톱으로 제공하는 금융상품판매중개업을 도입하는 것을 검토할 필요가 있다. 다만, 마이데이터 사업자는 이미 엄격한 진입 규제를 받고 있으므로 금융상품판매중개업 면허를 받은 것으로 보면 될 것이다. 일본의 경우에도 금융서비스제공법상 '금융서비스중개업'이라는 단일 면허로 여러 업종의 금융상품을 원스톱으로 중개할 수 있도록 허용하고 있는 점을 참고할 필요가 있다.

다음으로 중요한 규제가 정보제공 범위의 문제이다. 정보의 범위가 확대될수록 가치 있는 맞춤형 서비스가 가능한데, 금융 마이데이터의 경우 상품구매정보, 가맹점명 및 사업자등록번호 정보, 적요 또는 거래메모 정보 등이 프라이버시 보호를 이유로 미제공되고 있으나, 이 정보들은 맞춤형 추천을 위해 필수적인 정보이다. 또한 연금, 신탁, 부동산, 자동차 등 중요 자산에 관한 정보도 미제공되고 있어 초개인화된 자산관리 서비스가 어려운 상황이다.

다행히 신정부는 디지털플랫폼 정부구축 계획의 일환으로 마이데이터 관련 개인정보 전송요구권을 법제화해 전 산업 분야로 마이데이터를 확산할 계획이며, 금융위원회도 금융상품 비교·추천서비스에 대한 샌드박스 허용이나 업권 간 TF나 협의체를 구성해 정보제공 범위 확대를 위해 노력하고 있다.

세계 최초로 본격적으로 시작된 한국의 마이데이터가 정보주체가 주도하는 데이터 경제의 모델 서비스로 성공할 수 있도록 민관이 지혜를 모아야 할 시점이다. 비록 마이데이터의 제도 설계, 사업자 선정 등 그 출발은 정부가 주도했지만, 마이데이터의 성공을 위해서는 이제 민간의 요청사항을 정부가 과감히 수용하고 정부는 민간을 지원하는 방식으로의 변화가 필요하다고 할 것이다.

5 전 분야 마이데이터 성공적 추진을 위한 제언

2022년 1월 5일 API 기반의 금융 마이데이터 서비스가 정식으로 제공되기 시작한 지 2년 가까운 시간이 지났다. 그동안 66개 사업자가 금융위원회로부터 허가를 받았고, 정보제공의무자는 700여 개, 2023년 5월 기준으로 누적 가입자 수가 8천만 명을 넘어설 정도로 많은 국민들이 마이데이터 서비스를 이용하고 있다.

그러나 마이데이터가 진정한 가치를 발휘하려면 금융을 넘어 흩어져 있는 나의 모든 정보를 모을 수 있는 환경이 조성되어야 한다. 다행히 2023년 9월 15일부터 전 분야에 마이데이터를 도입하는 개인정보 보호법 개정안이 발효되었다. 다만, 법 부칙에 따르면 마이데이터 조항인 제35조의2의 개정 규정은 공포(2023.3.14.) 후 1년이 경과한 날부터 공포 후 2년이 넘지 아니하는 범위에서 대통령령으로 정하는 날에 시행하도록 되어 있어, 전 분야 마이데이터는 2024년 3월 늦으면 2025년 3월 중에는 시작될 것으로 보인다

이에 맞추어 개인정보보호위원회는 국장급 단장을 둔 범정부 마이데이터추진단을 신설해 법 시행 준비를 하고 있고, 2023년 11월 14일에는 개인정보보호위원장을 위원장으로 하고 관련 부처차관과 민간 전문가로 구성된 범정부 마이데이터협의회를 출범시켰다. 또한 정부는 2022년 7월 17일 비상경제장관회의에서 관계부처 합동으로 '국가 마이데이터 혁신 추진 전략'을 발표했으며, 14일 협의회에서는 '전 분야 마이데이터 도입을 위한 주요 과제 및 이행 방안'도 발표했다. 향후 전 산업 마이데이터 도입을 통해 의료, 통신, 교육, 문화, 유통, 교통 등 여러 분야에서 혁신적인 서비스가 등장할 것으로 기대된다. 향후 전 분야 마이데이터 도입의 성공적 추진을 위해 필요한 사항에는 어떤 것이 있을까.

먼저 마이데이터의 전제가 되는 데이터이동권을 포함해 마이데이터 본질을 어떻게 이해할 것인가에 관한 것이다. 2018년 유럽의 일반개인정보보호법(GDPR)에 도입된 데이터이동권(right to data portability)은 기업이 보유한 개인데이터를 정보주체 본인에게 전송하는 권한과 기업이 보유한 개인 데이터를 본인이 지정한 제3자에게 전송하는 권한이 포함되어 있다. 전자는 일명 다운로드권으로 불리는 것으로 헌법상 인정된 개인정보 열람권이 기계적, 전자적으로 확대된 것이며, 후자는 법률에 의해서 비로소 인정된 권리다. 후자가 마이데이터의 핵심이라고 봐야 한다. EU가 데이터이동권을 도입하면서 밝힌 4가지 목적은 정보주체의 자기결정권을 강화함으로써 정보주체와 개인정보처리자 간의 힘의 균형의 재조정, 개인데이터의 역내 자유로운 이동의 촉진, 온라인 이용자의 서비스 선택권을 강화함으로써 디지털서비스제공자들 간에 경쟁의 촉진, 데이터 기반의 혁신 촉진이다. 결국 마이데이터는 정보주체의 권리강화와 함께 데이터의 이동 활성화, 경쟁 촉진, 혁신을 목표로 하고 있는데, 한마디로 하면 정보주체의 권익 향상을 위한 데이터 활용 극대화가 마이데이터의 본질이라고 할 수 있다.

다음 마이데이터의 가치는 어디에서 나오는 것일까. 첫째 정보비대칭의 해소이다. 마이데이터로 인해 정보에 대한 접근성이 높아지고 데이터 유통 비용이 낮아지므로, 사업자와 정보주체 간 정보비대칭성을 해소할 수 있는 기반이 제공되며, 거래당사자 간 서로를 신뢰할 수 있기 때문에 불신에 기인하는 사회적 비용과 부작용을 제거할 수 있다. 둘째, 초개인화(hyper-personalization)이다. 다양한 관점, 넓은 범위의 마이데이터를 기반으로 AI 알고리즘의 정확도가 획기적으로 개선되어 개인 맞춤형 광고, 추천이 가능하게 된다. 셋째, 데이터 교환, 전달 비용의 감소이다. 전자적 처리가 가능한 형태의 마이데이터의 원활한 이동으로 업무프로세스의 사회적 비용이 절감된다. 끝으로 개인 데이터의 자산화(Data monetization)이다. 기업의 비즈니스 모델이 성공하여 수익화로 이어지는 경우 데이터를 제공한 개인에게 금전적 보상이 가능하게 될 것이다.

또한 마이데이터는 3가지 단계로 발전하게 될 것이다. 첫째, 통합 조회 및 개인의 의사결정 지원이다. 이 단계는 다양한 개인의 정보의 집적, 통합 조회를 통해 개인의 의사결정을 지원한다. 다음 단계는 분야별 마이데이터 플랫폼의 관리,

추천, 자문이다. 예컨대 금융 분야 자산관리, 추천 즉, 데이터 분석 알고리즘을 기반해 은행, 카드, 보험, 증권 등을 앱 하나에 모은 자산관리 솔루션이 그 사례이다. 현재 한국의 마이데이터는 이 단계에 와 있다. 마지막 단계는 개인의 전체 삶의 관리, 지원이다. 다양한 산업군 간의 정보주체의 데이터 결합을 통해 새로운 가치를 창출할 수 있는 데이터 통합 분석 관리 시스템이 등장하게 된다. 이 단계가 전 분야 마이데이터의 이상이라고 할 수 있으며, 마이데이터는 데이터 기반 개방형 종합 디지털 플랫폼 역할을 하게 될 것이다.

그럼 전 분야 마이데이터의 성공적 추진을 위한 과제는 어떤 것이 있을까 첫째, 마이데이터 사업에 대한 진입규제 이슈이다. 진입규제는 사업의 인가, 허가, 특허 등 누가 시장에 참여할 것인지를 정부가 선별하는 규제로서 법리상 특허는 권리를 부여하는 행위, 허가는 일반적 금지의 회복, 지정은 특허 내지 사인에 대한 공무위탁의 성격을 지닌다. 현행 개인정보보호법상 마이데이터사업자는 첫째, 제35조의3제1항에 따른 개인정보관리 전문기관 지정(제1호), 둘째, 제29조에 따른 안전조치의무를 이행하고 대통령령으로 정하는 시설 및 기술 기준을 충족하는 자(제2호) 등 두 가지 방식으로 사업이 가능하다.

여기에서 지정의 성격은 특허이나 제2호에 따른 마이데이터 사업자는 진입규제가 없고 일정한 기준 충족 시 누구든지 가능하게 되어 있다. 다만, 제2호의 경우 전 산업 분야의 정보주체의 모든 데이터를 집적, 결합, 분석, 맞춤형 추천을 할 수 있는 권리가 부여된다. 이 권리는 정보주체의 제3자로의 데이터이동권, 정보제공자의 개인정보 이전 의무 부여에 대응하는 것인데. 이런 특권을 부여받는 마이데이터 사업자에 대해 진입규제가 없는 것이 적절한지 여부는 의문이 있다. 향후 입법적 개선을 고려하되 현재로서는 시행령에서 기준을 엄격하게 규정할 필요가 있을 것이다.

둘째, 마이데이터 전송방식에 관한 것이다. 금융 마이데이터의 경우 표준 API 방식을 채택했다. 표준 API는 안전하고 규격화된 전송 체계로서 장점이 있는데, 금융의 경우 이용자 정보가 정형화되어 있고, 정량적인 정보가 대부분이기 때문에 표준 API 도입이 수월했다. 그러나 정보 대상을 확대하기 위해 정보제공자가 자본과 인력을 투입해서 별도의 개발과 운영이 필요하고 당사자 간 갈등도 심하다. 따라서 전 분야 마이데이터를 위해서는 각 산업의 특성에 맞는 다양한 전송 방식을 고려할 필요가 있다. 신용카드 결제내역과 같은 정보는 계속해서 변경되므로 주기적이고 즉각적인 전송이 필요하지만 통신, 교육 정보는 실시간 전송이 꼭 필요하지 않으므로 이런 분야에서는 API 방식 외에 스크래핑 등 다른 형태로 정보를 전송하는 것도 고려해 볼 수 있다. 또한 개인정보관리전문기관의 전송중계 역할을 강화하여 정보제공의무자 표준화 의무 등 전송의무 이행에 따른 부담을 경감하는 것도 고려할 필요가 있다.

셋째, 마이데이터에 대한 과금 이슈이다. 전 분야 마이데이터에서도 정보제공의무자는 정보수신자에 대한 정보제공에 대한 대가를 받을 수 있도록 되어 있는데, 이는 마이데이터 사업에 진입하려는 신규 사업자들에게 진입장벽으로 작용할 수 있다. 또한 데이터를 전송량에 따라 과금할 경우 수백, 수천 개 이상의 정보제공자와 마이데이터 사업자 간 매번 정산을 해야 하는 부담 등 사회적인 비용이 매우 크다. 따라서 정보제공자 입장에서 일정한 비용이 드는 것은 사실이지만, 이 비용 전체를 마이데이터 사업자가 부담하도록 하는 것은 신중할 필요가 있다. 정부가 국민의 권리가 원활히 행사될 수 있도록 이를 지원하거나, 비용을 줄일 수 있는 제도적, 정책적인 접근이 필요할 것이다.

넷째, 개인정보보호위원회는 전 분야 마이데이터 추진을 위해 사회적 논의를 이끄는 협의기구로서 범정부 마이데이터협의회와 실무적으로 제도, 정책의 집행·운영을 위해 범정부 마이데이터 추진단을 운영하고 있다. 그러나 개인정보보호위원회는 아직 신생 조직으로서 인력과 예산상 한계가 있다는 점을 고려할 때 다른 부처의 협조가 전 분야 마이데이터 추진에 필수적이다. 또한 마이데이터는 데이터 이동권을 기초로 한 개인정보자기결정권을 강화하는 것과 아울러 데이터 산업 정책의 일환이라는 점에서 타 부처의 진흥정책과의 조화도 중요하다고 할 것이다. 또한 이미 마이데이터 정책을 다루고 있는 디지털플랫폼정부위원회, 국가데이터정책위원회와 협력, 조정도 필요하다고 할 것이다.

결론적으로 다음 3가지 전략이 중요하다. 먼저 점진적, 단계적 전략이다. 이미 전자화가 이루어진 금융 분야 마이데이터도 2년 이상의 준비 시간이 소요되었다. 전 분야 마이데이터를 전면적으로 실시하는 것은 사실상 불가능하다는 점에서 의료, 통신, 유통, 에너지 등 분야별, 단계적 전략을 취하는 것이 타당하다. 다음 민간이 주도하고 정부가 지원하는 전략이다. 디지털 대 전환 시대에 공급이 수요를 창출하거나 제도가 비즈니스를 선도하는 전략은 한계가 있다. 그동안 미디어, 통신 분야의 인프라 구축, 사업자 선정 우선의 정책이 데이터 산업에서는 더 이상 유효하지 않다고 봐야 한다. 민간의 데이터 기술, 시장, 산업의 흐름을 살펴보고 정책과 법제가 이를 뒷받침해야 할 것이다. 끝으로 데이터 프라이버시와의 조화이다. 마이데이터 사업자로의 대량의 개인정보 집적은 기업의 빅브라더화 우려를 낳고 있다. 프라이버시가 보호되지 않는 마이데이터는 아무런 가치가 없다는 점을 인식해야 할 것이다.

6 가입자 1억 명 넘은 마이데이터의 명암

내 손 안의 금융비서를 표방하면서 개인정보자기결정권을 보장을 위해 세계 최초로 API 방식을 통해 도입된 금융 마이데이터는 총 69개의 마이데이터 사업자를 통해 2024년 1월 기준 누적 1억 1,400만 명의 가입자가 통합조회 서비스를 이용하고 있다. 사업 개시 2년 만에 1억 명을 넘는 가입자를 돌파하면서 엄청난 양적 성장을 하고 있다. 질적으로도 마이데이터 서비스는 대환대출, 보험상품 비교·추천 서비스, 신용점수 올리기 등 다양한 형태의 혁신적인 금융서비스의 기반이 되면서 데이터 경제 시대에 금융 산업의 중요한 플랫폼으로 활용되고 있다.

또한 2023년 3월 14일 개인정보보호법 개정으로 개인정보전송요구권이 보편적 권리로 도입되어 전 분야 마이데이터 도입의 법적 근거가 마련되었으며, 7월에는 전 분야 마이데이터 법제도 수립, 표준화 추진, 플랫폼 구축·운영 등 실무적 정책 집행을 위해 개인정보보호위원회에 범정부 마이데이터 추진단이 신설되었고, 11월에는 마이데이터 관련 사회적 논의를 위해 개인정보보호위원회 위원장을 위원장으로 하는 범정부 민관 협의회도 출범했다. 현재 전송의무자의 범위, 전송대상 정보, 정보수신자와 중계전문기관 요건, 전송절차 등을 담은 시행령 개정 준비작업이 진행되고 있는데, 우선적으로 의료, 통신, 전자상거래 부분에 도입을 준비 중이다.

양적 성장이나 전 분야 마이데이터 법제도화는 긍정적으로 볼 수 있지만, 문제는 마이데이터 수익성과 고객 만족 서비스 구현이다. 2023년 마이데이터 사업자의 전체 매출액 2조 5246억 원 중 마이데이터 고유 업무인 신용정보통합관리 수익은 72억 원에 불과하며, 대부분의 사업자가 적자를 면치 못하고 있는 상황이다. 고객 만족도 높지 않다. 통합조회를 제외하면 아직 고객에게 효용이 큰 킬러 서비스가 보이지 않는다.

정부도 이런 문제를 인식하고 마이데이터 사업 2년을 맞아 고객의 효용을 높이는 방향의 정책 입안을 위해 마이데이터 2.0 TF를 구성해 운영 중이다. 금융소비자들이 더욱 다양한 서비스를 체감할 수 있도록 금융플랫폼으로서의 기능을 강화하고 소비자가 손쉽게 마이데이터를 통해 정보를 관리할 수 있는 기반을 마련하고, 이용 정보의 범위를 넓혀 양질의 데이터를 확충하는 한편, 마이데이터가 더욱 안전하게 운영될 수 있도록 제도적 기반을 정비해 나가겠다는 입장이다.

그동안 논란이 되었던 정보제공 수수료의 경우 올해부터는 비용이 부과된다. 금융당국은 정보전송비용을 정보를 정기적으로 전송하는 데 필요한 적정원가를 보상할 수 있는 수준으로 결정하도록 하고, 적정원가는 정보 전송에 필요한 시스템의 구축과 운영 비용 등을 기초로 산정하기로 했다. 다만, 마이데이터 사업자의 특성과 단계 등에 따라 부담비용의 일부를 낮출 수 있도록 했다.

마이데이터의 몇 가지 개선 방안도 논의되고 있다. 우선 데이터 사각지대인 개인사업자 분야의 마이데이터 도입이다. 개인사업자의 흩어진 정보를 통합 관리함으로써 개인사업자의 경영관리의 효율성을 개선하고 업무시간을 절감할 수 있다. 다음, 오프라인 마이데이터 도입이다 현재는 온라인 마이데이터만 허용되지만, 마이데이터 사업자 간 경쟁을 촉진하고 고령층의 마이데이터 접근성을 제고하는 것은 물론 금융상품 권고 판매 시 적합성·적정성 원칙의 준수를 제고할 수 있는 장점이 있다. 정부가 야심 차게 진행 중인 전 분야 마이데이터의 경우 내년 3월까지 시행하도록 되어 있으나, 이해관계자와 부처 간 조정의 난항으로 상당한 어려움을 겪고 있다.

보다 근본적으로 보면 마이데이터의 질적 성공이 어려워진 이유는 Top-down 방식의 제도 설계와 운영과 이해관계자 간 이해조정의 실패 때문이라고 할 수 있다. 사업자들이 어떤 데이터를 가지고 어떤 비즈니스 모델을 만들 수 있을지를 충분히 검토하고 이후 이를 지원하는 제도를 설계하는 Bottom-up 방식, 달리 말하면 민간이 주도하고 정부가 지원하는 전략을 취했어야 했는데 그러하지 못했다. 또한 데이터 오너십을 둘러싼 정보제공자와 정보수신자 간의 갈등, 산업도메인별 소관 부처 간의 이해 상충도 충분히 고려하지 못했다.

지금부터라도 소비자의 지불의사를 자극할 수 있는 구체적인 비즈니스 모델을 먼저 만들고 이를 위한 법제도적 기반을 마련하는 방향으로 변화가 필요하며, 또한 전 분야 마이데이터 주관부서인 개인정보보호위원회와 타 부처 간 협력이 필수불가결한 상황이다.

7 마이데이터 시행 3년, 한계와 미래 과제는

모든 정보주체가 본인정보를 적극 관리·통제하고, 이를 신용, 자산, 건강관리 등에 주도적으로 활용하는 것을 의미하는 마이데이터사업이 본격적으로 전개되고 있다. 금융위원회는 이미 마이데이터사업자를 허가했고 올해 8월이면 상용서비스가 개시된다. 보건복지부는 의료분야 마이데이터 도입을 위해 공공건강 데이터를 조회·저장·공유할 수 있는 앱서비스를 제공하고 또한 자신의 의료기록을 한곳에 모아 원하는 대상에게 데이터를 제공하고, 직접 활용할 수 있도록 지원하는 마이 헬스웨이 플랫폼을 구축 중이다. 행정안전부의 공공분야 마이데이터는 행정정보 꾸러미 제공과 공공분야 마이데이터 유통체계 구축을 중심으로 추진 중이며, 개인정보보호위원회는 개인정보의 전송요구권을 신설하는 개인정보보호법 개정안을 마련했다.

마이데이터의 핵심 원리는 정보주체의 개인정보이동권이라는 권리에 기반하여, 정보주체가 정보제공자로 하여금 본인이 원하는 서비스를 제공받기 위해 정보수신자인 마이데이터사업자에게 본인의 데이터의 이전을 요구하는 것이다. 이처럼 마이데이터는 정보주체가 능동적으로 정보활용의 선택권을 행사한다는 측면에서 자기결정권이 제고되는 것은 물론 대량의 데이터의 결합, 활용으로 고객 수요에 부합하는 혁신적인 맞춤형 서비스를 만들 수 있다. 또한 데이터 이동의 확대를 통해 신규사업자의 시장의 진입장벽을 낮춤으로써 경쟁을 촉진할 수 있다.

이런 마이데이터의 취지, 목표를 실현하려면 다음 몇 가지를 유의해야 한다. 첫째, 마이데이터 규제 거버넌스의 정비가 필요하다. 현재는 각 부처가 마이데이터 사업을 별도의 법적 근거를 가지고 추진하고 있어 혼란이 예상된다. 예컨대 마이데이터사업자의 진입규제도 신용정보법상 허가, 개인정보보호법상 지정 등 상이하며, 마이데이터사업자가 이용할 수 있는 정보의 종류나 범위도 명확하지 않다. 단기적으로 허가 의제와 같은 간편한 진입규제를 마련하는 등의 방법으로 부처 간 협력이 필요하며, 중장기적으로 통합법제와 기구를 검토할 필요성이 있다. 둘째, 전송요구 대상이 되는 정보의 범위를 확대할 필요가 있다. 원칙적으로 공공기관은 물론 민간기관이 보유한 정보 전체가 대상이 되어야 한다. 이와 관련 정보제공자의 인식 전환이 중요하다. 정보제공자들은 자신이 보유하고 있는 정보가 정보주체가 통제권을 지닌 정보라는 점을 망각하고 마치 자신들에게 통제권이 있다는 오해를 기반으로 마이데이터에 접근하고 있다.

셋째, 대량의 실명 개인정보가 사업자에게 집적되는 문제로 생길 수 있는 정보보안의 우려를 해소할 수 있어야 한다. 정보보안이 전제되지 않은 데이터의 이동은 오히려 정보주체에게 해로울 수 있다는 점을 유의해야 한다. 넷째, 마이데이터 사업추진에 있어 정보제공자, 정보주체, 마이데이터사업자의 현실적 여건을 고려해야 한다. 정부는 기술방식의 표준화는 물론 영세한 정보제공자와 마이데이터사업자에 대한 비용, 기술지원과 정보주체의 개인정보이동권 행사를 지원해야 한다. 다만, 중개기관, 지원기관이 본래 역할을 넘어서 마이데이터사업의 주체가 되어서는 안 되고 민간이 직접 사업의 주도적 역할을 할 수 있도록 해야 할 것이다.

사실 개인정보이동권 및 이에 기반한 마이데이터 정책을 본격적으로 시행하는 것은 한국이 세계 최초라고 볼 수 있다. 그만큼 마이데이터 정책의 성공을 위해 차근차근 세밀하게 살펴볼 일이 많다는 것이다. 그중 제일 중요한 것은 민간사업자의 의견을 청취하여 정책이 실제로 시장에서 실행가능하도록 다듬는 것이라는 점을 잊지 말아야 할 것이다.

8 의료, 통신으로 확대되는 마이데이터

내 손 안의 금융 비서로 출발한 마이데이터가 기존 금융, 공공 분야에서 의료, 통신, 에너지로 확대되는 개인정보보호법 개정안이 2024년 3월 13일 시행되었다. 마이데이터는 국민이 여러 기관에 산재한 본인의 정보를 본인이 원하는 곳에 쓰이도록 하여 삶을 보다 윤택하게 만들 수 있도록 하기 위해 도입되었다. 그동안 정보주체는 기업 등이 제공하는 서비스를 이용하려면 기업 등이 제시한 개인정보 활용에 동의를 하거나 하지 않을 선택만이 가능했고 기업 등도 데이터가 기업 간 칸막이에 가로막혀 있어 데이터 유통 활성화에 애로가 있었다. 그러나 마이데이터를 통해 정보주체는 자신의 통제하에 본인의 개인정보를 관리하고, 본인이 원하는 서비스에 활용할 수 있게 된다. 또한 분야 간 데이터 융합이 활성화되어 데이터 경제도 한 단계 혁신될 것으로 기대된다.

마이데이터 주무 부처인 개인정보보호위원회는 우선 전 분야 마이데이터 중 의료, 통신 분야를 시행하고 내년 6월에는 에너지 분야를 추가하기로 했다. 그 외에도 위원회는 마이데이터 우선 도입 대상으로 의료, 통신, 에너지, 교통, 교육, 고용, 부동산, 복지, 유통, 여가 등 국민 생활과 밀접한 10대 중점분야를 선정하고, 의료·통신·에너지 외에 나머지 중점분야에 대해서도 점진적, 단계적으로 마이데이터를 확대할 계획이다.

의료, 통신, 에너지 등 전 분야 마이데이터 제도의 주요 내용과 의미를 살펴보면 다음과 같다. 먼저 마이데이터는 두 가지 방향으로 진행된다. 하나는 본인전송으로 정보주체가 본인 개인정보를 개인정보 보유 사업자 등으로부터 직접 전송받는 것이고, 다른 하나는 제3자 전송요구로 맞춤형 서비스를 제공하는 마이데이터 사업자 등 제3자에게 전송하도록 하는 것이다. 본인전송의 전송의무자는 개인정보 처리능력 등을 고려하여 대통령령으로 정하고, 제3자 전송의무자는 매출액, 개인정보의 규모, 개인정보 처리능력 등을 고려하여 대통령령으로 정하도록 되어 있다. 이 규정에 따르면 본인전송이 제3자전송보다 범위가 넓을 것을 예정하고 있지만, 시행령에서는 본인전송과 제3자전송의 범위를 일치하도록 규정했다. 본인전송의 범위를 넓히는 경우 수범자가 늘어나는 문제를 고려한 것인데, 법률상 명백히 다른 범위를 예정하고 있음에도 이를 시행령에서 동일하게 처리한 것은 법리상 문제가 있다.

전송대상 정보는 정보주체 본인의 정보로서 컴퓨터 등 정보처리장치로 처리되는 개인정보인데, 구체적으로 보면 정보주체의 수집이용 동의를 받아 처리되는 정보, 계약체결을 이행하거나 계약 체결하는 과정에서 정보주체 요청을 이행하기 위해 처리되는 개인정보 등이다. 다만, 개인정보처리자가 수집한 개인정보를 기초로 분석·가공하여 별도로 생성한 정보는 제외된다. 이는 정보주체가 아닌 개인정보처리자에게 정보에 대한 권리가 있기 때문이다. 의료법상 진단정보 등도 생성정보이지만 의료법상 전송대상으로 규정되어 있어 예외가 인정되고 있다.

첫째 전송의무자와 전송정보이다. 보건의료정보전송자는 질병관리청, 국민건강보험공단, 건강보험심사평가원, 상급종합병원이며, 전송정보는 예방접종정보, 건강검진정보, 진료내용정보, 투약이력정보, 진단정보 등이다. 통신정보전송자는 이동통신 3사이며, 전송정보는 고객정보, 가입정보, 이용정보, 청구정보, 납부정보 등이다. 에너지정보전송자는 전기판매사업자(한국전력공사), 도시가스사업자·도시가스사업 관련 기관, 법인 및 단체 중 고시하는 자이며, 전송정보는 에너지 사용량 정보, 전기요금·가스요금의 청구정보 및 납부정보 등 고시로 정하는 정보이다. 상급종합병원이 47개이기 때문에, 이번에 당장 새롭게 전송의무가 부여된 기관은 총 53개이다. 통신정보에 데이터 사용량 등의 정보가 포함되지 않아 실제 유용성이 떨어지는 문제가 있다. 현재도 마이데이터 없이 최적요금 설계가 이루어지고 있기 때문에 동 제도의 실익이 부족해 보인다.

둘째, 정보수신자이다. 정보수신자는 크게 개인정보관리전문기관과 일반 수신자로 구분된다. 개인정보관리전문기관은 제3자 전송요구권에 따라 전송된 개인정보를 안전하게 전송받아 개인 맞춤형 서비스 제공 등에 활용하는 전문기관과 개인정보 전송 중계에 필요한 시스템 운영 및 기능을 제공하는 등 정보전송자의 전송을 지원하는 업무를 수행하는 전문기관으로 구분된다. 후자의 전문기관을 중계 전문기관으로 부르며, 전자는 다시 일반 전문기관과 특수 전문기관으로 구분되는데, 특수 전문기관은 보건의료정보를 관리·분석하여 통합조회, 맞춤형 서비스, 연구, 교육 등에 이용하는 업무를 수행한다. 즉, "특수"의 의미는 의료정보인데, 그렇다면 특수전문기관이 아니라 의료전문기관으로 명명해도 좋을 듯하다. 통상 마이데이터사업자로 부를 수 있는 건 일반 개인정보관리 전문기관과 특수 개인정보관리 전문기관이다.

일반수신자는 정보를 본연의 업무 수행을 위해 확인 목적으로 전송받은 자이다. 예컨대, 국립 공원에서 장애인에 대한 입장료 면제를 위해 장애인 여부에 관한 정보를 보건복지부로부터 받는 경우이다. 일반 수신자는 전문기관과 달리 지정이라는 절차가 없다. 다만, 일반 수신자도 마이데이터 플랫폼에 등록을 해야 하는데, 이때 요건 충족 여부를 심사하게 되므로 사실상 지정과 유사한 진입규제를 받게 된다.

셋째, 전문기관 지정에 관한 것이다. 전문기관 지정을 위해서는 기술 수준 및 전문성, 안전성 확보조치, 재정능력, 손해배상책임보험 또는 공제에 가입할 것의 요건이 필요하다. 중계전문기관의 경우 10억 원, 일반·특수 전문기관의 경우 1억 원의 자본금 보유가 필요한데, 스타트업 진입에는 다소 애로가 될 전망이다. 전문기관 지정을 받기 원하면 개인정보보호위원회 또는 관계 중앙행정기관의 장에게 지정 신청을 한다. 기존의 금융, 공공 부문 마이데이터사업자도 다시 지정을 받아야만 의료, 통신 등 정보를 제공받을 수 있다. 심사 과정에서 운영의 묘를 발휘하여 중복적, 낭비적 요건을 요구하지 않도록 해야 할 것이다. 지정에 대한 유효기간은 3년이며, 재지정 심사에 관하여는 기존 지정 절차를 준용한다. 재지정 신청 없이 유효기관 경과 시 전문기관 지정의 효력은 상실된다. 3년마다 최초 심사에 준하는 재심사를 받은 것은 행정적으로 비효율적이며 기업에도 부담이 된다는 점에서 절차를 간소화할 필요가 있다.

넷째, 전송방법에 관한 내용이다. 정보전송자는 정보주체의 전송 요구가 있는 경우 지체 없이 개인정보를 전송하여야 하고, 안전성 및 신뢰성이 보장될 수 있는 전송 방식으로 전송해야 한다. 이런 방식은 정보 전송시 암호화, 정보전송자와 개인정보관리 전문기관 및 일반수신자 간에 미리 협의하여 정하는 방식 및 상호 식별·인증할 수 있는 방식 등이다. 암호화, API 방식이 허용되며, 스크래핑 방식은 금지된다.

또한 정보전송자는 반드시 중계 전문기관을 통해 전송해야 한다. 제3자 전송요구는 정보주체가 정보수신자를 통해 전송을 요구한다. 본인전송이 직접 정보제공자에게 전송을 요구하는 것과 다르다. 부당한 전송요구에 대한 거절 및 중단·철회도 가능하다. 정보전송자는 정보주체 본인 여부가 확인되지 않는 등 특정한 경우 전송요구 거절 및 전송 중단이 가능하다. 이 경우 해당 사실 및 그 사유를 정보주체에게 통지하여야 한다.

끝으로 수수료에 관한 규정이다. 전송의무자는 개인정보 전송을 위해 필요한 정보의 특성, 설비 구축 비용, 운영 비용 등을 고려하여 정보수신자에게 수수료를 청구할 수 있다. 이 수수료 기준은 개인정보보호위원회가 마련한다. 제3자 전송의 경우에는 정보전송자가 정보주체를 대리하여 개인정보 전송을 요구하는 수신자에게 수수료를 청구할 수 있다.

이번 마이데이터 정책은 보건의료 분야로의 확대에 의미가 있다. 보건의료 분야는 전자의무기록 등 세계적으로 우수한 인프라와 훌륭한 의료인을 보유하고 있음에도 불구하고 민감한 정보라는 이유로 데이터 활용에 제한이 있었다. 이번 의료 마이데이터 도입으로 국민의 건강권 보호와 헬스케어 산업의 발전이 기대된다. 다만, 소관 부처는 의료 마이데이터 사업자는 공익 목적으로만 데이터를 활용하도록 하고, 기존 금융 마이데이터 사업자에 대해서는 특수 전문기관 지정을 하지 않을 것이라는 전망이 있다. 이렇게 되는 경우 이종 데이터 결합을 통한 이용자 편익 제공이 불가능해지고, 안 그래도 데이터 기반 맞춤형 서비스가 제한되어 수익모델이 부족한 마이데이터 사업이 다시 어려움에 빠질 가능성이 있다.

지금도 일부 금융 마이데이터 사업자는 사업 면허를 반납하고 있다. 향후 계속 분야 확대가 예정된 마이데이터 사업이 데이터를 모으기만 할 뿐 마땅한 수익모델을 제시할 수 없다면 이 정책을 더 이상 지속할 필요가 없다. 정보주체의 개인정보자기결정권을 강화하고 데이터 기반의 혁신을 통해 정보주체의 편익과 데이터 산업의 성장을 목표로 했던 마이데이터 사업이 다시 한번 도약할 수 있도록 관계 당국의 진지한 고민이 필요하다.

9 데이터기본법의 주요 내용의 분석과 평가

1 들어가며

디지털 대전환의 핵심이자 원유라고 불리는 데이터의 중요성이 부각되는 상황에서, 데이터 경제로의 전환에 대응하기 위해 데이터 활용 관련 법제 정비의 필요성이 제기되었고, 2020년 12월 8일 '데이터 생산, 거래 및 활용 촉진에 관한 기본법'이 발의되었고, 이후 논의를 거쳐 최종적으로 '데이터 산업진흥 및 이용촉진에 관한 기본법(이하 데이터기본법)'이 2021년 10월 19일 공포되었고 2022년 4월 20일 시행되기에 이르렀다. 데이터기본법의 제정 이유는 첫째, 정부가 데이터 활용 및 관련 산업진흥을 위한 다양한 정책을 추진하고 있으나, 그 법적 근거와 거버넌스 체계가 미흡하다는 것이다. 둘째, 공공데이터에 대한 규율은 있지만, 공공데이터의 민간 활용이나 민간데이터의 활용에 대한 법제가 부재하다는 것이다. 셋째, 데이터의 개념, 데이터의 법적 보호 등 데이터 정책에 대한 기본적 사항을 정할 필요성이다.

2 법의 주요 내용 분석과 평가

1. 총칙

'데이터'를 다양한 부가가치 창출을 위해 관찰, 실험, 조사, 수집 등으로 취득하거나 정보시스템 및 '소프트웨어 진흥법' 제2조 제1호에 따른 소프트웨어 등을 통하여 생성된 것으로서 광(光) 또는 전자적 방식으로 처리될 수 있는 자료 또는 정보를 말한다 규정하고 있다(제2조 제1호). 타법에서도 정보와 데이터가 혼용되고 있고 본법에서도 자료 내지 정보라는 표현을 사용하고 있어 혼란스럽다. 다만, 본법의 데이터 개념은 형식은 온라인, 오프라인을 모두 포함하고 있으며, 데이터 보유주체가 공공이냐 민간이냐에 따른 공공데이터, 민간데이터 그리고 개인식별성 존재 여부에 따른 개인데이터, 비개인데이터 모두를 포괄하는 최상위의 개념이다. 다만, 인격권적인 성격만이 있는 개인데이터는 본법의 데이터의 범위에서는 제외된다.

또한 '데이터생산자'를 데이터의 생성·가공·제작 등과 관련된 경제활동을 하는 자, '데이터사업자'를 데이터의 생산·유통·거래·활용 등 일련의 과정과 관련된 행위를 업으로 하는 자, '데이터거래사업자'란 데이터사업자 중 데이터를 직접 판매하거나 데이터를 판매하고자 하는 자와 구매하고자 하는 자 사이의 거래를 알선하는 것을 업으로 하는 자, '데이터분석제공사업자'란 데이터사업자 중 데이터를 수집·결합·가공하여 통합·분석한 정보를 제공하는 행위를 업으로 하는 자를 말한다(제2조 제5호~제8호).

또한 데이터 생산, 거래 및 활용 촉진에 관한 사항을 심의하기 위하여 국무총리 소속으로 국가데이터정책위원회를 둔다. 동 위원회는 위원장 1명을 포함한 30명 이내의 위원으로 구성하는데 위원장은 국무총리가 되고, 기획재정부장관 등 정부위원과 데이터산업에 관한 전문지식과 경험이 풍부한 사람 중에서 위원장이 위촉한 사람이 된다. 위원회의 간사위원은 과학기술정보통신부장관과 행정안전부장관이 된다(제6조). 동 위원회는 국가데이터정책의 컨트롤 타워 역할을 할 것으로 기대되며, 간사 부처가 과학기술정보통신부 외에 행정안전부도 포함되어 민간데이터 외에 공공데이터의 활용 관련 위원회의 역할을 기대한 것으로 볼 수 있다.

2. 데이더의 생산과 보호

데이터의 생산 활성화, 데이터 결합 촉진, 데이터를 안전하게 분석·활용할 수 있는 구역 소위 '데이터안심구역'을 지정·운영 등(제9조~제11조)을 규정하고 있으며, 특히, 본법은 데이터의 법적 보호 규정을 도입하고 있다. 즉, 데이터생산자가 인적 또는 물적으로 상당한 투자와 노력으로 생성한 경제적 가치를 가지는 데이터를 '데이터 자산'으로 명명하고 이에 대한 데이터 자산을 공정한 상거래 관행이나 경쟁질서에 반하는 방법으로 무단 취득·사용·공개하거나 이를 타인에게 제공하는 행위, 정당한 권한 없이 데이터 자산에 적용한 기술적 보호조치를 회피·제거 또는 변경하는 행위 등 데이터 자산을 부정하게 사용하여 데이터생산자의 경제적 이익을 침해를 금지하고 있다(제12조). 이는 데이터에 대한 법적 보호방안으로 부정경쟁의 원리를 도입함으로써 데이터 소유권 논란에 방향성을 제시한 것으로 평가된다.

다만 데이터 자산 부정사용 등에 관한 사항은 '부정경쟁방지 및 영업비밀보호에 관한 법률'에서 정한 바에 따른다고 규정하고 있는바, 동 규정에 따라 최근 개정된 부정경쟁방지법은 제2조 카목으로 데이터(데이터기본법 제2조 제1호에 따른 데이터 중 업으로서 특정인 또는 특정 다수에게 제공되는 것으로, 전자적 방법으로 상당량 축적·관리되고 있으며, 비밀로서 관리되고 있지 않은 기술상 또는 영업상의 정보를 의미)를 부정하게 사용하는 행위를 금지하고 있다.

한편 2021년 12월 9일 산업디지털전환촉진법이 국회 본회의를 통과하였다. 동법은 산업데이터를 생성한 자는 해당 산업데이터를 활용하여 사용·수익할 권리를 가진다고 규정하고 있다(제9조). 산업데이터가 데이터기본법상 데이터의 개념과 중복될 가능성이 높은데, 데이터에 대한 법적 보호에서 데이터 기본법과 달리 사용, 수익권이라는 권리를 인정하고 있다는 점에서 사용, 수익권의 내용이 무엇인지를 포함하여 향후 좀 더 구체적 논의가 있어야 할 것이다.

다음 정부는 데이터 기반의 정보분석을 활성화하기 위하여 데이터의 수집, 가공 등 정보분석에 필요한 사업을 지원할 수 있으며, 정보분석을 위하여 데이터를 이용하는 경우에 그 데이터에 포함된 저작물 등의 보호와 이용에 관하여는 '저작권법'에서 정하는 바에 따른다고 규정하고 있다(제13조). 이에 따라 저작권법안은 컴퓨터를 이용한 자동화 분석기술을 통해 다수의 저작물을 포함한 대량의 정보를 해석(패턴, 트렌드, 상관관계 등의 정보를 추출하는 것)함으로써 추가적인 정보 또는 가치를 생성하기 위하여 필요한 한도 안에서 저작물을 복제·전송할 수 있다고 규정하고 있다(안 제35조의5).

3. 데이터 이용 및 유통·거래 활성화 등

데이터 이용 활성화를 위한 정책으로 우선 데이터 가치평가 지원 조항을 두고 있다. 이에 따르면 과학기술정보통신부장관은 데이터에 대한 객관적인 가치평가를 촉진하기 위하여 데이터(공공데이터는 제외) 가치의 평가 기법 및 평가 체계를 수립하여 이를 공표할 수 있도록 하고 있다(제14조). 데이터사업자 중 데이터거래사업자와 데이터분석제공사업자에 대해서는 신고의무가 부과되었다(제16조). 동 조항은 데이터사업자 중 데이터 거래를 하거나 데이터분석 제공을 하는 사업자는 데이터 생태계에서 상대적으로 중요성이 있기 때문에 별도로 정부가 관리하면서 지원책을 강구하겠다는 의미이다. 데이터거래사업자는 소위 데이터 거래소를 운영하는 사업자, 데이터분석제공사업자는 소위 마이데이터사업자가 포함될 것이다. 본 신고는 보고적 신고로서 신고 시 즉시 효력을 발생한다.

데이터 집중, 독점 등으로 인한 폐해를 방지하고 공정한 데이터 거래를 가능하도록 하기 위해 데이터사업자는 합리적인 이유 없이 데이터에 관한 지식재산권의 일방적인 양도 요구 등 그 지위를 이용하여 불공정한 계약을 강요하거나 부당한 이득을 취득하는 것을 금지하며, 과학기술정보통신부장관은 데이터사업자가 위반하는 행위를 한다고 인정할 때에는 관계 기관의 장에게 필요한 조치를 할 것을 요청할 수 있다고 규정하고 있다(제17조).

데이터 유통·거래 활성화를 과학기술정보통신부장관은 데이터유통시스템을 구축·운영할 수 있으며(제18조), 또한 정부는 데이터의 수집, 가공, 분석, 유통 및 데이터에 기반한 서비스를 제공하는 플랫폼, 즉 '데이터플랫폼'을 지원하는 사업을 할 수 있다(제19조). 그 외에도 과학기술정보통신부장관은 행정안전부장관과 협의하여 데이터의 품질향상을 위하여 품질인증 등 품질관리에 필요한 사업을 추진할 수 있다(제20조). 또한 과학기술정보통신부장관은 데이터의 합리적 유통 및 공정한 거래를 위하여 공정거래위원회와 협의를 거쳐 표준계약서를 마련하고, 데이터사업자에게 그 사용을 권고할 수 있다(제21조).

데이터 거래 전문가로서 데이터거래사 양성에 관한 내용이 규정되었다. 데이터 거래에 관한 전문지식이 있는 사람은 과학기술정보통신부장관에게 데이터거래사로 등록할 수 있다. 데이터거래사는 데이터 거래에 관한 전문적인 상담·자문·지도 업무 및 데이터 거래의 중개·알선 등 데이터 거래 등을 지원하는 업무를 수행한다(제23조).

3 결론

전체적으로 법은 데이터 거버넌스로서 국가데이터정책위원회 신설, 데이터 활용을 지원하기 위한 인프라 구축, 데이터 활용에 저해가 되는 법적 장애의 해소, 데이터산업의 진흥을 위한 다양한 정책수단의 마련을 내용으로 하고 있다. 다만, 가치평가, 품질인증, 데이터거래사 등의 신규 제도는 아직 시장이 형성되어 있지 않은 점을 고려해 업계와 전문가로부터 충분히 현실적 집행가능성을 검증받아야 할 것이다. 사실 데이터기본법은 세계 최초로 데이터로부터 다양한 경제적 가치를 창출하고 데이터산업 발전의 기반을 조성하기 위한 법인 만큼, 향후 동법이 데이터경제로의 전환을 위한 인프라 역할을 충실히 할 것을 기대한다.

10 데이터기본법과 산업디지털법

디지털 대전환의 핵심자원으로 불리는 데이터의 중요성이 부각되는 상황에서, 데이터 경제로의 전환에 대응하기 위해 데이터 활용 관련 법제의 필요성이 제기되었고, 최근 「데이터 산업진흥 및 이용촉진에 관한 기본법(이하 데이터기본법)」이 2021. 10. 19. 공포되었고 2022. 4. 20. 시행되며, 더불어 「산업 디지털 전환 촉진법(이하 산업디지털법)」도 2021. 12. 28. 통과되어 2022. 7. 5.부터 시행된다. 양법은 데이터 생산, 활용을 촉진하고 데이터산업의 진흥을 목표로 한다는 점에서는 유사한 점이 있으나 세부사항에서는 일부 차이가 있다.

우선 양법은 데이터와 산업데이터를 정의하고 있다. 데이터기본법은 "데이터"를 다양한 부가가치 창출을 위해 관찰, 실험, 조사, 수집 등으로 취득하거나 정보시스템 및 「소프트웨어 진흥법」 제2조 제1호에 따른 소프트웨어 등을 통하여 생성된 것으로서 광(光) 또는 전자적 방식으로 처리될 수 있는 자료 또는 정보를 말한다 규정하고 있다. 산업데이터란 제품 또는 서비스의 개발·생산·유통·소비 등 활동과정에서 생성 또는 활용되는 것으로서 광(光) 또는 전자적 방식으로 처리될 수 있는 모든 종류의 자료 또는 정보로 정의하고 있다. 데이터는 보유주체에 따른 공공데이터, 민간데이터 그리고 개인식별성 여부 따른 개인데이터, 비개인데이터를 포괄하는 최상위의 개념이다. 산업데이터는 제품 또는 서비스의 개발 등 과정에서 생성, 활용된다는 점에서 보면 사실 민간데이터의 대부분을 차지할 것으로 보이며, 결국 산업데이터는 데이터의 범주 중 하나로 볼 수 있다.

정책추진체계를 보면 데이터기본법은 데이터 생산, 거래 및 활용 촉진에 관한 사항을 심의하기 위하여 국무총리 소속으로 국가데이터정책위원회를 두고 간사는 과기정통부와 행정안전부장관이 되나, 산업디지털법은 산업 디지털 전환 관련 주요 정책·계획 심의 및 자문 등을 위해 산업부 장관 소속으로 산업 디지털 전환위원회를 두고 있다.

데이터 법적 보호와 관련 데이터기본법은 데이터생산자가 인적 또는 물적으로 상당한 투자와 노력으로 생성한 경제적 가치를 가지는 데이터를 "데이터 자산"으로 명명하고 이에 대한 데이터 자산을 공정한 상거래 관행이나 경쟁질서에 반하는 방법으로 무단 취득·사용·공개하거나 이를 타인에게 제공하는 행위, 정당한 권한 없이 데이터 자산에 적용한 기술적 보호조치를 회피·제거 또는 변경하는 행위 등 데이터 자산을 부정하게 사용하여 데이터생산자의 경제적 이익을 침해를 금지하고 있다. 이는 데이터에 대한 법적 보호 방안으로 부정경쟁의 원리를 도입함으로써 데이터 소유권 논란에 방향성을 제시한 것으로 평가된다.

한편 산업디지털법은 산업데이터를 생성한 자는 해당 산업데이터를 활용하여 사용·수익할 권리를 가진다고 규정하여 사용·수익권이라는 개념을 도입하고 있다. 동 규정에 따른 사용·수익권이 배타적 지배권인 물권을 의미하는 것으로 볼 여지도 있으나, 단순히 데이터 사용, 수익에 따른 이익을 향유하려는 목적으로 보여 데이터기본법과 다른 취지는 아닌 것으로 보인다.

양법은 특정 사업자를 범주화하여 신고의무를 도입하고 있다. 데이터기본법은 데이터거래사업자와 데이터분석제공사업자에 대해서 신고의무를 부과한다. 데이터사업자 중 데이터 거래를 하거나 데이터분석 제공을 하는 사업자는 데이터 생태계에서 상대적으로 중요성이 있기 때문에 별도로 정부가 관리하면서 지원책을 강구하겠다는 의미이다. 데이터거래사업자는 소위 데이터 거래소를 운영하는 사업자, 데이터분석제공사업자는 소위 마이데이터사업자가 포함될 것이다. 산업디지털법은 산업데이터 활용지원을 위해 ① 산업데이터를 수집하여 타인에게 제공, ② 산업데이터 거래행위 알선 및 알선을 위한 정보 수집·분석·제공, ③ 산업데이터 활용을 위한 수집·이용·보관·가공 지원, ④ 산업데이터 사용·수익할 자를 대행하여 위탁·관리 지원 등을 하는 회사를 산업디지털전환 지원 전문회사로 칭하고 정부의 지원을 받기 위해서는 신고를 하도록 하고 있다. 양 신고는 보고적 신고로서 신고 시 즉시 효력을 발생한다.

양법 특유의 내용으로 데이터 기본법은 데이터를 안전하게 분석·활용할 수 있는 데이터안심구역 지정, 데이터 가치평가 도입, 데이터거래사 양성 등이 규정되었다. 데이터거래사는 과기정통부장관에게 등록할 수 있는데, 이는 데이터 거래에 관한 전문적인 상담·자문·지도 업무 및 데이터 거래의 중개·알선 등 데이터 거래 등을 지원하는 업무를 수행한다. 변호사, 변리사, 기술사, 석박사 학위 보유자 등이 일정 기간의 경력을 보유하고 소정의 교육을 이수하는 경우 데이터거래사 자격이 부여된다. 산업디지털법에 따르면 파급효과가 큰 디지털 전환 성공사례를 발굴하여 확산하기 위해 선도사업을 선정하여 규제개선과 행정, 재정지원을 제공한다.

양법의 유사사항으로 데이터 기본법상 표준계약서, 산업디지털법상 산업데이터 활용 계약 가이드라인이 있고 표준화, 품질관리, 데이터플랫폼 구축, 기술개발, 인력양성, 세제지원, 국제협력 등도 유사내용을 담고 있다. 전체적으로 양법은 데이터 거버넌스로서 국가데이터정책위원회, 산업디지털전환위원회 신설, 데이터 활용을 지원하기 위한 인프라 구축, 데이터의 법적 보호 도입, 데이터산업의 진흥을 위한 정책수단의 마련을 내용으로 하고 있다. 다만, 산업디지털전환법이 데이터기본법의 특별법으로서 성격을 가지므로 산업데이터에 대해서는 동법이 우선적으로 적용되며, 동법에 규정이 없는 사항에 대해서는 데이터기본법이 보충적으로 적용된다.

데이터기본법과 산업디지털전환법은 사실 세계 최초로 데이터로부터 다양한 경제적 가치를 창출하고 데이터산업 발전의 기반을 조성하기 위한 법인만큼, 향후 양법이 데이터경제로의 전환을 위한 인프라 역할을 충실히 할 것을 기대한다.

데이터기본법과 산업디지털전환촉진법 비교

구분	데이터기본법	산업디지털법
데이터 개념(데이터, 산업데이터)	다양한 부가가치 창출을 위해 광(光) 또는 전자적 방식으로 처리될 수 있는 자료 또는 정보	제품 또는 서비스의 개발·생산·유통·소비 등 활동과정에서 생성 또는 활용되는 것으로서 광(光) 또는 전자적 방식으로 처리될 수 있는 모든 종류의 자료 또는 정보

정책추진체계	총리 소속 국가데이터정책위원회(간사 과기정통부, 행정안전부)	산업부 소속 산업디지털전환위원회
데이터의 법적 보호	데이터생산자의 데이터 자산에 대한 부정사용 금지	산업데이터를 생성한 자는 해당 산업데이터를 활용하여 사용·수익할 권리
신고의무	데이터거래사업자, 데이터분석제공사업자 신고	산업 디지털 전환 지원 전문회사 신고
특유사항	데이터 안심구역 데이터 가치평가 데이터 거래사	디지털 전환 선도사업 규제개선

11 위험에 처한 통신 비밀의 보호

사람은 누구나 자기 생각에 따라 삶을 영위하기를 원하기 때문에 외부적인 간섭을 원하지 않으며, 다른 사람이 모르는 자기만의 영역을 소중히 간직하기를 바란다. 이런 사생활의 비밀과 자유를 보장하는 것은 인간 행복의 최소한의 조건으로 이것이 없으면 인간으로서 존엄성 확보나 인간다운 삶이 불가능하다. 우리 헌법은 사생활을 보호하기 위한 하나의 수단으로 통신의 비밀을 보장하고 있다. 헌법 제17조는 모든 국민은 사생활의 비밀과 자유를 침해받지 아니한다. 제18조는 모든 국민은 통신의 비밀을 침해받지 아니한다고 규정하고 있다.

디지털 대전환 시대에 종래 전화에서 이메일, SNS 등으로 통신수단이 다양화된 점을 고려하면 그만큼 통신비밀 침해 가능성이 높아지고 있으며, 이에 따라 국가의 국민의 통신비밀 보장 의무는 중차대하다고 할 수 있다. 최근 새 정부 출범을 위한 대통령 선거가 이제 2개월 남짓 남으면서 대선 캠프 간 경쟁도 치열하다. 이런 가운데 주목받는 이슈 중 하나가 통신의 비밀 보호에 관한 것이다. 고위공직자 수사처가 통신이용자의 인적사항을 과다하게 조회한 것이 정치 쟁점화되고 있고 모 유튜버가 대선 후보 배우자와의 통화내용을 비밀리에 녹음하고 이를 공개한 사건도 큰 반향을 일으키고 있다. 이 사건들과 관련 우리의 법제도는 어떠하며 관련 이슈와 대안은 무엇일까.

우리 법제는 통신의 비밀을 보장하기 위해서 다음 3가지 제도를 두고 있다. 첫째가 최근 고위공직자수사처의 과다한 사용으로 이슈가 된 '통신자료 제공' 제도이다. 이는 전기통신사업법에 규정된 제도로 수사기관이 수사를 위해 전기통신가입자의 인적사항을 통신사업자에게 요청하여 제공받는 제도이다. 통신자료란 이용자 성명, 주민등록번호, 주소, 가입 및 해지일자, 전화번호, 아이디(ID) 등 통신서비스 가입자의 기본 인적사항으로, 수사기관 등이 범죄수사를 위해 전기통신사업법에 따라 공문으로 요청하여 전기통신사업자로부터 취득하게 된다.

둘째가 통신비밀보호법에 규정된 '통신사실확인자료 제공' 제도이다. 이는 수사기관이 법원의 허가를 받아 수사대상자의 통신사실확인자료를 통신사업자에게 요청하여 제공받는 제도이다. 통신사실확인자료는 통화의 내용이 아닌 상대방 전화번호, 통화 일시 및 통화시간 등 통화사실과 인터넷 로그기록·접속지 자료(IP Address) 및 발신기지국 위치추적자료 등이다. 검찰, 경찰, 국정원 등 수사기관이 법원의 허가를 받아서 통신사업자에 자료제공을 요청한다. 다만, 법원의 허가를 받기 어려운 긴급 상황 시에는 요청서만으로 통신사실확인자료를 제공받을 수 있으나, 지체 없이 법원의 허가를 받아야 한다.

셋째가 통신비밀보호법에 규정된 '통신제한 조치' 제도이다. 수사기관이 법원의 허가를 받아 통신사업자의 협조를 얻어 수사대상자의 통신내용을 확인하는 제도이다. 소위 감청이라고 불리는 제도로 통화 내용이나 전자우편 내용 등을 확인한다. 일반적인 통신제한조치는 검찰, 경찰, 국정원 등 수사기관이 법원의 허가서를 받아 통신사업자에 협조를 요청하고, 긴급 통신제한조치는 검사 지휘서 또는 국정원장 승인서로 우선 협조를 받되, 36시간 이내에 법원의 허가 등을 받아야 한다. 다만 대상 범죄는 내란죄, 폭발물에 관한 죄 등 중범죄로 한정되어 있다.

통신자료는 통신이용자의 인적사항이라는 점에서 현행법은 법원의 관여 없이 통신사업자가 제공할 수 있도록 하고 있고 통신자료 제공 이후에도 당사자에 대한 통지제도도 두지 않고 있다. 통신사업자도 통신자료 제공에 따를 수 있다고 규정하여 의무사항은 아니다. 이에 반해 통신사실확인자료는 통화사실, 로그기록, 기지국 위치 자료 등 보다 통신비밀을 침해하는 사실이 포함되어 있기 때문에 법원의 영장도 필요하고 제공받은 후 당사자에 대한 통지도 의무화되어 있다. 통신사업자도 자료제공 요청에 협조해야 할 의무가 있다.

다만, 과연 이와 같은 양 제도의 차이가 정당화될 수 있을지는 의문이다. 우선 과학기술정보통신부 자료에 따르면 수사기관 등에 제공된 통신자료 제공 건수는 전화번호 수 기준으로 2020년 548만 4917건(상반기 292만 2382건, 하반기 256만 2535건)에 달한다. 2021년 상반기에도 255만 9439건을 기록했다. 대략 국민

10명 중 1명의 전화번호가 제공될 정도로 규모가 크다는 점에서 통신자료 제공이 통신사실확인자료 제공보다 통신비밀 침해의 낮다고 하기 어렵다. 또한 통신자료는 통화 내용은 아니지만, 누군가와 몇 번 통화했는지 횟수를 알 수 있고 이 경우 통신내용도 추정할 수 있게 된다. 예컨대 특정인과 기자 간의 수차례의 통화목록만으로 고발기사의 제보자가 누구인지는 확인가능하다.

끝으로 통신이용자의 인적사항은 전형적으로 개인정보보호법상 개인정보에 해당한다. 개인정보임에도 불구하고 정보주체의 동의 없이 수사기관에 제공되고 있는 이유는 전기통신사업법이 이를 허용하고 있기 때문이다. 그렇다면 개인정보자기결정권을 침해하는 것을 허용할 정도로 더 중요한 통신자료 제공의 공익이 존재해야 한다. 범죄수사나 국가안보를 목적으로 하는 수사기관의 활동을 통해 범죄로부터 국민을 보호하고 국가의 안전을 보장한다는 공익이 존재한다는 점은 부인할 수 없으나, 그러한 경우에도 개인정보 침해를 최소화할 수 있는 조치를 취하는 것이 필요하다. 이 점에서 최소한 통지조차 없는 통신자료 제공제도는 개선의 여지가 있다. 개인정보보호법은 공개된 개인정보의 경우에도 정보주체의 요구가 있으면 즉시 개인정보의 수집 출처와 처리 목적을 알리도록 하고 있는 점을 참고할 필요가 있다.

다음은 비밀녹음과 관련된 이슈이다. 통신비밀보호법 제3조와 제14조에서는 '누구든지 공개되지 아니한 타인 간의 대화를 녹음 또는 청취하지 못한다'고 규정하고 있다. 이에 따라 녹음자가 타인과의 대화가 아닌 대화 당사자 중 한 사람으로서 상대방 몰래 그 대화를 녹음하는 행위는 통신비밀보호법에 위배되지 않는다. 이에 따라 휴대폰 녹음 기능을 이용하여 상대방과의 대화 내용을 몰래 녹음하는 것으로 형사적으로 문제가 되지 않는다. 대법원도 대화자 일방이 상대방과의 대화를 상대방의 승낙 없이 녹음하는 경우에는 통신비밀보호법상 '타인 간의 대화'에 해당하지 않으므로 통신비밀보호법 위반이 되지 않는다고 판시하고 있다.[5]

다만, 민사 불법행위나 개인정보보호법 위반의 경우에는 다른 평가가 가능하다. 서울중앙지방법원은 사람은 누구나 자신의 음성이 함부로 녹음되거나 재생·방송·복제·배포되지 않을 권리를 가진다며 이런 '음성권'은 헌법 제10조 1문

5 대법원 2008. 10. 23. 선고 2008도1237 판결.

에 의해 헌법적으로도 보장되는 권리이므로, 음성권에 대한 부당한 침해는 불법행위를 구성한다고 밝혔다. 결국 비밀녹음은 음성권 침해의 불법행위가 될 수 있다는 것이다.[6] 개인정보보호법상으로 녹음자가 개인정보처리자라면 음성이라는 개인정보를 동의 없이 수집하는 것이 되기 때문에 불법이 될 수 있고 이 경우에는 형사책임도 지게 된다.

대법원이 민사소송에서 비밀녹음의 증거능력에 대해 자유심증주의를 채택하고 있는 우리 민사소송법하에서는 그 증거능력이 없다고 단정할 수 없고, 그 채증 여부는 사실심 법원의 재량에 속하는 것이라고 판시하고 있는 점도 비밀녹음이 증가하는 이유가 되고 있다.[7] 그러나 인격권을 침해하는 방법으로 수집된 증거가 유죄 인정, 손해배상 책임 인정 등의 자료로 사용된다면 그것은 국가와 개인이 타인의 기본권을 보장해야 할 의무를 위반하는 것이라는 점에서 비밀녹음 증거의 증거능력을 일률적으로 인정할 것이 아니라 구체적인 사례에서 여러 사정을 고려한 이익 형량을 통해 그 적법성을 인정해야 할 것이다.

초연결 사회로의 진입이 더욱 빠르게 진행되고 있다. 코로나 위기 등 위기 상황의 일상화에 따라 국가의 정보수집 능력도 증가하고 있고 비대면 사회의 가속화는 플랫폼의 정보 집중도 강화하고 있어 빅브라더는 어느새 가까운 현실로 다가오고 있다. 어떤 경우에도 통신의 비밀 보장을 통한 인간의 존엄성, 인격권 보장은 양보할 수 없는 가치라는 점에서 공익목적을 위한 통신비밀 침해 조치의 타당성과 정당성을 다시 살펴보고 필요한 개선작업을 진행해야 할 것이다.

---

6 서울중앙지방법원 2018. 10. 17. 선고 2018가소1358597 판결.

7 민사소송법 제202조는 "법원은 변론 전체의 취지와 증거조사의 결과를 참작하여 자유로운 심증으로 사회정의와 형평의 이념에 입각하여 논리와 경험의 법칙에 따라 사실주장이 진실한지 아닌지를 판단한다"고 규정하고 있다. 이는 법원이 재판의 기초가 되는 사실을 인정할 때, 증거의 증명력(가치)을 법률이 정한 규칙(법정증거주의)에 구속받지 않고 법관의 자유로운 판단에 맡기는 원칙이다.

12 진료기록은 의사와 환자 중 누구의 소유일까

진료기록이란 병력, 차트라고도 불리는 것인데, 의료법은 진료정보, 진료기록 등에 대한 각종 의무를 규정하고 있다. 의료법 제22조 제1항에서 의료인은 "환자의 주된 증상, 진단 및 치료 내용" 등을 진료기록부 등에 기록하도록 하고 의료법 시행규칙 제14조 제1호는 진료기록부에 기록해야 할 의료행위에 관한 사항으로 진료를 받은 사람의 주소, 성명, 연락처, 주민번호 등의 인적사항, 주된 증상, 관련 병력, 진단결과와 진단명, 경과, 치료내용, 진료일시 등을 규정하고 있다.

이에 따르면 진료기록이란 환자가 제공한 개인정보를 바탕으로 의사가 전문적인 의학 지식에 따라 환자의 병을 진단하고 향후 치료계획 등을 기재한 자료이다. 즉, 환자의 개인정보는 물론 의사의 소견이 담긴 자료로 환자의 개인정보임과 동시에 의사의 개인정보라는 이중성을 갖는다. 그럼 진료기록은 의사와 환자 중 누구의 소유일까.

우선 이 문제는 데이터오너십(Data ownership) 이슈를 출발점으로 한다. 데이터오너십, 즉 데이터소유권 문제는 데이터가 경제적 가치를 가치는 거래의 객체로 인정되고 있는 현실을 고려해 데이터에 대해서도 소유권을 인정하여 법적 보호를 해야 한다는 논의이다. 그러나 현행 민법상 소유권의 대상은 물건에 한정되고 물건이란 유체물 및 전기 기타 관리할 수 있는 자연력을 의미하며, 또한 일반적으로 물건이 되기 위해서는 배타적으로 관리할 수 있어야 하며, 인격성을 갖고 있지 않아야 한다. 그러나 데이터는 복제가 용이하여 그 주체가 데이터를 배타적으로 관리하기 어렵고, 의료정보와 같은 일부 데이터는 인격적 요소들을 내포하는 경우들이 많아 물건의 요건을 충족하기 어렵다. 이런 이유로 현행법상으로는 데이터 소유권이 인정되기 어렵다는 견해가 다수이다.

판례도 절도죄의 객체는 관리가능한 동력을 포함한 '재물'에 한한다 할 것이고, 또 절도죄가 성립하기 위해서는 그 재물의 소유자 기타 점유자의 점유 내지 이용가능성을 배제하고 이를 자신의 점유하에 배타적으로 이전하는 행위가 있어야만 할 것인바, 컴퓨터에 저장되어 있는 정보 그 자체는 유체물이라고 볼 수도 없고, 물질성을 가진 동력도 아니므로 재물이 될 수 없다 할 것이다고 하여 데이터의 물건성을 부정하고 있다.[8] 결국 진료기록도 데이터이지만 그것이 환자, 의사, 병원 누구라도 이들의 소유권의 대상이 되지는 않으며, 소유권으로서 법적 보호는 받지 않는다고 봐야 한다.

다만, 데이터 생산 주체는 데이터에 대한 접근, 관리, 통제권한이 인정된다고 할 것이다. 현행법은 진료기록에 대해 특별한 법적 보호를 하고 있으며, 이로 인해 환자는 진료기록에 대해 특별한 권한을 보유한다. 의료법 제21조 제1항은 환자가 본인에 관한 기록의 전부 또는 일부에 대한 열람이나 사본발급 등 내용의 확인을 요청할 수 있도록 하고 있고, 제21조 제2항에서는 의료인에게 환자가 아닌 다른 사람에게 환자에 관한 기록을 열람하게 하거나 그 사본을 내주는 등 내용을 확인할 수 없도록 하는 기록열람금지 의무를 규정하고 있다. 동조 제5항은 의료인 등은 「전자서명법」에 따른 전자서명이 기재된 전자문서를 제공하는 방법으로 환자 또는 환자가 아닌 다른 사람에게 기록의 내용을 확인하게 할 수 있다고 규정하고 있으며, 동법 제21조의2는 환자의 동의가 있는 경우 의료인 등의 상호 간 진료기록의 송부를 허용하고 있다.

또한 보건복지부의 '진료기록 열람 및 사본 발급업무 지침'에 따르면 환자 본인이 진료기록 사본 발급을 요청하는 경우에 환자는 제3자에게 송부할 것을 요청할 수 있다. 또한 담당의사의 확인 또는 승인 없이 진료기록의 사본발급 등이 가능하다고 규정하고 있다.

이처럼 진료기록 데이터는 철저히 환자의 동의를 기반으로 처리하도록 하고 있는바, 결국 진료기록은 환자에게 거의 전적으로 관리통제권이 부여되어 있다고 할 것이다. 의사나 병원에게는 제3자에 대한 공개금지, 사본발급, 기록송부 등의 의무만이 부여되어 있고 이 의무를 이행하지 않기 위해서는 이에 대한 정당한

8 대법원 2002. 7. 12. 선고 2002도745 판결.

사유를 입증하도록 하고 있다.

다만, 이런 의료법의 태도는 최근 도입을 논의 중인 데이터이동권에 기반한 마이데이터 사업과 긴장관계를 지닌다. 마이데이터란 정보주체가 그의 데이터에 대한 통제권과 결정권을 가지고 그 제공과 활용을 정하도록 하는 것으로 정의할 수 있다. 이를 위해 정보주체는 여러 기관이나 기업에 분산되어 저장된 정보를 일괄적으로 확인하고 다운로드할 수 있고 나아가 자신의 정보를 제3자에게 직접 제공하도록 요구할 수 있는 권리인 데이터이동권이 인정된다.

데이터 이동의 대상이 된 데이터에 대해 유럽 일반개인정보보호법(GDPR)은 (1) 정보주체의 동의 혹은 계약에 근거해서 처리되는 개인데이터여야 하고, (2) 자동화된 수단에 의해 처리되는 개인데이터여야 하며, (3) 정보주체가 "제공한"(has provided) 데이터에 한정하고 있다. 신용정보법도 민감정보나 개인정보를 기초로 금융기관 등이 추가적으로 생성·가공한 2차 정보 등은 의무제공 대상에서 제외하고 있다. 개인정보보호법 제2차 개정안도 개인정보처리자가 수집한 개인정보를 기초로 분석·가공하여 별도로 생성한 정보는 이동대상에서 제외하고 있다.

결국 근무평가, 신용평가, 인사기록, 진료차트, 비디오대여기록, 고객성향 등과 같이 개인정보처리자가 정보주체가 제공한 정보를 토대로 생성한 2차 정보는 이동권의 대상이 아니라고 보고 있는 것이다. 이의 취지는 생성정보, 2차정보는 데이터에 대한 관리통제권이 정보주체에게만 인정되는 것이 아니기 때문에 정보주체의 의사만으로 이동대상이 될 수 없다는 것이다.

하지만 이미 우리 의료법은 위 조항들에서 본 바와 같이 의료분야의 데이터이동권 유사 조항을 도입하고 있고 진료기록과 같은 생성정보에 대해서도 의사나 병원의 동의 없이 이동대상이 되도록 함으로써 정보주체 중심의 제도설계를 하고 있다. 다만, 개인정보보호법 제2차 개정안이 통과되는 경우 의료법과 개인정보보호법의 해석상 충돌이 예상되므로 이에 대한 입법적, 해석적 해결이 필요한 상황이다.[9]

9 개인정보보호법상 전 분야 마이데이터 시행 관련 의료 분야 마이데이터의 이동 대상 정보에는 진단정보도 포함되어 있다. 따라서 진료기록은 생성 정보임에도 의료법에 따른 특칙으로 이동 대상이 되는 것으로 이해할 수 있다.

결론적으로 진료기록은 환자와 의사가 공동으로 관리통제권을 가진다고 보는 것이 타당하며, 향후 의료분야에 마이데이터가 도입과정에서 데이터 이동대상에 진료기록을 포함할 것인지에 대해서는 추가적인 논의가 필요할 것이다.

13 디지털 대전환 시대, 新개인정보정책 패러다임

요즘 화제인 애플의 CF 영상에서는 개인의 데이터가 자신도 모르게 경매되고 있는 것을 보여준다. 개인이 이메일을 보고 웹사이트나 앱을 사용하면서 어떤 상품을 보거나 구매하는 경우 그 데이터가 트래커 등을 통해서 유출되며, 이후 그 데이터를 구입한 쇼핑몰 등을 개인이 방문하면 해당 상품 또는 배너 광고를 만나게 된다. 또한 한국에서는 모 핀테크 업체가 자신이 보유한 개인정보를 보험사에 69,000원을 받고 판매한 사실이 드러나 논란이 되고 있다.

한편 은행·카드·증권 등 회사별로 존재하는 개인 금융정보를 한데 모아 분석해 금융상품을 추천하는 등 자산관리를 해주고 나아가 여기에다 의료정보까지 결합하여 개인의 건강관리까지 해주는 마이데이터 서비스도 진행 중이다.

위 사례에서 보는 바와 같이 개인정보를 유용하게 사용하면 개인들에게 편익을 제공할 수 있지만 그렇지 않으면 사생활 침해 등 인격을 훼손하는 일이 벌어지기도 한다. 어쨌든 디지털 경제에서 가장 중요한 자원은 데이터이고, 데이터 중에서도 가장 가치 있는 것이 개인정보라는 것은 틀림없는 사실이다. 그동안 한국은 2020년 데이터 3법 개정을 통해 데이터 보호와 활용의 균형을 도모하고, 2022년 데이터산업법과 산업디지털법 시행을 통해 본격적인 데이터 활용 시대를 열고 있지만 여전히 갈 길이 멀다. 법적인 기반구축에는 많은 성과가 있었으나, 아직은 데이터 활용보다는 보호 쪽에 치중된 측면이 있고 보호의 경우에도 국민이 안심할 수 있는 정도의 실질적인 효과는 미흡한 상황이다.

이제 본격적인 데이터 경제를 시대를 열기 위해 개인정보 활용과 보호의 균형을 꾀하고 결과적으로는 소비자인 정보주체의 권리와 이익이 향상되는 방식으로 개인정보정책의 패러다임의 변화가 필요한 시점이다. 패러다임의 변화를 위해 다음 몇 가지 과제를 생각해볼 수 있다.

먼저 동의 중심 모델의 변화가 필요하다. 그간 개인정보 수집, 이용의 근거로서 동의 중심 모델은 개인정보처리자인 기업에게 면죄부를 제공하는 등 정보처리자 일방의 이익에만 초점이 맞춰져 있을 뿐, 정보주체의 권리나 이익을 고려하지 못했다. 이에 대한 대안으로 다음 2가지가 논의되고 있다. 하나는 국가의 후견주의적 개입이다.[10] 즉, 어차피 깨알 같은 동의문구를 인지하고 동의를 할 수 없는 이상 국가가 개인정보처리방침의 적법성과 적정성을 심사하고 나아가 개인정보처리실태도 점검함으로써 국가가 기업의 개인정보처리의 안전성을 보장하는 방안이다. 실제 업무수행은 협회 등에 위탁하는 자율규제 모델을 고려할 수 있다. 이 의견은 일종의 데이터 보호에 관한 국가책임제라고 할 수 있다.

다른 하나는 상호합의 모델이다. 정보주체와 개인정보리자가 데이터의 활용조건, 목적에 대해 합의하는 방식으로 상호의 이익을 도모하는 모델이다. 이 모델은 결국은 개인이 데이터 활용조건을 결정하기 어렵다는 문제를 해결하기 위해 데이터 신탁(Data trust) 모델을 제안한다. 이는 정보주체를 대신해서 개인정보의 활용을 위한 집합적인 이용조건을 설정하고 그에 따라 정보처리자에게 데이터 이용을 허락하는 것이다. 즉, 전문성과 협상력을 가진 주체가 구체적 이용조건을 협상하고 모니터링과 보고를 통해 정보주체는 사후 통제를 할 수 있게 하는 것이다. 일본의 관민데이터활용촉진법상 정보은행도 이와 유사한 방식이다. 이 모델의 특징은 데이터 활용에 따른 수익을 정보주체에게 배분한다는 점이다.[11]

둘째 공공기관의 개인정보 이용에 대한 통제권 강화이다. 그간 공공기관은 법률의 규정에 따라 개인정보를 사용해 왔기 때문에 상대적으로 개인정보 이용의 적정성 여부에 대한 심사가 미흡한 측면이 있었다. 물론 현재에도 개인정보보호법 제8조의2(개인정보 침해요인 평가)에 따르면 중앙행정기관의 장은 소관 법령의 제정 또는 개정을 통하여 개인정보 처리를 수반하는 정책이나 제도를 도입·변경

10 국가의 후견주의적 개입(Paternalistic Intervention by the State)이란 개인의 복지나 이익을 증진시키기 위해 개인의 자유로운 선택을 제한하거나 특정 행위를 강제하는 국가의 개입을 의미한다.

11 상세 내용은 윤종수. 「사물인터넷, 블록체인, 인공지능의 상호 운용에 있어서 개인정보자기결정권의 실현 및 데이터 이용 활성화」, 『정보법학』, 2021, 제25권 제3호, 2021년 참조.

하는 경우에는 개인정보보호위원회에 개인정보 침해요인 평가를 요청하여야 하며, 위원회가 위 요청을 받은 때에는 해당 법령의 개인정보 침해요인을 분석·검토하여 그 법령의 소관기관의 장에게 그 개선을 위하여 필요한 사항을 권고할 수 있도록 되어 있다. 다만, 최근 대선 과정에서 전기통신사업법 상 통신자료제공, 비밀녹음의 정당성 여부를 둘러싼 논쟁에서 보듯이 기존 법령상 개인정보침해요인에 대해서는 통제권한이 없는 것이 문제이다. 기존 법령에 대해서도 위원회 직권이나 국민의 요청에 의한 심사제도를 도입함으로써 공공기관의 개인정보 이용에 대한 통제를 강화할 필요가 있다.

셋째, 개인정보 활용을 위한 획기적인 제도개선책이 마련되어야 할 것이다. 가명처리, 데이터 결합 등 데이터 활용을 위한 여건이 마련되었지만, 아직 그 성과는 뚜렷하지 않은 상황이다. 특히, 데이터 결합의 경우 모두 제3의 전문기관을 거치도록 의무화하고 있는데 위험 정도에 따라 세분화된 접근이 필요하다. 또한 공공기관이 보유한 개인정보의 경우 가명처리 후 제공이 가능한지가 불명확한 측면이 있다. 인공지능을 이용한 정보분석 시 저작권, 개인정보 사용에 대한 면책을 허용하는 제도가 필요함에도 아직 저작권법 개정안 등이 처리되지 않고 있다. 사실 나열한 대부분의 규제는 다른 나라에 없는 한국만의 갈라파고스 규제이다. 시급히 개선되지 않으면 데이터 경제는 구호에 그칠 가능성이 높다.

넷째, 마이데이터 시대를 위한 규제개선이다. 마이데이터는 정보 주체인 개인이 직접 데이터의 활용 대상과 범위를 정하는 것으로, 마이데이터가 활성화되면 더욱 많은 개인정보가 안전하게 공유되고 활용되는 시대가 열릴 수 있고 종국적으로는 정보주체인 국민의 편익을 극대화할 수 있을 것이다. 현재 금융분야에 국한되어 제공되는 마이데이터의 전 분야 확산을 위한 노력과 함께 상품 비교, 추천 등 사업자의 수익과 소비자 편익을 동시에 꾀할 수 있는 규제 완화 역시 서둘러 진행되어야 할 것이다.

인공지능, 데이터, 플랫폼이 우리 생활을 지배하는 디지털 대전환이 성큼 다가오고 있고 미국과 중국 등 주요 선진국이 비규제와 정부의 지원으로 나날이 이 분야의 경쟁력을 키우고 있는 지금 우리는 아직도 실질적으로 데이터의 안전한 활용에 나서지 못하고 있다. 민관이 지혜를 모아 속히 데이터 시대를 준비하고 개척해 나가야 할 것이다.

14 디지털 플랫폼 정부 시대…개인정보의 활용

2022년 6월 28일 디지털 플랫폼 정부위원회의 설치 및 운영에 관한 규정이 국무회의를 통과해서 7월 1일부터 시행되고 있다. 위원회는 윤석열 정부의 핵심 공약인 디지털 플랫폼 정부를 구현하는 역할을 하는 거버넌스인데, 디지털 플랫폼 정부란 모든 데이터가 연결되는 디지털 플랫폼 위에서 국민, 기업, 정부가 함께 사회문제를 해결하고 새로운 가치를 창출하는 정부를 의미한다. 또한 정부가 일방적으로 서비스를 제공하는 공급자에서 민·관이 협업하고 기업들이 혁신의 동반자가 되는 새로운 모델을 지향한다.

위원회의 5대 중점 추진과제는 첫째, 국민과 기업이 단기간에 개선효과를 체감할 수 있는 혁신적인 선도 프로젝트 추진, 둘째, 누구나 쉽게, 한 번에 이용할 수 있도록 기관 간 정보 공유 확대 등을 통한 선제적 서비스 제공, 셋째, 인공지능·데이터 기반의 정책 의사결정 지원체계 구축, 정부의 일하는 방식 혁신, 국가 현안·난제 해결을 위한 민·관 협업 활성화, 넷째, 정부는 데이터·핵심 기능을 플랫폼으로 제공하고, 민간이 창의적인 서비스를 창출할 수 있는 혁신 생태계 조성, 다섯째, 활용과 보안을 제고할 수 있는 새로운 보안체계 구축, 개인정보의 안전한 활용 기반 강화를 통한 대국민 신뢰 제고이다.

디지털 플랫폼 정부의 핵심자원은 데이터이고, 데이터의 대부분이 개인정보라는 점에서 개인정보의 활용과 보호를 여하히 수행하는가 하는 것이 디지털 플랫폼 정부의 성패를 좌우할 것이다. 디지털 플랫폼 정부에서 개인정보의 활용과 보호를 위한 이슈와 과제는 무엇일까.

우선 개인정보의 활용에 관한 것이다. 디지털 플랫폼 정부가 추구하는 공공데이터를 네거티브 원칙하에 전면개방하고, 공공데이터 개방 및 공동활용을 저해하는 소극적 법 해석과 관행을 정비하기 위해 시급한 것이 공공데이터인 개인정보의 가명처리 후 제공을 확대하는 것이다. 현행 정보공개법과 공공데이터법은 개인정보를 개방 예외 사유로 명시하고 있으나, 현행 개인정보보호법에 도입된 가명처리 후 활용이 가능한 것인지에 대해서는 침묵하고 있다. 이 점에서 조속히 이를 명시하는 법 개정을 하거나 법 해석으로 가능토록 할 필요가 있다. 또한 공무원의 업무상 비밀 유지 조항이 공공데이터 미개방의 이유가 되는 경우가 많은데, 이에 대해서도 예외를 인정하는 등의 개선조치가 필요하다.

다음 국민이 주도적으로 개인정보를 활용하는 '마이데이터' 관련 개인정보 전송요구권을 법제화하고, 기업 마이데이터를 도입하는 디지털 플랫폼 정부의 과제 역시 개인정보 활용과 관련성이 높다. 국회에 계류 중인 제2차 개인정보보호법 개정안에는 마이데이터를 전 분야로 확산시키기 위해 개인정보전송요구권과 개인정보관리 전문기관 지정 규정을 도입하고 있다.

또한 전자정부법 개정을 통하여 공공분야 마이데이터가 도입되었다. 이의 법적 근거로서 본인에 관한 행정정보에 대한 제공요구권은 '공공기관이 보유한 본인 행정정보'를 국민이 직접 활용할 수 있는 방안이다. 이는 국민의 편익 증진을 위하여 증명서 형태의 행정정보의 발급·출력 없이 필요한 정보만을 행정기관 등이 본인이나 제3자에게 제공하도록 하는 것이다. 국민 입장에서는 디지털 플랫폼 정부의 편익을 가장 확실히 체감할 수 있는 제도라고 할 수 있다. 한편 디지털 플랫폼 정부는 공공과 민간의 데이터 결합을 하나의 축으로 하고 있는데, 공공분야 마이데이터가 이를 직접 실현할 수 있다. 이 점에서 본인 행정정보를 더 많은 민간기관에서 이용할 수 있는 방안이 강구되어야 할 것이다.

둘째, 개인정보의 보호에 관한 것이다. 디지털 플랫폼 정부는 사각지대 해소를 위해 신청하지 않아도 생애주기별로 필요한 서비스를 선제적으로 알림·추천받아 이용할 수 있도록 범정부 데이터를 활용하는 공통기반을 조성하고자 한다. 이렇게 인공지능 기반 맞춤형 서비스를 제공하는 것은 개인의 온라인 활동에 대한 프로파일링을 전제로 한다는 점에서 프라이버시를 침해할 가능성이 있다. 이용자로부터의 사전 동의를 포함하여 투명하고 공정한 서비스 제공 절차를 마련할 필요가 있다고 할 것이다. 최근 헌법재판소도 통신자료 취득에 대한 사후통지 절차를 두지 않은 전기통신사업법 조항이 개인정보자기결정권을 침해한다고 판시하고, 국회가 2023년 12월 31일을 시한으로 법률을 개정하도록 하는 헌법불합치 결정을 내렸다. 공공분야의 경우에도 개인정보자기결정권 보장이 중요해지고 있는 것이다.

다음 국민이 한번 제출한 정보는 다시 입력하지 않도록 기관 간의 정보 공유를 확대하는 등 공공기관 간은 물론 공공과 민간기관 간에도 정보 공유를 확대하는 디지털 플랫폼 정부의 과제는 국민 편익, 데이터 기반 정책 결정 측면에서 타당한 방향이다. 다만, 자칫하면 민간부문의 데이터를 공공 목적을 이유로 과도하게 요구하여 민간의 자율성을 침해할 우려도 있고, 데이터 집중에 따른 빅브라더 논쟁을 유발할 수도 있다는 점을 유의하여야 할 것이다. 공공기관 간은 물론 공공과 민간기관과의 데이터 공유의 경우에도 투명하고 공정한 절차가 마련되어야 할 것이다.

디지털 플랫폼 정부는 데이터, 인공지능 활용을 통해 정부의 정책결정을 혁신하는 것은 물론 국민에게 맞춤형 통합서비스를 제공하는 것을 목표로 하고 있고, 나아가 디지털 산업혁신 생태계를 조성하여 데이터 기반 혁신서비스를 창출할 것으로 기대되고 있다. 이러한 과정에서 아무쪼록 안전하고 신뢰받는 방법으로 개인정보의 활용이 이루어지기 바란다.

15 데이터 크롤링과 데이터의 접근, 공유

숙박업체에 대한 온라인 예약 서비스를 제공하는 디지털 플랫폼 A사의 직원들이 소위 크롤링 프로그램을 이용하여 정보를 호출하는 명령구문을 서버에 입력하는 방식으로 같은 서비스를 제공하는 경쟁회사인 디지털 플랫폼 B사에서 운영하는 모바일 앱을 위한 서버에 접근하여 B사의 데이터베이스에서 숙박업소 목록 등 정보를 복제하고 대량 정보 호출을 발생시킨 경우 A사는 어떤 법적 책임을 지게 될까.

우선 크롤링이란 웹사이트에서 공개된 데이터를 수집하는 행위로, 크롤러(crawler)라는 소프트웨어를 이용하여 웹사이트에서 자동으로 대량의 데이터를 복제·수집한다. 온라인상에 공개된 데이터를 크롤링을 활용해 수집하는 것은 데이터 공유 확대라는 차원에서 긍정적으로 볼 수 있으며, 나아가 데이터 격차가 신규 진입자에게 장벽이 되고 있는 상황에서 크롤링은 시장경쟁을 촉진하는 역할도 한다. 다만, 온라인 데이터의 수집, 관리를 위해서는 인적·물적 투자가 요구되는데, 그 결과물을 경쟁업체가 복제하여 활용하는 것은 무임승차에 해당하므로 일정한 규제가 필요하다는 의견도 있다.

A사 행위의 법적 책임에 관해 최근 법원의 판결이 있었다. A사의 행위에 대해 정보통신망법상 정보통신망침해등죄, 저작권법위반죄, 컴퓨터등장애업무방해죄를 구성한다고 기소된 사안에서, 대법원은 2022년 5월 검사의 상고를 기각하여, 공소사실 전부에 대하여 무죄를 선고한 원심판결을 확정하였다.[12] 동 판결로 인해 크롤링이 형사적으로 합법이라는 점이 선언되었다는 점에서 일견 데이터 공

12 대법원 2022. 5. 12. 선고 2021도1533 판결.

유 내지 접근권 확대에 긍정적인 영향이 예상된다. 보다 구체적으로 쟁점과 법원의 판단을 보자.

첫째, 피고인들이 크롤링 프로그램을 이용하여 이 사건 서버에 접근한 행위가 정보통신망법이 금지하는 정보통신망 침입에 해당하는지 여부이다. 침입이 성립하기 위해서는 접근 권한이 없거나 접근 권한을 넘어서야 하는데, 본건의 경우 일반 이용자들은 피해자 회사의 모바일 앱을 통하여 회원 가입 없이도 자유롭게 이 사건 서버에 접근할 수 있었고, 이 사건 서버에는 접근을 막는 별도의 보호조치도 없었던 점 등에서 이 사건 서버에 대한 접근 권한이 객관적으로 제한된 것으로 보기 어려우므로 접근은 정보통신망 침입으로 인정되지 않는다고 판단했다.

둘째, 피고인들이 크롤링 프로그램을 이용하여 피해자 회사의 데이터를 수집한 행위가 저작권법이 처벌하는 데이터베이스제작자의 권리를 침해한 행위에 해당하는지 여부이다. 데이터베이스 제작자의 권리가 침해되었다고 하기 위해서는 데이터베이스 제작자의 허락 없이 데이터베이스의 전부 또는 상당한 부분의 복제 등이 되어야 하는데, A사가 수집한 정보들은 피해자 회사의 숙박업소 관련 데이터베이스의 일부에 해당하고, 이미 상당히 알려진 정보로서 그 수집에 상당한 비용이나 노력이 들 것으로 보이지 않거나 이미 공개되어 있었다는 점 등에서, 데이터베이스의 전부 또는 상당한 부분이 복제되었다거나 데이터베이스의 통상적인 이용과 충돌하거나 피해자 회사의 이익을 부당하게 해치는 경우에 해당한다고 보기 어렵다고 판단했다.

셋째, 피고인들이 크롤링 프로그램을 이용하여 통상적인 이용 범위를 초과하여 정보를 호출한 행위가 컴퓨터등장애업무방해죄에 해당하는지 여부이다. 동죄가 성립하려면 허위의 정보 또는 부정한 명령을 입력하거나 기타 방법으로 정보처리에 장애를 발생하게 하여 사람의 업무를 방해해야 하는데, A사 직원들이 입력한 숙박업소 관련 정보의 검색 명령구문들이 이 사건 서버의 본래 목적과 상이한 부정한 명령이라고 보기 어렵고, A사의 크롤링 프로그램 사용으로 인하여 이 사건 서버에 장애가 발생하였다고 단정하기 어렵다고 보았다.

동 판결은 데이터베이스 제작자의 권리 침해 여부 판단 기준과 관련하여 데이터베이스의 개별 소재 또는 상당한 부분에 이르지 못하는 부분의 반복적이거나 특정한 목적을 위한 체계적 복제 등에 의한 데이터베이스제작자의 권리 침해는 이러한 행위로 인해 결국 상당한 부분의 복제 등을 한 것과 같은 결과를 발생하게 한 경우에 한하여 인정함이 타당하다는 점을 밝히고 있다는 점에서 향후 크롤링에서 해당 요건을 엄격하게 해석되어야 한다는 입장을 밝혔다.

다만, 동 판결이 크롤링을 전면적으로 합법화했다고 보기는 어렵다. 사실관계에 따른 다른 판단이 가능하다는 것이다. 데이터들이 대부분 이용자들에게 공개된 것이거나 쉽게 수집할 수 있는 것이었고, 약관상 크롤링 제한의 내용이 모호했고 피고인들이 약관의 적용을 받는 회원이 아니었다는 점 등의 사정이 고려되었다. 만약 크롤링된 데이터의 분량이나 비율 혹은 크롤링의 빈도가 상당한 경우, 웹사이트에 크롤링 금지 문구가 있거나 약관에 명시적 제한이 존재하는 경우에는 다른 판단이 내려질 수 있었다.

한편 판결에서 쟁점이 된 사안은 아니지만, 크롤링에 대해서는 부정경쟁방지법상 일반 부정경쟁행위를 주장하는 경우가 많았는데, 2022. 4. 20.부터 부정경쟁행위에 새로 신설된 데이터 부정사용행위가 불특정 다수에게 제공되는 데이터를 그 규제 대상에서 제외함에 따라 크롤링에 대해 일반 부정경쟁행위(그 밖에 타인의 상당한 투자나 노력으로 만들어진 성과 등을 공정한 상거래 관행이나 경쟁질서에 반하는 방법으로 자신의 영업을 위하여 무단으로 사용함으로써 타인의 경제적 이익을 침해하는 행위) 주장을 하기가 어렵게 되었다.

즉, 2022. 4. 20. 시행된 '데이터 산업진흥 및 이용촉진에 관한 기본법'('데이터 산업법')에 위임된 부정경쟁방지법상 데이터자산의 부정사용 등 행위에 관한 사항(동법 제12조 제3항)에서는 보호되는 데이터를 "데이터 산업법 제2조 제1호에 따른 데이터 중 업(業)으로서 특정인 또는 특정 다수에게 제공되는 것으로, 전자적 방법으로 상당량 축적·관리되고 있으며, 비밀로서 관리되고 있지 아니한 기술상 또는 영업상의 정보"에 한정하고 있다. 또한 대상 행위도 접근 권한 없는 자의 부정취득 등의 행위, 접근 권한 있는 자의 부정한 목적 사용 등의 행위, 데이터 보호를 위한 기술적 보호조치 무력화로 그 범위가 축소되어 있다. 이에 따라 불특정 다수에게 제공되는 데이터는 보호 객체가 아니며, 불특정 다수에게 공개된 정보를 수집하는 방법으로 데이터를 수집하는 크롤링에 대해서 데이터 부정

사용행위를 적용할 수 없게 되었다.

한편 B사는 A사에 대해 손해배상 등을 구하는 민사소송을 제기하였는데, 법원은 "B사가 상당한 비용과 시간을 들여서 수집·분류·갱신한 숙박업소 정보를 A사가 무단으로 복제한 것은, 공정한 상거래 관행이나 경쟁질서에 반하는 방법으로 B사의 경제적 이익을 침해한 것"이라 보고, 크롤링의 부정경쟁방지법 위반을 인정해 10억 원의 배상판결을 내렸다(서울중앙지방법원 2018가합508729 판결). 이 판결은 형사판결이 정보통신망법, 저작권법, 형법을 적용한 것과 달리 부정경쟁방지법을 적용했다는 점을 유의할 필요가 있다. 또한 이 판결은 불특정 다수에게 공개된 데이터를 보호객체에서 제외하는 개정 부정경쟁방지법 시행 이전의 판결이라는 점을 참고할 필요가 있다.

비록 민사소송에서 부정경쟁행위를 인정했고 향후 상급심의 판단이 주목되지만, 현재까지 전체적으로 판결이나 입법은 데이터의 공유와 접근을 확대하는 방향으로 가고 있다고 할 수 있다.[13] 데이터 공유의 확대를 통해 데이터의 가치를 높임으로써 데이터 경제를 활성화할 수 있다는 이상이 반영된 것이다. 이미 공공데이터의 경우에는 공유와 개방이 적극적으로 이루어지고 있는데, 이는 공공데이터는 국민 모두의 자산이기 때문에 국민에게 돌려주어야 한다는 당위론에 근거하고 있다.

다만, 아직 민간데이터의 경우 동의 기반의 공유를 제외하면 제도적인 접근이 부족하다. 다만, EU나 미국의 경우 거대 플랫폼 기업을 대상으로 데이터 접근과 공유를 제도화하려는 움직임이 있다. 이러한 공유의 근거 중 하나로 경쟁법상의 접근을 통해 데이터를 시장 활동에서 필수적인 재화로 상정하고 이를 공유하도록 하는 논의도 있다.

이미 공개된 개인정보의 경우에는 정보주체의 추정적 의사 범위 내에서 동의 없는 사용이 가능하다는 대법원 판례가 있고 신용정보법 규정도 시행되고 있는 만큼, 공개된 데이터의 공유와 접근을 위한 수단인 데이터 크롤링의 경우 보다

13 민사 손해배상 이슈에 대해서는 상당한 비용과 시간을 들여서 수집·분류·갱신한 숙박업소 정보를 무단으로 복제한 것은, 공정한 상거래 관행이나 경쟁질서에 반하는 방법으로 경제적 이익을 침해한 것으로 보고 손해배상을 명했다(서울고등법원 2022.8.25. 선고 2021나2034740 판결).

개방적인 입장이 가능할 것이다. 다만, 데이터 크롤링을 법적, 제도적 차원에서 어느 단계까지 허용할 것인지가 규제법과 경쟁법 차원에서 중요한 과제가 될 것이다. 향후 민간과 정부가 협력하여 신규 시장진입자와 최종 이용자의 편익증대라는 가치와 자본을 투자한 사업자의 정당한 이익의 보호라는 가치가 조화롭게 고려될 수 있는 심도 있는 논의를 통해 법제화 여부, 연성규범 도입 여부 등을 검토해야 할 것이다.

16 비밀녹음 허용되어야 하나

2022년 8월 18일 윤상현 국민의힘 의원이 상대방 동의 없는 대화 녹음을 금지하는 내용의 통신비밀보호법 개정안을 대표 발의했다. 윤 의원 등은 사생활의 자유, 통신비밀의 자유를 보장하고 음성권 침해를 막기 위해서 개정안이 필요하다는 입장이며, 미국 등 주요국에서도 비밀녹음을 금지하고 있다는 점을 이유로 들었다. 이에 대해 비밀녹음이 금지되면 사회 고발과 언론 활동을 크게 위축시키고 진실증명을 어렵게 만들 수 있다면서 반대하는 견해도 상당하다. 2022년 8월 26일 여론조사에 따르면 법안에 반대한다는 응답은 64.1%, 찬성한다는 응답은 23.6%로 두 응답 간 차이는 40.5% 포인트였다.

현행 통신비밀보호법 제3조와 제14조에서는 '누구든지 공개되지 아니한 타인 간의 대화를 녹음 또는 청취하지 못한다'고 규정하고 있다. 이에 따라 녹음자가 대화 당사자 중 한 사람으로서 상대방 몰래 그 대화를 녹음하는 행위는 통신비밀보호법에 위배되지 않는다. 다만, 민사적으로는 문제가 될 수 있다. 2018년 서울중앙지방법원은 사람은 누구나 자신의 음성이 함부로 녹음되거나 재생·방송·복제·배포되지 않을 권리를 가진다며 이런 '음성권'은 헌법 제10조 1문에 의해 헌법적으로도 보장되는 권리이므로, 음성권에 대한 부당한 침해는 불법행위를 구성한다고 밝혔다. 다만 녹음자에게 비밀녹음을 통해 달성하려는 정당한 목적이나 이익이 있고 비밀녹음이 필요한 범위 내에서 이뤄져 사회윤리나 사회통념에 비춰 용인될 수 있다고 평가 받을 경우에는 위법성이 조각된다고 설명했다. 결국 비밀녹음은 음성권 침해의 불법행위가 될 수 있지만 정당한 사유가 있으면 예외적으로 허용된다는 입장이다.

이런 정당한 사유 중 하나가 법원에 비밀녹음을 증거로 제출하는 경우이다. 비밀녹음의 증거능력에 대해 자유심증주의를 채택하고 있는 민사소송법에 따라 비밀녹음도 증거로 인정하고 있기 때문이다. 이에 따라 비밀녹음을 금지하면 피해자의 증거확보가 어려워지며, 특히, 사회적 약자는 강자의 동의를 받을 수 없기 때문에 증거확보가 사실상 불가능해질 우려가 있다.

그러나 현행 개인정보보호법은 공개된 장소에서 영상정보처리기기는 범죄예방, 시설안전 등 목적으로만 설치하도록 하고 있고, 목욕실, 화장실 등 사생활을 현저히 침해할 우려가 있는 장소에는 설치할 수 없도록 하고 있다. 또한 영상정보처리기기를 설치, 운영하는 경우에는 설치 목적 및 장소, 촬영 범위 및 시간 등이 포함된 안내판을 설치하도록 하고 있다.

이처럼 영상정보처리기기를 이용한 비밀녹화가 엄격하게 제한되고 있고 개인정보 수집, 이용시에도 명시적, 사전동의를 요건으로 해서 프라이버시를 엄격히 보호하고 있는데, 비밀녹음을 증거수집이라는 예외적 상황을 고려해서 원칙상 합법이라는 것이 타당하다고 할 수 있을까. 만약 합법이라고 하더라도 최소한 녹음사실을 고지하는 것이 인격권을 보호하는 것이 아닐까. 결론적으로 법이론상 비밀녹음을 적법하다고 보는 것은 쉽지 않다. 따라서 비밀녹음 자체는 원칙적으로 금지하되, 비밀녹음의 순기능을 고려해 비밀녹음을 하지 않고는 진실을 밝힐 방법이 없는 상황 등 정당화 요건이 있는 경우에는 이를 허용하는 방향을 고려하는 것이 타당할 것이다. 향후 프라이버시 보호와 진실증명이라는 충돌하는 가치를 균형적으로 고려할 수 있는 논의가 진행되기 바란다.

17 온라인 맞춤형 광고의 명암

2022년 9월 14일 개인정보보호위원회는 구글과 메타에 대해 회원인 이용자가 다른 웹사이트 및 앱을 방문해서 사용한 행태정보를 수집·분석하여 이용자의 관심사를 추론하거나 맞춤형 광고 등에 사용하면서 그 사실을 이용자에게 명확히 알리지 않고 사전에 동의도 받지 않은 것을 확인했다. 이에 이 사실이 개인정보보호법 제39조의3 제1항을 위반하였다는 이유로 위반행위에 대한 시정명령, 처분결과 공표와 함께 구글에 대하여 약 692억 원, 메타에 대하여 약 308억 원 합계 약 1000억 원의 과징금을 부과하였다. 이번 조사는 맞춤형 광고와 관련한 첫 번째 제재를 한 것이고 또한 개인정보보호법 위반 사례로는 최대 규모의 과징금 부과이다.

여기서 행태정보(Behavioral Information)란 웹사이트 및 앱 방문·사용 이력, 구매·검색 이력 등 이용자의 관심, 흥미, 기호 및 성향 등을 파악·분석할 수 있는 온라인상의 활동정보를 의미하며, 이러한 행태정보를 통해 이용자의 성향 등을 분석·추정하여 이용자에게 맞춤형으로 제공하는 온라인 광고를 맞춤형 광고라고 한다.

개인정보보호위원회의 발표에 따르면 위 사건에서 문제된 서비스 방식은 다음과 같다. 우선 플랫폼은 이용자가 특정 기기에서 플랫폼에 로그인하는 경우, 해당 기기에 이용자를 식별할 수 있는 값을 생성한다. 다음 이용자가 행태정보 수집 도구가 설치된 사업자의 웹·앱 사용 시, 이용자 식별 값 및 타사 행태정보를 이용자의 기기에서 플랫폼으로 직접 수집, 이를 분석하여 이용자에게 맞춤형 광고를 송출하고 있다는 것이다. 플랫폼 사업자는 이용자로부터 개인정보의 수집, 이용에 대한 동의를 받아야 함에도 불구하고 이용자가 쉽고 명확하게 인지하여 자유로운 결정권을 행사할 수 있도록 이용자에게 알리고 동의를 받지 않았다는 것이다.

이에 대해 구글, 메타 측은 사업자의 웹사이트 및 앱을 방문하는 이용자는 사업자의 이용자로 보는 것이 타당하기 때문에 행태정보에 대한 동의를 받아야 한다면 이는 행태정보가 수집되는 웹사이트 및 앱을 운영하는 사업자가 받아야 한다는 입장으로 알려지고 있다.

법적 시비는 향후 소송 절차 등에서 가려질 것으로 보이지만, 사실 맞춤형 광고는 인터넷 시대 발전된 새로운 광고의 형태이다. 원래 광고의 목표는 광고의 대상이 되는 소비자를 선별하여 이들에게 적시에 광고를 전달하는 것이다. 불특정 다수를 대상으로 하는 미디어의 콘텐츠에 광고가 노출되면 경우 광고의 효과가 감소되고 소비자들의 피로도도 증가한다. 그러나 인터넷 광고가 등장하면서 이용자들의 로그인 정보, 쿠키 정보뿐 아니라 이용자들의 검색 데이터, 앱 이용 정보를 수집하여 분석하여 보다 정확한 잠재 고객을 대상으로 하는 맞춤형 광고를 할 수 있게 되었다.

다만, 위 사건에서 문제된 바와 같이 맞춤형 광고는 이용자들의 행태정보를 수집하고 분석하기 때문에 개인정보보호와 긴장관계를 가지게 된다. 따라서 행태정보 수집·이용을 쉽게 알 수 있도록 하는 등의 투명성의 원칙, 맞춤형 광고의 수신 여부를 선택하도록 하는 등의 이용자의 통제권 보장 원칙 등이 필수적으로 지켜져야 한다. 결론적으로 개인정보보호의 가치를 훼손하지 않으면서 맞춤형 광고의 편익과 산업계의 자유로운 광고활동이라는 가치를 조화롭게 추구하기 위한 절충점을 찾아야 할 것이다.[14]

---

14 개인정보위의 과징금 처분에 대해 사업자는 행정소송을 제기하였으나 1심은 청구를 기각했다. 이유는 ① 개인정보 수집 주체의 책임: 구글과 메타는 개인정보 수집의 주체가 웹사이트나 앱 운영 사업자라고 주장했다. 그러나 재판부는 타사 행태정보의 취득 주체, 이용 목적 유무 등을 종합적으로 고려했을 때, 해당 정보의 수집 및 이용 동의를 받아야 할 의무는 플랫폼 사업자인 구글과 메타에게 있다고 판단했다. ② 적법한 동의 절차 위반: 법원은 구글과 메타가 정보주체의 '개인정보 자기결정권'을 실질적으로 보장하는 동의 절차를 거치지 않았다고 봤다: 구글이 동의 절차를 숨기거나 기본값을 '동의'로 설정한 행위, 메타가 복잡하고 긴 데이터 정책 전문 안에 관련 내용을 포함하여 이용자가 인지하기 어렵게 만든 행위 등은 개인정보를 수집한다는 점에 대한 설명이 제대로 없고 법에 따른 적법한 동의를 받은 것으로 볼 수 없다는 것이다. ③ 재량권 일탈/남용 여부: 개인정보위가 부과한 시정명령 및 과징금 액수가 재량권을

18 개인정보 유상판매 정당한가

최근 마이데이터 사업허가를 받은 모 핀테크업체가 보험설계사 등을 대상으로 회원 개인정보를 69,000원에 판매했다는 사실이 알려지면서 논란이 일고 있다. 이 업체의 앱 내 '내 보험' 서비스에서 '5분 상담 신청하기'를 누르면 개인정보 수집, 제공 동의를 필수적으로 해야 하는데, 이렇게 동의받은 고객정보에 대한 이용권이 보험설계사 650명에게 판매됐다. 판매된 회원 정보에는 생년월일, 성별, 이름, 휴대전화 번호 외에도 가입한 보험 상품과 회사·피보험자의 성명 등 보험영업에 필요한 개인정보가 포함되었다.

소위 이러한 개인정보의 유상판매는 정당한 것일까. 첫째, 개인정보의 유상판매는 법률상 인정되는 용어는 아니며, 법률적으로는 개인정보 내지 개인신용정보의 제3자 제공에 해당한다. 개인정보보호법과 신용정보법은 개인정보 등을 제3자에게 제공할 때, 제공받는 자, 제공받는 자의 개인정보 이용 목적, 제공하는 개인정보의 항목, 제공받는 자의 개인정보 보유 및 이용 기간 등을 정보주체에게 알리고 동의를 받도록 하고 있다. 이 점에서 보면 이 업체는 이에 관한 적법한 동의를 받은 것으로 평가된다. 다만, 본건은 개인정보가 단순히 제공된다는 점은 고지가 되었으나, 이 과정에서 자신의 개인정보가 보험설계사와 유상으로 거래된다는 점은 고지되지 않은 것이 쟁점이 될 수 있다.

엄밀히 법적으로는 보면 제3자 제공이 유상인지 무상인지 여부를 고지하도록 하는 규정은 없기 때문에 유상 제공 사실을 미고지한 것이 위법이라고 단정하기

일탈하거나 남용했다고 볼 수 없다고 판단했다(서울행정법원 2025. 1. 23. 선고 2023구합54259 판결).

1심에서 패소한 구글과 메타는 법원의 결정에 유감을 표하며 1심 판결에 불복하고 서울고등법원에 항소를 제기했다.

는 어렵다. 그러나 만약 유상판매라는 고지가 있는 경우 얼마나 많은 정보주체가 제공 동의를 했을 것인지가 불명확하다는 점에서, 향후 유무상 제공에 대해서도 고지를 하도록 함으로써 개인정보자기결정권을 강화하는 제도개선이 필요해 보인다. 위 업체도 개인정보 유상판매 논란이 일자 앱 이용자 약관에 이용자 정보가 유상판매될 수 있다는 점을 추가했다.

다음 마이데이터 사업과 관련된 이슈로 신용정보법상 마이데이터사업자는 데이터 분석 및 컨설팅, 데이터 판매 및 중개 등이 부수업무로 허용된 만큼 법적으로는 개인정보 유상판매는 위법이라고 볼 수 없다. 다음 마이데이터사업자가 제3자에게 제공한 개인정보는 원래 정보주체가 개인신용정보의 전송요구권 행사를 통해 마이데이터사업자에게 제공한 것인데, 이를 마이데이터사업자가 재제공한 것이 적법한 것인지가 문제가 될 수 있으나, 이 역시 재제공시 동의를 받았고, 이는 일종의 데이터 중개라고도 볼 수도 있어 위법이라고 보기 어렵다.

또한 이미 데이터가 유상으로 거래되고 있는 현실을 고려할 필요도 있다. 금융데이터거래소 등에서는 이미 데이터 거래가 이루어지고 있으며, 개인정보보호위원회도 가명처리된 개인정보는 통계, 연구목적 등으로 유상으로 판매될 수 있다는 점을 인정하고 있다. 다만, 데이터 분석, 컨설팅을 통한 소비자 편익 향상이 아니라 데이터 중개, 판매에만 치중하는 것은 마이데이터의 본래 취지와 맞지 않다. 금융위원회도 데이터 중개 및 매매가 주된 업무가 될 가능성이 크거나 정보 오·남용 우려가 있는 사업자는 원칙적으로 마이데이터 사업을 불허하고 필요시에는 고객정보의 제3자 제공을 제한하는 등 조건부 허가를 하거나 데이터 판매 관련 부수업무를 제한하는 것을 검토하고 있다.

한편 더 중요한 것은 기업들이 개인정보를 수집, 이용하여 얻는 이익을 어떻게 정보주체와 공유할 것인지에 관한 것이다. 그동안은 기업들이 무료 검색 등의 서비스를 제공하거나 맞춤형 정보를 제공함으로써 정보주체에게 편익을 주는 것으로 이익을 공유해 왔다고 할 수 있다. 그러나 이러한 편익이 없이 단순히 이용자의 데이터를 판매, 중개하고 수익을 올리는 경우 이를 정보주체와 공유하는 방안에 대한 논의는 없었다. 이 이슈를 포함해 데이터 활용으로 인한 수익을 기업과 정보주체가 공유할 수 있는 방안에 대한 논의가 필요하다고 할 것이다.

19 데이터 규제혁신의 과제

데이터는 디지털 경제 시대의 원유로서 사회·경제 전반을 디지털로 전환하는 핵심동력으로 작용하고, 타산업의 혁신과 성장을 견인한다. 그동안 정부는 데이터 유통·활용을 촉진하기 위해 데이터 3법 개정, 데이터 산업법 및 산업디지털법 제정 등 법·제도적 기반을 마련하였으나, 아직 데이터 활용 및 데이터 기반 신산업의 경쟁력은 미비하다.

정부도 이런 문제점을 인식하고 2022년 9월 14일 **제1차 국가데이터정책위원회**에서 몇 가지 중요한 데이터 규제혁신안을 제시했다. 크게 보면 마이데이터 관련 사항과 데이터결합 관련 사항으로 구분할 수 있다. 마이데이터와 관련해서 보면 첫째, 공공·행정기관이 보유한 개인 행정정보를 받아서 마이데이터 서비스를 할 수 있는 기관이 행정기관·은행 등으로 한정되어 있는데, 이를 개인정보의 활용 수요가 높은 통신·의료 등 분야의 단체 등으로 확대하고, 둘째, 현재 금융분야와 공공분야에만 한정된 개인정보의 전송요구를 전 분야로 확대한다.

다음 데이터 결합 관련 제도개선 사항은 아래와 같다. 첫째, 공공 결합전문기관만 자기가 보유한 가명정보와 타 기관의 가명정보를 자체결합하여 제3자에게 제공하는 것이 허용되는데 이를 민간 결합전문기관에도 이를 허용한다. 둘째, 금융 분야의 경우 개인정보 보호 측면을 강조하여, 가명정보 결합 시 이용기관으로 신청하지 않은 기관에게는 결합된 가명정보를 제공하는 것이 불가한데, 이를 가능하도록 개선한다. 셋째, 개인정보법, 신용정보법상 가명정보 결합 요건·절차가 일부 상이함으로 인한 결합 수요자의 불편을 해소하기 위해 결합신청 서류를 표준화하고 전문기관도 결합정보를 가명처리할 수 있도록 명확히 허용한다.

그동안 업계와 전문가의 의견이 반영된 진일보한 혁신안으로 평가되지만, 아직 추가적으로 개선할 부분이 있다. **사실 데이터3법 개정안에서** 가장 핵심적인 내용은 기업이 이미 보유하고 있는 기존의 데이터를 활용해 빅데이터 분석이 가능하도록 하기 위해 도입된 가명처리, 데이터결합, 목적합치의 원칙이다. 그 외 신용정보법에 도입된 공개된 개인정보의 동의 없는 이용도 중요한 변화이다. 문제는 이런 개정에도 불구하고 아직 실무적으로 큰 변화를 찾기 어렵다는 점이다. 다음 몇 가지의 추가적인 개선이 필요하다.

먼저 데이터 결합이다. 한국은 모든 데이터 결합에 대해 가명처리 후 전문기관을 경유하도록 강제하는 독특한 제도를 가지고 있다. 데이터 결합을 규제하는 취지가 데이터 결합으로 인한 개인정보 침해의 위험성 때문이라면, 모든 데이터 결합을 일률적으로 제한하는 것보다는 데이터 결합에 따른 위험에 상응하는 안전장치나 위험 감소장치를 유도하는 것이 바람직하다. 예컨대, 제3의 전문기관을 필수적으로 경유하도록 하는 요구는 정보주체에게 미치는 프라이버시 위험이 상당한 고위험군에 속하는 데이터 결합 행위에 한정할 필요가 있다. 또한 반출을 위한 가명처리, 익명처리의 적정성 평가의 한 항목인 안전성 확보조치 등 개인정보처리의 적정성 여부 판단은 상당한 시간과 노력이 소요되는데, 사실 이 평가는 기업 자체에 대한 평가로 이어진다. 이점에서는 ISMS-P 등 인증을 가지고 있는 개인정보처리자에 대해서는 안전성 확보조치의 적정성 여부 평가를 면제하는 방안을 고려할 수 있을 것이다.

둘째, 목적합치의 원칙은 수집 시 제시한 목적 외에도 당초 수집 목적과 합리적으로 관련된 범위에서 정보주체의 동의 없이 개인정보를 이용, 제공할 수 있도록 한 것인데 실제 활용도가 높지 않은 실정이다. 이 원칙을 어떻게 해석·운용하느냐에 따라 빅데이터 활용에 상당한 실질적 변화를 초래할 수 있으므로 이에 대한 구체적 판단기준을 마련할 필요가 있을 것이다.

셋째, 개인정보 이용에 있어서 공정이용 조항의 도입이다. 개인정보를 합법적으로 수집, 이용하기 위한 두 가지 근거는 정보주체의 동의와 법률의 규정이다. 다만, 동의를 받기 어려운 상황이나 법률의 규정도 없는 경우에도 개인정보를 처리할 필요가 있는 경우가 있다. 이를 대비해 현행 개인정보보호법은 개인정보처리자의 정당한 이익을 달성하기 위하여 필요한 경우로서 명백하게 정보주체의 권리보다 우선하는 경우라는 이익형량 조항을 두고 있다. 다만, 이는 지나치게 엄격하여 이익형량이 필요한 다양한 경우를 포괄하지 못하고 있다. 따라서 저작권법상 공정이용과 유사한 조항을 개인정보보호법에 도입할 필요가 있다는 것이다. 저작권법상 공정이용은 저작물의 통상적인 이용 방법과 충돌하지 아니하고 저작자의 정당한 이익을 부당하게 해치지 아니하는 경우로, 형식적으로는 저작물의 복제 등 저작권 침해행위에 해당하더라도 저작권법의 궁극적인 목적인 문화의 향상발전이라는 목표에 비추어 허용되는 행위를 의미한다.

넷째, AI 시대의 변화를 데이터법이 수용할 필요가 있다. 프라이버시 보호를 위한 대부분의 개인정보 규제는 빅데이터와 AI 기반 혁신을 저해할 가능성이 있다. 최소수집의 원칙, 삭제권, 설명권 등 대부분의 정보주체의 권리도 AI의 기술적 특성 때문에 현실적으로 이행하기 어렵다. AI와 빅데이터를 위한 별도의 예외규정이나 해석을 준비하는 것이 필요하다. 나아가 AI 기술개발이나 서비스에 필요한 데이터 사용 지침으로서 AI 데이터 윤리의 정립이 필요하다.

다섯째, 그 외에도 공공데이터의 개방과 관련해 공공기관이 보유한 개인정보의 경우 가명처리 후 제공이 가능한지가 불명확한 측면이 있으므로 이를 명확히 하고 또한 인공지능을 이용한 정보분석 시 개인정보 사용에 대한 면책을 허용하는 제도의 도입도 필요하다.

인공지능, 데이터, 플랫폼이 우리 생활을 지배하는 디지털 대전환이 급속히 진행되고 있다. 미국과 중국 등 주요국이 비규제와 정부의 지원으로 나날이 이 분야의 경쟁력을 키우고 있는 지금 우리는 아직도 갈라파고스적 규제를 고집하면서 데이터의 본격적인 활용에 나서지 못하고 있다. 민관이 지혜를 모아 속히 데이터 시대를 준비하고 개척해 나가야 할 것이다.

20 안면인식과 개인정보보호

2022년 4월 개인정보보호위원회는 법무부가 과학기술정보통신부와 업무협약을 체결하여 출입국 심사 고도화를 위한 「인공지능(AI) 식별추적 시스템 개발사업」을 추진하는 과정에서, 사업 참여기업이 법무부가 출입국관리법에 따라 수집한 내국인 5,760만 건 및 외국인 1억 2천만 건의 개인정보에 접근하여 출입국관리 고도화를 위한 인공지능 알고리즘을 학습시킨 사실을 확인했다. 동 위원회는 이러한 안면인식 정보의 활용이 출입국관리법의 목적 범위 내에 있는 활용으로 실체적인 법 위반 사항은 없으나, 민간 기업에 대한 위탁처리 시 고지의무를 위반한 점에 대해 과태료 처분을 내렸다.

2020년 개인정보보호위원회는 성동구가 코로나19 관련 출입통제 등 확산방지를 위해 AI 안면인식 체온카메라를 설치·운영하는 것이 개인정보보호법 제58조 제1항 제3호, 즉, 공중위생 등 공공의 안전과 안녕을 위하여 긴급히 필요한 경우로서 일시적으로 처리되는 개인정보에 해당되지 않기 때문에, 동의 등이 면제되는 사안이 아니라고 판단했다. 체온측정을 위해 사진까지 촬영되는 AI 안면인식 체온카메라를 이용하는 것은 개인정보보호법의 적용을 배제할 만큼의 긴급한 필요가 인정되기 어렵다는 것이다.

2022년 11월 국가인권위원회는 지방자치단체장이 관내 국공립 어린이집을 대상으로 안면인식기를 이용한 출퇴근 근태관리 도입을 추진하면서 대체수단을 마련하지 않은 것은 관내 어린이집 교사의 개인정보자기결정권을 침해하였다고 보고 대체수단을 마련할 것은 권고했다.

이들 사례에서 공통이슈인 안면인식기술이란 열적외선 촬영, 3차원 측정, 골격 분석 등을 통해 얼굴 형태나 열상(Thermal Image)을 스캔·저장·인식하는 기술로, 이미지에서 얼굴 존재를 감지하는 것은 물론 보다 복잡한 확인, 식별, 개인 분류에 이르기까지 다양한 용도로 사용되는 대표적인 생체인식 기술이다. 보통 카메라에 잡힌 얼굴 이미지와 저장된 사진 DB를 비교하여 신원을 확인하는 데 활용된다. 최근 공항이나 터미널, 은행거래 등 공공 및 민간시설의 출입 시 본인 인증 절차를 간소화하는 방안으로 이용되고 있다.

법적으로 안면인식 정보는 개인을 식별할 수 있는 정보로서 개인정보에 해당하고, 나아가 성명, 주소, 주민번호 같은 개인정보와 달리 특정인의 신체 그 자체에서 획득하기 때문에 유일성, 일신전속성을 가지는 생체정보이다. 생체정보는 개인의 신체적, 생리적, 행동적 특징에 관한 정보로서 특정 개인을 알아볼 목적으로 일정한 기술적 수단을 통해 생성한 정보로서 개인정보보호법상 민감정보 유형 중 하나이다. 개인정보보호법은 민감정보는 정보주체의 사생활을 현저히 침해할 우려가 있기 때문에 별도의 동의를 받거나 법령에서 민감정보의 처리를 요구하거나 허용하는 경우에만 처리할 수 있게 하고 있다.

원칙적으로 안면인식 기술을 적법하게 사용하려면 법률의 규정이나 정보주체의 동의가 필요하다. 우선 CCTV는 원칙적으로 동의를 받지 않을 것으로 전제로 공개된 장소에서 공익적 목적을 위해서만 설치, 운용하도록 하고 있다. 개인정보 보호법상으로는 법령상 허용 근거, 범죄의 예방 및 수사, 시설안전 및 화재 예방, 교통단속, 교통정보의 수집·분석 및 제공 등의 목적으로만 허용된다. 현행 출입국관리법은 '생체정보'의 종류로 지문, 얼굴, 홍채 및 손바닥 정맥 등을 나열하고 있고, '생체정보'의 활용에 관하여 규정하고 있다. 이는 지문, 얼굴, 홍채, 손바닥 정맥 등 생체정보를 이용한 본인 확인이 가능하도록 법적 근거를 마련한 것이기 때문에 공항 등에서 안면인식 정보의 처리는 적법하다고 할 것이다.

다음으로 정보주체의 별도 동의도 안면인식 정보의 적법한 처리를 위한 방안이나, 위 국공립 어린이집 사례와 같이 동의를 받은 경우에도 별도의 대체수단이 없는 안면 인식정보 처리는 위법한 것인지가 문제이다. 국가인권위원회는 '지문인식기를 이용한 출·퇴근기록 관리로 인한 인권침해(20진정0810900)' 사건에서도 출·퇴근 시 대체수단 제공 없이 지문인식기를 활용한 것도 개인정보보호법 제15조에 따라 정보주체의 동의를 받아야 하며, 이러한 동의가 실질적인 동의가 되기 위해서는 동의하지 않을 경우의 대체수단(예컨대 전자태그 방식이나 개인 아이디(ID)와 비밀번호를 설정한 컴퓨터 시스템에 출·퇴근 시간을 입력하는 방법 등)이 마련되어야 한다고 일관되게 판단해 왔다. 얼굴, 지문 등 생체정보 처리는 사업장 전자감시의 한 유형으로서 개인정보자기결정권, 인격권을 침해할 가능성이 있기 때문에 대체수단이 필요하다고 보고 있다.

현행법상 동의가 있는 경우에도 법령상 허용되지 않으면 주민등록번호의 처리가 금지되는데, 개인정보처리자는 정보주체가 인터넷 홈페이지를 통하여 회원으로 가입하는 단계에서는 주민등록번호를 사용하지 아니하고도 회원으로 가입할 수 있는 방법을 제공하도록 하고 있을 뿐, 생체정보와 같은 민감정보의 처리 시 대체수단 제공을 의무화하지 않고 있다. 즉, 생체정보에 대한 처리 동의 시 대체수단을 제공하지 않더라도 위법이라고 단정하기는 어렵다. 다만, 인권위 결정과 같이 개인정보자기결정권을 침해한다고 보는 경우에도 사업장 감시가 아니라 일반 대중이 이용하는 시설인 경우, 국공립 기관이 아닌 민간기관인 경우 등에 대해서는 어떤 판단을 할 것인지에 대해서도 고민이 필요하다.

안면인식 정보는 고도의 개인식별성을 가지는 민감한 정보이기 때문에 이의 오남용은 정보주체의 권익에 엄청난 피해를 끼칠 가능성이 있다는 점에서, 공익적 목적의 활용이라고 하더라도 엄격한 법적 제한이 필요하다. 또한 최근에는 민간시설에서도 출입인증을 위해 안면인식을 도입하는 사례가 늘고 있다. 이에 대해서도 안면인식 정보의 수집, 보관, 이용 등의 단계에서 위법이 없는지 살펴볼 필요가 있으며, 대체수단 제공을 의무화하는 규제를 도입할지 여부에 대해서도 진지한 논의를 진행할 필요가 있을 것이다.

21 가명처리를 사전에 정지할 권리가 있을까

2020년 8월 데이터3법이 개정되면서 개인정보보호법과 신용정보법에 도입된 가명처리(pseudonymisation)란 "개인정보의 일부를 삭제하거나 일부 또는 전부를 대체하는 등의 방법으로 추가정보가 없이는 특정 개인을 알아볼 수 없도록 처리하는 것"을 말하며, 가명처리함으로써 원래의 상태로 복원하기 위한 추가정보의 사용·결합 없이는 특정 개인을 알아볼 수 없는 정보를 가명정보(pseudonymised data)라고 한다.

즉, 당해 정보만 보아서는 그 정보가 귀속될 살아 있는 개인이 누구인지 알 수 없도록 하는 것이 가명처리이다. 예컨대 이름, 주민등록번호, 주소 등 여러 개인정보가 제시되는 경우에 그러한 정보 중 일부를 삭제하거나 대체함으로써 더는 정보주체를 곧바로 알 수 없게 하는 것이다. EU의 GDPR하에서의 가명처리는 기본적으로 개인정보의 안전한 관리를 위한 기술적·관리적 보호조치의 하나로서 가명처리는 그 자체로 특별한 법률적 효과를 발생시키지도 않는다. 가명처리의 수준에 따라 목적 제한 등의 일부 규정의 적용을 완화할 수 있을 뿐이다.

그러나 한국에서 가명처리는 동의 요건을 배제하는 효과를 가진다. 즉, 개인정보처리자는 통계작성, 과학적 연구, 공익적 기록보존 등을 위하여 정보주체의 동의 없이 가명정보를 처리할 수 있다(개인정보보호법 제28조의 2).

당초 가명처리 조항은 빅데이터 시대 신성장 동력인 '데이터' 활용에 대한 시대적 요구를 반영하여 정보주체의 동의 없이도 기존에 개인정보처리자가 보유하고 있는 데이터를 안전하고 유용하게 활용할 수 있기 위해 도입되었다. 즉, 이미 보유하고 있는 개인정보의 경우 당초 수집목적과 다르게 이용하기 위해서는 다시 동의를 받아야 하는데, 이는 사실상 불가능하기 때문에 가명처리를 하면 통계, 연구 등의 제한적 목적으로 활용할 수 있게 한 것이다.

한편 이렇게 가명처리된 개인정보에 대해서는 수집 출처의 고지, 영업양도 등의 정보주체에의 고지, 개인정보 유출통지 등의 개별 정보주체에 대한 통지 내지 고지, 보유기간 경과 후 파기, 정보주체의 열람·정정·삭제·처리정지 등의 조항의 적용이 배제된다(개인정보보호법 제28조의 7). 이는 가명처리를 한 결과 가명정보에 대하여 정보주체를 추적하기 어렵기 때문에 실제 개인정보처리자가 위 의무를 이행하기 곤란하다는 점을 고려한 것이다.

그런데 2022년 2월 8일 시민단체가 한 통신사를 대상으로 첫째, 통신사가 보유하고 있는 본인의 개인정보를 해당 통신사 혹은 제3자의 과학적 연구·통계·공익적 기록보존의 목적으로 가명처리한 사실이 있는지 여부, 둘째, 만일 가명처리했다면 그 대상이 된 본인 개인정보 일체의 열람 및 향후 가명처리정지를 요구하는 소송을 제기했다. 이에 대해 피고 통신사는 가명처리는 정보주체를 특정하여 처리하지 않기 때문에 원고의 개인정보가 가명처리된 정보에 포함되어 있는지 확인할 수 없으며, 개인정보보호법 제28조의2, 제28조의7을 근거로 가명정보에 대해서는 개인정보 열람 및 처리정지권이 제한된다며 해당 요구를 거절하였다.

이 사건에서 논점은 가명처리가 된 정보, 즉 가명정보에 대해서는 처리정지권을 행사할 수 없다는 점은 법문상 명확한데, 과연 가명처리 자체를 사전에 정지할 수 있는 권리도 인정되는 것이냐는 것이다.

이에 대해 지난 1월 19일 1심 법원은 먼저 '가명처리' 행위는 '개인정보의 처리'에 해당하므로 원고는 개인정보보호법 제37조(개인정보의 처리정지 등) 제1항에 따라 가명처리 정지를 요구할 수 있고, 피고는 향후 가명처리를 하지 아니할 의무가 있으며, 제37조의 규정을 적용하지 않는다는 제28조의7은 가명정보를 대상으로 적용될 뿐, 개인정보의 가명처리에는 적용되지 아니하므로 개인정보 가명처리에 대한 처리정지 요구를 법 제28조의7을 이유로 거절할 수 없다고 보았다.

기존 개인정보보호위원회의 입장도 법원과 유사하다. 개인정보보호법령 지침·고시 해설서에 따르면 개인정보보호법 제28조의7의 법 제37조(개인정보의 처리정지 등) 배제 규정은 가명정보에 대한 처리정지권을 배제한 것으로, 가명정보

처리 이전의 개인정보에 대한 가명처리 정지를 배제한 것은 아니라고 보고 있다.

다만, 이에 대해서는 다른 의견도 있다. 첫째, 개인정보 처리정지 규정은 특정한 개인정보 '항목'에 대한 처리정지요구권을 보장한 것일 뿐, 개인정보를 특정 '목적'으로만 처리하고 다른 목적(예컨대 가명처리)으로 활용하지 말라고 요구할 권리를 보장한 것이 아니라는 것이다. 개인정보보호법에 따르면 '광고 목적' 개인정보 처리 동의는 선택 목적으로 반드시 구분하여 일부 동의권을 보장해야만 하나, 그러한 특별규정이 없는 일반적인 개인정보 처리 목적에 대해서는 정보주체가 원하는 것만 선택하여 동의할 법적 권리는 없다는 것이다.

둘째, 법률상 별도 조항으로 "가명처리(개인정보의 일부를 삭제하거나 일부 또는 전부를 대체하는 등의 방법으로 추가 정보가 없이는 특정 개인을 알아볼 수 없도록 처리하는 것)"와 "개인정보의 처리(개인정보의 수집, 생성, 연계, 연동, 기록, 저장, 보유, 가공, 편집, 검색, 출력, 정정(訂正), 복구, 이용, 제공, 공개, 파기(破棄), 그 밖에 이와 유사한 행위)"를 구분하고 있는 이상 가명처리와 개인정보의 처리는 달리 볼 수 있다. 또한 법률의 전체적 취지를 고려하면 가명처리에 대한 정지권도 인정되지 않는다고 보는 것이 타당하다는 입장이다. 만약 이를 허용하면 동의 없이 식별가능정보를 가명처리함으로써 안전한 데이터 활용을 하도록 한 가명처리조항의 도입취지를 유명무실하게 할 우려가 있다는 것이다.

결국 이 문제는 가명처리 여부에 대해서도 정보주체에게 선택권을 부여함으로써 개인정보자기결정권을 두텁게 보호할 것인지, 아니면 기존에 기업이 보유하고 있는 개인정보에 대해 동의 없이도 빅데이터 분석을 가능하게 함으로써 데이터 경제의 편익을 정보주체도 누리게 할 것인지에 대한 가치 선택에 관한 것이다.

다만, 이미 가명처리에 대해서 프라이버시 침해를 방지하기 위해 목적 제한, 제3자에게 제공하는 경우에는 특정 개인을 알아보기 위하여 사용될 수 있는 정보의 포함금지, 추가정보를 별도로 분리하여 보관 등 안전성 확보에 필요한 기술적·관리적 및 물리적 조치 의무, 가명정보의 처리 내용에 대한 관련 기록을 작성하여 보관할 의무, 특정 개인을 알아보기 위한 목적으로 가명정보를 처리 금지 및 위반시 과징금 부과, 가명정보를 처리하는 과정에서 특정 개인을 알아볼 수 있는 정보가 생성된 경우에는 즉시 해당 정보의 처리를 중지하고, 지체 없이 회

수·파기할 의무 등 엄격한 의무를 부과하고 있다.

이런 상황에서 또다시 개인정보자기결정권을 보호하기 위해 가명처리 사전 정지청구권까지 인정하는 것이 입법자의 의사라고 볼 수 있을지, 향후 상급 법원의 입장을 지켜볼 필요도 있지만 필요하면 법 해석 논란이 생기지 않도록 입법을 통해 해결하는 방안도 고려할 필요가 있을 것이다.[15]

15 대법원은 가명처리는 개인정보 보호법 제37조 제1항 제1문에서 처리정지 요구의 대상으로 규정한 개인정보 처리에 해당하지 않는다고 보아, 이와 달리 판단한 원심판결을 파기·환송함. 상세내용은 본서 53면 각주 19 참조.

22 챗GPT와 개인정보보호법

챗GPT와 같은 생성AI는 물론 일반적으로 AI는 학습에 필요한 대규모 데이터를 대부분 공개된 웹사이트에서 수집하므로 수집 과정에서 상당량의 개인정보가 포함된 채로 데이터가 AI 개발에 이용되는 것이 불가피한 측면이 있다. 이로 인해 비록 AI 학습 목적이기는 하지만 개인정보보호에 위험이 발생할 가능성이 있다는 점에서 정보주체의 프라이버시를 보호할 필요성이 있다. 다른 한편으로는 기존의 개인정보보호법이 인공지능의 기술적 특성과 충돌하면서 인공지능 활용을 저해할 가능성에도 주목할 필요가 있다.

이런 관점에서 개인정보보호법은 인공지능 관련 어떤 내용을 담고 있으며 어떻게 평가할 수 있을까. 먼저 인공지능 활용 시 발생할 수 있는 위험으로부터 정보주체의 권리를 보장하는 것에 관한 것으로 3가지 논점이 있다. 첫째, 2023년 2월 27일 국회 본회의를 통과한 개인정보보호법 제2차 개정안에 신설된 인공지능에 의한 결정에 대한 거부권, 설명요구권 등 정보주체의 권리 조항이다. 법 제37조의 2는 정보주체는 인공지능 기술을 적용한 시스템을 포함하여 완전히 자동화된 시스템으로 개인정보를 처리하여 이루어지는 결정이 자신의 권리 또는 의무에 중대한 영향을 미치는 경우에는 해당 개인정보처리자에 대하여 해당 결정을 거부할 수 있는 권리를 가진다. 다만, 자동화된 결정이 정보주체의 동의를 받은 경우, 법률에 특별한 규정이 있거나 법령상 의무를 준수하기 위하여 불가피한 경우, 정보주체와 체결한 계약을 이행하거나 계약을 체결하는 과정에서 정보주체의 요청에 따른 조치를 이행하기 위하여 필요한 경우의 경우에는 거부권이 인정되지 않는다.

또한 정보주체는 개인정보처리자가 자동화된 결정을 한 경우에는 그 결정에 대하여 설명 등을 요구할 수 있다. 개인정보처리자는 정보주체가 자동화된 결정을 거부하거나 이에 대한 설명 등을 요구한 경우에는 정당한 사유가 없는 한 자동화된 결정을 적용하지 아니하거나 인적 개입에 의한 재처리·설명 등 필요한 조치를 하여야 한다. 또한 개인정보처리자는 자동화된 결정의 기준과 절차, 개인정보가 처리되는 방식 등을 정보주체가 쉽게 확인할 수 있도록 공개하여야 한다.

이 조항은 신용정보법상 도입된 권리 조항을 개인정보보호법에 도입한 것이라 할 수 있는데, 문제는 신용정보를 분석 대상으로 하는 알고리즘의 경우 정보분석의 목적과 그 대상 정보의 항목이 정해져 있으므로 평가 지표의 선정 등이 비교적 용이한 반면, 일반 개인정보의 경우 매우 다양한 알고리즘이 있기 때문에 설명요구가 기술적으로 가능하지 않을 경우도 있다는 점을 유의해야 할 것이다.

둘째, AI가 공개된 소스로부터 개인정보를 수집하는 경우에는 사전 동의를 받을 수 없기 때문에 특별한 고지의무를 부여하고 있다. 즉, 현행 개인정보보호법 제20조 정보주체 이외로부터 수집한 개인정보의 수집 출처 등 고지 조항에서, 개인정보처리자가 정보주체 이외로부터 수집한 개인정보를 처리하는 때에는 정보주체의 요구가 있으면 즉시 개인정보의 수집 출처, 개인정보의 처리 목적, 개인정보 처리의 정지를 요구할 권리가 있다는 사실을 정보주체에게 알리도록 하고 있다. 다만, 대법원 판례(대법원 2016. 8. 17. 선고 2014다235080 판결)에 따르면 공개된 개인정보라고 하더라도 공개 의도·목적 등을 고려하여, 사회통념상 정보주체의 동의 의사가 인정되는 합리적인 범위에서 수집·이용 가능하다는 제한을 받는다.

이 조항에 따라 이미지 등 개인정보가 도용된 사실을 알게 된 정보주체는 AI 운영자에게 처리정지 등을 요구할 수 있다. 다만, 위 판례와 같이 공개된 개인정보를 수집하는 AI가 공개목적 범위 내에서 데이터를 이용하는 것이라면 법적 책임을 면할 수 있을 것이다. 판례에 의해 형성된 이 법리를 입법화함으로써 개인정보의 사용범위를 엄격하게 정해 개인정보의 보호와 활용을 동시에 꾀할 필요가 있다.

셋째, 가명처리 과정에서 AI가 더 많은 데이터를 가지고 빅데이터 분석을 하는 경우 비식별화된 정보가 재식별될 가능성이 커지는 문제가 있다. 현행법 제28

조의 5는 개인정보처리자는 가명정보를 처리하는 과정에서 특정 개인을 알아볼 수 있는 정보가 생성된 경우에는 즉시 해당 정보의 처리를 중지하고, 지체 없이 회수·파기하여야 한다고 규정하고 있으므로, AI 활용시 특별한 주의를 기울일 필요가 있다.

다음 인공지능의 기술적 특성으로 인해 개인정보보호법제와 충돌하는 상황에 관한 것이다. 개인정보호보호법은 개인정보 보호원칙으로 개인정보처리자는 개인정보의 처리 목적을 명확하게 하여야 하고 그 목적에 필요한 범위에서 최소한의 개인정보만을 적법하고 정당하게 수집하여야 한다는 원칙, 개인정보의 처리 목적에 필요한 범위에서 적합하게 개인정보를 처리하여야 하며, 그 목적 외의 용도로 활용하여서는 아니 된다는 원칙, 개인정보의 처리 목적에 필요한 범위에서 개인정보의 정확성, 완전성 및 최신성이 보장되도록 하여야 한다는 원칙, 개인정보 처리방침 등 개인정보의 처리에 관한 사항을 공개하여야 하며, 열람청구권 등 정보주체의 권리를 보장하여야 한다는 원칙을 명시하고 있다.

그러나 AI는 가급적 대량의 정보를 수집, 분석해야만 타당한 결과를 도출한다는 점, AI 활용 빅데이터 분석이란 틀리면 수정하기를 반복하는 실험의 성격을 가지고 있으며 또 데이터의 용도를 계속 새롭게 찾아내는 성향이 있다는 점, AI의 분석결과에 대한 설명이 어려운 블랙박스문제(black box problem)를 포함하고 있다는 점에서 개인정보보호 원칙을 그대로 적용하는 것은 AI 활용을 대단히 어렵게 할 수 있다.

AI 기술과 산업으로 인해 얻을 수 있는 편익을 생각하면 개인정보보호라는 가치만을 우선하기보다는 양자의 이익을 형량하는 것이 필요하다고 할 것이다. 챗GPT와 같은 AI 기술은 인간의 정신노동을 대체할 수 있다는 점에서 가공할 만한 파괴적 혁신성과 우리 사회 모든 분야에서 사용된다는 광범위한 범용성을 지니고 있다. 이에 AI의 위험을 방지하기 위한 윤리적, 법적 규제와 동시에 AI의 기능과 효용에 결정적 장애가 되는 규제에 대해서는 최소한의 예외를 허용함으로써 AI가 인간에게 유용한 도구의 역할을 할 수 있도록 할 필요가 있다.

23 초거대 AI 시대 '개인정보법제'의 역할

2023년 3월 14일 공개된 챗GPT-4는 이전 모델보다 뛰어난 성능을 보여주고 있다. 미국 변호사시험 응시자의 상위 10% 점수를 받았으며, 이제 텍스트뿐 아니라 이미지를 입력해도 이를 이해하고 답을 한다. 이런 챗GPT에 대해 헨리 키신저 전 미 국무장관은 인류가 인쇄술을 발명한 이후 가장 큰 지적 혁명이라고 했고, 빌 게이츠는 인터넷 혁명만큼 중대한 발명이라고 했다. 가히 인류가 지식 자산을 축적하고 이용하는 전 과정에 일대 변화가 일어나고 있다. 디지털 대전환은 초거대 AI, 생성 AI의 발전과 함께 정점을 향해가고 있다.

AI는 데이터, 개인정보를 필수 자양분으로 해서 성장하는 만큼 데이터나 개인정보 규제의 역할이 막중하다. 이에 정부는 초거대 AI 시대, 전 세계적인 디지털 대전환 추세에 부합하기 위해 개인정보보호법 제2차 개정안을 마련하고 9월부터 시행한다. 개정법은 크게 데이터 활용을 통한 데이터 경제 견인, 데이터 보호를 통한 국민 개인정보 신뢰 사회 구현, 글로벌 스탠다드에 부합하는 데이터, 개인정보 규범 제정 등 3가지를 축으로 하고 있으나, 사실상 2011년 법 제정 이후 사실상 가장 포괄적이고 전면적인 개정이라고 할 수 있다.

먼저 데이터 활용을 통해 데이터 경제를 견인하기 위한 내용이다. 주목할 만한 것은 마이데이터의 전 분야 확산을 위한 근거조항의 도입이다. 정보주체가 개인정보를 보유한 기업·기관에게 그 정보를 다른 곳으로 옮기도록 요구할 수 있는 '개인정보 전송요구권'의 일반법적 근거를 신설하여, 그간 금융·공공 등 분야에서만 가능했던 마이데이터 서비스가 의료·유통 등 모든 영역에서 이루어질 수 있는 기반이 마련되었다.

다음 데이터 보호를 통한 국민 개인정보 신뢰 사회 구현이다. 그간 정보주체의 동의에만 과도하게 의존했던 관행에서 벗어나, 계약 이행, 공중안전 등 합리적으로 예상할 수 있는 범위 내에서는 동의 없이도 개인정보 수집·이용이 가능하도록 했다. 또한, 정부가 기업·기관의 개인정보 처리방침을 평가한 후 개선하도록 하여 국민들이 안심하고 개인정보를 제공할 수 있도록 하였다. 형식화된 동의가 개인정보처리자에게 면죄부를 주는 것 아니냐는 비판에 대응해 데이터 보호에 대한 국가책임제가 도입되었다는 점에서 의미가 있다.

그 외에도 AI를 활용한 자동화된 결정이 채용 면접, 복지수급자 선정 등과 같이 큰 영향을 미치는 경우, 이를 거부하거나 설명을 요구할 수 있는 권리도 신설하였다. 이미 신용정보법 에 도입되어 있는 권리이나, 챗GPT와 같은 범용 AI 도입을 고려한 입법이다.

끝으로 글로벌 스탠다드에 부합하는 데이터, 개인정보 규범 제정이다. 개인정보를 국외로 이전하려면 정보주체의 '동의'가 유일한 수단이었으나, 동의 외에도 계약·인증·적정성 결정 등으로 국외이전 요건을 다양화했다. 이제 EU나 일본 유사한 수준의 데이터 이동의 자유화가 실현된 셈이다. 또한 글로벌 스탠다드와 달리 형벌 위주로 되어 있는 법 위반 제재를 경제벌 중심으로 전환하고, 특히, 과징금 상한액은 전체 매출액의 3% 이하로 조정하고, 산정 시 위반행위와 관련 없는 매출액은 제외하도록 했다. 기업으로서는 전체 매출액 기준의 부담이 줄어들었으나 위반행위와 관련이 없다는 점을 입증해야 하는 부담은 여전하다.

결론적으로 개인정보법제의 역할은 초거대 AI 시대의 도래에 따라 개인정보의 활용을 극대화하는 것과 동시에 이로 인한 개인정보 침해 이슈도 균형적으로 고려하는 것이라고 할 것이다.

미니 부처인 개인정보보호위원회가 제2기를 맞이하여 일심동체로 뚝심을 가지고 국회 등을 설득한 결과 학계, 업계 등 요구사항의 상당 부분이 반영된 법 개정이 이루어졌다. 다만, 전 분야 마이데이터 도입이라는 야심만만한 계획의 실행이 걱정이다. 여러 부처의 이해관계 조정 등을 수행하기에 조직, 인력이 턱없이 부족하기 때문이다. 조직, 인력의 보강을 통해 시행령 제정 등 후속작업에도 만전을 기하기 바란다.

24 아동·청소년의 온라인 흔적 지우개 사업

어린 시절부터 스마트폰과 컴퓨터 등 디지털 기기를 자연스럽게 접한 디지털 네이티브(Digital Native) 세대는 코로나19 이후 특히 온라인 활동이 급속히 증가하였다. 이에 따라 이들은 영상·게임 등 콘텐츠를 접할 기회가 많아졌고 동시에 개인정보 침해 위험도 증가하고 있다. 이에 아동·청소년을 대상으로 개인정보 관련 내용을 명확하고 쉽게 안내하는 등 아동·청소년이 개인정보에 관한 사항을 스스로 결정하고 행사할 수 있도록 데이터 리터러시를 제고할 필요가 있다는 인식이 확대되고 있다.

이와 관련 아동·청소년은 어린 시절부터 온라인 활동을 하면서 상대적으로 많은 개인정보가 누적되어 있지만, 이에 대한 삭제나 처리정지를 요구하는 것은 쉽지 않은 것이 현실이다. 이에 정부는 2023년 4월 아동·청소년이 어린 시절 온라인에 올린 게시물을 삭제 또는 접근배제를 요청할 수 있는 아동·청소년 "지우개" 사업을 시범실시하기로 했다. "지우개"는 지켜야 할 우리들의 개인정보의 약자로 잊힐 권리(right to be forgotten) 서비스를 말한다.

물론 아동·청소년 자신이 올린 게시물을 직접 삭제할 수 있지만, 커뮤니티를 탈퇴했거나, 비밀번호 등 계정정보를 잊어버린 경우에는 직접 삭제가 어려운 경우가 많다. 직접 삭제가 어려우면 게시판 사업자에게 '자기게시물 접근배제' 요청을 통해 해당 게시물에 다른 사람들의 접근을 금지할 수 있지만, 아동·청소년들은 신청 경로가 복잡해 필요한 조치를 하지 못하는 경우가 많다. 현행법으로도 14세 이상 청소년의 경우 본인이 직접 자신의 개인정보를 처리하고 있는 개인정보처리자에 대하여 자신의 개인정보에 대한 열람, 정정·삭제, 처리정지를 요구할 수 있도록 하고 있다.

지우개 서비스는 24세 이하면 누구나 신청할 수 있지만, 대상은 만 18세 미만일 때 작성한 게시물이어야 하고, 개인정보를 포함하고 있어야 한다. 24세는 「청소년기본법」상 청소년 연령 상한을 참고한 것이다. 신청자는 게시물의 주소와 함께 본인이 올린 게시물임을 입증할 수 있는 자료를 첨부하여 정부에 신청하고, 정부는 해당 사업자에게 게시물 삭제 등을 요청한다. 다만, 본인이 아닌 제3자가 올린 글에 개인정보가 포함되어 있을 경우에는 바로 삭제를 할 수 없고 상담을 통해 조치방법을 안내한다.

그러나 신청 게시물이 다른 법률 또는 법령에서 위임한 명령 등에 따라 접근차단 또는 삭제가 금지되어 보존의무가 있는 경우, 공공의 이익과 관련되어 있다고 판단되는 경우 등에는 삭제 등이 제한될 수 있다. 또한 정부는 향후 소위 쉐어렌팅(share + parenting), 즉, 부모가 자녀의 양육과정을 SNS에 공유하는 것도 금지할 계획이다. 아동·청소년의 동의 없이 부모가 올린 게시물까지 삭제 범위를 확대한 것이다.

개인정보의 경우 비록 미성년이라고 하더라도 14세 이상인 경우 친권의 범위를 벗어나 별도의 독립적인 자기결정권을 부여하고 있다. 다만, 아동·청소년에 대한 적절한 교육과 계도 없이 이들의 개인정보자기결정권만 강조하는 것은 바람직하지 않다. 오히려 부담만을 가중시키고 결과적으로 아동·청소년 보호를 소홀히 할 수 있다. 또한 일반적으로 잊힐 권리가 입법화되어 있지 않은 한국에서 이번 지우개 사업을 계기로 잊힐 권리 입법화를 검토해 볼 수 있을 것이다. 다만, 이 과정에서 가족법의 이념인 아동의 최선의 이익(Best Interests of the Child) 원칙[16]이 관철될 수 있도록 유의해야 할 것이다.

16 아동과 관련된 모든 법적·행정적 결정에서, 그 결정이 아동의 복지와 권익에 가장 이로운 방향으로 이루어져야 한다는 원칙이다. 즉, 부모나 국가, 법원 등 어떤 주체라도 아동의 문제를 다룰 때는 성인이나 사회의 편의보다 아동의 현재 및 장래의 복지, 발달, 행복을 최우선 고려해야 한다는 것이다.

25 아동의 위치정보의 자기 결정권

2021년 애플이 출시한 동전 크기 정도의 소형 위치추적 장치인 에어태그(AirTag)는 처음에는 사람이나 애완동물이 아닌 가방 등 물건에 사용할 수 있다고 밝혔다. 그러나 최근 스마트폰을 사용하기에는 너무 어린이들의 위치를 추적하는데 사용될 뿐 아니라, 치매 또는 알츠하이머 환자, 반려동물의 위치를 추적하는 데 사용하고 있다. 또한 한국에서는 스마트폰의 GPS기능을 이용해 자녀의 위치를 파악하여 부모에게 제공하는 자녀안심 앱이 등장했다. 나아가 아동을 대상으로 한 민간 유해정보 차단 애플리케이션의 부가 기능 가운데 문자와 메신저, 실시간 위치정보까지 부모가 확인할 수 있는 기능이 있다.

이런 아동의 위치추적 서비스에 대해서는 찬반양론이 존재한다. 찬성 측은 최근 아동 유괴 등 관련 범죄가 늘고 있는데, 아동의 위치추적은 이를 막는 효율적인 수단이라고 본다. CCTV가 있으나 이는 범죄 발생 이후 조치에 불과하다는 것이다. 또한 안전한 상태라는 신뢰가 있는 상황에서 아동이 자유롭게 여러 장소를 방문할 수 있어 행동의 자유가 확대되는 효과도 있다고 한다. 또한 유해정보 차단 등은 부모의 정당한 교육권 행사라는 의견도 있다.

반대하는 측의 입장 중 국가인권위원회는 앱의 부가기능 중 부모에 의한 위치추적과 메신저 내용 확인 등은 아동·청소년의 개인정보자기결정권 및 사생활의 자유 등 기본권을 침해하고, 뉴스, 스포츠, 여행 관련 정보 접근까지 차단하는 기능에 대해서는 아동의 학습권과 알권리를 침해한다고 판단했다. 일부 전문가들은 부모의 지나친 통제가 아동의 결정권과 선택권을 침해하고 정서 발달이 중요한 유소년기에 부모와의 유대감을 훼손할 수도 있다고 한다.

이런 가운데 2023년 6월 28일 방송통신위원회는 구글코리아(유) 등 5개 자녀

안심 앱 서비스 사업자가 14세 미만 아동의 개인위치정보를 법정대리인에게 제공하면서 아동의 동의를 얻지 않거나 제공일시 등을 아동에게 통보하지 않은 행위에 대하여 시정명령과 과태료를 부과하였다. 세계 유일의 위치정보법은 특정인을 감시하거나 범죄행위에 악용되는 것을 막기 위해 정보주체의 동의를 받지 않고 위치정보를 수집, 이용, 제공하는 행위를 금지하고 있으며, 또한 만 14세 미만의 아동의 위치정보에 대해서는 법정대리인의 동의를 얻도록 규정하고 있다.

다만, 그동안 해당 규정이 법정대리인의 동의 외에 정보주체인 아동의 동의까지 받아야 하는 것인지에 대해서는 명확하지 않은 측면이 있었다. 그러나 8세 이하의 아동에 대해서는 법정대리인 등의 동의가 있는 경우에는 본인의 동의가 있는 것으로 본다고 규정하고 있다.

방송통신위원회는 이 규정들에 대한 합리적인 해석을 8세 이상 14세 미만 아동의 위치정보를 제공받기 위해서는 아동의 동의도 필요하다고 판단한 것이다. 아동의 위치정보가 자녀의 생명 또는 신체의 보호에 기여하는 긍정적인 역할에도 불구하고, 아동의 위치정보 자기결정권 또한 보호받아야 하는 가치임을 인정한 것이다.

다만 생명, 신체의 안전과 개인정보자기결정권이란 법익을 비교할 때 일률적으로 후자가 우위에 있다고 볼 수 있을지, 부모와 아동이 서로 이해관계가 상반되는 것으로 단정하는 것이 합리적인지는 생각해 볼 일이다. 또한 현실적으로 아동의 사전 동의를 얻지 못함으로써 생기는 아동의 안전에 대한 위험은 어떻게 관리할 것인지, 부모의 아동에 대한 보호의무는 어떻게 이행할 것인지에 대한 고민도 필요하다고 할 것이다.

26 데이터의 집중과 공유·개방의 과제

생성형 AI가 디지털 심화의 화두가 되고 있는 현 상황에서 데이터 경제에서 가장 중요한 자원인 데이터 집중이 다시 문제가 되고 있다. 데이터를 많이 보유하고 있거나 데이터에 대한 접근이 용이한 거대 플랫폼 기업이 생성형 AI 시대에도 경쟁 우위를 이어가고 있다는 것이다. 이런 데이터의 집중 문제를 어떤 시각으로 볼 것인지 또한 데이터 집중을 완화하기 위한 공유, 개방의 문제에 대해서 어떻게 대처해야 할지가 이슈가 되고 있다.

먼저 데이터 집중 문제에 대한 논의이다. 플랫폼 기업들은 빅데이터 등 첨단 ICT 기술의 활용으로 대용량 데이터를 축적해서 소비자들에게 맞춤형 서비스를 제공하여 혁신이 촉진되고 있으나, 한편으로는 빅데이터를 이용한 진입장벽을 구축한다는 비판론도 제기되고 있다.

공정거래위원회도 2023.1.12.「온라인 플랫폼 사업자의 시장지배적지위 남용행위에 대한 심사지침」을 제정하였다. 이에 따르면 "온라인 플랫폼 분야에서 데이터는 생산, 물류, 판매촉진 활동 등 사업의 전 영역에 활용될 수 있는 중요 생산요소로서, 데이터의 수집·보유·활용 능력이 사업자의 경쟁력에 상당한 영향을 미칠 수 있다. 특히, 데이터 저장·관리·분석 기술이 발달함에 따라 플랫폼 운영 과정에서 이용자의 데이터를 축적한 온라인 플랫폼 사업자는 이를 활용하여 각 이용자에게 특화된 맞춤형 서비스·프로모션을 제공하고 이에 대한 피드백도 거의 실시간으로 파악할 수 있는 등 서비스 품질을 개선하거나 더 많은 이용자를 유인하는 것이 용이하다. 더 많은 이용자를 확보하면 더 많은 데이터를 축적할 수 있어 선순환 구조가 형성될 수 있다"고 데이터의 플랫폼 경제에서의 효용을 언급하고 있다.

또한, 동 지침은 데이터 관련 경쟁법적 우려와 관련해서는 "온라인 플랫폼 사업자가 데이터를 활용하여 서비스 품질을 개선하고 이용자의 편익을 증가시키는 긍정적인 측면이 있는 반면, 특정 온라인 플랫폼을 중심으로 데이터가 집중될 경우 쏠림 현상이 발생하고 관련 시장의 경쟁이 제한될 우려가 존재한다"면서 "특히 데이터의 이동성(portability), 상호운용성(interoperability)이 부족한 상황에서 관련 데이터가 특정 사업자에게 집중될 경우, 이는 시장의 진입장벽을 강화하고 경쟁을 제한하는 요인으로 작용할 수 있다. 반면 플랫폼 간 데이터의 이동성, 상호운용성이 충분하여 신규 진입 사업자가 기존 이용자 데이터에 접근하는 것이 용이한 경우에는 이러한 경쟁제한 우려가 완화될 수 있다"고 밝히고 있다.

이처럼 경쟁당국은 데이터의 중요성을 인식하고, 사업자가 전략적으로 다량의 데이터를 수집하고 있는 상황을 예의주시하고 있으나, 이 문제에 대한 공식적인 심결례는 존재하지 않는다.

이 논의와는 별개로 데이터의 개방, 공유, 공개, 이동성을 확보하기 위한 다양한 입법적 시도가 이루어지고 있다. 정보주체의 개인정보 이동성을 실현하기 위한 제도는 이미 유럽의 일반개인정보보호법(GDPR)을 시작으로 한국의 신용정보법, 개인정보보호법에도 도입되어 있다. 공공영역과 사적영역을 구분해서 살펴보면 다음과 같다.

공공영역에서 유럽연합은 유럽 내에서의 데이터 활용 활성화를 위한 목적에서 이른바 「데이터거버넌스법(Data Governance Act)」을 제정하였다. 이 법에서 데이터 공유를 위해 첫째, 공공기관이 보유하고 있는 특정 범주의 데이터를 재사용할 수 있는 메커니즘을 구축하고, 둘째, 사경제 영역에서 생산되는 데이터를 대상으로 공동의 데이터 사용을 위한 서비스 제공자라는 경제주체를 설정하고, 신고한 사업자에 대해 데이터 공유 서비스를 제공하도록 하고 있으며, 셋째, 정보주체 혹은 경제적으로 데이터를 보유한 주체가 순전히 공익적이고 이타적인 목적으로 데이터를 제공하는 것을 장려하기 위한 이른바 "데이터 이타주의(Data Altruism)"를 규정하고 있다.

보다 직접적인 데이터 공유를 위해 EU 집행위원회는 2022년 2월 23일 「데이터법(Data Act)」를 발의하였다. 동 법안은 민간 부문의 데이터 이동과 공유에 대한 내용을 주안점으로 하고 있는데, 일정한 요건이 충족된 경우 제3자가 데이터에 접근할 수 있도록 함으로써, 결과적으로 데이터 공유가 이루어지도록 하고 있다. 「데이터거버넌스법」상 데이터 공유는 데이터 보유자와 사용자 간의 합의에 기초하며 유상의 서비스를 전제로 하지만, 본 법안에서는 데이터 형성의 기여도에 따른 데이터 접근권을 보장해 데이터 공유를 의무화하고 있다.

그러나 보다 강화된 형태의 데이터 접근, 공유 의무가 부과되고 있는 것이 EU의 「디지털시장법(Digital Market Act)」이다. 첫째, 사업이용자들 또는 최종 소비자가 데이터를 효과적으로 이동할 수 있는 수단을 제공할 것, 둘째, 사업이용자들 또는 사업이용자들이 승인한 제3자가 데이터를 무료로 효과적이고 계속적으로 실시간 접근 및 사용할 수 있도록 허용할 것, 셋째, 제3의 온라인 검색엔진 사업자가 요청하는 경우, 공정하고 비차별적인 조건으로 랭킹, 검색, 클릭, 조회 데이터에 대한 접근을 허용할 것, 넷째 소프트웨어 애플리케이션 스토어에 대한 사업이용자들의 접근을 공정하고 비차별적인 일반적 조건하에 허용할 것 등의 의무를 부과하고 있다. 최종이용자는 물론 사업이용자들이 게이트 키퍼가 보유하고 있는 데이터에 대한 접근을 강제하고 있다는 점에서 동법이 시행되면 강력한 규제가 될 것으로 보인다.

한국의 경우 제3자의 데이터 접근 및 활용과 관련해 「공공데이터의 제공 및 이용 활성화에 관한 법률」이 있으나, 그 외 민간 부문에 대한 데이터 접근에 대해서는 마이데이터 사업을 위한 신용정보법, 개인정보보호법을 제외하면 아직 구체적 입법은 없다. 다만, 그동안 지난 정부에서 추진된 온라인플랫폼이용자보호법안, 온라인플랫폼 중개거래의 공정화법 등에서 사업이용자, 광고주, 경쟁사업자의 데이터 접근에 관한 규정이 포함되어 있었다.

다만, 데이터 공유에 대해서는 비용과 노력을 들여 데이터를 수집, 보유한 사업자에 대해 대가도 없이 데이터 개방을 강제하는 것은 헌법상 재산권을 침해할 소지가 있고, 데이터 수집, 이용에 대한 투자와 혁신을 저해할 수도 있다는 점에서 반대하는 견해가 있다. 데이터 공유를 위해서는 데이터 거래를 활성화하는 수단이 타당하다는 점을 강조하기도 한다.

데이터 공유, 개방, 접근이 데이터 경제에 필수적인 수단임을 부인할 수 없으나, 데이터의 집중 현상을 단순히 독점이라고 지칭하는 데에는 무리가 있다. 독점이 일어나면 소비자가 누려야 할 편익의 일부가 독점기업으로 이전하고 경쟁시장의 균형에 비해서 과소생산이 발생하면서 사회후생을 저해하는데, 현재 데이터의 집중이 실질적인 소비자 피해를 발생시키는지는 확인되지 않고 있다. 따라서 우선 자율규제 차원에서 논의가 이루어지는 것이 바람직해 보인다. 정부도 플랫폼 자율기구 내 데이터, AI 분과에서 이런 자율규제 논의를 진행하고 있다.

27 탈세계화 시대와 데이터 주권 전쟁

2024년 3월 13일 미국 연방의회 하원은 미국인 1억 7000만 명이 사용하고 있는 숏폼 플랫폼인 틱톡(TikTok)을 미국 앱스토어에서 퇴출할 수 있도록 한 소위 '틱톡금지법'을 통과시켰다. 법안의 공식 명칭은 "외국 적대세력이 통제하는 앱으로부터 미국인을 보호하기 위한 법안(Protecting Americans from Foreign Adversary Controlled Applications Act)"으로 중국 베이징에 본사를 둔 바이트댄스가 소유한 틱톡이 중국 기업 산하에 있는 한 미국인 이용자 데이터를 중국 정부에 넘길 가능성이 커서 국가안보에 위협이 된다고 보고 있다. 법안이 발효되면 바이트댄스는 165일 안에 틱톡의 미국 사업권을 매각해야 하며 매각에 실패할 경우 구글, 애플 등 앱스토어에서 틱톡을 삭제해야 한다.

한편 같은 날 유럽 연합(EU) 의회는 인공지능(AI)에 대한 포괄적 규제를 담은 인공지능법(AI act)을 통과시켰다. 최초 법안과 달리 오픈AI 등 미국의 글로벌 AI 기업이 주도하고 있는 범용 AI(General Purpose AI)에 대한 규제가 추가되었다. 범용 AI란 대규모의 데이터 학습으로 다양한 과업범위를 수행하는 사람과 유사한 수준 혹은 그 이상의 지능을 갖춘 AI를 말하는데, 이에 대해서는 기술문서 업데이트, EU의 저작권법 준수, 학습데이터 요약본 공개의무가 부과되었다. 이미 EU는 일반개인정보보호법(GDPR)을 제정해 역외국으로의 개인정보 이전에 대해 까다로운 요건을 정하고 있는데, 이제 AI 학습데이터에 대해서도 강력한 규제를 시행하게 되었다. 중국은 이미 2018년 네트워크안전법에 개인정보와 중요 데이터가 해외로 이전되지 못하도록 서버의 중국 내 설치를 의무화하고, 당국의 승인 없는 데이터의 해외 반출을 금지했다.

이처럼 데이터가 데이터 경제의 핵심 생산요소로 기능하고 국가 자원으로서 데이터의 중요성이 부각되면서 데이터 주권이 강화되고 있다. 데이터 주권(Data Sovereignty)이란 국가 차원에서는 자국의 산업을 보호하기 위한 데이터 현지화, 데이터 국외 이전 제한을 의미한다. 전통적으로 표현의 자유를 절대적 기본권으로 보호하고 자유로운 데이터 이전을 강조하던 미국마저 데이터 주권을 강화하고 있다. 또한 미국과 중국 간 기술패권 전쟁으로 시작된 블록화, 탈세계화의 흐름이 데이터 규범에서는 미국, 중국, EU라는 3대 축으로 진행되고 있다.

한국의 경우 종래 데이터 주권에 관한 데이터 보호주의(Data Protectionism)에 가까운 것으로 평가되었으나, 최근 동의 이외에 적정성 평가나 적절한 보호조치에 의한 데이터 이전 방안이 도입되고 클라우드 보안인증제 개선을 통한 외국 업체의 공공시장 진입 허용 등 변화의 흐름도 관측된다. 최근 중국 이커머스 업체 알리, 테무의 국내 이용자가 각각 800만, 500만 명이 넘어서고 있다. 이는 이들의 개인정보가 개인정보보호에 취약한 중국으로 이전되고 있다는 것인데 데이터 주권 차원에서 우려할 만한 상황이다.

디지털 시대 이런 탈세계화와 데이터 주권 강화의 흐름은 개방체제와 무역을 통해 성장한 한국의 입장에서는 곤혹스러운 상황이 아닐 수 없다. 무엇이 글로벌 스탠다드인지가 애매모호한 상황이 되어 버렸기 때문이다. 다만, 국익과 자국 산업 보호, 국민의 개인정보보호, 동맹과의 유대 강화 등의 원칙은 변함없이 중요하며 향후 이 원칙하에 데이터 주권 전략을 수립해야 할 것이다.

28 금융데이터 규제혁신 서둘러야

2022년 9월 윤석열 대통령의 뉴욕 구상인 디지털 자유시민을 위한 연대에는 누구든지 디지털 데이터에 공정하게 접근하고 정의롭게 활용할 수 있어야 하며 이를 바탕으로 경제적, 사회적 가치를 창출할 수 있어야 한다는 내용이 포함됐다. 이 선언 이후 11월 말에는 빅데이터와 고성능의 컴퓨팅 인프라를 바탕으로 사람들과 대화가 가능할 정도로 고도화한 초거대 AI인 챗GPT가 출시됐고 이후 구글, 네이버 등 국내외적으로 초거대 AI 경쟁이 본격화했다. 빅데이터와 초거대 AI의 발전은 우리 경제·산업 및 시장경쟁은 물론 개인의 일상적인 금융생활에도 엄청난 변화를 만들어내고 있다.

이에 국내외적으로 데이터에 대한 접근, 개방, 공유를 통해 혁신을 도모하기 위한 논의가 활발한데, 특히 한국은 2022년 1월 세계 최초로 API 방식의 마이데이터 사업을 개시해 전 금융권의 금융데이터를 개방·공유한다. 현재까지 64개 마이데이터 사업자가 금융권에 신규 진입해 금융혁신과 경쟁을 촉진하는 메기 역할을 하고 있으며 현재까지 중복 가입자를 포함해 누적 가입자 수가 약 8025만 명에 이른다.

다만 마이데이터 사업은 아직 소비자들이 만족할 만한 효용을 주지 못하는 것은 물론 비즈니스모델도 분명하지 않아 지속가능성에 대해 부정적인 시각이 존재한다. 이렇게 된 가장 큰 요인은 마이데이터 플랫폼이 각종 금융상품의 비교·추천을 할 수 없게 됐기 때문이다. 금융당국은 마이데이터 플랫폼이 제공하려는 투자, 대출, 보험, 카드, 예·적금 등 금융상품의 정보제공, 비교·추천, 맞춤형 정보제공 행위가 금융소비자보호법상 금융상품판매대리·중개업에 해당하므로 관련 법령에 따른 등록, 인허가를 받도록 했다. 다행히 대출은 라이선스 취득,

카드는 제휴모집인 등록, 예·적금 중개는 혁신금융서비스 지정으로 중개행위가 가능해졌지만 보험, 투자는 아직 해결이 되지 않고 있다.

금융상품의 비교·추천 허용 여부가 플랫폼과 금융회사간 공정경쟁 차원에서 논의된 측면이 있지만 공정한 경쟁을 위해서는 플랫폼 규제를 강화할 것이 아니라 기존 금융회사에 대해서도 금산분리 완화 등 규제를 혁신함으로써 자유로운 경쟁을 할 수 있도록 하는 것이 바람직하다. 규제의 하향평준화가 필요한 것이다.

또한 마이데이터 전송요구 과정에 적용되는 여러 동의규제는 개인신용정보주체를 보호한다는 이유에서 도입됐지만 과연 이런 규제가 형식적인 절차를 반복하는 것이 아닌지 검토해봐야 한다. 많은 정보를 알려주고, 많은 선택권을 주며, 여러 단계를 두는 것이 반드시 정보주체의 권리를 보장하는 길이 아니라는 점은 지난 10년 이상의 시행착오를 통해 확인됐으므로 보다 간편하고 효율적인 방식을 검토할 필요가 있다.

이 외에도 데이터3법 개정시 도입된 가명처리와 데이터 결합은 절차의 복잡성으로 활성화가 미비한 상황이다. 가명·익명정보의 판단기준과 결합데이터의 적정성 평가기준을 명확히 하고 데이터 결합시 시간·비용적 측면에서 효율성을 제고하기 위해 결합데이터를 안전하게 재활용할 수 있는 방안도 검토할 필요가 있다. 한편 신용정보법은 개인신용정보를 정기적으로 전송하는 경우 정보제공자는 필요한 범위에서 최소한의 비용을 마이데이터 사업자에 부과할 수 있도록 하는데 마이데이터 사업자가 아직 제대로 된 수익모델을 가지고 있지 않은 상황에서 정보전송에 대해 과도한 비용을 부담하게 되면 산업이 제대로 성장하지 못한 채 고사할 우려가 있다. 정보주체의 편익과 데이터산업의 활성화를 위해 마이데이터제도를 도입한 당초 목적을 고려해 합리적 과금체계가 마련돼야 할 것이다.

마침 정부도 데이터를 통한 금융혁신과 경쟁력 강화를 위해 금융데이터 규제혁신TF를 운영해 규제혁신방안을 마련한다고 하는데 소비자 편익과 산업혁신의 관점에서 소기의 성과가 나오기를 기대한다.

29 CCTV의 확산과 프라이버시 보호

2017년 방영된 모 케이블TV의 범죄 수사극 "비밀의 숲"에서 경찰과 검찰의 범죄 증거 확보에 결정적인 역할을 한 것은 CCTV 영상이었다. 전국 골목마다 설치된 CCTV와 차량 블랙박스가 경찰의 눈 역할을 하면서 범죄 수사에 이용되고 있다. 2022년 기준으로 공공기관이 전국에 설치한 CCTV는 1,607,388대인데, 민간이 설치한 것을 포함하면 수백만 대로 추산된다.

기술적으로 CCTV(Closed Circuit Television), 즉, 폐쇄회로 텔레비전은 특정 건축물이나 시설물에서 특정 수신자를 대상으로 유선 또는 특수 무선 전송로를 이용해 화상을 전송하는 시스템이다. 일반 텔레비전 방송과 달리 CCTV 신호는 동축케이블, 마이크로웨이브 링크 혹은 제어 접근이 가능한 전송 매체로만 전송되기 때문에 일반 대중은 임의로 수신할 수 없게 되어 있다. CCTV는 특정 수신자를 대상으로 하고 폐쇄망을 이용한다는 것이 특성이기 때문에 보안이 필요한 교통관제용, 방재용 및 무인 감시용 등으로 활용된다.

법적으로 보면 개인의 영상정보를 수집한다는 측면에서 프라이버시 침해 위험이 매우 높은데 반해, 감시, 관제의 목적으로 인해 사전 동의를 구할 수 없다는 한계가 있다. 이에 CCTV에 대해서는 개인정보보호법상 특별한 규제를 도입하고 있다. 규제 원칙은 CCTV의 설치, 운영을 제한하고 예외적인 경우에만 이를 허용하지만, 이 경우에도 영상 촬영 사실을 고지하도록 하는 것이다. 기존 개인정보보호법은 고정형 영상정보처리기기만을 규율하고 있어, 드론, 자율주행차, 로봇 등 이동형 영상정보처리기기의 특성에 맞는 기준 제시에 한계가 있었다. 이에 2023.9.15. 시행 2차 개정 개인정보보호법에는 이동형 기기에 대한 규정이 신설되었다.

고정형 영상정보처리기기란 일정한 공간에 설치되어 지속적 또는 주기적으로 사람 또는 사물의 영상 등을 촬영하거나 이를 유·무선망을 통하여 전송하는 장치로서 폐쇄회로 텔레비전과 네트워크 카메라를 말한다. 고정형은 법령상 허용, 범죄의 예방 및 수사, 시설의 안전 및 관리, 화재 예방, 교통단속, 교통정보의 수집·분석 및 제공, 촬영된 영상정보를 저장하지 아니하는 경우로서 출입자 수, 성별, 연령대 등 통계값 또는 통계적 특성값 산출을 위해 촬영된 영상정보를 일시적으로 처리하는 경우에만 설치, 운영할 수 있다. 다만, 불특정 다수가 이용하는 목욕실, 화장실, 발한실(發汗室), 탈의실 등 개인의 사생활을 현저히 침해할 우려가 있는 장소 내부에는 설치, 운영할 수 없다. 설치, 운영자는 설치 목적 및 장소, 촬영 범위 및 시간, 관리책임자의 연락처 등이 포함된 안내판을 설치해야 한다.

이동형 영상정보처리기기란 사람이 신체에 착용 또는 휴대하거나 이동가능한 물체에 부착 또는 거치하여 사람 또는 사물의 영상 등을 촬영하거나 이를 유·무선망을 통하여 전송하는 장치로서, 착용형 장치(웨어러블·바디캠 등), 휴대형 장치(스마트폰·카메라 등), 부착·거치형 장치(차량·무인항공기 등에 부착·거치)를 말한다. 공개된 장소에서 이동형 영상정보처리기기 운영이 제한되지만, 동의를 받은 경우 등. 촬영 사실을 명확히 표시하여 정보주체가 촬영 사실을 알 수 있도록 하였음에도 불구하고 촬영 거부 의사를 밝히지 아니한 경우에는 허용된다.

다만, 개인의 사생활을 현저히 침해할 우려가 있는 장소의 내부 촬영은 금지되나, 범죄, 화재, 재난 또는 이에 준하는 상황에서 인명의 구조·구급 등을 위해 영상 촬영이 필요한 경우 촬영이 허용된다. 촬영 시에는 불빛, 소리, 안내판, 안내서면, 안내방송 또는 이에 준하는 수단을 통해 정보 주체가 촬영 사실을 쉽게 알 수 있도록 표시해야 한다. 다만, 드론을 이용한 항공촬영 등 촬영 방법의 특성으로 인해 정보주체에게 촬영 사실을 알리기 어려운 경우에는 개인정보보호위원회가 구축하는 인터넷 사이트에 공지해야 한다.

이런 공개된 장소에서 CCTV 설치, 운영 규제와 다른 차원에서 논의되는 CCTV 규제가 작업장 감시, 증거 확보를 위한 CCTV 설치, 운영이다. 이와 관련 최근 이슈가 된 것이 수술실 CCTV 규제이다. 9월 25일부터 시행된 개정 의료법에 의료기관 수술실 내 폐쇄회로 텔레비전 설치와 운영 의무 규제가 도입되었다.

전신마취나 진정(일명 수면마취) 등으로 환자의 의식이 없는 상태에서 수술을 하는 의료기관은 수술실 내에 CCTV를 설치해야 하고, 환자 또는 보호자가 요청하는 경우에는 수술 장면을 촬영해야 한다.

또한 촬영 요청을 받은 의료기관의 장은 응급수술, 위험도 높은 수술, 전공의 수련목적 저해 등 법이 정한 거부 사유에 해당하지 않으면 촬영을 해야 하며, 거부하는 경우 미리 환자나 보호자에게 거부 사유를 설명하고 이를 기록·보관해야 한다. 촬영한 영상은 수사·재판 관계기관이나 의료분쟁조정중재원이 요청하는 경우 또는 촬영된 사람 전원이 동의하는 경우에만 열람·제공된다. 의료기관은 촬영한 영상을 30일 이상 보관해야 하나, 보관 중 열람·제공 요청을 받거나 보관 연장 요청을 받으면 그 사유가 해소될 때까지 연장하여 보관해야 한다.

당초 대리수술 등 수술실에서 불법행위를 방지하고자 도입된 수술실 CCTV 규제에 대해서 의사협회는 여전히 문제점을 지적하고 있다. 의사의 기본권 침해, 소극적 진료, 영상정보 유출 위험 등이 있다는 입장이다. 다만, 일반 국민들은 수술실 내 범죄행위를 방지하고 의료행위의 신뢰도를 높일 수 있다는 점에서 찬성 입장이다. 동법은 의사의 동의 없이도 의사의 수술행위를 촬영하도록 강제하고 있다는 점에서 상당히 이례적인 입법이다. 작업장 등 비공개장소에서 영상 촬영은 동의가 원칙이라는 점에 대한 예외를 인정할 정도로 수술실의 불법행위가 만연하고 있다는 것이 입법자의 판단이다.

이런 작업장 감시 관련 CCTV는 비단 수술실뿐 아니라 일반 근로자의 작업장, 유치원 등에서도 설치, 운영되고 있는데, 원칙적으로 근로자, 교사의 자발적 동의를 근거로 합법화된다. 다만, 협상력이 약한 근로자, 교사 등이 동의를 하지 않을 수 없는 현실적 한계가 존재한다는 점에서 보면 정부의 일정한 가이드가 필요하다. 이와 관련 고용노동부와 개인정보보호위원회는 2023. 1. 인사노무 업무에 관한 개인정보보호 가이드라인을 개정하였다. 이에 따르면 근로자의 상시 근무공간에 CCTV 등 디지털 장치를 설치·도입하는 경우에는 협의 및 의견수렴, 개인정보 수집·이용 근거 확인, 개인정보보호방안 강구를 하도록 했다.

대법원도 화재 및 도난 방지라는 개인정보처리자(사용자)의 정당한 이익이 인정되더라도 개인정보 자기결정권이 제한되는 정보주체(근로자)가 다수이고 근로 공간과 출퇴근 장면을 촬영 당하는 것은 개인정보 자기결정권에 대한 중대한 제한이므로 결국 사용자의 정당한 이익이 근로자의 권리보다 "명백하게" 우선한다고 보기는 어렵다는 점을 들어 동의 없는 CCTV 설치를 위법하다고 보았다(대법원 2023. 6. 29. 선고 2018도1917 판결).

정부는 이태원 참사 같은 사건이 되풀이되지 않도록 다중인파 취약지역엔 영상분석 기능을 가진 지능형 인파 감지 시스템을 설치할 계획이다. 이 시스템은 CCTV를 통해 단위 면적당 인원수를 자동으로 측정하고 위험 징후를 알리게 되어 있다. 이처럼 CCTV와 AI가 결합하게 되면 대형 참사를 막는 것은 물론, 범죄, 화재 예방 등 여러 장점이 있다. 다만, 영상 수집으로 인한 프라이버시 침해도 크기 때문에 엄격한 목적 제한, 사후 처리 철저 등에 만전을 기해야 할 것이다. 작업장 감시 CCTV의 경우에는 의견수렴, 동의와 협의 절차를 보다 충실히 진행해야 할 것이며, 특수 직역에 대한 CCTV 설치 의무 입법은 더욱 신중하게 진행되어야 할 것이다.

30 개인정보의 법리에 대한 오해와 진실

지금부터 10년 전인 2014년 KB국민·NH농협·롯데카드 등 신용카드 3개사 약 2,000만 명, 8000만 건의 성명, 휴대전화번호, 신용등급 등 최대 19개 개인정보가 유출된 사건 이후 한동안 잠잠하던 대량의 개인정보 유출 사고가 최근 다시 세간의 이목을 끌고 있다.

하나는 2024년 5월 국내 최대 메신저 업체인 카카오가 운영하는 오픈채팅방 개인정보 유출사건이다. 오픈채팅방을 해킹한 해커는 오픈채팅방의 취약점을 이용해 이곳에 참여한 이용자 정보(임시 ID)를 알아내고, 메신저의 '친구 추가' 기능 등을 통해 일반채팅 이용자 정보(회원 일련번호)를 파악했다. 이후 이들 정보를 '회원 일련번호'를 기준으로 결합해 개인정보 파일로 생성했고, 이를 텔레그램 등에 판매했다. 회원 일련번호는 메신저 회사 내부에서만 관리를 목적으로 쓰이는 정보로, 주민등록번호나 사원증 번호처럼 개인에게 부여된 고유 번호와 유사한 개념으로 개인정보에 해당한다는 것이 규제기관인 개인정보보호위원회 입장이다. 다만, 메신저 업체는 회원 일련번호와 임시 ID는 그 자체로 어떠한 개인정보도 포함하고 있지 않으며, 이것으로 개인 식별이 불가능하다면서 개인정보성을 부정하고 있다.

또한 최근 국내 간편결제업체인 카카오페이가 4천만 명이 넘는 고객들의 개인신용정보를 중국의 글로벌 결제사업자인 알리페이에게 넘긴 것에 대한 불법 논란이 일고 있다. 이 사건을 조사한 금융당국은 동의 없는 제3자 제공이라고 보고 있음에 반해, 해당 업체는 본건 관련 정보제공이 사용자의 동의가 필요 없는 업무 위수탁 관계에 따른 처리위탁에 해당한다는 입장이다.

이처럼 개인정보의 개념과 범위, 개인정보의 제3자 제공과 위탁의 구별에 대한 법리적 논쟁이 진행되고 있는데, 이에 대한 기준을 어떻게 봐야 하는 것일까. 우선 개인정보의 개념에 대해 살펴보자. 개인정보보호법에 따르면 "개인정보"란 살아 있는 개인에 관한 정보로서 1) 성명, 주민등록번호 및 영상 등을 통하여 개인을 알아볼 수 있는 정보, 2) 해당 정보만으로는 특정 개인을 알아볼 수 없더라도 다른 정보와 쉽게 결합하여 알아볼 수 있는 정보. 이 경우 쉽게 결합할 수 있는지 여부는 다른 정보의 입수 가능성 등 개인을 알아보는 데 소요되는 시간, 비용, 기술 등을 합리적으로 고려하여야 한다. 3) 1)과 2)를 가명처리함으로써 원래의 상태로 복원하기 위한 추가 정보의 사용·결합 없이는 특정 개인을 알아볼 수 없는 정보이다.

즉, 개인정보의 표지는 ① 살아있는 개인에 관한 정보, ② 특정 개인과의 관련성, ③ 식별가능성 ④ 결합용이성이라고 할 수 있다. 특정 개인과의 관련성이란 성명, 주민등록번호, 생일, 주소, 바이오 정보 등과 같이 특정 개인의 정체성을 구별하거나 밝혀낼 수 있고 나아가 특정 개인의 과거와 현재의 상황이나 상태를 나타낼 수 있는 것, 예컨대 교육 상황, 재정 상황, 진료 및 건강 상태 등을 의미한다. 다음 식별가능성은 개인을 알아볼 수 있는 정보 부분에 대응하는 것으로 결국 다른 사람과의 구분 또는 구별 가능성과 상통한다.

문제는 "다른 정보와 쉽게 결합하여 알아볼 수 있는 것"이라는 결합용이성과 관련된 것이다. '쉽게'라는 표현은 비록 과학적으로 정보주체의 식별이 가능하다고 하더라도 식별을 위해 불합리할 정도로 많은 시간, 노력, 비용이 투입되어야만 한다면 결합용이성이 없다는 의미이다. 위 사건과 같이 현실에서 개인정보 여부가 다투어지는 것은 대부분 해당 정보만으로 특정인을 알아볼 수 있는 경우가 아니고 다른 정보와 결합하거나 조합해야만 특정인을 식별할 수 있는 경우 즉, 정보의 "결합가능성" 또는"조합가능성"이 이슈이다.

위 사건 임시 일련번호는 해당 정보만으로 식별가능성이 없지만 결합용이성이 있는지에 대한 판단을 해야 하는데, 이에 대해서는 해당 정보의 처리목적, 처리 및 보유기간, 정보의 처리방식, 정보처리자와 정보주체의 이해관계 등을 종합적으로 고려하여 판단해야 할 것이다.

다음 개인정보의 제3자 제공과 처리위탁이다. 양자 모두 개인정보가 제3자에게 이전되는 것을 동일하다. 다만, 제3자 제공은 정보주체가 당초 예상하지 못했던 제3자의 이익을 위해 개인정보가 이전되는 것으로 개인정보의 관리, 감독의무와 손해배상 책임도 제3자인 제공받는 자에게 이전된다. 절차적으로 개인정보 제공목적 등 고지 후 정보주체의 동의를 획득해야 한다. 그러나 위탁은 정보주체가 사전적으로 예측가능한 범위 내에서 위탁자 이익을 위해 제3자인 수탁자에게 개인정보가 이전되는 것으로 개인정보의 관리, 감독의무는 여전히 위탁자가 부담한다. 절차적으로 위탁 사실을 공개하거나 고지해야 한다.

예컨대, 대형마트에서 수집한 개인정보를 보험사에 제공하는 것은 보험사의 보험마케팅이라는 이익을 위해 개인정보가 이전되는 것으로 제3자 제공에 해당되어 동의를 받아야 하지만, 인터넷 쇼핑몰에서 물건 배송을 위해 배송업체에게 개인정보를 이전하는 것은 쇼핑몰의 이익을 위해, 쇼핑몰을 대신하여 배송처리를 위한 정보제공이기 때문에 위탁에 해당하고 따라서 동의는 필요하지 않다. 이처럼 위탁에 대해 동의를 요건으로 하지 않는 것은 위탁자의 업무를 대신하는 다는 점과 개인정보 관리, 감독 의무가 여전히 위탁자에게 존치하므로 개인정보보호에 관한 새로운 위험이 발생하지 않는다고 보기 때문이다.

다만, 현실에서는 위 개인신용정보 사례와 같이 제3자 제공인지 아니면 처리위탁인지가 애매한 경우가 많다. 이런 경우에는 개인정보의 취득 목적과 방법, 대가 수수 여부, 수탁자에 대한 실질적인 관리·감독 여부, 정보주체 또는 이용자의 개인정보 보호 필요성에 미치는 영향 및 이러한 개인정보를 이용할 필요가 있는 자가 실질적으로 누구인지 등을 종합하여 판단하여야 한다는 것이 법원의 입장이다.[17]

현재 이슈가 되고 있는 사안의 경우 개인정보인 여부,[18] 개인정보 처리위탁에 해당하는지 여부[19]가 상당히 불분명하다. 이에 따라 치열한 법리 논쟁이 예상되

---

17 대법원 2017. 4. 7. 선고 2016도13263 판결.

18 회원 ID, 일련번호에 대해 카카오 측은 이를 단순한 숫자 문자열로서 개인 식별이 불가능하다고 주장했으나, 개인정보위는 "다른 정보와 결합할 경우 개인을 식별할 수 있다면 개인정보로 봐야 한다"는 해석을 견지했다. 즉, 단독 식별 가능성이 없어도 결합 가능성 등을 고려해 개인정보로 본다는 입장이다.

19 금융감독원은 카카오페이가 알리페이에 전달한 정보 및 계약 관계를 분석한 결과, 카카오페이

며 또한 규제당국의 결론은 물론 법원의 판단까지 상당한 시일이 소요될 것으로 보인다. 아무쪼록 이번 사건을 계기로 개인정보의 활용과 보호를 균형적으로 고려하는 합리적인 법 해석 기준이 마련되기 바란다.

와 알리페이 사이에 "NSF 점수 산출 업무를 위탁한다"는 계약 조항이 존재하지 않는 점, 수탁자(알리페이)가 독자적인 이익을 추구한 정황이 있는 점, 카카오페이가 알리페이의 업무에 대해 관리·감독한 흔적이 없는 점 등을 근거로 제3자 제공으로 봐야 한다고 판단했다.

이와 별개로 개인정보위는 카카오페이가 이용자의 동의를 받지 않은 채 개인정보를 국외로 이전한 것은 개인정보 보호법(국외 이전 규정)을 위반한 것으로 보고, 카카오페이에 대해 59억 6,800만 원의 과징금을 부과했다.

31 소비자 간 온라인 거래, 개인정보보호 대책 필요

중고 거래 시장이 폭발적으로 성장하고 있다. 소비자들은 판매자나 구매자의 지위에서 활발하게 중고 물품을 거래하고 있다. 이처럼 중고 거래가 활성화된 데에는 혁신적인 온라인 중고 거래 플랫폼의 역할이 컸다. 중고 거래는 불필요한 물품을 처분하고 또 저렴한 가격에 물품을 구매할 수 있다는 장점이 있지만, 중고 거래 물품의 정보와 거래의 신뢰성을 담보하기 어렵다는 단점이 있는데, 중고 물품의 신뢰성을 보증하는 플랫폼, 인접 지역 내 이용자들 간의 대면 중고 거래를 중개하는 플랫폼이 등장하면서 이런 단점이 극복되고 있다.

다만, 중고 거래 시장의 급격한 확장에 따라 물품 구매자인 소비자 보호에 대한 우려도 함께 증가하고 있어 이에 대한 규제 필요성이 논의되고 있다. 국내에서 온라인 거래의 소비자 보호를 위한 대표적 규제는 전자상거래 등에서의 소비자 보호에 관한 법률(전자상거래법)에 따른 규제이다. 그런데 전자상거래법은 사업자와 소비자 간(B2C) 거래를 하면서 발생하는 정보 비대칭으로부터 소비자를 보호하기 위한 법으로, 현재 중고 거래의 대부분을 차지하는 개인 소비자 간(C2C) 거래를 예상하고 만들어진 법제가 아니어서 동 법을 C2C 거래에 그대로 적용하기 어려운 문제가 있다.

특히 문제 되는 조항이 법 제20조 제2항인데, 이에 따르면 중고 거래 플랫폼은 소비자 보호를 위해 사업자인 판매자의 성명, 전화번호, 주소 등 신원정보를 소비자에게 제공해야 한다. 과연 이 조항을 C2C 거래에 그대로 적용할 수 있을까. C2C 거래의 경우에도 소비자 보호의 필요성이 있지만, 사업자와 달리 개인 판매자의 신원정보는 헌법상 보호되는 개인정보이기 때문에 달리 볼 필요가 있다.

개인 판매자의 신원정보 제공은 프라이버시에 위험을 초래하는 것은 물론 스토킹, 사기 등 범죄 피해로 이어질 가능성이 크다. EU의 디지털서비스법은 판매자의 신원정보 제공 의무를 "trader(판매자)"로 한정하고 있다. 한국의 개인정보보호위원회도 현행과 유사한 전자상거래법 개정안에 대해 개인 판매자와 소비자 간 불미스러운 방식의 사적 해결을 조장하는 등 소비자 보호라는 효용을 능가하는 개인정보 공개에 따른 위험을 발생시킬 수 있으므로, 소비자 보호라는 목적에 비하여 개인정보자기결정권을 과도하게 제한하는 입법이라고 판단했다. 이에 위 개인 판매자 정보의 제공 의무를 삭제하는 대신 이 정보를 공적분쟁 조정기구에 제공하도록 수정할 것을 권고한 바 있다.

결국 이 건은 소비자 보호보다는 개인정보보호의 필요성에 주목할 필요가 있다는 점에서 중고 거래 플랫폼에 개인 판매자 신원정보 제공 의무가 있다고 보는 것은 적절하지 않다. 만약 이를 강제한다면 개인들은 온라인을 통한 중고 물품 판매를 꺼리게 될 것이며, 결국 중고 거래 플랫폼의 사업 구조도 유지될 수 없을 것이다.

중고 거래 플랫폼의 혁신과 성장을 저해하지 않으면서도, C2C 거래의 참여자로서 구매자, 판매자의 정당한 권리와 이익도 보호할 수 있는 균형 있는 규제 방안을 모색할 필요가 있다. 특히, 제정 이후 20년 가까이 큰 변화 없이 유지되어 온 전자상거래법은 혁신적인 중고 거래 플랫폼을 규제하기에는 너무 낡은 틀이다. 법령을 정비하는 한편 우선 가이드라인 등 자율규제안을 마련하여 시행할 필요가 있다.

32 평판 조회의 법적 이슈와 과제

평판 조회(reference check)란 기업이 구직자나 근로자에 대한 정보를 수집하기 위해 이전 직장이나 관련자에게 해당 인물의 업무 능력, 성격, 근무 태도 등에 관한 정보를 요청하는 행위를 말하는데, 이는 인사 채용 과정에서 구직자의 적합성을 판단하기 위한 수단으로 활용된다. 후보자의 이력서나 자기소개서 외에도 이전 직장에서의 평판, 팀워크, 성실성 등을 파악할 수 있어 인사 실패를 줄일 수 있으며, 허위 경력, 위장 회사, 과거 부정행위 등을 사전에 확인함으로써 사기나 부정행위를 예방할 수 있어 인사 채용 특히, 경력직 인사 채용에는 거의 필수적인 절차가 되고 있다.

다만, 구직자의 동의 없이 평판 조회가 이루어지는 문제, 평판 조회로 인해 이직 사실이 알려져 기존 직장에서 곤란을 겪는 문제, 고의로 자신에 관한 허위 사실이 제공되어 취업이 어려운 경우 등으로 인해 여러 법적 이슈가 제기되고 있다.

첫째, 개인정보보호법상 이슈이다. 개인정보보호법 제15조에 따르면 개인정보처리자는 정보주체의 동의를 받은 경우, 법률에 특별한 규정이 있거나 법령상 의무를 준수하기 위해 불가피한 경우 등에 한하여 개인정보를 수집하고 이용할 수 있다. 평판 조회를 위해 반드시 구직자의 동의가 필요한지가 이슈이다.

먼저 평판이 개인정보에 해당하는지가 문제이다. 개인정보보호법에 따르면 개인정보란 "살아 있는 개인에 관한 정보로서 성명, 주민등록번호 및 영상 등을 통하여 개인을 알아볼 수 있는 정보"를 의미하는데, 여기에는 해당 정보만으로는 특정 개인을 알아볼 수 없더라도 다른 정보와 쉽게 결합하여 알아볼 수 있는 정보도 포함된다. 일을 잘한다. 성실한 사람이다 등 구직자의 업무 능력, 성격 등에 관한 동료의 주관적 평가나 의견 자체는 개인정보가 아니라고 볼 여지가 있으나, 객관적 사실이 수반되는 평판은 개인정보에 해당한다고 볼 것이다. 대부분의 평판이 객관적 사실을 수반할 가능성이 높다는 점에서 평판도 대부분 개인정보에 해당한다고 할 것이다. 개인정보보호위원회와 고용노동부가 펴낸 인사·노무편 개인정보보호 가이드라인은 직무수행 능력에 대한 고용정보는 개인정보로 보고 있다. 따라서 구직자의 평판을 수집하거나 이를 제3자에게 제공하기 위해서는 개인정보보호법에 따른 동의를 받아야 한다.

또한 평판에 민감정보, 즉, 사상·신념, 노동조합·정당 가입·탈퇴, 정치적 견해, 건강, 성생활 등에 관한 정보, 유전정보, 범죄경력자료 등이 포함될 경우 별도로 민감정보 수집에 관한 동의도 받아야 한다. 또한 개인정보보호법 제59조 제2호에 따르면, 개인정보를 처리하거나 처리했던 자는 업무상 알게 된 개인정보를 누설하거나 권한 없이 타인에게 제공하는 행위가 금지되므로 평판 조회 과정에서 이전 직장의 담당자가 구직자의 개인정보를 부적절하게 누설하는 경우 이 조항을 위반할 수 있다.

결국 평판 조회는 원칙적으로 정보 주체의 동의를 받아야 하나, 법령에 근거가 있거나, 공익을 위한 경우, 이익형량에 따라 정당화되는 경우, 사회상규에 위배되지 않는 행위로 인정되는 경우 등에는 예외적으로 동의 없이도 가능할 수 있다.

둘째, 평판 조회 과정에서 구직자에 대하여 부정적 사실 및 허위 사실을 말하여 그 결과 구직자의 사회적 평가가 저해되었다면, 형법상 명예훼손죄가 될 수 있다. 그러나 명예훼손죄는 사실 내지 허위 사실의 적시가 필요하므로 단순히 '구직자의 업무태도 등이 별로예요'라고 대답한 것은 명예훼손에 해당한다고 하기 어렵다. 셋째, 근로기준법 제40조는 근로자의 취업을 방해할 목적의 비밀 기호 또는 명부 작성·사용, 통신을 금지하고 있어, 취업 방해를 목적으로 구직자에 불리한 평판을 제공한 경우에는 취업방해가 성립할 수 있다. 다만, 고용노동부는 취업방해의 목적이 아닌, 단순 경력 조회 등은 동법에 위반되는 것으로 볼 수 없다고 행정해석을 한 바 있다(근기 68207-161).

다만, 실제로 많은 평판 조회가 당사자의 명시적 동의 없이 비공식적으로 이루어지고 있다. 채용 담당자들은 구직자가 밝힌 추천인 외에도 비공식 루트인 전 직장 동료, 지인, 업계 커뮤니티 등을 통해 평판을 알아본다. 특히, 고위직이나 신뢰가 중요한 직무에서는 비공식 평판이 채용 여부에 결정적 영향을 미친다. 기업 입장에서는 위험 회피 차원에서 어쩔 수 없는 조치로 보는 경우도 많다. 따라서 법은 엄격하지만, 현실과는 괴리가 있다.

문제는 현재 평판 조회에 대한 법적 규제가 명확하지 않다는 것이다. 어느 범위까지 평판이 개인정보에 포함되는 것인지, 어떤 경우 동의 없이 가능한 것인지, 평판 조회의 절차는 어떠해야 하는 것인지 등에 대한 입법이나 직접적인 판례가 없는 상황이다. 따라서 이제 평판 조회의 개념, 절차, 범위 등에 대해 개인정보보호위원회와 고용노동부가 협의하여 공식적·합법적 프레임워크를 정비하는 것이 필요하다고 할 것이다.

33 개인정보 유출 방지를 위한 개인정보보호 체계의 개선 방향

국내 최대 통신사인 SK텔레콤의 해킹 및 개인정보 유출 사건은 역대 최악의 사이버 보안 침해 사고로 기록될 것으로 보인다. 2022년 6월 15일, 해커가 SK텔레콤의 홈 가입자 서버(HSS)를 비롯한 여러 서버 시스템에 침입하여 악성코드를 설치한 것으로 파악되며, 실제 유출 인지 및 언론 보도는 2025년 4월경에 이루어졌다. 유출 정보는 SK텔레콤 가입자들의 유심(USIM) 관련 정보로 한국 인구의 절반이 넘은 2,696만 명의 가입자 식별키가 해킹당한 것으로 확인되었다.

이 사건을 계기로 통신사를 비롯한 국내 기업들의 정보보호 투자와 개인정보보호 체계 전반에 대한 재점검의 필요성이 강조되고 있다. 개인정보보호위원회의 발표에 따르면 2024년 1월부터 4월까지 국내에서 유출된 개인정보 규모가 전년 대비 3배 가까이 증가했을 정도로 개인정보 유출은 심각한 상황이다. 특히, 이번 해킹은 경제적 피해가 보고되고 있지 않아 다른 정치적 목적이 있는 것은 아닌지 의심되고 있다. 이제 보안 사고는 단순히 개인이나 기업의 피해를 넘어 국가 안보에 위협을 가하는 형태로 발전하고 있다.

먼저 기업들의 정보보호에 대한 투자가 매우 미약한 것이 문제이다. 국내 기업들의 정보보호 투자 비율은 전체 정보기술(IT) 투자 대비 평균 6%에 불과하다. 미국·유럽의 평균 투자 비율인 25%에 크게 못 미치는 수준이다. SKT의 2024년 정보보호 분야 투자 금액은 본사(600억 원), 자회사 SK브로드밴드(267억 원) 등 총 867억 원으로, 경쟁사인 KT(1218억 원), LGU+(631억 원)에 비해 적었다. 다량의 개인정보를 보유하고 있을 수 있는 영세업체의 경우 보안 투자 여력이 없다고 봐도 무방하다.

우선 기업들이 보안 투자에 소극적인 이유는, 보안을 수익을 창출하지 않는 지출 항목으로 인식하기 때문이다. 게다가 보안의 특성상 문제가 발생하지 않으면 성과가 보이지 않기 때문에 투자 대비 효과(ROI)를 정량화하기 어려운 문제가 있다. 아직 국내 기업 전반에서는 여전히 보안을 비용 중심으로 인식하는 한계가 존재한다. 실제 침해 사고를 겪기 전까지는 경각심이 낮다. 경영진의 낮은 보안 인식 역시 주요 원인 중 하나다. 보안 문제를 기술 부서의 전담 영역으로 한정하고, 조직 차원에서 전략적으로 다루지 않는 경향이 여전하다. 여기에 더해 보안 전문가 인력 확보의 어려움도 지속되고 있으며, 특히 중소기업의 경우 보안 담당자가 없거나, 타 부서가 보안을 겸임하는 경우가 일반적이다.

보안이 일회성 대응이나 비용 항목이 아니라, 기업과 사회 전반에 내재된 필수적인 인프라, 문화로 정착돼야 한다. 또한 디지털 사회는 네트워크와 통신, 사이버 공간에 기반한 초연결 구조 위에 작동하고 있고, 이 시스템이 멈추는 순간 경제, 사회 활동 시스템 전반이 마비될 수 있는 구조라는 점에서 국민 생활과 밀접한 통신사, 포털사, 전력·에너지 기업 등은 국가보안시설에 준하는 보안관리 체계(주요 정보통신기반 보호시설)로 지정될 필요가 있다. 또한 대량의 개인정보를 보유한 대기업에 대해서는 전체 IT투자 대비 정보보호 투자액의 하한선을 가이드로 마련할 필요도 있다. 투자 여력이 없는 중소기업의 경우에도 다량의 개인정보를 보유하고 있는 경우가 많은데, 이들에 대해서는 경제적, 기술적 지원을 할 필요가 있다.

한편 국가 안보, 공무상 기밀 등 민감한 개인정보를 다루는 정보기관, 공공기관 등의 경우 더욱 강력한 보안체계를 구축해야 한다. 구체적으로 보면 침입 차단, 탐지, 대응, 복구 등 다계층 방어 체계 구축, 최신 보안 기술 도입 및 활용, 보안 취약점 상시 점검 및 개선, 암호화 및 접근 제어 강화, 정기적 보안 감사 실시, 국내외 유관기관과의 정보 공유 및 공조 체계 구축 등이 필요하다.

기업의 보안 투자의 성패는 결국 정보보호산업의 양적, 질적 고도화 여부에 달려있다. 정보보호산업은 데이터를 안전하게 보호하고 활용할 수 있는 환경을 제공함으로써 디지털 경제 성장의 필수적인 안전망 역할을 한다. 해킹, 데이터 유출 등의 사이버 위협은 기업의 존폐를 위협할 수 있으며, 이를 방지하는 정보보호 기술과 서비스는 기업 활동의 지속성을 보장한다.

그러나 국내 정보보호 기업은 대부분 영세하여 자체적인 기술 개발 투자나 해외 마케팅에 어려움을 겪고 있고, 일부 핵심 보안 기술 분야에서 해외 의존도가 높으며, 자체적인 원천 기술 개발이 미흡한 상황이다. 정보보호 산업의 경쟁력 강화를 위한 정부의 대책 마련이 필요하다.

또한 이번 사고로 인해 정보보안 및 개인정보 보호 체계의 민낯도 드러났다. 먼저 사이버 침해 및 개인정보 유출에 대한 경보 체계의 미비이다. 현행 개인정보보호법상으로 피해자에 대한 통지는 기본적으로 해킹이 발생한 기업이 하는 것이지만 해킹 사고가 사회 전반에 영향을 미치는 만큼 정부도 사이버 침해 사실에 대해서 적극적으로 국민에게 경보하고 대응 방안을 알릴 필요가 있다. 이번 SKT 해킹 피해 사태에서 정부가 국민에게 사태의 위험성과 2차 피해 가능성을 명확히 경고하거나 경보 수준의 안내를 제공한 사실이 없다. 산불 피해 방지를 위한 문자처럼 사이버 침해 사고 시에도 국민에게 직접적으로 위험성을 전달하는 경보 체계를 갖추도록 정보통신망법 등 관련 법률을 개정할 필요가 있다. 또한 이번 사태에서 유심보호서비스로서도 추가 피해는 없을 것이라는 점을 정부가 직접 설명했더라면 유심 대란과 같은 불편을 일어나지 않았을 것이다.

또한 개인정보보호를 포함한 정보보호 관리체계 인증(ISMS-P)의 실효성도 문제이다. SKT가 보유한 정부의 정보보호 인증은 ISMS(정보보호 관리체계 인증) 2개와 ISMS-P(정보보호 및 개인정보보호 관리체계 인증) 1개 등 모두 3개다. ISMS 인증은 정보자산을 안전하게 관리하기 위한 위험 관리, 사고 예방 및 대응, 복구 등 80개 기준을 통과한 기업에 부여한다. 다만, ISMS 인증기업이 신고한 침해사고 건수는 2020년 0건에서 2021년 6건, 2022년 13건, 2023년 101건, 2024년에도 96건, 올해의 경우 2025년 7월 28일까지 37건의 침해 신고가 들어왔다. SKT도 보안 인증 심사를 받은 지 불과 6개월 후인 2025년 4월에 해킹 사태가 벌어졌다.

인증심사는 인증기준 충족 여부 등을 검토하는 체크 리스트 방식으로 진행된다. 체크 리스트 방식은 그 최소한의 기준을 정하는 것이고, 따라서 요건이 충족되는 경우 심사를 통과하게 된다. 따라서 기준 설정 당시보다 고도화된 사이버 침해에 대한 대응을 할 수 없는 한계가 있다. 인증 기준도 빠르게 현행화해야 할 필요가 있으며, 대기업의 경우에는 인증을 받는 것이 중요한 것이 아니라 인증 기준에 없더라도 수시로 고도화되는 해킹에 대응하는 보안 역량을 계속 강화해야 할 것이다. 인증심사가 기업의 보안책임의 면죄부로 작용하지 않도록 해야 할 것이다. 그것은 최소한의 기준일 뿐이다.

다음 개인정보보호를 포함한 사이버 정책의 거버넌스 문제이다. SKT 해킹 사건을 비롯해 스미싱, 딥 보이스 등 국민의 일상생활은 물론 초연결 네트워크 사회의 기초를 근본적으로 위협하는 사이버보안 이슈 전체를 총괄하는 정부조직이 필요하다. 현재 부처 간 업무 분장을 보면 국정원과 행정안전부가 공공부분 사이버보안, 과기정통부가 민간부분 사이버보안, 개인정보보호위원회가 공공과 민간에 대한 해킹으로 인한 개인정보 유출 시 조사 및 제재, 경찰이 사이버 범죄 수사를 담당하고 있다.

이런 다층적인 시스템으로 인해 비효율적인 중복 조사 및 수사, 조사 및 수사 인력의 전문성 부족, 상시적인 보안, 안전 정책 및 문제 인식 결여의 문제가 발생하고 있다. 그동안 정부는 국가사이버안보기본법안 제정을 추진했다. 동 법안은 대통령 소속 국가사이버안보위원회의 위원장을 국가안보실장이 맡는 등 국가안보실이 컨트롤타워 역할을 하고 여러 중앙행정기관이 역할을 분담하도록 하고 있다. 다만, 이 안도 여전히 사이버안보 실행을 위한 집행 조직에 관한 문제의식이 없다. 이에 위 4개 기관 업무 즉, 사이버 보안 정책 개발, 사이버 침해 대응 기준 제정, 사이버 침해 조사 및 제재, 개인정보 유출 조사 및 제재, 사이버 보안 기술 개발 및 인력 양성 등을 담당하는 청 단위 조직으로 가칭 사이버안전청 설립을 제안한다.

최근 AI를 이용한 사이버 공격이 가능해지고 있지만, 다른 한편으로는 사이버 공격을 방어할 수 있는 것도 AI라는 점에서 AI 활용에도 특별한 노력을 기울여야 할 것이다. 생성형 AI는 코딩 능력이 매우 우수한 것으로 알려져 있다. 이에 전문 지식이 부족한 공격자도 랜섬웨어와 같은 악성코드 생성, 웹페이지 공격 수단 검색, 취약점 분석, 공격스크립트 생성을 통해 해킹 공격을 할 수 있다. 반면 AI 기술을 이용해 사이버보안을 강화할 수 있다(Security by AI), AI 기술을 사이버보안에 이용하는 대표적인 예가 AI 기반 보안 관제이다. 사람이 하루에 수백만 건에 달하는 보안 위협을 분석하는 것은 불가능한데, AI 기술은 사람의 개입 없이 보안사고로 이어질 가능성이 큰 보안 위협을 찾아내서 해당 위협의 원인과 추후 공격 양상 그리고 잠재적인 공격자 등을 식별하는 데 이용될 수 있다.

집을 나설 때 현관문을 잠그는 것이 당연한 일상인 것처럼 사이버 공간에서의 보안도 이제 당연한 것으로 받아들여야 하지만, 아직 조직의 리더는 물론 일반 국민도 보안 의식이 일천한 상황이다. 이번 대규모의 사이버 공격의 피해 우려가 사회 전반으로 확대된 경험을 계기로 보안 및 개인정보보호 체계 개선을 위한 획기적인 방안이 마련되어야 할 것이다.

34 데이터 계약의 유형

1 들어가며

디지털 대전환의 핵심 자원으로서 데이터의 중요성이 부각되면서 국내 데이터 거래 수요도 증가하고 있다. 그러나 데이터거래 계약은 아직 보편적으로 체결되거나 실무가 정착되었다고 보기는 어렵다. 이에 따라 정부는 다양한 데이터 거래를 유형별로 분류하고 각 경우에 권리, 이용관계, 이익배분 등을 위한 지침을 제공하는 가이드라인을 제정하고 있다. 2020년 8월 과학기술정보통신부는 「데이터거래 가이드라인」을 발표했으며, 2022년 4월 데이터산업진흥 및 이용촉진에 관한 기본법(데이터산업법) 시행 이후 데이터 거래 표준계약서 개발을 위한 연구용역을 진행하고 있다. 산업통상자원부도 2022년 7월 산업디지털전환촉진법 시행 이후 12월에 「산업데이터계약 가이드라인」을 발표하였다. 또한 2021년 9월 미국법연구소(American Law Institute, ALI)와 유럽법연구소(European Law Institute, ELI)가 발표한 '데이터경제에 대한 제 원칙 - 데이터거래와 데이터권리(Principles for a Data Economy - Data Transactions and Data Rights)'에서 여러 데이터 계약유형을 나열하고 있다.

2 데이터 계약의 유형

1. 데이터 제공형, 데이터 창출형, 데이터 마켓플레이스형 분류

이는 2020년 과학기술정보통신부의 분류로 2018년 일본 경제산업성이 발표한 「AI·데이터 이용에 관한 계약 가이드라인」을 참조한 것이다. 이 가이드라인에서는 데이터 계약의 유형을 제공형, 창출형, 공용형으로 분류한다. 제공형은 데이터 보유자가 거래상대방에게 데이터를 제공하는 거래로서, 데이터는 일방 당사자만 보유하고 있으며 이용 권한에 대한 조건을 정하기 위한 계약이다. 창출형은 복수의 당사자가 관여하여 데이터를 새롭게 생성하거나 가공하는 계약으로, 기존에 존재하지 않았던 새로운 데이터가 창출된다. 공용형(플랫폼형) 계약은 복수의 사업자가 데이터를 플랫폼에 제공하고, 플랫폼이 해당 데이터를 보관·가공·분석하여 복수의 사업자가 플랫폼을 통해 해당 데이터를 공용하는 계약이다.

국내 가이드라인상 제공형과 창출형은 일본 가이드라인과 유사하다. 마켓플레이스형은 오픈마켓이라는 중개 기능이 있는 플랫폼 위에서 데이터를 거래하는 유형으로 크게 ① 오픈마켓 운영자와 데이터 제공자 간, ② 오픈마켓운영자-이용자 간 계약으로 구분된다. 오픈마켓운영자-데이터제공자 간 계약유형에서 오픈마켓운영자는 데이터 중개 플랫폼에 가입한 데이터 제공자와 데이터 구매회원으로 가입한 데이터 이용자 간의 데이터 상품 거래를 중개하는 역할을 한다. 오픈마켓운영자-이용자 간 계약유형에서는 오픈마켓운영자와 오픈마켓이 중개하는 데이터서비스를 이용하고자 하는 사업자나 소비자와 같은 데이터 이용자 간의 계약관계에서 발생하는 권리와 의무 등에 사항을 규정한다.

한국은 일본과 달리, 국내 시장에서 등장하고 있는 오픈마켓형 계약을 고려하여 공용형과 다른 오픈마켓형을 두고 있다. 둘을 비교해보면 오픈마켓형은 오픈마켓 운영자가 데이터 거래를 중개하는 것을 중심으로 하는 반면, 공용형은 목적을 같이하는 다수의 사업자가 데이터를 플랫폼에 제공하고 플랫폼이 해당 데이터를 집약·보관·가공·분석하고 공동으로 이용한다.

2. 산업데이터 제공형, 산업데이터 창출형, 산업데이터 플랫폼형 분류

이는 산업디지털전환촉진법상 산업데이터를 대상으로 한 산업통상자원부의 분류이다. 산업데이터 제공형은 데이터 제공자가 보유하고 있거나 보유하게 될 산업데이터를 거래상대방에게 제공하는 계약유형을 말하며, 세 가지가 있다. 첫째, 산업데이터 양도형은 산업데이터에 대한 사실상 지배권을 거래상대방에게 이전하는 유형이다. 둘째, 산업데이터 이용허락(라이센스) 유형이다. 산업데이터의 사용 등에 대하여 이용허락을 하는 유형으로 데이터 제공자가 데이터를 사용하면서 거래상대방도 그 데이터를 이용할 수 있게 하므로 데이터 공유에 해당된다. 산업데이터 상호 이용허락형은 산업데이터의 사용 등에 대하여 상호 이용허락을 하는 유형이다.

다음 유형은 산업데이터 창출형 계약이다. 2인 이상이 공동으로 산업데이터를 생성하는 경우 그 생성에 관여한 당사자 간 이용 권한, 이익 분배 등을 규정하는 계약유형이다. 공작기계 제조업체는 고객들의 공장에 납품한 공작기계에 센서를 설치하고 그 센서로부터 획득한 공작기계의 운영데이터를 분석한다. 이 데이터는 제조업체와 고객이 공동으로 창출한 데이터이다.

끝으로 산업데이터 플랫폼형 계약인데, 3가지의 하위 유형이 있다. 첫째, 산업데이터 오픈마켓형은 데이터 제공자가 오픈마켓 등 산업데이터 유통플랫폼을 통하여 거래상대방에게 데이터를 제공하는 계약유형을 말한다. 둘째, 협의의 산업데이터 플랫폼형이다. 복수의 사업자가 산업데이터를 플랫폼에 제공하고 플랫폼이 해당 산업데이터를 수집·보관·가공·분석하고 공유(sharing)하기 위한 계약유형을 말하는데, 일본의 공용형과 유사하다. 셋째, 위 두 유형이 혼용되는 유형이다.

3. 데이터 공급 또는 공유에 관한 계약, 데이터 관련 서비스에 대한 계약 분류

이는 ALI와 ELI의 분류로 "데이터 공급 또는 공유 관련 계약"이 데이터를 제3자와 공유함으로써 이익을 배분하는 것이 목적이라면, "데이터와 관련된 서비스에 대한 계약"은 데이터 보유자가 자기 목적으로 데이터를 제3자로 하여금 처리하도록 하는 것이라고 할 수 있다.

데이터 공급 또는 공유계약으로는 5가지 하위 유형이 있다. 첫째, "데이터 이전에 관한 계약"은 수령자가 관리할 수 있는 매체로 데이터를 이전하거나, 데이터가 저장된 매체를 수령자에게 전달함으로써, 공급자가 수신자로 하여금 특정 데이터를 관리할 수 있도록 의무를 부담하는 계약이다. 둘째, "데이터의 단순 접근에 관한 계약"은 공급자가 관리하는 매체상의 특정 데이터에 대한 접근을 수령자에게 제공하기로 약정하는 계약이다. 셋째, "데이터 소스 이용에 대한 계약"은 공급자가 데이터가 수집되거나 그 밖의 방식으로 생성되는 것으로서 이를 통해 데이터를 읽거나 데이터를 처리 또는 포팅할 수 있는 특정 장치 또는 설비)에 대한 접근을 제공함으로써 데이터에 대한 접근을 수령자에게 제공하기로 약정하는 계약을 말한다. 넷째, "데이터 접근 승인에 관한 계약"은 공급자가 일반적으로 데이터 처리 또는 포팅을 포함하여, 수령자에 의한 데이터 또는 데이터 소스에 대한 접근을 승인하는 약정이다. 다섯째, "데이터 풀링에 관한 계약"은 2 이상의 당사자가 체결한 계약으로서, 데이터 풀 내 데이터를 공유하기로 하는 약정을 말한다.

다음 데이터와 관련된 서비스에 대한 계약으로 4가지의 세부 유형이 있다. "데이터 처리에 관한 계약"은 '데이터 처리' 즉, 자동화 수단에 의한 것인지와 관계없이 데이터에 대해 수행되는 모든 작업 또는 일련의 작업(데이터의 구조화, 변경, 저장, 검색, 전송, 결합, 집적 또는 삭제가 포함)을 타인이 대신하도록 하는 약정이다. "데이터 신탁 계약"은 위탁자가 제3자(데이터 수탁자)에게 위탁자 또는 더 넓은 이해 관계자 집단에게 이익이 될 수 있는 명시된 목적을 촉진하기 위해 제3자가 자신을 대신하여 데이터의 공급 또는 이용에 관한 특정한 결정을 내릴 수 있는 권한을 부여하는 약정이다. "데이터 에스크로 계약"은 데이터 사용을 계획 중인 하나 이상의 당사자와 제3자 간의 계약으로, 독점금지법 또는 데이터 프라이버시, 개인정보보호법에 의해 부과되는 것과 같은 법적 요건과의 충돌을 방지하기 위해 에스크로 당사자가 데이터에 관한 계약체결 당사자들 전부 또는 일부의 권한과 능력이 제한됨을 보장할 의무를 부담하는 약정을 말한다. "데이터 마켓플레이스 계약"이라 함은 데이터 거래를 시작하려는 당사자와 데이터 마켓플레이스 제공자 간의 계약을 말하는 것으로서, 마켓플레이스 제공자는 고객과 데이터 거래를 위한 다른 당사자 간의 매칭을 가능하게 하거나 용이하게 할 의무를 부담한다.

3 나가며

데이터 거래는 크게 제공, 창출, 중개의 형태인데, 제공의 경우에 데이터의 비배제성으로 인해 양도보다는 이용허락이 다수이며, 창출의 경우 공동이용 및 수익권의 발생으로 인해 배분비율 이슈가 발생할 수 있다. 중개형의 경우 오픈마켓형과 공용형이 있는데, 과기정통부와 달리 산업부는 공용형도 인정하고 있으나, 산업부는 오픈마켓형에서 오픈마켓과 이용자 간 계약유형을 인정하지 않고 있다. 또한 양자 모두 데이터 제공자와 이용자 간의 계약유형은 없는데, 오픈마켓의 책임을 포함해 향후 추가적인 검토가 필요하다.

데이터 거래의 사례가 많지 않은 상태에서 데이터 계약 체결을 위한 정보를 제공한다는 차원에서 가이드라인의 의의가 있다. 데이터산업법 제21조도 과기정통부 장관은 공정거래위원회와 협의하여 표준계약서를 제정하고 이의 사용을 권고할 수 있도록 하고 있다. 개별적, 구체적 계약 실태를 충분히 고려하여 적용가능한 가이드라인과 표준계약서안이 도출되기를 기대한다.

35 AI시대 개인정보 활용과 보호

AI 기술을 개발하거나 이에 기반한 서비스를 제공하기 위해서는 대량의 공개 데이터를 학습하고 이용할 필요가 있다. 그런데 이런 공개 데이터에는 특정 개인의 정보에 해당할 수 있는 데이터 등도 포함될 수 있다. 원칙적으로 공개된 개인정보라고 해도 이를 수집, 이용하기 위해서는 정보주체의 동의가 필요하다. 다만 AI가 인간의 개입 없이 자동적으로 공개된 개인정보를 수집하는 경우 개인정보 보호법을 적용해 동의를 강제하는 것은 기술적으로 실행이 어려우며 또한 공개된 정보에 대해 비공개 정보와 동일한 요건을 적용하는 것이 타당한지 의문이 있다. 동의를 강제하는 경우 AI 데이터 학습은 상당한 제약을 받게 된다.

이에 AI 기술 및 서비스를 개발하고 이를 이용자에게 제공하기 위해서는 대량의 데이터를 활용토록 법리를 구성할 필요가 있다. 이와 관련된 법리상 쟁점은 첫째, 사업자가 공개된 개인정보를 정보주체의 동의 없이 수집해 이용할 수 있는 법적 근거는 무엇인지 둘째, 사업자가 기존 정보주체의 동의를 받아 수집한 정보를 AI 기술 및 서비스 개발의 목적으로 이용하기 위해 이용자의 동의를 다시 받아야 하는지다.

개인정보보호위원회는 2024년 7월 'AI 개발 서비스를 위한 공개된 개인정보 처리 안내서'를 통해 공개된 개인정보를 '정당한 이익'에 근거해 동의 없이 처리할 수 있음을 밝혔다. 이 조항은 개인정보보호법 제15조 제1항 제6호인데 '개인정보처리자의 정당한 이익을 달성하기 위해 필요한 경우로서 명백하게 정보주체의 권리보다 우선하는 경우' 동의 없이 개인정보를 처리할 수 있다고 밝혔다. 그런데 이 조항에서 '명백성 요건'이 너무 엄격해 실제 이용되기 어려운 문제가 있다.

다음으로 기존 수집한 개인정보를 AI 개발 등 목적으로 활용할 수 있도록 하는 개인정보보호법 개정안이 제안됐다. 민병덕 의원과 고동진 의원의 안은 적법하게 수집한 개인정보를 성능개선을 포함해 AI 기술개발을 위해 당초 수집한 목적 외로 처리할 수 있도록 했다. 그 요건은 안전조치를 취할 것, 공공의 이익 내지 사회적 이익증진을 목적으로 할 것, 개인정보보호위원회의 심결을 받고 개인정보처리방침에 공개할 것 등이다. 고동진 의원의 안은 일정한 경우 심의, 의결을 간소화할 수 있는 경우를 포함한다는 점이 다르다. 개인정보 활용을 위한 진일보한 안이지만 목적을 공공의 이익이나 사회적 이익으로 제한하면 이 요건을 충족하는 사업자가 제한적일 수 있다. 공공, 사회적인 이익에 대해 유연한 해석을 하거나 명확히 개정하는 것을 고려할 필요가 있다.

개인정보보호위원회도 자율주행차처럼 가명처리만으로는 연구목적 달성이 어려운 경우 적정한 안전조치를 전제로 개인정보보호위원회 심의·의결을 거쳐 원본 데이터 활용을 허용키로 했다. 그동안 가명·익명처리를 요구하거나 규제샌드박스에서 개별 심사를 통한 원본활용에서, 진일보한 혁신안을 추진한다는 점에서 고무적이다.

다만 생성형 AI의 개인정보 무단수집에 따른 프라이버시 침해, 해외로의 개인정보 이전에 따른 데이터 주권침해 문제가 점점 심각해진다. 개인정보 유출사고도 여전하다. 아직도 기업들은 소 잃고 외양간 고친다는 생각으로 보안에 대한 투자를 불요불급한 비용으로 생각한다. 규제당국의 엄정한 대응과 함께 이용자 리터러시의 획기적 제고가 필요하다.

최근 개인정보보호위원회는 AI 시대 개인정보 이슈가 혁신의 걸림돌이 되지 않도록 다양한 정책방안을 마련 중이다. 이처럼 AI 시대에 새로운 시각에서 규제를 개선하기 위한 노력을 신속히 진행하지 않는다면 국내 사업자들은 한국과 다른 규제환경에서 기술 및 서비스를 개발하는 미국, 중국 등의 사업자들과 경쟁하기 어려울 것이다. 동시에 안전한 개인정보 처리에도 지속적인 관심을 가져야 한다.

36 'AI 3대 강국' 가려면 데이터 규제 정비해야

전 세계적으로 인공지능(AI) 경쟁이 치열한데, AI 산업의 경쟁력을 확보하려면 기술, 인재, 인프라 등과 함께 대량의 고품질 데이터를 확보하는 것이 중요하다. 데이터는 AI의 원재료이자 AI의 성능을 결정하는 핵심 요소이기 때문이다. 한국은 AI 기술, 인프라, 인재에서 주요국에 뒤처져 있는데, 개인정보, 공공데이터 등 데이터도 엄격한 규제로 인해 활용이 어려운 상황이다. 데이터 활용을 위한 규제 개혁이 시급한데, 아래 4가지 이슈의 검토가 필요하다.

첫째, 기업이 보유한 데이터를 AI 학습에 활용할 수 있는 근거가 필요하다. 개인정보보호법에 따르면 당초 수집 목적과 다른 AI 개발을 위한 개인정보 이용은 추가 동의를 받아야 하는데, 이것이 사실상 불가능하다는 점에서 별도의 정당화 요건이 필요하다. 이에 해당하는 것이 법 제15조 제1항 제6호의 "정당한 이익" 요건, 즉 "개인정보처리자의 정당한 이익을 달성하기 위하여 필요한 경우로서 명백하게 정보주체의 권리보다 우선하는 경우"인데, "명백성" 요건이 엄격하여 이 조항을 적용하기 어려우므로 이의 삭제가 필요하다.

나아가 AI 기술 개발을 위해서는 원본 데이터를 동의 없이 이용할 수 있도록 하는 특례 조항을 신설할 필요가 있다. 이미 국회에 관련 개정안이 발의되었다. 즉, 적법하게 수집된 개인정보는 '공공의 이익 증진'과 '정보주체 또는 제3자의 이익을 보호하거나 AI 기술 혁신을 촉진하는 등 사회적 이익 증진'을 목적으로 하고, 개인정보보호위원회의 심의·의결을 받는 등 요건하에 활용할 수 있도록 하고 있다. 이 특례의 조속한 입법이 필요하다.

둘째, 공개된 데이터에 관한 것이다. 공개된 데이터는 자유롭게 이용가능하지만 저작권이 설정되어 있거나 개인정보인 경우에는 저작권자나 정보주체의 동의를 받아야 한다. 다만, AI가 자동적으로 데이터를 수집하는 경우 사전 동의를 받는 것이 어려운데, 만약 동의를 강제한다면 사실상 AI의 데이터 학습은 불가능하다. 이에 영국, EU, 일본 등은 TDM(Text and Data Mining) 면책을 도입하고 있다. 이는 정보분석 등의 목적으로 AI가 데이터를 이용하는 경우에는 저작물을 이용할 수 있도록 하는 것인데 한국도 조속한 입법이 필요하다. 또한 개인정보보호위원회는 공개된 개인정보의 경우에도 '정당한 이익'에 근거하여 처리할 수 있다고 보고 있으나, 여기서도 "명백성 요건"이 엄격해서 실제 이용이 어려운 문제가 있다.

셋째, 공공데이터 개방과 데이터 거래 활성화이다. 의료, 교육, 조세, 판결 등 공공데이터는 대량 고품질 데이터이지만 공공목적이나 개인정보를 이유로 개방이 제한되어 있다. AI 개발에 대한 예외를 인정하는 개별법 개정이 필요하지만, 이가 어렵다면 데이터산업법이나 AI 기본법에 일반적으로 예외를 둘 수도 있다. 또 데이터 확보가 어려운 중소기업이 거래를 통해 데이터를 구매하여 AI 개발에 사용할 수 있는데, 이를 위해 데이터 권리 획정, 가치평가 및 품질 인증, 거래 플랫폼 구축 등이 활성화되어야 한다.

넷째, 위에 제시한 법 개정이 당장 어렵다면 규제샌드박스를 도입할 필요가 있다. 일정 기간 규제를 면제하거나 유예하는 제도인 규제샌드박스는 이미 정보통신, 산업융합, 금융 등에 도입되어 있으나, 데이터, AI 분야의 경우 수요가 많다는 점에서 별도의 규제샌드박스를 데이터산업법이나 AI 기본법에 도입할 필요가 있다.

결론적으로 데이터 관련 사후 규제 중심의 미국, 규제가 없는 중국과 비교하면 한국은 권리 중심인 EU의 개인정보, AI 규제를 도입해 디지털, AI 분야 경쟁력을 스스로 훼손하는 우를 범하고 있다. 왜 한국은 미, 중에 이에 AI 3강을 원하면서 데이터 규제는 그들보다 높은 수준을 유지해야 하는지 자문해 봐야 한다. 중장기적으로 개인정보, 데이터에 대해서는 자율규제와 사후규제 방식으로 전환하고 사전 규제는 최소화하는 방향으로 가야 할 것이다. 미국이 도입하고 있는 징벌적 배상,[20] 집단소송[21] 등의 사후규제가 기업의 책임의식을 제고함으로써, 개인정보 보호에 보다 효과적이라는 점을 참고할 필요가 있다.

20 징벌적 배상(punitive damages)은 손해배상 제도 중에서도 특별한 성격을 가지는 제도이다. 일반적인 손해배상(보상적 배상, compensatory damages)과 달리, 단순한 피해 보상을 넘어 가해자의 악의적·반복적 행위를 제재(처벌)하기 위한 목적으로, 고의 또는 중대한 과실로 타인에게 손해를 입힌 경우 실제 손해액을 초과하여 가해자에게 '징벌적 금액'을 배상하도록 명하는 제도이다. 현행 개인정보보호법 제39조의3 개인정보처리자가 고의 또는 중대한 과실로 개인정보를 유출·훼손한 경우, 법원은 손해액의 최대 3배까지 배상을 명할 수 있다.

21 집단소송(Class Action) 이란 동일한 원인으로 다수의 피해자가 발생했을 때, 그중 일부가 전체를 대표하여 제기하는 소송으로, 판결의 효력이 모든 피해자에게 미치는 제도이다. 현재 국내에서는 「증권관련 집단소송법」에 의해 증권 분야에만 제한적으로 허용되고 있다.

37 인공지능 등 신기술에 대응하는 프라이버시 보호 방향

최근 통신사를 비롯한 여러 기업에서 해킹으로 인한 대량의 개인정보 유출이 발생하면서 국민들의 불안이 가중되고 있다. 이런 불안을 해소하기 위해 정부는 더욱 강력한 개인정보보호법 집행을 예고하고 있다. 그러나 인공지능(AI) 시대의 프라이버시 위협은 단순히 해킹으로 인한 개인정보 유출과 같은 수동적 피해에 그치지 않고, 알고리즘에 의한 예측, 추론, 차별 등 개인이 통제할 수 없는 능동적 피해로 변화하고 있으며, 이에 따라 사전 동의, 데이터 최소 수집 등 개인정보보호 규제 원칙의 효용성이 점차 약화되고 있다.

새로운 프라이버시 위협을 초래하는 신기술로는 첫째 딥페이크(deepfake)가 있다. 이는 AI를 활용해 실제와 거의 구분하기 힘들 정도로 정교한 가짜 사진·영상을 만들어내는 기술이다. 이 는 창작 등의 영역에서 긍정적으로 활용되지만, 연예인, 정치인 등 유명인의 신체를 무단 도용해 성착취물을 제작·유포하거나 선거 국면에서 허위 영상을 만드는데 악용되고 있다. 이는 프라이버시 침해를 넘어 인격 자체에 대한 도용이 이루어진다는 점에서 피해의 심각성이 있다. 또한 딥페이크는 눈으로 본 것은 믿을 수 있다는 사회적 신뢰를 파괴한다. 나아가 가짜뉴스로 인한 정보 불신은 민주주의의 기반까지 흔들 수 있다.

이에 대한 대응으로는 불법 합성물에 대해 형사처벌을 강화함과 동시에 플랫폼 사업자의 모니터링, 삭제 의무를 부과하고 워터마크 등 원본 인증 기술 도입을 의무화해야 할 것이다. 2024년 12월 제정된 AI 기본법은 콘텐츠 게재 시 AI 생성물 표시를 의무화하고 있으며, 개인정보보호위원회는 개인정보보호법에 딥페이크 기술을 악용한 합성 콘텐츠에 대해 정보 주체가 직접 삭제를 요구할 수 있는 권리 도입을 추진 중이다.

둘째, 보이스 피싱(voice phishing)이다. 이는 전기통신을 이용하여 타인을 기망, 공갈함으로써 재산상의 이익을 취하거나 제3자에게 재산상의 이익을 취하게 하는 행위이다. 최근 AI 기술의 발전에 따라 보이스 피싱의 수단으로 딥보이스(deep voice)가 이용되고 있다. 이는 특정인의 목소리 데이터를 학습하여 실제 발화하지 않은 내용을 합성하는 기술이다. 가족, 지인 등 특정인의 목소리를 모방하여 금전적 이득을 얻거나 기밀 정보를 유출하는 데 사용된다. 이는 생체정보를 악용하여 경제적 피해까지 야기한다는 점에서 심각성이 있다.

이에 대해서도 AI 생성 음성임을 고지하도록 하는 투명성 규제나 딥보이스를 이용한 범죄에 대한 처벌을 강화해야 한다. 나아가 AI 기반 탐지 기술을 이용해 보이스 피싱을 차단하는 것도 중요하다. 개인정보보호위원회는 KT, LG유플러스가 자사 가입자의 전화 수발신 내역 데이터를 활용해 보이스피싱 의심 번호를 예측하고 이를 금융사의 이상 거래 탐지·차단에 이용하는 서비스를 출시하기 위한 사전적정성 검토를 승인한 바 있다.

셋째, 프로파일링(profiling)이다. 이는 개인의 온라인 행태 등 빅데이터를 기반으로 개인의 특성, 행동, 성향 등을 분석하고 분류하는 자동화된 과정으로, 맞춤형 광고, 신용평가 등에서 광범위하게 사용되고 있다. 문제는 이용자가 자신의 데이터가 어떻게 결합·분석되어 사용되는지 알 수 없다는 점이다. 나아가 프로파일링은 특정 개인이나 그룹에 대해 편향된 판단을 내릴 수 있다. 예컨대 아마존의 채용 알고리즘이 과거 남성 중심의 데이터로 학습되어 여성 지원자를 차별한 사례가 있었다. 이처럼 프로파일링 과정에서 알고리즘 편향은 개인의 삶에 대한 자기 통제권을 침해한다.

최근 문제가 되는 맞춤형 광고는 소비자에게는 관심 없는 광고에 노출되지 않는 편리함을 주지만, 개인의 온라인 활동 정보를 수집하고 분석하는 과정에서 프라이버시를 침해할 수 있다. 그렇다고 이에 대해 사전 동의를 강제하는 것은 기술혁신과 시장 성장에 방해가 되며, 구독 모델 도입으로 인해 이용자 부담이 늘어날 수도 있다는 점을 유의해야 한다.

맞춤형 광고를 포함한 프로파일링 규제의 방향은 기업이 어떤 정보를 수집하는지, 어떻게 활용하는지, 그리고 어떤 목적으로 사용하는지를 이용자가 알 수 있도록 공개하는 것이다. 이를 통해 이용자는 자신의 정보가 어떻게 사용되는지 파악하고, 불필요한 정보 제공을 거부하거나 수정할 수 있는 권리를 행사할 수 있다.

넷째, 스마트홈 및 IoT(사물 인터넷)이다. 이는 가정 내 기기들이 상호 연결되어 데이터를 주고받으며 자동화된 서비스를 제공하는 것인데, 이를 통해 이용자의 생활 패턴 전반에 대한 상시적인 데이터를 수집한다. 이의 대표적 프라이버시 위험은 보안 취약점을 악용한 해킹이다. 2022년 한국에서 발생한 '월패드 해킹 사건'은 카메라가 달린 월패드가 해킹되어 아파트 가구 내부 영상이 유출된 사례이다. 문제는 이용자가 매 순간 발생하는 모든 데이터 전송에 일일이 사전 동의를 하는 것이 불가능하다는 것이다. 결국 포괄적 동의만이 가능하며 이는 개인정보자기결정권 침해가 될 수 있다. 대안으로는 기기 개발 단계부터 보안 취약점 점검을 의무화하고, 데이터 전송 시 암호화를 철저히 적용하는 것이다. 한국 정부도 이를 추진하고 있다.

다섯째, 안면인식 기술이다. 이는 이미지나 영상을 기반으로 개인의 얼굴 특징을 분석하여 신원을 식별하는 기술인데, 금융 거래나 범죄 수사 등 다양한 분야에 활용된다. 신원 확인 목적으로는 높은 정확성과 편의성을 제공하지만, 대규모 식별 목적으로 활용될 경우 심각한 프라이버시 침해를 야기할 수 있다. 2020년 미국의 클리어뷰 AI는 구글, 페이스북, 유튜브를 비롯한 소셜 미디어 플랫폼과 웹사이트에서 수십억 개의 사진을 무단으로 스크랩하여 거대한 안면 인식 데이터베이스를 구축하고 이를 주로 법 집행 기관에 판매했는데, 비록 공개된 정보이지만 정보주체의 동의가 없다는 것이 문제가 됐다. 안면인식과 같은 생체데이터는 비밀번호와 달리 유출 시 변경할 수 없기 때문에, 단 한 번 유출로도 영구적인 피해를 가져온다.

또한 감시로 이어질 수 있는 공공 영역에서의 무차별적인 실시간 안면인식 기술 사용은 엄격히 제한되어야 한다. EU 인공지능법은 이를 금지되는 AI로 규정했다. 개인정보보호위원회는 불특정 다수가 촬영되어 사전 동의가 곤란한 영상정보의 특수성을 고려하여 「가칭 영상정보처리기기 설치·운영 등에 관한 법률」 제정을 추진 중이다.

살펴본 바와 같이 AI 등의 신기술이 적용되면서 사전 동의는 비현실적이고 비효율적일 수밖에 없다. 수많은 데이터가 실시간으로 생성·결합되는 상황에서 이용자가 일일이 동의 여부를 판단할 수 없으며, 더욱이 이용자는 서비스 이용을 위해 형식적 동의를 할 수밖에 없어 이런 동의는 기업들에게 면죄부가 될 뿐 실질적 프라이버시 보호 기능을 하지 못한다. 또한 AI 등 신기술에 의한 프라이버시 침해는 회복 불가능한 영상정보 침해, 대규모 감시, 경제적 피해로의 확대 등 어느 때보다 심각한 상황이다.

이에 대한 대안으로 첫째, 데이터 보호에 관한 국가책임제를 고려할 수 있다. 어차피 정보주체는 깨알 같은 동의 문구를 인식하고 동의를 할 수 없는 이상 국가가 개인정보처리방침의 적법성과 적정성을 심사하고 나아가 개인정보처리실태도 점검함으로써 국가가 기업의 개인정보처리의 안전성과 신뢰성을 보장하는 방안이다. 실제 업무 수행은 협회 등에 위탁하는 자율규제 모델을 고려할 수 있다.

둘째, 프라이버시 중심 설계(Privacy by Design, PbD)의 의무화다. PbD는 서비스나 기술 개발의 가장 초기 단계부터 프라이버시 보호를 시스템 설계에 내재화하는 접근 방식으로 데이터 최소화, 목적 제한, 보안 내장 등을 시스템 아키텍처 차원에서 구현하는 것이다. 이를 통해 프라이버시 침해를 사고 후 수습이 아닌 사전 예방의 관점에서 접근할 수 있다. EU의 GDPR(일반 데이터 보호 규정) 제25조는 '기본 설정에 의한 데이터 보호(Privacy by default)'를 명시하고 있고, 개인정보보호위원회도 이의 법정 인증화를 추진하고 있다.

셋째, 프라이버시 강화 기술(Privacy-Enhancing Technologies, PETs)의 도입이다. 이는 데이터를 암호화하거나 난독화한 상태에서도 분석, 처리, 활용이 가능하도록 함으로써 데이터 활용과 프라이버시 보호를 동시에 가능하게 한다. 동형암호, 차분 프라이버시, 연합 학습 방법 등이 있는데, 향후 이의 도입을 적극적으로 유도하거나 일정 규모 이상 기업에 의무화하는 것을 고려할 수 있을 것이다.

결론적으로 AI 기술의 발전이 가속화되면 기존 사전 동의에 기반한 개인정보보호 제도는 더 이상 실효성을 담보하기 어려운 상황인데, 프라이버시 침해로 인한 피해는 어느 때보다 심각한 상황이다. 이에 향후 프라이버시 보호의 패러다임을 기술적 접근을 통한 사전 예방과 국가의 적극적 개입을 통한 실질적 보호라는 두 축으로 변경하는 것이 필요하다.

III

플랫폼 경쟁과 규제

1 미국의 플랫폼 반독점 패키지법, 혁신과 선택을 위해 플랫폼 독점을 규제한다

1 들어가며

2021년 7월 9일 바이든은 미국 경제와 산업의 독과점적 시장구조를 개선하고 경쟁제한 폐해를 시정하기 위해 「미국 경제에서의 경쟁 촉진에 관한 행정명령」에 서명했으며, 이전인 6월 말에는 하원 민주당과 공화당이 공동으로 발의한 플랫폼에 대한 반독점패키지 법안이 법사위를 통과했다. 미국 정부의 이번 경쟁촉진 행정명령 발표와 플랫폼 반독점법 패키지 법안 발의는 향후 규제 강화의 범위가 예상보다 광범위하면서도 기존 경쟁 및 규제정책의 틀을 넘어선다는 점에서 한국도 주목해야 할 이슈다. 이에 이러한 미국의 정책 변화는 특히, 플랫폼에 대한 규제를 타켓으로 하고 있다는 점에서 국내 플랫폼의 규제정책에도 상당한 영향을 미치게 될 것으로 전망된다.

2 미국의 플랫폼 독점규제 입법안의 주요 내용

미국은 전통적으로 새로운 산업이 등장하는 경우에도 별도의 법률이 아닌 개별 사건에서 독점규제법을 적용해 왔다. 같은 취지로 온라인 플랫폼에 대해서도 독점력 남용을 금지하는 「셔먼법」 제2조와 경쟁 제한적 기업결합을 금지하는 「클레이튼법」 제7조를 적용해 왔다. 그러나 최근 GAFA(Google, Amazon, Facebook, Apple)라 불리는 거대 테크(Tech) 플랫폼의 과도한 시장지배력으로 인해 소비자의 선택 감소와 사생활 침해, 혁신과 기업가 정신 침식, 자유롭고 다양한 언론 분위기 약화 등 같은 문제를 야기한다는 비판이 거세지자, 2020. 10. 미 의회 하원 반독점소위원회는 "디지털 시장의 경쟁에 대한 조사" 보고서를 통해 미국의 반독점법의 전면적인 정비와 함께 정부가 기업의 무리한 합병을 방지하는 것을 권장하는 등 일련의 입법 정책 제안을 펼쳤다.

이 보고서를 기반으로 2021년 6월 25일에는 미 하원 법제사법위원회 산하 반독점 소위원회에서 민주당, 공화당이 공동으로 발의한 반독점 패키지 법안, 「더욱 강력한 온라인 경제: 기회, 혁신, 선택」이 법제사법위원회를 통과하였다. 주요 법안의 내용은 다음과 같다.

첫째, 미국 온라인시장의 혁신 및 선택에 관한 법률 (American Innovation and Choice Online Act)은 자사제품에 대한 특혜제공 즉, 플랫폼의 자기우대(self-preferencing)를 금지한다. 플랫폼 자신의 제품·서비스·사업을 타 사업자에 비해 우대하거나, 반대로 타 사업자의 제품·서비스·사업을 배제하고 불이익을 주거나, 서로 유사한 지위에 있는 사업자들을 차별 대우하는 행위는 금지된다. 아마존이 아마존베이직 상품을 판매하는 것과 같이 플랫폼이 거래를 중개하는 것을 넘어 자사 상품에 유리하도록 시장을 설계하고 검색 결과를 왜곡하는 것을 방지하기 위한 것이 입법 취지이다. 위반행위에 대해 경쟁 당국은 법원의 승인하에 긴급중지명령을 부과할 수 있으며, 전담 부서인 디지털시장국(Bureau of Digital Markets)을 연방거래위원(FTC) 내에 설치하도록 하였다.

둘째, 플랫폼의 경쟁 및 기회에 관한 법률 (Platform Competition and Opportunity Act)은 플랫폼의 반경쟁적인 인수합병을 규제하는 것으로 플랫폼에게 인수합병이 경쟁제한적이지 않다는 입증책임을 부과하고 있다. 플랫폼이 상업 또는 상업에 영향을 미치는 활동에 종사하는 기업을 인수하는 것을 불법으로 규정하며, 재화·용역에 국한되지 않고 이용자의 주목을 끌기 위한 경쟁을 포괄하며, 추가적인 데이터에 대한 접근을 발생시키는 인수는 플랫폼의 시장지위를 강화시키거나 유지시킬 수 있다고 규정하고 있다. 다만, 플랫폼이 해당 인수거래가 경쟁제한적이지 않다는 점을 증거를 통해 입증할 경우 예외적으로 허용된다. 거대 플랫폼이 인수합병을 통해 시장지배력을 강화·이전하고 있으며, 그 과정에서 혁신을 저해하고 경쟁을 제한하고 있다는 우려를 반영한 것이다.

셋째, 플랫폼 독점 종식에 관한 법률(Ending Platform Monopolies Act)은 플랫폼이 현재 운영하고 있는 사업에서의 시장지배력을 다른 사업부문에까지 전이하는 행위를 제한한다. 즉, 제품·서비스의 제공 또는 판매를 목적으로 플랫폼을 사용하거나, 플랫폼에 대한 접근 또는 플랫폼에서의 우대 조건으로 제품 또는 서비스를 제공하거나, 이해충돌을 발생시키는 다른 사업을 소유, 지배하거나 그에 대한 수익권을 갖는 것을 금지한다. 또한 플랫폼의 임직원, 대리인 등이 플랫폼이 소유·지배하는 타 법인에서 임직원, 대리인 등의 지위를 겸직하는 행위를 금지하고, 플랫폼 지정 당시 겸직 중인 경우에는 지정일로부터 60일 이내 해당 직위를 사임하도록 하는 등 개인에게도 의무를 부과하고 있다. 미국 온라인시장의 혁신 및 선택에 관한 법률보다 구조적인 차원에서 이해상충을 방지하는 내용이라고 할 수 있다.

넷째, 경쟁 및 호환 촉진을 위한 서비스 전환 지원 법률 (Augmenting Compatibility and Competition by Enabling Service Switching Act)은 플랫폼 간 데이터 이동이 원활하게 이루어지도록 플랫폼을 규율한다. 이용자가 소셜미디어를 보다 쉽게 탈퇴하고 자신의 콘텐츠를 쉽게 가져갈 수 있도록 한다. 즉, 데이터 이동권(data portability)과 상호작용성(interoperability)을 이용하여 사업자 및 고객의 진입장벽과 전환비용(switching cost) 낮추고자 하는 법안이다. 구체적으로 보면 플랫폼은 사용자가 자신 또는 타 사업자에게 데이터를 이동시키거나, 플랫폼의 데이터를 경쟁사업자 또는 잠재적 경쟁사업자가 상호작용하는 것을 "투명하고 제3자가 접근 가능한 인터페이스(transparent, third-party-accessible interface)"를 통해 가능하도록 해야 한다. 위 인터페이스에 영향을 줄 수 있는 변경을 하려면 FTC의 승인을 받아야 하고 FTC는 상호호환성 표준을 설정할 수 있는 권한도 가진다.

다섯째, 기업인수합병 신청비용 현대화에 관한 법률 (Merger Filing Fee Modernization Act) FTC와 법무부(DOJ)의 예산 확충을 위해 10억 달러가 넘는 합병에 대해 신청 수수료를 인상하는 내용의 법안이다.[1]

1 미국의 '기업결합 신고비용 현대화법' (Merger Filing Fee Modernization Act)은 법률로서 공식적으로 통과되어 2023년 2월 27일부터 효력을 발휘하여 기존의 신고 비용 구조를 크게 개

| 미국 하원의 반독점 규제 패키지 법안 요약

구분	법안 내용
미국 온라인시장의 혁신 및 선택에 관한 법률 (American Innovation and Choice Online Act)	자사제품에 대한 특혜제공 즉, 플랫폼의 자기우대(self-preferencing)를 금지
플랫폼의 경쟁 및 기회에 관한 법률 (Platform Competition and Opportunity Act)	플랫폼의 반경쟁적인 인수합병을 규제하는 것으로 플랫폼에게 인수합병이 경쟁제한적이지 않다는 입증 책임을 부과
플랫폼 독점 종식에 관한 법률 (Ending Platform Monopolies Act)	플랫폼이 현재 운영하고 있는 사업에서의 시장지배력을 다른 사업부문에까지 전이하는 행위를 제한. 이해상충 금지의 구조적 제한
경쟁 및 호환 촉진을 위한 서비스 전환 지원 법률 (Augmenting Compatibility and Competition by Enabling Service Switching Act	플랫폼 간 데이터 이동이 원활하게 이루어지도록 플랫폼을 규율. 데이터 이동권(data portability)과 상호작용성(interoperability) 보장
기업인수합병 신청비용 현대화에 관한 법률 (Merger Filing Fee Modernization Act	FTC와 DOJ의 예산 확충을 위해 10억 달러가 넘는 합병에 대해 신청 수수료를 인상

3 미국의 플랫폼 독점규제 입법안의 함의

반독점규제법을 집행을 이끌고 있는 수장은 올해 6월 15일, 32세의 나이에 FTC 위원장으로 임명된 리나 칸(Lina Khan) 전 컬럼비아 대학교 로스쿨 교수이다. 그녀는 그동안 독점규제의 근거가 되었던 소비자 후생 기준으로는 플랫폼을

편하고, 연간 인플레이션에 따라 조정될 수 있도록 규정하였다. 다만, 다른 4법은 모두 폐기되었다. 사유로는 법안의 직접적인 대상이었던 구글, 아마존, 애플, 메타(GAFA) 등 거대 플랫폼 기업들이 법안 통과를 강력하게 반대했고 과도한 규제가 기업 간의 자유로운 경쟁과 혁신을 저해하고, 결국 소비자에게 피해를 줄 수 있다는 주장이 제기되었다. 나아가 미국 내 중국 기업(틱톡 등)에 대한 견제 심리가 커지면서, 자국의 빅테크 기업에 대한 과도한 규제가 미국의 기술 경쟁력과 글로벌 리더십을 약화시키고 그 자리를 중국 플랫폼이 차지하게 할 수 있다는 우려가 강하게 제기된 것을 들 수 있다.

규제할 수 없기 때문에 경쟁의 구조와 과정에 초점을 맞추어야 한다는 입장이다. 이에 따라 플랫폼 기업의 사업 영역을 제한하고 인수합병을 통한 시장지배력 확대를 제한하여야 한다는 의견이다.

이런 흐름은 미시경제학의 가격이론을 적용하여 가격을 인상시키고 산출량이 제한되는 행위는 소비자의 후생을 감소시키기 때문에 규제되어야 하지만, 그 이외의 행위는 반독점법으로 규제해서는 안 된다는 전통적인 시카고학파의 견해와 대립된다. 이를 뉴브랜다이즈 학파라고 부르는데 이들에 의하면, 미국 내 경쟁이 충분히 살아있도록 하려면 '정치적 자유', '근로자 권리', '노사문제'와 같은 비경제적인 요소를 포함해 위법성을 판단해야 한다고 한다. 이들의 주장은 정치적·사회적 목적에 따라서 경쟁의 과정에서 피해를 입은 경쟁사업자의 보호에 초점을 두고 있기 때문에 시장에서 생산량이 증가하고 소비자들에게 혜택을 주는 낮은 가격을 초래하는 행위에 대해서까지 규제할 수 있게 된다.

이런 학문적 배경하에 제안된 반독점 패키지 법안은 기존의 반 독점법이 가격인상으로 소비자들에게 피해를 주는 거대 기업을 규제하는 데는 유용하지만 페이스북, 구글과 같이 소비자들에게 무료로 서비스를 제공하는 빅테크에게는 적용하기 힘들다는 문제의식에서 출발한다.

여기에 더해 바이든은 미국 경제와 산업의 독과점적 시장구조를 개선하고 경쟁제한 폐해를 시정하기 위해 경쟁 촉진 행정명령을 발령해 경쟁 당국(FTC, DOJ)뿐만 아니라 농림, 산업, 국방, 보건, 에너지, 노동, 교통, 주택 등을 관장하는 10여 개 이상 부처들에 72개의 의무적 조치와 권고적 조치를 시행할 것을 규정하고 있다. 주요 내용으로는 FTC가 과거/미래 M&A 사례 검토할 수 있는 권한 부여, 백악관 경쟁위원회 신설로 빅테크 기업 경쟁 행태 상시 확인, 망 중립성 정책 복원, 인터넷 제공업체의 과도한 계약 해지 수수료 금지, SNS 등 플랫폼 기업의 이용자 데이터/개인정보 보호 책임 확대, 노동자의 단체 교섭권 보장/확대하는 난길권보호법 보완이 포함되어 있다.

판례법 국가에서 이처럼 많은 성문법을 제안하는 것은 이례적이며, 또한 세계 최고의 선진국에서 경쟁정책을 위해 산업정책까지 총동원하는 것도 보기 드문 일이다. 한편 행정명령과 반독점 패키지 법안은 미국 정부가 자국 기업인 빅테크에 대한 규제에 소극적이었던 태도에서 변화를 선언한 것이라는 점에서 의미가 있으며, 미국 빅테크를 규제하려는 EU의 인식이나 규제동향과 유사하다는 점도 흥미롭다. 또한 통상 IT 기업친화적인 민주당 정부가 이들에 대한 규제를 시도한다는 측면에서도 특이성이 있다고 할 것이다.

법안이 시행되면 아마존 프라임 무료 배송 서비스, 구글 검색 결과 내 구글 지도 표시 등 소비자에게 편리하고 유익한 많은 서비스가 금지될 수 있어 소비자들의 이익을 해칠 수 있다는 반대입장도 있다. 이에 빅테크에 대한 규제가 과연 현실화될 수 있을 것인지는 좀 더 지켜봐야 할 것이다. 또한 대안적 분석틀이 제시되지 않은 상태에서, 경쟁제한성 판단 과정에서 경제학적 분석틀의 적용을 포기하는 것은 쉽지 않은 일이며, 특히, 법원 역시 경쟁법에 대한 종래 접근방식을 쉽게 포기하지 않을 것이라는 점에서도 향후 추이를 지켜봐야 할 것이다.

4 국내 정책의 방향, 시사점 및 향후 과제

2021년 8월 31일 국회 본회의를 통과한 구글, 애플의 인앱결제 강제를 금지하는 전기통신사업법 개정안은 구글·애플 같은 앱마켓 사업자가 콘텐츠 사업자에게 자체 개발한 결제방식 즉, 인앱 결제를 강제하지 못하게 하는 내용을 담고 있다. 구체적인 내용은 앱 마켓사업자에 대해 첫째, 모바일콘텐츠 등의 거래를 중개함에 있어 자기의 거래상의 지위를 부당하게 이용하여 모바일콘텐츠 등 제공사업자에게 특정한 결제방식을 강제하는 행위, 둘째, 앱 마켓사업자가 모바일콘텐츠 등의 심사를 부당하게 지연하는 행위, 셋째, 앱 마켓사업자가 앱 마켓에서 모바일콘텐츠 등을 부당하게 삭제하는 행위를 금지한다. 법 시행에 따라 앱 개발사들은 다양한 결제시스템을 적용해 앱을 출시할 수 있게 되었고 이용자도 저렴한 가격으로 콘텐츠를 즐길 수 있게 되었다. 또한 글로벌 플랫폼 기업의 수수료 정책에 법적인 제동을 건 전 세계 첫 사례로서 이미 인앱결제 강제 금지법을 발의한 미국의 법안 처리에도 영향을 미치고 나아가 전 세계적인 플랫폼 규제 움직임에도 파장이 미칠 것으로 예상된다.

미국, EU와 유사하게 한국에서도 플랫폼 규제 시도들이 나타나고 있다. 네이버, 카카오 등 플랫폼은 국민 생활 곳곳에 깊숙이 자리 잡았지만, 플랫폼이 기존 전통산업을 대체하거나 중개하면서 곳곳에서 마찰음이 들리고 있다. 플랫폼상에서 변호사, 수의사, 공인중개사 등의 광고나 비교·추천을 하면서 전문자격사와 충돌하고 있고 모빌리티, 금융에서도 레거시(legacy) 사업자와의 갈등이 심화되고 있다. 이에 한국도 소비자 보호와 사업자 간 공정경쟁을 이유로 공정거래위원회가 온라인 플랫폼 공정화법과 전자상거래소비자보호법을, 방송통신위원회가 온라인 플랫폼 이용자보호법을 제안한 상황에서 최근 금융위원회도 플랫폼의 금융상품 가격 비교, 추천서비스에 제동을 걸었다. 9월 25일부터 시행되는 금융소비자보호법 등을 근거로 플랫폼의 보험, 투자, 카드 등 금융상품 가격 비교, 추천서비스는 "광고"가 아닌 "중개"이기 때문에 금융법상 라이센스 취득 없이는 제공할 수 없다는 것이다.

미국의 플랫폼 규제법안은 한국에도 몇 가지 시사점을 제공한다. 먼저 빅테크 규제에 대한 정당성과 필요성을 강화하는 논거를 제공한다. 자국기업에까지 기존 경쟁법이 아닌 다수의 행정규제특별법을 통한 규제가 필요할 정도로 독점에 따른 경쟁이나 소비자 피해 상황을 심각하게 보고 있다는 점을 한국 정부와 의회도 원용할 가능성이 있다. 둘째, 경쟁법 집행에서 있어서 '효율성', '소비자 후생', '미시적 효과' 중심의 전통적인 경쟁법 집행 패러다임이 '공정성', '사회적 후생', '거시적 효과'를 함께 강조하는 방향으로 변화하고 있는 미국의 움직임이 한국에도 일정 부분 영향을 미칠 것으로 보이며, 이는 경쟁당국의 권한 강화로 이어질 가능성이 있다. 셋째, 플랫폼 독점규제가 정보통신 담당부서에서 수행되는 EU, 일본과 달리 경쟁당국인 FTC, DOJ가 수행한다는 점에서 온라인 플랫폼 규제 권한을 둘러싸고 갈등을 보이고 있는 공정위에게 유리한 근거로 작용할 가능성이 있다.

미국의 패키지 법안의 명칭은 「더욱 강력한 온라인 경제: 기회, 혁신, 선택」이다. 혁신과 선택을 저해하지 않도록 플랫폼의 독점을 규제한다는 의미이다. 이처럼 플랫폼에 대한 규제가 필요한 경우에도 플랫폼을 통한 중소사업자의 시장진입의 기회 및 소비자의 편익 확대라는 혁신의 장점을 살리면서 불공정행위나 소비자 피해라는 문제점을 시정하는 핀셋형 규제가 되어야 할 것이다. 여기에 더해 국내 토종 플랫폼의 경쟁력 강화라는 관점도 견지해야 할 것이다.

2 미국과 중국의 플랫폼 규제 동향과 시사점

2021년 7월 9일 바이든은 미국 경제와 산업의 독과점적 시장구조를 개선하고 경쟁제한 폐해를 시정하기 위해 「미국 경제에서의 경쟁 촉진에 관한 행정명령」에 서명했으며, 이전인 6월 말에는 하원 민주당과 공화당이 공동으로 발의한 플랫폼에 대한 반독점패키지 법안이 법사위를 통과했다. 미국의 이번 경쟁 촉진 행정명령 발표와 플랫폼 반독점법 패키지 법안 발의는 규제 강화의 범위가 예상보다 광범위하며 기존 경쟁 및 규제정책의 틀을 넘어서고 있다.

중국도 2020년 11월 뉴욕 증시 상장을 앞두고 있던 중국 최대 핀테크 기업 앤트파이낸셜에 대해 금융 리스크를 상장을 중단시켰고 중국 최대 차량공유 업체인 디디추싱은 6월 말 미국 증시 상장 직후 데이터 안보 등을 이유로 중국 내 신규 고객 모집을 금지당했다.

이처럼 G2가 모두 자국 플랫폼 기업에 대해 규제의 칼을 빼 들고 있다. 미국과 중국 양대 강국의 정책 변화는 국내 플랫폼의 규제정책에도 영향을 미치게 될 것으로 전망된다. 구체적으로 정책 변화의 내용은 무엇이며 한국에 어떠한 시사점을 주는 것일까.

우선 미국부터 살펴보자. 미국은 전통적으로 새로운 산업이 등장하는 경우에도 별도의 법률이 아닌 개별 사건에서 독점규제법을 적용해 왔다. 그러나 최근 GAFA(Google, Amazon, Facebook, Apple)라 불리는 거대 테크(Tech) 플랫폼의 과도한 시장지배력으로 인해 소비자의 선택 감소와 사생활 침해, 혁신과 기업가 정신 침식, 자유롭고 다양한 언론 분위기 약화 등 같은 문제를 야기한다는 비판이 거세지자, 2020. 10. 미 의회 하원 반독점소위원회는 "디지털 시장의 경쟁에 대한 조사" 보고서를 발표했고, 이어 2021년 2월 4일 상원에서는 경쟁·반독점 혁신법안(Competition and Antitrust Law Enforcement Reform Act, CALERA)을 발의했다. CLERA 개정안의 제정 목적은 기존 경쟁법의 목적인 “소비자 후생”의 개념 외에 중소기업의 성장, 경제적 불평등의 축소, 혁신 및 일자리 창출, 인종차별의 감소, 정치적 힘의 집중 예방 및 미국 민주주의 보호 등을 포괄하고 있다.

2021년 6월 25일에는 민주당, 공화당이 공동으로 발의한 반독점 패키지 법안이 법제사법위원회를 통과하였다. 주요 내용은 첫째, 미국 온라인시장의 혁신 및 선택에 관한 법률은 자사제품에 대한 특혜제공 즉, 플랫폼의 자기우대(self-preferencing)를 금지한다. 둘째, 플랫폼의 경쟁 및 기회에 관한 법률은 플랫폼의 반경쟁적인 인수합병을 규제하는 것으로 플랫폼에게 인수합병이 경쟁제한적이지 않다는 입증책임을 부과하고 있다. 셋째, 플랫폼 독점 종식에 관한 법률은 플랫폼이 현재 운영하고 있는 사업에서의 시장지배력을 다른 사업부문에까지 전이하는 행위를 제한한다. 넷째, 경쟁 및 호환 촉진을 위한 서비스 전환 지원 법률은 플랫폼 간 데이터 이동이 원활하게 이루어지도록 플랫폼을 규율한다.

중국은 2021년 2월에 플랫폼 경제의 특수성을 반영해 플랫폼 사업자의 독점, 시장지배적 지위 남용 등 행위와 규제를 구체화한 ‘플랫폼 경제 반독점 가이드라인’을 발표했다. 또 SNS, 라이브커머스 등 최근의 온라인 시장 상황에 맞춰 온라인 거래 사업자의 의무사항을 구체적으로 명시하는 ‘온라인 거래 감독관리 방법’도 발표했다. 전자는 가격담합, 독점거래, 시장지배적 지위를 남용한 강제매매, 빅데이터와 알고리즘 기술을 활용한 경쟁저해 등을 금지하고 있으며, 후자는 플랫폼 내 경영자 정보 등록 및 공시, 소비자 개인정보 보호, 허위 거래·허위 마케팅 금지, 조회수 및 사용자 후기 조작 등 부당한 경쟁행위 금지 등을 규정하고 있다. 나아가 중국은 기존의 네트워크 안전법 외에 데이터 안전법과 개인정보보호법을 제정하였다. 2021년 9월 시행된 데이터 안전법은 위험 정도에 근거하여 데이터에 대한 등급 분류를 실시하고 국가데이터안전업무 협조 시스템은 중요 데이터 리스트를 작성하고 이에 대한 보호를 강화해야 한다고 규정하고 있다. 또한 국가안전에 영향을 주거나 영향을 줄 가능성이 있는 데이터의 처리 활동에 대하여서는 국가안전심사를 진행하도록 하고 있다. 2021년 11월부터 시행되는 개인정보보호법은 개인정보 수집, 저장, 사용, 가공, 전송, 제공, 공개, 삭제 및 보호 전반을 포괄적으로 규정하고 있는데, 특히, 데이터이동권, AI 결정에 대한 대응권, 개인정보 역외제공 요건의 하나로서 안전성 평가 등의 내용을 담고 있다.

미국의 플랫폼 규제법안의 이론적 근거는 그동안 독점규제의 근거가 되었던 소비자 후생 기준으로는 플랫폼을 규제할 수 없기 때문에 경쟁의 구조와 과정에 초점을 맞추어야 한다는 것이다. 이에 따라 플랫폼 기업의 사업 영역을 제한하고 인수합병을 통한 시장지배력 확대를 제한하여야 한다는 것이다. 중국의 플랫폼 규제 역시 반독점 및 자본의 무질서한 확장 방지라는 2021년 중국의 8대 정책과제 중 하나에 근거를 두고 있다. 결국 미국, 중국 모두 급속하게 성장하여 거대한 덩치를 가진 플랫폼의 독점력 남용으로 소비자를 보호하고 공정한 경쟁질서를 회복하겠다는 규제 목표를 가지고 있다고 할 수 있다.

다만, 미국과 중국이 각자 자국 플랫폼의 규제가 상대국의 플랫폼의 자국 시장 활동에 대한 규제에도 동일하게 적용될 수 있다는 점에서 일종의 규제권한 경쟁의 측면도 존재한다. 특히, 플랫폼의 데이터 이전에 대해서는 기술패권을 넘어서 국가안보 차원에서 양국 모두 매우 예민하게 반영하고 있다는 점도 주목된다. 한편 중국이 미국 시장의 상장금지, 반독점에 대한 벌금 부과 등 매우 신속하고 강력한 조치를 통해 플랫폼 사업에 대한 직접적 규제를 시행하고 있음에 반해, 미국은 아직 검토단계이며, 경쟁제한성 판단 과정에서 기존 경제학적 분석틀을 포기하는 것은 쉽지 않은 일이라는 점에서 규제가 현실화될 것인지는 더 지켜봐야 할 것이다.

미국과 중국의 플랫폼 규제법안은 한국에도 시사점을 제공한다. 먼저 빅테크 규제에 대한 정당성과 필요성을 강화하는 논거를 제공한다. 자국기업에까지 기존 경쟁법 이론을 수정해서라도 독점에 따른 경쟁제한이나 소비자 피해를 규제하겠다는 점을 한국 정부와 국회도 원용할 가능성이 있다. 둘째, 경쟁법 집행에서 있어서 '효율성', '소비자 후생', '미시적 효과' 중심의 전통적인 경쟁법 집행 패러다임이 '공정성', '사회적 후생', '거시적 효과'를 함께 강조하는 방향으로 변화하고 있는 미국의 움직임이 한국에도 일정 부분 영향을 미칠 것으로 보이며, 이는 경쟁당국의 권한 강화로 이어질 가능성이 있다. 셋째, 시장경제를 채택하고 있는 한국에서 중국과 같은 국가자본주의적인 방식의 직접 개입은 바람직하지 않다는 것이다. 혁신과 공정을 위한 개입이라고는 하지만, 전면적인 개입은 득보다는 실이 크다고 할 수 있다.

미국의 패키지 법안의 명칭은 「더욱 강력한 온라인 경제: 기회, 혁신, 선택」이다. 혁신과 선택을 저해하지 않도록 플랫폼의 독점을 규제한다는 의미이다. 이처럼 플랫폼에 대한 규제가 필요한 경우에도 플랫폼을 통한 중소사업자의 시장진입의 기회 및 소비자의 편익 확대라는 혁신의 장점을 살리면서 불공정행위나 소비자 피해라는 문제점을 시정하는 핀셋형 규제가 되어야 할 것이다. 여기에 더해 국내 토종 플랫폼의 경쟁력 강화라는 관점도 견지해야 할 것이다.

3 플랫폼 노동의 명암

최근 매월 일정한 급여를 받는 직장에서 일하다가 일하는 시간만큼 급여를 받는 플랫폼 노동 일자리로 옮겨가는 사례가 늘고 있다. 고용노동부·한국고용정보원의 2021년 10월 발표에 따르면 배달 라이더나 대리기사 같은 플랫폼 노동자는 66만 명에 이르고 있는 것으로 나타났다. 배달의민족에서 일하는 배달 인력은 2020년 5만 명에서 2021년 10월 말 기준 8만 5500명으로 71% 늘었고, 2021년 6월 시작한 카카오T 퀵서비스 기사는 한 달 만에 10만 명을 모집했다.

이처럼 디지털 플랫폼 중개를 통하여 일자리를 구하고, 단속적, 즉 1회적·비상시적·비정기적인 일거리 1건당 일정한 보수를 받으며, 고용계약 체결 없이 근로소득을 얻는 근로 형태를 소위 플랫폼 노동이라고 부른다. 플랫폼 노동의 특징은 첫째, 노동의 탈공간화 현상이 일어난다는 것이다. 즉, 일하는 시간과 장소를 초월한다는 것이다. 이로 인해 선착순 콜을 받고 일을 시작한다는 점에서 일자리에 대한 진입장벽이 없으며 경쟁이 치열하다는 특징을 보인다. 둘째, 노동자의 탈노동자화이다. 노동 자체가 초단기적이며 비전속적이기 때문에 업무수행의 자율성과 독립성이 보장된다. 셋째, 위험의 개인화이다. 통상 건당 수수료 체계이기 때문에 고소득을 목표로 하는 경우 노동시간과 노동강도가 강화됨에 반해 산재보험, 고용보험 등 사회보장이 적용되지 않아 개인적으로 위험을 부담해야 한다.

플랫폼 노동은 시간에 구애받지 않고 원하는 때에 일할 수 있는 것이 장점이며, 퇴근 후 세컨드 잡으로서 소득을 보충할 수 있는 장점도 있다. 다만, 플랫폼 노동자는 현행법상 '자영업자' 혹은 '특수형태근로종사자'로 간주되어 근로관계 법령의 적용을 받지 않으며, 소득이 불안정하고 사회적 보호의 사각지대에 존재한다는 문제가 있다.

법적인 측면에서 핵심 이슈는 플랫폼 노동자를 근로기준법상 근로자로 볼 수 있느냐는 것이다. 이에 대해서는 2020년 5월 중앙노동위원회는 '타다'의 드라이버가 근로자에 해당한다고 판단하였다. 대법원이 근로자성을 판단하는 요소는 업무 내용을 사용자가 정하는지 여부, 취업규칙 또는 복무규정 등이 적용되는지 여부, 업무수행 과정에서 사용자가 상당한 지휘·감독을 하는지 여부, 근무시간과 장소를 사용자가 정하고 근로자가 이에 구속되는지 여부인데, 타다의 경우 이런 요건을 갖춘 것으로 보았다. 2018년 대법원은 배달대행업체의 배달원에 대해 근로기준법상 근로자에는 해당하지 아니하나 산업재해보상보험법상 업무상재해로부터 보호할 필요성이 있는 종사자(특수형태근로종사자)에 해당할 정도의 전속성은 인정된다고 판시하기도 했다.

결국 플랫폼이 고용주이고 플랫폼 노동자가 종속관계에 있는 노동자라는 것을 인정하면, 기존 모든 노동법 및 사회보상 보호를 제공할 수 있다. 다만, 이 경우 기업에게 추가적인 부담을 초래하는 것은 물론 독립적 계약자로서 자유로운 노동을 원하는 경우에도 지휘, 감독 관계를 강제하는 문제가 생길 수 있다. 만약, 근로자성을 부정하면 독립계약자로 남을 수 있으나 경제적으로는 사실상 약자인 이들에 대해 일정한 법적 보호가 필요하다는 문제가 있다.

이에 정부는 온라인 플랫폼을 통해 일을 중개·알선받은 사람을 '플랫폼 종사자'로 규정하고 플랫폼 사업자에 대해 계약서 서면 제공, 부당한 손해 전가 금지, 계약 해지 시 15일 전 서면 통보 등 의무를 지게 하는 플랫폼종사자보호법 제정을 추진 중이다.[2] 지속적인 논의를 통해 플랫폼 산업의 발전과 종사자의 권익보호를 위한 법적 기반이 마련되길 기대한다.

---

2 이 법안은 플랫폼 종사자 보호의 필요성에는 공감대가 있었으나, 보호의 방식과 수준, 그리고 기존 노동법과의 관계 정립 문제로 인해 최종 입법에 이르지 못한 상황이다.

4 인앱결제강제방지법 논란과 시사점

지난 10년간 ICT 영역에서 가장 눈부시게 성장한 분야는 스마트폰 및 관련 앱 시장이라고 할 수 있다. 이제 사람들은 아침에 일어나서부터 밤에 잠이 드는 순간까지 수십 개의 앱을 사용하며 스마트폰을 중심으로 생활해 가고 있으며, 특히 최근 4차 산업혁명과 코로나19 팬데믹으로 인한 언택트 시대에서 생활에 불가결한 서비스를 제공하는 앱 시장의 중요성은 그 어느 때보다도 강조되고 있다.

최근 이러한 앱 시장에서 인앱 결제(In-App Purchase) 관련 논의가 큰 주목을 받고 있다. 인앱결제란 이용자가 앱마켓에서 다운로드 받은 앱 내에서 디지털 콘텐츠, 서비스 등을 유료로 구매함에 있어 앱마켓 사업자의 결제 시스템을 이용하는 것을 의미한다. 앱마켓(앱마켓 사업자)은 앱스토어(애플), 플레이스토어(구글), 원스토어(이동통신 3사)가 있다.

그런데 최근까지 구글은 인앱결제를 강제해온 게임 앱과는 달리, 디지털 콘텐츠 관련 앱에 대해서는 외부결제를 허용해 왔다. 그런데 2020년 9월 구글은 웹툰·음원 등 디지털 콘텐츠 관련 앱에 대해서도 자사 인앱결제를 강제하는 것은 물론 30%의 수수료를 부과하겠다는 정책을 발표했다. 이렇게 되면 콘텐츠 개발업자의 경쟁력이 약화되는 것은 물론 요금이 이용자에게 전가될 가능성이 높고, 정책 미준수 시에는 앱 마켓에서 퇴출될 우려가 존재하는 등 문제 제기가 이어졌다. 이에 국회는 약 1년간의 논의를 거쳐 2021년 9월 세계 최초로 인앱결제 강제방지법을 제정하기에 이르렀다.

법률의 주요 내용은 앱 마켓사업자에 대해 다음 세 가지 행위가 금지된 것이다. 첫째, 모바일콘텐츠 등의 거래를 중개함에 있어 자기의 거래상의 지위를 부당하게 이용하여 모바일콘텐츠 등 제공사업자에게 특정한 결제방식을 강제하는 행위, 둘째, 앱 마켓사업자가 모바일콘텐츠 등의 심사를 부당하게 지연하는 행위, 셋째, 앱 마켓사업자가 앱 마켓에서 모바일콘텐츠 등을 부당하게 삭제하는 행위이다.

더불어 2022. 3. 15. 법 시행에 맞춰 정부는 시행령도 마련했다. 법안의 핵심 내용인 특정한 결제방식 강제행위의 세부 유형을 앱 마켓 이용 및 서비스의 단계별 특성, 다른 결제방식 사용의 직·간접적 제한, 규제 우회 및 사각지대 방지 등 세 가지 요소를 고려하여 규정하였다. 첫째, 앱 마켓 이용·서비스 제한 유형으로는 모바일콘텐츠 등의 등록·갱신·점검을 거부·지연·제한하거나 삭제·차단하는 행위, 앱 마켓 이용을 거부·지연·정지·제한하는 행위, 둘째, 다른 결제방식 직·간접적 제한 유형으로는 기술적으로 제한하는 행위, 절차적으로 어렵거나 불편하게 하는 행위, 결제방식에 따라 이용조건을 합리적 범위 내에서 다르게 설정하는 것을 제한하는 행위, 셋째, 규제 우회 등 방지를 위한 조항으로는 수수료·노출·검색·광고 또는 그밖에 경제적 이익 등으로 불합리하거나 차별적인 조건·제한을 부과하는 행위를 유형화했다.

이제 법이 시행되면 앱 개발사들은 수수료 부담 없이 다양한 결제시스템을 적용해 앱을 출시하고 이용자도 저렴한 가격으로 콘텐츠를 즐길 수 있을 것이라는 기대가 만들어졌다. 그런데 법 시행에 맞추어 구글은 최근 '인앱 결제' 외에 '인앱 내 개발자가 제공하는 3자 결제'를 도입했으나, 그동안 개발사들이 수수료 부담을 줄이기 위해 활용했던 아웃링크(앱 내에서 다른 결제수단을 제공하는 웹페이지로 연결) 외부 결제방식은 금지했다. 인앱결제 수수료는 최대 30%, 제3자결제는 최대 26% 수준인데, 제3자결제는 결제대행업체나 카드사 수수료 등을 감안하면 오히려 30% 이상이 될 수 있게 된 것이다.

또한 앱 개발자가 이용자에게 별도 결제방식을 안내해도 되는지에 대해서도 앱 내에서 다른 결제수단으로 연결될 수 있는 웹페이지에 직접 연결(아웃링크)하거나, 이용자에게 앱 외부에서 디지털 상품을 구매하도록 독려하는 표현을 사용해선 안 된다고 밝혔다. 대신 웹사이트에서 직접 구매할 수 있습니다 등의 문구만 가능하다는 것이 구글의 입장이다.

결국 인앱결제강제금지법 취지가 개발자들의 수수료 부담 완화였다는 점을 고려하면 돌고 돌아 다시 법 제정 이전의 상황이 되어버렸다. 구글은 인앱결제만 허용하던 것을 3자결제까지 확대했고, 인앱결제라는 특정한 결제방식과는 다른 제3자 결제방식(3자결제)의 차별이 없으며 법령상 앱 내 아웃링크 결제 허용이 의무사항은 아니라는 점에서 적법한 정책이라는 입장으로 알려져 있다. 주무부서인 방송통신위원회는 '특정한 결제방식에 비해 다른 결제방식에 접근·사용하는 절차를 어렵게 하거나 불편하게 하는 행위'를 앱마켓의 금지행위로 추가 규정했는데, 이것이 바로 아웃링크 결제방식 등을 안내·홍보하지 못하게 하는 앱마켓의 행위를 금지해달라는 의견을 수용한 것으로 이번 구글 정책은 이 조항을 정면으로 위반한 것이라는 입장으로 알려져 있다.

법적으로 보면 시행령의 일부 규정이 모법상의 특정한 결제방식 강제와는 관련 없는 가격 규제에 관한 사항을 정하여 위임입법 원칙을 위반하고 있는 것은 아닌지, 어렵다 내지 불편하다 등 상당히 주관적인 요건을 사용하고 있는 것이 명확성의 원칙을 위반하는 것은 아닌지에 관한 이슈가 생길 수 있다. 만약 정부가 아웃링크 결제에 대해서도 앱 개발자가 선택권을 가질 수 있도록 할 의도가 분명했다면, 보다 구체적으로 법률에 규정을 도입했어야 할 것이다. 예컨대, 특정 결제방식을 강제하거나 외부결제를 안내하는 것을 허용하지 않는 것을 금지하는 것이다.

보다 근본적으로는 결국 구글이라는 사기업의 수수료 규제라는 가격 정책을 정부가 법으로 직접 개입하는 것에 부담을 느껴 우회적인 입법을 시도하다 보니 정작 필요한 규제를 포섭하지 못한 측면도 있다. 그렇다고 직접 가격 규제를 하자니 시장경제 원칙과 정면으로 충돌하는 문제가 생긴다. 한마디로 진퇴양난의 상황에서 과유불급의 상황이 된 것처럼 보인다.

이미 정부가 상대하기에 너무 커진 플랫폼, 이들을 규제하기 위한 이론의 빈곤, 국제적인 규제 공조의 필요성 등 여러 단상들이 교차하는 이슈이다. 이제 정부의 법 위반 해석과 집행 그리고 구글의 법적 다툼이 예상되며, 종국적으로는 법원의 판단도 있을 것이므로 향후 추이를 지켜볼 일이다.[3]

---

3 법 시행 3~4년이 지난 현재도 국내 게임사 및 앱 개발사들은 여전히 Google LLC(구글)·Apple Inc.(애플)의 인앱결제 구조에서 큰 변화를 체감하지 못하고 있다는 평가가 많다. 2025년 국정

5 플랫폼 규제, 한국이 EU와 달라야 하는 이유

유럽의 디지털 시장에서 소수의 플랫폼이 거래 조건을 일방적으로 결정하고 이용자들에게 불공정한 행위를 가하고 있음에도 불구하고, 이에 대한 기존 경쟁법의 대응은 시장지배적 지위 남용이라는 요건이 입증되어야 하는 것은 물론 사후규제에 불과하다는 한계가 있다. 이에 이런 요건 입증 없이도 일정 규모의 대형 플랫폼의 불공정행위에 대한 사전규제를 도입하기 위해, EU는 2019년 6월 「온라인 플랫폼 시장의 공정성 및 투명성 강화를 위한 EU 이사회 규칙」을 제정해 2020. 7. 12. 시행했고, 2020. 12. 5.에는 「디지털 시장법(Digital Markets Act)안」)을 발표했다. 2022. 3. 24.에는 디지털 시장법에 대한 EU 집행위원회·이사회·유럽의회의 잠정의 정치적 합의안이 발표되었으며, 내년 법안 시행을 목표로 입법을 서두르고 있다.

디지털 시장법은 "게이트키퍼(gate keeper)"라는 대형 플랫폼사업자들의 불공정행위를 금지하고 이를 위반할 경우는 제재를 가하는 내용을 담고 있다. 법의 적용대상은 온라인 중개 서비스, 온라인 검색엔진, 온라인 소셜 네트워킹, 동영상 공유 플랫폼 등 핵심 플랫폼 서비스(core platform services)를 제공하는 사업자인데, 정치적 합의안에서 웹 브라우저, 가상 비서 및 커넥티드 TV가 추가되었다. 정량기준으로 시가총액 750억 유로, 연 매출 75억 유로, 월간 사용자 4500만 명

감사에서 과학기술정보방송통신위원회(국회·과방위) 위원들이 법 시행 이후에도 외부결제 허용 방식이 실질적 선택권이 되지 못하고 "구글·애플이 외부결제 허용이라면서 사실상 수수료율·절차로 인앱결제와 크게 다르지 않다"고 비난한 바 있다. 또한 2023년 10월에 구글에 약 475억 원, 애플에 약 205억 원의 과징금 부과 예정이 있었으나 2025년 10월 현재도 실제 집행이 이뤄지지 않은 상태로 법의 집행도 지지부진하다. 이는 위원회 의결을 위한 상임위원 미구성으로 위원회가 의결을 할 수 없는 상황이었기 때문이다.

이상의 기업이 적용대상으로 구글, 애플 아마존, 메타 등이 해당된다.

게이트키퍼의 금지행위는 크게 보면 사업이용자에 대한 불공정행위 금지, 최종이용자의 선택권 보장, 데이터의 공유·접근 확대 등 3가지이다. 첫째, 사업이용자에 대한 불공정행위 금지로는 사업이용자들이 다른 조건으로 제3의 플랫폼에서 동일한 상품을 판매하도록 허용할 것, 게이트키퍼의 상품 등을 제3자가 제공하는 상품 등에 노출 순서상 우대하지 말 것 등이 있다. 둘째, 최종이용자의 선택권 보장으로는 사전에 설치된 응용 프로그램을 삭제할 수 있도록 허용할 것, 동의를 받지 않으면 개인정보를 맞춤형 광고 등을 위해 결합하지 말 것 등이 있다. 셋째, 데이터 공유·접근 확대로는 최종이용자의 활동을 통해 생성된 데이터의 이동성을 무료로 제공할 의무, 사업이용자가 요청하는 경우 서비스를 이용하는 과정에서 생성된 데이터의 접근·이용을 무료로 제공할 의무 등이 있다. 한편 정치적 합의안에서는 앱 개발자에게 인앱 결제방식을 강제하는 행위를 금지하는 규정이 추가됐다.

이처럼 디지털 시장법은 플랫폼에 대한 전방위적인 초강력 규제를 도입하고 있는데. 한국에서도 플랫폼의 영향력이 확대되면서, 기존 공정거래법이나 전기통신사업법으로는 플랫폼에 의한 불공정거래행위 등으로부터 중소사업자와 소비자를 보호하는 것이 한계가 있다는 지적이 있자, 정부는 「온라인 플랫폼 중개거래의 공정화에 관한 법률(안)」과 「온라인 플랫폼 이용자 보호에 관한 법률(안)」 등의 입법을 추진하였다. 다만, 신정부는 이러한 입법 추진에 제동을 걸고 플랫폼의 건전한 혁신·성장 촉진 및 사회적 가치 창출 극대화를 위한 발전 전략을 수립하고, 민간 주도의 자율규제 체계를 확립할 것을 국정과제로 채택했다.

아직 글로벌 기업에 비하면 한국 플랫폼 기업의 규모는 영세하다는 점, 플랫폼의 성장과 혁신을 저해할 수 있다는 점, 인터넷의 탈국가적 특성으로 해외 기업에 규제 적용이 어려운 점을 고려하면 성급한 규제 입법보다는, 정책입안자와 시장행위자 사이의 협력을 통해 자율규제 내지 공동규제를 실행하는 방향은 긍정적이라고 평가할 수 있다. 다만, 자율규제가 무규제나 플랫폼의 책임회피수단으로 이용되어서는 안 되므로, 플랫폼의 사회적 가치를 제고하고 사회적 기여를 확대하는 방안을 강구하는 것은 물론 일종의 권고 형태의 연성규범을 제정하는 것을 검토할 필요가 있다. 또한 이런 방안을 포함해 자율규제의 입안과 집행을 위해서는 민관의 다양한 이해관계자가 참여하는 공동의 거버넌스를 구축하는 것이 타당할 것이다.

6 플랫폼 기업과 핀셋 규제

얼마 전 급하게 서류를 보낼 일이 있어 모 온라인 플랫폼에 있는 퀵서비스 메뉴를 이용했다. 요금은 다소 비쌌지만 신속성에다 배송 여부 알림, 무엇보다 플랫폼이 제공하는 서비스라는 신뢰가 들어 다시 이용해야겠다고 생각했다. 이처럼 플랫폼은 국민 생활 곳곳에 깊숙이 자리 잡았다. 최근에는 백신 예약, QR 체크인, 백신 접종 증명 등 정부의 역할도 일부 대신하고 있다. 다만 플랫폼이 기존 산업 영역을 대체하거나 중개하면서 곳곳에서 마찰음이 들리고 있다. 플랫폼상에서 변호사·수의사·공인중개사 등의 광고나 비교·추천을 하면서 전문 자격사와 충돌하고 있고 모빌리티·금융에서도 레거시(legacy) 사업자와의 갈등이 심화되고 있다.

사업자 간 갈등과 소비자 보호의 필요성은 정부 규제를 재촉하고 있다. 세계적으로도 규제 논의가 한창이다. 유럽연합(EU)은 최근 디지털서비스법(DSA)과 디지털시장법(DMA)안을 제안했고 중국과 미국의 움직임도 빨라지고 있다. 특히 미국은 올해 6월 15일 리나 칸 컬럼비아대 로스쿨 교수가 32세의 나이에 연방거래위원회 위원장으로 임명되면서 플랫폼 반독점 규제에서의 일대 변화를 예고하고 있다. 그는 그동안 독점 규제의 근거가 됐던 소비자 후생 기준으로는 플랫폼을 규제할 수 없기 때문에 경쟁의 구조와 과정에 초점을 맞춰야 한다는 입장이다. 이에 따라 의회는 플랫폼 기업의 사업 영역을 제한하고 인수합병을 통한 시장 지배력 확대를 제한하는 등의 5대 법안을 발의했다.

한국도 공정거래위원회가 온라인플랫폼공정화법과 전자상거래소비자보호법을, 방송통신위원회가 온라인플랫폼이용자보호법을 제안한 상황에서 최근 금융위원회도 플랫폼의 금융 상품 가격 비교, 추천 서비스에 제동을 걸었다. 9월 25

일부터 시행되는 금융소비자보호법 등을 근거로 플랫폼의 보험·투자·카드 등 금융 상품 가격 비교, 추천 서비스는 "광고"가 아닌 "중개"이기 때문에 금융법상 라이선스 취득 없이는 제공할 수 없다는 것이다.

원칙적으로 기업에 대한 규제 도입은 시장의 혼란과 소비자 피해 등이 증거로 확인된 후에 해도 늦지 않으며, 특히 데이터, 인공지능(AI), 플랫폼 등 테크(tech) 기반의 신산업인 경우 더욱 그렇다. 그렇지 않으면 이들이 가져오는 혁신의 과실을 전체 경제가 향유할 수 없기 때문이다. 규제 적용의 유예를 인정한 규제 샌드박스도 이런 정책 목표를 성취하기 위한 것이었다.

다만 동일 서비스 동일 규제 원칙, 소비자 피해 구제 원칙 역시 존중받아야 한다. 기존 레거시 사업자가 주장하는 동일 서비스 동일 규제의 원칙은 형평의 원칙이라는 점에서 지극히 타당하다. 그러나 그 원칙이 "같은 것은 같게, 다른 것은 다르게" 취급하는 실질적 형평의 원칙을 벗어나지 않도록 유의해야 한다. 한편 플랫폼의 시장 확대가 과도한 수수료, 요금 인상 등에 따른 자영업자·소비자 등의 피해로 귀결되는 경우 이에 대한 사후 규제는 불가피하다.

원칙적으로 정부의 역할은 신산업은 물론 구산업에도 규제를 완화해 신·구산업이 소비자의 선택을 받기 위해 자유로운 경쟁을 할 수 있는 조건을 만드는 것이다. 플랫폼에 대한 규제가 필요한 경우에도 플랫폼을 통한 중소 사업자의 시장 진입 기회 및 소비자의 편익 확대라는 장점을 살리면서 불공정 행위나 소비자 피해라는 문제점을 시정하는 핀셋형 규제가 돼야 할 것이다.[4]

4 온라인플랫폼공정화법은 한국 플랫폼 기업의 반대도 있었지만 미국 등 주요국 기업이 국내 법안이 자국 기업을 겨냥한 '비관세장벽'이 될 수 있다는 우려를 제기함에 따라 추진이 중단되었고, 온라인플랫폼이용자보호법은 공정위 법안과 유사한 규제내용이 포함되면서 중복 및 관할 경계 논란이 있었고, 이용자보호 강화라는 명목 아래 플랫폼 사업 모델의 혁신성이 저해될 수 있다는 우려가 제기되면서 중단되었다.

7 망 이용료 갈등, 세계가 지켜본다

2022년 3월 한국의 인터넷서비스제공사업자(ISP)인 SK브로드밴드와 글로벌 콘텐츠제공사업자(CP)인 넷플릭스 간 망 사용료 갈등을 다루는 소송의 2심이 시작되었다. 법원은 1심에서는 SK브로드밴드 측의 손을 들어주었다. 1심에서 법원은 SK브로드밴드가 연결이라는 역무를 제공했고 넷플릭스가 이에 대한 대가를 지급할 의무가 있다고 판단했다. 2심에서 넷플릭스는 임시저장장치인 오픈 커넥트 얼라이언스(OCA)를 통해 망 사용료는 청산되고 있으며, 상호무정산으로 서비스를 연계하는 빌앤킵(Bill and Keep) 방식이 적용돼야 한다는 입장이다. 이에 SK브로드밴드는 OCA를 설치하더라도 OCA 이후 국내 망 이용료와 공간·전기 사용료 이슈는 존재하며, 빌앤킵은 ISP 간 트래픽이 유사할 때 별도 비용을 청구하지 않는 방식으로 본 건에 적용되지 않는다는 입장이다. 양측 입장이 팽팽한 만큼 법원의 판단이 주목된다.

한편 소송과는 별개로 막대한 트래픽을 유발하는 CP에게 망 사용료를 의무적으로 내게 하는 법안들이 논의되고 있다. 그중 하나인 김영식 의원안은 부가통신사업자가 기간통신사업자의 망을 이용해 인터넷접속역무를 제공받고 있음에도 불구하고 역무의 제공에 필요한 망의 구성 및 트래픽 양에 비춰 정당한 이용대가를 지급하지 않는 행위를 금지행위로 규정하고 있다.

한국에서의 망 이용료 이슈는 이제 국제적인 이슈가 되고 있다. 미국의 글로벌 IT기업 규제에 열심인 EU의 통신업체인 독일 도이치텔레콤, 프랑스 오렌지, 영국 보다폰 등의 대표들은 2022년 2월 중순 EU 의회에 서한을 보내 빅테크도 망 확장 비용을 의무적으로 분담하는 법안을 만들어 달라고 요청했다. 미국은 자국의 글로벌 CP를 보호하는 입장을 표명하고 있다. 지난 3월 발표된 미국 무역대표부(USTR)의 국가별 무역장벽 보고서에는 넷플릭스, 구글 등 CP의 ISP에 대한 망 사용료 법안이 통과되면 한국의 국제 무역 의무에 대한 우려가 커질 것이라는 내용이 담겨 있다. 망 이용료 법안을 디지털 통상의 장벽으로 인식하고 있는 셈이다.

이제 한국에서의 망 이용료 이슈는 글로벌 통신업체와 빅테크 간의 대전으로 확산되고 있다. 국가 차원을 넘어 인터넷 생태계 참여자 간 Zero-sum 게임으로 치닫고 있는 것이다. 그동안 미국의 글로벌 빅테크의 시장 잠식을 필사적으로 막기 위해 EU는 데이터 국외이전을 제한하는 일반개인정보보호법(GDPR)을 시행한 가운데, OECD는 내년부터 해외에 사업장이 없어도 매출이 발생한 곳에서 세금을 부과하는 "디지털세"를 통해 미국의 주요 빅테크를 견제할 계획이다. 이제 망 이용료 규제는 미국 빅테크 견제의 제3라운드가 되고 있다.

다만, 근본적으로 망 이용료 규제를 법률로 시행하는 것은 국내 기업을 보호한다는 명분에도 불구하고, 시장경제를 채택한 국가가 가격을 규제한다는 점에서, 이론적인 타당성은 물론 현실적인 집행가능성에도 의문이 있다. 가격규제를 의도한 인앱결제 강제방지법의 경우에도 의욕적인 입법에도 불구하고 시행과정에서 당초 목표 달성에 애로를 겪고 있는 상황이다.

따라서 구체적 사건에서 법원의 판결을 지켜보되, 인터넷 생태계의 지속가능한 발전을 위해서, 트래픽의 급증에 따른 네트워크 투자 확대 필요성이라는 공통의 목표를 위해 ISP와 CP가 상호 역할을 분담해야 한다는 원칙에 대한 공감대가 형성될 필요가 있다.[5]

---

5 2심(서울고등법원)에서 10차까지 변론이 진행되었으나 2023년 9월 18일 SKB와 넷플릭스는 "모든 분쟁을 종결하고 전략적 제휴관계로 전환한다"고 발표하면서 소송은 중단되었다. SK텔레콤 그룹 차원에서 SKB · 넷플릭스와 함께 번들 상품, IPTV TV앱 내 넷플릭스 입점, 넷플릭스 광고형 요금제와의 연계 등 다양한 협업을 추진할 것이라는 발표를 했지만, 발표에는 "구체적 망 사용료 지급액 등 재정 조건은 공개하지 않는다"는고 언급해서 망 사용료 지급 의무 여부, 구체적 금액은 공개되지 않았다. 합의의 배경과 사유에는 망 사용료 부과가 확정될 경우 넷플릭스는 한국뿐 아니라 글로벌에서도 유사 청구 대상이 될 수 있고, 변동성 높은 비용 구조가 부담이 되기 때문에 분쟁을 조기에 정리하고 안정적 사업 파트너십으로 전환하기를 원했다는 추측이 있다.

8 넷플릭스, '망 이용대가 소송' 1심 패소의 의미

국내 OTT 시장을 석권하면서 이용자가 늘어나고 이에 따라 인터넷망에 대량의 트래픽을 발생시키고 있는 넷플릭스에 대해 SK브로드밴드가 망 이용대가를 요구했다. 그러나 협상이 잘 이루어지지 않자 넷플릭스는 서울중앙지법에 "망 사용료를 낼 의무가 없다"며 SK브로드밴드를 상대로 채무부존재 확인소송(2020가합533643)을 냈고 2021년 6월 25일 서울중앙지법 민사20부(재판장 김형석 부장판사)는 "협상의무 부존재 확인 부분은 각하하고, 원고의 나머지 청구를 기각한다"며 원고패소 판결을 내렸다.

본 1심 판결은 전 세계적으로 일어나고 있는 ISP와 CP 간 망 이용료 갈등에 법적인 판단을 한 최초의 사례로서 ISP와 CP 간 책임 범위의 기준을 정했다는 점에서 의의가 있다. 넷플릭스가 1심 판결에 불복하고 항소한 상황이지만 본 판결에서 쟁점, 당사자들의 주장, 법원의 판단을 살펴보는 것은 국내 통신정책, ICT 생태계 설계에 있어 상당한 시사점을 제공해준다.

1심 판결의 핵심 내용은 넷플릭스는 SK브로드밴드의 인터넷망에 '접속'하고 있거나, 적어도 '연결'이라는 유상(有償) 역무를 제공받고 있다. 따라서 연결 대가를 지급할 의무가 있다"는 것이다. 이에 대해 넷플릭스는 여러 이유를 들어 망 이용대가를 납부할 수 없다는 의견을 제출했다.[6]

첫째, 인터넷의 기본원칙상 접속과 전송은 구분되며 접속은 유료이지만, 전송은 무료인데, 넷플릭스는 SK브로드밴드와 전송만 하고 있기 때문에 망 이용대가

6 이하 내용은 서울중앙지방법원 2021. 6. 25. 선고 2020가합533643 판결 참조.

를 낼 수 없다는 것이다. 넷플릭스는 도쿄와 홍콩 캐시서버(OCA)[7]에 미리 업로드해 둔 콘텐츠는 일본·홍콩과 한국 사이 해저케이블과 SK브로드밴드의 국제망 전용회선을 거쳐 SK브로드밴드 국내망을 통해 최종이용자에게 도달한다. 단순화하면 '넷플릭스→일본 통신사→SK브로드밴드→최종이용자' 경로인데, 넷플릭스는 일본 통신사에 접속료(OCA 유지비용 등)를 지불하므로 SK브로드밴드엔 콘텐츠 전송 비용을 따로 낼 필요가 없다는 주장이다. 이에 대해 SK브로드밴드는 미국연방규정집이나 유럽연합(EU) 규정 어디에도 '접속'과 '전송'의 개념을 별도 규정하거나 '전송은 무상'이라는 취지의 규정은 없으며, 한국도 '상호접속' 개념에 따라 망 상호 이용에 따른 대가를 정산하도록 규정하고 있을 뿐 접속과 전송을 구분하지 않는다고 주장했다.

법원은 "넷플릭스와 SK브로드밴드 사이에 별도의 ISP가 존재하지 않아 직접 연결된 사실엔 당사자들의 다툼이 없다"며 "넷플릭스가 SK브로드밴드 인터넷망에 접속하고 있거나 적어도 연결 및 연결 상태 유지라는 유상의 역무를 제공받고 있다고 봐야 하므로 대가를 지급할 의무를 부담해야 한다"고 판단했다.

둘째, 전 세계적인 연결성을 보장하는 경우에만 망 이용대가를 낼 수 있는데, 이 건은 그런 경우가 아니라는 주장이다. 즉, 넷플릭스는 SK브로드밴드와 직접 연결되어 피고의 이용자에게 한정하여 콘텐츠를 전송할 뿐 SK브로드밴드로부터 전 세계적인 연결성을 제공받고 있지는 않으므로 위와 같은 연결은 유상성이 인정되는 인터넷 접속에 해당되지 않는다는 취지로 주장한다.

법원은 이에 대해 "피고는 전 세계 여러 ISP와의 상호접속을 통해 원고들에게 전 세계적인 연결성을 제공할 수 있고, 원고들도(넷플릭스) 원하는 경우 얼마든지 원고들의 데이터를 전 세계에 송·수신할 수 있음에도 스스로의 판단과 선택으로 피고를 통해 전 세계 각 종단으로 트래픽을 송신하지 않고 있을 뿐이므로, 피고가 원고들에게 원고들이 주장하는 전 세계적인 연결성이 보장된 인터넷 접속을 제공하지 않고 있다고 보기 어렵다. 설령, 피고가 원고들의 주장과 같은 연결성을 제공하지 않았더라도, 원고들은 자신들의 콘텐츠가 서비스 이용자들에게 전

7 OCA(Open Connect Appliances)는 ISP의 네트워크에 캐시서버를 설치하고 회원들이 자주 시청하는 콘텐츠를 새벽 시간대에 미리 저장해두는 방식을 의미한다.

송될 수 있도록 피고와 직접 연결되어 있고, 특히 피고의 국제선 망에는 원고들의 트래픽만이 소통한다는 점에서 원고들은 피고로부터 일반적인 CP와는 구별되는 독점적 지위를 부여받고 있다. 이러한 내용의 연결성 제공과 그와 같은 상태의 유지만으로도 원고들은 그렇지 않은 경우와 비교할 때 자신의 고객들에게 보다 양질의 콘텐츠를 안정적으로 전송할 수 있는 이익을 향유하게 되므로, 피고가 원고들에게 경제적 가치가 있는 역무를 제공하고 있음은 분명하다"고 밝혔다.

셋째, 망 중립성 원칙상 망 이용대가를 지급할 수 없다는 주장이다. SK브로드밴드는 망 중립성이 망 이용대가 지급 여부와 무관하다고 반박하면서 망 중립성은 ISP가 무상으로 트래픽을 전송해야 한다는 의미는 아니라고 밝혔다. 의료인이 환자를 차별해서 안 되는 법적 의무가 있다고 해서 의료서비스가 무상이라는 것은 아니라는 비유를 들기도 했다. 법원은 통신사가 '자사 망에 흐르는 합법적 트래픽을 불합리하게 차별하는 것을 금지하는 원칙'인 망 중립성에 관한 논의와는 본건 망 이용대가와 직접 관련이 없다고 판단했다.

넷째, 해외에서도 ISP에게 대가를 지급하지 않고 있다는 주장이다. 이에 대해 법원은 넷플릭스 콘텐츠 전송 부문 부사장인 켄 플로랜스가 2014년 미국연방통신위원회(FCC)에 제출한 확인서를 근거로 넷플릭스가 ISP인 컴캐스트와 AT&T, 버라이즌, TWV에 '착신망 이용대가'를 지불하고 있었던 것으로 판단했다. 특히 "넷플릭스는 다른 ISP를 거치지 않고 OCA와 컴캐스트 망을 직접 연결해 이용자에게 콘텐츠를 전송했다"며 "이런 과정은 넷플릭스가 SK브로드밴드와 연결해 콘텐츠를 전송하는 것과 구조적으로 동일하다"고 밝혔다.

한편 법원이 양면시장(two-sided market)의 원리를 인정한 것도 중요한 의미가 있다. 양면시장이론이란 서로 다른 두 타입의 이용자 집단이 플랫폼을 통해 상호작용을 하며, 이때 창출되는 가치는 간접적 네트워크 외부성의 영향을 받는 시장을 말한다. 플랫폼을 제공하는 사업자는 양측 또는 어느 한쪽에 플랫폼 이용료를 부과함으로써 수익을 창출한다. 본 판결은 플랫폼 사업자 등이 서비스의 제공자와 이용자 모두로부터 이용대가를 수령할 수 있다는 점을 인정한 것이다.

법원은 "신용카드회사가 신용카드 회원인 소비자로부터 연회비를 수취하고, 가맹점으로부터도 결제 수수료를 지급받는 등 동일한 서비스에 관하여 양 당사자로부터 이용대가를 수령하는 형태의 다면적인 법률관계는 현대사회에서 어렵지 않게 찾아 볼 수 있다. 그리고 원고들이 넷플릭스 서비스 가입자에 대한 콘텐츠 제공과정에서 발생하는 콘텐츠의 전송은 명백히 원고들의 적극적 행위에 의한 것이다. 따라서 피고가 인터넷망을 제공하고 관리하는 것이 자신의 인터넷 서비스 가입자에 대한 계약상 의무에 해당한다고 하여 그 인터넷망을 통한 콘텐츠의 전송을 두고 피고가 서비스 가입자에 대하여 행하는 의무의 이행에 불과할 뿐 원고들의 인터넷망 이용에 해당하지 않는다고 할 수 없고, 그와 같은 사정이 원고들과 피고 사이의 법률관계가 유상인지 여부에 관하여 직접적인 영향을 미칠 수도 없다"고 밝혔다.

아직 1심 판결에 불과하지만 국내 OTT 시장 등에 진출했거나 진출을 앞둔 글로벌 CP들도 동일한 이슈가 있으므로 향후에도 망 사용료를 둘러싼 갈등이 있는 경우 이 판결이 기준으로 작용할 가능성이 있다. 다만, 7월 15일 넷플릭스는 대가 지급 의무를 인정하는 계약·법령 등 법적 근거가 특정되지 않았다는 점, 망 이용대가가 망 중립성 원칙에 어긋난다는 점 등을 이유로 항소를 제기했고, SK브로드밴드는 항소에 따른 법정 대응에 이어 망 이용대가를 청구하는 반소를 제기할 계획이라고 밝혀 향후 2심의 판단도 주목된다.[8]

---

8 위 각주 참고.

9 디지털 플랫폼 자율규제 설계의 방향

디지털 플랫폼 시장이 급성장하는 과정에서 나타난 불공정행위, 소비자 이익 침해 등 문제에 대해 지난 정부는 일종의 사전 규제로서 온라인플랫폼공정화법, 온라인플랫폼이용자보호법, 등의 제정을 추진했다. 그러나 새 정부는 빠르게 변화하고 다양한 참여자를 연계하는 플랫폼 산업의 특성과 혁신을 통한 플랫폼 산업 육성의 중요성을 고려하여 정부 주도의 일률적 규제 대신 자율규제를 추진하기로 했다. 기획재정부를 중심으로 과기정통부, 공정위, 방통위 등이 참여하는 '범부처 플랫폼 정책협의체'를 구성하고 플랫폼 산업 중장기 정책을 논의하는 등 범정부적 역량을 결집하여 플랫폼 시장에서의 자율규제를 정책적으로 지원할 계획이다.

이에 반해 EU와 미국은 디지털 플랫폼에 대한 법적 규제 도입을 서두르고 있다. 특히, EU 의회는 2021년 7월 5일 글로벌 플랫폼을 게이트키퍼로 규정하고 불공정행위를 금지하는 디지털시장법(Digital Markets Act)과 불법, 유해 콘텐츠를 제어하는 디지털서비스법(Digital Services Act)을 통과시켰다. 내년부터는 플랫폼 규제법안이 시행될 것으로 전망된다.

이런 해외 동향과 달리 한국이 디지털 플랫폼에 대한 법적 규제 도입을 중단하기로 한 이유는 글로벌 기업에 비하면 한국 플랫폼 기업은 영세하다는 점, 성급한 법적 규제가 플랫폼의 성장과 혁신을 저해할 수 있는 점, 해외 기업에 규제 적용이 어려워 국내기업에만 차별이 발생할 수 있는 점 등을 고려한 것이다. 또한 플랫폼이 혁신을 통해 성장을 촉진하는 것은 물론 사회적 가치 창출을 통해 국가사회에 기여할 수 있을 것이라는 믿음 때문이다.

다만, 원래 규제는 타율적 개입을 의미하기 때문에 자율규제라는 용어 자체가 형용모순에 해당한다. 이처럼 자율규제의 개념, 설계, 실행 모두가 상당히 어려운 과제이다. 플랫폼 자율규제를 위한 바람직한 방향은 무엇일까.

먼저 자율규제의 개념을 보자. 자율규제는 정부가 개입하지 않고 사업자 각자가, 또는 조직화된 집단이 스스로 그 구성원의 행위를 통제하는 것이라고 할 수 있다. 즉, 정부의 불간섭, 사업자 스스로 또는 집단의 구성원의 행위 기준의 설정, 행위 기준 미준수에 대한 자율적 제재가 자율규제의 구성요소인 것이다.

통상 새로운 기술로 인해 혁신이 일어나면 정부는 첫째, 혁신을 기존 이해관계나 사회질서에 도전하는 적으로 간주하고 규제를 통해 혁신을 저해하거나, 둘째, 혁신에 대응해 기존 규제를 재검토해 이를 제도권 내로 흡수하거나, 셋째, 혁신을 위해 규제를 개혁하거나, 넷째, 혁신의 활성화를 위해 일정 기간 규제를 하지 않고 서비스의 양상을 지켜보는 방법으로 대응한다.

엄격히 말하면 자율규제는 넷째 유형 즉, 정부의 법적 규제를 유예하는 전략에 가깝다고 할 수 있다. 다만, 디지털 플랫폼에 대한 법적 규제에 대한 대안으로서 논의되는 자율규제는 정부의 개입이 없는 순수한 의미의 자율규제일 수는 없다. 플랫폼에 대한 법적 규제의 필요성을 주장하는 의견도 상당하기 때문이다. 그런 의미에서 디지털 플랫폼에 대한 자율규제는 정부와의 공동규제의 형태를 띨 수밖에 없다.

공동규제로서 자율규제의 형식은 다음 몇 가지로 나누어진다. 첫째는 사업자 자체의 자율규범의 제정과 실행이다. 보통 법규를 통해 해당 영역의 행위자들에게 추상적인 의무를 부여하고 있는 경우에 이 의무를 기반으로 자체의 행동강령을 규정하는 경우인데, 최근 기업별로 제정된 AI 윤리헌장이 이에 해당한다.

둘째, 자율규제기구에 의한 규범의 제정과 실행이다. 자율규제를 위한 조직을 구성하고 거기에 규범의 제정과 집행을 맡기는 방법이다. 좀 더 세분화하면 자율규제기구의 법적 근거가 있는 경우와 없는 경우, 민간으로만 구성하는 경우와 민관이 합동으로 참여하는 경우로 나눌 수 있다. 국내의 주요 인터넷 포털들이 지난 2009년 설립한 "한국인터넷자율정책기구"는 민간으로 구성되어 정보통신망법에 근거를 둔 자율규제기구라고 할 수 있다. 동법 제44조의4는 정보통신서비스 제공자단체는 이용자를 보호하고 안전하며 신뢰할 수 있는 정보통신서비스를 제공하기 위하여 정보통신서비스 제공자 행동강령을 정하여 시행할 수 있으며, 또한 청소년유해정보 등에 대해 모니터링 등 자율규제 가이드라인을 정하여 시행할 수 있다고 규정하고 있다.

현 정부의 디지털 플랫폼에 대한 자율규제의 방향은 기존의 전기통신사업법을 개정하여 자율규제기구의 법적 근거를 마련하는 방향으로 진행되고 있는 것으로 알려져 있다. 다만, 정부가 자율규제기구에 직접 참여하는 민관합동의 자율규제 기구로 갈 것인지, 자율규제 기구의 권한 등에 대해서는 아직 명확한 방향이 정립되지 않았다.

이처럼 법적 근거를 두고 자율규제 기구를 통해 규범을 제정, 실행하는 방식은 자율규제 체계의 안전성과 견고성을 유지할 수 있는 장점이 있다. 다만, 전기통신사업법은 네트워크 구축과 경쟁을 중심으로 하는 기간통신사업자 중심의 법체계라는 점에서, 부가통신사업자인 플랫폼에 대한 규제 도입을 위해서는 통신사업 규제체계에 대한 근본적인 변화가 불가피하다.

오히려 인터넷을 중심으로 네트워크 사업자와 플랫폼사업자 그리고 최종이용자의 관계를 규율할 필요성이 존재한다는 점에서, 정보통신망법의 이용자 보호 조항을 포함하여 인터넷 생태계의 지속가능성과 이용자 보호를 목적으로 하는 별도의 법체계를 고려할 필요도 있다. 한편 정부가 참여하는 경우 정부의 의지대로 의사결정이 이루어져 자율규제가 형해화될 가능성도 있다는 점을 유의할 필요가 있다. 정부는 자율규제가 제대로 작동하지 못했을 때 최후로 개입할 수 있는 권한을 보유하는 것 정도로도 충분할 것으로 보인다.

플랫폼에 대한 자율규제 방향의 면밀한 설계를 통해 디지털 플랫폼의 혁신성이 저해되지 않으면서 불공정행위 규제나 이용자 보호 등의 부작용은 해소되어 혁신과 공정이 균형을 이루는 플랫폼 생태계가 조성되기를 기대한다.

10 택시대란의 교훈...갈등 관리 없이는 혁신도 없다

최근 코로나19 엔데믹 시대로 접어들면서 거리로 나온 시민들이 밤이 되면 택시를 잡지 못해 발을 동동 구르는 귀가 전쟁이 한창이다. 택시 수요가 급증하고 있지만, 심야 시간대 택시운행이 절대 부족한 것이 그 이유이다. 만약 우버, 타다와 같이 택시 서비스를 대체, 보완하는 혁신 모빌리티 플랫폼의 도입이 허용되었다면 택시 대란은 피할 수 있었을 것이다. 혁신의 흐름을 거부한 규제로 신산업의 등장을 막음으로써 애꿎은 소비자만 피해를 입고 있는 셈이다. 이 사례는 디지털 플랫폼을 둘러싼 여러 갈등 중 기존 산업, 즉 택시 산업과 디지털 플랫폼과의 갈등이라고 할 수 있다.

네이버, 카카오와 같은 디지털 플랫폼은 재화나 용역의 공급자와 수요자 등 다양한 이용자 집단 간에 이루어지는 온라인 거래를 중개하거나 이를 촉진하는 기능을 한다. 당사자 간의 정보의 비대칭성을 해소하는 것은 물론 거래에 안전장치를 제공함으로써 신뢰를 부여해주는 역할을 한다. 다만, 디지털 플랫폼을 둘러싼 사회경제적 갈등이라는 역기능도 문제가 되고 있다. 이들의 시장 영향력이 과도해지면서 독과점과 시장 쏠림, 전통산업과 골목상권 침해, 데이터의 집중, 비윤리적 알고리즘, 플랫폼 노동자의 부당한 처우 등이 이슈가 되고 있다.

이처럼 다양한 디지털 플랫폼을 둘러싼 갈등을 행위 주체 등을 기준으로 해서 4가지 유형으로 구분할 수 있다.[9] 첫째, 위의 모빌리티와 택시 산업의 사례와 같이 디지털 플랫폼의 도입으로 신시장이 창출되어 기존 사업자와 디지털 플랫폼

9 4가지 유형 구분은 OECD (2019). 『An Introduction to Online Platforms and Their Role in the Digital Transformation』. 정보통신정책연구원(KISDI) (2020). 「플랫폼경제의 이해관계 갈등과 정책과제」. 등을 참조할 수 있음.

간의 이해관계가 충돌하는 경우이다. 둘째, 디지털 플랫폼을 통해 재화·용역·콘텐츠 등을 거래하거나 소비하는 소비자와 디지털 플랫폼 간의 이해관계가 충돌하는 경우로 개인정보 침해, 안전성, 가격차별, 알고리즘 조작 등의 문제가 나타난다. 셋째, 디지털 플랫폼을 통해 재화·용역·콘텐츠 등을 제공하거나 판매하는 생산자와 디지털 플랫폼 간의 이해관계 충돌로 디지털 플랫폼의 거래상 지위 남용, 시장지배력 남용, 데이터 독점 등의 이슈가 있다. 넷째, 라이더와 같이 기존 노동법으로 규율하기 어려운 새 형태의 플랫폼 노동의 등장에 따른 갈등으로 고용불안, 안전망 미비 등의 문제가 있다.

이러한 4가지 갈등의 유형 각각에 적합한 해결책은 무엇일까. 우선 기존 산업과 플랫폼 간의 갈등 해결의 원칙은 소비자의 편익과 글로벌 시장에서 한국 플랫폼의 경쟁력을 동시에 고려하면서, 기존 산업에 대해서도 규제완화와 유연성을 높일 수 있는 정책이 필요하다. 다음 노동과 디지털 플랫폼의 갈등 해결을 위해서는 플랫폼 노동자에 대한 최소한의 교육·노동·소득·사회보장의 체계가 마련될 필요가 있다.

마지막으로 생산자, 소비자와 디지털 플랫폼 간의 갈등에 대해서 새 정부는 지난 정부에서부터 진행 중인 온라인플랫폼공정화법, 온라인플랫폼이용자보호법 제정 추진을 중단하고 자율규제를 추진하기로 했다. 자율규제를 통해 플랫폼은 알고리즘의 공정성과 투명성을 높이고 개인정보가 안전하게 활용될 수 있는 만반의 조치를 취하는 한편, 플랫폼 참여자들과의 거래 원칙도 보다 공정하고 투명하고 정립하기 위해 노력해야 할 것이다.

사실 기술혁신으로 인한 경제산업의 변화과정에는 언제나 갈등이 존재했기 때문에 갈등의 완전한 해소는 불가능하다고 봐야 한다. 오히려 갈등의 존재를 인정하고 이를 적절히 관리하는 것이 필요하다. 갈등관리에 실패하는 경우 사회통합을 저해하는 것은 물론 국가의 디지털 경쟁력의 퇴보로 이어질 가능성이 크기 때문이다. 갈등관리의 핵심은 이해관계자들 간 참여적 거버넌스를 구성해 파트너십과 신뢰를 형성하는 것이다. 다음으로 신기술의 도입으로 인해 이해관계자, 국민에게 미치는 사회적 비용과 편익에 대한 분석을 통해 대안을 제시할 수 있는 정부의 중재자로서의 역할이 중요하다고 할 것이다.

11 카카오 대란, 플랫폼 규제 빌미 돼선 안된다

2022년 10월 15일 오후 3시 30분에 발생한 SK C&C의 판교데이터센터 화재에서 시작된 카카오 서비스 먹통 시간은 총 127시간 30분, 날짜로 치면 5일 7시간 30분 동안 지속되었다. 그야말로 거의 전 국민이 사용하는 국민메신저가 다운되면서 우리 사회는 일대 혼란을 겪었다. 당연히 사고의 원인을 분석하고 동일한 재난을 대비하기 위한 시스템을 정비하는 것이 시급한과제이다. 그런데 엉뚱하게도 이번 사고의 원인과는 직접적인 관련이 없는 카카오를 비롯한 플랫폼 기업의 독점이 본 사고의 근본적인 원인이며 이에 따라 플랫폼 기업의 독과점을 규제해야 한다는 논의가 다시 진행 중이다.

안철수 의원은 독과점적 시장 구조가 장기간 지속될 경우 공정위가 해당 시장 내 사업자에게 주식 처분, 영업 양도 등 시장 구조 개선에 필요한 조치를 명할 수 있도록 하는 공정거래법 개정안을 발의했다. 기존의 위법행위에 대한 시정조치나 과징금만으로는 독과점 규제에 부족하니 기업 분할까지도 명령할 수 있도록 하겠다는 것이다. 또한 국회는 지난 정부 추진했던 온라인 플랫폼 공정화법을 재논의할 움직임을 보이고 있다.

정부도 거들고 있다. 공정거래위원회는 온라인 플랫폼 독과점 심사 지침과 기업결합 심사기준을 개정할 계획이다. 전자는 시장지배력을 평가를 위해 플랫폼의 데이터 수집과 보유 능력, 이용자 수 등 매출액 이외의 점유율 산정기준을 고려하며, 위반 행위도 멀티호밍 제한, 최혜국 대우 요구, 자사우대, 끼워팔기로 구체화한다. 후자는 플랫폼의 사업 확장을 차단하기 위해 간이심사로 처리되던 플랫폼 기업의 이종 혼합형 기업결합을 원칙적 일반심사로 전환한다.

그동안 다수의 학계 전문가는 아직 독과점으로 인한 이용사업자, 소비자의 피해가 충분히 확인되지 않은 상황에서 플랫폼에 대한 법적 규제의 도입이 플랫폼의 혁신을 훼손하여 결과적으로 소비자 편익을 저해할 수 있다는 점, 국내 토종 플랫폼에만 규제가 적용되어 역차별이 될 수 있다는 점, 아직 글로벌 플랫폼에 비해 왜소한 토종 플랫폼의 경쟁력을 지원할 필요성 등을 고려하여 법적 규제의 도입 대신 플랫폼에 대한 정책연구가 필요하다는 결론을 내렸으며, 이후 새 정부는 같은 이유로 법적 규제 대신 자율규제 대안을 준비하고 있는 상황이다.

사실 이번 서비스 먹통의 1차적 원인은 데이터 센터의 화재라는 우연한 사고였으며, 2차적으로는 서버 이중화, 데이터 백업이 미비했던 것이다. 데이터센터 사업자에 대한 데이터 센터 점검, 인터넷서비스 사업자의 기술적 안정성 대책 등 핀셋형 규제 도입을 논의하면 될 것이다. 자율규제 논의를 시작한 지 아직 반년이 되지 않았는데 성급히 과거로의 회귀를 결정할 필요는 보이지 않는다.

한편 부동산 분야 플랫폼인 프롭테크(Proptech)도 마찬가지이다. 2022년 10월 4일 국회에서는 현재 임의단체인 한국공인중개사협회를 법정단체화하고, 공인중개사는 협회에 의무적으로 가입하도록 하는 것은 물론 협회에 회원 징계권, 회원 지도·관리권을 주는 공인중개사법 개정안이 발의되었다. 프롭테크 업계는 개정안 통과 시 협회와의 갈등이 수면 위에 떠오르면서 신규 부동산 플랫폼 서비스에 부정적 영향을 미칠 것이라고 보고 있다. 이미 대한변협도 2021년 5월 로톡과 같은 플랫폼에 가입한 변호사를 징계하는 내용의 내부 규정을 신설한 이후 로톡 이용 변호사에 대한 징계절차에 착수하면서 양측 간 갈등이 심화되고 있다.

사회 각 분야에서 온라인 플랫폼이 소비자에게 저렴하면서도 편리한 서비스를 내놓자, 기존 산업종사자들은 소비자 보호를 명분으로 국회 입법권을 이용해 협회의 권한을 강화하고 이들 협회를 통해 플랫폼 기업의 성장을 견제하는 현상이 나타나고 있다. 국회는 과연 무엇이 진정 전체 국민을 위한 것인지 냉정하게 고민해야 할 것이다. 타다금지법을 통과시켜 시민들의 심야 교통난을 심화시킨 과거를 잊어서는 안될 것이다.[10]

---

10 카카오 대란 이후 재난 관리의 사각지대에 있던 부가통신사업자(플랫폼 사업자)와 데이터센터(IDC) 사업자에게도 기간통신사업자(이동통신 3사 등)와 유사한 수준의 서비스 안정성 확보 및 재난 대응 의무를 부과하기 위해 「방송통신발전 기본법」, 「전기통신사업법」, 「정보통신망 이용촉진 및 정보보호 등에 관한 법률」 3개 법률이 개정되었다. 방송통신발전 기본법 개정

12 배달 플랫폼 자율규제와 법적 규제

코로나 19가 시작한 이래 비대면 사회가 도래하면서 급성장한 배달 플랫폼 시장에서 플랫폼 사업자, 입점업체, 소비자 간의 갈등이 심화되자, 지난 정부는 온라인플랫폼 공정화법을 제정하여 플랫폼에 대한 규제를 시도했다. 그러나 윤석열 정부는 법적 규제 대신 자율규제를 선택하고 「플랫폼 자율기구」 산하의 갑을분과에서 배달 플랫폼 사업자 및 관련 단체, 중소기업·소상공인 단체 등 이해관계자들과 민간 전문가 등이 참여하여 배달앱 업종에 적용할 자율규제 방안을 논의해왔으며, 6개월 만인 2023년 3월 6일 '배달 플랫폼 자율규제 방안'을 발표했다.

주요 내용은 크게 3가지이다. 배달 플랫폼 입점계약 관행 개선, 배달 플랫폼과 입점업체 간 분쟁처리 절차 개선, 배달 플랫폼과 입점업체 간 상생 및 입점업체의 부담 완화이다.

첫째, 배달 플랫폼 입점계약 관행 개선을 위해, 플랫폼 사업자가 약관(계약서) 작성 시 계약기간, 계약 변경·갱신·해지 시 그 사유 및 절차, 배달중개서비스 제

으로 카카오, 네이버 등 일정 규모 이상의 부가통신사업자와 데이터센터 사업자를 '주요 방송통신사업자'에 포함하여 정부의 재난 관리 대상으로 지정했다. 정보통신망법 개정(데이터센터 보호 조치 강화)으로 대규모 서비스 장애의 근본 원인이었던 데이터센터 시설에 대한 보호 조치 의무를 강화했다. 데이터센터 사업자는 서버, 저장장치, 전력공급 설비, 네트워크 시설 등을 분산 및 다중화(이중화/이원화)하여 재난 발생 시 서비스가 중단되지 않도록 물리적/기술적 보호 조치를 마련해야 한다. 전기통신사업법 개정(서비스 안정성 확보 및 이용자 보호)으로 일정 규모 이상의 부가통신사업자에게 서비스 안정성을 확보할 의무를 명확히 부과하고, 그 조치 현황 및 계획에 관한 자료를 정부에 제출하도록 했고, 기존에는 4시간 이상 유료 서비스 중단 시에만 고지 의무가 있었으나, 2시간 이상 유·무료 서비스 중단 시에도 이용자에게 고지하도록 의무를 강화했다.

한·중지 시 그 사유 및 절차, 수수료·광고비 적용방식, 대금정산 주기 및 절차, 검색 노출순서 결정 기준 등 포함하도록 했다. 이 중에서 검색 노출순서 결정 기준은 배달 플랫폼 내에서 소비자의 검색에 따라 입점업체가 노출되는 순서를 결정하는 주요 기준을 플랫폼 홈페이지 등에 안내한다는 것이다. 다만, 알고리즘은 제외한다. 그 외에도 배달앱 내 악성 리뷰에 대한 삭제 및 임시조치 기준, 악성 리뷰 작성자에 대한 이용제한 기준, 이용사업자의 리뷰 게시 중단요청 절차 등의 구체적 내용을 정하기로 했다. 이와 관련 배달의민족, 요기요는 모두 국제기준인 ISO 20488을 반영한 리뷰 정책을 도입하여 악성 리뷰에 대한 합리적 대응 기준을 마련하기로 했다.

이 계약 관련 내용은 2020년 7월 시행된 EU 「온라인 플랫폼 시장의 공정성 및 투명성 강화를 위한 EU 이사회규칙」 이나 2020년 9월 공정거래위원회가 예고한 온라인플랫폼 공정화법상 규정과 유사하다. 인공지능을 이용한 자동화된 서비스의 노출 기준을 공개하도록 함으로써 배달앱 내에서 검색, 추천 결과의 투명성 제고에 기여할 것이다. 다만, EU 기준의 경우 상품 노출순위를 결정짓는 주요 변수 외에도 변수 간 상대적 중요도, 경제적 대가가 순위 결정에 미치는 영향도 약관에 명시하도록 한 것에 비해, 상대적으로 플랫폼 사업자의 부담을 경감한 조치이다. 한편, 소비자와 입점업체 간 분쟁이 계속되는 악성 리뷰에 대한 정책을 마련하기로 한 것도 의미 있는 성과로 평가된다. 다만, 리뷰가 소비자 선택에 결정적인 영향력을 행사하고 있다는 점에서 소비자의 입장도 충분히 반영된 정책이 마련되어야 할 것이다.

둘째, 배달 플랫폼과 입점업체 간 분쟁처리 절차 개선을 위해 가칭 '배달 플랫폼 자율분쟁조정협의회'를 설치하기로 하였다. 또한, 배달 플랫폼 사업자는 입점업체가 민원을 제기하는 경우 접수일로부터 3영업일 내에 처리결과를 신속하게 회신하기로 하였다. 온라인플랫폼 공정화법에도 온라인플랫폼 분야에 특화된 분쟁조정 협의회를 설치하도록 한 바 있다.

셋째, 배달 플랫폼과 입점업체 간 상생 및 입점업체 부담 완화 방안으로 배달의민족과 쿠팡이츠는 지난 12월 시행한 포장주문 서비스 무료 지원 정책을 당초 3개월에서 1년간 연장하기로 했고, 요기요의 경우 입점업체의 원활한 자금 흐름을 위하여 대금정산 주기를 축소하기로 하였다. 땡겨요와 위메프오는 현재와 같은 낮은 수수료를 연내 계속 유지하기로 하였다.

이와 관련 온라인플랫폼 공정화법에도 플랫폼 사업자와 입점업체 간 상생 협약 체결 권장 및 지원에 대한 근거조항을 두고 있다. 다만, 자율규제와 상생협력은 서로 차원을 달리 하는 문제인데, 이를 자율규제안에 포함시키는 것은 사업자의 영업의 자유에 대한 침해 여지가 있다.

그 외에도 자율규제안의 실효적인 이행을 담보하기 위해 플랫폼 자율기구 갑을 분과를 통한 자율규제 방안 이행상황을 점검한 결과 미이행한 사항이 있는 경우 1차로 경고하고, 그럼에도 불구하고 시정되지 않는 경우에는 미이행 내용을 대외적으로 공표하기로 하였다. 이 내용은 온라인플랫폼 공정화법상 이행 강제수단인 과징금, 과태료나 동의의결제와는 다르게 상당히 실행력이 약화되어 있으나, 이는 자율규제의 속성상 불가피한 것이라고 봐야 할 것이다.

이번 자율규제 방안은 그동안 플랫폼 사업자와 입점업체 간 논쟁의 대상이 되었던 과도한 수수료, 불투명한 상품 노출기준, 입점업체 상품을 구매한 고객의 정보 비공유, 수집된 정보를 부당하게 이용한 플랫폼 사업자의 PB상품 개발, 판매과정에서 발생한 손해의 입점업체 일방적인 전가 등의 문제를 망라한 것은 아니지만, 가능한 범위 내에서 민간과 정부의 중재하에 참여 사업자 간 합의를 이루어냈다는 점에서 의미가 있다. 사실 수수료 등 가격의 조정, 데이터라는 자산의 공유, 손해배상 책임 등 비즈니스나 법적인 한계가 명확한 이슈를 자율규제의 대상으로 하는 것은 쉽지 않다.

자율규제는 말 그대로 국가가 주체가 되고 사업자가 객체가 되는 타율적인 법적 규제를 대신하여 피규제자인 사업자가 스스로 자신들의 행위에 일정한 한계와 기준을 도입하고 이를 실행함으로써 법적 규제가 있는 것과 유사한 결과를 도출하는 것이다. 배달앱 분야 자율규제가 성공적으로 정착함으로써 법적 규제가 다시 길을 비켜달라는 요구를 하지 않도록 보다 세심한 후속 작업이 필요하다고 할 것이다.

정부는 배달 플랫폼 외에도 오픈마켓, 숙박앱에 대해서도 자율규제를 이어간다는 계획이며, 「플랫폼 자율기구」 분과 중 하나인 데이터, AI 분과에서도 인공지능을 이용한 검색, 추천서비스 기준 논의가 상당 부분 진행되었다. 다만, 국회를 중심으로 온라인 플랫폼에 대한 법적 규제도 준비 중이어서 기업으로서 상당히 혼란스러운 상황이다. 정책의 일관성, 신뢰성을 차원에서 자율규제 실험의 성공 여부를 당분간 지켜볼 필요가 있다고 할 것이다.

13 불법 콘텐츠와 플랫폼의 책임

최근 서울 강남의 한 빌딩에서 10대 청소년이 투신하는 과정을 SNS로 생중계한 사건이 일어났다. 이 사건을 수사 중인 경찰이 추가 피해를 막기 위해 방송통신심의위원회에 SNS 게시판 차단을 요청했지만, 위원회는 법률 자문과 불법 게시물에 대한 추가 파악이 필요하다며 의결을 보류했다. 경찰은 게시판 운영사에도 게시판 폐쇄를 요청했지만, 문제가 된 게시글을 삭제하고 관리를 강화하겠다며 경찰의 요청을 거부했다.

이 SNS는 익명성을 강점으로 가진 국내 최대 규모의 커뮤니티 사이트로 하루 평균 80만 건이 넘는 글이 올라오고, 220만 개가 넘는 댓글이 달린다고 한다. 다만, 이런 익명성이 디지털 범죄를 양산할 수 있는 요인이 되고 있는데, 문제가 된 게시판은 우울증 커뮤니티로서 극단적 선택을 유발하는 정보를 담고 있는 것으로 알려졌다.

사실 이런 불법적인 콘텐츠에 대한 플랫폼 기업의 책임에 대한 논의가 시작된 것은 어제, 오늘의 일이 아니다. 국내에서는 2020년 n번방 사건 이후 포털 등 디지털 성범죄를 포함해 불법 촬영물 등의 온라인 유포 사전 방지를 위해 기술적, 관리적 조치의무를 부담하도록 하는 전기통신사업법과 정보통신망법을 개정·시행하고 있다. 조치의무의 내용으로 불법촬영물등으로 의심되는 정보를 상시적으로 신고·삭제요청을 할 수 있는 기능을 마련할 것, 불법촬영물등에 해당하는 검색결과의 송출을 제한하는 조치, 불법촬영물등에 해당하는 정보의 게재를 제한하는 조치. 불법촬영물등을 유통할 경우 삭제·접속차단 등 유통방지에 필요한 조치와 처벌을 받을 수 있다는 내용을 이용자에게 미리 알리는 조치 등이다.

EU의 경우에도 강력한 법안이 준비되고 있다. 오늘 8월 시행 예정인 디지털 서비스법(DSA)이 그것이다. 이 법은 '오프라인에서 불법인 것은 온라인에서도 불법'이란 원칙에 근거해 안전하고 표현의 자유와 디지털 비즈니스 기회를 보장하는 온라인 환경을 조성하는 것을 목적으로 하고 있다. EU 집행위원회는 2023년 4월 25일 동 법의 규제를 적용받는 19개 서비스를 지정했다. 구글 검색과 구글 맵, 구글 쇼핑, 유튜브, 구글 플레이, 페이스북, 트위터, 틱톡, 인스타그램, 애플 앱스토어, 아마존, 알리바바, 알리익스프레스 등 유럽 내 이용자가 월 4,500만 명 이상인 19개다. 이 기업들은 불법 콘텐츠를 인지하면 신속하게 제거할 수 있는 시스템을 마련해야 하며, 이를 위반하면 매출의 최대 6%에 달하는 과징금이 부과된다.

그 외 이용자의 인종·정치적 견해·성적 취향 등 민감정보를 기반으로 하거나 미성년을 대상으로 한 타킷 광고는 금지된다. 또한 추천에 사용되는 알고리즘을 포함하여 다양한 문제에 대한 온라인 플랫폼의 투명성을 측정하도록 하고 있으며, 플랫폼 사업자는 플랫폼 추천시스템의 개인 최적화 콘텐츠 구성 방식에 대한 설명의무를 부담하며, 개인 프로파일링 이외의 대체 추천시스템을 제공해야 한다.

그동안 구글, 메타, 트위터 같은 미국의 플랫폼 사업자는 플랫폼상 게시물에 대해 책임을 지지 않는 1996년 미국 통신품위법(Communications Decency Act)의 적용을 받아왔다. 동 법 제 230조는 "양방향 컴퓨터 서비스의 제공자나 이용자가 다른 정보 콘텐츠 제공자가 제공한 정보의 발행자나 발화자로 간주되어서는 안 된다(no provider or user of an interactive computer service shall be treated as the publisher or speaker of any information provided by another information content provider)"고 규정하고 있다.

이는 단순히 콘텐츠 중개 작업을 하는 플랫폼 사업자에 대해서는 '발행자(publisher)'에 준하는 의무를 부과하지 않아야 한다는 규정으로, 이 규정으로 인해 플랫폼 사업자들은 불법 콘텐츠 유통에 따른 책임 부담 없이 사업을 영위할 수 있었다. 또 다른 긍정적인 측면은 동 조항이 이용자의 인터넷상의 표현의 자유를 보호하는데도 일정한 역할을 한 것이다.

다만, 동 조에 대해서는 플랫폼 사업자들이 불법 콘텐츠와 혐오 발언, 가짜뉴스 등을 방치할 수 있게 하는 법적 면죄부로 악용되었다는 비판이 나오고 있다. 트럼프 정부에 이어 바이든 정부에서도 법 개정에 대한 논의가 이루어지고 있으며, 2022년 4월 하원에서는 소셜미디어 기업에 대한 광범위한 면책을 중단하고 온라인 플랫폼에 대한 합리적이고 비차별적인 접근을 보장하는 조항을 통신품위법에 추가하는 것을 골자로 하는 「21세기 표현의 자유법(안)」이 제안되기도 했다. 어쨌든 미국의 플랫폼 사업자들은 디지털서비스법에 따라 가짜뉴스, 불법 콘텐츠를 제거하는 것은 물론 이를 방지할 수 있는 시스템을 갖춰야 하는 의무를 부담하게 됐다.

이제 인터넷의 광범위한 확산과 이로 인한 인터넷상에서 이뤄지는 무수한 각종 불법 행위를 국가의 힘만으로는 통제하기 어려워지고 있고, 플랫폼이 온라인 공간을 운영함으로써 경제적 이득을 얻는다는 점과 현실적으로 불법 콘텐츠를 삭제하는 기술력을 갖고 있다는 점에서 플랫폼에도 일정한 조치의무를 부과하는 방식으로 입법이 진행되고 있는 것이다.

최근 한국에 등장한 자살 관련 사이트는 인간의 생명권에 관한 것으로 이는 표현의 자유 등 다른 가치에 우선한다고 봐야 한다. 다행히 한국은 이미 불법콘텐츠에 대한 플랫폼 사업자의 책임에 대한 법적 규제가 이루어지고 있지만, 방송통신심의위원회 등 실제 불법콘텐츠 심의 관련 기준도 양적 기준 외에 질적 기준도 도입하는 등 보다 현실에 맞도록 개정해야 할 것이며, 플랫폼 사업자도 이용자에게 신뢰를 줄 수 있는 보다 강화된 모니터링과 사후조치를 취해야 할 것이다.

14 타다 무죄의 교훈

2023년 6월 1일 대법원은 주식회사 쏘카 전 대표, 브이씨엔씨 주식회사 대표 등이 모바일 애플리케이션을 통하여 11인승 승합차에 운전자를 함께 제공하는 '타다' 서비스를 운영한 행위가 여객자동차운수사업법위반죄를 구성한다고 기소된 사안에서, 검사의 상고를 모두 기각하여, 피고인들에 대하여 전부 무죄를 선고한 원심판결을 확정했다.[11] 타다라는 승합차 호출 서비스가 '불법 콜택시'라며 기소된 지 4년여 만에 불법이 아니라는 판단을 받은 것이다.

2018년 시작된 타다 서비스는 11인승 카니발 승합차에 대기하고 있던 운전자에게 승객의 위치정보를 발송하여 승객과 운전자를 연결시켜 주고, 운전자가 승객의 위치로 찾아가 승객을 목적지까지 운송하면, 승객이 '타다' 앱에 미리 저장해 둔 신용카드를 통해 요금이 결제되도록 하는 서비스였다. 택시 호출 앱과 유사한 측면이 있지만, 렌터카 업체인 쏘카에서 차를 빌리면서 일반 운전기사를 함께 호출하는 서비스라는 점이 다르다. 이에 대해 택시업계는 동 서비스가 여객자동차운수사업법상 면허 없이 택시 영업을 한 것으로 보고 대표 등을 2019년 검찰에 고발했고 검찰도 같은 의견으로 대표 등을 기소했다.

1과 2심 모두 타다는 기존에 허용되고 있던 운전자 알선을 포함한 자동차 대여(렌터카 서비스)에 해당한다고 볼 수 있고, 유상으로 여객을 운송한 것으로 볼 수 없다는 이유로 무죄를 선고했다. 1심 재판부는 약관 등을 근거로 타다는 모바일 앱 기반 렌터카 서비스이고, 타다 이용자와 쏘카 사이엔 초단기 승합차 임대차 계약이 성립되었다고 보는 것이 타당하다고 보았다. 2심 재판부는 타다는 타

11 대법원 2023. 6. 1. 선고 2022도13414 판결.

다 서비스에 가입하여 차량 이용을 사전 예약한 특정 회원에 대하여 기사를 알선하여 자동차를 대여할 뿐, 노상에서 승차를 요청하는 불특정인의 요구에 즉흥적으로 응하지 못하므로, 불특정 다수의 여객을 자동차로 운송한다고 할 수 없어 유상 여객운송과는 다르다고 보았다. 또한 타다는 기존에 허용된 기사 포함 렌터카 서비스에 IT와 통신기술을 결합한 것만으로 사업의 본질적인 내용이 달라진다고 평가할 수 없다고 보았다.

그러나 법정 다툼과는 별개로 2020년 3월 21대 총선을 앞두고 택시업계 여론을 의식한 국회는 렌터카 사업자의 운전자 알선을 원칙적으로 제한하는 여객자동차운수사업법 개정안, 즉, 소위 타다금지법을 통과시켰고, 이로 인해 타다 서비스는 역사에서 사라지게 되었다.

이번 대법원의 무죄 선고는 몇 가지 측면에서 시사점이 있다. 우선 타다 사례는 행정부와 정치권이 구 산업 이해관계자들의 목소리에 치중하면서 혁신으로 인한 소비자 이익과 산업적 성과를 놓친 나쁜 본보기가 되었다고 할 수 있다. 게다가 타다 합법성 논쟁, 타다 금지법 제정까지 걸린 수년의 시간은 혁신산업을 도입하고 정착시키기 위한 골든 타임을 놓친 것이라는 점에서 매우 안타까운 일이다. 마치 영국에서 행인의 안전을 위한다는 명분으로 자동차의 속도를 교외에서는 시속 6km, 시내에서는 3km로 제한하고, 또한 붉은 기를 든 운전원이 자동차의 운행을 알리도록 한 1861년 적기조례법이 연상된다. 이로 인해 영국의 자동차 산업은 독일 등에 뒤지게 되었다.

그런데 아직도 우리 사회에는 법률 플랫폼, 미용 플랫폼, 비대면 진료 플랫폼 이슈에서 기득권 집단과 플랫폼 기업 간 갈등이 지속되고 있다. 마땅한 해결책이 보이지 않는데, 정부도 국회도 이 문제에 대한 정책방향이나 대안을 명확하게 제시하지 못하고 있다. 정보의 비대칭성을 해결함으로써 소비자가 저렴하고 편리한 서비스를 비교, 선택할 수 있는 기회가 계속 봉쇄되고 있는 것이다.

다음 입법, 행정, 사법이라는 3부 간의 견제와 균형이 무너지고 있다는 점이다. 이번 사례에서 해당 부처와 검찰은 대법원 판단과 같이 법을 유연하게 해석할 수 있었음에도 불구하고 일단 위법으로 보고 추가적인 법적인 판단은 법원에 미루는 행태를 보였다. 자신의 권한과 책임하에 법을 해석, 집행할 권한을 사실상 포기한 것이라는 비판을 면하기 어렵다. 다음 입법부는 다수의 국민의 목소리보다는 조직화된 이해관계자 집단의 요구를 반영하는 행태를 보였다. 결국 타다 사건은 행정부는 법해석으로, 입법부는 법을 제정해서까지 혁신산업을 고사시킨 독특한 사례로 남게 되었다. 행정의 사법의존 현상이나 입법의 과잉 정치편향 현상이 계속되는 한 혁신산업의 앞날은 어두울 수밖에 없다.

최근 글로벌 플랫폼 기업이 초거대 AI, 미디어, 클라우드 시장에서 전 세계를 석권하고 있고 한국 시장도 빠른 속도로 잠식하고 있다. 이로 인해 한국의 토종 검색 플랫폼 등의 지위가 위협받고 있는데, 이에 더해 타다와 같은 혁신 스타트업의 생존도 규제와 이해관계 조정의 실패로 어려워지고 있다. 정치권과 정책당국의 명확한 방향 설정과 실행이 어느 때보다 중요한 시기이다.

15 위기 맞는 한국의 플랫폼 산업

인터넷 동영상 서비스를 제공하는 OTT 시장에서 글로벌 미디어 플랫폼인 넷플릭스 천하가 지속되고 있다. 토종 OTT는 콘텐츠 제작비 부담과 가입자 성장률 둔화가 겹치면서 적자가 확대되고 있는데, 웨이브, 티빙, 왓챠 등 3사의 2022년 영업손실은 2859억 원으로 전년 1517억 원보다 크게 늘었다. 반면 넷플릭스는 2022년 한국 시장에서 매출 7732억 원, 영업이익 142억 원을 달성했으며, 월간 활성이용자수(MAU) 기준 1100만 명에서 1200만 명 수준을 기록하여 독보적인 1위를 차지하고 있다. 이제 거의 모든 한국 드라마, 영화는 넷플릭스를 통해서만 전 세계에 유통된다. 비록 K-콘텐츠 인기가 높지만, 자국 플랫폼이 없는 한국의 콘텐츠 업계는 제작비와 약간의 수익을 가질 뿐 콘텐츠 흥행 수익은 넷플릭스가 가져가고 있다.

검색 플랫폼 시장은 최근 격변의 조짐이 보인다. 생성형 AI인 챗GPT의 등장으로 구글 천하가 흔들리면서 마이크로소프트(MS) 빙 검색이 늘어나고 있다. 한국은 중국, 러시아를 제외하면 전 세계 국가 중 유일하게 구글이 1위를 차지하지 못한 국가이다. 국내 검색 시장 점유율은 네이버가 부동의 1위를 차지하고 있지만, 웹사이트 분석업체 인터넷트렌드에 따르면 MAU 기준 점유율은 2022년 5월 네이버 63.1%, 구글 25.9%, 다음 5.8%, MS 빙 1.6%였으나, 올해 5월 기준 점유율은 네이버 55.7%, 구글 34.8%, 다음 5.07%, MS 빙 2.6%로 나타났다. 네이버가 줄고 구글이 늘어나면서 격차가 좁혀지고 있다.

AI 플랫폼은 더욱 심각한 상황이다. 오픈AI는 한국어 능력이 대폭 강화된 GPT-4 모델을 출시하고 한국의 스타트업과의 협력을 제안하고 있고, 구글은 새 언어모델인 팜2(PaLM2) 엔진을 탑재한 바드(Bard)의 첫 외국어로 한국어를 선택하는 등 글로벌 빅테크들이 한국 AI 시장을 겨누고 있다. 비록 한국이 초거대 AI 기술을 보유하고 있지만, 아직 네이버, 카카오는 자체 AI 모델을 출시하지 못하고 있다. 한국어에 특화된 기술과 서비스를 통해 글로벌 빅테크와 차별화하겠다는 전략이지만 이미 실기한 것은 아닌지 우려된다.

클라우드 플랫폼도 마찬가지이다. 공정거래위원회의 클라우드 서비스 분야 실태조사에 따르면 2019년부터 2021년 동안 국내 클라우드 시장 점유율 3년 평균 1위는 아마존웹서비스(AWS)였다. AWS는 70% 점유율로 MS 9%, 네이버클라우드 6% 등과 비교할 때 압도적인 1위이다. 게다가 다른 국가에서는 허용되는 모빌리티, 법률 플랫폼이 한국에서는 기득권 집단과의 갈등 등을 이유로 시작도 못하고 있다.

이처럼 디지털 플랫폼 산업 전반에서 한국이 심각한 위기상황으로 치닫고 있다. 세계 최고 수준의 네트워크를 기반으로 콘텐츠, 검색 등에서 독자적인 경쟁력을 지니고 있던 한국이 글로벌 플랫폼의 공세에 휘청대고 있는 것이다. 원래 플랫폼은 유통과 편성을 장악하는 게이트웨이 역할을 한다. 따라서 자국 플랫폼이 없는 국가는 글로벌 플랫폼의 하청기지 역할을 할 수밖에 없는데, 글로벌 플랫폼에 대한 종속은 단순히 경제적인 손실도 문제지만 개인정보, 영업기밀 등의 데이터의 유출을 초래함으로써 한국의 디지털 주권에 대한 도전으로 이어진다.

향후 정부의 정책 방향은 크게 두 가지이다. 그것은 국내 디지털 산업에 대한 전폭적인 지원과 함께 규제 개혁이다. 디지털은 원래 초국경성을 특징으로 하기 때문에 디지털 분야의 경쟁은 글로벌 경쟁일 수밖에 없다. 그렇다면 한국의 디지털 분야 규제도 글로벌 스탠다드를 따라야 한다. 다른 국가에 없는 규제는 국내 기업의 발목을 잡게 된다. 또한 플랫폼의 독과점 폐해를 방지하기 위해 규제가 필요한 경우에도 그것이 국내 디지털 플랫폼 산업의 경쟁력을 훼손하는 데까지 이르러서는 안 된다. EU는 자국 플랫폼이 없는 상황에서 유럽 단일 시장의 보호를 명분으로 미국의 빅테크를 규제하기 위해 디지털 시장법, 디지털 서비스법, 인공지능법을 제정하고 있고, 미국은 중국과의 기술패권 전쟁에서 승리하기 위해 자국의 빅테크 규제시도를 철회하고 있다는 점을 유의해야 할 것이다.

16 뒷걸음치는 한국의 혁신 플랫폼

지난 90년대 한국 정부가 선택한 인터넷 네트워크 인프라의 확충과 고도화는 한국이 전 세계적으로 독자적인 메신저, 검색, 게임, 온라인 콘텐츠, 이동전화 단말기 산업의 토대가 되었고 지금도 한국을 세계에 알리는 브랜드 역할을 톡톡히 하고 있다. 그러나 최근 고도화된 인터넷 네트워크로 인한 과실이 점차 글로벌 플랫폼 기업으로 넘어가고 있는 것은 물론 국내의 혁신 스타트업 플랫폼도 과도한 규제와 이해관계 갈등 속에 어려움을 겪고 있다.

우선 2023년 8월 기준 국민 메신저 카카오톡의 MAU(월간 실사용자 수)는 4천196만6천874명으로 1위를 유지했지만, 2위인 구글 유튜브(4천162만7천75명)와의 차이는 33만9천799명으로 집계됐다. 검색엔진 시장도 그간 국내 절대 강자인 네이버의 위상이 흔들리고 있다. 웹 MAU 1위 네이버의 점유율은 2023년 1월 64.5%에서 하락해 7개월 연속 50%대에 머문 반면, 구글은 30%대로 올라섰다. 네이버는 지난 2018년까지 70%대 점유율을 유지하다 2019년 들어 60%대로 하락했다가 올해부터는 60% 점유율도 무너지고 50%대까지 추락했다.

또한 생성형 AI 선두인 챗GPT의 2023년 8월 전 세계 월간 이용자 수는 14억명에 이르고 있고 구글의 바드, 마이크로소프트의 빙이 경쟁에 나서고 있지만, 한국은 네이버가 이제 막 서비스를 출시하고 있는 단계에 머무르고 있다. 검색에서 정답으로(from search to answer) 시장 판도가 변하는 상황에서 국내 검색 포털의 위기감은 어느 때보다 높아지고 있다.

미디어, OTT 플랫폼 시장은 어떨까. 8월 기준 일간 활성 이용자 수(DAU)가 글로벌 OTT 기업인 넷플릭스가 평균 291만 명으로 1위를 차지했고, 토종 OTT인 티빙은 126만 명, 웨이브는 111만 명, 쿠팡플레이는 71만 명으로 뒤를 이었다.

스타트업 혁신 플랫폼의 상황은 어떨까. 2023년 6월 1일 대법원이 타다라는 승합차 호출 서비스가 '불법 콜택시'라며 기소된 지 4년여 만에 불법이 아니라는 판단을 받았지만, 4년의 기간의 허송세월로 모빌리티 혁신은 택시 플랫폼의 고도화로 한정되어 진행되었고 지금도 승차 공유, 개인 차량 공유는 사실상 어려운 상황이다. 또한 코로나 19 시기 의료 공백을 메워온 비대면진료 플랫폼은 팬데믹 3년간 이용자 수 1400만 명, 진료 건수 3600만 건을 기록했고, 국민 78%가 만족했다. 그러나 비대면 진료를 법제화하는 과정에서 초진 금지, 약 배송 금지 규제가 도입되면서 비대면 진료 플랫폼 기업은 사업을 접을 수밖에 없는 상황에 직면하고 있다.

금융 마이데이터의 상황도 아쉬움을 더해 가고 있다. 내 손 안의 금융비서를 목표로 2022년 1월 본격 시행된 금융 마이데이터는 2023년 5월 기준 약 8,025만 명이 가입해 있으며, 마이데이터사업자는 66개, 정보제공의무자는 700여 개에 이를 정도로 양적 성장을 계속하고 있다. 그러나 아직 주로 자산 통합 조회나 관리 서비스에 머물러, 고객의 지불의사를 자극하는 기존 서비스와 차별적인 혁신적 서비스를 제공하지 못하고 있으며, 더욱이 정보제공기업의 데이터 과금 요구까지 이어지면서 더 어려운 상황으로 가고 있다.

그나마 희망의 싹을 보인 것이 리걸테크 플랫폼이다. 2023년 9월 26일 법무부는 리걸테크 플랫폼 로톡을 이용하다가 변협에서 징계받은 변호사 123명이 낸 이의신청을 받아들였다. 로톡 서비스가 합법으로 인정되면서 이제 리걸테크 플랫폼이 소비자들의 법률 서비스 이용 문턱을 낮추고 편익을 증대시킬 수 있는 계기가 마련된 것이다. 전문직 플랫폼과 기존 산업과의 갈등에서 정부가 최초로 플랫폼을 통한 소비자 편익의 필요성을 인정한 결정이다.

사실 이제 기존 산업의 플랫폼화와 플랫폼을 통한 재화나 서비스 거래는 거부할 수 없는 디지털 경제의 흐름이 되고 있다는 점에서, 이를 수용하고 이 흐름에 동참하는 것이 필요하다. 기존 검색 등 디지털 분야의 한국의 독자적 플랫폼을 유지, 발전시키는 것은 물론 혁신 스타트 플랫폼의 성장을 지원할 수 있는 인식의 변화와 규제의 개선이 절박한 시점이다.

17 EU의 디지털서비스법 (EU Digital Service Act)의 시사점

1 서론

2023년 4월 서울 강남의 한 빌딩에서 10대 청소년이 투신하는 과정을 SNS로 생중계한 사건이 일어났다. 이 사건을 수사 중인 경찰이 추가 피해를 막기 위해 방송통신심의위원회에 SNS 게시판 차단을 요청했지만, 위원회는 법률 자문과 불법 게시물에 대한 추가 파악이 필요하다며 의결을 보류했다. 경찰은 게시판 운영사에도 게시판 폐쇄를 요청했지만, 문제가 된 게시글을 삭제하고 관리를 강화하겠다며 경찰의 요청을 거부했다.

이 SNS는 익명성을 강점으로 가진 국내 최대 규모의 커뮤니티 사이트로 하루 평균 80만 건이 넘는 글이 올라오고, 220만 개가 넘는 댓글이 달린다고 한다. 다만, 이런 익명성이 디지털 범죄를 양산할 수 있는 요인이 되고 있는데, 문제가 된 게시판은 우울증 커뮤니티로서 극단적 선택을 유발하는 정보를 담고 있는 것으로 알려졌다.

또한 2024년 1월 9일 미국 증권거래위원회(SEC)의 공식 X(옛 트위터)에 SEC가 비트코인 현물에 투자하는 상장지수펀드(ETF)를 승인했다는 소식이 올라오면서 비트코인 가격이 급등했다. 알고 보니 SEC의 계정이 해킹되어 만들어진 가짜 뉴스였다.

이처럼 소셜미디어에는 불법적, 비윤리적 정보, 거짓 정보가 넘쳐나고 있다. 거짓 정보의 경우에는 특히 정치적 이슈나 연예인 관련 허위 정보가 다수를 차지하면서 국민의 선택을 방해하고 연예인에 대한 편견을 확산시키고 있다.

20세기 중반 개발되어 이제 세계인의 필수품이 된 인터넷 공간은 원래 다양한 콘텐츠를 가진 정보의 바다였으나, 이제는 온갖 허위정보의 바다라는 오명도 함께 안고 있다. 원래 인터넷 공간, 즉 온라인 공간은 오프라인과는 달리 물리적 실체가 없는 디지털 환경이라는 점, 인터넷에 연결된 기기를 통해 전 세계 어디에서나 접근할 수 있다는 점, 이용자들은 정체성을 숨기고 익명으로 활동할 수 있는 점 때문에 오프라인과 달리 국가의 규제가 없거나 완화되어 적용되었다.

그러나 모바일 기기의 보급과 무선 네트워크 기술의 발전으로 누구든 어디에서나 인터넷에 접속할 수 있게 되었고, 이제 인터넷은 정보의 교환, 커뮤니케이션, 엔터테인먼트, 비즈니스 등 거의 모든 측면에서 매우 중요한 역할을 하고 있다. 나아가 온라인 환경이 가지는 익명성, 즉각성, 광범위한 도달 범위라는 특성은 오히려 오프라인보다 막강한 정치적, 사회적 영향력을 갖게 했다.

2 EU 디지털 서비스법의 도입 배경과 내용

온라인이라는 이유만으로 허위의 정보를 나르거나 타인의 명예를 훼손하는 행위를 방임할 수 없다는 의견이 대두되고 있으며, 이에 유럽은 온라인 플랫폼에게 불법 콘텐츠 차단, 삭제 의무를 부과하는 내용 등을 포함하는 디지털서비스법을 만들어 시행하고 있다. 이 법의 취지를 한 문장으로 표현한 것이 “오프라인에서 불법은 온라인에서 불법이다(What is illegal offline should also be illegal online)”라는 것이다. 이는 온라인 플랫폼에도 전통적, 오프라인 사업자와 같은 법적 기준을 적용해야 한다는 의미인데, 특히 인터넷 상 불법 콘텐츠나 불법 행위의 확산을 막는 책임을 강조하고 있다.

EU는 빅테크 기업 등의 영향력을 규제하고자 그동안 일반개인정보보호법(GDPR)을 제정해 시행하였으며, 이후에도 빅테크의 불공정행위, 소비자 피해를 방지하고자 하는 이유로 여러 법제를 마련하고 있다. 대표적인 것이 2020. 12. Digital Markets Act와 DSA를 선보였으며, 그중 Digital Markets Act는 2023. 5. 2. 시행되었고, DSA는 2022. 7. 의회의 최종승인이 있은 후 2023. 4. 선제 규제대상 19개를 발표함에 이어 2023. 8. 25. 예정대로 시행되었다. 단, 2023. 8. 25. 시행된 것은 우선적으로 거대 규모의 플랫폼 사업자와 검색엔진만을 대상으로 시행된 것이며, 2024. 2. 부터는 규모와 관계없이 EU의 디지털 서비스 사업자들에게 적용될 예정이다.

DSA는 서비스 제공자의 주소지와 관계없이, 유럽연합에 설립되거나 거주지를 두고 있는 이용자에게 서비스를 제공하고 있는 중개 서비스에 적용된다. DSA의 적용 대상은 편의상 Tier 1에서 Tier 4까지 나누어진다. 각 단계별로 앞의 단계의 의무를 포함한 가중된 의무가 부과된다. Tier 1은 중개 서비스(Intermediary services)로서 주로는 인터넷에 접근을 가능하게 해주는 통신사업자와 임시 저장 서버를 가지고 있는 사업자들을 의미한다. Tier 2는 호스팅 서비스이다. 클라우드 서비스 사업자나 웹 호스팅 서비스 사업자를 의미한다. Tier 3는 온라인 플랫폼에 대한 규제이다. 여기에는 소셜 미디어 서비스나 온라인 마켓 등이 포함된다.

Tier 4는 대형 온라인 플랫폼 사업사(Very Large Online Platforms, VLOP)와 및 대형 검색엔진 사업자에 대한 내용이다. EU 내 월간 활성화 이용자(active user)가 4천 5백만 이상인 사업자들이다. Tier 4의 대형 온라인 플랫폼 사업자로 지정된 사업자는 다음 17개이다. 페이스북, 인스타그램, 틱톡, X(구 트위터), 유튜브, 스냅챗, 링크드인, 핀터레스트, 아마존, 부킹, 알리익스프레스, 잘란도, 구글 쇼핑, 위키백과 및 구글 맵스, 구글 스토어, 애플 앱 스토어 등이다. 다음 대형 검색 엔진 사업자로 지정된 사업자는 구글 검색 및 마이크로소프트 빙 등 2개이다.

DSA는 온라인 플랫폼은 불법정보를 삭제 및 차단하고, 소비자 및 이용자의 피해 예방을 위한 다양한 조치를 취해야 한다. 불법 콘텐츠 신고 메커니즘을 구축해야 하고, 범죄 의심정보는 사법당국에 신고해야 한다. 또한 불법적인 콘텐츠를 반복해서 제공하는 서비스 이용자에 자에 대해 합리적인 기간 동안 서비스 제공을 중단해야 한다. 또한 DSA는 불법콘텐츠 외에 불법 상품 및 서비스의 제공 또는 판매와 관련한 정보도 규제 대상이 된다. 불법행위매자가 소비자에게 불법제품이나 서비스를 유럽연합에서 플랫폼을 통해 판매함을 플랫폼이 인지하였다면, 플랫폼이 이를 소비자에게 알리도록 규정하고 있다.

3 DSA의 주요 특성 분석

첫째, 사업자 간 의무 차등화이다. DSA는 서비스 내용과 규모에 따른 단계별 규제체계를 도입하면서도 서비스 유형별로 세부규정을 두고 있다. 즉, 디지털 서비스법은 온라인 중개서비스 제공자의 온라인 시장에서의 역할과 위상, 즉 서비스의 유형과 사업자의 규모에 따라 책임과 의무를 차등화하고, 일부 소규모 사업자에 대해서는 법조항의 일부를 적용배제 함으로써 사업자 간 차등을 하고 있다는 점에서 형평적 규제를 도입하고 있다.

이런 단계적 접근 방식은 위험의 크기나 발생 가능성에 따라 규제수단을 달리하는 위험기반 접근방식과 유사한데, 이는 EU의 인공지능법이 이를 수용하고 있다. 위험이나 피해의 규모에 따라 적절한 규제를 도입하는 것이 비례의 원칙에 적합하다는 점에서 긍정적인 평가가 가능하다. 또한 서비스 유형, 종류가 아니라 사업자의 콘텐츠에 대한 관여 수준에 따라 가중된 의무를 추가하는 방식도 합리적이라고 할 수 있다.

둘째, 불법 개념에 관한 것이다. 디지털 서비스법은 삭제·차단의 대상이 되는 불법정보 또는 불법 콘텐츠를 별도로 정의하지 않고, '해당 법률의 정확한 주제 또는 성격과 관계없이 상품 판매 또는 서비스 제공을 포함하여 그 자체로 또는 그 활동과 관련하여 EU법 또는 회원국의 법률을 준수하지 않은 모든 정보를 의미한다'라고 하여 불법정보 또는 불법 콘텐츠에 관한 정의를 EU 및 회원국의 개별법에 맡기고 있다.

한국이 정보통신망법상 9가지의 불법 정보의 유형을 정하고 있고 특히, 성범죄물에 대해 특별한 의무를 부과하고 있는 것과 달리 EU는 법을 위반한 정보를 모두 불법 콘텐츠로 보고 있는 것이다. 이는 플랫폼 사업자에게 과중한 부담이 될 우려가 있다는 비판이 있을 수 있으나, 더 이상 온라인에서 관용과 예외를 인정할 수 없기 때문에 오프라인에서 불법은 온라인에서도 불법이라는 일관적 원칙을 적용한다는 측면에서 의의가 있다.

셋째, 불법 콘텐츠 삭제와 표현의 자유의 균형이다. 디지털 중개서비스 제공자는 불법정보의 삭제 및 차단을 위한 특별한 의무를 부담하고, 소비자 및 이용자의 피해 예방을 위한 다양한 조치를 취해야 한다. 또한, 자체적인 비용으로 서비스의 구조적 위험을 평가해야 한다. 그러나 중개서비스 제공자는 능동적, 적극적으로 불법정보를 모니터링할 의무를 부담하지 않는다. 신고시스템을 통해서 신고를 받거나 불만처리시스템을 통해서 신청을 받은 경우에 한해서 조치를 하면 된다.

다만, 표현의 자유 역시 중요한 가치라는 점에서 중개서비스 제공자는 표현의 자유를 침해하지 않도록 이용약관에 제한사항(삭제·차단 조치 기준, 알고리즘 의사결정 여부 등 포함)을 명시해 두어야 하고, 불법정보 반복 게시자에 대한 처리기준을 공개해야 하며, 효과적인 권리구제를 위하여 자체 불만처리시스템 운영, 분쟁해결기구에 의한 분쟁해결절차에의 협력 등과 같은 소송 외 피해구제시스템도 구축하여야 한다. 또한, 부당하게 표현의 자유를 침해받은 자는 언제든지 플랫폼의 결정에 이의를 제기할 수 있어야 한다.

넷째, 투명성 의무 강화이다. 대규모 플랫폼은 준법감시인을 지정하고, 독립적인 외부감사를 받아야 하며, 콘텐츠 조정 보고서(투명성 보고서), 불법정보 조치 활동결과, 광고 및 추천 시스템의 알고리즘, 위험평가보고서, 감사보고서 등을 공개하여야 한다. 또한, 1년 동안 광고의 내용 등을 보관 및 공개해야 하고, 관계 당국과 선정 연구자가 데이터베이스 및 알고리즘에 접근할 수 있도록 해야 한다.

광고의 경우 서비스 이용자가 광고의 수신 여부를 선택할 수 있어야 하고 추천 시스템의 경우에는 추천에 이용되는 매개변수를 이용자가 변경할 수 있어야 한다. 데이터베이스 및 알고리즘에 대한 접근은 단순히 불법 여부를 판단하는 것을 넘어 알고리즘의 발전 과정을 분석하는 목적으로 접근하는 것까지 허용해야 한다. 또한 개인의 종교, 민족, 성적 지향, 정치 성향 등을 기반으로 한 맞춤형 광고를 금지했다. 어린이와 청소년 대상으로는 어떤 종류의 맞춤형 광고도 할 수 없다. 온라임 맞춤형 광고를 사용자가 비활성화할 수 있도록 함으로써 그동안 빅테크의 핵심비즈니스 모델의 변경이 요구되고 있다.

4 시사점 및 결론

그동안 구글, 메타, 트위터 같은 미국의 플랫폼 사업자는 플랫폼상 게시물에 대해 책임을 지지 않는 1996년 미국 통신품위법(Communications Decency Act)의 적용을 받아왔다. 동 법 제230조는 "양방향 컴퓨터 서비스의 제공자나 이용자가 다른 정보 콘텐츠 제공자가 제공한 정보의 발행자나 발화자로 간주되어서는 안 된다(no provider or user of an interactive computer service shall be treated as the publisher or speaker of any information provided by another information content provider)"고 규정하고 있다.

이는 단순히 콘텐츠 중개 작업을 하는 플랫폼 사업자에 대해서는 '발행자(publisher)'에 준하는 의무를 부과하지 않아야 한다는 규정으로, 이 규정으로 인해 플랫폼 사업자들은 불법 콘텐츠 유통에 따른 책임 부담 없이 사업을 영위할 수 있었다. 또 동 조항은 이용자의 인터넷상의 표현의 자유를 보호하는 데도 긍정적인 역할을 했다.

다만, 동 조항에 대해서는 플랫폼 사업자들이 불법 콘텐츠와 혐오 발언, 가짜뉴스 등을 방치할 수 있게 하는 법적 면죄부로 악용되었다는 비판이 나오고 있다. 트럼프 정부에 이어 바이든 정부에서도 법 개정에 대한 논의가 이루어지고 있으며, 2023년 4월 하원에서는 소셜미디어 기업에 대한 광범위한 면책을 중단하고 온라인 플랫폼에 대한 합리적이고 비차별적인 접근을 보장하는 조항을 통신품위법에 추가하는 것을 골자로 하는 「21세기 표현의 자유법(안)」이 제안되기도 했다. 어쨌든 이제 미국의 플랫폼 사업자들은 자국법이 아닌 EU의 디지털서비스법에 따라 가짜뉴스, 불법 콘텐츠를 제거하는 것은 물론 이를 방지할 수 있는 시스템을 갖춰야 하는 의무를 부담하게 됐다.

국내에서는 2020년 n번방 사건 이후 포털 등 디지털 성범죄를 포함해 불법촬영물 등의 온라인 유포 사전 방지를 위해 기술적, 관리적 조치의무를 부담하도록 하는 전기통신사업법과 정보통신망법을 개정·시행하고 있다. 조치의무의 내용으로 불법촬영물등으로 의심되는 정보를 상시적으로 신고·삭제요청을 할 수 있는 기능을 마련할 것, 불법촬영물등에 해당하는 검색결과의 송출을 제한하는 조치, 불법촬영물등에 해당하는 정보의 게재를 제한하는 조치. 불법촬영물등을 유통할 경우 삭제·접속차단 등 유통방지에 필요한 조치와 처벌을 받을 수 있다는 내용을 이용자에게 미리 알리는 조치 등이다.

EU의 디지털서비스법과 같은 광범위한 규제가 표현의 자유를 침해하거나 플랫폼의 혁신을 저해할 수 있다는 논란이 있으며, 이에 자율규제와 이용자의 리터러시 확보가 해결책이라는 의견도 있지만, 이제는 온라인상의 불법을 획기적으로 감소시킬 수 있는 제도적 대안을 고민해야 할 때이다.

이제 인터넷의 광범위한 확산과 이로 인한 인터넷상에서 이뤄지는 무수한 각종 불법 행위를 국가의 힘만으로는 통제하기 어려워지고 있고, 플랫폼이 온라인 공간을 운영함으로써 경제적 이득을 얻는다는 점과 현실적으로 불법 콘텐츠를 삭제하는 기술력을 갖고 있다는 점에서 플랫폼에도 일정한 조치의무를 부과하는 방식의 입법이 논의될 필요성이 있다고 할 것이다.

18 메타의 접속경로 변경 소송 판결 확정의 내용과 시사점

2023년 12월 대법원 2부는 방송통신위원회가 메타에 대해, 국내 통신사인 SKT와 LGU+의 인터넷 트래픽의 일부 접속경로를 국내 서버에서 해외 서버 등으로 변경하여 국내 이용자들의 접속이 제대로 되지 않거나 동영상이 제대로 재생되지 않는 등의 장애, 불편, 지연 등이 발생하자, 이러한 접속경로 변경 행위가 전기통신사업법상 이용 제한에 해당하고 이용자 이익의 저해 정도가 현저하다는 이유로 시정조치와 과징금(3억 9,600만 원) 납부 등을 명한 사건에서, 시정조치 및 과징금 부과 처분 등을 취소한 원심결론을 수긍하고 방통위의 상고를 기각했다.[12]

이로써 2018. 3. 21. 방통위 처분으로 시작된 접속경로 변경 분쟁은 5년 7개월 만에 마무리되었다. 이 사건의 핵심 쟁점은 메타의 접속경로 변경 행위가 전기통신사업법령에서 금지하는 '정당한 사유 없이 전기통신서비스의 가입·이용을 제한 또는 중단하는 행위' 중 이용의 제한'에 해당하는지와 전기통신이용자의 이익을 현저히 해치는 방식으로 전기통신서비스를 제공하는 행위에 해당하는지의 요건을 모두 충족하는가 하는 것이다.

이에 대해 1심은 메타의 접속경로 변경이 이용 제한이 아니라고 판시했다. "전기통신서비스의 이용을 지연하거나 이용에 불편을 초래한 행위에 해당할 뿐, 이용 제한에 해당한다고 볼 수 없다"는 것이다. 즉 인터넷 이용은 가능하나, 인터넷 이용이 지연되거나 불편할 수는 있으나 이용은 가능했기 때문에 "제한"이 아니라는 것이다. 2심 재판부는 접속경로를 '우회'하도록 한 것은 이용 제한 행위에

12 대법원 2023. 12. 21. 선고 2020두50348 판결.

해당한다고 봤다. 재판부는 "이용 제한이란 '이용은 가능하지만 이용에 영향을 미쳐 이를 곤란하게 하는 행위'를 의미한다. 이용자들의 이익을 현저히 해치는 방식으로 전기통신서비스를 제공하는 행위에 해당한다고 보기는 어렵다고 보았다.

상고심은 '제한'의 사전적 의미와 '제한'이 '중단'과 병렬적으로 규정되어 있는 점 등을 고려하면, '이용의 제한'은 이용의 시기나 방법, 범위 등에 한도나 한계를 정하여 이용을 못하게 막거나 실질적으로 그에 준하는 정도로 이용을 못하게 하는 것을 의미한다고 해석된다고 보았다. 따라서 이용의 '제한'을 '이용 자체는 가능하나 이용에 영향을 미쳐 이용에 다소간의 지연이나 불편을 초래하게 하는 행위'까지 포함하는 것으로 해석하는 것은 문언의 가능한 의미를 벗어나므로 유추해석 금지의 원칙에 반할 여지가 있다고 판단했다.

나아가 콘텐츠제공자(CP, Contents Provider)가 자신이 제공하는 콘텐츠로의 과다 접속에 따른 다량의 트래픽을 효율적으로 전송, 처리하기 위하여 접속경로 변경을 선택하는 경우도 많아 결코 이례적이라고 보기 어렵다면서, 따라서 CP의 접속경로 변경 행위는 합리적 의사결정에 따른 것으로 영업상 허용되는 범위 내에 있을 여지도 다분하다고 보았다. 결국 1심은 이용 제한에 해당하지 않는다고 보았고, 2심은 이용 제한에 해당하나 이용자 이익을 현저히 해치는 방식이 아니라고 보았으며, 상고심은 1심의 결론을 다시 반복했다.

본건 판결로 인하여 CP의 경우에도 망 품질을 제어할 수 있다는 점이 확인되었고 이로 인해 정부는 CP에게도 망 품질 관리책임을 인정하는 입법을 하게 된다. 2020. 6. 9. 개정 전기통신사업법 제22조의7이 신설되었는데, 위 조항은 이용자 수, 트래픽 양 등이 대통령령으로 정하는 기준에 해당하는 부가통신사업자는 이용자에게 편리하고 안정적인 전기통신서비스를 제공하기 위하여 서비스 안정 수단의 확보, 이용자 요구사항 처리 등 대통령령으로 정하는 필요한 조치를 취할 의무를 부담한다고 규정하고 있다. 시행령에 따른 법 적용 대상은 직전년도 3개월간 일평균 이용자 수가 100만 명 이상이면서 국내 발생 트래픽 총량의 1% 이상을 차지한 사업자인데, 구글, 넷플릭스, 메타, 네이버, 카카오가 대상이다.

전기통신사업법 시행령 제30조의8 제2항에 따르면 서비스 안정 수단 확보를 위한 구체적 조치 사항으로 안정적인 서비스 제공을 위한 트래픽의 과도한 집중, 기술적 오류 등을 방지하기 위한 기술적 조치와 트래픽 양 변동 추이를 고려한 서버 용량, 인터넷 연결의 원활성 확보 및 트래픽 경로의 최적화 등을 규정하고 있다.

다만, 상고심은 2020년 6월경에야 대형 CP에 서비스 안정성 의무를 부여하는 규정이 신설된 점 등을 근거로 CP의 접속경로 변경 행위는 원칙적으로 전기통신사업법령상 금지되는 이용 제한에 해당하지 않는다고 보았다. 일종의 법적 규율의 공백이 있었다는 것이다.

결국 이 사건 판결로 인해 인터넷 응답속도 등 인터넷 접속 서비스의 품질은 기본적으로 인터넷접속사업자(ISP, Internet Service Provider)가 관리, 제어할 수 있는 영역이지, CP가 관리, 통제할 수 있는 영역이 아니라고 보았던 관점이 변경되었고, 이에 부가통신사업자에 불과하였던 CP에게도 인터넷 생태계에서 책임과 의무를 인정하는 입법이 이루어졌다는 점이 의의라고 할 수 있다.

19 오프라인서 불법은 온라인서도 불법이다

2024년 1월 9일 미국 증권거래위원회(SEC)의 공식 X(옛 트위터)에 SEC가 비트코인 현물에 투자하는 상장지수펀드(ETF)를 승인했다는 가짜뉴스가 올라오면서 비트코인 가격이 급등락했다. 이처럼 소셜미디어에는 거짓 정보가 넘쳐나고 있다. 특히, 정치적 이슈나 연예인 관련 허위 정보가 다수를 차지하면서 국민의 선택을 방해하고 연예인에 대한 편견을 확산시키고 있다. 20세기 중반 개발되어 이제 세계인의 필수품이 된 인터넷 공간은 원래 다양한 콘텐츠를 가진 정보의 바다였으나, 이제는 온갖 허위정보의 바다라는 오명도 함께 안고 있다.

원래 인터넷 공간, 즉 온라인 공간은 오프라인과는 달리 물리적 실체가 없는 디지털 환경이라는 점, 인터넷에 연결된 기기를 통해 전 세계 어디에서나 접근할 수 있다는 점, 이용자들은 정체성을 숨기고 익명으로 활동할 수 있는 점 때문에 오프라인과 달리 국가의 규제가 없거나 완화되어 적용되었다.

그러나 ITU 연례 보고서에서 따르면 전 세계 인구의 67%인 54억 명이 인터넷을 사용하고 있는데, 이와 더불어 온라인 환경이 가지는 익명성, 즉각성, 광범위한 도달 범위라는 특성은 오히려 온라인을 오프라인보다 막강한 정치적, 사회적 영향력을 갖는 공간으로 만들었다.

이런 점에서 이제 더 이상 온라인이라는 이유만으로 허위의 정보를 나르거나 타인의 명예를 훼손하는 행위를 방임할 수 없다는 의견이 대두되고 있으며, 이에 유럽은 2023년 8월부터 온라인 플랫폼에 불법 콘텐츠 차단, 삭제 의무를 부과하는 내용 등을 포함하는 디지털서비스법(Digital Service Act)을 만들어 시행하고 있다.

이 법의 취지를 한 문장으로 표현한 것이 “오프라인에서 불법은 온라인에서 불법이다(What is illegal offline should also be illegal online)"라는 것이다. 이는 온라인 플랫폼에도 전통적 오프라인 사업자와 같은 법적 기준을 적용해야 한다는 의미인데, 특히, 인터넷상 불법 콘텐츠나 불법 행위의 확산을 막는 책임을 강조하고 있다.

DSA에 따르면 온라인 플랫폼은 불법 정보를 삭제 및 차단하고 이용자의 피해 예방을 위한 다양한 조치를 취해야 한다. 또한 불법 콘텐츠 신고 메커니즘을 구축해야 하고, 범죄 의심정보는 사법당국에 신고해야 한다. 그리고 불법적인 콘텐츠를 반복해서 제공하는 서비스 이용자자에 대해 서비스 제공을 중단해야 한다. DSA는 불법 콘텐츠 외에 불법 상품 및 서비스 정보도 규제하고 있다. 판매자가 소비자에게 불법 제품이나 서비스를 유럽연합에서 플랫폼을 통해 판매하는 것을 플랫폼이 인지하였다면 이를 소비자에게 알려야 한다.

DSA에서 불법 콘텐츠는 특정한 법률이 아니라 회원국의 모든 법을 위반하는 경우를 의미한다는 점에서 미국의 통신품위법이나 한국의 정보통신망법이 외설, 음란, 성범죄물 등 특정 불법에 한정하는 것과 다르다. 이는 더 이상 온라인에서 관용과 예외를 인정할 수 없다는 입법자의 의지를 담고 있다.

온라인상의 불법에 대한 광범위한 규제가 표현의 자유를 침해하거나 플랫폼의 혁신을 저해한다는 비판이 있을 수 있으나, 이제 더 이상 사업자의 자율규제나 이용자 리터러시 강화만으로는 해결되기 어려운 상황에 이르고 있다. 표현의 자유, 혁신과의 균형을 유지하면서 플랫폼의 책임을 보다 강화하는 제도적 대안을 고민해야 할 시기이다.

20 유해 콘텐츠 온상 빅테크 플랫폼, 법 적용 실효성 높여야

인류의 삶의 터전을 오프라인에서 온라인으로 전환시키고 있는 빅테크 플랫폼(Big Tech Platform)은 구글, 애플, 아마존, 메타, 넷플릭스, 텔레그램 등 같은 대형 기술 기업들을 일컫는다. 이들은 방대한 사용자 기반과 막대한 데이터를 바탕으로 다양한 디지털 서비스를 제공하고 있는데, 미디어, 전자상거래, 검색, 소셜미디어, OTT, 클라우드 컴퓨팅 등 여러 분야에서 독점적 지위를 확대하고 있다.

빅테크 플랫폼은 경제뿐만 아니라 프라이버시와 같은 기본적 권리, 개인 간 소통, 미디어 소비 등 일상에서도 그 영향력이 증대되고 있다. 경제적으로는 최근 시장을 선점한 플랫폼의 지배력 확대 및 인접 시장으로의 지배력 전이, 혁신의 저해 등 부작용에 대한 우려가 증대되고 있다. 또한 빅테크 플랫폼은 이용자의 관심(attention)을 차지하기 위한 경쟁을 통하여 사실상 개인 간 사회적 경험, 미디어 콘텐츠의 생산·소비·유통의 관문(gateway)으로 자리 잡으면서 그 결과, 편향성 증대나 유해 콘텐츠의 확산, 과도한 광고, 프라이버시 보호 미흡 등 서비스의 질 하락 문제도 대두되고 있다.

이에 빅테크 플랫폼과 관련된 몇 가지 이슈로 인해 규제가 필요하다는 논의가 확산되고 있다. 첫째, 소위 가짜뉴스라 불리는 허위정보 등 유해 콘텐츠 유통에 대한 플랫폼의 책임 이슈이다. 최근 텔레그램에는 딥페이크 음란물이 대거 유통된 사건이 있었다. 대부분의 플랫폼에서 불법·유해 콘텐츠는 어렵지 않게 발견할 수 있다. 원칙상으로는 불법 콘텐츠는 제작자의 책임이며, 이를 유통하는 플랫폼은 3자라고 할 수 있지만, 문제는 플랫폼도 불법 콘텐츠 유통을 방조할 만한 경제적 동기가 없지 않다는 점이다. 즉, 유해 콘텐츠와 가짜뉴스 등 자극적 콘텐츠일수록 사람들을 더 많이 끌어들이고, 그로 인해 광고 수익이 늘기 때문이다.

특히, 생성형 인공지능(AI)으로 딥페이크 콘텐츠 제작이 쉬워지면서, 불법·유해 콘텐츠를 매개로 한 제작자와 빅테크 플랫폼의 사실상 공생관계는 강화되는 측면이 있다.

이에 EU는 2023년 8월부터 온라인 플랫폼에 불법 콘텐츠 차단, 삭제 의무를 부과하는 내용 등을 포함하는 디지털서비스법(Digital Service Act: DSA)을 만들어 시행하고 있다. 아직 미국은 연방 차원의 빅테크 플랫폼에 대한 콘텐츠 규제는 없지만, 미국 캘리포니아주가 선거 관련 딥페이크를 강력하게 규제하는 법안을 시행할 계획이다. 이용자 100만 명이 넘는 플랫폼은 선거 관련 허위 정보와 딥페이크 신고를 접수할 수 있는 창구를 설치해야 하며, 신고를 받은 뒤에는 확인 절차를 거쳐 72시간 내 이를 삭제하거나 AI로 제작됐다는 표지를 달아야 한다.

이런 법적 규제가 속속 도입되면서 빅테크 플랫폼의 자율규제 움직임도 나타나고 있다. 소셜 미디어인 인스타그램은 '10대 계정(Teen Accounts)'이라는 청소년 보호 기능을 도입했다. 청소년 이용자들의 계정은 모두 '비공개'가 기본값(default)으로 설정 된다. 비공개 계정을 함으로써 청소년에게 접근해 성 착취를 하거나, 공개된 사진이 딥페이크 음란물에 사용되는 것을 막으려는 것이다. 부모의 자녀 인스타 사용 관리 감독 기능도 강화된다. 부모의 계정과 연결할 경우, 자녀가 누구와 채팅하고 있는지를 확인하고, 자녀의 일일 인스타그램 사용 시간을 제한할 수도 있다.

둘째, 망 이용대가 문제이다. 이는 빅테크 플랫폼이 통신사업자가 구축한 망을 이용함에도 불구하고 이에 대한 정당한 대가를 지급하지 않고 있다는 쟁점이다. 예컨대, 구글이 유튜브를 통해 막대한 데이터 트래픽을 유발함에도 망 사용료를 내지 않는다는 지적이다. 과학기술정보통신부 등에 따르면, 2024년 기준 일평균 트래픽 점유율은 구글이 30.6%로 가장 높았다. 이는 6.9%인 메타, 2.9%인 네이버, 1.1%인 카카오에 비해 크게 앞선다.

이는 망 사용료 계약을 체결한 국내 플랫폼과 대비되어 국내외 사업자 간 공정한 경쟁을 해치는 요소가 되고 있다. 이에 국회와 정부는 이 문제를 해결하기 위해 망 이용 계약의 체결을 강제하는 법안을 발의하고 있다. 예컨대, 「전기통신사업법」의 개정에는 '국내 전기통신망을 이용할 경우, 망 이용 계약 체결 또는 망 이용대가 지급을 의무화한다는' 내용이 포함되어 있다.

글로벌 이동통신 사업자들을 중심으로 글로벌 빅테크 기업의 망 투자비용 분담 필요에 대한 공감대가 지속되면서 EU, 호주, 캐나다 등 해외에서도 망 무임승차 방지를 위한 법제화가 진행되고 있어 지속적인 쟁점이 될 전망이다.

셋째, 조세 회피 쟁점이다. 이는 글로벌 빅테크 플랫폼의 국내 매출액이 큰 폭으로 증가했음에도 그에 비례하는 수준의 세금을 내지 않는다는 문제의식이다. 예를 들어 국회 과학기술정보방송통신위원회 소속 이정헌 의원(더불어민주당)이 금융감독원 전자공시시스템을 분석한 자료에 따르면, 구글코리아는 2023년 유튜브 등으로 653억 원의 수입을 올렸다고 공시했고 이에 따른 법인세는 155억 원으로 책정됐다. 그러나 한국재무관리학회는 플랫폼 이용 시간, 광고 검색 등을 토대로 구글코리아의 지난해 매출을 추정할 경우 최대 12조1350억 원에 달하며 법인세는 6229억 원 수준이라고 밝혔다.

문제는 이런 조세 회피는 재정 손실 외에도 국내 사업자와의 불공정 경쟁을 위한 재원이 될 수 있다는 것이다. 예를 들어 유튜브 뮤직은 유튜브 프리미엄 멤버십에 끼워 팔기로 들어가면서 국내 음원 서비스 업체인 '멜론'을 제치고 1위 사업자가 됐다.

넷째, 국내 규제 미준수의 문제이다. 빅테크 플랫폼은 한국의 사법·행정 시스템을 존중하지 않는 행태를 보이고 있다. 예를 들어, 국회 과학기술정보방송통신위원회 소속 국민의힘 최형두 의원이 국방부에서 제출받은 자료에 따르면, 국방부는 2021년 11월 구글 측에 주요 국가 안보 시설에 대한 식별 제한 조치를 요구했다. 하지만 현재까지 구글은 답변도 조치도 취하지 않고 있다. 또한 유튜브상 소위 장편 영화나 드라마 시리즈를 요약한 콘텐츠인 패스트무비(fast movie)는 최근 결말을 보여주면서 저작권을 침해하고 있지만 플랫폼은 단속을 하지 않고 있으며, 저작권을 비롯한 명예훼손 침해 영상 제작자에 대한 신상 정보 제공에도 응하지 않아 피해자의 권리구제를 어렵게 하고 있다.

이런 여러 문제에 대해 EU는 디지털 시장법과 디지털 서비스법 제정을 통해 빅테크 플랫폼 규제를 본격적으로 시행하고 있으며, 미국도 법무부가 구글, 애플 등을 상대로 반독점 소송을 진행하고 있다. 한국도 공정거래위원회가 추진하는 플랫폼경쟁촉진법등 플랫폼 사업자를 규제하기 위한 온라인 플랫폼법이 발의돼 있다.

문제는 국내 플랫폼 업계는 이 같은 법안이 혁신을 저해한다는 것과 국내 기업에만 집행이 이루어져 역차별이 발생한다는 이유로 반대하고 있다는 것이다. 플랫폼의 자율규제 노력도 지켜봐야 할 것이지만 법을 제정하는 경우에도 법 적용 대상을 거대 플랫폼에 한정하고 글로벌 빅테크에 대해서는 국내법 적용의 실효성을 확보하려는 노력이 필수적이라고 할 것이다.

21 국가 플랫폼 자본주의 시대의 도래 - 글로벌 빅테크, 권역화 시대에 진입하다

보통 자본주의 경제가 위기에 빠지면 국가가 경제의 구원 투수 역할을 한다. 2008년 미국의 서브프라임 모기지론 부실에서 촉발된 세계경제 위기 때 대부분의 국가들이 경기부양책을 서둘러 내놓았고 금융시장의 회복을 위해 양적완화 정책을 펼쳤다. 이미 90년 후반 IMF 위기, 닷컴 위기 등을 겪으면서 국가의 축소, 자유시장의 확대를 옹호하는 신자유주의는 종언을 고하고 있었다. 그런데 중국은 서구 경제들이 위기를 겪는 동안 일시적으로 경기 침체를 겪었지만 정부의 경기부양 정책 덕분에 빨리 회복됐다.

이처럼 경제에 대한 국가의 영향력이 확대되고 국민경제에서 국유기업의 비중이 증대하는 상황이 전개되면서 '국가자본주의(state capitalism)' 담론이 부상했다. 2012년 영국의 시사 주간지 이코노미스트는 "국가자본주의 부상(The rise of state capitalism)"이라는 특별 보고서를 내놓았다.[13] 여기서 국가자본주의는 안정과 성장을 보장한다고 보았다. 저명한 우파 역사학자 니얼 퍼거슨은 '현재 우리는 모두 국가자본주의자들이다'는 글을 발표했다. 2020년 코로나19 위기로 인한 경제 위기를 계기로 국가자본주의 경향은 더 두드러지게 나타났다.

2020년 닉 서르닉은 『플랫폼 자본주의(platform capitalism)』라는 저서에서 디지털 시대를 살아가는 우리에게 익숙한 플랫폼이라는 개념을 경제학적, 사회학적 관점에서 심층적으로 분석했다.[14] 플랫폼은 디지털 기반의 비즈니스 모델

13 The Economist, "The Rise of State Capitalism" (Special Report: State Capitalism), 2012년 1월 21일자(Vol. 402, Issue 8768).

14 Ick Srnicek, 『Platform Capitalism』 (Cambridge: Polity Press, 2016). ISBN 978-1-5095-0486-2.

로, 사용자 간의 상호작용을 가능하게 하는 기술적, 경제적 기반이다. 플랫폼 자본주의는 아마존, 구글, 페이스북, 우버와 같은 디지털 플랫폼 기업의 성장으로 나타난 경제적 경향성을 말하며, 상품의 교환을 촉진하면서 사용자의 데이터를 수집하고 이런 데이터 수집으로 플랫폼 기업은 독보적인 강점을 가지게 된다.

플랫폼은 1970년대 자본주의의 장기 침체와 신자유주의의 등장을 배경으로 탄생했다. 자본주의가 제조업 부활 없이도 경제를 자극하는 새로운 방식을 찾으면서 플랫폼이라는 새로운 모델이 등장했다. 이런 플랫폼은 네트워크 효과를 기반으로 성장하며, 사용자 데이터를 수집하고 분석하여 부가가치를 창출한다. 다만, 플랫폼 자본주의의 문제점으로는 플랫폼 기업들이 사용자 데이터를 독점하며, 이를 통해 시장을 지배하고 경쟁을 억압한다는 점, 플랫폼 노동은 불안정하고 저임금이며, 노동자의 권리가 보호되지 않는다는 점, 부의 불평등을 심화시키고, 사회적 양극화를 야기하는 점 등이 있다.

국가자본주의와 플랫폼 자본주의가 결합한 국가 플랫폼 자본주의(state platform capitalism)는 2022년 발표된 "미중 경쟁과 국가 플랫폼 자본주의의 등장(The US-China rivalry and the emergence of state platform capitalism)"이라는 논문의 저자들인 스티븐 롤프(Steven Rolf)와 세스 신들러(Seth Schindler)가 제시한 개념이다.[15] 이는 디지털 플랫폼과 국가자본주의의 교차점을 의미하는데, 디지털 플랫폼이 경제의 중심적인 역할을 수행하면서 국가가 이를 정책적으로 활용하여 경제적, 지정학적 목표를 달성하려는 과정을 의미한다. 미국과 중국 모두 자국의 주요 테크 기업 즉, 미국의 경우 구글, 애플, 아마존, 메타 등 빅테크, 중국의 경우 각각 인터넷, 전자상거래, 소셜 미디어 및 금융 기술 분야에서 핵심적인 역할을 하는 바이두(Baidu), 알리바바(Alibaba), 텐센트(Tencent)를 활용해 영향력을 확대하고 있다는 것이다.

최근에는 '차이나 커머스(China commerce)'로 불리는 알리, 테무, 쉬인(알·테·쉬) 등 중국 전자상거래 플랫폼의 글로벌 진출이 큰 주목을 받고 있다. 이

15 Rolf, S., & Schindler, S. (2023). 「The US-China rivalry and the emergence of state platform capitalism. Environment and Planning」『Economy and Space』, 55(5), 1255-1280.

들은 각국 시장에서 점유율을 늘려가면서 아마존이 기존에 구축한 글로벌 전자상거래 질서를 재편할 조짐마저 보이고 있다. 이들은 다양한 상품에 대한 파격적인 초저가 전략, 막대한 광고비 지출이나 맞춤형 마케팅 전략, 공급망 최적화 전략의 도입으로 빠른 배송과 원가 절감으로 성공을 거두고 있다.

미국이 시장 주도적인 방식으로 플랫폼을 운영하며, 민간 부문에서 혁신을 독려하며, 정부는 주로 간접적으로 기업의 경쟁력을 지원하지만, 중국은 국가가 플랫폼 경제에 직접 개입하여 기업과 밀접히 협력하며, 경제 안정 및 사회 통제를 동시에 목표로 한다는 점이 다르다. 양국 간의 경쟁은 3가지 축으로 이루어지는데, 중국의 디지털 위안화 같은 플랫폼 기술이 국제 금융 시스템에 미치는 영향을 고려한 통화 주권, 글로벌 기술 표준을 주도하기 위한 경쟁, 데이터 보호와 국가안보를 위한 사이버 보안이 그것이다. 결론적으로 이제 플랫폼 경제가 단순한 기업 활동의 영역을 넘어, 국가 간 경쟁과 세계 경제의 구조적 재편을 주도하는 중심축임을 강조하고 있으며 국가 플랫폼 자본주의는 경제적 효율성뿐 아니라 지정학적 영향력 확대를 위한 핵심 도구로 자리 잡고 있다는 것이다.

이에 더해 양국 정부는 지정학적 견제를 목표로 상대국의 플랫폼 기업까지도 규제하고 있다. 중국은 일찌감치 자국 시장에 진출한 미국 플랫폼 기업들을 배제하는 정책을 취했다. 구글, 메타 등 주요 미국 플랫폼은 중국에서 접속이 차단돼 있다. 미국도 마찬가지이다. 중국의 최대 통신장비 기업 화웨이에 대해 보안을 이유로 미국 진출을 금지했고 다른 서방국가에 대해서도 이를 요청했다. 틱톡 사태는 더 직접적이다. 2024. 4. 24. 미국 연방의회는 중국 바이트댄스의 숏폼(짧은 동영상) 플랫폼 '틱톡'을 강제매각하도록 하는 법안을 통과시켰다. 틱톡이 중국 기업 산하에 있는 한 미국인 이용자 데이터를 중국 정부에 넘길 가능성이 높아 국가안보에 위협이 된다고 본 것이다.

최근에는 일본 정부도 국가 플랫폼 자본주의 경향을 노골적으로 드러내고 있다. 2023년 11월 네이버 클라우드가 사이버 공격으로 인해 악성코드에 감염돼 일부 내부 시스템을 공유한 '라인야후'에서 개인정보 유출이 발생하자 일본 총무성이 2차례에 걸쳐 사이버 보안 확보를 위한 행정지도를 실시했다. 이 행정지도에는 '위탁처인 네이버로부터 자본적 지배를 상당 수준 받는 관계의 재검토를 포함한 경영체제 재검토'가 포함됐다. 이는 자국의 플랫폼 산업을 보호하기 위해 외국 기업의 경영권을 배제하려는 것으로 매우 이례적이다.

결국 "국가 플랫폼 자본주의"는 기존의 플랫폼 자본주의와는 다른 양상으로, 국가가 경제와 사회의 디지털화에 적극 개입하고 플랫폼을 전략적으로 활용해 경제적 효율성과 통제력을 동시에 추구하는 특징을 가지고 있다. 특히, 디지털 기술의 발전과 함께 데이터는 국가의 핵심 자산이 되었고, 데이터를 효과적으로 수집하고 관리하는 것이 국가의 경쟁력을 좌우하는 중요한 요소가 되었다. 그 결과, 많은 국가들이 디지털 플랫폼을 자국 내에 구축하고, 민간 플랫폼이 가지는 막대한 정보와 데이터를 공공의 이익을 위해 활용하려는 경향을 보이고 있다.

이처럼 디지털 심화가 진행되면서 이의 동인이자 성과물인 플랫폼, 데이터, AI 기술과 규제에서 주도권을 잡기 위한 국가 간의 경쟁이 치열해지고 있다. 이는 디지털 주권, 데이터 주권 경쟁, 소버린 AI 경쟁 등의 형태로 국가 플랫폼 자본주의가 진화하는 양상을 보여주고 있다.

유럽연합(EU)은 이미 일반개인정보보호법(GDPR) 디지털시장법(DMA) 디지털서비스법(DSA)을 제정해 미국 빅테크의 EU시장 진출에 강력한 제한을 가하는 법적 기반을 마련한 데 이어 2024년 8월 1일 EU는 AI에 대한 포괄적 규제를 담은 AI법을 시행하고 있다. 실시간 생체정보 인식 등 8개 분야의 AI를 금지하고 고위험 AI에 대해 기본권 영향평가, 적합성 평가 등 규제를 도입했고 범용 AI에 대해 저작권법 준수, 학습데이터 요약본 공개의무를 부과했다.

중국은 이미 2017년 네트워크안전법에 자국 내 개인정보와 중요 데이터가 해외로 이전되지 못하도록 서버의 중국 내 설치를 의무화하고 당국의 승인 없이는 데이터의 해외반출을 금지했다. 2021년 시행된 데이터안전법은 조직이나 개인은 주무부서의 승인을 거치지 않으면 외국의 사법 또는 법 집행기구에 데이터를 제공할 수 없도록 하고 있다.

이처럼 데이터가 데이터 경제의 핵심 생산요소로 기능하고 국가 자원으로서 데이터의 중요성이 부각되면서 데이터 주권이 강화되고 있다. 데이터 주권(Data Sovereignty)이란 국가 차원에서는 자국의 산업을 보호하기 위한 데이터 현지화, 데이터 국외 이전 제한을 의미한다. 전통적으로 표현의 자유를 절대적 기본권으로 보호하고 자유로운 데이터 이전을 강조하던 미국마저 데이터 주권을 강화하고 있다. 또한 미국과 중국 간 기술패권 전쟁으로 시작된 블록화, 탈세계화의 흐름이 데이터 규범에서는 미국, 중국, EU라는 3대 축으로 진행되고 있는 것이다.

한편 국가 간 생성형 인공지능(AI) 경쟁이 치열해지고 있다. 마치 열강들의 AI 신제국주의라고 해도 과언이 아니다. 미국은 생성형 AI 핵심부품인 엔비디아의 GPU에 대한 중국 수출을 금지했으며 추가로 AI 칩에 대한 통제도 계획하고 있다. 캐나다는 AI 산업지원을 위해 총 2조 4천억 원의 패키지 투자를 진행하고 있으며, 프랑스의 오픈AI라 불리는 미스트랄 AI는 설립된 지 1년 4개월에 불과하나 기업 가치가 58억 유로(약 8조 6274억 원)에 달한다. 일본 정부는 5월 소프트뱅크의 AI 개발을 위한 슈퍼컴퓨터 정비에 최대 421억 엔(약 3877억 원)을 지원한다고 발표했다.

이처럼 자국의 생성형 AI 산업 발전을 위한 국가들의 노력을 시사주간지 이코노미스트는 AI 국가주의(nationalism)이라고 명명했다. 이런 상황에서 최근 등장한 소버린 AI(Sovereign AI)는 특정 국가가 타국에 종속되지 않고 독자적인 AI 서비스를 제공하는 것을 말한다. 국가나 기업이 자체 인프라와 데이터를 활용하여 독립적인 인공지능 역량을 구축하는 전략을 의미하는 것으로, 이를 통해 외부 기술 의존도를 줄이고 자국 내 데이터의 보안과 활용을 극대화할 수 있는 장점이 있다.

다만, 최근 들어 거대 플랫폼의 독과점이 논란거리가 되면서 디지털 플랫폼에 대한 규제를 강화할 필요성에 대한 목소리가 높아졌다. 이미 EU는 규제법을 시행하고 있으며, 중국에서도 2021년 2월 시행된 '플랫폼 경제를 위한 반독점 지침' 등에 따라 알리바바, 텐센트, 바이트댄스, 디디추싱, 메이투안, 징동 등이 초대형 플랫폼 사업자로 분류돼 규제를 받고 있다. 2021년 미국 의회는 구글, 아마존, 메타, 애플로 대표되는 빅테크를 겨냥해 '반독점 패키지 법안'을 초당적으로 발의하기도 했다. 최근에는 법무부와 FTC가 구글, 메타 등을 상대로 반독점 소송을 진행 중이다.

이렇듯 국가 플랫폼 자본주의의 양상은 플랫폼 기업과 정부 정책이 밀고 당기면서도 긴밀하게 의존하는 방식으로 전개되고 있다. 플랫폼은 초국적으로 활동하며 탈영토적 권력을 행사하지만, 자국 국가기관 및 제도에 의존하여 활동한다. 플랫폼은 해외에서의 자국 정부의 지원과 국내의 데이터 및 시장에 대한 특권적 접근을 대가로 점점 국가와 긴밀한 협력을 하고 있다.

이처럼 미국, EU, 중국, 일본 등 주요 열강들은 자국의 플랫폼 주권을 수호하기 위해 법규제와 행정 집행을 강화하면서 플랫폼 기업을 중심으로 기업과 국가가 밀접하게 의존하는 이른바 '국가 플랫폼 자본주의' 양상이 전 세계적으로 나타나고 있지만, 한국만 플랫폼 규제 논의만이 무성하다. 이렇게 세계적 흐름을 역주행할 것이 아니라, 오히려 토종 플랫폼 기업이 세계를 무대로 활약할 수 있도록 적극 지원해야 할 것이다.

22 플랫폼과 국가 간 관계의 현재와 미래

미국의 구글, 아마존, 메타, 애플, 중국의 바이두, 알리바바, 텐센트, 한국의 네이버, 카카오 등 플랫폼 기업은 이 시대 최고의 이슈 메이커다. 가장 급성장하고 있는 산업으로 각국에서 시가총액 선두를 달리고 있다. 대학 졸업생들이 가장 취업하고 싶은 일자리일 뿐 아니라 모든 이용자들의 시간을 가장 오래 잡고 있는 미디어이기도 하다.

플랫폼을 법적으로 정의하면 공급자와 수요자 등 복수 그룹이 참여해 각 그룹이 얻고자 하는 가치를 공정한 거래를 통해 교환하기 위해 구축된 환경이라고 할 수 있다. 플랫폼의 3가지 주요 메커니즘은 데이터화, 상품화, 선택 및 큐레이션이다. 데이터화는 인간 행동의 거의 모든 측면이 데이터로 기록되고, 이를 분석하여 새로운 가치를 창출하는 것이고, 상품화는 인간 활동, 감정, 아이디어 등 모든 것이 교환 가능한 상품으로 가공된다는 것이고, 선택 및 큐레이션은 다양한 알고리즘을 통해 이용자의 선택을 돕거나 필터링한다는 것이다.

그런데 흥미로운 것은 플랫폼과 국가 간의 관계는 전통적인 국가와 기업 간의 관계인 규제자와 피규제자, 공익수호자와 사익추구자 등의 관계에 그치지 않는다는 것이다. 이 관계는 크게 4가지 유형으로 나눌 수 있는데, 1유형은 플랫폼이 정부의 기능을 수탁받아 이를 행사하는 경우, 2유형은 플랫폼과 정부가 정책 파트너가 되는 경우, 3유형은 플랫폼이 규제자로서 역할을 하는 경우, 4유형은 전통적 정부, 기업 관계인 플랫폼이 정부의 규제 대상이 되는 경우이다.

이 가운데 1유형인 플랫폼에 대한 국가기능 수탁과 3유형인 플랫폼이 규제자 역할을 “플랫폼의 국가화” 현상이라고 부를 수 있다. 다만, 1유형은 정부가 적극적으로 규제자로서 기능을 부여한 것이나, 3유형은 플랫폼이 자발적으로 규제자 역할을 한다는 점에서 다르다.

플랫폼에 대한 국가 기능 수탁이란 플랫폼이 자기 테두리 내에서 국가 기능의 일부를 국가 기관을 대신하여 수행하는 경우로 대표적인 것이 국가가 이용자들이 플랫폼에 게시하는 위법·침해적인 이용자 생성 콘텐츠 또는 이용 사업자들이 판매하는 위법·침해적인 상품을 감시·차단하는 것을 플랫폼에 위탁하는 것이다. EU의 디지털서비스법(DSA)이 대표적이다.

플랫폼의 규제자로서 역할은 플랫폼이 시장 행위의 규칙을 설정하고 참여자 간 거래를 중개하는 것을 의미한다. 플랫폼이 정부의 역할이었던 시장 규율 기능, 즉, 시장 참여자들의 행위나 조건을 직접 설정하고 통제하는 것이다. 예컨대 앱스토어 입점 기준, 검색 결과 노출 기준 등 플랫폼이 사용자, 콘텐츠 제공자, 앱 개발자 등이 참여할 수 있는 조건을 설정한다.

2유형인 플랫폼과 정부가 정책 파트너가 되는 경우를 소위 "국가플랫폼 자본주의"라고 부른다. 이는 플랫폼이 경제의 중심적인 역할을 수행하면서 국가가 이를 정책적으로 활용하여 경제적, 지정학적 목표를 달성하려는 과정을 의미한다. 미국과 중국 모두 자국의 주요 빅테크 플랫폼 기업을 활용해 경제적 효율성과 통제력을 동시에 추구하고 있다.

이처럼 플랫폼 시대에는 공공과 민간의 경계가 모호해지면서, 플랫폼의 국가화 및 플랫폼과 국가와의 협력 등 현상이 나타나고 있다. 양자는 이제 공동의 가치 창출과 혁신을 위한 파트너로서, 정부는 규제자에서 촉진자로, 기업은 단순한 피규제자에서 공동의 정책 설계자 및 서비스 제공자로서 역할을 하고 있다. 정부와 플랫폼이 상호 의존적인 관계를 형성하며, 공동의 목표를 위해 협력하는 구조인 것이다.

이에 반해 아직 한국 정부는 여전히 플랫폼을 규제의 대상으로만 보는 경향이 농후하다. 거버넌스(governance)는 통치(government)를 넘어, 정부, 시민사회, 기업 등 다양한 주체들이 참여하여 공공의 문제를 해결하는 협력적 시스템이다. 신정부에서는 플랫폼에 대한 규제적 접근을 넘어 거버넌스적 접근을 추구해야 할 것이다.

23 글로벌 미디어 빅테크의 진격과 규제형평성

방송통신위원회 '2023 회계연도 방송사업자 재산상황'에 따르면 2023년 방송사업 매출은 18조 9734억 원, 방송광고 매출은 2조 4983억 원으로 각각 전년 대비 4.7%, 19.0% 줄었다. IPTV를 제외한 지상파, 케이블(SO), 방송채널사용사업자(PP) 등 모든 매체의 매출이 감소했다. IPTV도 매출 증가세가 갈수록 꺾이고 있다.

이에 반해 거대 자본, 기술력, 규모의 경제를 앞세운 글로벌 미디어 빅테크의 공세는 엄청나다. 이들은 이제 국내 미디어 시장을 주도하는 플레이어로서 자리를 확고하게 잡았다. 2023년 기준 광고 기반 OTT의 점유율은 유튜브가 78%에 이르고 있으며, 구독 기반 OTT의 경우 넷플릭스가 50%를 점유하고 있다. 유튜브 월 평균 이용시간은 40시간으로 세계 최고 수준이며, 넷플릭스 이용자는 2019년 286만 명에서 2023년 1,164만 명으로 307% 증가했다. 2023년 감사보고서 기준 넷플릭스의 국내 매출은 8,233억 원인데 이는 2023년 기준 MBC (8,492억 원), SBS (9,612억 원)의 방송사업 매출과 유사하다.

상황이 이렇게 되자 국내 방송사업자들은 글로벌 OTT와의 규제 형평성 문제를 제기하고 나섰다. 현재 방송사업자들이 방송법 등에 의해 진입, 편성, 광고, 심의 등의 규제를 받고 있음에 반해, OTT는 부가통신사업으로 별다른 규제를 받지 않고 있는 것에 대한 문제 제기이다. 이들은 레거시 방송과 글로벌 OTT는 미디어 산업으로 업(業)의 본질이 동일하고, 따라서 규제의 근거도 동일하다고 본다. 업의 본질은 시청자의 체류시간 확보 경쟁과 광고, 구독료 등 재원확보 경쟁이라는 것이다.

통상 미디어에 대한 규제 정당성은 공연성(publicity)과 편성권(editorial

discretion)에 기초한다. 공연성은 대중에게 어떠한 사실이나 내용을 알림으로써, 영향력을 형성하는 사회적 영향력을 가진다는 의미이고, 편성권은 콘텐츠 전달 시 배열, 나열의 순서를 정함으로써, 콘텐츠에 대한 통제력을 보유하는 것이다. 이런 점에서 양자는 차이가 없으며, 따라서 글로벌 OTT도 공익에 미치는 영향이 크기 때문에 공익 실현이라는 책임성이 부여되어야 한다고 본다.

사실 그동안 OTT를 단순히 부가통신사업으로 둘 것이 아니라 미디어로서 특정한 법적 지위를 부여하는 방안에 대한 논의가 없었던 것은 아니다. 2023년에 활동했던 국무조정실의 미디어콘텐츠융합산업발전위원회 워킹그룹에서도 글로벌 사업자와 국내 사업자 간 협상력 불균형이 발생하고, 글로벌 사업자의 수요독점이 우려되는 상황에서 법제적 대응 방안을 논의했다.

부처별로 보면 과기정통부는 현재 OTT는 전기통신사업법상 부가통신으로 규정하여 최소규제를 적용하고 있으며, OTT의 성장과 혁신성 유지를 위해 현행 최소규제 원칙을 유지해야 한다고 주장했다. 방통위는 방송, OTT 등 신·구 미디어를 아우르는 통합적 접근을 위해 매체별 분산된 규제체계를 정비해 통합미디어 법제를 마련해야 함을 주장했다. 아울러, 방송·OTT 등 미디어를 포괄하는 기술중립적 개념인 '(가칭)시청각미디어서비스' 개념을 도입하고, 최소규제 원칙하에 기존 방송규제 완화 등 개선을 병행해 규제형평을 제고해야 한다고 보았다.

위원회의 의견은 현행 법체계 내에서 일부 수정·보완, OTT 진흥 특별법 제정, 방송법과 통합법제 마련 등 3가지로 모아졌다. 1안인 현행법 보완 방식의 경우, 기존 OTT 법적 지위 및 관련 규정들을 활용한 연계법안을 최소한으로 개정함으로써 급변하는 미디어·콘텐츠 산업 환경 속 시의성 있는 OTT 지원 근거를 마련하고 법체계 개편에 수반되는 비용을 최소화한다는 강점이 있다고 보았다.

다만, OTT 사업의 고유 특성을 반영한 법체계 구성의 부재로 정책적용의 정합성이 부족하고 맞춤형 대응에 한계가 있다는 점 등의 문제가 제기되었다. 2안인 OTT 특별법 제정 방식의 경우, 방송 및 타 부가통신사업과 차별적인 OTT의 특성을 고려해 OTT 서비스의 경쟁력 제고를 위한 법적 근거를 명시적으로 마련함으로써 국가 차원의 진흥 의지를 표명할 수 있는 강점이 있다고 보았다. 다만, 이 경우 타협안의 성격이 강해 법체계 일관성, 지속성 논란이 존재할 우려가 제기되었다.

3안인 통합법 제정 방식의 경우, 방송-OTT를 포괄해 매체별 분산된 규제 체계를 동일 서비스-동일 규제 원칙하에 서비스별 특성을 고려해 규율할 수 있도록 제정하는 것이다. 전기통신사업법, 영화비디오법 등 개별법이 각각 적용됨에 따른 규제 비효율성, 비일관성, 비등가성을 해소하기 위해 통합 법제를 마련할 필요성이 있다고 보았다. 다만, 이 경우 기존 방송법 개편에 대한 정치사회적 합의 형성이 어려워, 사회적 비용이 높다는 한계가 제기되었다.

1안과 2안은 최소 규제와 진흥이라는 목표 달성 및 시장 상황의 빠른 변화에 유연하고 시의적절하게 대응하기 위한 것으로 국내 OTT 지원이라는 취지가 담겼다면, 3안은 국내-해외 OTT 사업자 간의 형평성을 고려해 해외 OTT 사업자를 국내 미디어 법체계 내에 포섭할 필요가 있다는 의미를 포함하고 있다.

결국 토종 OTT의 경쟁력 강화를 지원하고 글로벌 OTT를 견제할 수 있는 규제 형평이 요구되며, 동시에 사업을 자유롭게 영위하는 OTT에 비해 기존의 전통 미디어는 다양한 규제를 받고 있어, 전통 미디어의 규제 개선이 필요하다는 점에 대한 공감대가 형성되고 있다고 할 것이다. 문제는 실행이다. 미디어 관련 부처 간 이견, 방통위의 비정상적 운영, 국내 OTT에 대한 규제집행의 역차별 가능성 등이 실행을 어렵게 하고 있다. 정부의 종합적이고 즉각적인 대응이 필요한 상황이다.

24 유튜브 규제 어디까지 가능할까

1 들어가며

인류는 21세기 디지털 기술의 발달과 함께 전례 없는 속도로 사회·정치적 변화를 겪고 있다. 특히, 인터넷과 SNS의 보급으로 인해 개인이 접하는 정보의 양과 질은 급격히 변화하였으며, 이 과정에서 유튜브(YouTube)와 같은 동영상 공유 플랫폼이 여론 형성과 정치 담론에 결정적 역할을 하고 있다. 유튜브는 개인을 비롯한 다양한 콘텐츠 제작자들이 자유롭게 의견을 표출하고, 이용자들이 이를 선택적으로 소비할 수 있는 환경을 제공하는 동시에, 플랫폼이 제공하는 알고리즘에 의해 개인의 취향에 맞는 정보가 지속적으로 추천되는 구조를 갖추고 있다. 이러한 환경은 정보의 대중화와 비대칭성의 약화 등 긍정적 측면과 함께 정치적 양극화와 극단주의 심화라는 부작용을 낳고 있다.

특히, 유튜브와 같은 플랫폼에서 알고리즘이 사용자의 기존 관심사와 신념을 강화하는 '에코 챔버(echo chamber)' 현상을 촉발함에 따라, 정보의 편향적 소비와 허위 정보의 유통이 확대되고 있다. 에코 챔버 현상은 사용자가 자신과 유사한 의견이나 가치관을 가진 콘텐츠에만 노출되어 다른 시각이나 반대 의견에 대한 접근성이 저해되는 현상을 의미한다.

이와 같은 정보 필터링은 정치적으로 민감한 이슈에 대해 극단적 또는 편향된 시각을 강화시키며, 사회 구성원 간의 인식 차이를 심화시키는 결과를 초래한다. 이에 따라 민주주의의 기본 원리인 상호 소통과 타협의 기회가 제한되고 나아가 국가, 사회 전체의 분열과 갈등이 심화될 수 있다.

또한 유튜브의 일부 콘텐츠 제작자들은 조회수 증가를 통한 광고 수익을 목적으로 사실에 근거하지 않은 선정적이고 편파적인 내용을 제작하며, 이러한 영상들이 알고리즘에 의해 추천되면서 허위정보 즉, 소위 가짜 뉴스가 시청자들에게 확산된다. 최근 한국의 계엄, 탄핵 상황에서 목격되는 바와 같이 유튜브 내에서 다양한 정치적 단체나 극단주의 집단이 조직적으로 활동하며, 자신들의 이념을 선전하는 영상들을 제작·배포하는 사례도 상당한데, 이러한 현상이 구성원들 간의 대립 구도를 고착화시키고, 건전한 공론 형성을 저해하는 것은 물론 나아가 실제 폭력적 행위로 이어지기도 한다.

딥페이크는 인공지능(AI)을 활용해 실제와 거의 구분하기 힘들 정도로 정교한 가짜 사진·영상을 만들어내는 기술인데, 원본 이미지나 영상 속의 사람을 다른 사람으로 대체하거나 영상과 오디오를 합성하는데 이용된다. 문제는 딥페이크를 일반인도 쉽게 이용할 수 있게 된 것이다. 최근 딥페이크 기술이 성범죄는 물론 가짜뉴스의 생산에도 이용되면서, 공동체의 존립에 악영향을 미치고 있다. 이처럼 플랫폼의 알고리즘의 편향성, 가짜 뉴스 확산, 딥페이크 기술의 발전 등으로 인한 플랫폼의 불법 콘텐츠 문제가 심각해지면서, 주요 국가는 법적, 제도적 규제를 고민하고 있다.

2 주요국가의 규제

1) 미국의 통신품위법

미국은 표현의 자유를 헌법상 보호하는 나라이기에, 인터넷상의 표현 규제에 대해 신중한 입장을 취하고 있다. 법적으로는 구글, 메타, 트위터 같은 미국의 플랫폼 사업자는 플랫폼상 게시물에 대해 책임을 지지 않는 1996년 미국 통신품위법(Communications Decency Act)의 적용을 받아왔다. 동 법 제230조는 "양방향 컴퓨터 서비스의 제공자나 이용자가 다른 정보 콘텐츠 제공자가 제공한 정보의 발행자나 발화자로 간주되어서는 안 된다"고 규정하고 있다.

이는 단순히 콘텐츠 중개 작업을 하는 플랫폼 사업자에 대해서는 '발행자(publisher)'에 준하는 의무를 부과하지 않아야 한다는 규정으로, 이 규정으로 인해 플랫폼 사업자들은 불법 콘텐츠 유통에 따른 책임 부담 없이 사업을 영위할 수 있었다. 또 다른 긍정적인 측면은 동 조항이 이용자의 인터넷상의 표현의 자유를 보호하는데도 중요한 역할을 하고 있는 것이다.

다만, 동 조항에 대해서 플랫폼 사업자들이 불법 콘텐츠와 혐오 발언, 가짜뉴스 등을 방치할 수 있게 하는 법적 면죄부로 악용되었다는 비판이 나오면서 이에 대한 개정논의가 이루어진 바 있다. 다만, 트럼프 2기 정부는 표현의 자유 보호를 강화하려는 입장을 일관되게 밝히고 있는 점이 흥미롭다. 트럼프에 의해 연방통신위원장(FCC)으로 지명된 브렌던 카(Brendan Carr)는 통신품위법 230조상 인터넷 콘텐츠의 합법성 여부에 대한 플랫폼의 면책과 플랫폼의 콘텐츠 자율규제에 대해 수정이 필요하다는 주장을 해왔다. 이유는 빅테크가 이 조항을 이용해 보수적인 의견을 억제하고 있기 때문이라고 한다. 결국 트럼프의 표현의 자유 주장은 전통적인 공화당의 보수주의 수호를 위한 빅테크에 대한 압박에 불과하여 이를 과연 정부와 빅테크의 개입 제한을 내용으로 하는 일반적인 표현의 자유 확대로 볼 수 있을지는 의문이다.

2) 유럽연합(EU)의 디지털 서비스법(Digital Services Act)

EU는 온라인 플랫폼에 대한 보다 적극적인 규제 모델을 채택하고 있다. 대표적으로 최근 시행된 디지털 서비스법(Digital Services Act, DSA)은 플랫폼이 불법적이거나 유해한 콘텐츠를 신속히 삭제하고, 알고리즘 추천 시스템의 투명성을 높이도록 요구하는 내용을 담고 있다. 또한 이용자의 인종·정치적 견해·성적 취향 등 민감정보를 기반으로 하거나 미성년을 대상으로 한 타킷 광고는 금지된다. 또한 추천에 사용되는 알고리즘을 포함하여 다양한 문제에 대한 온라인 플랫폼의 투명성을 측정하도록 하고 있으며, 플랫폼 사업자는 플랫폼 추천시스템의 개인 최적화 콘텐츠 구성 방식에 대한 설명의무를 부담하며, 개인 프로파일링 이외의 대체 추천시스템을 제공해야 한다.

최근에는 딥페이크에 대한 규제가 EU 인공지능법에 도입되었다. 이에 따르면 딥페이크를 생성·조작하는 AI 시스템의 개발자는 해당 결과물이 인위적으로 생성되었음을 기계 판독이 가능한 형식으로 명시해야 하고, 딥페이크 콘텐츠를 활용하는 배포자도 결과물이 조작되었음을 공개해야 하며, 이를 통해 최종 이용자들이 해당 콘텐츠의 인위적 생성 사실을 쉽게 인지할 수 있도록 해야 한다.

3) 독일의 네트워크 집행법(Network Enforcement Act, NetzDG)

독일은 일찍이 2017년 「소셜 네트워크에서의 법집행 개선을 위한 법률(NetzDG)」을 도입하여 소셜네트워크 사업자에게 콘텐츠에 대한 책임을 강화하고 처리 과정의 투명성을 강조하고 있다. 소셜 네트워크 사업자는 이용자가 신고한 불법콘텐츠를 24시간 내 처리하여야 하며, 신고

절차 및 재심사 절차를 마련하고, 반기별 불법콘텐츠 처리 결과를 담은 투명성 보고서를 발간해야 한다.

3 한국의 대응과 향후 과제

한국 역시 디지털 미디어의 급격한 발전과 함께 정치 양극화 및 허위 정보 문제에 직면해 있다. 다만, 아직 EU나 독일처럼 일반적인 콘텐츠 내용 규제법은 없으며, 정보통신망법상 규정을 통한 규제가 이루어지고 있다. 정보통신망법은 정보통신서비스 제공자에 대한 삭제·임시조치의 의무 및 자율규제를 규정하고 있다. 권리침해 발생 시 해당 정보의 삭제 등을 요청받은 정보통신서비스 제공자에게 삭제·임시조치 의무를 부과한다. 의무 위반에 대한 처벌 규정은 없으나, 삭제·임시조치를 하면 이로 인한 배상책임을 줄이거나 면제받을 수 있다. 다만, 당사자의 요청 없이도 정보통신서비스 제공자가 해당 정보통신망에 명예훼손 등 타인의 권리침해가 있다고 자체적으로 판단할 경우, 임의의 임시조치를 취할 수 있도록 규정하고 있다.

가짜뉴스 등 허위정보 확산으로 피해가 발생하는 것을 막기 위하여 정보통신서비스 제공자에게 의무를 부과하는 다수의 정보통신망법 개정안이 발의되어 있다. 다만, 허위정보 확산으로 인한 피해를 막기 위해 정보통신서비스 제공자에게 모니터링, 삭제 등의 의무를 부과하고, 불이행에 대해 처벌하는 것에 대하여 찬성과 반대의 의견이 있다. 법적 규제가 필요하다는 의견과 자율규제로도 가능하가는 의견의 대립니다.

찬성 의견은 정보통신서비스 제공자에게 이용자의 안전한 서비스 이용에 대한 책임과 보호 의무가 있기 때문에 불법·유해 정보뿐만 아니라 허위정보 확산을 막기 위한 책임과 의무를 부과하는 것이 필요하다는 것이고, 반대 의견은 법적 의무화는 사업자에 대한 과도한 규제일 수 있으며, 민간 자율규제기구의 정책 규약을 통한 심의, 검색 알고리즘 등을 통한 기술적 규제, 명백한 허위정보에 대한 공지 등 사업자의 자율규제로 충분하다는 것이다.

다만, 최근 한국사회에서 가짜뉴스 이슈는 무엇이 사실인지에 대한 합의도 어려운 것은 물론 동일한 사실에 대해서도 해석에 있어서 정치적 편파성이 농후한 것이 문제이다. 사실을 동일하게 받아들이지만 현상에 대한 분석이 특정 관점에서 이루어지는 경우나, 특정 사실이나 유리한 사실만을 부각시켜 정보의 진정한 의미를 왜곡하는 경우가 많다. 여야 간 극단적인 정치적 대립으로 인해 사실확인 없이 아니면 말고식의 폭로식 주장, 단순화를 통한 의미 왜곡, 자기입장에 유리한 해석만 주장하는 일이 반복되고 있다.

가짜뉴스에 대해서는 명예훼손이나 개인정보 침해 등 수단으로 제재가 이루어지고 있지만, 이러한 개인적 법익을 침해하지 않는 경우에도 별도의 법적 규제를 도입할 것인지에 대해서는 고민이 필요하다. 다만, 법적 규제를 가하는 것은 표현의 자유를 고려하면 최후의 수단이 되어야 할 것이며, 우선 전통적 언론기관은 물론 SNS 미디어의 팩트체크 기능을 활성화하는 등 자율적 자정 노력이을 강화하는 방법을 고려할 수 있다.

한국이 향후 유튜브를 비롯한 온라인 플랫폼에 대한 효과적인 규제 방안을 마련하기 위해서는 법적·제도적 장치의 정비뿐 아니라, 사회 전반의 인식 전환이 선행되어야 한다. 가장 강력한 해결책은 플랫폼의 추천 알고리즘이 정치적 극단주의나 허위 정보를 선별적으로 노출시키지 않도록, 알고리즘에 대한 투명성을 강화하는 것이다.

이를 위해 2024년 12월 제정된 한국의 AI 기본법은 알고리즘 통제를 위해 인공지능사업자로 하여금 민간자율인공지능윤리위원회를 둘 수 있도록 하고 있는데, 동 위원회는 인공지능기술 연구·개발·활용에 있어서 윤리원칙의 준수 여부 확인, 인공지능기술 연구·개발·활용의 안전 및 인권침해 등에 관한 조사·연구,

인공지능기술 연구·개발·활용의 절차 및 결과에 관한 조사·감독 등을 업무로 한다. 이는 기업이 자율적으로 알고리즘 평가를 수행하되, 이를 합의제 기구 설치를 통해 사실상 강제하고 있는 것이라고 할 수 있다.

또한 알고리즘 영향 평가 유사 제도도 도입되었다. 고영향 인공지능사업자의 경우 i) 안전성·신뢰성 검·인증을 받도록 노력해야 한다. ii) 인공지능이 고영향 인공지능에 해당하는지에 대하여 사전에 검토하여야 하며, 필요한 경우 과학기술정보통신부장관에게 고영향 인공지능에 해당하는지 여부의 확인을 요청할 수 있다 과학기술정보통신부장관에게 고영향 인공지능에 해당하는지 여부의 확인을 요청할 수 있다. iii) 기본권에 미치는 영향을 평가하기 위하여 노력하여야 한다.

또한 딥페이크 영상물에 대한 대처는 정부, 기업, 이용자 모두에게 주어진 시급한 과제로 기술적 보완은 물론 제도적 개선을 해야 한다. AI 기본법은 딥페이크에 대한 규제로 생성형 인공지능사업자는 실제와 구분하기 어려운 가상의 음향, 이미지 또는 영상 등의 결과물을 제공하는 경우(딥페이크) 해당 결과물이 인공지능시스템에 의하여 생성되었다는 사실을 이용자가 명확하게 인식할 수 있는 방식으로 고지 또는 표시할 의무를 부담하도록 하고 있다.

온라인상의 불법에 대한 광범위한 규제가 표현의 자유를 침해하거나 플랫폼의 혁신을 저해한다는 문제가 있을 수 있지만, 신뢰 가능한 디지털 환경이 조성되지 않는다면 혁신도 지속가능하지 않다는 점을 유의해야 한다. 따른 법적 규제는 물론 사업자의 자율규제나 이용자 리터러시 강화 노력 역시 계속될 필요가 있다. 특히, 디지털 윤리 교육 등 학교 차원에서 리터러시 함양 교육이 대폭 강화되어야 할 것이다.

25 글로벌 빅테크가 장악한 한국의 디지털 서비스 미래

최근 넷플릭스, 유튜브, 챗GPT와 같은 글로벌 빅테크 플랫폼들은 한국의 미디어(OTT)·SNS·검색·AI 분야에서 시장 지배력을 크게 확대하고 있다. 특히, 2020년 발생한 코로나19 팬데믹의 영향으로 온라인 동영상 소비와 디지털 서비스 이용이 폭증하면서 넷플릭스와 유튜브는 국내 미디어 소비의 주류 플랫폼으로 부상했고, 2022년 말 출시된 생성형 AI 서비스 챗GPT는 검색과 AI 분야에 새로운 패러다임을 제시하며 한국 시장에 큰 파장을 일으키고 있다.

넷플릭스는 2016년 한국 진출 이후 2020년대에 들어 OTT 시장의 선두로 급부상했다. 앱·리테일 분석 서비스 와이즈앱·리테일에 따르면 2025년 2월 넷플릭스 사용자는 1348만 명으로 전년 동월 대비 13% 증가했다. 그 다음 쿠팡플레이(753만 명), 티빙(551만 명), 웨이브(257만 명), 디즈니플러스(225만 명) 등이 뒤를 따랐다. 넷플릭스는 시청 시간도 1년 새 30% 넘게 늘어 OTT 시장에서 굳건한 1위를 유지하고 있다. 지난해 2월 43억 분이었던 시청시간은 54억 분으로 32% 증가했다. OTT 앱 1인당 월 평균 사용시간은 넷플릭스 6시간 43분, 웨이브 4시간 10분, 티빙 4시간, 디즈니플러스 2시간 4분, 쿠팡플레이 1시간 43분 순이었다.

넷플릭스는 막대한 자본을 투입해 한국 드라마·영화 제작을 지원함으로써 국내 제작사에 투자 확대와 일자리 창출을 가져왔다. 수천억 원 규모를 한국 오리지널 콘텐츠 제작에 투자하여 K-콘텐츠의 세계적 흥행을 이끌면서 한국 문화의 위상을 높이고 있다. 소비자들은 넷플릭스를 통해 다양한 해외 콘텐츠 등을 즐길 수 있게 되었고, 개인별 취향에 맞춘 추천 알고리즘으로 시청 편의성도 증대되었다. 그러나 넷플릭스 독주로 토종 OTT들은 가입자 확보에 어려움을 겪고 있고,

넷플릭스의 막대한 콘텐츠 투자로 콘텐츠 제작비 인플레이션이 발생해, 국내 사업자들은 비용 부담 상승 압력을 받고 있다.

유튜브는 한국에서 지난 수년간 가장 영향력 있는 동영상 플랫폼이자 SNS로 자리매김했다. 이제 TV 대신 유튜브로 뉴스·예능·교육 등 거의 모든 영상을 소비하는 경향이 나타나고 있다. 유튜브는 국내 스마트폰 사용시간 1위 앱으로 부동의 위치를 차지하고 있다. 2025년 2월 기준 가장 많이 사용한 앱은 유튜브(4665만 명)이며, 이어서 인스타그램(2644만 명), 넷플릭스(1348만 명), 틱톡(1163만 명), 쿠팡플레이(753만 명) 등이 그 뒤를 이었다. 사용 시간 점유율을 살펴봐도 1위는 유튜브였다. 유튜브 1093억 분(67.4%), 인스타그램 239억 분(14.7%), 틱톡 101억 분(6.2%), 넷플릭스 54억 분(3.3%), 티빙 13억 분(0.8%) 등이다. 국내 동영상 플랫폼, SNS 시장은글로벌 빅테크 간 경쟁인 셈이다. 유튜브는 모든 연령층에서 가장 널리 사용하는 미디어 플랫폼이 되었으며, 동시에 댓글·구독을 통한 소통으로 SNS 기능까지 수행하고 있다.

유튜브의 대중화는 1인 미디어 창작 열풍과 새로운 디지털 일자리 창출로 이어지고 있는데, 일반인, 연예인, 전문가 할 것 없이 수많은 유튜버들이 등장하여 다양한 콘텐츠를 생산하고 있다. 유튜브를 통해 중소 사업자나 개인이 적은 비용으로도 글로벌 광고 수익을 얻을 수 있게 되었고, K팝 등 한류 콘텐츠가 전 세계로 퍼지는 촉매제 역할도 하고 있다. 또한 이용자 입장에서는 알고리즘 추천으로 관심사에 맞는 콘텐츠를 손쉽게 발견하고, 실시간 스트리밍 등을 통해 쌍방향 소통을 즐기는 등 콘텐츠 소비 경험의 혁신이 이루어지고 있다.

그러나 유튜브의 지나친 영향력 확대는 기존 미디어 산업의 위축과 부작용을 낳고 있다. 우선 많은 기업 광고 예산이 유튜브로 옮겨가면서 전통 미디어 및 포털 업계의 광고 수입이 상대적으로 감소하였다. 또한 알고리즘이 자극적 콘텐츠를 확산시키는 경향으로 인해 가짜 뉴스, 혐오 발언, 극단 정치 성향 영상들이 방대하게 유통되는 사례가 늘어났다. 정치 유튜브 채널들이 선동적 콘텐츠로 조회수를 올리는 현상이 두드러졌고, 이에 따른 사회적 분열 우려도 제기되었다. 이밖에도 인기 유튜버들의 사생활 논란이나 어린이·청소년의 유튜브 중독 문제, 무분별한 사생활 폭로성 콘텐츠 등도 유튜브 생태계의 그늘이 되고 있다.

챗GPT는 검색·AI 분야의 신흥 강자로 떠오르고 있다. 출시 두 달 만에 전 세계 월간 활성 이용자 1억 명을 돌파하여 역사상 가장 빠르게 성장한 애플리케이션으로 기록되었다. 2025년 3월 기준 글로벌 월간 활성 사용자 수는 약 6억 명이며, AI 챗봇 시장에서 약 62.5%의 점유율로 1위이다. 한국에서도 와이즈앱·리테일이 2025년 2월 4일 발표한 자료에 따르면 지난 1월 기준 '한국인이 가장 많이 사용한 생성형 AI 앱은 챗GPT로 주간 사용자 수는 493만 명을 기록했다. 딥시크가 121만 명으로 2위, 그 뒤로는 뤼튼이 107만 명, 에이닷이 55만 명, 퍼플렉시티가 36만 명, 마이크로소프트 코파일럿이 17만 명, 클로드가 7만 명 순으로 나타났다.

챗GPT는 이제 검색 엔진을 대체하거나 보완할 새로운 도구로 인식되고 있다. 전문직 업무부터 일상 질문 해결까지 챗GPT를 활용하려는 움직임이 한국 사회 전반에 확산되고 있다. 네이버나 구글 검색을 이용하던 사용자들이 챗GPT에게 즉답을 얻는 형태로 정보 탐색 행태를 바꾸면서 검색 시장의 지형을 변화시키고 있다. 또한 챗GPT의 등장은 한국 사회에 AI 활용 붐을 일으키고 있다. 기업 및 개인의 생산성 향상 측면에서, 번역·요약·아이디어 도출·코딩 등 다양한 작업에 챗GPT가 활용되면서 업무 효율을 높이고 비용을 절감하고 있다.

그러나 챗GPT 확산에 따른 부작용도 나타났다. 먼저 할루시네이션 문제로 챗GPT는 사실과 다른 내용이나 왜곡된 정보를 제공하기고 한다. 기밀 정보 유출과 보안 위험도 있다. 일부 직장인들이 업무 자료를 챗GPT에 입력했다가 기업 기밀이 외부 AI로 유출되는 사례가 문제 되었다. 교육 현장에서도 학생들이 숙제를 AI로 대필하거나 논문을 생성하는 부정행위가 발견되고 있다. 또한 검색 엔진과 포털을 중심으로 발전해 온 한국 인터넷 생태계가 AI 주도권을 해외에 내줌으로써 IT 강국의 신화가 AI 강국 신화로 이어질 수 없게 될 가능성이 커지고 있다.

2020년대 이후 넷플릭스·유튜브·챗GPT로 대표되는 글로벌 플랫폼들은 한국의 미디어 소비 행태와 디지털 산업 지형을 완전히 바꾸어놓았다. 이들의 공통점은 막대한 자본, 고도의 기술력, 고도화된 맞춤형 서비스를 바탕으로 한국 이용자들의 마음을 사로잡았다는 것이며, 그 결과 시장 점유율 면에서 국내 기업들을 압도하게 되었다는 것이다. 향후에도 이들의 파급력은 계속될 것으로 보이며,

한국 시장은 이러한 변화에 맞춰 진화와 적응을 거듭해 나갈 것이다.

한국으로서는 넷플릭스의 영향력에 맞설 토종 OTT의 연합 전략이 성과를 낼지, 또한 챗GPT발 AI 혁신에 대응한 소버린 AI 경쟁이 성공할지가 한국 디지털 시장의 중요한 분기점이 될 것이다. 다만, 유튜브에 대한 국내 동영상 플랫폼의 경쟁은 사실상 어려워지는 대신 네이버·카카오 등의 숏폼 동영상 트렌드가 이에 어느 정도 대응할 수 있을지, 정부의 유튜브 콘텐츠 규제가 실효성이 있을지가 주목된다.

사실 글로벌 빅테크 플랫폼의 한국 시장 확대는 피할 수 없는 흐름인 만큼, 국내 산업은 이들과의 공생 전략이 필요하지만, 공생이 종속으로 이어지지 않도록 하기 위해서는 독자적인 경쟁력을 가진 소버린 플랫폼 전략을 포기해서는 안 될 것이다. 무엇보다도 정책당국은 혁신을 저해하지 않으면서도 국내 기업의 성장 기반을 보호하고 이용자의 권익을 보장할 수 있는 디지털 기술 주권 정책을 지속적으로 추진해야 할 것이다.

26 디지털세의 도입과 우리의 준비

2022년 10월 30일 이탈리아 로마에서 열린 주요 20개국 정상회의에서 디지털세 합의안을 추인함으로써 2023년부터 디지털세 도입이 확정되었다. 디지털세란 GAFA(Google, Apple, Facebook, Amazon)라고 불리는 글로벌 플랫폼 기업의 디지털 서비스에 부과하는 법인세로 법인이나 서버의 소재지와 관련 없이 매출이 생긴 지역에 세금을 내는 것이 특징이다. 디지털세 논의는 법인세의 허점에서 출발한다. 즉 글로벌 플랫폼 기업이 세계 여러 국가에 진출해 디지털 서비스를 제공해서 막대한 매출을 얻고도 물리적인 고정사업장이 그 나라에 없다는 이유로 해당 국가에 세금을 내지 않는 문제를 개선하자는 데서 논의가 시작되었다.

EU법에 따르면 한 회원국에 역내 전체에서 얻는 소득을 신고할 수 있기 때문에 많은 글로벌 기업들이 아일랜드 등 법인세율이 낮은 국가들에 유럽지사를 두고 그 나라에만 세금을 내고 있다. 2019년 프랑스가 세율 3%의 디지털세 부과를 공식 발표하였으나, 미국은 자국 기업인 GAFA에 대한 과세를 반대하면서 보복관세를 부과하겠다는 입장을 발표했다. 그러나 OECD 차원의 지속적 논의를 거쳐 미국도 디지털세 부과논의에 참여하게 되었으며, 바이든 정부는 디지털화와 국제화의 영향이 디지털 서비스 기업뿐 아니라 제조업에도 미친다는 주장을 했고 결국 최종안은 제조업도 과세대상에 포함되었다.

최종 합의문은 2개 부문으로 구분된다. 필라(pillar) 1은 일정 매출액 이상의 글로벌 기업이 매출을 올리는 나라에도 세금을 내도록 하는 '매출발생국 과세권 배분'이고 필라 2는 일정 매출액 이상의 글로벌 기업은 세계 어느 곳에서 사업을 하더라도 15% 이상의 세금을 내도록 하는 '글로벌 최저한세 도입'이다.

구체적으로 보면 필라 1에서는 연간 기준 연결매출액이 200억 유로(27조 원),

이익률이 10% 이상인 대기업은 글로벌 이익 중 통상이익률(10%)을 넘는 초과 이익의 25%에 대한 세금을 각 시장 소재국에 납부해야 한다. 필라 2는 연결매출액이 7억 5천만 유로(1조 원) 이상인 다국적 기업은 세계 어느 곳에서 사업을 하더라도 15% 이상의 세금을 내야 한다. 2022년까지 이행을 위한 다자협약, 모델 규칙, 이행체계 등이 개발될 예정이며, 각국의 법령 개정, 의회 비준 과정을 거쳐 2023년부터 합의문이 시행될 계획이다.

한국 정부도 매출은 발생하지만 과세할 수 없었던 거대 글로벌 기업에 대한 과세권을 확보할 수 있게 됐다. 당초 한국에 진출한 글로벌 기업으로부터의 세수가 증가할 것으로 보았으나, 삼성전자 등이 과세대상으로 포함되면서 불투명하게 되었다. 즉 해외 매출 비중이 높은 삼성전자와 SK하이닉스가 역외 국가에 디지털세를 부담하는 만큼 우리 세수가 감소할 수 있기 때문이다. 정부는 단기적으로는 필라 1에 따라 수천억 원의 세수가 감소할 수 있지만, 필라 2에 따라 수천억 원의 세수가 늘며 종합적으로는 세수가 소폭 증가할 것이라고 예상하고 있다.

디지털세의 도입으로 기업들의 조세 회피가 어려워진 장점이 있으나, 기업이 늘어난 비용을 콘텐츠 소비자에게 전가할 수 있는 문제도 있다. 글로벌 플랫폼 기업은 디지털세 외에도 망 사용료, 데이터세 등 여러 차원에서 소비자와 전통 기업으로부터 견제 대상이 되고 있다. 다만, 한국으로서는 자칫하면 이러한 비용 부담이 국내 플랫폼의 경쟁력을 약화시킬 가능성이 있다는 점을 유의하면서 향후 대책을 마련해야 할 것이다.[16]

---

16 한국은 필라 2 (글로벌 최저한세)에 대해 2022년 12월 「국제조세조정에 관한 법률」에 글로벌 최저한세(Global Minimum Tax) 규정을 입법했다.: 삼성전자, SK하이닉스 등 국내 대기업 중에서도 매출액 기준을 충족하는 다국적 기업은 해외 자회사들의 법인세 실효세율이 15% 미만일 경우 추가 세금을 한국 정부나 외국 정부에 납부해야 하므로 세 부담이 증가할 것으로 예상된다.

IV

디지털 신산업의 발전

1 데이터와 AI 인프라로서 클라우드컴퓨팅

2021년 8월 25일 네이버클라우드 대표가 과학기술정보통신부 장관으로부터 감사패를 받았다. 감사의 이유는 50대 대상으로 진행된 백신예약 시스템이 먹통이 됐다가 네이버클라우드의 지원으로 문제가 해결된 데 따른 것이다. 정부는 민·관 합동 TF를 구성해 예약시스템을 크게 개선했는데, 이때 유연한 확장성을 지닌 클라우드를 이용하여 대용량 예약신청을 안정적으로 처리하였다. 정부의 백신 예약 수요예측 실패로 인한 먹통 사태가 결국 민간 클라우드 사업자와의 협업으로 해결된 셈이다.

클라우드컴퓨팅이란 구름(cloud)과 같이 무형의 형태로 존재하는 하드웨어·소프트웨어 등의 컴퓨팅 자원을 전기, 수도와 같이 필요한 만큼 쓰고 이에 대한 요금을 지급하는 서비스다. 데이터를 인터넷과 연결된 중앙컴퓨터에 저장해서 인터넷에 접속하기만 하면 언제 어디서든 데이터를 이용할 수 있는 것이 특성이다. 「클라우드컴퓨팅 발전 및 이용자 보호에 관한 법률」에 따르면 "집적·공유된 정보통신기기, 정보통신설비, 소프트웨어 등 정보통신자원을 이용자의 요구나 수요 변화에 따라 정보통신망을 통하여 신축적으로 이용할 수 있도록 하는 정보처리체계"를 말한다. 한마디로 "인터넷을 이용한 IT 자원의 주문형 아웃소싱 서비스"다.

최근 클라우드컴퓨팅은 서버의 구매, 설치, 유지 비용, 소프트웨어 구매 비용, 데이터 손실 위험도 줄일 수 있는 장점을 넘어, 양질의 데이터를 대량으로 수집·저장·처리하고, 이를 활용한 우수한 AI 서비스의 공급을 위한 가치사슬에서 중요한 연결 고리 역할을 하고 있다. AI 시대에 가치를 창출하는 기본 인프라·플랫폼·서비스로 활용되고 있는 것이다. 특히, 앞서 본 바와 같이 원격근무, 화상회의 등과 같은 비대면 활동수단, 백신예약 시스템이나 마스크앱과 같은 급증하는 트래픽에 대한 신속한 대응 등의 사례에서 보는 바와 같이 코로나19 상황에서 대량의 데이터의 신속하고 유연한 처리라는 클라우드의 가치가 재조명되고 있다.

이미 주요 선진국의 경우 클라우드 이용이 보편화되고 있으며, 아마존(AWS), 구글, 마이크로소프트(MS) 등 글로벌 기업이 데이터, 인공지능 등 다양한 서비스를 지원하는 클라우드 플랫폼을 중심으로 생태계를 확대하면서 전 세계로 영향력을 확대하고 있다. 이에 반해 한국은 공공·민간 모두 클라우드 전환율이 낮으며, 외산기업 의존도가 높은 상황이다. 공공부문의 경우 국가정보화 예산 대비 민간클라우드 이용금액이 미국은 2021년 기준 12.1%이나 한국은 2020년 기준 1% 수준에 불과하며, 10인 이상 민간 기업의 클라우드 서비스 이용률로 2017년 기준 미국이 51.8%이나 한국은 2020년 기준 23.5%에 머무르고 있다.

이에 정부는 2016년부터 클라우드컴퓨팅 발전계획을 수립, 시행하고 있으며, 2021년 9월 6일에는 2022년부터 3년간 시행할 제3차 클라우드컴퓨팅 기본계획을 발표하였다. 3차 계획은 클라우드 대전환을 위해 공공부문 민간 클라우드 퍼스트로의 정책 전환, 전 산업 디지털 전환 및 SW 산업의 SaaS(software as a service) 전환, 데이터·인공지능 경쟁력을 위한 클라우드 생태계 조성의 내용을 담았다. 특히, 2025년까지 행정·공공기관 정보시스템을 클라우드로 전면 전환하되, 국가안보, 수사·재판 등 중요정보 처리시스템을 제외하고는 보안성이 검증된 민간 클라우드를 우선 이용하도록 하였다.

공공부문 민간 클라우드 퍼스트로의 정책은 그동안 공공과 민간이 엄격한 분리돼야 한다는 정책에 따라 공공부문의 경우 공공 클라우드 우선 사용해야 한다는 원칙의 일대 전환이라는 측면에서 상당히 의미 있는 결정이다. 그동안 공공분야의 정보시스템 경우 보안상의 이유 등을 민간 정보시스템의 도입을 꺼려온 것이 사실이다. 민간의 우수한 기술과 서비스 노하우를 공공부문이 인정하고 이를 적극적으로 수용했다는 측면에서 상당히 긍정적으로 평가된다. 또한 사실상 국내 클라우드 기업의 시장의 확대와 경쟁력 강화 효과를 가져올 수 있도록 한 부분도 긍정적이다.

다만, 클라우드 계획과 다른 데이터, AI 계획과의 연계를 어떻게 확보할 것인지, 그리고 전체 한국의 디지털 전환 계획에서 클라우드 계획이 어떤 위치에 있는 것인지에 대한 진지한 고민이 필요하다. 그동안 정부는 3D프린팅, 클라우드 컴퓨팅, 블록체인, 사물인터넷, 양자컴퓨팅, 메타버스 등 다양한 분야는 물론 데이터, AI 등 일반 분야에서도 미래 비전을 제시해왔는데 이런 횡적, 종적 계획이 어떻게 조합되어 시너지를 내는 것인지가 분명하지 않다.

또한 클라우드 컴퓨팅의 경우 대량의 데이터의 집적이 발생한다는 점에서 보안사고나 개인정보 유출의 이슈가 매우 중요하다. 이에 따라 보안에 대한 철저한 대비가 필요하며, 나아가 개인정보 유출사고의 경우 클라우드 이용자와 클라우드 사업자 간 책임 문제에 대한 대책도 필요하다. 법적으로 보면 이용자가 개인정보 처리 위탁자이기 때문에 수탁자인 클라우드 사업자를 관리, 감독하고 사고 시 책임도 이용자에게 귀속되지만, 이는 개인이나 중소규모 기업 이용자와 대형 클라우드 사업자라는 현실을 고려하면 불합리한 측면이 있다.

최근 전자금융거래법 개정안은 이런 불합리에 대비한 법 조항을 제안하고 있다. 즉, 금융의 정보기술부문에 대한 아웃소싱 등이 확대됨에 따라 나타나는 제3자 리스크에 대한 관리감독을 강화하기 위해 수탁자인 금융클라우드 사업자에 대해서도 자료제출 요구, 조치명령권 행사, 현장조사 등을 할 수 있도록 하였다.

최근 클라우드는 타 기술 및 산업과 융합하여 온·오프라인의 대부분의 서비스가 클라우드화되면서 XaaS(Everything as a Service)로 개념으로 확장 중이다. 다만, 어떤 기술이든 명암이 있기 마련이다. 클라우드가 야기할 수 있는 보안, 개인정보, 데이터 집적 등의 문제에 대한 대안을 고려하는 현명한 클라우드 발전계획이 수립되고 시행되기 바란다.

2 디지털 전환의 핵심 기술, 디지털 트윈

2018년 싱가폴 정부는 사회 인프라와 도시 정보를 데이터로 수치화하여 도시 운영의 효율을 높이기 위한 가상 플랫폼으로 '버추얼 싱가포르(Virtual Singapore)'계획을 발표하였다. 이는 도시의 구조물과 지형을 컴퓨터상에 동일한 모습으로 구현하여 건물·공원 등 건설 시 주변 경관 조화, 교통흐름, 일조권 침해를 파악하는 등 도시 관리를 위한 비전을 제시한 것이었다.

이처럼 가상세계(digital)에 실제 사물의 물리적 특징을 동일하게 반영한 쌍둥이(twin)를 3D 모델로 구현하고, 이를 실제 사물과 실시간으로 동기화(sync)한 시뮬레이션을 거쳐 관제·분석·예측·최적화 등 해당 실제 사물에 대한 의사결정에 활용하는 기술을 디지털 트윈이라고 한다.

최초의 디지털 트윈은 2012년 미 항공우주국(NASA)이 우주 환경을 지상 센터에 구축하여 진행한 모의실험이라고 할 수 있다. 2016년에는 미국의 제너럴 일렉트릭(General Electric)이 세계 최초의 산업용 클라우드 기반 오픈 플랫폼인 '프레딕스(Predix)'를 발표하는 등 글로벌 기업들이 제품 생산시 실험에 따른 시간과 비용을 절감하기 위해 디지털 트윈을 도입하기 시작했다. 디지털 트윈은 현실에서 하기 어려운 실험 대신 가상 시뮬레이션을 통해 실제 실험과 유사한 결과를 도출할 수 있어 경제적일 뿐 아니라, 실험과정에서의 사고를 예방할 수도 있어 제조업뿐만 아니라 교통, 의료, 환경, 안전 등 여러 산업으로 확장되고 있다.

다만, 디지털 트윈 기술은 Wi-Fi나 Bluetooth와 같은 기술 규격이 존재하는 고유한 기술이 아닌 개념적 기술이며, 여러 기술을 결합한 솔루션 기술이다. 데이터, AI·5G 등 다양한 요소기술이 산업에서 활용되어온 CAD(Computer Aided Design), BIM(Building Information Modeling), GIS(Geographic Information

System) 기술과 융합된 기술이다. 다만, 디지털 트윈의 핵심기술은 데이터를 수집, 분석, 활용하는 데이터 기술이다. 이 점에서 개인정보, 저작권, 과다 감시의 이슈는 디지털 트윈에서도 중요하다. 한편 최근 디지털 트윈은 실험용 시제품 생산을 줄여 친환경 발전에도 기여하기 때문에 탄소중립 기술로도 주목받고 있다.

최근 유행하는 메타버스(Metaverse)는 컴퓨터를 통해 3차원으로 구현한 가상세계를 의미하며, 이는 위치인식 시스템 등을 통해 현실세계를 강화하는 증강현실(Augmented Reality), 사람의 생활 정보를 기기를 통해 기록·저장하고 가상 공간에 재현하는 라이프로깅(Lifelogging), 현실세계를 반영한 가상모델에 위치 및 공간정보, 센서 등 정보를 확장하는 거울세계(Mirror Worlds), 아바타를 바탕으로 현실세계가 확장하는 가상세계(Virtual Worlds)로 나누어진다. 이중 거울세계가 디지털 트윈과 유사하다. 다만, 디지털 트윈이 실제와 동일한 가상모델을 통해 최적화된 의사결정을 지원하는 것이라면, 메타버스는 가상세계 속 새롭고 다양한 경제·사회·문화적 경험 제공이라는 점에서 메타버스가 보다 상위의 포괄적 개념이라고 할 수 있다.

디지털 트윈은 디지털 전환(digital transformation)과 가장 직접적으로 연결된 핵심기술로서 정부도 최근 발전계획을 마련했지만, 아직은 생소한 것이 사실이다. 디지털 트윈 외에도 블록체인, 메타버스 등 디지털 전환기술이 다양한 개념과 형태로 발전하고 있어 이를 이해하고 적절히 수용해야 하는 기업과 국민으로서는 적지 않은 부담이 되고 있다. 이런 기술을 정확히 정의, 분석하고 미래 비전을 제시하는 작업도 정부의 중요한 역할이다.

3 판결문 공개와 리컬테크(legal tech)

인간 만사 모든 분쟁의 최종적 해결은 법원이 담당하는 것이 법치주의 기본이다. 법원의 지혜와 판단이 담긴 판결문은 당사자에게 판결의 내용을 정확하게 알려줘 그 판결에 대해 불복할지 여부를 결정할 수 있도록 한다. 그 외에도 입법, 행정 등 다른 국가기관의 결정을 구속하거나 결정의 선례가 되고, 변호사 등이 다른 사건에서의 판결 결과를 예측하는 수단이 된다. 한편으로는 법학 연구자들의 법리 연구의 대상이 되기도 하고 리걸테크 업체들의 판결분석 및 예측서비스를 가능하게 하기도 한다. 이처럼 여러 측면에서 판결문을 공개하는 것은 중요한 의미가 있다.

헌법 제109조는 "재판의 심리와 판결은 공개한다. 다만, 심리는 국가의 안전보장 또는 안녕질서를 방해하거나 선량한 풍속을 해할 염려가 있을 때에는 법원의 결정으로 공개하지 아니할 수 있다."고 규정하고 있다. 따라서 심리는 비공개로 정할 수도 있지만, 판결은 원칙상 반드시 공개하여야 한다. 그렇다면 모든 판결이 공개되고 있는 것일까. 판결문 공개와 관련된 현황은 어떠하며 어떤 이슈가 있을까.

현재 판결서는 다음 3가지 방법으로 공개되고 있다. 첫째, '판결서 인터넷열람' 서비스를 이용하여 확정된 민·형사사건의 비실명처리된 판결서를 인터넷을 통하여 검색, 열람할 수 있다. 2013. 1. 1. 이후 확정된 형사판결서 및 2015. 1. 1. 이후 확정된 민사·행정·특허·선거 판결서를 임의어 검색을 통하여 검색, 열람할 수 있다.[17] 둘째, '판결서 사본 제공' 서비스인데, 이는 대법원 및 하급심 사

17 이후 미확정 민사/행정 등 판결서 공개 확대되었다. 「민사소송법」 제163조의2 (판결서의 열람·복사)와 「민사판결서 열람 및 복사에 관한 규칙」의 개정(법률 제17568호, 2020. 12. 8.

건의 판결서 사본을 이메일, 방문, 우편, 모사전송의 방법으로 제공하는 제도이다. 제공받고자 하는 판결서의 법원 및 사건번호를 특정하여 신청하며, 법원은 판결서 제공신청이 접수되면 비실명처리를 완료한 후 제공한다. 셋째, 법원도서관 '특별열람실 방문열람' 서비스이다. 법원도서관의 특별창구에서 법원 내 종합법률정보시스템과 판결문 검색시스템을 이용하여 판결문을 직접 검색·열람하도록 하는 제도이다. 다만, 이런 다양한 판결문 공개제도에도 불구하고 실제 여러 제한이 있으며, 이런 제한이 타당한 것인지가 논란이다.

첫째, 판결문 공개의 범위에 관한 것이다. '13년 이전 확정된 형사판결서, '15년 이전 확정된 민사판결서의 경우 대부분 공개되지 않고 있다. 또한, 확정판결만 공개하고 있는 것에 대해서도 비판이 있다. 2020년 11월 민사소송법 개정안을 의결해 2023년 1월 1일부터는 민사·행정·특허 사건은 미확정 판결서까지 공개될 예정이지만 형사사건에 대해서는 여전히 확정판결만 공개하고 있다. 미확정 형사판결문의 비공개 이유는 '여론에 의한 재판 독립 침해', '무죄추정 원칙 위반 우려', '여론에 의한 양형 판단에 영향' 등으로 '형사피고인의 공정한 재판을 받을 권리를 침해'할 수 있다는 점이 제시되고 있다. 다만, 판결 확정 전이라도 법원의 공식적 판단이 기록된 판결문은 소송의 중요한 자료가 될 수 있으며, 피의자, 피고인, 변호인 등이 이를 활용할 수 있어야 오히려 제대로 된 방어권을 행사할 수 있다는 반론이 있다.

둘째, 판결문 공개 방법에 관한 것이다. 2019. 1. 1.부터 공개하는 모든 판결서에 임의어 검색 기능을 허용하고 있으나, 임의어 검색을 이용하여 선택한 판결서를 다운로드할 경우 다운로드 된 파일은 이미지 파일 형태로 제공되어 기계 판독(수정, 변환, 추출, 검색)이 불가능하다. 이는 해당 판결문을 편집하여 악용할 우려가 있다는 것이 그 이유인데, 이에 따라 리걸테크의 판결문 활용이 어렵다. 다만, 2023년 1월부터는 TEXT PDF 형태로 판결서를 제공하도록 하는 내용의 민사소송법이 시행될 예정이다.

셋째, 판결문 공개 시 비실명처리에 관한 것이다. 검색·열람이 되는 판결서에

공포, 2023. 1. 1. 시행)에 따라, 기존 판결이 확정된 사건이 아닌 누구든지 판결이 선고된 사건의 판결서를 인터넷 등을 통하여 열람 및 복사할 수 있는 법적 근거가 마련되었다.

대하여는 열람·복사에 앞서 판결서에 기재된 성명 등 개인정보가 공개되지 않도록 보호조치를 하여야 한다. 비실명처리 대상은 판결서 등에 나타난 '자연인', '법인', '단체'로서 개인정보를 보호할 필요가 있는 자는 전부 비실명처리의 대상이 되며, 비실명처리 방식은 현재 알파벳 대문자로 치환하는 방법을 취하고 있다. 우선 비실명처리는 개인정보 보호법상 익명처리 또는 가명처리가 아니라 개인정보 보호법 제29조의 안전조치로 이해하는 것이 타당하며, 비실명처리의 대상은 제도의 취지에 맞게 축소할 필요가 있다는 의견이 있다. 예컨대 자연인이 아닌 법인, 단체는비실명처리 대상에서 제외할 필요가 있다는 것이다. 다음으로 현재의 알파벳 대문자보다는 가독성이 있는 방식으로 비실명처리가 이루어질 필요가 있으며, 지능형 비실명처리 솔루션을 도입하여 법원의 비실명업무처리 부담을 낮추는 것이 필요하다는 의견도 있다.

넷째, 판결문 공개 시 수수료에 관한 것이다. 인터넷 열람 대상 판결문들은 비실명처리가 완료되어, 제공에 추가적인 인력, 실비가 필요치 않은 판결문들임에도 불구하고 전문 열람에 1건당 1,000원의 수수료를 부과하고 있다. 이에 따라 판례분석이나 연구를 위해 수십, 수백 건의 판결문을 입수하기 위해서는 상당한 비용이 들어 결국 판결문 정보의 접근에 대한 중대한 제한이 되고 있다는 비판이 있다.

판결문 공개와 관련 외국의 경우는 어떨까. 판례가 법원이 되는 영미법계와 그렇지 않은 대륙법계 국가 간 차이를 보인다. 미국은 판결문의 전면 공개는 물론 소송기록까지 전면 공개하는 것을 원칙으로 하며 공개 시 실명을 원칙으로 한다. 독일은 공개할 이익이 명백한 판결만 선별하여 검색 가능한 형태로 온라인 공개하고 있으며, 공개 시 사건관계인은 비실명처리하되 판사, 검사, 변호사는 실명을 공개하고 있다.

판결문이 데이터로서 기초자원이 되는 리걸테크는 빅데이터, 인공지능 등 디지털 신기술을 법률 분야에 접목하는 것을 의미하는데, 변호사 등에게 단순 반복 업무나 리서치 부담을 줄이는 것은 물론 국민에게는 고도화된 법률서비스를 제공한다. 판결문을 전면 공개하고 있는 미국의 경우 소송 결과 예측 등 다양한 서비스가 등장하고 있으나, 한국은 아직 이런 단계에 이르지 못하고 있다. 리걸테크의 발전을 위해서도 판결문 공개 확대 등이 필요한 상황이다.

결론적으로 국민의 알 권리, 당사자의 방어권, 학문적 연구수행, 리걸테크 지원을 위해 판결문의 공개 확대의 필요성이 인정됨에도 불구하고 부정한 목적으로의 악용 가능성, 개인정보 보호의 문제, 비실명처리 비용 부담 문제 등으로 인해 만족할 만한 진전이 없다. 이런 우려를 해소할 수 있는 방안을 마련하기 위한 지혜를 모으는 것이 필요하다.

다만, 근본적인 인식전환이 필요한 것은 아닌지에 대한 고민도 필요하다. 즉, 판결문 비실명화는 필요한 상황에만 제한적으로만 요구하고, 기본적으로는 판결문을 비실명화 처리 없이 공개하기 위한 논의를 진행할 필요가 있지 않느냐는 것이다. 헌법상 판결을 공개하기로 한 이상 판결문을 비실명화하는 것이 원칙이 될 필요는 없는 것 아닌가 하는 것이다.

4 "아는 변호사 없다" 62%인데…선진형 리걸테크, 규제로 막나

2021년 5월 코리아스타트업포럼이 전국 18세 이상 남녀 1,026명을 대상으로 진행한 조사에 따르면 주변에 "아는 변호사"가 있는지를 묻는 질문에 62.6%가 "없다", 20.1%가 "1명 안다"로 대답했다. 같은 달 19일 조수진 국민의힘 의원실의 대법원의 민사 본안 및 형사사건 변호인 선임 자료에 따르면, 2016년부터 올해 3월까지 민사 본안소송 1심에서 원고와 피고 모두 변호사를 선임하지 않은 나 홀로 소송 사건은 전체 495만 827건 중 360만 482건으로 전체 민사소송의 72.7%에 이른다. 국선변호인이 있는 형사소송에서도 변호사 없이 소송하는 비율이 같은 기간 전체 133만 7459건 중 61만 3091건(45.8%)으로 절반에 육박하는 것으로 나타났다.

이처럼 변호사 3만 명 시대에도 여전히 일반 국민에게 법률시장의 문턱은 높다. 법률서비스에 대한 접근성을 확대하기 위한 노력으로 주목받는 것이 법과 기술이 결합된 리걸테크(legal tech)이다. 리걸테크의 주요 서비스로는 의뢰인과 변호사를 연결하는 중개 플랫폼, 판례 검색 등 법률정보 제공, 법률문서 작성의 자동화, 법률자문, 전자증거개시(e-Discovery) 등 분쟁해결 시스템 서비스, 알고리즘을 통한 자동화된 법률적 의사결정 등이 있다.

리걸테크는 판례 검색, 법률업무솔루션 제공 등을 통해 변호사의 업무생산성을 향상시키는 장점이 있지만, 리걸테크가 더 빛나는 점은 법률소비자의 권리를 보호하고 편익을 증진시키는 효과이다. 구체적으로 보면 다음 3가지의 효과가 있다.

첫째, 리걸테크는 기존 법률서비스 시장에 비하여 접근성이 높고 가격이 저렴하여 피해구제에 있어서 소비자의 선택권을 넓혀 줄 수 있다. 리걸테크 플랫폼이 제공하는 서비스는 지리적 제약 없이 24시간 동안 온라인상으로 이용할 수 있으며, 또한 기존의 변호사에 비해 합리적인 가격으로 서비스를 제공받을 수 있다. 특히, 리걸테크 플랫폼은 이용후기, 평점 등을 통해 변호사에 대한 평가정보를 제공함으로써 소비자 피해를 예방하고 있으며 변호사 간 경쟁을 통해 법률서비스의 질을 향상시키고 있다.

둘째, 리걸테크는 기존 법률시장에 존재하는 비용의 장벽을 낮춤으로써 법률소비자의 사법시스템에 대한 접근권(access to justice system)을 높일 수 있다. 특히, 해외 리걸테크 플랫폼은 다수의 소액 피해를 입은 법률소비자들의 피해구제에 기여하고 있다. 기존에 이와 같은 사건은 사실관계의 정리에 드는 노력과 비용은 막대함에 비해 소가가 작아 법률구제가 이뤄지지 못했다. 이제 리걸테크를 통해 법률서비스 소외계층에 대한 권리구제가 가능해진 것이다.

그 외에도 리걸테크는 '인간' 변호사의 오류를 줄임으로써 법률자문 서비스의 질적 향상에 기여할 수 있다. 변호사는 사실의 인식에 대한 오류가능성, 외부적인 요인에 의한 판단의 착오 등에 의해 영향을 받을 수 있으나, 리걸테크는 이런 한계를 극복할 수 있다.

해외는 어떨까. 미국은 리걸테크 기업의 숫자가 2016년도 1100여 개에서 2020년 1887개로 늘었고 특히, 법률서비스에 AI와 빅데이터 기술이 도입되면서 리걸테크 스타트업이 급속히 성장하고 있다. 전통적으로 높은 변호사비용으로 인해 법률서비스 접근이 어려운 점과 사법제도의 필수절차인 디스커버리 제도가 'e디스커버리 제도'로의 변화에 대응 필요성 때문에 리걸테크의 효용성이 증가하고 있다. 전자증거개시 분야의 리걸테크는 인공지능을 사용해 수많은 문서 중 필요한 정보를 찾아줌으로써 승소 가능성을 높이고 소송비용을 줄여준다.

대륙법 국가로서 한국 법학에 가장 큰 영향을 끼친 독일은 변호사법 외에 법률서비스법을 제정해 리걸테크 기업의 법률시장 참여를 촉진하고 있다. 항공, 기차 등 소액 다수 소비자 피해사건에서 리걸테크 기업들은 표준화된 자동처리 시스템을 이용해 분쟁을 해결하고 있으며, 법률서비스법에 따라 허가를 받아 채권추심서비스도 제공하고 있다.

한국은 변호사 광고를 허용하는 변호사법 제23조와 일정한 요건하에 소개, 알선, 유인행위를 금지하는 제34조 제1항의 해석을 두고 법률플랫폼과 변호사단체 간 갈등이 계속되면서 법률서비스에 대한 접근성 향상이라는 리걸테크의 소비자 편익이 방치되고 있다. 변호사 업무의 공공성 유지, 법률소비자 보호를 명분으로 하는 변호사단체의 입장이 법률소비자의 편익을 저해하는 것은 아닌지, 시장에 신규로 진출하는 변호사의 기회를 제한하는 것은 아닌지 우려된다. 다행히, 2021년 법무부는 리걸테크 TF를 구성해 법제도 개선을 추진하고 있고 대통령 직속 4차산업혁명위도 판결문 적극 공개를 권고한 바 있다. 신정부 제1호 규제개선 과제로 리걸테크를 채택해 발전적인 방향으로 규제를 풀고 관련 산업을 육성해서 국민 편익이 증진되기를 기대한다.

5 디지털 법률플랫폼과 변호사의 업무

디지털 트랜스포메이션 시대를 이끌고 있는 디지털 플랫폼은 상품이나 서비스에 대한 정보를 제공하고 이를 검색할 수 있게 함으로써 상품 내지 서비스 제공자와 소비자를 매칭시켜주는 역할을 한다. 이런 역할을 바탕으로 디지털 플랫폼은 변호사의 법률서비스 정보를 제공하고 기초적 상담은 물론 수임계약 체결을 중개하기도 한다. 법률 분야에 특화된 이런 플랫폼을 디지털 법률플랫폼이라고 부를 수 있다. 일반적인 디지털 플랫폼 외에도 모빌리티, 금융 분야의 플랫폼도 독자적인 기능을 제공하면서 시장에서 기존의 레거시 사업자와 충돌하고 있으며, 디지털 법률플랫폼의 경우에도 기존 변호사 직역과의 갈등이 고조되고 있다.

논란의 핵심은 변호사법 제34조 변호사가 아닌 자와의 동업 금지이다. 동조 제1항 따르면 누구든지 법률사건이나 법률사무의 수임에 관하여 사전에 금품·향응 또는 그 밖의 이익을 받거나 받기로 약속하고 당사자 또는 그 밖의 관계인을 특정한 변호사나 그 사무직원에게 소개·알선 또는 유인하는 행위를 해서는 안 된다. 즉, 비변호사는 변호사를 소개·알선 또는 유인하는 것이 금지되어 있는데, 디지털 법률플랫폼이 그러한 행위를 하고 있다는 것이다.

이에 대해 법무부는 이슈가 되었던 디지털 법률플랫폼 '로톡'은 구체적 사건을 매개로 하지 않는 광고형 플랫폼으로서 변호사법에 저촉되지 않는다는 입장을 밝혔다. 계약체결 방식과 수익창출 형태가 법률플랫폼의 위법성을 판단하는 핵심인데 '광고형 플랫폼'은 변호사로부터 사건 소개 등의 대가로 수수료를 지급받지 않고 온라인상의 광고 공간을 제공하는 대가로 정액의 광고료만 지급받으므로 변호사법에 위반된다고 보기 어렵다는 것이다.

결국 현재로서는 법률플랫폼이 광고형 플랫폼이냐 아니면 중개형 내지 수수료형 플랫폼이냐는 성격 규정에 따라 변호사법 위반 여부가 결정되는 것으로 보인다. 즉, 플랫폼의 대가 수취와 특정 사건과의 관련성 여부가 핵심 요소인 것이다. 다른 국가는 어떨까.

독일의 법률시장에서는 전문적인 변호사에 의한 법률서비스와 별도의 변호사 자격을 갖추지 않는 자의 법률서비스가 공존하고 있다. 법률서비스법은 변호사가 아닌 자들이 재판 외 법률서비스를 제공할 수 있도록 하는 법률로서 관계 당국의 허가를 받은 경우 법률상 정해진 법률서비스를 제공할 수 있다. 나아가 독일은 최근에 법률서비스법을 대폭 수정하여 법률서비스 영역에서만 인정되었던 성공보수 약정이 부분적으로 비변호사에게도 가능하게 되었고 변호사와 비변호사 사이의 협력도 가능하게 되었다.

일본에는 2005년 설립된 벤고시닷컴이라는 플랫폼이 있는데, 2021년 12월 기준 일본 변호사 전체 약 4만 2000명 중 절반에 가까운 약 2만 360명이 여기에 등록되어 있다. 사용자와 무료 등록변호사로부터는 요금을 받지 않으며 유료 서비스의 등록변호사로부터는 정액 요금을 받는다. 플랫폼은 상담내용에 관해 관여하지 않음으로써 일본 변호사법 제72조상 금지되는 법률사무를 취급하거나 이를 주선하는 행위를 위반하지 않고 있다.

한편 2022년 5월 대한변협은 '변호사 광고에 관한 규정'과 '변호사윤리장전'을 개정해 로톡과 같은 온라인 법률플랫폼 등 비변호사의 법률사무 광고와 이에 대한 변호사들의 협조를 금지하는 규정을 마련하고 이를 위반하는 변호사들에 대한 징계에 착수했다.

이에 대해 공정거래위원회는 동 조치가 사업자단체는 부당하게 경쟁을 제한하는 행위를 해서는 안 된다고 규정한 공정거래법 제26조 1항 1호, 구성사업자(변호사)의 사업내용 또는 활동을 부당하게 제한해서는 안 된다고 규정한 같은 법 제26조 1항 3호, 사업자단체는 법령에 따르지 아니하고는 그 사업자단체에 가입한 사업자에 대해 표시·광고를 제한하는 행위를 해서는 안 된다고 규정한 표시광고법 제6조 1항 등을 위반했다는 의견으로 심사보고서를 변협에 발송한 것으로 알려지고 있다.

이에 대해 변호사 제도는 개개인의 영업활동이 아니고 '법률위임'에 따른 것이기 때문에, 변협은 공정거래법상 사업자단체로 규율할 수 없어 공정거래법 적용 대상이라고 할 수 없으며, 사업자 단체성을 인정할 수 있다 하더라도 공정거래법 제58조는 '사업자단체가 다른 법률 또는 그 법률의 명령에 따라 하는 정당한 행위'에 대해서는 공정거래법을 적용하지 않는다고 반박하고 있다.

이처럼 디지털 법률플랫폼과 변호사와의 갈등에 대해 주무부서인 법무부는 물론 공정거래위원회까지 디지털 법률플랫폼 입장에 손을 들어주면서 변호사 업계가 어려운 상황에 직면하고 있다. 이러한 기존 변호사 직역과 디지털 법률플랫폼의 갈등을 신·구 사업자의 갈등으로 보는 견해가 있다. 즉, 모빌리티 분야 '타다' 사건과 유사하게 기존 사업자들인 변호사 단체가 기존 법령으로 기술혁신을 가로막고 소비자의 선택권을 침해하는 것으로 보는 관점이다.

다만, 이와 달리 변호사의 직무에 관하여 고도의 공공성과 윤리성을 강조하는 변호사법의 취시상 불가피하게 디지털 법률플랫폼의 행위는 일정한 제한이 필요하다는 관점도 있다. 예컨대, 변호사 소개에 과거의 사무장 내지 브로커가 개입하는 것과 유사한 형국이 나타나거나, 디지털 법률 플랫폼이 광고비를 많이 내는 변호사를 많이 노출시키는 알고리즘을 사용하여 법률서비스 시장의 수임구조를 왜곡할 수 있는 문제가 있다는 것이다.

두 가지 관점 모두 일리가 있다. 다만, 근본적으로 이들 간의 갈등에서 간과되고 있는 것은 법률소비자의 편익이다. 플랫폼이 법률소비자의 편익을 이야기하는 것처럼 변호사도 법률소비자의 보호를 주장한다. 하지만 법률소비자를 보호하기 위해 법률소비자의 편익을 막고 있는 아이러니한 상황이다. 디지털 법률플랫폼의 부작용을 방지하면서 그로 인한 이익을 최대화하는 방법은 없을지 고민해야 한다.

사실 전 산업의 플랫폼화 현상은 피할 수 없는 디지털 트랜스포메이션의 흐름이다. 따라서 플랫폼상 변호사 광고 등을 마냥 금지할 것이 아니라, 변호사법에 이를 허용하는 새로운 규율 및 감독체계를 만들고 대신 이에 대한 규제는 변호사 단체와 법률플랫폼이 공동으로 자율 규제하는 방식으로 법률플랫폼에 의한 법률서비스를 활성화는 방안을 고민해야 할 것이다.

6 흔들리는 리걸테크, 혁신 싹 밟는 '제2 타다' 안된다

2024년 10월 24일 서울고등법원은 대한변협(변협) 등이 법률 플랫폼 '로톡'을 이용한 변호사를 징계했다는 이유로 공정거래위원회로부터 받은 과징금 처분을 취소하는 판결을 내렸다. 로톡은 소비자들에게는 변호사 검색서비스를 무료로 제공하고, 변호사들에게는 정액의 광고료를 지급받고 소비자들에게 우선 노출될 수 있는 기회를 제공하는 변호사 검색·광고 플랫폼이다.

변협은 로톡의 변호사 광고 서비스가 변호사법에 위반된다고 판단하여, 변호사들에게 로톡에서 탈퇴할 것을 요청하는 공문을 보냈으며, 이에 응하지 않는 변호사들에 대하여 과태료 부과, 견책 등의 징계 결정을 하였다. 이에 변호사들은 변협 등의 위 행위가 '변호사들의 사업내용 또는 활동을 부당하게 제한하는 행위'이자 '법령에 따르지 않고 사업자단체에 가입한 변호사들에 대해 표시·광고를 제한하는 행위'에 해당한다는 이유로 공정위에 제소했고 공정위는 이들의 주장을 인용하여 변협 등에 시정명령과 10억 원의 과징금을 부과했다. 이번에 이 공정위 결정이 고등법원에서 취소된 것이다.

법원 판단의 당부에 대해서는 논란이 있지만, 법원이 변호사 직무는 고도의 공공성과 윤리성이 있으므로 변호사들이 리걸테크를 이용하는 경우 그 사업 내용이나 활동에 대한 변협의 적정한 검토·심사 등 검증이 불가피하다는 입장을 표명함으로써, 법률 플랫폼 등 리걸테크에 대한 변협 등의 대한 통제를 강화할 명분을 주었다.

또한 변협은 AI 기반 법률상담 서비스 'AI 대륙아주'와 관련해 변호사법상 광고 규정과 동업 금지조항을 위반했다는 이유로 대륙아주와 소속 변호사들에 대한 징계를 개시했다. 이에 대륙아주는 2024년 10월 8일 AI 대륙아주 서비스를 전면 중단했다. 나아가 10월 21일에 변협은 '변호사 광고에 관한 규칙 제정안'을 수정 가결해 소비자가 AI 등 프로그램을 직접 사용하게 하거나 소비자에게 AI 등 프로그램을 연결하는 방식·내용의 광고를 할 수 없도록 했다. 결국 일반 소비자 대상 법률 AI 서비스를 금지한 것이다.

한편 로톡 이용으로 징계 처분을 받은 변호사들은 공정위 제소 외에 법무부에 이의신청을 했고, 법무부는 이를 받아들여 2023년 9월 변협의 징계 처분을 취소했다. 이전에도 2022년 로톡의 변호사법 위반 혐의에 대한 검찰의 불기소처분, 불특정 다수의 변호사를 동시에 광고·홍보·소개하는 행위를 하는 자에게 광고를 의뢰하거나 참여하는 것을 제한하는 변호사 광고에 관한 규정은 위헌이라는 헌법재판소의 결정 등과 비교해 보면, 이번 사법부 판결은 리걸테크를 수용하려는 법무부, 검찰, 공정위 등 행정부의 입장과 사뭇 다르다.

아직 대법원의 판단이 남아있지만, 이번 판결과 변협의 법률 AI 금지규정으로 인해 오랜 기간의 갈등 끝에 찾아온 리걸테크와 법률 AI 발전을 단초가 사라지고 혁신의 싹을 밟는 제2의 타다 사태가 재현되는 것이 아닌지 우려된다. 리걸테크에 대한 통제가 다시 시행되면 소비자들은 법률 플랫폼에 가입·활동 중인 변호사들의 업무능력, 평판, 상담료 등을 서로 비교해 본 후 자신에게 필요하고 적합한 변호사를 선택할 수 있는 기회, 변호사들은 변호사 검색·광고 플랫폼을 통해 자신을 홍보하고 소비자들의 선택을 받을 수 있는 기회를 박탈당하게 된다. 또한 변협의 법률 AI의 금지로 소비자는 예비적인 법률의견과 정보를 구할 길도 막혀 버렸다.

리걸테크와 법률 AI는 변호사의 업무의 생산성을 엄청나게 향상시키는 것은 물론 기존 법률시장에 존재하는 비용의 장벽을 낮춤으로써 법률소비자의 사법시스템에 대한 접근권을 제고한다. 아쉽게도 한국은 최고로 우수한 법조인을 보유하고 있고 정보통신기술과 AI 분야 강국임에도 불구하고 리걸테크 분야에서는 후발국에 불과하다. 리걸테크에서 앞서 가고 있는 미국, 독일, 일본에서는 기존 법조계가 법제도를 개정하여 리걸테크와의 상생을 도모하고 있다는 점을 참고할 필요가 있다.

다행히 한국도 법무부에서 변호사제도개선특위를 구성해 변호사 검색 플랫폼 운영 가이드라인을 수립 중에 있다. 이 가이드라인에서 리걸테크와 법률 AI에 대한 합리적인 규율과 규제 기준이 마련되어 시행되기를 기대한다.[18]

18 2025. 5. 발표된 「변호사검색서비스 운영 가이드라인」은 아래 내용을 참조.

보충: 「변호사검색서비스 운영 가이드라인」

법무부(법무과), 02-2110-3178, 3180

제1장 총론

제1조(목적) 이 가이드라인은 변호사제도의 소관 부처인 법무부가 제5기 변호사제도개선특별위원회에서 수렴한 논의를 바탕으로 변호사검색서비스의 적정한 운영 기준을 마련함으로써, 변호사제도의 공공성과 공정한 수임질서를 확립하고 법률소비자의 피해를 방지하는 동시에 국민의 사법접근성을 제고하는 것을 목적으로 한다.

제2조(정의) 이 가이드라인에서 사용하는 용어의 뜻은 다음과 같다.

1. "변호사검색서비스"란 운영 주체, 검색방법, 적용 기술, 유·무료 여부, 회원 가입 필요성 유무, 이용자와 변호사등 간 상호작용의 방향 등을 막론하고, 법률사무 취급과 관련하여 일정한 조건에 부합하는 변호사등을 검색하는 서비스 일체를 말한다. 다만, 대한변호사협회 또는 지방변호사회가 주체가 되어 공익적 목적으로 운영하는 서비스는 제외한다.
2. "운영자"란 변호사검색서비스를 운영하는 자연인 또는 법인을 말한다.
3. "이용자"란 변호사등의 검색을 목적으로 변호사검색서비스를 접속하여 이용하는 법률소비자를 말한다.
4. "변호사등"이란 「변호사법」 제23조제1항에 따른 변호사, 법무법인, 법무법인(유한), 법무조합 및 「외국법자문사법」 제31조제3항에 따른 외국법자문사, 외국법자문법률사무소, 합작법무법인을 말한다.
5. "회원 변호사등"이란 변호사검색서비스에 가입한 변호사등을 말한다.
6. "비회원 변호사등"이란 변호사검색서비스에 가입하지 아니한 변호사등을 말한다.
7. "유료 회원 변호사등"이란 운영자에게 광고비를 지불하는 회원 변호사등을 말한다.
8. "무료 회원 변호사등"이란 운영자에게 광고비를 지불하지 아니하는 회원

변호사등을 말한다.

9. “검색조건”이란 이용자가 변호사검색서비스에서 변호사등을 검색하기 위하여 입력하는 변호사등의 조건을 말한다.

10. “검색결과”란 그 표시 방식을 막론하고 이용자가 변호사검색서비스에서 일정한 검색조건을 적용하여 변호사등을 검색하여 제시받은 결과를 말한다.

11. “정렬기준”이란 변호사등이 검색결과에 정렬·표시·노출되는 순서를 정하는 기준을 말한다.

12. “광고비”란 그 명칭, 형태와 지급 시기·방식을 막론하고, 변호사등이 변호사검색서비스에서 다음 각 목의 어느 하나에 해당하는 사항을 이용자에게 널리 알리거나 제시하기 위하여 운영자에게 지급하는 대가를 말한다.

가. 자기에 관한 사항

나. 자기가 제공하는 법률서비스에 관한 사항

제3조(가이드라인 해석의 기준) 이 가이드라인을 해석·적용할 때에는 개별 사건의 구체적인 사정을 종합적으로 고려하여야 하고, 이 가이드라인에서 명시하거나 언급하지 아니하였다고 하여 곧바로 허용되거나 금지된다고 해석하여서는 아니 된다.

제4조(기본 원칙) ① 운영자는 변호사 관계 법령의 적용을 받는 변호사등이 아닌 경우에도, 변호사제도의 공공성과 공정한 수임질서, 변호사등의 독립성 보호라는 「변호사법」의 취지를 잠탈하여서는 아니 된다.

② 운영자는 다음 각 호의 어느 하나에 해당하는 행위로 소비자에게 오해를 불러일으켜서는 아니 된다.

1. 변호사검색서비스 또는 운영자가 법률사무를 직접 취급한다는 취지를 표시·광고하는 행위
2. 특정 변호사등을 추천하거나 추천을 암시하는 행위
3. 그 밖에 변호사검색서비스 또는 운영자가 회원 변호사등과 제휴 또는 이해관계가 있다는 그릇된 인상을 주는 행위

③ 운영자는 다음 각 호의 어느 하나에 해당하는 행위로 변호사등의 공공성을 해하거나 공정한 수임질서를 저해하여서는 아니 된다.

1. 광고비를 지나치게 고액으로 책정하여 변호사등으로 하여금 그 비용을 법률소비자에게 전가하도록 함으로써 법률비용의 과다한 상승을 초래할 우려가 있는 행위
2. 변호사등의 구체적 업무수행에 영향을 미치거나 변호사등에게 전속적 계약을 요구하는 등 변호사등을 변호사검색서비스에 종속시킬 우려가 있는 행위
3. 그 밖에 국민의 사법접근성을 저해하거나 변호사등의 독립성을 해치는 행위

제2장 세부 운영기준

제1절 검색조건과 검색결과

제5조(검색조건) ① 미리 명시된 정형적·객관적·가치중립적인 검색조건은 허용된다. 다만 공직자등과의 연고(緣故) 관계 선전이나 영향력 행사 광고 또는 공직자등의 출신·경력 등을 활용한 영향력 행사 암시 광고 등과 같이 변호사제도의 공공성을 해치는 경우에는 그러하지 아니하다.

② 이용자가 입력한 개별·구체적 사건별로 상이한 비정형적 정보를 운영자의 판단에 의하여 가공 또는 분석하여 변호사등을 검색할 수 있도록 하는 검색조건은 허용되지 아니한다.

제6조(정렬기준) ① 정렬기준은 공정하고 합리적이어야 한다. 이 경우 무작위 정렬은 공정하고 합리적인 것으로 본다.

② 정렬기준은 검색결과를 표시하는 화면에서 이용자가 곧바로 확인하고 선택 및 변경할 수 있도록 명확하게 공개하여야 한다.

제7조(검색결과의 표시 등) ① 운영자는 당사자의 동의를 얻어 비회원 변호사등을 표시할 수 있다.

② 운영자는 회원 변호사등 또는 유료 회원 변호사등만을 표시하거나 이들을 선순위에 정렬하여 표시할 수 있다.

③ 운영자는 회원 변호사등 또는 유료 회원 변호사등을 표시하면서 비회원 변호사등 또는 무료 회원 변호사등에 비하여 글꼴, 크기 등 현저성(顯著性, prominence) 등에 있어서 일정한 혜택을 제공할 수 있다. 다만, 현저성 등에 있

어서 과도한 차등을 두는 것은 허용되지 아니한다.

④ 운영자는 다음 각 호의 어느 하나에 해당하는 방법으로 검색결과를 표시하여서는 아니 된다.

1. 같은 유료 회원 변호사등 사이에서 변호사등이 운영자에게 지불한 광고비의 금액순으로 정렬하는 방법
2. 변호사등과의 상담에 필요한 상담료의 금액순으로 정렬하는 방법
3. 그 밖에 비용·대가 등 금액의 다과(多寡)를 기준으로 정렬하는 방법

제2절 고지의무

제8조(광고 사실의 고지 등) ① 운영자는 이용자로 하여금 검색결과 등이 객관적·가치중립적인 사실의 표시가 아닌 광고라는 사실을 인식할 수 있도록 하여야 한다.

② 제7조제2항·제3항의 경우, 운영자는 팝업창 등의 방식으로 이용자에게 그 사실을 두드러지게 고지하여야 한다.

③ 변호사등이 운영자에게 제공한 정보량 등 다른 요인으로 인하여 결과적으로 검색결과가 제한되는 때에도 제2항과 같다.

제3절 광고의 내용

제9조(상담료 표시) ① 운영자는 변호사등이 변호사검색서비스상에 수임 전(前) 초기 상담료를 표시하는 것을 허용할 수 있다. 다만, 무료 또는 부당한 염가의 상담료 표시는 허용하여서는 아니 된다.

② 제1항의 경우, 운영자는 변호사등이 초기 상담료에 따른 법률서비스의 범위를 이용자에게 명확히 고지하도록 하여야 한다.

③ 운영자는 변호사등이 변호사검색서비스상에 실제 위임사무 처리를 위한 보수액을 표시하는 것을 허용하여서는 아니 된다.

제10조(분야·키워드 표시) ① 운영자는 다음 각 호의 어느 하나에 해당하는 방법으로 변호사등이 주로 취급하는 업무에 관한 광고(이하 이 조에서 "전문분야 광고"라 한다)를 판매할 수 있다.

1. 주로 취급하는 업무를 검색조건으로 하는 방법

2. 주로 취급하는 업무를 키워드(keyword)로 하는 방법

② 운영자는 각 변호사등이 구매할 수 있는 전문분야 광고의 개수를 합리적인 범위 내에서 제한하여야 한다. 다만, 「변호사전문분야 등록에 관한 규정」에 따라 대한변호사협회에 등록한 전문분야(이하 이 조에서 "등록 전문분야"라 한다)는 전문분야 광고 개수의 한도에 포함하지 아니한다.

③ 운영자는 전문분야 광고가 전문성에 대한 객관적인 기준에 따른 평가가 아닌 변호사등이 자체적으로 정한 것이라는 점을 이용자에게 명시하여야 한다.

④ 운영자는 전문분야 광고가 등록 전문분야와 혼동되지 아니하도록 명확히 구별하여 표시하여야 한다.

⑤ 운영자는 변호사등에 관한 다음 각 호의 사항을 이용자에게 공개하여야 한다.

1. 변호사등이 구입한 모든 전문분야 광고의 목록

2. 변호사등이 분야별 처리 실적을 입력한 경우 그 내용

제11조(지역 표시) ① 운영자는 변호사등으로 하여금 검색결과 또는 그에 링크된 페이지(프로필 등을 말한다. 이하 같다)에 다음 각 호의 사항을 표시하도록 하여야 한다.

1. 변호사의 경우 다음 각 목의 사항

   가. 자기가 실제로 근무하는 사무소의 위치·주소

   나. 자기가 소속된 지방변호사회

2. 법무법인·법무법인(유한)·법무조합·합작법무법인의 경우 다음 각 목의 사항

   가. 주사무소·분사무소의 위치·주소

   나. 각 사무소별 주재(駐在)하는 구성원과 구성원 아닌 소속 변호사의 소속 지방변호사회(합작법무법인의 경우 국내 합작참여자에 한한다)

3. 외국법자문사에 관하여는 제1호가목을 준용한다.

4. 외국법자문법률사무소에 관하여는 제2호가목을 준용한다. 이 경우 "주사무소·분사무소"는 "사무소"로 본다.

② 운영자는 변호사등이 제1항 각 호의 사항을 사실과 다르게 표시한 경우 수정을 요청할 수 있다.

제12조(추천·배타성을 표방하는 문구 표시의 금지 등) ① 운영자는 검색결과 또는 그에 링크된 페이지에 다음 각 호의 어느 하나에 해당하는 표현을 표시하여서는 아니 된다.

1. "우수", "추천" 등 특정한 변호사등에 대한 추천을 표방하는 표현
2. "최고", "제일", "유일" 등 배타성을 표방하는 표현
3. 그 밖에 변호사등의 법률서비스의 품질을 보증하는 듯한 인상을 주는 표현

② 운영자는 변호사검색서비스에 축적되어 객관적으로 검증 가능한 지표의 경우 이를 검색결과 또는 그에 링크된 페이지에 표시할 수 있다.

제13조(변호사등 본인의 책임) 변호사등은 검색결과 및 그에 링크된 페이지에 표시한 정보에 대하여 운영자와 별도로 「변호사법」 제23조 및 「표시·광고의 공정화에 관한 법률」 등 관계 법령을 준수할 의무를 부담한다.

제4절 연락처등 제공 시 준수사항 등

제14조(연락처등 제공 시 표시의무 등) ① 운영자는 이용자가 변호사등과 변호사검색서비스상에서 전화·영상통화·안심번호 등의 방식(이하 이 절에서 "연락처등"이라 한다)으로 연락할 수 있는 서비스를 제공할 수 있다.

② 운영자는 이용자가 변호사검색서비스를 통하지 아니하고 변호사등에게 직접 연락할 수 있도록, 변호사등이 개인 또는 사무실 전화번호 등을 검색결과 또는 그에 링크된 페이지에 표시하는 것을 허용하여야 한다.

제15조(변호사등의 법률상담 서비스 제공 시 운영자의 고지의무 등) ① 이용자가 제공받은 연락처등을 통하여 변호사등과 자신의 법률사건·법률사무의 처리에 관하여 상담할 경우(이하 이 절에서 "법률상담 서비스"라 한다), 운영자는 이용자가 다음 각 호의 사항을 충분히 인식할 수 있도록 이를 두드러지게 고지하여야 한다.

1. 의뢰인-변호사 관계는 이용자와 변호사등 사이에서만 성립한다는 점
2. 변호사검색서비스 또는 운영자는 상담 내용에 관하여 책임을 지지 아니한다는 점

3. 상담의 제공자는 변호사검색서비스 또는 운영자가 아닌 변호사등이라는 점

② 운영자는 변호사등이 직접 이용자와 상담을 하지 아니한 것이 확인된 경우 대한변호사협회 또는 소속 지방변호사회에 그 사실을 통지하고 일정한 제재를 가하는 등, 이른바 '명의대여' 또는 '사무장 상담' 등을 방지하기 위하여 노력하여야 한다.

제16조(변호사등의 법률상담 서비스 제공에 따른 대가) ① 운영자는 변호사등이 제공한 법률상담 서비스에 따른 대가를 이용자에게 요구하거나 이용자로부터 이를 수취하여서는 아니 된다.

② 운영자는 변호사등으로부터 사건의 상담·수임·처리나 그 밖의 변호사등 업무수행의 보수를 분배받아서는 아니 된다. 다만, 연락처등의 제공에 필요한 시스템을 구축·유지하기 위하여 필요한 한도 내에서 객관적으로 결정되는 정액(定額)의 실비변상(實費辨償)에 해당하는 비용을 수취하는 것은 그러하지 아니하다.

③ 운영자는 변호사등이 변호사검색서비스상에서 자기와 계약을 체결한 전자결제대행업자를 통하여 이용자로부터 상담의 대가를 지급받도록 할 수 있고, 이용자의 계약 해지나 환불을 위한 조치 등을 대행할 수 있다.

④ 운영자는 제14조제1항의 서비스를 운영하는 과정에서 다음 각 호의 어느 하나에 해당하는 행위를 하여서는 아니 된다.

1. 변호사등이 운영자가 지정한 특정한 결제방식을 통하지 아니하면 법률상담 서비스를 이용자에게 제공할 수 없도록 하는 이른바 '인앱결제(In-App Purchase)' 방식을 강제하는 행위
2. 변호사등이 이용자에게 법률상담 서비스 제공을 마쳤음이 확인되었음에도 불구하고 이용자가 지불한 대가의 지급을 불필요하게 지체하는 행위
3. 이용자가 지불한 대가 전부를 변호사등에게 지급하지 아니하고 그중 일정액을 변호사검색서비스 광고비 등으로 수취한 후 그 잔액을 변호사등에게 지급하는 행위

제5절 이용자의 평가와 후기

제17조(이용자에 의한 평가등의 게재 방식) ① 운영자는 이용자로 하여금 변호사등으로부터 제공받은 법률서비스에 대하여 개별적인 평가와 후기 등(이하 이 절에서 "평가등"이라 한다)을 게재하도록 할 수 있다.

② 운영자는 이용자가 다음 각 호의 어느 하나에 해당하는 형태로 평가등을 게재하는 것을 허용하여서는 아니 된다.

1. 별점, 점수, 등급 등 수치화된 형태의 평가
2. 이용자가 게재한 개별적인 평가등에 운영자의 자의적 판단에 의한 가중치를 적용·가공하여 제시하는 종합평가

제18조(이용자에 의한 평가등에 관한 운영자의 관리의무) ① 운영자는 이용자가 변호사등의 업무 처리를 실제로 경험하였음(변호사등과 위임계약의 체결에 이르지 아니하고 단순히 상담만 한 경우를 포함한다)이 결과물이나 결제내역 등을 통하여 객관적으로 검증된 때에 한하여 평가등의 게재를 허용하여야 한다.

② 운영자는 이용자가 게재한 평가등을 당사자의 동의를 얻어 변호사검색서비스상에 공개할 수 있다.

③ 운영자는 이용자가 게재한 평가등을 수정 또는 변경하여서는 아니 된다.

④ 제3항에도 불구하고 운영자는 다음 각 호의 어느 하나에 해당하는 경우에는 이용자에게 수정·변경을 요청하거나 삭제·불게재 등의 조치를 취할 수 있다. 이 경우 이용자에게 그 결과와 이유를 통지하여야 한다.

1. 이용자가 게재한 평가등에 욕설이나 허위의 사실이 포함된 경우
2. 이용자가 게재한 평가등에 당해 변호사등의 법률서비스와 무관한 내용이 포함된 경우
3. 이용자가 게재한 평가등이 변호사등으로부터 대가를 지급받고 게재된 경우
4. 그 밖에 이용자가 게재한 평가등이 위법·부당한 경우

⑤ 운영자는 이용자가 게재한 평가등의 공정성과 투명성을 담보하기 위하여 다음과 같이 노력하여야 한다.

1. 이용자가 변호사등으로부터 대가를 지급받고 평가등을 게재한 것이 확인된 경우 일정한 제재를 가하는 등, 변호사등이 이른바 '뒷광고'를 통하여 공정

한 수임질서를 훼손하는 것을 방지하기 위하여 노력하여야 한다.

2. 이용자 또는 변호사등이 허위의 악의적 평가등을 게재한 것이 확인된 경우 일정한 제재를 가하는 등, 평가등의 진정성을 담보하기 위하여 노력하여야 한다.

⑥ 운영자가 제5항의 노력을 다하였는지 여부를 판단함에 있어서는 기술적·법리적 한계를 종합적으로 고려하여야 한다.

⑦ 운영자가 제5항의 노력을 다한 것으로 인정되는 때에는 운영자의 책임 유무 및 정도를 판단함에 있어서 이를 참작하여야 한다.

제19조(변호사등이 자기에 대한 평가등에 관하여 가지는 권리) ① 변호사등은 이용자가 게재한 평가등과 관련하여 허위의 내용 등으로 그 권리를 침해받은 경우 운영자에게 당해 평가등의 삭제 또는 반박내용의 게재를 요청할 수 있다.

② 운영자는 변호사등의 요청에도 불구하고 권리의 침해 여부를 판단하기 어려운 때에는 당해 평가등에 대한 다른 변호사등이나 이용자의 접근을 30일 이내의 범위에서 임시로 차단할 수 있다. 이 경우 이용자에게 그 사실과 이유를 통지하여야 한다.

제3장 보칙

제20조(이 가이드라인의 효력) 이 가이드라인은 이 가이드라인을 공표한 후의 법령이나 기술발전 등 여건의 변화 등으로 인하여 개정 가이드라인이 공표될 때까지 효력을 가진다.

7 스타트업 성장을 위해 자금, 인력, 규제 애로 해소해야

바야흐로 90년대 말 벤처 붐에 이은 제2의 스타트업 붐이다. 앱 비즈니스 개발에서 시작한 플랫폼 스타트업들은 이제 유니콘 기업으로 성장하고 있다. 최근 블록체인 기반 가상자산, NFT 등에서 스타트업이 성황이고 메타버스 생태계의 주역이 되고자 하는 게임, 콘텐츠 분야의 스타트업도 벅찬 미래를 기대하며 달리고 있다.

정부의 스타트업 지원도 역대 최고이다. 정부 부처와 지자체가 올해 스타트업 등을 지원하기 위해 투입하는 예산규모는 약 3조 7000억 원이다. 부처별로 보면 창업육성 전담부처인 중소벤처기업부가 부처 전체 창업 육성 예산의 93.1% 수준인 3조 3131억 원으로 가장 높고 이어서 문화체육관광부(626억 8000만 원·1.8%), 과학기술정보통신부(533억 7000만 원·1.5%) 순이다. 광역지자체별 지원 규모는 경기도가 155억 2000만 원(광역지자체 중 17.5%)으로 가장 많고 다음이 서울시(110억 1000만 원·12.4%), 전라남도(89억 8000만 원·10.2%) 순이다.

세계 최대의 국제전자제품 박람회인 CES 2022에는 한국의 스타트업 292개사가 참여하여, 5년 전인 2017년 28개사 대비 10배 이상으로 증가했다. 이번에 CES에 참여한 전체 한국 기업 502개사 중 중 58%가 스타트업이다. 실제 스타트업의 성공사례도 늘고 있다. 2019년 말에 수아랩이라는 인공지능(AI) 스타트업이 2,300억 원에 미국 코그넥스로, 배달의 민족을 만든 우아한형제들이 독일의 딜리버리히어로에 약 5조 원에 인수됐다. 2020년 2월에는 비디오채팅앱 아자르로 유명한 하이퍼커넥트가 약 1조9천억 원에 미국의 매치그룹에 인수되었고 3월에는 쿠팡이 뉴욕증시에 상장해 시가총액 100조 원짜리 회사가 됐다.

이처럼 이제 한국의 스타트업은 양과 질 모두에서 비약적인 성장을 거듭하고 있다. 이런 성장은 정부와 민간의 창업지원 생태계 규모가 커진 것이 주효했다. 스타트업얼라이언스가 2021년 10월까지 집계한 정부와 국내 투자업체들의 국내 스타트업 투자액이 9조4,033억 원이며, 여기에 해외 투자업체들과 일반 기업들의 투자 약 7조를 합치면 2021년 약 20조에 이를 것으로 전망됐다. 투자 증가 요인으로는 금융시장의 유동성 증가도 있지만 투자업체가 비대면 사회로의 진입에 따른 한국의 ICT 분야의 성장성을 인정한 결과라고 할 수 있다.

다만, 아직도 아쉬운 대목이 있다. 2021년 4월 한 언론사의 스타드업 CEO 30인에 대한 설문조사에 따르면 스타트업 경영에 있어 어려움을 묻는 질문에 투자 유치의 어려움, 전문 인력 부족, 정부의 과도한 규제가 꼽혔다. 결국, 여전히 자금, 인력, 규제가 스타트업의 어려움이라는 것이다. 자금지원의 양적인 확대에도 불구하고 개별 기업의 상황에 맞는 지원에 있어 부족한 점이 있고, 스타트업에 대한 사회적 인식이 개선되고 있지만 여전히 구직자들은 대기업을 선호하고 있고, 끝으로 공익상 여러 이유를 근거로 한 규제가 신기술과 비즈니스의 시장 출시를 어렵게 하고 있는 것이다.

따라서 자금지원에 있어 보다 세심하게 스타트업의 상황을 살피고 이들의 수요에 부합하는 다양한 프로그램을 마련하는 것은 물론 지나치게 복잡한 행정절차를 간소화하려는 노력이 필요하다. 인력 확보를 위해서는 스탁옵션의 비과세 한도를 상향하거나 벤처기업의 경영 안정성과 창업자의 혁신성을 유지할 수 있도록 창업자에게 복수의결권 허용하는 것을 검토할 필요가 있다. 규제와 관련해서는 조속히 네거티브 규제로의 대전환을 실시하고 현재 몇 개 부처에 설치된 규제샌드박스를 전 부처로 확대할 필요가 있다. 스타드업 창업이 혁신경제로 이어져 일자리와 소득 창출의 견인차가 되고 결국 이들이 한국 경제의 새로운 희망이 될 수 있는 혁신창업국가가 조속히 실현되기를 기대한다.

8 스타트업을 위한 규제 차등화

최근 학회가 모 기업과 연구용역 관련 계약을 맺으면서 있었던 일이다. 그 기업은 중대재해처벌법이 시행되어, 비공사업체는 물론 모든 외부계약에 대해서 안전보건 수준 평가 자체 체크리스트를 작성·제출하고, 또한 산업안전관리공단에서 산업재해율 확인서를 발급·제출해야 하므로 학회도 위 서류를 제출할 것을 요구했다. 학회는 상시 근로자가 5명 미만인 사업 또는 사업장의 사업주 등에는 법을 적용하지 않으므로 해당 사항이 없다고 항변했으나 받아들여지지 않았다고 한다. 이처럼 학회와 같은 비영리기관에 규제를 무분별하게 적용하거나, 또는 영세한 스타트업에 대기업이나 중견기업에 필요한 규제를 그대로 집행하는 경우가 있다.

특히, 많은 스타트업이 ICT 분야인데, 여기에 적용되는 개인정보보호 규제의 경우 비록 규모가 작더라도 법 위반으로 인한 정보유출 사고의 피해는 막대하므로 기업 규모와 관계없이 동일한 규제를 적용하는 경우가 많다. 예컨대, 개인정보가 분실·도난·유출·위조·변조 또는 훼손되지 아니하도록 안전성 확보에 필요한 기술적·관리적 및 물리적 조치를 취하여야 할 의무, 개인정보처리방침을 수립·공개할 의무 등은 모든 개인정보처리자에게 동일하게 적용된다. 다만, 개인정보보호책임자를 지정해야 하는 의무는 소상공인에 해당하는 경우에는 별도의 지정 없이 그 사업주 또는 대표자를 개인정보보호책임자로 지정한 것으로 본다는 특칙을 두어, 의무 부담을 차등화하고 있다.

이처럼 규제 대상의 규모 및 특성에 따라 차등화된 규제를 적용하는 것을 규제 차등화(regulatory tiering system)라고 한다. 규제 차등화는 차등화된 규제를 적용받는 기업의 규제 부담 완화를 통해 규제 형평성을 제고하고, 규제로 인한 사회 전체의 편익에 대비해 사회적 비용부담을 효율화하는 것이다. 결국 규제 차등화는 규제는 모든 수범자에게 동일하게 적용된다는 일반성, 평등성의 원칙을 위반하는 것이 아니라, 오히려 실질적인 규제 형평과 유연한 규제를 추구한다는 측면에서 평등의 원칙에 부합하는 것이라고 할 수 있다.

보통 신설 규제는 스타트업에게 규제를 이해하는 시간, 규제의 집행 및 모니터링 비용, 새로운 장비의 구입, 규제기관과의 관계 정립 등 다양한 비용을 유발한다. 따라서 스타트업에게 발생하는 규제 부담에 대한 고려가 없는 단일한 기준에 따른 규제방식은 적절하지 못하다. 스타트업은 규제 비용이 늘면 제품 가격에 반영하는데 이로 인해 가격이 상승하면 시장에서 경쟁력을 잃게 되고, 시장가격을 유지하면 마진이 줄거나 없어지는 어려움에 처한다. 따라서 스타트업을 비롯한 소기업의 경우 규제 차등화가 필수적이라고 할 수 있다.

이미 행정규제기본법은 규제영향분석서에 규제의 시행이 「중소기업기본법」 제2조에 따른 중소기업에 미치는 영향을 포함하도록 하고 있고, 중앙행정기관의 장은 규제를 신설하거나 강화하려는 경우 소상공인 및 소기업에 대하여 해당 규제를 적용하는 것이 적절하지 아니하거나 과도한 부담을 줄 우려가 있다고 판단되면 규제의 전부 또는 일부의 적용을 면제하거나 일정 기간 유예하는 등의 방안을 검토하여야 한다고 규정하여 규제 차등화 제도를 도입하고 있다.

규제 차등화는 보통 특정 규모 및 유형의 기업·산업에 대한 의무면제, 기준완화, 절차 간소화, 행정제재 부담의 완화 등 여러 형태로 나타난다. 규제 차등화의 필수적인 전제는 규제의 시행으로 스타트업 경영에 미칠 사항에 대해 충분한 검토가 있어야 한다는 것이다. 이를 위해서는 규제영향 분석이 내실 있게 진행되어야 하는데, 특히, 규제 입안과정에서 스타트업의 의견을 실질적으로 청취하는 것이 중요하다. 향후 신정부는 스타트업의 의견을 반영해 기존 규제를 검토 후 스타트업에 대해 차등화가 필요한 규제를 개선하고, 나아가 신설·강화 규제 설계 시에는 규제 차등화를 면밀히 고려해야 할 것이다.

9 스타트업의 성장을 위한 세심한 규제의 필요성

2021년 올해 국정감사의 최대 이슈는 플랫폼 규제이다. 10월 1일 시작된 국정감사에 네이버, 카카오, 쿠팡, 우아한형제들, 야놀자, 당근마켓 등 그야말로 주요 플랫폼 기업 대표 대부분이 정무위원회, 문화체육관광위원회, 과학기술정보방송통신위원회 등 여러 상임위원회에서 증인으로 채택됐다. 주요 이슈는 골목상권 침해, 과다 수수료 등 플랫폼 갑질이다.

EU, 중국에 이어 미국까지 플랫폼 규제 움직임이 가시화되고 있다. 한국도 이에 뒤질세라 세계 최초로 인앱결제강제 방지법을 제정해 구글, 애플을 규제하기 시작했고 이어서 공정거래위원회, 방송통신위원회, 금융위원회 등 여러 부처가 플랫폼 규제 입법을 서두르고 있다. 그러나 EU, 미국의 플랫폼 규제는 주로 소위 빅테크라 불리는 거대 플랫폼을 대상으로 하고 있다. EU 디지털시장법은 소위 게이트키퍼(Gate keeper)라 불리는 대규모 온라인 플랫폼을, 미국의 반독점패키지 법안도 GAFA(Google, Amazon, Facebook, Apple)를 대상으로 하고 있다. 한국은 현행 법안은 이들 국가보다 훨씬 많은 플랫폼을 규제 대상으로 하고 있다.

그런데 이들 거대 플랫폼에 대한 규제의 불똥이 스타트업, 영세 자영업자로 옮겨붙을 가능성이 있다. 먼저 스타트업을 비롯한 자영업자의 사업진입 기회가 없어질 가능성이다. 플랫폼의 가격, 비교추천 서비스를 통해 중소기업이나 자영업자들은 홍보, 판매의 기회를 얻을 수 있었는데, 이제 이런 기회마저 잃어버리게 될 가능성이 있다는 것이다. 기존 대형 사업자의 경우 자체 유통채널을 확보하고 있어 플랫폼 의존도가 낮으나 미용실, 꽃집 등 중소 자영업자의 경우는 플랫폼이 유일한 판매 채널인 경우가 많다. 이 점에서 보면 플랫폼 규제도입으로 인한 비용과 편익을 냉정하게 평가한 후 세심한 규제를 시행해야 한다.

다음 기업결합 심사의 강화로 인하여 스타트업의 M&A를 통한 출구전략(Exit strategy)의 어려워질 가능성이다. 스타트업 창업 생태계가 활발해지기 위해서는 투자금을 회수할 수 있는 출구가 필요한데, 그 전략으로는 통상 인수합병(M&A)과 기업공개(IPO)가 있다. 창업자와 투자자는 이를 통해 투자금을 회수하고 이 중 상당수가 다시 창업 혹은 투자로 순환되는 구조가 만들어져야 한다. 까다로운 요건으로 인하여 기업공개가 매우 어렵기 때문에 M&A는 스타트업에게는 중요한 투자회수 전략이 된다. 그런데 공정거래위원회는 기존 자산·매출 등 회사 규모만을 기준으로 할 경우, 아직은 규모가 작지만 이용자가 많아 향후 성장 잠재력이 큰 스타트업 등을 거대 플랫폼이 인수할 때는 기업결합 심사를 회피할 수 있는 점을 문제점을 개선하겠다고 한다. 즉, 공정위는 공정거래법 시행령을 고쳐 기업 규모뿐 아니라 거래금액도 기업결합 신고 기준에 포함하기로 했다. 다만, 이런 기업결합 심사 강화가 오히려 스타트업의 출구전략을 막는 불합리가 없도록 제도 설계에 있어 세심한 배려가 필요하다.

그 외에도 신설, 강화 규제도입 시 스타트업의 규제 준수 능력을 고려하지 않고 있는 것도 문제이다. 물론 법이란 원칙적으로 만인에게 동동하게 적용되어야 하지만, 경제규제법의 접근방식은 달라야 한다. 스타트업은 소규모의 인원으로 각종 경제규제법상 요건을 모두 준수할 능력이 없고 이 요건을 모두 준수하고 혁신적인 아이디어와 기술을 비즈니스로 발전시키는 것을 기대하기는 어렵다. 미국이 사후규제 시스템을 통해 자유로운 벤처 실험을 허용함으로써 세계적인 창업국가로 성공한 점을 배울 필요가 있다. 미국처럼 가급적 사전규제를 도입하지 않는 것이 제일 좋지만 불가피하다면 새로운 규제도입 시에는 기업의 규모, 인원, 매출에 따라 차등적인 규제를 설계할 필요가 있다. 거대 플랫폼 규제가 의도하지 않게 스타트업을 고사시키는 부작용이 없도록 세심한 주의를 해주기 바란다. 스타트업은 청년의 희망이자 창업국가와 혁신경제의 기초이기 때문이다.

10 플랫폼 스타트업 압박하는 전문자격사

디지털 전환의 가속화와 세계적인 코로나 19위기는 쿠팡 등 유통산업을 중심으로 한 플랫폼 스타트업의 폭발적 성장을 가져오고 있다. 즉, 스마트폰, 5G 인프라, 빅데이터 기술의 발전과 코로나로 인한 비대면 거래의 증가는 유통산업을 오프라인에서 모바일 기반으로 급속히 변화시켰다. 최근 플랫폼 스타트업은 유통을 넘어 전문자격사 시장으로까지 진출하고 있다. 법률서비스 플랫폼, 미용·의료정보 플랫폼, 동물의료 플랫폼에 스타트업들이 진출하면서 각각 변호사, 수의사, 의사 등의 전문자격사 시장의 플레이어들과 충돌하고 있다. 전문자격사들은 플랫폼 서비스에 대해 실정법 위반을 내세우면서 플랫폼 스타트업을 압박하고 있다.

법률서비스 플랫폼은 법률상담 등을 위해 변호사와 소비자를 연결하거나 변호사를 광고·홍보·소개하는 서비스다. 대한변호사협회는 법률서비스 플랫폼은 변호사법상 비변호사의 변호사와 동업 금지 등에 위반된다는 입장이다. 법률서비스 플랫폼 측은 동 서비스는 특정 사건에 대한 알선, 소개가 아닌 광고, 홍보이므로 변호사법에 위반되지 않는다는 입장이다.

미용·의료정보 플랫폼은 성형외과, 피부과 등 비급여 의료 병원의 시술 가격과 후기를 제공하면서 이용자의 병원 선택을 지원하는 서비스다. 있다. 대한의사협회는 의료인 등이 아닌 제3자가 의료광고, 진료 예약 서비스 등을 대행하면서 진료가 성사되는 경우 업무대행 수수료를 지급하는 것은 의료법 위반이라는 입장이다. 또한 반려동물 인구 1,500만 명 시대가 열렸지만, 일반 병원과 달리 표준화된 진료 기준이 마련되어 있지 않은 문제를 해결하기 위해 동물병원의 진료비를 비교해주고 이용 후기를 제공하는 플랫폼도 등장했다. 이에 대해 수의사회는 위법한 허위·과대광고라면서 동물병원들의 플랫폼 탈퇴를 종용하고 있다.

이런 사례들은 소비자, 전문자격사, 정부에 몇 가지 시사점을 제공한다. 첫째, 플랫폼 스타트업은 소비자와 전문자격사 간 정보의 비대칭성을 해결함으로써 전문자격사에 대한 선택권을 제고한다. 즉, 대부분 알음알음 소개로만 접근 가능했던 전문자격사를 플랫폼을 통해 투명하고 공정한 방법으로 비교하여 자신이 선택할 수 있게 되었다는 것이다.

둘째, 전문자격사 시장에도 경쟁원리가 도입되고 있다는 것이다. 예를 들어 법률서비스 플랫폼을 이용하는 변호사들 상당수는 로스쿨 출신의 신진변호사들로서 이들은 자신들의 전문성과 서비스 마인드를 앞세워 소비자들에게 접근하고 있다. 전관 출신 등 고참변호사에 비해 광고, 기회가 없었던 이들에게 플랫폼은 공정한 경쟁의 장을 제공하고 있는 것이다. 셋째, 정부 입장에서는 소비자의 선택권 확대와 기득권을 가진 전문자격사들의 공공성 유지 차원에서 진퇴양난의 상황을 맞고 있다. 다른 한편 혁신 플랫폼 스타트업을 지원하여야 할 의무와 기존 전문자격사의 지대추구를 인정해야 할 당위 사이에서 갈등하고 있다.

전체적으로 보면 플랫폼 스타트업의 전문자격사 시장진출은 소비자 접근권 확대, 신진 전문자격사의 시장 진입 확대, 리걸테크 등 신산업의 창출 등의 장점을 가져오는 대신 전문서비스의 공공성 훼손, 서비스 질 저하로 인한 소비자 피해 등에 대한 우려가 존재한다. 그렇다면 단점을 최소화하되, 장점을 살릴 수 있는 방향으로 법제도 개선을 하는 것이 타당하다.

만약 법제도 개선이 시간이 걸린다면 규제 샌드박스 이용을 확대할 필요도 있다. 그 방법의 하나로 몇 개 부처에서만 운영되는 규제 샌드박스를 규제 부처 전체로 확대하는 것을 검토할 필요가 있다. 타 부처가 아닌 자기 부처 소관의 규제에 대한 적용유예가 보다 용이할 것이기 때문이다. 플랫폼 스타트업을 비롯한 스타트업은 미래 먹거리 찾기의 선두 주자로서 혁신기술의 사업화, 청년 일자리 창출 등에 있어서도 핵심 역할을 하는 디지털 경제의 미래라고 할 수 있다는 점에서 범정부적 차원의 과감한 지원이 필요하다.

11 블록체인, 메타버스, NFT가 열어가는 신세계

20대 대선이 이제 20일 정도밖에 남지 않았다. 이번 대선의 특징 중 하나가 새로운 디지털 기술이 사용되고 있다는 것이다. NFT로 대선자금을 모으고 메타버스에서 선거사무소를 열기도 한다. 신입사원 오리엔테이션, 콘서트도 메타버스에서 진행된다. 이처럼 정치뿐 아니라 올 한해 한국 경제와 사회를 관통하는 키워드는 '메타버스'와 'NFT'가 될 전망이다.

메타버스는 가상과 현실이 상호작용하는 공간으로 확장현실(Extended reality) 내지 혼합현실(Mixed Reality)이라고 할 수 있다. 현실과 가상세계가 연결되어 시공간을 초월하는 경험을제공한다. 네이버제트의 메타버스 서비스인 제페토(ZEPETO)는 전 세계 가입자수가 2억명이 넘는데, 가입자가 본인의 아바타를 만들어 다른 아바타와 게임 등을 하는 등 상호 교류한다. 블랙핑크는 자신들의 아바타로 팬사인회를 하기도 했다. 세계 최대 메타버스 서비스인 로블록스의 CEO인 데이비드 바수츠키가 발표한 메타버스 플랫폼 구축을 위한 3가지 요소는 첫째, 메타버스 세상에 존재하는 나인 디지털 자아(Me), 둘째, 디지털 자아가 상호작용하는 공간인 세계(Around the World), 셋째, 나와 세계가 만들어내는 수백만의 경험(Millions of Experience)이다. 이처럼 메타버스의 세계는 기존의 인터넷 공간과는 달리 다양한 주체들 간의 동시적 상호작용이 역동적으로 가능하다는 특성을 지닌다.

NFT는 Non-fungible token(대체불가능한 토큰)의 약자이다. 일반적으로 디지털 콘텐츠는 무한 복제가 가능하며, 복제본이라고 해도 원본과의 동일성이 유지된다. 그러나 디지털 콘텐츠의 경우에도 특정인에게 권리를 배타적으로 귀속시켜 유일성이 보장될 필요가 있는데, 디지털 자산에 고유번호를 부여하여 이를 가능하게 한 것이 NFT이다. 실물경제로 보면 일종의 부동산 등기권리증과 비슷하다. 이런 대체불가능성으로 인해 NFT는 기초자산인 디지털 자산의 소유권과 진정성을 증명하는 기능을 한다. 나아가 실물자산을 디지털화하거나 또는 새로운 디지털 자산을 창조하는 경우 그 원본성에 가치를 부여함으로써 거래 및 유통을 가능하게 한다.

NFT를 이용해 메타버스 안에서 이용자들 간에 디지털 자산을 거래함으로써 독립된 경제 생태계를 만들 수 있으며, NFT를 이용한 자산 거래를 현금화하는 경우 메타버스가 현실 세계와 연결될 수 있다. NFT는 게임 분야를 비롯해 다양한 분야에서 활용되고 있다. 예컨대 게임이용자들은 게임 내에서 생성된 아이템에 가치를 부여하여 거래의 대상으로 할 수 있다.

NFT를 가능하게 하는 원천기술이 데이터 분산관리 기술(distributed ledger technology)인 블록체인이다. 이는 삭제 또는 위·변조가 사실상 불가능하기 때문에 중앙의 통제자 없이도 신뢰할 수 있는 거래가 가능하다는 장점이 있다. 다만, NFT는 블록체인 기술을 이용하지만, 비트코인 등 가상자산과 달리 별도의 고유한 인식 값을 부여하고 있어 상호교환이 불가능하다.

메타버스, NFT 열풍이 각종 산업을 휩쓸고 있고 이를 가능하게 하는 기술인 블록체인과 가상자산 산업도 이제 서서히 제도권으로 수용되고 있다. 현실과 가상세계, 실물자산과 디지털자산의 구분이 무의해지고 있으나, 확실한 것은 NFT가 만들어내는 신산업에 대한 사회·경제적 가치가 급상승 중이라는 것이다. 이제 가상세계를 이해하고 활용하는 사람과 그러지 못하는 사람 간의 격차가 경험과 부의 차별로 이어질 가능성이 높아지고 있다.

12 NFT의 도전과 과제

블록체인은 디지털 시대 계약·업무 등 모든 행위의 근간인 데이터의 신뢰성을 보증하는 기술로 다양한 분야 신산업을 만들어내고 있으며 그중에서 최근 가장 큰 각광을 받고 있는 것이 NFT(Non-fungible token), 즉 대체불가토큰이다. 이는 디지털 예술, 수집품, 음악, 영상 등 디지털 파일에 소유권이 적힌 디지털 서명을 하여 소유권을 증명하고 소유권 이전 경로도 확인할 수 있는 기술이다.

많은 분야에서 NFT가 활용되고 있으나, NFT의 법적 성격 등의 불투명성으로 인해 안전한 시장 형성에 어려움이 있다. 우선 NFT 권리의 성격이 문제된다. NFT 소유권이라는 용어를 사용하고 있으나, 이는 투자자에게 오인을 초래할 수 있다. 민법 제211조에 따르면 소유권의 대상이 되는 것은 유체물에 한하며, NFT는 전자파일 혹은 데이터로서 소유권의 대상이 될 수 없기 때문이다. 거래소 약관상 실제 권리 내용도 불완전한 채권적 권리에 불과하다. 따라서 향후 NFT 소유권이라는 개념보다는 NFT권이라는 용어의 사용을 제안하며, 권리의 실질에 따라 보유, 이용, 복제, 전송권 등으로 구체화하는 것이 바람직하다.

다음 NFT가 가상자산에 해당하는지도 논란이다. NFT는 수집형, 예술품, 게임, 유틸리티 등 다양한 유형을 지니고 있는데, 법의 문리해석으로만 보면 다수의 NFT는 특금법상 가상자산의 요건인 전자적 증표, 경제적 가치, 거래가능 요건을 충족하고 있다는 점에서 가상자산에 포함될 가능성이 있다. 다만, NFT가 콘텐츠, 자산의 권리관계를 증명하는 원본증명의 역할만 할 경우에는 가상자산 개념에 포함되지 않는다. 금융위원회도 결재나 투자에 활용되는 NFT를 제외하면 가상자산에 해당되지 않는 것으로 보고 있다.

가상자상에 포함되는 NFT에 대해서는 향후 제정될 디지털자산법안에서 이용자 자산 보호, 불공정거래 금지 등의 규제를 받을 수 있지만. 동 법안의 적용을 받지 않는 NFT 마켓플레이스의 투자자 보호가 문제이다. 우선 표준약관을 제정하여 NFT에 대한 투자자 보호대책을 강구할 필요가 있다. 나아가 가상자산의 주무부처는 금융위원회가 될 것으로 보이지만, 가상자산성이 없는 NFT에 대해서는 어떤 부처의 관할이 되어야 할 것인지도 고민거리이다.

다음 NFT를 발행하는 과정뿐만 아니라 거래·이용하는 과정에서 저작권 침해가 발생할 수 있다. 예컨대 저작권자 아닌 자가 타인의 저작물을 민팅한 NFT를 마켓플레이스에 업로드할 경우 전송권 침해, 저작권자 아닌 자가 오프라인 저작물을 NFT로 만들기 위해 디지털화 하는 경우에는 복제권 침해, 작가명을 저작자가 아닌 타인으로 기재하여 판매하는 경우 성명표시권을 침해할 수 있다. 저작권 침해가 일어나지 않도록 NFT 마켓플레이스의 모니터링 노력은 물론 가이드라인 형태의 연성규범도 필요하다.

NFT는 디지털 저작물에 대한 소유권 보호를 가능하게 하는 메타버스 경제시스템의 기반으로써 가상 공간에서 경제적 가치를 창출하고 참여자가 투자, 보상받을 수 있는 가상경제시대를 열 가능성이 있다. 다만, NFT 관련 산업은 시장성숙도 및 이용자 인지도가 낮아 NFT 이용시 이용자 피해가능성이 있으므로 정부차원에서 표준약관, 가이드라인 제정 등의 대책을 서둘러야 할 것이다.

13 한국 가상자산시장의 특성과 과제

디지털 자산에 대해 경제적 가치를 부여하고 이를 거래함으로써 디지털 대전환의 흐름을 가장 극적으로 보여주고 있는 가상자산시장에 대한 정부의 첫 실태조사결과가 2022년 3월 2일 발표되었다. 금융정보분석원에 신고된 29개 가상자산사업자를 대상으로 사업자가 제출한 자료 등을 기초로 집계하였으며 대상기간 및 기준시점은 '21년 하반기와 '21.12.31이다.

조사에 따르면 국내 가상자산 시장의 시장규모는 총 55.2조 원이며, 일평균 거래규모는 11.3조 원이다. 가상자산 매수·매도에 대한 평균 수수료율은 0.17%로 주식 매매수수료율 0.0027% 대비 상당히 높은 수준으로 나타났다. '21.12월말 기준, 대기성 거래자금인 고객보유 원화예치금은 총 7.64조 원에 이르고 있다.

국내에 거래되는 가상자산은 총 1,257개, 623종이며, 이중 단독상장 가상자산이 403종으로 65%를 차지하는 것으로 조사되었으며, 시가총액 기준 비트코인, 이더리움 비중은 글로벌이 59%이나 원화마켓은 27%, 코인마켓은 9% 수준으로 국내 시장은 글로벌 시장 대비, 비트코인, 이더리움 등이 아닌 비주류, 단독상장 가상자산 비중이 높은 것으로 나타났다. '21년 하반기 국내 가상자산의 평균 최고점 대비 가격하락율은 약 65%로 유가증권 시장의 4.4배에 이르는 높은 변동성을 보여주었다. 가상자산 사업자를 이용하는 국내 총 이용자수는 1,525만 명, 실제 거래에 참여하는 이용자수는 558만 명이며, 연령대로는 30대(31%), 40대(27%), 20대(23%)로 순으로 2040세대가 81%를 차지했다. 거래 참여자들은 1일 평균 4회 거래에 참여하였고, 1회 거래금액은 약 75만 원 수준으로 조사됐다.

이 조사에서 알 수 있는 시사점은 첫째, 이제 가상자산이 우리 경제의 한 축이 되고 있다는 것이다. 국민 세 명 중 한 명은 가상자산 투자계정을 가지고 있으며, 거래소 원화예치금도 주식시장 투자자예탁금 65조 원의 8분의 1 규모를 차지할 정도이다. 둘째, 한국의 가상자산 시장은 상품 결제 등의 기능으로 시장의 선택을 받은 비트코인, 이더리움이 아닌 소위 알트코인의 비중이 매우 높고 이에 따라 가상자산의 가격 변동폭도 매우 높다는 것이다. 결과적으로 High-risk, High-return을 바라는 개인투자자 중심의 시장이라는 특성을 지닌다. 한편 2018년 Pieters의 연구에 따르면 한국의 주식시장 대비 가상자산 시장 비중은 82.5로 일본 11.5, 미국 5.1에 비해 매우 높다. 즉, 한국의 가상자산 시장이 과도하게 활성화되어 있다.

결국 국내 가상자산시장은 개인투자자 중심, 글로벌 트렌드와 다른 알트코인 중심, 국내 금융시장 규모 대비 과도한 거래량이라는 특성을 지닌 것으로 평가된다. 이런 국내 가상자산 시장에 대해 윤석열 당선인은 가상자산 발행(ICO:Initial Coin Offering)을 허용하며, 디지털자산기본법을 제정해 가상자산산업을 법제화함으로써 공시제도를 투명화하고 불공정 거래는 감시해 투자자를 보호하겠다는 공약을 발표한 바 있다. 마침 미국 바이든 대통령도 연방 차원의 디지털 자산 전략을 마련하기 위해 암호화폐 연구에 착수하라는 행정명령을 내렸다.

최근 급성장한 가상자산 시장은 탈중앙화와 투명성이라는 블록체인 기술의 특장점을 보여주지 못하고 있다. 이제 성장에 걸맞게 투자자 보호를 위한 상장, 공시, 폐지 기준 등을 마련하면서 글로벌 진출이 가능한 산업으로서 위상을 확보하기 위해 방안도 고민해야 할 것이다.

14 가상자산 시장에 대한 규제방향

최근 러시아의 우크라이나 전쟁으로 인한 공급망 교란, 잇따른 금리 인상 등으로 인한 거시 경제의 불확실성이 커지면서 투자자들이 위험자산인 가상자산을 회피하자 가상자산 시장이 내리막길을 걷고 있다. 여기에다 2022년 5월 발생한 테라 사태와 11월 FTX 사태는 가상자산 시장의 폭락을 부채질했다. 테라 사태는 실물이나 담보 대신 알고리즘을 통해 1달러에 고정해 가치를 유지하는 소위 알고리즘 스테이블 코인 테라-루나가 폭락한 사건이다. 테라는 자매 코인 루나를 통해 1달러의 가치가 유지되도록 했으나, 가치가 붕괴되면서 급락했던 것이다.

11월 글로벌 코인거래소인 FTX의 자회사인 가상자산 투자사 알라메다리서치가 FTX 자체 발행 코인 FTT를 담보로 현금을 대출받아 사업을 확장하는 등 불투명한 재무구조가 알려지면서 대규모 자금이 인출돼 파산보호를 신청했다. 테라 사태가 해당 코인 투자자의 문제였다면, FTX 사태는 글로벌 가상자산 거래소의 통제 없는 일탈이라는 점에서 가상자산 산업 자체에 큰 충격을 주었다. 한편 2022년 11월 말 국내 5개 거래소로 구성된 디지털자산거래소 공동협의체인 DAXA는 위메이드가 발행한 위믹스를 공시된 유통량과 실제 유통량 간에 30% 이상 차이 발생을 이유로 상장폐지했다. 가상자산 시장의 정화를 위해 민간거래소 협의체가 일종의 자율규제를 시행한 것인데 법원도 가처분 심리에서 거래소 입장을 지지했다.

이처럼 국내외적으로 가상자산 산업의 신뢰에 타격을 주는 사건이 연이어 발생하면서 가상자산 산업의 겨울, 소위 크립토 윈터가 찾아왔고, 동시에 가상자산에 대한 규제논의도 본격화되고 있다. 원래 가상자산은 자본시장에서의 주식 거래가 기업에 대한 지분적 권리를 거래하는 것과 달리 기업의 소유나 가치와 관련이나 연동이 없다는 점에서 차이가 있다. 시장 초기 가상자산은 금융상품도 아니고 일반 화폐도 아니라고 판단되어 규제의 사각지대로 남게 되었고 이러한 무규제 상태에서 시장이 폭발적으로 성장했다.

그러나 가상자산은 블록체인이라는 분산원장 기술에 의한 자산가치 이전이라는 독특한 특성으로 인하여 금융 생태계에 큰 영향을 주고 있다. 이제 점점 가상자산 시장이 또 하나의 독립된 시장으로서 전통적인 제도권 금융시장과 금융시스템의 안정성에 큰 영향을 줄 가능성이 높아지고 있는 것이다. 이에 각국의 규제 당국은 최근 큰 틀에서 디지털자산 중 증권형 토큰은 증권 규제, 비증권형은 별도의 규제체계 도입을 준비하고 있다. 한국도 증권형 토큰에 대해서는 자본시장법 개정을 통해 규율하고, 비증권형 디지털자산은 디지털자산법 등 별개 법률을 제정할 계획이다.

원칙적으로 디지털자산법에 소비자 보호를 위해 가상자산에 대한 촘촘한 규제를 도입할 필요가 있다. 다만, 그 규제는 합리적이고 수용성이 있어야 한다. 먼저 가상자산은 기존의 금융상품보다 정보의 비대칭성이 심하고 리스크도 크다는 점에서는 필요하고도 충분한 규제를 도입해야 할 것이다. 다만, 가상자산 기술의 변동성을 고려하고 규제의 합리성, 수용성을 증가시키기 위해서는 정부의 명령적 규제와 함께 민간과의 협력적 규제도 필요하다. 정부가 정한 커다란 틀 속에서 자율규제를 시행하거나, 사업자들이 자율규제의 구조와 규정을 만들어서 국가의 승인을 받아 효력이 발생하는 방식 등의 공동규제도 도입하는 것이 바람직하다.

위믹스 상장폐지 가처분 결정을 한 법원은 상폐 결정이 단기적으로는 투자자들에게 손해가 발생할 수 있지만, 장기적으로는 가상자산 생태계를 침해하는 행위를 엄격히 제한해 시장 투명성을 확보하고 잠재적 투자자의 손해와 위험을 미리 방지할 가능성이 크다는 입장을 밝혔다. 법원의 결정과 같이 조속히 디지털자산법을 마련함으로써 단기적으로 시장에 악영향을 주더라도 중장기적으로 투자자 보호와 투명성, 안정성을 촉진하는 규제가 시행될 수 있기를 기대한다.

15 새 역사 여는 한국의 디지털 금융

금융권의 변화가 심상치 않다. 모바일 앱을 통해 송금과 결제가 가능해지더니 이제 은행권의 모바일 앱에서는 계좌이체는 물론 주식 투자까지 간편한 인증으로 손쉽게 이루어지고 있다. 금융규제 샌드박스를 통해 핀테크, 플랫폼 기업이 기존 금융규제를 피해 금융서비스를 제공하는 한편 기존 금융사는 비대면 본인확인의 허용으로 소비자에 대한 접근성을 확대하고 있고 겸영, 부수 업무의 예외인정을 받아 기존 업무의 범위를 벗어나 새로운 시장으로 진출하고 있다. 금융사, 핀테크, 플랫폼 기업 모두 관심을 보이고 있는 본인신용정보관리업(My data)은 다양한 기관에 흩어져있는 개인의 데이터를 수집, 분석해서 통합조회, 자산관리 등의 서비스를 제공한다. 각각 오픈뱅킹, 금융규제 샌드박스, 마이데이터가 우리의 금융 생활에 획기적 변화를 가져오고 있다.

이처럼 정보통신 네트워크, 스마트폰, 빅데이터, AI 기술이 금융산업에 활용되면서 금융상품 및 서비스 거래가 디지털화, 비대면화 되는 현상을 디지털 금융이라고 한다. 최근 코로나19에 따른 온라인 거래 선호 경향, 금융회사의 재택·유연근무 확대 등은 금융의 디지털화, 비대면화를 심화시키고 있다.

크게 보면 디지털 금융은 다음 두 가지 방향으로 진행되고 있다. 하나는 기존 금융사의 디지털화 촉진이다. 대내적 업무 프로세스는 물론 대외적인 고객서비스 제공을 디지털화하는 것이다. 다른 방향은 디지털 기술로 무장한 핀테크, 플랫폼 사업자의 금융 분야 진출이다. 다만, 양자는 디지털 방식의 결제·송금·중개 등에서 신기술과 결합한 금융플랫폼으로 진화하면서 결국은 플랫폼 간 경쟁이라는 방향으로 진행되고 있다.

정부는 최근 디지털 금융의 법제도적 기반을 갖추기 위해 전자금융거래법을 전면개정하는 작업을 시작하였다. 동법은 2006년 제정되어 주로 기존 금융기관의 전자적인 금융거래를 기술적으로 지원하기 위해 전자금융업이라는 별도의 업을 두는 것과 비대면으로 이루어지는 전자금융거래의 안정성과 신뢰성을 보장하기 위한 규제를 주요 내용으로 하고 있다. 정부는 금융규제 샌드박스, 오픈뱅킹, 마이데이터로 이어진 디지털 금융 혁신정책의 완성을 위해 디지털 방식의 지급결제산업을 혁신하고 디지털 금융의 이용 규모 확대에 따른 이용자 보호와 금융보안을 강화하는 것을 주요 내용으로 하는 법개정안을 마련하게 된 것이다.

주요 내용을 보면 현행 7개의 전자금융업의 종류를 이용자에게 제공되는 전자지급거래에 관한 업무의 기능별로 구분하여 자금이체업, 대금결제업, 결제대행업의 3개 업종으로 간소화하였다. 또한 지급지시전달업(My payment)과 종합지급결제사업자(Payment account)를 도입하였다. 전자는 이용자의 결제·송금지시, 즉, 지급지시를 받아 금융회사 등에게 이체를 실시하도록 전달하는 업이고 후자는 이용자에게 결제기능을 수행하는 계좌를 발급하여 자금이체, 대금결제, 결제대행 등을 수행하는 업이다.

또한 이용자의 선불전자지급수단 충전잔액이 부족한 경우 대금결제업자·종합지급결제사업자가 그 부족분에 대하여 가맹점에게 선결제하고, 이용자로부터 대금을 후불로 지급받을 수 있는 후불결제업무를 도입했다. 전체적으로 동법 개정안으로 인해 핀테크, 플랫폼 기업의 전자금융업 진출이 활성화되고 전자금융거래에 있어 이용자 보호가 강화되는 효과가 기대된다.

이런 전자금융거래법 개정안에 대해 기존 금융권은 소위 '기울어진 운동장'이라는 불만과 함께 '동일기능 동일규제'의 필요성을 주장하고 있다. 정부는 일정 부분을 이를 수용하면서 빅테크의 금융업 진출에 따른 공정경쟁 환경 조성을 위한 규제체계 정비를 진행하고 있다. 2020년 12월 디지털금융협의회는 세부 과제별로 규제정비 방안을 발표하였다. 소위 규제차익을 해소하는 방안으로 빅테크들이 플랫폼을 기반으로 다양한 서비스를 제공하는데 대응하여 은행도 금융·생활 플랫폼으로의 변화를 추구하도록 규제완화를 추진하기로 했다. 또한 신용카드사가 종합지급결제업을 영위할 수 있도록 하고 오픈뱅킹 관련 빅테크, 핀테크 기업도 오픈뱅킹망 운영비용을 일부 분담하도록 하였다.

정부가 디지털 금융의 활성화를 위해 글로벌 수준의 금융산업 혁신을 도모하고 거래규모 확대에 따른 이용자 보호와 보안 리스크를 대응하는 한편, 금융회사와 빅테크의 규제형평성을 제고하려는 방향은 타당한 것으로 평가된다. 다만, 몇 가지 유의사항이 있다.

첫째, 타 산업 분야와의 데이터 결합 분석을 위한 부처 간, 기관 간 협조에 관한 것이다. 데이터 경제의 성패는 데이터의 결합 그것도 이종 데이터 간의 결합에 있다고 해도 과언이 아니다. 다양한 데이터의 결합이 전제되어야 데이터의 가치가 빛나게 된다. 그런 점에서 보험산업에 필요한 건강보험공단의 건강정보의 개방 등 공공분야 데이터의 개방이 원활히 이루어질 수 있도록 노력할 필요가 있다.

둘째, 규제차익 해소에 관한 것이다. 원래 규제차익거래(regulation arbitrage)란 기업이 보다 유리한 규제가 있는 국가를 선택해서 거래를 하는 등의 방법으로 이익을 극대화하는 것이다. 정부가 말하는 규제차익은 핀테크, 플랫폼 기업의 금융서비스에 대해 기존 금융사와 같은 규제를 적용하지 않음으로써 반사적으로 이들이 얻는 이익을 의미하는 것으로 보인다. 다만, 이를 일종의 정부의 시혜로 보고 이해관계자의 이의제기가 있으면 즉각 철회가능한 것으로 보는 것은 적절하지 않다. 스타트업의 혁신을 조장하고 이를 지원하는 정부의 역할은 당연한 것이며, 이들의 발전을 위해 당분간 규제를 하지 않거나(Wait and see), 규제를 최소화하는 전략은 필수불가결한 것이다. 규제차익, 규제형평성의 개념보다는 핀테크, 플랫폼 기업의 책임 강화라는 측면에서 접근하는 것이 타당하다.

끝으로 지속적으로 과감한 규제혁신이 필요하다는 것이다. 최근 마이데이터 사업 신청 기업의 10% 이상의 대주주가 금융 관계 법령을 위반한 사례가 있으면 해당 금융사가 마이데이터 사업을 할 수 없다는 규정이나, 금융사 대주주에 대한 법적 소송이나 사정기관의 조사 및 검사, 금융당국의 제재 등이 진행되고 있으면 종료 때까지 인허가나 대주주 변경승인 심사절차를 잠정 중단하는 심사중단 제도가 과연 4차산업혁명 시대, 데이터 경제 시대에도 여전히 유효하고 타당한 것인지 의문이다. 더욱이 매우 촘촘한 법 규정과 엄격한 법 집행의 현실을 고려하면 기업에게 가혹한 규정이 아닐 수 없다. 요건을 축소하거나 심사에서 재량으로 참고할 수 있는 사항 정도로 하는 것도 가능할 것으로 보인다.

마이데이터 등 디지털 금융 분야는 우리가 세계 시장을 선도하는 퍼스트 무버가 될 가능성이 높은 분야이다. 아무쪼록 정부, 기업이 힘을 모아 올해가 금융혁신을 통해 디지털금융 강국으 로 가는 첫해가 되기 바란다.

16 디지털 금융과 금산분리 제도

데이터, 플랫폼, 인공지능으로 대표되는 디지털 대전환은 금융영역에서도 디지털 금융이라는 거대한 흐름을 만들어내고 있다. 금융상품 거래가 비대면, 디지털화되는 것은 물론 가상자산, NFT 등 새로운 형태의 디지털 상품이 출현하고 있으며, 금융업의 사업모델과 영업방식도 엄청난 변하고 있다. 특히, 디지털 금융 현상의 특징 중 하나는 금융과 비금융이 서로 접근하면서 융합하고 협력하는 것은 물론 때로는 경쟁하는 양상이 전개되고 있다는 것이다. 비대면 금융거래와 디지털 금융상품 출시를 주도하고 있는 핀테크, 빅테크와 같은 새로운 유형의 비금융사업자의 금융 진출이 가속화되고 있음과 동시에 기존 금융사업자도 통신, 전자상거래 등 다른 산업분야에 진출하고 있다.

이처럼 금융과 비금융 분야가 상호 접근하고 융합하면서 금융과 비금융의 경계가 흐려지는 빅블러(big blur) 현상이 나타나고 있는데, 이런 현상은 비금융분야와 달리 진입·퇴출 규제, 건전성 규제, 영업 규제, 감독검사 규제 등 광범위한 상시적 규제를 받고 있는 기존 금융산업에 대한 규제 완화의 필요성을 제기하고 있다.

가장 대표적인 것이 금산분리 규제 완화요구이다. 금산분리는 금융자본과 산업자본의 분리를 의미하는 것으로 금융회사와 그 외 산업군의 회사가 서로의 업종을 소유하는 것을 금지하는 원칙이다. 금융당국은 비금융분야의 리스크로부터 금융분야의 안전성 유지, 금융자본과 산업자본의 결합으로 인한 경제력 집중 방지, 금융업 본업 전념으로 인한 효율성의 증대 등의 목적으로 금산분리를 시행하고 있다.

산업자본의 금융자본 소유는 인터넷은행 특례법(최대 34%)을 제외하면 원칙적으로 4%까지만 가능하도록 되어 있다. 금융의 산업과의 금산분리 규제는 크게 행위규제, 업무범위규제, 소유규제, 진입규제로 구분된다. 은행업에 대해서 각각의 규제를 살펴보면, 행위규제는 특정인에 대한 신용공여 금지 등 특정 행위를 사후적·구체적으로 금지하는 방식이며, 업무범위규제는 은행이 비금융업무를 영위할 시 금융위원회 신고를 요하는 등의 부수업무 규제를 의미한다. 소유규제는 은행의 비금융회사 한도 초과 출자 금지와 같은 비금융업에 대한 소유를 제한하는 규제이며, 진입규제는 은행업에 대한 인가방식의 규제를 의미한다. 은행들은 이 중에서도 업무범위규제와 소유규제의 지속적 완화를 요청해왔다.

금융법은 금융업무를 고유업무, 겸영업무, 부수업무로 구분하고 있는데, 고유업무는 업종별로 핵심기능에 해당하는 업무를, 겸영업무는 원칙적으로 다른 업종의 금융업무를, 그리고 부수업무는 각 업종별로 고유업무에 부수하는 비금융업무이다. 부수업무 규제 관련하여, 은행법 제27조의2 제1항은 "은행은 은행업무에 부수하는 업무를 운영할 수 있다."라고 규정하여 은행업무에 부수하는 범위 내에서 은행의 비금융업무 영위를 허용하고 있다. 다만, 은행법에 열거되어 있지 않은 업무를 부수업무로 영위하고자 하는 경우에는 사전에 금융위원회에 신고하여야 하고, 사전신고를 받은 금융위원회는 신고 업무의 부수업무 해당 여부 등을 판단해 신고수리 여부를 결정한다. 사실상 허가와 유사하게 신고제를 운영하고 있는 것이다.

금융위원회는 은행의 부수업무 해당 여부를 판단할 때 은행 고유업무와의 관련성을 기준으로 활용하고 있어 고유업무와의 관련성이 없다고 판단하면 부수업무를 영위할 수 없다. 다만, 그동안 금융당국은 고유업무와 연관성이 없더라도 소위 규제샌드박스라는 혁신금융서비스 지정제도를 이용해 한시적으로 비금융업을 영위할 수 있도록 허용해 왔다. KB국민은행의 알뜰폰 사업인 '리브모바일'과 신한은행의 배달앱 '땡겨요'가 그런 사례이다.

다음 자회사 출자 규제의 내용을 보면 현행 은행법에선 은행이 은행 관련 업종이 아닌 회사에 15% 넘게 출자하는 것이 금지되어 있으며, 또한 은행의 자회사로 가능한 업종을 은행업감독규정에서 15개 금융 관련 분야로 한정하고 있다.

이런 금산분리 규제 완화 요청에 부응해 2022년 11월 16일 금융위원회는 금융안정 유지 등을 위한 금산분리의 기본 틀은 유지하되, 금융산업이 디지털화와 빅블러 등 환경 변화에 유연하게 대응하여 지속 발전할 수 있도록 부수업무 및 자회사 출자 규제를 합리적으로 개선하겠다고 발표했다. 금융위원회는 크게 보면 현행 인수가능한 업종을 열거하는 포지티브 방식을 유지하되 업종을 확대하는 방식인 1안과 제조업·건설업 등 상품 제조·생산 등 일부 업종을 제외하고 전면 출자를 허용하는 네거티브 방식에 더해 위험총량 한도를 설정하여 비금융업 리스크를 통제하는 방안인 2안을 제시했다. 여기서 위험총량 한도란 은행의 자기자본 대비 전체 비금융 자회사에 대한 출자한도를 제한하는 방식이다.

동일한 디지털 기술이 금융과 비금융에 활용되는 현실을 고려하고, 이종산업 간 융·복합을 통해 효율성을 추구할 수 있다는 점에서 금산분리 제도의 개선은 가능한 넓고 다양한 방법으로 추진되는 것이 타당하다. 이 점에서 2안과 같이 네거티브 규제 방식을 도입하는 것이 타당해 보이며, 특히, 부수업무 규제는 완전한 네거티브 규제로 전환하고 자회사 출자 제한 역시 폐지하는 방향을 고려할 필요가 있다. 제도 개선으로 인한 위험은 출자 한도 규제, 이해상충 방지를 위한 차이니즈월 규제 등을 통해 관리할 수 있을 것이다.

그동안의 금융혁신은 금산분리로 인해 금융과 비금융분야가 독자적으로 발전해왔다. 또한 금융회사가 금융규제법의 프레임 속에 정부의 규제와 감독을 받아왔기 때문에 금융당국의 개별적 허용 없이는 새로운 혁신 노력을 진행하기 어려운 점이 있었다. 물론 금융당국으로서도 리스크 관리와 혁신 지원이라는 양립하기 어려운 두 가지 과제를 동시에 달성해야 하는 어려움이 있는 것이 사실이다.

원래 분리, 독립 등의 구조적 규제는 최후의 수단이 되는 것이 타당하며, 초기의 강력한 분리규제도 융합과 효율성 관점에서 필요하다면 완화되는 것이 타당하다. 금융당국은 부수업무 규제, 자회사 소유규제와 같은 금산분리 규제를 개혁함으로써 금융업의 혁신 노력을 과감히 지원하고 이를 통해 금융회사는 진정한 디지털 금융의 변화주도자가 될 수 있어야 할 것이다.[19]

---

19 최근 신정부는 AI 등 전략산업 관련 금산분리 완화를 논의 중이다. 이는 주로 산업 자본이 첨단 기술 기업에 투자하는 길을 열어주는 것이다. 현재 논의의 핵심은 일반 지주회사가 자회사 형태로 설립하는 기업형 벤처캐피털(CVC)에 대한 각종 규제를 완화하여, 대기업의 AI, 반도체 등 첨단산업 스타트업 투자를 용이하게 하는 것이다. 현행 CVC 규제의 내용을 보면 지주회

17 가상인간 유감

2014년 5월 개봉한 영화 "her"는 주인공 테오드르가 인공지능 운영체제(OS)인 사만다와 대화하고 교감하고 결국 진짜 사랑에 빠지게 되는 이야기이다. 아내와 별거하고 외로움을 느끼고 공허한 삶을 보내던 주인공은 진짜인간이 아닌 가상인간(virtual human)을 통해 조금씩 상처를 회복하고 행복을 찾는다. 다만, 사만다는 주인공 말고도 8,000명이 넘는 사람과 소통하고 있다는 점과 그동안 테오도르에게 맞춰주고 있었다는 것을 고백하고 주인공을 떠난다.

이처럼 인공지능과의 연애라는 소재를 다룬 이 영화가 현실화될 날이 멀지 않았다. 이젠 이미지는 물론 비디오, 음성까지 인간과 꼭 닮은 가상인간이 광범위한 분야에 도입되고 있기 때문이다. 가상인간이란 인공지능, 컴퓨터 그래픽 기술로 만들어낸 온라인 공간상의 인물을 말한다. 3D그래픽 등 디지털 기술이 발전함에 따라 가상세계와 현실세계를 잇는 가상인간이 전 세계적으로 빠르게 성장하고 있다. 활용 분야도 게임, 영화 등 엔터테인먼트를 넘어 홍보, 유통, 교육, 헬스케어, 제조업 등 다양한 산업으로 확대되고 있다.

대표적인 가상인간으로는 미국의 릴 미켈라(Lil Miquela)가 있다. 패션 인플루언서 겸 가수로 활동하고 있는 미켈라는 303만 명의 인스타그램 팔로워를 보유하고 있고 1년 예상 수익이 130억 원에 이른다. 타임지에서 '인터넷에서 가장 영향력 있는 인물 25인'으로 선정되기도 했다. 한국에서는 22세로 광고모델, 인플

사는 금융업을 영위하는 국내 회사의 주식을 소유할 수 없으나, 2021년 법 개정으로 CVC를 100% 자회사 형태로 제한적 허용하고 펀드 조성 시 외부 자금 조달 비중을 40% 이내로 제한했다. 규제 완화 방향은 현행 40%인 외부 자금 조달 한도를 50% 이상으로 높이고 대기업이 직접 펀드 운용사(GP) 역할을 맡아 투자할 수 있도록 한다는 것이다.

루언서, 가수 등으로 활동하고 있는 로지(rozy)가 있는데, 100건 이상의 협찬 및 15억 원 이상의 광고수익을 내고 있다.

다만, 사람이 아닌 로봇이나 아바타 등에 대해 불편한 감정을 느끼는 경우도 나타나고 있다. 불편한 골짜기(Uncanny valley) 이론에 따르면 로봇 등이 사람의 모습과 비슷할수록 인간의 호감도도 증가하지만, 닮은 정도가 어느 지점에 도달하면 강한 거부감을 유발하며, 이후 사람과 더 비슷해지면 다시 긍정 반응으로 바뀐다고 한다. 즉, '인간과 흡사한' 로봇과 '인간과 거의 똑같은' 로봇 사이에 존재하는 로봇의 모습과 행동에 의해 느껴지는 거부감을 의미한다.

나아가 가상인간은 진짜인간을 대체하고 있다. 광고모델의 경우 컴퓨터 그래픽으로 모든 장면을 연출해낼 수 있어, 시공간의 제약을 받지 않고, 구설수로 광고매출이 떨어질 위험도 없다. 이제 인간이 가상인간과 경쟁해야 하는 상황이 되면서, 인간이 사물에 의해 지배당하는 인간소외의 문제로 발전할 수도 있다.

또한 가상인간의 대부분이 젊은 여성의 모습으로 제작되어 성범죄 및 성적 평가의 대상으로 노출되고 있으며, 이에 따른 성희롱, 성추행 등 사이버 범죄의 우려도 증가하고 있다. 특히, 얼굴, 신체를 합성해 조작하는 딥페이크(deep fake) 기술을 이용하여 가짜 뉴스 유포, 사기 등 금전적 피해, 음란물 제작에 악용 등의 폐해도 우려되는 상황이다.

가상인간을 만들고 상업적으로 활용하려는 움직임은 경제적, 산업적으로는 장점이 있지만, 온라인 범죄에 악용, 인간성 상실, 일자리 감소 등의 위험이 있는 것도 사실이다. 이제 가상현실, 가상인간, 가상자산 등 가상적인 것이 대세다. 오프라인이 아닌 온라인 공간이 더 이상 가상이 아닌 현실적 존재로 다가오고 있는 것이다.

그러나 어떤 경우에도 인간으로서 존엄과 가치가 보장되지 않으면 안 된다. 가상인간이 현실이 아니라는 점을 충분히 고지하도록 하는 것 외에도 가상인간의 도입과 활용에 있어서 필요한 자율규제 원칙을 논의해야 할 때이다.

18 비대면 진료, 합의 가능한 수준부터 시작하자

2020년부터 2년 이상 진행된 코로나19 대유행이 가져온 비대면 사회로의 대전환 중 주목할 만한 분야 중 하나가 비대면 진료 내지 원격의료의 시행이다. 보건복지부에 따르면 2020년 2월 24일 도입된 비대면 진료는 지난 5월 6일 기준 473만 건을 기록했다. 코로나19 재택치료 중 이뤄진 비대면 진료 약 550만 건까지 합치면 1000만 건을 넘었다. 다만, 코로나19에 따른 비대면 진료는 '감염병 예방 및 관리에 대한 법률'의 개정을 통해 전화상담·처방의 방법으로 한시적 허용된 것으로 비대면 진료를 전면적으로 허용하는 취지는 아니다.

이제 코로나19가 대유행이 끝나가면서 비대료 진료를 중단해야 하는 상황이지만, 이참에 이를 제도화할 것인지에 대한 논의가 진행 중이다. 새 정부는 비대면 진료 제도화를 국정과제로 하겠다고 발표했고 의사단체도 찬성의견이 예전보다 많아진 상황이다. 보건복지부도 비대면진료협의체 구성 등을 통해 국정과제 수행을 뒷받침하고 있다.

현행 의료법상으로 원격의료는 제한적으로만 허용된다. 의료법 제34조 제1항은 의료업에 종사하는 의사·치과의사·한의사 등 의료인은 컴퓨터·화상통신 등 정보통신기술을 활용하여 먼 곳에 있는 의료인에게 의료지식이나 기술을 지원하는 원격의료를 할 수 있다고 규정하고 있다. 즉, 원격의료 중 원격지 의사가 멀리 떨어진 의료인의 의료과정에 대해 지식이나 기술 자문을 하는 "원격자문"만이 가능하며, 의료인이 대면진료를 대제하여 원격으로 환자의 상태를 진단하고 처방전을 발행하는 "원격진료", 의료인이 환자의 질병 상태를 지속적으로 모니터링하고 상담·교육 등을 하는 "원격모니터링"은 금지되어 있다.

비대면 진료를 찬성하는 입장은 기존의 의료기관을 중심으로 하는 의사와 환자의 패러다임을 환자 중심으로 변화시키는 것은 물론 대도시와 지방의 격차 확대를 막을 수 있으며, 환자의 편의성이 증대되고 의료비 상승도 억제할 수 있다고 한다. 게다가 디지털 헬스케어 관련 신산업 육성과 새로운 시장의 창출도 가능하다는 의견이다. 반대론은 대형병원 쏠림 현상으로 의료전달체계가 붕괴될 수 있고, 안전성의 문제, 개인정보 유출, 오진 가능성과 법적인 책임문제 등이 있을 수 있다는 입장이다.

원칙적으로 비대면 진료는 대부분의 검사가 불가능하여 정확한 정보를 바탕으로 한 안전한 진단이 어려운 것이 사실이다. 다만, 이번 코로나19 상황에서 비대면 진료의 경험은 일단 안전성 문제나 대형병원 쏠림 현상과 같은 부작용은 크지 않은 것으로 나타났다.

첫술에 배부를 수 없다는 말이 있다. 미국, 일본 등 선진국과 같이 폭넓게 비대면 진료를 허용하고 디지털 헬스케어 산업도 지원하는 것이 바람직하지만, 일단 이해관계집단 간 합의가 가능한 수준에서 안전성과 유효성이 확인된 분야부터 시작하는 것이 타당하다. 예컨대, 최혜영 의원 안과 같이 재진 환자부터 의원급 중심으로 허용하는 방안, 대상자도 의료 취약지역이나 만성질환자, 거동이 불편한 환자 등으로 하는 방안을 생각해 볼 수 있을 것이다.

우리에게는 최고 수준의 의료인과 정보통신기술이 있음에도 이를 비대면 진료에 활용하지 못하는 안타까운 상황이 계속되고 있다. 다른 나라에 없는 대표적인 갈라파고스 규제인 원격의료 금지가 이번 정부에서는 반드시 해결책이 마련되기를 기대한다. 그 해결을 위한 기본 방향은 이해득실의 조정보다는 국민의 편익 증대에 있다는 점을 유의해야 할 것이다.

19 모빌리티 혁신과 택시 대란

2022년 6월 22일 미국 샌프란시스코에서 세계 최초로 조수석 보조운전자가 없는 완전 무인 자율주행 택시인 로보택시 상용서비스가 시작됐다. 6월 9일에는 서울 강남과 서초 일대에서 현대차그룹의 로보택시 로보라이드 시범서비스가 시작되었다. 양자 모두 정해진 구역에서 완벽한 자율주행을 하는 레벨 4단계를 표방하지만, 한국은 비상시를 대비 운전자가 탑승하고 있는 점이 달랐다. 한편 전기를 동력으로 수직 이착륙하거나 단거리 활주로를 이용하는 소형 비행체인 에어택시, 플라잉카를 의미하는 도심항공교통체계(UAM: Urban Air Mobility)도 2-3년 이후에는 상용화될 전망이다.

이처럼 종래 교통(Transportation)이 빅데이터, 사물인터넷, 인공지능 등 디지털 전환 기술을 수용하여 모빌리티(Mobility)로 변화하고 있다. 교통이 공급자가 정한 장소, 시간, 방법에 의한 이동이었다면, 모빌리티는 이용자가 원하는 장소, 시간, 방법에 의한 이동이라고 할 수 있다. 더 나아가 모빌리티는 하나의 앱으로 원하는 이동 수단을 원스톱으로 해결하여 이용자의 최적 이동에 맞는 이동 수단을 통합 제공하는 서비스인 Mass(Mobility as a Service)로 진화하고 있다.

이와 같이 모빌리티 혁신이 전 세계적으로 진행되고 있지만, 한국은 택시 대란이라는 초유의 사태를 겪고 있다. 코로나 거리 두기 완화 이후 택시 수요가 급증하고 있지만, 택시의 공급은 절대 부족한 것이 그 이유이다. 다만, 택시 자체의 공급이 부족한 것은 아니다. 서울의 경우 인구 1천 명당 택시 7.5대로 선진국 대비 택시 공급은 충분한 편이다. 그것보다는 수요가 많은 심야 시간에 공급이 부족하다는 것이 문제이다. 더구나 심야, 기상 악화 등 수요가 높은 시간일수록 공급이 부족한 역설적인 상황이 나타나고 있다. 기사의 대부분을 차지하는 64세 이상의 고령기사의 경우 심야 시간 기대수익 대비 주취자 탑승 등의 위험이 커서 운행을 꺼리고 있는 것이 주요 원인이 되고 있다.

그동안 정부와 정치권은 택시 수요를 대체, 보완하는 혁신 모빌리티의 등장을 기존 택시산업을 보호한다는 이유로 모두 금지했다. 2013년 '우버'에 대해 서울시가 '불법 콜택시'라고 규정해 영업을 중단시켰고, 2018년 승합차와 기사를 빌려주는 렌터카 형태의 '타다 베이직'에 대해 국회는 2020년 3월 이른바 '타다 금지법'으로 대응했다. 이런 대체, 보완 서비스가 있었다면 택시 대란은 피할 수 있었을 것이다.

혁신의 흐름을 거부한 규제로 신산업의 등장을 막는 것은 물론 기존 택시산업의 경쟁력도 향상시키지 못한 채 이용자들에게 피해만 가져다준 셈이다. 그나마 플랫폼 택시의 등장으로 택시 탑승 여건이 개선되고 있는 점은 다행이다. 단거리 콜의 경우에도 강제배차가 이루어져 고객만족도가 높아지고 있으며, 일부 고급 브랜드 택시의 경우 이동의 편의성과 기사의 수익 확대에도 기여하고 있다.

결국 현재 상황에서 택시 공급을 확대하는 방안은 택시 기사의 유입을 확대하는 것인데, 이를 위해서는 이용자의 편의성, 지불의사의 범위 내에서 기사의 기대수익을 높일 필요가 있다. 승객이 적은 낮 시간대에는 요금을 기준보다 적게 받고, 대신 공급이 부족한 심야시간에는 더 많이 받는 방식인 탄력요금제를 일반 중형택시까지 확대하는 것도 대안이 될 수 있다.

후진적인 택시 대란을 넘어서 Mass, 자율주행차, UAM, 전기차 등 모빌리티 혁신을 주도할 수 있는 방향으로 민관이 지혜를 모아야 할 시점이다.

20 메타버스는 게임인가

2022년 올해 세계 게임 시장 규모는 282조 원, 한국의 시장 규모는 20조에 달할 정도로 게임산업은 미래를 선도하는 유망산업이다. 2022년 11월 지난 20일 부산에서 막을 내린 국제 게임 전시회 '지스타 2022'에는 전 세계 43개국의 987개사가 참여해 2947개의 부스를 마련하였고, 약 18만4000여 명의 관람객들이 방문하는 대성황을 이루었다. 이번 전시회에서 확인된 게임시장의 흐름은 메타버스 상에서 이용자가 직접 창작하는 게임이 대세가 되고 있다는 것이다.

메타버스는 현실세계와 유사한 사회·경제·문화 활동이 이뤄지는 3차원의 가상세계를 의미한다. 1992년 닐 스티븐슨(Neal Stephenson)의 과학소설 '스노우크래시(Snow Crash)'에 처음 등장한 메타버스는 고글과 이어폰, 즉 시청각 출력장치를 이용해 접근하는 가상세계로 아바타라는 개념도 여기에 등장한다. 아바타라는 가상의 존재를 통해 소설 속 등장인물들은 가상 세계로 들어간다. 그런데 각종 온라인게임 속에도 아바타가 등장하고 여기에서도 커뮤니티 활동이 가능하기 때문에 메타버스와 게임은 종종 같은 것이 아닌지 혼동이 된다.

그렇다면 메타버스는 게임과 같은 것으로 보면 되는 것일까. 만약 메타버스가 게임으로 분류되면 게임법의 규제를 받아 등급분류를 해야 하고 이용자들이 경제활동을 하고도 이를 수익화할 수 없게 된다. 한마디로 메타버스 산업의 성장이 어렵게 된다. 그렇다고 메타버스가 게임의 속성을 지님에도 게임규제를 적용하지 않으면 형평성에 문제가 생긴다.

학계와 정부 입장도 다양하다. 한 견해는 메타버스와 게임은 지속성, 개별적 존재감(아바타), 경험의 실시간성, 동시적 참여 및 타인과 소통, 가상공간에서 활동이라는 유사점이 있으나, 메타버스는 이용자의 콘텐츠 생산, 확장성, 독자적인 경제 체계 등의 차이로 인해 게임과는 다르다고 한다. 다른 견해는 메타버스 플랫폼 자체는 콘텐츠에 해당하지 않아 게임물의 범위에서 제외되므로, 메타버스 플랫폼이 이용자들 간 소통과 연결을 제공하기 위해 부수적으로 오락적 요소를 사용하는 경우에는 게임규제 적용은 부적절하다고 한다. 또한 크리에이터가 계속적 영업을 통해 대가를 획득할 목적으로 콘텐츠를 제공한 것이 아니라면 게임규제를 적용하지 않는 것이 타당하다고 한다. 유튜브 크리에이터에 대해서도 생태계의 특수성을 고려해 등급분류 등 규제를 적용하지 않는 것과 같은 이치라고 한다. 반면 일부 부처 등은 메타버스 내 콘텐츠와 기존 모바일 게임이 거의 동일한 경우가 많은데, 메타버스 내 콘텐츠라고 게임법을 적용하지 않는 것은 동일 콘텐츠, 동일규제 원칙을 위반하는 것이라는 입장이다.

현행 게임산업법 제2조 제1호 상 게임물은 컴퓨터 프로그램 등 정보처리 기술이나 기계장치를 이용하여 오락을 할 수 있게 하거나 이에 부수하여 여가선용, 학습 및 운동효과 등을 높일 수 있도록 제작된 영상물 또는 그 영상물의 이용을 주된 목적으로 제작된 기기 및 장치로 되어 있어, 메타버스는 게임물의 정의에 포함될 가능성이 있는 것이 사실이다.

결국 이 문제는 메타버스 산업의 성장과 혁신을 위해 기존 규제에 대한 해석상, 법규상 예외를 인정할 것인지, 아니면 기존 게임업계와 형평성을 고려해 법을 기계적으로 집행할 것인지에 관한 문제이다. 추가로 고려할 요소는 메타버스는 글로벌 서비스가 특징인데, 한국에서만 특유의 규제를 집행하는 것이 타당한 것인지에 대한 것이다.

마침 2022년 8월 국가데이터정책위원회는 메타버스에 대해 게임규제 가능성이 있어, 업계에 부담이 되고 산업성장도 저해할 우려가 있기 때문에 연내에 게임물과 메타버스 구분 등을 위한 가이드라인을 마련할 계획이라고 발표했다. 우선 가이드라인과 같은 법령 해석이나 샌드박스를 통해 메타버스에 대한 게임규제의 예외를 인정하되, 향후 메타버스 내 크리에이터 콘텐츠에 대해서는 게임규제의 전부나 일부를 적용하지 않는 방향으로의 법제 정비를 고민할 필요가 있을 것이다.[20]

---

20 아직 정부 공식가이드 라인은 없고 한국메타버스산업협회가 중심이 된 메타버스 자율규제위

21 트래블테크(travel tech) 국가 전략산업으로 육성해야

최근 모든 산업에 걸쳐 디지털 전환이 일어나고 있으며, 관광산업도 예외가 아니다. 관광산업은 일반적으로 기술변화에 대한 적응이 느린 산업으로 인식되고 있지만, 부킹닷컴, 익스피디아, 에어비앤비 등 글로벌 OTA(Online Travel Agency)들의 등장과 이들의 빠른 시장확장으로 인해 이제 우리는 더 이상 해외여행 시 여행사를 찾아가지 않고 집에 앉아 스마트폰 하나로 전 세계 모든 곳의 숙소를 쉽게 찾아보고 예약할 수 있게 되었다. 이처럼 관광산업에도 기술변화가 빠르게 일어나고 있다.

이처럼 기술의 변화가 관광산업을 빠르게 변화시키는 가운데 관광산업의 새로운 패러다임으로 주목되는 것이 트래블테크이다. 트래블테크란 여행을 뜻하는 트래블(Travel)과 기술을 뜻하는 테크놀로지(Technology)를 결합한 용어로 빅데이터, 클라우드, AR/VR, IoT, 메타버스, AI 등 최신 ICT 기술들이 관광산업에 도입되는 상황을 의미한다. 과거 인바운드 관광객이나 관광수지가 중요한 관광산업의 지표였다면, 트래블테크는 전통적인 관광이 갖는 시간과 공간의 한계 및 정보의 비대칭성을 극복할 수 있다는 점에서 의미가 있다.

코로나19 전인 2019년 기준 관광산업은 글로벌 GDP에서 약 10.5%를 차지할 정도로 전 세계 경제를 견인하는 중요한 산업이다. 그리고 OECD 회원국 중 상당수 국가들의 관광산업의 GDP 기여도는 10% 내외로 분포돼 있다. 그러

원회에서 '기능형 메타버스 확인 가이드라인'을 우선적으로 마련했다. 서비스의 '주된 목적과 기능을 기준으로 게임물과 메타버스를 구분한다. 게임 요소가 포함되어 있더라도 주된 목적이 게임이 아니라면 '기능형 메타버스'로 분류한다. 교육·학습, 의료, 전시·안내·관광, 판촉·홍보, 기업 업무, 소셜 네트워킹 등 사회/경제적 활동 지원이 주된 목적인 경우 기능형 메타버스로 게임물오락, 여가 선용, 사행성 등 게임의 속성이 주된 목적인 경우 게임으로 분류한다.

나 한국은 관광경쟁력지수에서는 전 세계 140개 국가 중 16위로 우수한 편이지만, 전체 GDP 중 관광산업이 차지하는 비중은 약 2.8%에 불과하다. 이 수치는 OECD 국가 중 관광산업의 GDP 기여도가 가장 낮은 최하위에 해당한다.

종래 한국은 관광산업의 중요성을 인식하고 관광산업을 제고하기 위해 정부 차원에서 각고의 노력을 하였다. 그 덕분에 한국을 방문하는 외국인 인바운드 관광객이 꾸준히 증가하였고 이에 관광산업이 우리 경제에 중요한 부분으로 자리잡아 갔다. 다만, 최근 관광산업에 대한 일관된 정책적 지원 및 관심의 부족으로 지속적인 성장에 한계를 맞이하고 있다. 그런 결과를 보여주는 단적인 예가 한국과 일본의 대조적인 인바운드 관광객 추이이다. 2019년 일본 관광객은 3,188만 명이었으나 한국은 1.750만 명에 불과했다.

그렇다면 왜 우수한 ICT 인프라를 갖추고 있음에도 불구하고 트래블테크 산업의 성장이 부진한 것일까. 구체적으로 보면 다음 몇 가지 이유가 있다. 첫째, 규제의 불확실성이다. 규제 불확실성은 산업에 대한 민간의 투자를 위축시키는 요인이 된다. 먼저 다양한 부처와 법령이 혼재하고 있다는 점이 규제의 불확실성을 높이고 있다. 관광산업을 대표하는 산업이 바로 숙박산업인데 한국은 숙박산업 전체를 통괄하는 부처가 없다. 현행 숙박 관련 규제는 관광진흥법, 공중위생관리법, 농어촌정비법, 산림문화·휴양에 관한 법률, 청소년활동진흥법 등 여러 법률에 흩어져있고, 문화체육관광부, 보건복지부, 농림부, 산림청, 여성가족부 등 여러 부처가 관여한다. 물론 관광산업 전반을 주관하는 문화체육관광부가 있지만, 관광진흥법에서 다루는 숙박은 우리가 주변에서 쉽게 볼 수 있는 수많은 중소형 호텔이나 모텔, 펜션 등을 포함하지 않고 있는데, 이들은 공중위생관리법을 주관하는 보건복지부 관할이다.

규제 불확성실의 구체적 사례로는 청소년보호법상 규제를 들 수 있다. 청소년보호법은 청소년의 혼숙을 금지하고 있고, 이를 방지하기 위해 숙박업주는 종사자를 배치하거나 신분증으로 출입자의 나이를 확인해야 한다. 종사자를 배치하지 않으려면 시행령에서 정하고 있는 설비 즉, "해당 신분증의 진위 여부를 지문 대조, 안면 대조 등의 전자식별 방식으로 확인할 수 있는 설비"를 갖추어야 한다. 이를 위반한 경우 숙박업주는 형사처벌뿐 아니라 영업정지 또는 그에 갈음하는 과징금 처분을 받게 된다. 관련해서 정부는 보도자료를 통해 청소년 위·변조 신분증에 속은 숙박업주의 행정처분을 경감하겠다고 발표하였으나, 여전히 법원은 법문에 따라 숙박업주에게 무과실책임을 물어 영업정지 등 처분이 적법하다고 판시하고 있다. 또한 최근 모바일 신분증이 도입되었으나 인식 부족과 시스템 미비로 숙박업소에서는 전혀 활용되지 못하고 있다. 정부와 법원의 각기 다른 법해석으로 숙박업자는 형사처벌의 리스크를 부담하고 있는 상황이다.

둘째, 플랫폼에 대한 규제적인 시각이다. 한국은 국경 간 경계가 없는 트래블테크 산업의 특수성과 경쟁 상황에 대한 충분한 고려 없이 플랫폼에 대한 일반규제를 그대로 적용하려는 시도를 하고 있다. 세계적으로는 부킹닷컴, 익스피디아, 에어비앤비, 씨트립 등 4개 글로벌 OTA 사업자가 전 세계 매출액의 97%를 차지하고 있다. 한국에서도 이들의 영향력이 커지고 있으며, 특히, 엔데믹이 되면서 글로벌 OTA 사업자의 국내 시장점유율이 상당히 가파르게 상승하고 있다. 이들은 전 세계 유망 중소 OTA들을 인수·합병하면서 지속적으로 몸집을 키우고 있다. 이런 상황에서 사실상 국내 OTA에게만 적용되는 규제를 도입하는 경우 국내 트래블테크 산업의 성장을 저해할 수 있다는 점을 유의해야 할 것이다.

셋째, 국내 OTA에 대한 역차별 문제이다. 대표적인 예가 일반 주택을 숙박용으로 제공하는 사업인 공유숙박에 대한 규제체계가 불분명하고 공정거래 환경이 조성되지 않고 있다는 점이다. 공유숙박에 대한 법체계와 명확한 정책 방향이 수립되지 않았음에도 공유숙박 시장은 가파르게 성장을 거듭하고 있다. 반면, 법적, 제도적 기반의 부족으로 불법영업, 오버투어리즘, 관광지 공동화, 기존 호텔업과의 충돌, 탈세 문제, 주민 불만 등 다양한 사회적 문제점을 양산하고 있다. 이런 불법과 불편이 가중되고 있음에도 정부 당국은 뾰족한 해결책을 제시하지 못하고 있다. 이에 따라 철저한 검수를 통해 합법적인 숙박업만을 중개하는 국내 트래블테크 플랫폼이 역차별을 받는 상황이 발생하고 있다. 결국 법을 준수하는 국내 트래블테크는 글로벌 트래블 테크와 불공정한 경쟁을 할 수밖에 없는 상황이다.

이미 해외에서는 불법 공유숙박의 문제해결을 위해 정부가 적극적으로 나서고 있다. 각국의 관광객들이 매년 많이 찾고 있는 관광지인 미국 뉴욕은 불법 공유숙박을 단속하기 위해 에어비앤비 규제에 착수하였다. 숙박공유규제법에 따라 숙박공유업체에 자기 거주지를 단기간 임대하는 뉴욕 주민들의 경우 계좌번호와 자신의 개인정보를 포함한 임대수익 등을 관청에 신고해야 한다. 법 위반에 대한 벌금은 최대 5천 달러이며 현재 에어비앤비에 등록되어 있는 단기임대숙소는 7천500건 정도로 추산되지만 수천 건의 불법 운영시설의 등록이 취소될 것으로 예상되고 있다. 또한 일본에서는 2018년 '주택숙박사업법'을 제정하여 불법 공유숙박에 대한 규제를 강화했다. 법안에 따른 기준 통과 시 고유번호를 부여하였고, 번호를 부과받지 못한 사업장은 에어비앤비 사이트에 등재하지 못하도록 했는데, 등록된 숙소 6만 2000건 중 80%가 등록이 취소되었다.

넷째, 국내 소비자에 대한 역차별이다. 예를 들어 결제 후 환불 관련하여 국내 플랫폼을 이용한 소비자는 전자상거래 등에서의 소비자보호에 관한 법률을 적용받아 법적인 보호를 받지만, 글로벌 플랫폼은 국내법이 아닌 자체 환불 규정을 두면서 환불 거부 등 이용자 피해 사례가 발생하고 있다. 2019~2022년간 소비자원에 접수된 숙박 관련 국제거래 상담건수 9,093건 중 환불 지연 및 거부 관련 상담이 63.9%로 가장 높았다. 그 외에도 최종 결제금액을 정확히 표시하지 않거나 상품공급자 정보를 제대로 표시하지 않아 발생하는 다크패턴 이슈로 인한 소비자 민원 등이 여전히 문제가 되고 있다.

결국 한국은 좋은 ICT 인프라를 갖추고 있음에도 관광산업에 대한 정부의 명확한 거버넌스 및 정책 방향성의 부재와 글로벌 기업과의 역차별 등의 이유로 국내 트래블테크 플랫폼의 성장이 한계가 부딪치고 있는 실정이다. 계속 이런 상황이 지속되면 기술력과 자본력을 갖춘 글로벌 트래블테크 업체들에게 한국의 안방을 다 내 줄 수밖에 없는 상황으로 내몰릴 것이다.

이제는 트래블테크 기술을 활용한 해외 진출이라는 관점에서 관광산업을 바라볼 필요가 있다. 글로벌 OTA들은 공격적인 M&A를 통해 대형화되고 있지만, 국내 OTA는 상대적으로 시장경쟁력이 약화되었고, 작은 규모의 내수시장 한계를 넘기 위해 글로벌 시장으로 진출해야 하는 과제를 가지고 있다. 특히, 최근 ChatGPT 등의 고도화된 생성형 AI가 결합된 검색엔진의 등장으로 기술이 인력을 대체하고 있고, 플러그인 서비스로 인해 여행계획 서비스와 같은 사업영역의 경우 글로벌 생성형 AI 플랫폼에 종속될 가능성도 높아지고 있다.

글로벌 트래블테크 플랫폼으로부터 우리의 관광산업이 종속되는 것을 막고, 국내 트래블테크기업들이 안정된 법제도 내에서 적극적인 투자를 바탕으로 글로벌 경쟁에 적극 참여하고 이를 통해 GDP에 기여하는 것이야말로 우리 트래블테크 산업이 나아가야 할 방향이다. 글로벌 DX의 흐름과 엔데믹으로의 변화와 함께 글로벌 트래블테크 기업들은 전 세계 관광산업의 지도를 재편하기 위해 다시 막대한 재투자를 시작하였다. 우리도 이제는 관광산업에 대한 전통적인 관점에서 벗어나 트래블테크 중심으로 관광산업이 재도약할 수 있도록 국가 차원에서의 명확한 거버넌스 체계를 확립하고 법제도를 정비하여 지속적인 투자와 개발을 할 수 있는 환경조성에 나서야 할 시점이다.

V

통신, 미디어 산업

1 쏟아지는 OTT와 소비자 보호

총 456억 원의 상금이 걸린 서바이벌 게임에 참가한 사람들이 총 6개의 게임을 통과하고 최후의 승자가 되기 위한 도전 이야기인 국내 제작 넷플릭스 오리지널 드라마 '오징어 게임'이 엄청난 인기를 끌고 있다. 넷플릭스는 '오징어 게임'에 약 253억 원을 투자해 약 1조 원 이상의 수익을 올릴 것이라고 한다. 2021년 11월 12일부터는 디즈니 플러스가 한국에서 서비스를 개시한다. 디즈니 플러스는 라이온킹, 알라딘, 미녀와 야수 등 애니메이션과 어벤져스, 스타워즈, 토이스토리, 킹스맨, 엑스맨, 심슨 등 인기 콘텐츠 등을 보유하고 있어 어린이가 있는 가구의 대거 가입이 예상된다. 그 외에도 지상파방송 3사와 SK텔레콤이 합작한 '웨이브', KT가 서비스를 시작한 '시즌', CJ ENM과 JTBC가 합작한 티빙도 국내 시장을 공략하고 있다.

넷플릭스, 디즈니플러스, 웨이브, 티빙과 같은 온라인 동영상 서비스를 OTT(Over-The-Top)라고 부른다. 'Top'은 셋톱박스(Set Top Box)를 의미한다. 즉, 셋톱박스를 넘어서 제공되는 서비스로 셋톱박스를 떠나 TV 외에도 PC, 태블릿, 스마트폰 등 다양한 단말기를 통해 제공되는 인터넷 기반의 동영상 서비스를 의미한다. 방송전용 네트워크를 이용하는 기존 방송과는 달리 OTT는 일반 인터넷을 이용해 콘텐츠를 전송하기 때문에 인터넷망이 연결된 곳이면 전 세계 어디서나 서비스를 이용할 수 있다.

이처럼 국내외적으로 다양한 OTT 플랫폼이 등장함으로써 소비자들이 자기 취향에 따른 선택권을 행사할 수 있게 된 점은 긍정적이다. 그러나 문제점도 없지 않다. 우선 각 플랫폼이 독점 콘텐츠를 제공하면서 가입자들이 인기 프로그램을 보기 위해서는 여러 OTT 서비스에 가입해야만 하는 문제가 있다. 개별

OTT가 점점 차별화된 콘텐츠를 제공하고 있어, 이제 과거와 같이 단일 플랫폼에서 소비자가 원하는 모든 콘텐츠를 원스톱으로 시청할 수 없게 되었으며, 복수의 OTT 가입으로 인해 소비자의 경제적, 심리적 부담이 증가하고 있다. 2021년 6월 한국소비자원 조사에 따르면 이미 OTT를 2개 이상 이용하는 소비자가 53.6%에 이르고 있다.

다음 OTT 확대에 따라 무료 체험 기간이 지난 후 해지를 잊어버려 수개월 치 요금을 자동결제로 청구받거나 해지 요청 후에도 자동결제가 이뤄지는 등 소비자 피해가 발생하고 있다. 이에 올해 1월 공정거래위원회는 OTT의 이용약관을 심사해 중도 해지 시 환불하지 않는 조항, 고객에게 부당하게 불리한 위약금 조항, 청약철회권을 제한하는 조항, 사전 고지 또는 동의 없이 자의적인 요금변경 등을 규정한 조항을 시정하도록 했다. 향후 OTT 간 경쟁이 심화되면서 소비자 피해가 늘어날 수 있다는 점을 고려해 약관 심사의 강화는 물론 필요하면 이 분야에 대한 표준약관 제정 등 소비자 피해 예방책을 검토할 필요가 있을 것이다.

한편 오징어 게임의 경우 미국, 프랑스 등에서는 폭력성, 잔혹성을 지적하면서 미성년 시청을 주의하도록 하고 있다. 비록 18세 이상 등급이라고 하더라도 인터넷의 특성상 누구나 쉽게 접근이 가능하기 때문에 OTT 내용으로부터 청소년을 보호하는 노력도 필요하다.

바야흐로 이제 OTT 주도의 미디어 시장이 대세이다. 정부는 OTT 간 경쟁이 소비자의 선택권을 제고할 수 있도록 하는 것은 물론 소비자 피해를 방지하는 것에도 심혈을 기울여야 할 것이다.

2 OTT에 대한 최소 규제와 최대 진흥

최근 넷플릭스 오리지널 오징어 게임이 공전의 히트를 기록하고 있는데 2021년 11월 12일에는 세계 최대 콘텐츠 기업 디즈니의 OTT 서비스인 '디즈니 플러스'가 한국에서 서비스를 개시한다. 디즈니 플러스는 글로벌 서비스 출시 2년도 되지 않아 1억 2000만 명의 유료 구독자를 확보하여 넷플릭스의 2분기 기준 가입자 2억 900만 명을 위협하고 있을 정도로 강력한 OTT이다.

국내에서는 닐슨코리안클릭이 조사한 9월 27일 OTT이용자 조사현황에 따르면 1위인 넷플릭스 이용자가 755만 8292명으로 2위 웨이브 387만 9730명, 3위 티빙 232만 5586명을 합친 숫자보다 더 많았다. 한국소비자원 조사에서 보더라도 OTT 복수 이용자(964명) 중 넷플릭스를 복수로 이용한다는 응답이 57.7%으로 가장 많았고, 웨이브 23.5%, 티빙 22.9% 등의 순으로 나타났다. 넷플릭스의 시장 독점이 강화되고 있는데, 어린이·교육용 콘텐츠에 강점을 지닌 디즈니 플러스의 국내 상륙은 외산 OTT로의 쏠림 현상을 더욱 가속화 할 것으로 예상된다.

정부는 2020. 6. 범부처 종합계획으로 마련된 디지털 미디어 생태계 발전방안에서 OTT 산업에 대해 최소한의 규제원칙과 최대한의 진흥원칙을 수립했다. 최소규제 원칙을 실현하기 위해 OTT를 통해 온라인에서 유통되는 비디오물에 대한 자율등급제를 과제로 제시했고 최대 진흥을 위해서 OTT의 해외진출 지원, 관련 콘텐츠 산업에 대한 다양한 산업정책적 지원을 약속했다.

하지만 아직 국내 OTT 산업의 현실이나 정책은 만족할 만한 수준에 이르지 못하고 있다. 범정부 OTT 컨트롤 타워로 과학기술정보통신부, 문화체육관광부, 방송통신위원회 등으로 구성된 OTT 정책협의체가 있지만, 부처별 규제 입법 움직임은 여전하다. 과기정통부는 OTT를 특수유형의 부가통신사업으로 분류해 세액공제, 자율등급 도입 등 국내 OTT 산업의 혁신과 성장을 지원하겠다는 입장이고, 문체부는 영상미디어콘텐츠산업진흥법에 OTT 등을 포함해서 진흥책을 추진하겠다는 입장이다. 방통위는 기존 방송법을 대체하는 '시청각미디어서비스법'을 제정해 OTT도 규제대상에 포함하기로 했다.

이처럼 여러 부처가 각자 고유 영역인 통신, 방송, 콘텐츠의 범주에 OTT를 규율하려고 하는 것은 최소 규제원칙에 벗어나는 것이라고 할 수 있다. 즉, OTT에 대한 미디어 사업자 지위 부여 여부나 진입 규제 방식 등을 설계함에 있어서는 단일 법률과 단일 규제기관 원칙을 준수해야 한다. 다만, OTT 규제를 도입하기 전에 기존 유료방송과 동일 서비스로 볼 수 있을 것인지, 규제가 토종 OTT에 대해서만 족쇄가 되는 것은 아닌지에 대한 검토가 선행돼야 한다.

다음 최대 진흥정책 입장에서 보면, 토종 플랫폼은 규모의 경제를 통해 경쟁력을 확보해야 하나, 글로벌 플랫폼에 비해 턱없이 작은 규모로 인해 결국 사업자 간 연합을 통해 덩치를 키우는 전략이 필요한 상황이다. 다행히 오징어 게임과 같이 K-콘텐츠의 경쟁력이 확인되고 있으나. 글로벌 OTT가 콘텐츠 저작권을 양도받아 국내 제작사는 추가 수익을 받지 못하는 문제가 있으므로 이에 대한 대책 마련도 필요하다.

단일법과 단일 기관에 의한 최소 규제와 컨트롤 타워에 의해 조율된 가운데 이루어지는 여러 부처의 특성에 맞는 최대 진흥이 OTT 정책이 나가야 할 방향이다.

3 OTT 콘텐츠 독점과 소비자 선택권

일정 기간마다 비용을 내고 원하는 물건이나 서비스를 이용하는 경제활동을 의미하는 소위 구독경제가 전방위적으로 확산되고 있다. 소비자는 목돈이 없어도 일정 기간마다 비용을 나눠 낼 수 있는 장점이 있고 기업은 충성도 높은 고객을 확보하여 안정적인 매출이 가능하다는 장점이 있다. 하지만 단점도 있다. 소비자는 많은 구독서비스와 커진 요금 지출에 부담을 느끼고 있고, 기업도 과당경쟁 등으로 수익성에 대한 고민이 늘고 있다.

특히, 대표적인 구독서비스인 OTT는 그야말로 춘추전국시대에 돌입하고 있다. 넷플릭스 외에도 디즈니, 애플, 아마존 등 글로벌 기업이 시장에 진입했고 티빙, 왓챠, 웨이브, 쿠팡 등 국내 OTT들도 치열한 경쟁을 벌이고 있다. 경쟁 과열로 선택지가 많아진 소비자를 붙잡기 위해 기업은 최근 들어 오리지널 콘텐츠에 승부를 걸고 엄청난 자금을 쏟아붓고 있다. 이로 인해 소비자들은 인기 있는 오리지널 콘텐츠를 보기 위해서 여러 OTT에 중복 가입해야 하는 불편한 상황이 전개되고 있다.

이에 계정 공유로 소비자의 요금 부담을 덜어주는 서비스가 등장하고 있다. 페이센스라는 회사가 대표적인데 이 회사는 OTT 구독권을 나누어 '1일 이용권'을 판매하고 있다. 이에 웨이브·티빙·왓챠 등 국내 OTT 3사는 2022년 7월 1일 서울중앙지법에 이용권의 타인 양도 및 영리 활동을 금지한 약관을 위반했다는 등의 이유로 페이센스에 대한 서비스 중단 가처분을 신청했으나, 페이센스가 1일 이용권 판매를 중단하면서 이 사건은 일단락되었다.

이처럼 이제 OTT의 독점적 콘텐츠 수급 전략이 일반화되면서 기준 유료방송업계도 긴장하고 있다. 일부 인기 영화의 경우 극장 상영 후 OTT가 독점 방영하면서 IPTV나 케이블, 위성방송에서는 볼 수 없을 가능성이 제기되고 있다. 막대한 콘텐츠 수급 비용을 감당할 수 있는 OTT 업체와 달리 그렇지 못한 유료방송 플랫폼은 경쟁상 어려움을 호소하고 있다. 소비자 입장에서도 OTT가 콘텐츠 경쟁을 통해 선택권을 늘려줄 거라고 기대했지만, 정반대의 상황이 나타나고 있는 것이다.

일찍이 이런 콘텐츠 독점 문제를 고민해왔던 방송규제는 방송프로그램에 대한 동등접근, 보편적 시청권 보장이라는 제도를 도입했다. 미국의 프로그램 접근 규칙(Program Access Rule; PAR)은 시청자들의 프로그램에 대한 접근성과 시청권의 보장, 다채널유료방송 시장에서의 사업자들 간의 공정경쟁의 촉진을 목적으로 하여 배타적 프로그램 공급, 부당한 영향력 행사 및 가격차별을 금지하고 있다. EU의 보편적 접근 규칙(Universal Access Rule: UAR)은 국민적 관심이 높은 스포츠 경기나 이벤트에 관한 중계방송프로그램을 대상으로 배타적 방송계약을 금지하는 프로그램 목록을 작성한 후 시행하는 것이다.

이와 유사하게 우리 방송법과 IPTV법에도 유사한 규정이 도입되었다. 방송법 제76조 방송프로그램의 공급 및 보편적 시청권 조항 제1항에서 방송사업자는 다른 방송사업자에게 방송프로그램을 공급할 때에는 공정하고 합리적인 시장가격으로 차별 없이 제공하여야 한다고 규정하고 있다. 제2항 및 제3항에서는 방송통신위원회는 보편적시청권보장위원회의 심의를 거쳐 국민적 관심이 매우 큰 체육경기대회 그 밖의 주요 행사를 "국민관심행사 등"으로 고시하고 이에 대한 중계방송권자 또는 그 대리인은 일반 국민이 이를 시청할 수 있도록 중계방송권을 다른 방송사업자에게도 공정하고 합리적인 가격으로 차별 없이 제공하여야 한다고 규정하고 있다.

IPTV법 제20조 콘텐츠 동등접근 조항은 등록하거나 승인을 받은 인터넷 멀티미디어 방송 콘텐츠사업자가 제공하는 방송프로그램 중 방송통신위원회가 대통령령으로 정하는 기준에 따라 고시한 "주요방송프로그램"을 일반 국민이 시청할 수 있도록 다른 인터넷 멀티미디어 방송 제공사업자에게도 공정하고 합리적인 가격으로 차별 없이 제공하여야 하며 주요 방송프로그램의 계약 행위 등에 있어 시청자의 이익 및 공정거래질서를 저해하여서는 아니 된다고 규정하고 있다.

방송법은 국민관심행사, IPTV법은 주요 방송프로그램에 대한 다른 방송사업자와 시청자의 접근권을 제도적으로 보장하고 있는데, 주로 특정한 방송프로그램에 대한 시청자의 접근권에 초점을 맞추고 있다는 점에서 한국은 미국보다는 EU식 접근에 가깝다. 결국 동등접근권의 목적은 경쟁의 활성화와 소비자보호이다. 즉, 플랫폼, 콘텐츠 사업자 간의 수직결합과 이로 인한 배타적 거래 때문에 신규 플랫폼사업자나 소비자의 콘텐츠 접근이 제한되거나 통제되어서는 안 된다는 것이다.

최근 방송플랫폼의 경쟁이 심화됨에 따라 콘텐츠 확보 경쟁이 치열해지고 있으며 콘텐츠를 둘러싼 경쟁제한행위의 가능성도 점차 증가하고 있다. OTT의 경우에도 그런 상황이 나타나고 있다. 원칙적으로 OTT 콘텐츠 수급에 관한 문제는 당사자 간의 계약으로 사적 자치의 영역이다. 게다가 OTT의 경우는 아직 방송사업자가 아닌 부가통신사업자 지위를 가지고 있어 콘텐츠 동등접근에 관한 규제도 받지 않는다. 다만, 시청자의 선호도가 높은 프리미엄 영상 콘텐츠를 시청자가 보다 수월하게 접근하도록 하는 논의를 시작할 필요는 있다.

물론 이 문제는 OTT의 유료방송 대체성 여부, OTT 사업자의 법적 지위 등을 포함해 OTT의 방송미디어규제 제도에서의 위상에 대한 결정이 선행되어야 하지만, 이제 OTT 독점 콘텐츠가 시장에서 경쟁상 문제를 야기하는 것은 물론 시청자의 선택권도 제한할 가능성이 있다는 점을 주목할 필요가 있다. 시청자가 어떤 방송플랫폼에서든 원하는 콘텐츠를 시청할 수 있어야 한다는 콘텐츠 동등접근권을 보장하기 위한 학문적, 정책적 논의를 시작할 필요가 있다는 것이다.

4 기로에 선 방송미디어 산업, 규제혁신이 답이다

최근 정부 발표에 따르면 케이블, IPTV, 위성방송 등 유료방송 플랫폼 가입자는 '22년 상반기 3,601만 대비 하반기 3,625만으로 0.67% 상승하였는데, 가입자 증가율이 1% 미만으로 떨어진 것은 이번이 처음이다. 이미 2016년 인터넷광고 시장규모가 방송광고 시장규모를 넘어선 이후 가입자 시장까지 정체국면에 돌입하고 있는 것이다. 반면 넷플릭스, 유튜브 등 글로벌 OTT의 국내 시장 잠식은 빠르게 진행되고 있다. 국내 OTT인 웨이브·티빙·왓챠는 글로벌 OTT 경쟁구도에서 완전히 밀려났다고 봐도 과언이 아니다. 2022년 웨이브 1200억 원, 티빙 1191억 원, 왓챠 555억 원의 적자를 기록하며 위기론이 대두되고 있다.

글로벌 OTT는 가입자 및 콘텐츠 유통시장뿐만 아니라 막대한 자금력으로 우리나라 콘텐츠 제작시장에도 영향을 미치고 있다. 특히, 넷플릭스의 국내 콘텐츠 투자는 국내 영상 콘텐츠 제작 시장에 활력이 되고 있지만, 국내 콘텐츠 제작비 상승으로 인한 미디어 플랫폼의 경쟁력 약화, 국내 콘텐츠 제작 산업의 글로벌 OTT의 하청기지 전락이라는 우려도 낳고 있다.

그동안 국내에서 방송은 공공성, 사회·문화적 영향력, 여론형성기능 등을 가졌다는 이유로 방송미디어가 보도기능이 있는지, 공영인지 민영인지에 대한 구분 없이 모든 방송사업자에게 엄격한 공적 책임을 요구해 왔다. 다른 것은 다르게 취급하는 것이 합리적임에도 불구하고 다른 것을 동일하게 취급하는 우를 범해 왔던 것이다. 또한 OTT 등 융합 미디어는 상대적으로 규제가 거의 없이 전 세계를 상대로 글로벌 경쟁을 하고 있지만, 국내 방송사업자는 엄격한 규제를 받음으로써 역차별 문제는 물론 국내 방송미디어 산업이 경쟁력이 약화되고 있다. "미디어 특성에 따른 형평적 규제", "글로벌 스탠다드에 부합하는 합리적 규제"

가 방송미디어 규제혁신의 방향이다. 규제유형별로 구체적으로 살펴보면 다음과 같다.

먼저 진입규제이다. 진입규제는 사업의 인가, 허가, 특허 등 시장에 참여할 자를 정부가 선별하는 규제로 그 절차는 허가, 승인, 등록, 신고 등 최초 진입규제 방식을 결정하고 사업자의 신청을 받아 허가 등을 하면서 이에 부수해 일정한 조건을 부과하는 절차로 진행된다. 허가 발급 후 일정 기간이 지나면 재허가를 통해 사업의 계속 여부가 결정된다.

현행 진입규제는 일반 PP는 등록이며, 홈쇼핑, 보도, 종편 PP는 승인이다. 케이블, 위성, IPTV 등의 유료방송 플랫폼은 허가이다. 케이블, IPTV 등 플랫폼의 경우, 학문적(강학상)으로 특허로 분류되는 강한 진입규제인 허가로 신규진입이 허용되나, 지상파 등과 같이 국가자원인 주파수를 사용하는 것도 아니고, 이제 OTT 등장으로 사회적 영향력이 중차대하다고 보기 어렵기 때문에 특허제도를 유지할 근거가 없다. 일정한 물적 설비 및 자본금 등 법적 요건을 구비하는 경우 진입을 허용하는 등록제로의 전환을 검토할 필요가 있다. PP의 경우에도 실시간 TV의 경우는 등록제를 유지하되, 그 밖의 라디오, 데이터, VOD PP는 등록제에서 신고제로 전환하는 것을 검토할 필요가 있다.

다음 재허가, 재승인의 취지는 행정기관이 허가사업에 대한 정기 점검을 시행하여 허가사업운영의 적법성을 확보하는 것이다. 주파수라는 국가 소유 자산에 대해서는 소유권 이전이 불가능하기 때문에 일정한 이용 기간의 설정이 불가피하므로 주파수 재할당이 필수적이나, 재허가, 재승인 제도는 정기적으로 방송사업을 감시, 감독하는 권한을 규제기관에 부여하는 것일 뿐 법적, 정책적 타당성이 부족하다. 적법성 감독은 이미 법 위반행위에 대한 허가취소, 업무정지 명령 등으로 충분히 가능하다는 점에서 이 제도를 유지할 근거를 찾기 어렵다.

다음 진입규제에 수반하는 조건에 관한 것이다. 흔히 정부는 허가 등을 하면서 투자, 공정경쟁, 이용자 보호 의무 등을 부과하는 조건을 붙인다. 이때 조건은 행정기본법상 해당 처분의 목적에 위배되지 아니할 것, 해당 처분과 실질적인 관련이 있을 것, 해당 처분의 목적을 달성하기 위하여 필요한 최소한의 범위일 것이라는 한계가 존재한다. 그러나 현행 조건은 이러한 법원칙과는 부합되지 않는다.

허가취소 등을 볼모로 당해 허가 등과는 관련이 없는 부당한 내용의 조건을 부과하는 관행을 중단해야 한다.

둘째, 소유규제에 관한 것이다. 소유규제의 목적은 소유권의 분산을 통해 여론의 다양성을 보장하는 한편 국내 방송산업을 보호하기 위한 것이다. 그러나 과도한 소유규제는 자본의 유입을 통한 방송산업의 성장을 저해한다. 이제 매체 환경이 다원화되고 있고 여론 영향력이 약해지고 있는 상황을 고려해 소유규제를 완화할 필요가 있다.

정부는 2009년 방송법을 개정해 여론독과점을 막기 위해 매체합산 시청점유율 규제를 도입했기 때문에 그 외 다른 소유규제를 계속 유지할 실익이 없어졌다. 대표적으로 케이블, 위성, IPTV 등 전체 유료방송가입자 1/3 초과 금지 규제와 일반 PP의 특정 PP의 전체 PP 매출(홈쇼핑 제외) 중 점유율 49% 이하라는 규제는 폐지를 검토할 필요가 있다.

다음 외국인 소유제한을 보면 종편이나 보도전문 PP, IPTV, 케이블에 대해서 각각 20%, 10%, 49%, 49% 외국인 지분 소유가 허용되어 있고 지상파는 금지되어 있다. 그러나 지상파 방송사의 위상 약화, 한류 콘텐츠의 글로벌 생산·유통을 위한 글로벌 콘텐츠 기업들과의 합작이나 협업 가능성을 고려하면 지상파의 경우에도 외국인 소유제한을 완화할 필요가 있다. 다른 유료방송의 경우에도 현행보다는 규제를 완화할 필요가 있다. 한편 대기업의 지상파방송 10% 소유제한 규제는 민영방송 기준 미국, 유럽, 일본 등 주요 선진국에는 없는 제도로서 타당성에 의문이 있다. 지상파 매체 영향력과 형평성 등을 고려해 상향할 필요가 있다.

셋째, 채널구성 및 편성규제이다. 유료방송 플랫폼은 특정 분야 편중금지, 다양성 확보, 특수관계자에 대한 채널임대 제한, 공공·공익채널 의무편성 등 다양한 채널규제가 적용되고 있다. 예컨대 유료방송의 경우 의무편성 채널이 15개에 이르고 있다. 케이블의 경우 지역채널 1개 이상 송출의무가 있으나, IPTV의 경우 사업자가 직접 운용하고 사용하는 직접사용채널이 금지되고 있다. 방송편성에서도 방송사업자는 다양성과 국내 콘텐츠 시장 보호를 위해 규제를 받고 있다. 특히, 일반 PP에 대해서는 주된 방송분야 편성비율을 70% 이상으로 정하고 있고, 방송사업자에 대해서는 국내제작 프로그램을 40% 이상 방송하도록 정하고 있다.

채널규제의 개선 방향으로는 방송의 다양성·지역성 등 채널 구성 원칙을 법률에서 제시하면, 사업자가 그 준수방법과 기준을 자율적으로 결정하도록 하되, 정부는 사업자가 정한 기준이 현저하게 원칙과 불일치하는 경우 개선을 권고하는 방안을 검토할 수 있다. 일종의 원칙기반(principle-based) 규제방식을 도입하는 것이다. 편성규제의 경우에는 모든 PP를 대상으로 할 것이 아니라 주요 업체를 지정하여 이들만 규제하되 규제방식은 양적규제가 아니라 자율규제 방식으로 전환하는 것을 검토할 수 있다. 또한 케이블 지역채널의 경우 해설, 논평을 허용하고 IPTV의 경우에도 보도, 논평을 제외하고는 직접사용채널을 허용하는 것이 타당하다. 사실 보도를 허용하면서 해설, 논평을 금지하는 것이나, 전국 서비스라는 이유로 IPTV의 자체 채널 운용을 금지하는 것은 비합리적이고 과도한 규제이다.

넷째, 광고규제이다. 현행 방송법은 시청자 보호를 위해 지상파, 유료방송 구분 없이 방송광고의 유형·횟수·시간 등을 엄격하게 제한하고 있다. 방송사업 재원의 대부분을 차지하는 광고에 대한 규제를 개선하지 않으면 방송사업이 지속될 수 없다는 점에서 광고규제의 개선은 필수적이다. 특히, 유튜브 등 인터넷은 물론 넷플릭스 등 OTT와 광고경쟁을 하고 있는 상황에서 방송광고 규제를 획기적으로 개선할 필요가 있다. 전체 일 방송시간 중 17%로 되어 있는 광고총량을 20% 이하로 완화하고, 현재 방송프로그램광고, 토막광고, 자막광고, 시보광고, 중간광고, 가상광고 간접광고로 구분된 방송광고유형을 기술발전에 탄력적으로 대응하기 위해 폐지하는 것을 고려할 수 있다. 다만, 시청자 보호를 위해 방송과 방송광고는 명확히 구분하고, 청소년 보호 등을 위해서는 사업자 자율규제 방안을 검토할 필요가 있다.

끝으로 글로벌 OTT에 대응하는 유료방송 플랫폼 규제혁신이다. 현재 OTT는 전기통신사업법 부가통신사업(온라인동영상서비스)으로 규정되어 있고 이런 OTT 콘텐츠 제작비에 대해서는 조세특례제한법상 세액공제가 허용되어 있어 최소규제만을 받고 있는 상황이다. 그런데 넷플릭스의 오징어 게임의 경우 제작비 300억 미만으로 1.2조 규모에 달하는 효과를 달성했는데 이는 제작사로부터 IP를 양도받음으로써 가능했다. 이런 글로벌 OTT의 국내 IP 독점을 방지할 제도적 장치도 고민할 필요가 있다. 프랑스 시청각미디어서비스지침(Audio Visual Media Services Directive)에는 글로벌 OTT의 투자 콘텐츠 IP 독점 기간을 3년으로 제한하고, 제작사는 3년 뒤 리메이크 등 IP 활용이 가능하도록 하고 있다. 넷플릭스의 인기작 〈더글로리〉는 선정성과 폭력성으로 논란이 되었음에도 방영이 가능했던 것은 자율등급제를 실시하고 있었기 때문이다. 국내 방송에서는 내용규제로 인해 방영이 불가능했을 것인데, 내용규제 완화도 검토해야 할 것이다.

2차대전 후 빈민국에서 개발도상국을 넘어 선진국으로 진입하는 단계에서 한국이 강점을 가졌던 반도체, 조선, 자동차, 휴대폰 등 주력산업을 제외하면 이제 미디어·콘텐츠가 미래 유망산업이므로 이를 지원하는 정부의 정책이 절실한 상황이다. 단, 정부가 할 수 있는 가장 중요한 임무는 규제혁신이라는 점을 잊지 말아야 한다. 이제는 정말 방송 규제를 혁신할 때이다.

5 넷플릭스 등과의 콘텐츠 경쟁 위해, 낡은 방송 규제 손볼 때다

2022년 4월 22일 국회 과방위 법안소위는 유료방송 기술중립성 도입을 위한 방송법 개정안을 의결했다. 그동안 케이블은 유선주파수(RF), IPTV는 인터넷 프로토콜(IP)방식으로 전송방식이 규제되고 있었으나, 이제 법 개정으로 유료방송사업자가 전송기술을 자율적으로 선택할 수 있게 되었다. 이를 유료방송 기술중립성이라고 한다. 지상파는 무선주파수, 케이블은 유선주파수, IPTV는 IP라는 특정 방송전송 방식에 따른 방송면허 구분을 폐지하는 규제완화조치였다.

이처럼 방송시장의 낡은 규제가 점차 폐지되고 있다. 방송시장에 이런 규제혁신이 필요하게 된 이유는 방송시장의 변화 때문이다. 태풍의 핵은 넷플릭스, 디즈니, 유튜브 같은 글로벌 OTT의 급속한 성장이다. OTT는 인터넷망을 이용하는 VOD 서비스라는 점에서 방송으로서 규제가 적용되지 않는 가운데, 콘텐츠의 유통 플랫폼으로서 또한 거대자본이 투입되는 오리지널 콘텐츠 제작자로서 콘텐츠 생태계를 주도하고 있다. 다음 변화는 방송시장의 저성장 흐름이다. 2021년 방송산업 실태조사 결과에 따르면, 방송시장 규모는 매출액 기준 18조 118억 원으로 전년보다 1.9% 증가했으나 증가율은 매년 감소세다. 사업자별로는 IPTV가 지상파와 케이블을 제치고 1위이다. 사실 방송시장 매출 18조는 24조인 통신사 KT보다 작은 규모이다.

결국 방송시장은 OTT가 급속히 미디어콘텐츠 시장을 잠식하고 있고, 레거시 미디어 시장은 출구를 찾지 못한 채 저성장이 고착화되고 있다. 이에 대한 대응으로는 방송산업에 대한 정책적 지원을 생각할 수 있으나, 이의 효과는 단기적이며 정책의존적인 허약한 산업구조를 양산할 우려가 있다는 점에서 더 중요한 것은 방송시장의 낡은 규제 완화이다.

우선 대표적인 규제인 진입규제와 소유규제 혁신이 필요하다. 현행 진입규제는 케이블, 위성, IPTV 등의 플랫폼은 허가, 홈쇼핑, 보도, 종편 PP는 승인이다. 우선 플랫폼의 경우 OTT 등장으로 사회적 영향력이 약화된 상황에서 허가제를 유지할 근거가 부족하다. 일정한 설비 및 자본금 등 요건을 갖추면 진입을 허용하는 등록제로의 전환을 검토할 필요가 있다. 또한 다양한 보도매체의 경쟁, T커머스·라이브커머스 등 대체재가 등장한 상황에서 보도, 홈쇼핑 PP 승인제도 검토할 필요가 있다. 또한 진입규제에 수반하는 조건도 문제이다. 정부는 2019년 이후 15~21개 조건을 붙이는 등 많은 조건을 부가해왔다. 법령상 의무를 반복하는 내용, 허가 등과는 관련이 없는 내용, 사업자의 이행이 어려운 내용의 조건이 많다. 정부는 허가를 받아야 하는 수허가자의 열악한 지위를 이용하여 위법, 부당의 여지가 있는 조건을 붙이고 있다.

둘째, 재허가, 재승인의 정당성에 관한 것이다. 재허가 거부 사례는 2009년 서대구방송이 유일하다는 점에서 재허가의 실효성에 의문이 있다. 원해 재허가 등 취지는 행정기관이 허가 등 사업에 대한 정기 점검을 시행하여 사업운영에 대한 적법성을 감독하는 것이다. 그러나 이미 허가취소, 업무정지를 통해 적법성 감독이 가능하다는 점에서 정당성이 인정되기 어렵다.

셋째, 시장점유율 규제이다. 케이블과 IPTV는 전체 유료방송가입자 1/3을 초과하는 것이 금지된다. 그러나 OTT 확대로 유료방송 시장점유율의 의미가 쇠퇴하고 있으며, 시장점유율 확대로 인한 부작용은 인수합병 심사가 시 조건 및 금지행위 등의 사후규제로 대응할 수 있다는 점 이를 폐지하거나 기준을 확대하는 것을 고려할 필요가 있다.

넷째, 대기업과 외국인의 지상파방송에 대한 소유규제, 방송사업자 간 교차소유규제는 소유권의 분산을 통해 여론의 다양성을 보장하기 위한 것이지만, 과도한 소유규제는 다양한 자본의 유입을 통한 방송산업의 성장을 저해하는 부작용도 있다. 이미 정부는 2009년 방송법을 개정해 여론독과점을 막기 위한 매체합산 시청점유율 규제를 도입했다. 이런 점에서 소유·겸영 규제를 철폐하거나 대폭 완화하는 것이 필요하다.

그동안 한국은 방송의 여론형성이라는 공익적 기능을 달성하기 위해 촘촘하면서도 정교한 규제를 시행해왔다. 정부의 미디어콘텐츠 정책은 방송을 규제의 대상으로만 생각하고 산업으로서 성장가능성을 주목하지 않았다. 그러나 이제 K-콘텐츠로 대표되는 국내 콘텐츠의 경쟁력이 만만치 않다. 이제 미디어콘텐츠 산업이 세계시장을 주도할 가능성에 주목하면서 미디어규제의 획기적인 패러다임 전환이 필요한 시기이다.

6 닻 올린 미디어·콘텐츠 산업 진흥과 규제 혁신

2024년 3월 13일 총리 직속 자문기구인 미디어·콘텐츠산업융합발전위원회는 전체회의를 개최하고, 「미디어·콘텐츠 산업융합 발전방안」을 확정, 발표하였다. 위원회는 총리와 과학기술정보통신부·문화체육관광부 장관, 방송통신위원회 위원장 등 정부위원과 민간 전문가로 구성되어 2023년 4월부터 37회의 회의, 의견 청취, 공개토론회를 거쳐 각계의 제언을 검토하고, 관계부처 협의를 통해 정책방안을 마련했다.

위원회 출범 시 문제 인식은 이러했다. 미디어·콘텐츠 산업은 거대 글로벌 기업 중심으로 급격한 패러다임의 전환기를 맞고 있다. 오징어 게임, 더 글로리 등 우리 콘텐츠의 경쟁력은 세계적 수준이나 방송, OTT 등 미디어 산업은 치열해진 경쟁으로 성장이 정체되거나 적자를 기록하고 있다. 이에 한류의 원천이자 고부가가치 산업인 미디어·콘텐츠 산업이 우리 경제의 새로운 성장엔진이 될 수 있도록, 미디어와 콘텐츠가 함께 성장하는 선순환 생태계를 조성하기 위한 발전방안이 필요하다는 것이었다. 한마디로 넷플릭스 천하에서 한국이 세계적 경쟁력을 지닌 콘텐츠 분야의 지속 성장을 위해 미디어와 콘텐츠 동반성장 전략을 찾고자 한 것이었다.

필자도 본 위원회에 참여하는 영광을 누렸는데, 본고에서는 그동안의 성과와 향후 과제를 정리해 보고자 한다. 우선 정책방안을 간단히 정리해 보면 다음과 같다. 크게 보면 업계가 당면하고 있는 재정적 문제를 해결하기 위한 방안과 규제를 혁신하는 방안으로 나누어진다.

우선 위원회는 미디어·콘텐츠 산업의 재정 기반을 든든히 하기 위해 민간 투자를 촉진하는 마중물 지원을 확대해야 한다고 보았다. 이에 정부는 영상 콘텐츠 제작비에 대한 세액 공제율을 최대 30%까지 확대하고, 중소·중견기업이 영상 콘텐츠 문화산업전문회사에 투자한 금액에 대한 3%의 세제 혜택을 신설하였다. 기본공제와 추가공제를 합하면, 대기업 3→15%, 중견기업 7→20%, 중소기업 10→30%로 공제율이 상향된다.

또한 경쟁력 있는 대형 콘텐츠 제작을 지원하고, 국내 제작사의 콘텐츠 IP 보유·활용을 돕기 위해 민관 합동으로 1조 원대 'K-콘텐츠·미디어 전략펀드'를 신규 조성한다. 24년 총 6천억 원을 조성하고 향후 24~28년 5년간 총 1조 2백억 원을 조성하는 것을 목표로 하고 있다.

다음은 규제혁신인데 당초 목표는 글로벌 경쟁이 치열한 미디어 시장에서 한국에만 존재하는 규제는 철폐하는 것을 원칙으로 하되, 반드시 존치할 필요가 있는 규제에 대해서는 정당성을 엄밀히 검증하려고 했다. 결과적으로 위원회는 혁신을 저해하는 낡은 방송규제 13개의 규제 개선방안을 마련하였다. 대표적으로 홈쇼핑, 케이블, 위성, IPTV 등 유료방송의 재허가·재승인제를 폐지하고, 지상파 방송 및 종편·보도 채널의 최대 유효기간을 현재 5년에서 7년으로 확대한다. 또한, 케이블 방송, IPTV, 일반 PP의 자유로운 시장 재편을 저해하는 시장점유율 규제를 폐지한다. 방송광고 시장의 자율성과 활력 제고를 위해서는 현행 7개의 복잡한 방송광고 유형 프로그램 내 광고, 프로그램 외 광고, 기타 광고 3개로 단순화하기로 하였다.

표로 정리하면 다음과 같다. 구체적으로 항목별 의미를 살펴본다.

| 미디어·콘텐츠산업융합발전위원회 규제 혁신안

구분	내용
인·허가	① 유료방송 (홈쇼핑, 케이블, 위성, IPTV) 재허가·재승인제 및 유효기간(現 7년) 폐지 → 장기적으로 허가·등록제를 등록·신고제로 완화 ② 지상파, 종편·보도채널의 허가·승인 이후 최대 유효기간 확대(現 5년→7년) ③ 「(재)허가·승인 기본계획」에 부관 부가 원칙 명시 및 사후 부가 사유 공개
소유·경영	④ 대기업 기준 상향(現 자산총액 10조 원 → GDP 일정비율과 연동) ⑤ 일간신문·뉴스통신의 케이블(SO), 위성, IPTV에 대한 지분 제한(現 49%) 폐지 ⑥ 외국인의 일반PP·홈쇼핑 지분 제한(現 49%) 폐지(공익성 심사) ⑦ 유료방송 (케이블, IPTV, 일반PP) 시장점유율 규제 폐지

내용·채널운용·편성	⑧ 방송심의규정의 구체화 등 개선 ⑨ 유료방송 70개 이상 채널운용 의무 폐지, 사후적 민간 자율 규율 ⑩ 1개국 수입물 편성 규제 (現 90%↓) 및 오락물 편성 규제 (現 60%↓) 폐지
광고	⑪ 방송광고 7개 → 3개 유형(프로그램 내/외, 기타)으로 단순화 ⑫ 프로그램 편성시간당 광고시간 총량 제한(現 20%↓) 완화 ⑬ 규제 실효성·시대적 변화 등 고려, 광고제한 품목 완화(고열량·저영양 식품 등)

먼저 인허가 이슈에 있어 유료방송은 최초 허가를 제외하고 재허가, 유효기간이 폐지되고 지상파, 종편, 보도의 허가 유효기간이 늘어났다. 이로 인해 유료방송사는 투자와 혁신을 통해 글로벌 경쟁에 대응할 수 있는 역량을 확보해나가는 데 기여할 것으로 기대되며, 지상파, 종편, 보도채널도 행정부담을 줄이는 것은 물론 미래의 미디어·콘텐츠 산업환경을 조망하고, 보다 장기적인 사업전략을 수립하는 데 보탬이 될 것으로 기대된다. 한편 부관 부가 원칙을 허가 기본계획에 명시하기로 한 점은 종래 허가와 관련성이 없는 부관으로 인한 폐해를 줄이는 장점이 있을 수 있으나, 당초 부관 부가 사유를 법정화해서 조금 더 행정의 재량권을 통제하려는 시도에서는 후퇴한 것이다.

다음 소유, 겸영 문제는 마지막까지 많은 논란이 있었다. 소유, 겸영 규제의 완화로 민간 자본의 미디어 시장 유입이 필요하다는 입장과 방송의 공익성 등을 고려하면 신중한 접근이 필요하다는 입장이 팽팽했다. 2023년 11월 공개토론회상 초안에는 최종 발표안에 더해 지상파, 종편, 보도채널에 대기업, 일간신문(뉴스통신), 외국인 지분 제한을 완화하는 안이 포함되어 있었다. 현재 대기업과 일간신문 등은 지상파 10%, 종편, 보도는 30%, 외국인은 지상파는 금지, 종편 20%, 보도 10% 소유 제한이 있는데, 이는 글로벌 기준에 부합하지 않는 규제로 대기업, 외국인 등이 경영권을 가지지 않는 범위 내에서 일부 지분 제한을 완화할 필요가 있다는 의견이 있었으나 합의를 도출하지 못했다. 다만, 대기업 기준을 자산규모에서 GDP와 연동해서 정하도록 합리화한 것은 성과라고 할 수 있다.

채널 운용 규제의 경우에는 당초 지상파 의무재송신을 제외하고는 13개의 의무편성 채널 규제를 폐지하고 국내제작 비율, 순수외주제작 비율 규제도 폐지하는 방향이 검토되었으나, 공익적 채널의 구성, 운용의 필요성, 국내 콘텐츠 산업

보호, 영세한 제작사 보호 등의 필요성이 인정되어 존치되었다. 다만, 1개국 수입물 편성규제를 완화하고 오락물 편성규제는 폐지하는 것으로 결정되었다.

또한 광고종류를 단순화하고 광고총량 규제를 완화함으로써 방송프로그램 및 광고 편성의 자율성 제고를 통해 광고시장의 창의성이 증대되고 방송광고 매출액이 증가하여 경쟁력 있는 방송콘텐츠를 제작하는 선순환 구조가 만들어지기를 기대하고 있다. 다만, 고열량·저영양 식품 등 광고제한 품목 완화는 소관 부처의 규제혁신 의지가 중요한 만큼 적극적인 검토를 기대한다.

2024년 3월 발표된 방송통신위원회의 업무계획도 이런 미디어 분야 규제혁신 방안을 충실히 담고 있음과 동시에 광고 판매규제 형평성 강화와 협찬 규제 완화가 추가되었다. OTT 등 뉴미디어 활성화, 매체 간 차등규제로 인한 방송광고시장 침체 해소를 위해 크로스미디어렙 도입을 검토할 계획이다. 크로스미디어렙은 미디어렙사가 방송과 연관된 온라인광고를 방송광고와 결합판매하도록 허용하는 제도이다. 다음 협찬주명을 프로그램 제목으로 사용하는 제목협찬을 금지하는 협찬고지 규제를 단계적으로 완화할 계획인데, 우선적으로 지역·라디오 프로그램에 정부·공공기관이 협찬한 경우, 제목협찬을 우선 허용할 계획이다.

재정지원, 규제혁신 외에도 글로벌 진출과 신시장 선점을 지원하기 위해 국내 OTT의 글로벌 인지도를 높일 수 있도록 스마트TV용 'K-미디어·콘텐츠 전용채널'을 확대 운영하고, 또한 미디어·콘텐츠 기획부터 제작, 유통 등 전 단계에서 AI를 접목하고, 버추얼 스튜디오를 구축하는 등 첨단기술을 고도화하기로 했다. 아울러 혁신을 이끌기 위해서는 창의·융합형 전문인력을 1만 명 육성한다. 또한 지속 가능한 산업생태계를 조성하기 위해 외주제작사에 대한 불공정행위 규제, 지역방송 겸영 규제 완화, 케이블 지역 채널의 커머스 방송 상시 허용을 추진한다.

다만 아직 남은 과제가 적지 않다. 먼저 이번 정책방안의 상당 부분, 특히 규제혁신 내용은 방송법 등의 개정이 이루어져야 실행가능한 사항이다. 비록 이번 정책방안은 정부, 여당, 산업계와의 의견이 조율된 것이지만, 아직 야당을 비롯한 언론단체와는 논의가 이루어지지 않았다. 국회의원 선거 후 본격적인 법안 개정 작업이 시작되면 여야 간 치열한 논쟁이 예상된다. 설득과 타협을 통해 원만한 합의안이 도출되기를 기대한다. 다만, 시행령 개정만으로도 가능한 사항은 조속히 개정 작업을 진행해야 할 것이다.

다음 아직 다루지 못한 중요한 이슈가 방송·미디어 법제 패러다임 개편이다. 이번 정책방안은 진입, 소유, 편성, 광고 등 미디어법상 각론에 해당하는 개별 규제에 관한 혁신안이었지만, 미디어법의 프레임에 대한 논의가 진행되지 못했다. 예컨대 방송통신위원회는 이미 방송법, IPTV법, 전기통신사업법 등 개별법에 분산된 미디어 규율체계를 정비하여, 신·구 미디어를 포괄하고 미디어 산업의 지속가능 성장을 지원하는 통합미디어법(안) 입법을 추진한다는 계획이다. 부처 간 이견이 있을 수 있는 공영과 민영 방송의 구분과 역할 정립, OTT 규율체계의 확립, 나아가 미디어 정책 거버넌스 정비 등 굵직한 이슈가 남아 있다.

그동안 신정부 출범 시마다 미디어 정책은 중요한 국정과제였으며 몇 차례 이번 위원회와 같은 다부처, 민간 전문가가 참여하는 거버넌스가 존재했다. 이번 위원회도 국무총리실을 비롯한 관계 공무원과 민간전문가의 헌신적인 참여로 소기의 성과를 거둔 것으로 평가된다. 더 어려운 과제가 남아 있지만 여전히 이런 대통령이나 국무총리가 중심이 되면서 민간전문가가 참여하는 범부처 거버넌스가 필요하다. 마지막 회의에 참석했던 문체부 장관, 방통 위원장 등도 이런 정책 협의체가 지속되기를 원한다는 입장을 밝혔다.

7 대기업의 미디어 산업 소유규제 완화해야

현행 방송법은 자산총액 10조 원이 넘는 상호출자제한기업집단의 경우 지상파방송사의 지분을 10% 이하로 소유하도록 정하고 있으며, 미디어렙법도 자산총액 10조 원이 넘는 대기업은 미디어렙의 지분을 10% 이하로만 소유할 수 있다고 규정하고 있다. 그런데 방송법, 미디어렙법상 대기업 기준은 공정거래법을 원용한 것인데, 그동안 공정거래법상 대기업 기준은 국내 경제규모 성장에 비례하여 꾸준히 개정된 반면, 방송법, 미디어렙법상 대기업 기준은 경제규모 성장, 방송사업자들의 자산규모 확대 등과 상관없이 2008년부터 지금까지 (미디어렙법은 2012년) 10조 원으로 유지되고 있다. 현재 공정거래법상 상호출자제한기업집단 자산총액 산정 기준은 〈명목 국내총생산의 확정치 x 0.5%〉로 변경되었으며, 이 기준에 따르면 자산총액 기준은 10.4조 원이다.

이런 자산총액 규제의 특성은 크게 4가지이다. 첫째, 비현실적이고 낡은 규제라는 점이다. 현재의 방송법, 미디어렙법상 대기업 소유규제는 그동안의 경제와 기업 성장을 전혀 반영하지 못하고 있다. 대기업 소유규제 관련해 방송법 시행령이 마지막으로 개정되었던 2008년 당시 1,154조 원이었던 국내 총생산액은 2023년 2,236조 원을 기록했는데, 이는 2008년 대비 94% 증가한 수치이다. 또한 2024년 대기업 수(48개)는 2008년(공기업 제외 17개) 대비 2.8배 증가하였고, 2024년 대기업 자산총액 총합(2,794조 원)은 2008년(공기업 제외 655조 원) 대비 4.3배나 증가했다. 이처럼 국내 총생산 증가에 따른 기업들의 자연스러운 성장에도 불구하고, 방송법, 미디어렙법상 대기업 기준은 여전히 10조 원을 유지하며 현실에 맞지 않는 낡은 규제로 변질되었다.

둘째, 동 규제는 공정거래법과의 차이점을 반영하지 못해 모순적인 규제가 되고 있다. 2008년 방송법 시행령을 개정해 자산총액 3조 원에서 10조 원으로 상향시 당시 공정거래법상 대기업 기준 자산총액은 5조 원이었다. 이는 당시 공정거래법상 대기업 집단 중에서도 자산총액이 일정 규모 이상인 기업을 방송법에서 별도로 정해 해당 기업들에 한해서만 지상파방송사의 소유를 제한토록 한 것이 당시 입법자의 개정 취지였다. 이런 취지를 실현하기 위해서는 방송법상 대기업 자산총액 기준이 거래법상 금액 기준보다 높아야 하는데 그동안의 방송법 개정 미비로 인해 이와는 반대되는 상황이 계속되고 있다.

셋째, 도입 목적이 상실된 규제이다. 대기업의 지상파방송사 소유제한 규제는 미디어가 지상파 방송과 신문에 불과하던 시대에 대기업의 여론 독과점을 방지하기 위한 진입 규제로 만들어진 것이다. 이후 기술 발전에 따른 방송·미디어시장의 급변, 그리고 포털, SNS, OTT의 이용자 확대 등으로 지상파 방송이 여론에 미치는 영향력은 규제 도입 당시 대비 큰 폭으로 감소하였으며, 이로 인해 당초 동 규제가 방지하고자 한 '지상파를 활용한 대기업의 여론 독과점' 상황의 발생 가능성 자체가 상실된 지 오래다. 또한 이런 가능성이 있다고 하더라도 대기업의 영향력 행사를 방지하는 사후 규제가 존재한다. 예를 들어, 이미 방송법에 여론 독과점을 방지하기 위해 시청점유율 30% 한도 규제가 있을 뿐 아니라 재허가 심사, 방송평가, 방송 심의 등 최다액 출자자에 의한 지상파 방송의 사적 이용을 막는 장치가 마련되어 있다.

넷째, 한국에만 존재하는 규제라는 것이다. 대기업 소유규제는 해외 주요국에서는 찾아볼 수 없는 규제로, 토종 콘텐츠 기업의 성장을 저해하는 부작용을 초래하고 있다. 기업의 자산총액 규모를 기준으로 방송사업 진출에 제한을 두는 국가는 한국이 유일하다. 미국과 일본은 과거 아날로그 매체 환경에서 도입되었던 일률적 사전 규제를 최소화하는 대신 방송 분야의 과도한 시장 집중이나 특정 사업자의 영향력을 가구 도달률, 시청점유율 등을 통해 규제함으로써 비대화를 억제할 수 있는 사후 규제를 시행 중이다.

이런 대기업의 지상파 방송소유 제한으로 인한 부정적 효과가 심각하다. 동 규제는 방송시장으로의 대규모 신규 투자 유입을 차단해 방송사들의 제작 재원 확보를 어렵게 하고, 국내 방송사들의 글로벌 경쟁력 강화 시도까지 저해할 수 있으며, 이로 인해 국내 방송사들이 규모 있는 글로벌 콘텐츠 사업자로 성장할 수 있는 기회를 박탈하고 있다.

이에 방송·미디어 시장으로의 대기업 자본 유입을 촉진해, 글로벌 시장에서 경쟁 가능할 정도로 규모와 경쟁력을 갖춘 사업자를 육성하기 위해서는 방송법, 미디어렙법상 대기업 소유규제가 시급히 개선되어야 할 것이다. 낡은 소유규제로 인해 대기업들에 의한 전략적 투자가 사실상 불가능하게 되면 결국 제작 재원 확보가 어려워진 방송사들은 어쩔 수 없이 제작비, 수익성을 보장해 주는 글로벌 OTT 향 콘텐츠 제작, 공급을 선택할 수밖에 없는 상황에 처하게 되며, 결국 국내 방송사들을 글로벌 OTT의 하청 업체로 도태시키는 결과를 초래하게 된다.

방송미디어 시장, 환경의 변화와 지상파 방송의 영향력 감소로 당초 동 규제가 방지하고자 한 '지상파를 활용한 대기업의 여론 독과점' 가능성이 상실된 지 오래라는 점을 감안해, 중장기적으로 민영 방송사에 한해서라도 사회적 논의를 거쳐 방송법, 미디어렙법상 대기업 소유제한 규제를 폐지할 필요가 있다. 단기적으로 자산총액 10조 기준은 자산총액 기준 금액을 상향 조정하는 방안, 자산총액 기준을 GDP와 연동해 산정하는 방안, 규제 기준을 자산총액 대신 대기업집단 순위로 변경하는 방안을 검토할 필요가 있을 것이다.

8 콘텐츠란 무엇이며 이에 대해서는 어떤 규제가 있을까

디지털 대전환의 생태계를 구성하는 4가지 요소를 흔히 C(Contents), P(Platform), N(Network), D(Device)라고 하는데, 그동안 한국의 경쟁력이 네트워크와 디바이스에 있었다면 이제 콘텐츠와 플랫폼에서도 두각을 나타내고 있다. 특히 BTS, 오징어 게임, 이상한 변호사 우영우 등 콘텐츠가 퍼스트 무버로서의 역할을 하고 있다.

우선 콘텐츠란 무엇일까. 콘텐츠란 어원으로는 내용물을 의미하지만, 보통 게임물, 영상물, 음원 등 표현물 또는 매체물을 의미한다. 다만, 법률상으로는 보다 넓게 정의된다. 콘텐츠산업법 제2조 제1호는 "콘텐츠"를 "부호·문자·도형·색채·음성·음향·이미지 및 영상 등(이들의 복합체를 포함한다)의 자료 또는 정보"로 정의하고 있다. 결국 콘텐츠는 광의로는 자료 또는 정보를 뜻하지만, 보통은 게임물, 영상물, 음원 등 문화상품으로서 매체물을 특징적으로 표현하는 것으로 볼 수 있다.

이런 의미와 유사한 것이 청소년보호법 제2조 제2호의 매체물 개념이다. 여기에는 영화비디오법상 영화 및 비디오물(가목), 게임산업법상 게임물(나목), 음악산업법상 음반, 음악파일, 음악영상물 및 음악영상파일(다목), 공연법에 따른 공연(라목), 방송법에 따른 방송프로그램(바목), 신문법에 따른 신문(사목), 정기간행물법에 따른 간행물(아목), 출판법에 따른 간행물(자목), 옥외광고물법에 따른 옥외광고물(차목) 등이 모두 포함된다.

그런데 콘텐츠는 사회문화적인 파급효과가 상당하다는 이유로 그 내용의 적절성에 대한 심의가 이루어지고 있다. 이를 소위 내용규제라고 하는데, 현행 내용규제는 크게 등급분류제도, 청소년유해매체물 규제, 사후심의 제도 등 3가지로 나눌 수 있다.

초기의 내용규제는 정부가 주도하는 사전 검열을 위주로 진행되었으나, 이는 헌법상 표현의 자유를 침해한다는 이유로 위헌 판단을 받아 대부분 폐지되었다. 이에 따라 등급분류제도가 시행되고 있다. 등급분류는 콘텐츠를 일정한 기준에 따라 등급을 나누는 것인데, 헌법상 표현의 자유를 침해하지 않으면서도 청소년을 보호할 수 있는 유용한 제도라고 할 수 있다.

구체적으로 보면 등급분류는 콘텐츠에 대해 청소년이용불가, 15세이용가, 12세이용가, 전체이용가 등 연령별 등급을 표시하도록 하는 제도이다. 게임산업법에 따른 게임물, 영화비디오법에 따른 영상물(영화, 비디오물), 음악산업법에 따른 음악영상물(뮤직비디오)의 경우에는 그 배급·유통 전에 게임물관리위원회, 영상물등급위원회에서 등급분류를 받아야 한다. 다만, 이러한 사전 등급분류는 실시간 콘텐츠에는 적합하지 않기 때문에 방송프로그램의 경우에는 방송사가 자체심의를 하여 연령표시를 한다.

이처럼 등급분류제도가 시행되고 있지만, 앱 마켓을 통한 모바일 게임물 유통이 급격히 늘어나면서 게임물관리위원회를 통한 등급분류가 신속성이나 실효성에 있어 의문이 제기되었다. 이에 따라 게임물에 대한 자체등급분류제도가 도입되었는데, 이는 문화체육관광부 장관으로부터 자체등급분류사업자로 지정받은 사업자가 자신이 제작하거나 유통하는 게임물에 대해 스스로 등급분류를 하는 것이다. 다만, 또한 청소년 이용불가 등급에 해당하는 게임물과 아케이드 게임물은 자체등급분류 대상에서 제외되어 있다.

이런 등급분류 외에도 대부분의 매체물에 대해서는 청소년보호법상 청소년유해매체물에 관한 규제가 적용된다. 청소년유해매체물은 영화, 비디오, 게임, 음악, 공연, 인터넷, 간행물, 광고물 등의 매체물 중에서 청소년에게 유해한 선정적이고 폭력적인 내용을 담고 있어서 청소년을 대상으로 한 유통이 부적절한 매체물이다. 청소년보호위원회 등은 매체물을 청소년유해매체물로 결정하였을 때에는 지체 없이 그 이유를 명시하여 청소년유해표시의무자인 음반, 음악파일, 음악영상물 및 음악영상파일을 제작·수입·복제한 자 또는 제공하는 자에게 그 사실을 통보해야 하고, 이를 통보받은 의무자는 표시의무, 포장의무, 판매금지, 방송

시간 제한 등의 의무를 이행해야 한다.

끝으로 인터넷 표현물에 대해서는 정보통신망법에 따라 방송통신심의위원회에서 사후심의를 받는다. 즉, 방송통신위원회는 음란 정보 등 불법정보에 대해 방송통신심의위원회의 심의를 거쳐 정보통신서비스 제공자 또는 게시판 관리·운영자로 하여금 그 처리를 거부·정지 또는 제한하도록 명할 수 있도록 하고 있다.

이런 콘텐츠에 대한 내용규제도 콘텐츠 간 융합현상이 일상화되면서 새로운 도전을 맞이하고 있다. 먼저 OTT가 등장하면서 영상물의 유통이 급격히 증가하였고, 특히, OTT 프로그램의 경우 전 세계 동시개봉이 일상화되는 변화가 나타났다. 이에 OTT 프로그램에 대해 영상물등급위원회가 적시에 등급분류를 하지 못해 콘텐츠 공개가 늦어지고, 등급심사를 받지 않는 해외 OTT들과의 역차별이 생기고 있다는 지적이 이어졌다. 이에 따라 2022년 9월 정부는 영화 및 비디오물의 진흥에 관한 법률을 개정해 문화체육부 장관으로부터 자체 등급분류 사업자로 지정받은 OTT 사업자가 자율적으로 온라인 비디오물의 등급을 분류해 유통할 수 있도록 했다.

다음 AR, VR 기술을 활용한 실감형 콘텐츠의 발달로 인해 게임물과 영상물의 경계가 흐려지고 있다. 특히, 가상공간인 메타버스 생태계에서 이용자들의 광범위한 콘텐츠 창작활동은 콘텐츠별 별도의 칸막이식 내용규제 체계를 적용하기 어렵게 하고 있다. 즉, 메타버스 이용자가 생성하는 콘텐츠는 게임물, 영상물, 인터넷 표현물 등으로 다양한데 이를 기존의 어느 규제 체계로 포섭할 것인지가 문제가 되고 있다. 또한 메타버스를 비롯한 디지털 기술의 특징은 국경을 초월한 서비스를 지향하고 있다는 것인데, 이로 인해 콘텐츠에 대해 각국 고유의 내용규제만을 강조하는 것은 차별적인 것은 물론 실효성을 가지기도 어렵게 되고 있다. 결국 글로벌 스탠다드에 맞는 규제를 고려하지 않을 수 없게 된 것이다.

최근 K-한류 등 콘텐츠가 가지는 엄청난 부가가치를 고려하고, 인격 발현에 있어서 가장 중요한 기본권인 표현의 자유를 최대한 보장하면서도 유해한 콘텐츠로부터 청소년을 보호하기 위한 효율적인 콘텐츠 내용규제 방향을 모색해야 할 것이다. 특히, 융합시대에 어울리지 않는 칸막이식 포지티브 규제방식을 개선하고 또한 글로벌 스탠다드에 부합하는 규제방안에 대한 검토가 이루어져야 할 것이다.

9 콘텐츠 이용료 인상의 딜레마

우리는 방송 콘텐츠를 케이블, IPTV 등 유료방송 플랫폼 등을 통해 수신한다. 이 과정에서 유료방송 플랫폼은 tvN 같은 콘텐츠 사업자의 프로그램을 가입자에게 전달하고 수신료를 징수하는데, 이의 일부를 콘텐츠 사업자에게 콘텐츠 이용료로 지급한다. 그런데 콘텐츠 이용료의 적정 규모를 둘러싸고 양 사업자 간 대립이 반복되고 있다. 2021년 2월 CJ ENM 측은 IPTV 업계에 전년 대비 25% 이상 이용료 인상을 요구했으나 IPTV 업계는 이를 거부하였으며, 2021년 6월에는 LG 유플러스와의 협상이 결렬되면서 U+모바일tv 실시간 방송이 중단되기도 했다.

이런 갈등의 기저에는 재원은 한정되어 있는데, 비용은 증가하고 있는 문제가 있다. 즉, 모바일 광고가 늘어나면서 주요 재원인 방송광고 시장이 정체되고 있는데 반해 주연배우 등의 몸값 증가로 콘텐츠 제작비가 증가하고 있다.

이에 콘텐츠 사업자는 유료방송 플랫폼으로부터 받는 콘텐츠 이용료를 늘리기를 원하나, 이들도 어렵기는 마찬가지이다. 저가 요금으로 인해 OECD 평균의 반이 안 될 정도로 낮은 가입자당 평균수익, 넷플릭스 등 OTT의 시장 확대로 인한 코드커팅(code cutting) 현상 등으로 어려운 상황이다.

정부는 2008년 케이블의 재허가 조건으로 '방송수신료의 25%' 이상을 콘텐츠 이용료로 지불하도록 한 이래 현재는 전년도 이용료, 콘텐츠 평가, 협상 항목을 기준으로 제안하고 있다. 갈등이 계속되자 정부는 방송채널 대가 산정 개선 협의회를 구성해 대가 기준을 논의하고 있다.

최근 논의되는 대안이 요금 현실화이다. 저가 요금, 낮은 콘텐츠 대가, 낮은 콘텐츠 투자, 콘텐츠 질 저하, 낮은 이용자 만족도라는 악순환을 끊기 위해서는 요금 인상이 필요하다는 것이다. 다만, OTT의 확산 등으로 플랫폼 경쟁 압력이 높아지는 상황에서 요금을 올리기가 쉽지 않으며, 정부도 국민 부담 증가를 초래하는 요금 인상을 수용하기 어렵다. 또한 콘텐츠를 플랫폼에 우선 공급한 뒤에 계약을 맺는 '선공급 후계약' 관행은 물건값을 모른 채 납품하는 것과 유사해서 콘텐츠 사업자가 불리하다는 비판이 있다. 이에 '선계약 후공급'이 논의되고 있으나 이 경우 대형사업자가 아닌 중소사업자는 채널 진입이 어려울 수 있다는 비판이 있다.

이처럼 모두가 합의하는 해결책을 찾기 어렵지만 그래도 원칙상 시장경제에서 사업자 간 가격 설정에 정부가 개입하는 것은 적절하지 않다는 공감대가 필요하다. 오히려 사업자가 인터넷 융합시장에서 경쟁할 수 있도록 규제를 대폭 완화할 필요가 있다. 각종 소유, 겸영 규제 및 광고 규제 완화를 통해 경쟁 기반을 만드는 것이 중요하다.

향후 방송시장의 전망은 매우 불투명하다. 그럼에도 불구하고 우리 방송시장과 규제는 디지털 대전환은 외면한 채 공공성이라는 미명 아래 빗장을 걸어 잠그고 있는 외딴 섬이 되고 있는 것은 아닌지 우려스럽다.

10 미디어, 콘텐츠 산업이 한국의 미래다

2022년은 한국이 본격적인 경제개발 5개년 계획을 수립한 지 60년이 된 해였다. 제1차 경제개발계획이 시작된 1962년 이래 세계 최빈국이었던 한국 경제는 7차례에 걸친 경제개발 5개년 계획을 통해 국가 발전의 청사진을 마련하고 기업·근로자 등 국민 전체가 힘을 합해 석유파동, 외환위기, 글로벌 금융위기 등을 극복하며 세계적으로도 유례없는 경제성장을 이루어냈다. 2차 대전 이후 독립한 개발도상국 중 유일하게 선진국 진입의 초입에 있다고 평가할 수 있다.

산업적으로 보면 가발, 신발 수출국에서 조선, 자동차, 가전을 넘어 반도체, 휴대폰 등 첨단 IT 제품 수출국으로 자리매김했다. 그런데 최근 다시 큰 물결이 일고 있다. 전 세계가 한국의 콘텐츠를 주목하고 있다. 이미 BTS는 K팝을 전 세계에 알리고 있고 기생충, 오징어 게임 등의 영화, 드라마, 웹툰, 게임 등은 세계 최고로 인정받고 있다.

실제 콘텐츠 수출은 2021년 기준 124.5억 달러로 가전(86.7억 달러), 2차전지(86.7억 달러)를 앞지르고 있다. 미디어·콘텐츠 산업은 기술과 문화예술을 기반으로 비즈니스를 만들어내는 고부가가치 산업이며, 콘텐츠 향유를 통해 사람을 행복하게 만드는 것은 물론 경제적인 잠재력도 엄청난 분야이다. 특히, 한국인 특유의 창의력은 콘텐츠의 핵심 경쟁력이 되고 있다.

다만, 아쉽게도 국내 시장 환경은 녹록지 않다. 가장 큰 위협은 넷플리스와 같은 글로벌 OTT의 미디어 시장 장악이다. 넷플릭스는 국내 콘텐츠 투자로 저작권을 확보한 후 글로벌 유통으로 엄청난 이익을 내고 있다. 예컨대 약 300억 원의 제작비가 들어간 오징어 게임은 이후 약 1조 2400억 원 이상의 수익을 가져다준 것으로 알려졌다. 또한 넷플릭스는 경쟁력 있는 콘텐츠 IP 확보를 위해 제작비 투자를 대폭 확대하고 있는데, 이에 대응해야 하는 국내 OTT 어려움이 가중되고 있다. 대표적 OTT인 티빙의 2022년 매출은 2475억 원으로 전년 대비 무려 88.2% 성장했지만, 영업적자는 1191억 원으로 2021년보다 56.2%나 늘었다. 제작비 투자가 급증한 탓이다.

이런 문제를 해결하기 위해서는 일부 콘텐츠의 성공에 자만하지 말고 지속가능한 미디어, 콘텐츠 생태계를 만드는 것이 중요하다. 이를 위해 우선 필요한 것은 규제 개혁이다. 콘텐츠가 글로벌화되고 있는 지금 미디어, 콘텐츠에 대한 규제를 글로벌 수준에 맞추지 않고 있는 것은 마치 발목을 묶고 경주에 나가라는 것과 같다. 다음은 국내 토종 미디어 플랫폼 지원이다. 미디어는 콘텐츠 제작 주체이자 유통 플랫폼의 역할을 하고 있다. 한국이 만든 콘텐츠를 해외 플랫폼을 통해 유통시키는 것은 플랫폼 종속이라는 문제를 낳는다. 또한 무엇보다 중요한 것은 경쟁력이 있는 오리지널 콘텐츠 IP를 확보하는 것이다. 민관이 함께 대규모의 펀드를 조성해 투자해야 할 것이다.

이제 미디어, 콘텐츠 분야를 한국의 수출주력 산업이자 미래먹거리 산업으로 삼고 전 국가적인 지원을 해야 할 시기이다. 이번에 구성된 총리 소속의 미디어·콘텐츠산업융합발전위원회가 이런 역할의 구심점이 되기 바란다.

11 패스트(FAST)의 가능성

차세대 온라인 동영상 서비스로 불리는 광고 기반 스트리밍 TV인 패스트(FAST: Free Ad-supported Streaming TV)가 미국과 유럽을 중심으로 빠르게 성장하고 있다. FAST는 CTV(connected TV)의 앱 또는 셋탑박스 형태를 통해 실시간 방송과 콘텐츠를 제공하는 플랫폼으로 구독료 대신 광고 수입으로 운영된다. 크게 보면 스트리밍 디바이스를 이용하는 경우와 스마트TV를 이용하는 경우가 있다. 전자는 기존 TV에 인터넷 연결 기능 지원 장치를 설치하는 방식으로 아마존 FireTV, 로쿠(Roku) 등이 대표적이다. 후자는 인터넷 연결 기능을 기본 탑재한 스마트TV에 앱 형태로 제공되는 것으로 삼성전자의 삼성TV플러스, LG전자의 LG채널이 대표적이다.

패스트는 광고 기반의 유·무료 VOD 서비스인 AVOD(Advertising VOD), 넷플릭스 등 독립적인 구독 VOD 서비스인 SVOD(Subscription VOD)와 달리 무료 광고 기반으로 TV 콘텐츠 수준의 채널(linear)과 VOD(nonlinear)를 TV나 모바일, PC를 통해 볼 수 있는 서비스를 말한다. 기본적으로는 사용자가 원하는 프로그램을 골라 보는 기존 구독형 OTT와 달리 미리 방송사가 편성한 프로그램 순서에 의해 제공되는 채널을 시청하는 것이 특징이다.

패스트가 확산되고 있는 배경과 패스트의 장점은 다음 몇 가지로 정리할 수 있다. 먼저 구독형 OTT의 경쟁 과열로 인해 인기 있는 오리지널 콘텐츠 서비스가 배타적으로 제공되면서 시청자들은 원하는 콘텐츠 시청을 위해 다수의 OTT 구독이 불가피하고 이에 따라 비용부담이 높아지고 있는 것이 패스트의 확산 배경이다. 해외 주요국의 이용자들은 평균적으로 2.1개의 구독형 OTT에 가입하고 있으며, 성숙단계에 접어든 미국의 경우 구독형 OTT의 개수가 증가하는 추세인데, 이용자 중 2개 이상의 서비스를 동시에 이용하는 비율이 82%에 이른다.

다음 스마트TV 보급 확대도 패스트의 활성화 요인으로 볼 수 있다. 패스트가 활성화된 미국, 영국의 경우 2023년 스마트TV 보급률이 74%에 이르고 있다. 2022년 7월 기준 삼성전자가 약 4억 6,000만 대, LG가 1억 8,000만 대의 스마트TV를 통해 패스트 서비스를 제공하고 있다. 올해 2분기 기준 넷플릭스 글로벌 가입자 수가 2억 3,840만 명이고, 1분기 기준 디즈니플러스가 1억 6,180만 명임을 감안하면 삼성과 엘지의 패스트 서비스의 발전 가능성은 상당하다고 할 수 있다.

또한 시청자들이 패스트를 주목하는 이유는 TV에서는 볼 수 없는 다양한 테마와 장르를 아우르는 수백 개의 글로벌 콘텐츠를 무료로 시청할 수 있기 때문인데, 광고주 입장에서는 기존 TV 광고를 통해서는 얻을 수 없었던 시청자데이터를 수집할 수 있는 장점이 있다. 시청자데이터를 이용해 맞춤형 광고가 가능하고, TV 광고에 비해 손쉽게 광고 효과를 측정할 수 있다. 그 외에도 패스트는 방송영상 콘텐츠 수명을 늘리는 효과가 있다. 특히, 한류와 함께 한국에서는 이미 공개된 오래된 콘텐츠라도 해외에서는 새로운 콘텐츠가 될 수 있는 것이다.

패스트 플랫폼 시장은 2022년 기준 사업 초기 대비 20배 성장한 것으로 평가된다. 미국 미디어 매체 버라이어티에 따르면 2019년 7억 600만 달러였던 패스트 광고 매출은 2022년 39억 달러로 성장할 것으로 추산했고, 2025년에는 61억 달러 규모로 성장할 것으로 봤다. 다만, 패스트의 향후 전망이나 발전가능성에 대해서는 다양한 의견이 존재한다. 먼저 패스트가 구독형 OTT 서비스와 보완적인 관계로 성장할 것이라는 전망이 있다. 특히, 한국과 같이 유료방송 요금이 상대적으로 저렴하고, 구독형 OTT 시장이 성숙단계에 접어든 국면에서 패스트는 유료방송, 구독형 OTT와 결합되는 구조로 전개될 것이라고 한다. 이미 구독형 OTT 서비스를 제공하고 있는 미국의 ViacomCBS, Comcast, Amazon의 경우에도 패스트를 병행하고 있다는 점을 근거로 든다. 다른 견해는 패스트가 현재로서는 이미 방영된 콘텐츠나 기존 방송 채널을 실시간으로 전송하는 것이어서 이용자의 선호가 높지 않은데다, 건너뛰기가 불가능한 광고를 봐야 한다는 점에서 대안적인 방송플랫폼이 되기 어렵다고 본다.

결국 패스트의 성공 여부는 시청자들의 선택을 받을 수 있는 차별화된 콘텐츠를 얼마나 확보할 것인가에 달려 있다. 넷플릭스가 매년 엄청난 금액을 오리지널 콘텐츠 제작에 쏟아붓고 있는 이유도 많은 IP를 보유하고 있는 디즈니+가 빠른 속도로 가입자를 확보할 수 있는 이유도 콘텐츠 때문이다.

한국에서는 스마트TV 제조업체의 전략이 주목된다. 그동안 디바이스 업체에 머물러있었던 한국의 삼성전자, LG전자가 애플과 같이 소프트웨어, 서비스, 콘텐츠를 포함하는 융합 IT기업으로의 변신을 시도할지 여부이다. 마침 최근 LG전자가 스마트 TV 플랫폼을 통해 '미디어·엔터테인먼트 플랫폼 기업'으로 전환을 선언하고 맞춤형 콘텐츠·서비스 분야에 5년간 1조 원을 투자하기로 했다는 점은 시사하는 바가 크다.

넷플릭스, 유튜브 등에 의해 장악된 국내 미디어 플랫폼 시장에서 디바이스, 구독형 OTT, 케이블, 지상파 등 다양한 기업들이 패스트 서비스를 도입할 것으로 전망된다. 과연 패스트가 대안적인 미디어 플랫폼이 될 수 있을지 그리고 특히 글로벌 진출의 교두보 역할을 할 수 있을지 귀추가 주목된다.[1]

---

1 FAST에 대해서는 김형만, 이성엽, 「국내 FAST 산업에 대한 IPTV 업계의 대응방안에 관한 미디어전문가의 인식」, 『한국엔터테인먼트산업학회논문지』, 제18권 제6호, 2024년 참조.

12 통신망 가치의 재조명

2021년 10월 11월 25일 KT의 유무선 통신망이 89분가량 마비되면서 이를 이용하는 전국의 상점, 은행, 병원 등에서 큰 피해가 발생했다. KT는 처음에 디도스(DDos, 분산 서비스 거부) 공격이 원인이라고 했으나, 최종 조사결과는 라우팅(네트워크 경로설정) 오류라고 밝혔다. 좀 더 상세히 보면, KT 협력업체 직원이 부산에서 기업망 라우터를 교체하던 중 라우터에 잘못된 명령어가 입력되고 이것이 인근 라우터들에 전달되고 이어서 30초 만에 전국으로 전파되면서 통신망 장애가 발생했다는 것이다.

과학기술정보통신부는 당초 KT가 라우터 교체 작업을 야간에 하기로 계획했지만 실제로는 주간에 이뤄졌고, KT 본사의 작업 관리자 없이 협력사 직원들만 현장에 나갔다는 점에서 작업관리체계가 부실했다는 점과 작업자의 단순 실수로 인해 전국적인 피해가 벌어질 동안, KT는 아무런 사전검증을 거치지 않았고, 지역에서 발생한 오류가 전국으로 확산되는 걸 차단할 시스템도 없었다는 점에서 기술적 문제도 있었다는 점을 인정했다.

2018년 11월 서울 아현지사 통신구 화재 사고는 피해 지역이 서울과 경기도 고양시 일부에 국한됐던 것과 달리 이번에는 전국적으로 피해가 발생했다는 점과 해킹 공격이나 화재 등 외부적 요인 없이 사람들의 단순한 실수로도 전국 통신망이 마비될 수 있다는 점이 확인되었다는 점에 이번 사고의 심각성이 있다.

이번 사고의 원인은 직접적으로는 사람의 실수(human error)가 원인이지만 크게 보면 그동안 우리 기업과 정부가 통신망의 가치를 소홀히 한 측면은 없는지 돌아볼 필요가 있다. 먼저 통신사가 인공지능, 클라우드, 콘텐츠, 커머스 등 비통신분야로 사업을 확장하는 과정, 즉, 소위 '탈통신' 전략을 취하면서 네트워크 사업자로서 가장 기본인 통신망의 안정적 운영을 후 순위에 둔 것은 아닌가 하는 것이다.

다음 그동안 정치권과 정부가 지속적으로 통신요금 인하를 추진하면서 네트워크 투자를 위한 재원이 감소하고 있는 것도 이유가 될 수 있다. 통신 3사와 SKB의 2020년 투자비는 8.27조 원으로 역대 최대 규모의 투자를 집행하였던 2019년 9.6조 원 대비 14%(1.33조 원) 감소하였다. 2021년 상반기 투자비는 2.8조 원으로, 코로나로 위축된 경제 활성화를 위해 하반기에 계획된 투자를 상반기에 조기 집행하였던 2020년 3.43조 원 대비 18%(0.63조 원) 감소하였다.

그 외 정부의 네트워크 정책에 대한 관심이 줄고 있는 것도 이유라고 할 수 있다. 예를 들어 올해 과학기술정보통신부의 업무 계획은 데이터와 AI에 중점을 두고 있다. 네트워크에 대해서는 민간 5G 네트워크 투자 촉진을 위한 세액공제 확대와 6G 핵심기술 개발 내용 정도가 포함되어 있다. 그동안 정부는 5G 등에 있어 세계 최초와 최고 네트워크 구축이라는 성과를 거두었지만, 업계와 국민의 네트워크 수요에 대한 충분한 파악 없이 공급만을 중시한 아쉬움이 있다. 그리고 기존 네트워크의 유지, 관리에 대한 내실 있는 점검도 부족했다고 할 수 있다.

돌이켜 보면 한국의 네트워크 인프라 확충과 고도화는 정부의 결단력 있는 정책이 있었기에 가능했다. 일찍이 한국통신을 민영화하고 여러 민간사업자와 경쟁체제를 구축함으로써 통신망 구축 경쟁을 유도했다. 대부분의 국가에서는 시장형성 초기부터 가입자망 공동활용, 즉 망 세분화(Local Loop Unbundling) 제도를 도입하였으나, 한국은 초기에는 설비기반 경쟁을 도입하고 난 후 성장단계에 접어들어 망 세분화 제도를 도입했다. 이로 인해 초기 단계에서 사업자 간 설비기반 경쟁을 통해 전국적으로 촘촘한 네트워크가 구축되었다. 또한 처음에는 유선통신, 이동통신 등 타 통신서비스와는 달리 초고속인터넷 서비스는 부가통신역무로 분류하여 요금 규제를 하지 않았는데, 이로 인해 사업자들은 정액제에 기초한 다양한 상품과 요금제를 출시했다. 이런 조치들이 초고속가입자의 증가, 투자재원의 증가, 투자확대로 이어지는 선순환을 만들어냈다.

이런 정책을 통해 현재 한국은 세계 최고의 인터넷 네트워크를 구축하였고 이를 기반으로 세계적인 플랫폼 기업, 게임사는 물론 단말기와 장비에 있어서도 세계적 기업을 보유하게 되었다. 다만, 현재 통신사는 유무선 통신시장이 포화되면서 성장이 정체되고 있는데, 아직 마땅한 추가 수익원 발굴도 어려운 상황이다.

이번 사고를 단순한 해프닝으로 봐서는 안 된다. 통신망은 국가사회의 기본 인프라로서 한치의 작은 실수도 용납되지 않는 분야라는 점과 기술적 안전 조치 외에 관리적 안전 조치도 매우 중요하다는 점을 인식하는 계기로 삼아야 한다.

이제 통신망의 가치를 재조명할 때가 되었다. 통신망에 대한 지속가능한 투자와 관리를 유도하기 위한 정책적 고민이 필요하다. 또한 통신망에 대한 안전 조치는 이중 삼중으로 아무리 강조해도 지나치지 않는다는 점을 명심하고 정부와 통신사가 향후 이런 일이 재발되지 않도록 만반의 대책을 마련해야 할 것이다.

13 5G 주파수의 법과 정책의 함의

정부는 지난 2018년 5G 주파수 경매 당시 할당이 보류됐던 3.4~3.42GHz 대역 20MHz 폭 추가 할당을 진행하고 있다. 당초 주파수 혼·간섭 등 기술적 문제가 있어서 보류되었는데, 이 문제가 해결되자 주파수 할당에 나선 것이다. LG 유플러스는 2022년 7월 4일 단독으로 최근 해당 구역에 대한 주파수 추가 할당을 신청했다. 정부가 제시한 최저경쟁가격인 1521억 원을 내면 특별한 사정이 없는 경우 동 주파수 대역을 취득하게 된다. 주파수가 무엇이길래 매번 천문학적 금액을 놓고 경쟁하는 것일까, 주파수는 어떤 절차를 통해 어떻게 사용 가능한 것인가. 최근 주파수 정책의 이슈와 과제는 무엇일까 등 주파수의 법과 정책의 함의를 살펴보고자.

먼저 주파수 기술에 대해 살펴보자. 주파수(Frequency)는 전파(Radio wave)가 공간을 이동할 때 1초 동안 진동하는 횟수다. 1GHz는 1초에 10억 번 진동한다는 뜻이다. 전파는 인공적인 유도 없이 공간에 퍼져나가는 전자파로서 국제전기통신연합이 정한 범위 안의 주파수를 가진 것인데, 그 범위는 3,000GHz 이하다. 주파수는 무선으로 정보를 실어 나른다는 의미에서 도로에 비유될 수 있다. Hz마다 새로운 도로가 될 수 있는 것이다.

통신용으로 사용된 800MHz, 1.8GHz, 2.1GHz, 2.6GHz 대역이 대표적인 도로인데, 이 대역이 2G, 3G, 4G 서비스에 사용되었다. 높은 주파수 대역에서는 넓은 대역폭을 확보할 수 있어 한 번에 많은 정보를 빠르게 실어 나를 수 있다. 다만, 고층건물 같은 장애물에 영향을 많이 받아서 신호를 멀리 보내기 위해서는 기지국을 촘촘히 세워야 한다. 낮은 주파수 대역은 잘 휘어 먼 거리를 가지만 넓은 대역폭 확보가 어려워 전송 가능한 데이터양이 적다. 결국 주파수는 건설사에게 토지와 마찬가지로 통신사에게는 가장 중요한 사업자원인 셈이다. 더 넓은 대역을 저렴하게 확보할 수 있느냐 하는 것이 경쟁의 성패를 결정하는 요인이 되는 것이다.

다음 주파수의 이용관계에 대해 살펴보자. 원래 주파수는 국가 소유의 자원이며, 민간의 주파수 이용을 규율하는 이유는 주파수의 혼신을 막는다는 소극적인 자원관리 때문이었다. 그러나 이동통신산업의 발전으로 주파수에 대한 경쟁적 수요가 생겨 주파수를 효율적으로 사용할 필요성과 이용가능한 주파수 대역을 새롭게 개척하여 공급할 필요성으로 인해 이제 주파수는 통신산업 진흥 및 경쟁정책의 대상으로서의 의미도 중요해지고 있다.

주파수를 이용하기 위해서는 주파수 분배, 할당 등의 절차를 거쳐야 한다. 주파수 분배란 특정한 주파수의 용도를 정하는 것을 말하며, 주파수 할당이란 특정한 주파수를 이용할 수 있는 권리를 특정인에게 주는 것을 말한다. 주파수 분배가 정부가 통신용, 방송용 등 주파수의 용도를 정하는 것이라면 주파수 할당은 통신사 등 특정인에게 주파수 이용권을 부여하는 행위이다. 다시 말해 주파수 할당이란 주파수 분배에 의하여 정해진 특정한 주파수에 대하여 특정인에게 이용권을 설정하는 행위로서 공공재인 주파수를 대상으로 사인에게 새로운 권리를 설정해주는 것이다. 본래 개인의 자유영역에 속하지 않는 공공재에 대하여 이용권을 독점적으로 설정해 주는 권리설정행위로 강학상 특허에 해당한다.

할당의 방식은 대가에 의한 할당과 심사에 의한 할당이 있는데, 사업용 주파수에 대해서는 대가할당이 원칙이며, 그중에서도 경매 즉, 가격경쟁에 의한 대가할당이 원칙이다. 다만, 해당 주파수에 대한 경쟁적 수요가 존재하지 아니하는 등 특별한 사정이 있다고 인정되는 경우에는 경매가 아닌 일정한 대가를 받고 할당을 할 수 있다. 특이한 점은 주파수 할당을 통해 취득하는 권리는 경매 등을 통해 취득되는 것임에도 영구적인 권리인 소유권이 아니라 일정 기간 사용한 후 다시 국가에 반납해야 한다는 측면에서 일종의 임차권과 유사한 불완전한 권리라는 점이다. 이에 주파수 이용권이라는 용어를 사용한다.

다음 최근 5G 관련 주파수 정책의 이슈와 과제에 대해 살펴보자. 국내에서 5G는 3.5GHz 대역에서 280MHz폭과 28GHz 대역에서 2,400MHz 등 총

2,680MHz폭이 할당되었다. 5G는 현재 사용 중인 4G보다 속도가 20배 이상 더 빨라지는 초고속(Ultra bandwidth)은 물론 초연결성(Hyper Connectivity), 초저지연성(Ultra-low Latency)을 실현하는 기술로 알려졌지만, 실제 측정 속도는 LTE 대비 4-5배에 그치고 있다. 이는 기지국 숫자의 부족과 28GHz 대역에 대한 투자 미비 때문이다. 전국 5G 기지국 수는 아직 LTE 기지국의 약 4분의 1 수준에 불과한 실정이며, 넓은 대역폭을 제공하는 28GHz 대역에 대한 투자는 할당 취소를 면할 정도로 미미하다. 이통사로서는 마땅한 수익모델이 없는 상황에서 촘촘한 기지국 설치가 필요해 10배 이상의 투자비용이 드는 28GHz 대역에 대한 투자를 꺼리고 있는 것이다.

이 문제는 장래 수요에 대한 면밀한 예측에 기반하지 않은 공급 위주의 정부 정책과 함께 일단 따고 보자는 식의 기업의 과도한 주파수 경쟁이 빚어낸 결과라고 할 수 있다. 소비자는 매번 반복되는 품질 이슈를 감내하면서 조금 빨라진 것 외에는 차별화된 서비스도 없는 신규 이동통신 서비스에 가입해 묵묵히 통신요금을 내고 있다. 소비자의 통신 편익향상을 먼저 생각하면서 산업진흥과 경쟁활성화를 동시에 꾀하는 투명하고 공정한 주파수 정책으로의 개선이 필요하다고 할 것이다.

14 디지털 대전환과 통신사업 규제개편

2022년 한 해 블록체인, 가상자산, 메타버스, 디지털 플랫폼이 ICT 업계의 화두였다면 올해는 챗GPT 등 AI 패권경쟁을 둘러싼 마이크로소프트, 구글 등 글로벌 플랫폼 간 대결이 초미의 관심사다. 다만, 한국은 이와 더불어 통신요금 인하, 통신사업의 과점문제, 신규사업자 선정 등 통신사업 규제 이슈가 새롭게 부상하고 있다. 이는 물가인상 등으로 인한 서민생활 안정 차원에서 비롯된 이슈이기는 하지만, 통신사업의 규제개편 이슈는 이미 네이버, 카카오 등 디지털 플랫폼 전성시대를 맞이하여 일찍이 논의의 필요성이 제기되었다. 전기통신사업법상 부가통신사업자 지위를 갖는 플랫폼사업자가 기간통신사업자인 통신사의 위상을 넘어서고 있기 때문에 그에 걸맞는 적절한 책임과 의무 부과가 필요하다는 것이었다.

정부도 전기통신사업법 개정안을 마련하여 의견수렴에 나서고 있다. 정부의 법 개정안은 크게 보면 기간통신과 부가통신 간의 균형 있는 규율 체계 마련을 위해 기간통신역무와 부가통신역무 구분 대신 전송역무와 정보역무 구분을 도입하고, 둘째, 디지털 서비스의 혁신과 공정의 조화를 위해 디지털 플랫폼에 대한 자율규제 기구의 근거를 마련한다. 셋째, 네트워크 투자 촉진을 위해 B2B 중심 서비스인 이음 5G 서비스의 이용약관 신고 의무 면제, 기간통신사업자의 통신기기 제조업 겸업승인 규제 폐지 등을 추진한다. 넷째, 국민의 디지털 접근권 향상 및 이용자 편익 제고를 위해 디지털 콘텐츠·앱 등 진화하는 통신서비스에 대한 수요자의 소비욕구를 충족시키는 것을 물론 재원조달에도 유연하게 대응할 수 있도록 보편바우처 제도를 도입한다. 그 외에도 망 중립성 명문화, 도매제공 일몰제 폐지, 지방자치단체의 기간통신사업 허용, 네트워크 안정성 의무 강화 등이 논의되고 있다.

칼럼의 제목과 같은 질문을 챗GPT에게 했더니, 통신사업은 디지털 시대에도 우리 사회에서 사람과 기업을 연결시키는 필수불가결한 요소이며, 통신사업 규제의 목표는 소비자 이익을 보호하는 가운데 경쟁과 혁신을 조장하는 것이라고 답했다. 필자도 같은 생각이다. 통신사업 규제의 목표는 경쟁을 활성화하고 소비자를 보호하는 것은 물론 혁신을 조장하고 네트워크 인프라를 고도화하는 것이어야 한다.

이런 관점에서 전기통신사업법 개정안의 내용을 평가해보면 어떨까. 우선 이해관계자들의 반응을 보면 기간통신사업자들은 망 중립성, 도매제공, 네트워크 안정성, 지자체의 통신사업 진출 등 여러 측면에서 규제가 강화되거나 시장을 잠식당할 우려가 생기면서 반대입장을 분명히 하고 있다. 부가통신사업자인 플랫폼 사업자들은 총론적인 차원에서 플랫폼을 기간통신사업자와 같은 수준의 규제를 적용한다는 점에 대해 우려를 표시하고 있다. 본 법안을 준비한 과학기술정보통신부가 아닌 다른 통신사업 사후규제 부처인 방송통신위원회는 사전규제가 강화되는 것에 우려를 표시하고 사후규제 중심으로 가야 할 필요성을 제기하고 있다.

전체적으로 보면 금번 개정안의 방향은 당초 법안의 문제의식이었던 기간통신사업과 부가통신사업의 균형보다는 기간통신사업에 대한 규제를 강화한 것으로 평가된다. 특히, 자율규제기구의 근거를 마련함으로써 플랫폼 사업자는 사실상 법적 규제 영역 밖에 존재하게 되면서 애초부터 균형이라는 목표를 달성하기 어렵게 되었다.

구체적으로 보면 정부는 경쟁 활성화 차원에서 다양한 규제와 정책을 준비 중이다. 도매제공제도의 강화, 최근 28GHz의 취소를 통해 확보된 주파수에 대한 신규사업자 선정, 금산분리 규제 완화를 통한 통신의 금융진출, 지자체의 통신사업 허용 등이 그것이다. 과점 상태인 통신시장의 경쟁을 활성화해서 요금과 품질 경쟁을 유도하는 정책 방향은 타당하나, 그 방법은 시장친화적일 필요가 있다. 과도한 시장개입으로 인해 일몰제를 도입한 도매제공을 영구화하거나 이미 민간 통신자원이 충분한 상황에서 지자체의 통신사업을 허용하는 것은 논리적으로 설득력이 떨어진다.

혁신을 조장하기 위한 규제 목표를 달성하기 위해 플랫폼에 대한 자율규제를 시행하고 자율규제기구의 근거, 기능, 정부와의 관계 설정 등의 최소한의 규제를 도입하겠다는 방향은 타당한 것으로 보인다. 다만, 최근 공정거래위원회가 모빌리티 플랫폼의 배차기준에 대한 시정명령을 내리는 등 정부 전체적으로 플랫폼 규제에 대한 입장이 명확하지 않은 것은 문제이다.

이용자 보호와 관련 디지털 격차를 해소하기 위해서는 기존 통신서비스 위주에서 콘텐츠 플랫폼 등을 포함하는 디지털 서비스에 대한 접근권을 확대하는 것은 타당하지만 이를 보편적 서비스 개념의 확대로 해결하는 것은 바람직하지 않다. 보편적 서비스 개념을 필요에 따라 확대 가능한 것으로 간주할 경우, 자의적 판단과 정치적 요구에 악용되면서 소모적 논쟁의 요인이 될 수 있다.

결론적으로 이번 통신규제 개편안은 이념이나 철학은 물론 방향성이 뚜렷하지 않다. 특히, 기간통신사업과 부가통신사업의 균형을 마련한다는 전제보다는 디지털 대전환과 대융합 시대에 적절한 통신, 플랫폼 서비스 재분류작업을 고민할 필요가 있다. 네트워크의 안정성, 네트워크에 대한 접근 등 일부 규제를 제외하면 전체적으로 기간, 부가를 포함한 전제 통신사업에 대한 규제를 완화함으로써 경쟁을 활성화하고 혁신을 조장하되, 소비자 보호를 위해 필요한 규제는 적정 수준으로 유지하는 것을 원칙으로 통신규제 개편이 논의되기를 바란다.

15 지속가능한 알뜰폰 서비스를 위한 과제

이통3사 중심으로 고착된 이통시장의 과점적 경쟁구조를 개선하고 이를 통한 가계통신비 절감 등을 목적으로 2011년 7월 알뜰폰이 도입되었다. 이는 SK텔레콤·KT·LG유플러스 등 이통3사를 제외한 사업자들이 이통사의 통신망을 도매가에 제공받아 이를 기반으로 저렴한 가격으로 제공하는 이동통신 서비스이다. 보통 이동통신사업자를 MNO(Mobile Network Operator), 알뜰폰은 가상이동통신사업자 즉, MVNO(Mobile Virtual Network Operator)라고 부른다. 도입 10년이 지난 2021년 11월 국내 알뜰폰 가입회선 수가 1000만을 돌파하여 전체 이통시장 가입자의 약 14%에 해당할 정도로 성장했다.

이는 2022년 기준 지난 10년간 가계통신비 인하를 위해 알뜰폰 활성화를 추진해온 정부의 노력과 소비자들의 선택이 맞물린 결과다. 가장 중요한 요인은 도매제공이라는 제도적인 지원이다. 국내 도매제공 제도는 도매의무제공 사업자와 서비스를 지정하고, 정부가 도매대가를 직접 규제하는 2가지 축으로 구성된다. 이통시장 1위 사업자인 SK텔레콤에게 3G, LTE, 5G의 음성, 데이터 등에 대해 도매제공 의무를 부여하고, 도매대가는 도매제공사업자의 소매요금에서 회피가능비용을 제외하는 리테일 마이너스(Retail-Minus) 방식으로 산정하도록 하고 있다.

제도 도입 당시 국회 논의과정에서는 해외에도 보기 드문 시장개입적인 사전규제 성격임을 고려하여 3년 일몰제로 도입되었으나, 최초 도입 이후 3차례 연장되어 현재는 2022년 9월 22일까지 유효하다. 이런 도매규제를 시행하는 국가는 사실상 한국이 유일한데, 이런 정부 주도의 지속적인 도매대가 인하와 전파사용료 감면 등 재정적 지원과 알뜰폰 허브·스퀘어와 같은 유통망 지원 등 다양한 정책적 지원을 통해 알뜰폰이 성장했다.

정부는 지난 2014년 알뜰폰 활성화 방안을 발표하며 이통3사의 시장 독식을 막기 위해 이들 3사의 알뜰폰 자회사(KT엠모바일, LG헬로비전, SK텔링크 등)의 시장 점유율을 50%로 제한하는 등록조건을 추가했다. 올해 2월 말 현재 자회사의 휴대전화 회선 가입자 점유율은 전체 631만 명 중 321만 명으로 50.9%에 달한다. 다만, 이는 알뜰폰 가입자에 포함된 자동차, 원격검침기 등 IoT기기를 연결하는 IoT회선을 제외한 것이고 만약 이를 포함하면 이통3사 자회사의 시장 점유율은 31.8%대로 떨어진다. 최근 이통3사의 알뜰폰 시장 확대를 제한하기 위한 목적으로 가입자 통계에서 IoT회선을 제외하고 순수 통신서비스로만 계산하자는 논의가 이루어지고 있다. 이렇게 되면 이통3사 자회사의 알뜰폰 영업은 중단될 수밖에 없다.

저렴하고 질 좋은 서비스로 발전하고 있는 알뜰폰의 문제와 과제는 무엇일까. 한마디로 말하면 알뜰폰의 자생적인 지속가능성 여부이다. 먼저 알뜰폰의 근거인 도매제공 제도는 일몰제임에도 불구하고 연장을 반복하고 있는데, 일몰 규제는 정책목표나 시장상황에 중대한 변화가 있는 경우에만 연장하는 것이 타당하다는 점에서 근본적인 재검토가 필요하다. 규제의 목표도 일관성이 부족하다. 보통 MVNO는 이통사가 채우지 못한 틈새시장을 발굴하거나 이종 서비스간의 융합·혁신을 통해 이용자의 선택권을 확대하고 편익을 증진시키는 역할을 수행하나, 국내에서는 MVNO를 '알뜰폰'이라 지칭하며 소매요금 인하를 위한 정책수단으로 활용되고 있다.

결국 정부 주도의 대가 인하로 인해 자생력을 갖추지 못한 사업자들이 시장에 난립하는 상황이 계속되고 있다. 정부는 알뜰폰 사업자의 원가에 해당하는 도매대가를 매년 20~30% 인하해주고 있는데, 이로 인해 알뜰폰 시장은 혁신과 차별화보다는 도소매 마진에 의존하는 다수의 소규모 사업자가 존재하는 시장으로 고착화되고 있다. 실제 70여 개 알뜰폰 사업자 대다수가 이통사와 차별화 없이 이통사와 동일한 요금제, 서비스를 약간 저렴한 요금에 제공하고 있다.

이런 문제를 해결하기 위해서는 먼저 도매제공 의무는 일몰시키는 것을 고려할 필요가 있다. 일몰 규제의 연장 필요성에 대해 객관적으로 평가할 수 있는 근거를 마련하고, 제도 일몰 이후의 정책목표 수립과 정책 프레임 전환을 위한 방향성을 마련해야 한다. 대가규제의 경우에도 사업자 간 자율협상으로 결정하고 관련 분쟁 발생 시에만 정부가 중재하는 형태가 바람직하다. 만약 즉시 제도 일몰이 어렵다면 대가규제를 우선 폐지하고 제공 의무는 추후 일몰시키는 등의 단계적 접근이 필요하며, 불가피하게 도매대가 규제가 필요한 경우에는 대가 산정주기를 2년 이상으로 확대하여 소모적인 논쟁과 불확실성을 최소화할 필요가 있다.

또한 차량, M2M 서비스 등에 이용되는 IoT 회선은 알뜰폰 통계와 분리하는 것이 적절하다. IoT는 일반적인 음성, 데이터 통신서비스와는 성격이 다르므로, 별도 시장으로 획정하고 통계 등에서 제외하는 것이 타당하다는 것이다. 시장구조의 개선도 필요하다. 국내 70여 개 알뜰폰 사업자 중에는 제대로 된 고객센터를 운영하는 사업자를 찾아보기 힘든 것이 현실이다. 규모의 경제와 역량을 갖춘 사업자 위주로 재편될 수 있도록 사업자 간 M&A 등을 촉진하고, 정부의 지원정책 역시 단순 재정 지원보다는 자체적 경쟁력 확보를 유도하는 방향으로 설정해야 한다. 고객 응대, 상품 개발 등 역량을 충분히 갖춘 사업자 위주로 시장재편이 필요하다.

시장경쟁 관련 개선도 필요하다. 알뜰폰 시장에서도 자본력을 갖춘 대기업 계열사 및 MNO 자회사 등의 과도한 경품·지원금은 일정 수준의 관리가 필요하다. 알뜰폰 시장은 MNO 자회사 뿐 아니라, KB 등 다른 산업의 강자까지 진입하여 중소 사업자와 혼재되어있는 양상이다. 중소 사업자 보호를 위해서라도 자본력을 갖춘 MNO 자회사, 대기업 계열사의 과당 경쟁은 제한되는 것이 불가피한 측면이 존재한다.

최근 이슈가 되고 있는 이통3사의 자회사 시장점유율 규제 관련해서는, 원칙적으로 과점적인 이통시장 경쟁구조 개선이라는 알뜰폰 도입 취지를 고려할 때, MNO의 자회사들이 알뜰폰 시장 경쟁을 주도하는 것은 바람직하지 않다.[2] 다만,

---

2 과거 정부는 이통 3사 자회사의 알뜰폰 시장 진입을 허용하며 합산 점유율을 50% 이내로 제한하는 조건을 추가했으나, 이때 사물인터넷(IoT) 회선을 포함하여 산정하는 방식 때문에 규제가 실효성을 잃었다는 지적이 있었다. 이에 국회에서는 2024년 12월, 이통 3사 자회사와 금융권 등 대기업 알뜰폰 계열사의 시장 점유율을 60%로 제한하는 개정안이 제안되었으나 통과되지는 않았다.

이미 321만 가입자를 보유한 자회사들을 즉시 시장에서 퇴출시키는 것은 이용자 피해를 초래할 가능성이 있으므로, 퇴출보다는 자회사들의 영업을 적정 수준으로 통제하여 상생과 경쟁을 유도하는 것이 보다 합리적이다.

16 고가단말기로 인한 소비자의 통신비 부담

디지털 대전환 시대 이제 스마트폰은 우리의 일상과 함께하는 필수품이 된 지 오래다. 손 안의 컴퓨터이자 카메라 역할을 하고 있는 스마트폰의 가격은 통신요금과 함께 가계통신비 증가의 원인이 되고 있다. 정부는 5G의 중간요금제 미비로 소비자의 선택권이 제약받고 있는 점을 고려해 지속적으로 통신비 경감 대책을 추진 중이다. 다만, 고가 단말기 문제에 대해서는 이렇다 할 대책을 내놓지 못하고 있다.

이는 시장경제 원리상 재화의 가격에 대해서 정부가 규제하는 것은 한계가 있기 때문이나, 독과점인 단말기 시장에서 단말기 가격이 계속 높아진다면 통신 요금을 낮춰도 가계통신비 부담을 낮추기 쉽지 않은 만큼 이 문제에 대해서도 고민이 필요하다고 할 것이다.

2023년 2월 2일 한국소비자연맹이 발표한 자료에 따르면, 2022년 5월 기준 삼성전자, 애플, SKT, KT, LGU+ 등 제조사 및 이동통신사 공식몰 5개 사이트에서 판매 중인 5G 단말기 162개의 가격을 조사한 결과, 평균 1,155,421원으로 나타났다. 단말기 가격이 100만 원 이상인 경우 99개로 전체 61.1%를 차지하는 등 단말기 고가화가 본격화된 것으로 분석됐다. 또한 2022년 8월 5G 이용 소비자 1,000명에 대한 설문결과, 5G 단말기 구입 가격은 평균 794,880원로, 가격만족도는 26.8%로 낮은 편이고 65.9% 소비자는 단말기가 비싸다고 인식하고 있었다.

또한 해외와 비교해보면 미국, 영국, 일본 등은 고가 단말기 시장에는 삼성과 애플 외에 소니, 구글 등이 출시한 단말기가 있고, 중저가 단말기 시장도 모토로라, TCL, 노키아, 오포, 샤오미, 샤프 등 다양한 제조사들의 단말기가 다양하게 출시된 반면, 국내 소비자들은 삼성과 애플의 고가 단말기 위주의 시장에서 다양한 가격대 및 제조사에 대한 단말기 선택권을 확보하기가 어려운 것으로 조사되었다.

이처럼 국내 시장은 해외시장과 달리 삼성, 애플의 독과점적 시장이며 고가 프리미엄폰 중심이라는 것이 특징이다. 이 점에서 경쟁압력이 충분하지 않은 것이 문제이므로 중저가폰 등의 성능에 대한 검증 및 공개를 통해 이용자의 인식을 개선하는 것이 필요하다. 다음으로 중고폰 시장을 활성화하는 것도 방법이다. 중고폰에 대한 소비자의 불신은 품질이나 개인정보보호에 대한 우려이므로 이런 우려를 해소하기 위해 중고폰 인증제 같은 제도의 도입도 검토해 볼 수 있다. 이와 관련 단말기에 대한 수리권(Rights to repair)을 보장하는 방안에 대한 논의도 필요하다. EU 의회의 2022년 발표 자료에 따르면 스마트폰의 경우 평균 실질 수명이 1.8년, 계획된 평균 수명의 경우 2년 정도에 불과한 것으로 나타났다.

그 외에도 단말기와 요금제를 분리하는 것, 즉 자급제 시장 확대도 검토할 필요가 있다. 자급제는 다양한 유통점에서 다종의 단말기를 구매하고 원하는 통신사도 선택할 수 있는데, 결국 단말기 시장 경쟁의 심화는 단말기 출고가 인하로 이어지며, 통신사 간 경쟁도 단말기를 매개로 한 경쟁에서 요금·서비스만으로 경쟁으로 변화할 수 있다.

이처럼 고가단말기에 대한 부담을 줄일 수 있는 다양한 방법에 대해 정부와 기업이 충분한 검토를 해서 최근 서민 경제의 어려움을 덜 수 있는데 기여할 수 있기를 바란다.

17 저궤도 위성을 이용한 통신서비스의 미래

2022년 2월 시작된 우크라이나 전쟁에서 통신시설이 망가진 가운데 저궤도 위성인 스페이스X와 스타링크 단말기를 통한 인터넷이 전시 작전 수행에 큰 역할을 했다. 이처럼 전쟁과 재난과 같은 위기 상황에서 저궤도 위성이 큰 역할을 하면서 이에 대한 관심이 증가하고 있다.

인공위성은 크게 저궤도(300~1500km), 중궤도(8000~1만 2000km), 정지궤도(3만 6000km 이상)로 구분된다. 정지궤도 위성은 다른 인공위성처럼 지구 주변을 공전하지만 항상 같은 곳에서 보이기 때문에 붙여진 이름이며, 지구와 멀리 떨어져 공전하기 때문에 커버리지는 넓지만 통신 속도는 느리다. 반면, 저궤도 위성 통신은 지구와 가까이 공전해 통신 속도는 빠르지만 커버리지는 좁다. 또한 정지궤도 위성의 경우 무게가 1톤이 넘고 크기도 5m 이상이기 때문에 제작비가 많이 들고 먼 거리까지 데이터를 전송하기 위해 안테나와 많은 전력이 필요하지만, 반면 저궤도 위성 크기는 2m 이하가 대부분이며, 30cm 길이의 소형 위성도 개발되고 있다. 이에 더해 저궤도 위성 발사 비용도 획기적으로 감소하고 있다. 저궤도 위성통신의 지연율은 0.025초로 정지궤도 위성(0.5초), 해저광케이블(0.07초) 대비 현저히 낮다. 이렇게 낮은 이유는 지상에서 가까운 낮은 궤도에서 움직이며 전파 왕복 시간이 짧아 손실도 적기 때문이다.

이처럼 효율적인 송수신 성능, 소형화·경량화, 저렴한 비용 등을 갖춘 저궤도 위성이 주목받고 있다. 기존에는 정지궤도 위성을 통한 음성 및 저속 데이터 서비스가 주류였으나, 최근 저궤도 군집 위성을 통한 고속 데이터 서비스가 출시되고 있다. 전쟁, 재난 시는 물론 유선망, 지상 이동통신 기지국으로는 통신서비스 제공이 어려운 산간, 도서 지역 등에 초고속 인터넷 서비스를 제공할 수 있게 된 것이다. 특히, 저궤도 위성통신은 커넥티드카 서비스와 6세대(G) 통신 시대에 필요한 핵심 기술로 UAM(도심항공교통)이나 자율주행 차량에 활용될 수 있다. 5G에선 지상의 기지국만으로 통신이 가능했지만, 6G는 기지국만으로는 커버하기 어려워 지상망과 위성통신 간 연결이 요구되는 것이다.

이런 저궤도 위성통신에 가장 앞서가는 기업이 일론머스크의 스페이스X이다. 2019년 이후 스페이스X가 쏘아 올린 저궤도 통신 위성 '스타링크'는 4500개에 달한다. 이는 전 세계 활성 위성의 절반이 넘는다. 스페이스X는 2027년까지 1만 2000여 개의 통신위성을 운영하기 위한 프로젝트를 진행 중이며 장기적으로 4만 2000개의 위성을 띄워 지구 곳곳에 끊김 없는 인터넷 서비스를 제공하려는 계획을 가지고 있다.

스페이스X는 한국에서도 위성통신서비스를 제공하기 위해 우선 스페이스X의 한국 자회사인 스타링크코리아의 기간통신사업자 등록을 완료했다. 즉, 스타링크코리아는 위성 인터넷 서비스와 위성 사물인터넷서비스(IoT) 제공을 목적으로 2023년 1월 5일 과학기술정보통신부에 기간통신사업자 등록을 신청했고, 과기정통부는 전기통신사업법 제6조에 따라 재정 및 기술적 능력, 이용자 보호계획 등 등록 요건을 검토한 후 5월 12일 등록을 완료했다.

그러나 국제 위성통신 서비스 제공을 위해서는 기간통신사업 등록 외에도 기간통신역무의 국경 간 공급(cross-border supply of telecommunication service) 협정의 체결과 이에 대한 과기정통부의 승인이 필요하다. 기간통신역무의 국경 간 공급이란 국내에 사업장을 두지 아니하고 국외에서 국내로 기간통신역무를 제공하는 것을 의미하는데, 이 역무를 제공하고자 하는 자는 같은 기간통신역무를 제공하는 국내의 기간통신사업자와 기간통신역무의 국경 간 공급에 관한 협정을 체결하여야 한다. 이에 미국 스페이스X는 한국의 스타링크코리아와 기간통신역무의 국경 간 공급협정을 체결하고, 과기정통부에 협정 승인을 요청했다. 과기정통부는 서비스의 안정적인 제공 가능성, 국내 통신시장의 경쟁에 미치는 영향, 이용자 보호에 관한 사항을 심사하여 승인 여부를 결정하는데, 당초 예상보다 늦은 2023년 하반기에 승인 여부를 결정할 예정이라고 한다.

그럼 과연 저궤도 위성통신이 기존 통신 시장에 어떤 영향을 끼칠 수 있을까.

스타링크의 강점은 오지에서도 통하는 빠른 인터넷이지만 한국의 인터넷에 비해 가격은 높고 속도는 느린 문제가 있다. 이 때문에 비행기 내 와이파이 사업이나 선박 간 통신 등 기업 간(B2B) 영업을 제외하면 유무선 통신망이 잘 갖춰진 한국에서는 큰 영향을 끼치기는 쉽지 않다고 할 것이다. 또한 악천후 등 기상 환경, 건물이 밀집된 도심 및 지하 공간, 건물 안 등에서는 위성과의 직접 연결을 통한 통신 제공이 어려워 도심 권역에 밀집 거주하는 국내 환경에는 부적합한 측면이 있다. 결국 현재로서는 지상 통신망의 보조재 역할에 머무르고 있다.

다만, 최근 미국 내 위성 사업자와 이동통신 사업자들은 기존 이동통신 단말기를 이용한 위성 서비스를 준비 중이다. 정지궤도 위성용 별도 단말기가 아닌 이용 중이던 스마트폰을 그대로 이용하면서 기존 이동통신 이용자가 서비스를 이용가능하도록 하는 것이다. 이처럼 위성-스마트폰 직접 통신 도입 시에는 여러 효과가 기대된다. 먼저 인구 기준 커버리지 99.9% 수준을 더욱 발전시켜 국토 면적 기준도 음영지역 제로화(Mobile Dead Zone Zero)를 추진할 수 있다. 또한 예상하기 어려운 화재, 지진 등으로 인한 이동통신 서비스 중단을 원천적으로 방지하여 국민 안전에 기여할 수 있다. 예를 들어 2019년 강원도 고성 산불로 이통 3사 기지국이 전소된 사례 등과 같이 극한 상황에서도 서비스 중단을 방지할 수 있다.

이런 이유로 인해 한국도 저궤도 위성 기술을 소홀히 할 수 없다. 글로벌 기업에 의한 국내 위성통신 시장 잠식을 방지하고, 기간통신망의 해외 위성통신 의존을 탈피하기 위해 국내 기술 확보가 시급하다. 특히, 위성과 연계된 6G 서비스 개발이 필요하지만, 현재 한국 기업은 기술력과 우주검증이력 측면에서 시장 진입이 쉽지 않은 상황이다. 2022년 9월 정부는 5,700억 원 규모의 6세대 저궤도 위성통신 기술개발을 추진했지만, 예비타당성 조사에 탈락했고 올해 7월 다시 예비타당성 조사를 진행하기로 했다.

향후 위성망-지상망 통합/연동 기술을 확보하는 등 위성기술에서 앞서 있는 글로벌 기업과의 협력을 통해 위성기술 및 서비스 영역에서 경쟁력을 확보할 필요가 있다. 또한 현재 저궤도 위성 지원 주파수의 경우 국내 위성통신 용도로 분배되어 있지 않은 만큼, 미국 FCC와 같이 실험용 허가 필요하다. 미국

SpaceX(T-Mobile), AST(AT&T)는 FCC의 정책적 지원을 통해 이동통신 사업자들과 테스트를 진행 중인데 국내도 상용화전 실험국 운용을 통해 기존 서비스와의 간섭 등 기술적 분석을 할 필요가 있다. 끝으로 전 세계적으로 위성을 사용하는 통신서비스가 임박해 있는 만큼 한국도 위성통신 관련 정책이 조속히 마련되어야 할 것이다.[3]

3 2025년 5월경 과학기술정보통신부는 스타링크의 국경 간 공급 협정을 승인했고, 8월에는 국립전파연구원의 이동통신용 지구국 무선기기에 대한 적합성 평가(장비 인증) 절차가 완료되었다. 서비스 개시가 임박한 것으로 보이며, SK텔링크는 스페이스X와 파트너십을 맺고 스타링크 서비스의 국내 재판매를 담당할 예정이다. 스타링크는 한국의 촘촘한 지상 5G 통신망 환경을 고려하여 초기에는 일반 소비자(B2C) 시장보다는 기업 및 공공(B2B/B2G) 시장을 우선 공략할 것으로 보인다. 즉, 지상 통신망이 닿기 어려운 선박 및 항공기 내 고속 인터넷 제공, 섬이나 산악 지역 등 통신 인프라 구축이 어렵거나 재난 상황에서 지상망이 파괴되었을 경우의 비상 통신망 구축이 사례이다.

18 6G 통신의 미래상

2019년부터 본격 시작된 5G 통신 시대가 진행 중인 지금 벌써 6G 통신에 대한 미래 논의가 한창이다. 통신 네트워크는 약 10년 주기의 세대적 진화를 통해 사회 및 산업 발전을 주도해왔다. 1G는 1984년 시작된 아날로그 전화로 음성 전화만이 가능했고 2세대는 1996년부터 시작된 CDMA로 음성, SMS, 저속데이터가 가능했고, 3세대는 2003년 시작된 WCDAM로 음성, 화상통화, 고속데이터가 가능했다. 4세대는 2011년부터 시작된 LTE로 초고속데이터가 가능해졌으며, 5G는 20Gbps 이상의 속도로 초고속, 초저지연, 초연결을 실현하는 통신기술이다.

그럼 6G 기술은 무엇일까. 6G는 1Tbps(Gbps의 1,000배 속도)급 전송속도, 저궤도 위성통신 기반 공중 10km까지 확대된 통신 커버리지 등 5G를 뛰어넘는 기술적 진화를 통해 실시간 원격수술, 완전 자율주행차·플라잉카 등 고도화된 융합 서비스의 대중화가 가능한 기술이다. 6G는 5G보다 더 높은 주파수 대역과 민첩한 클라우드 기반 네트워킹 기술을 사용하여 기록적인 속도와 마이크로초 대기 시간을 제공한다. 특히, 6G는 20GB의 영화 한 편을 다운로드하는 데 0.0016초밖에 걸리지 않으며, 네트워크의 반응 속도 격인 지연시간은 0.0001에 불과하여 실시간으로 정밀제어가 가능하다. 6G는 2028년에서 2030년 사이에 상용화가 예상된다.

보다 구체적으로 6G의 특성을 보면 첫째, 5G 성능의 고도화이다. 자율주행, 오감 홀로그램 통신, 원격 수술 등 5G 서비스의 본격 확산에 따른 초고속, 초저지연, 초연결을 고도화하는 것이다. 둘째, 네트워크 완전 지능화이다. 지능형 유무선 통신 인프라 기반의 인공지능 에이전트 간 대규모 협업을 통한 다양한 융합

서비스가 가능하다. 셋째, 통신 커버리지의 초월이다. 기존 육상 중심의 통신 서비스에서 해상, 공중, 우주 등 보편적 무선 통신 서비스 제공이 가능한 인프라가 구축된다.

정부는 6G의 6가지 핵심 비전으로 초성능, 초대역, 초공간, 초정밀, 초지능, 초신뢰를 제시하였다. 초성능은 최대 1Tbps급 전송속도로 데이터와 연결된 모든 기능이 비약적으로 상승한다는 것이며, 초대역은 100~300GHz 주파수를 활용하여 엄청난 데이터가 빠르게 처리된다는 것이며, 초공간은 지원 고도를 지상 10km로 확대하여 저궤도 위성을 통한 플라잉카, 드론을 수용한다는 것이다. 초정밀은 5G 대비 지연시간을 1/10로 단축하여 모든 것을 정밀하게 제어한다는 것이고, 초지능은 네트워크 전 구간에 인공지능을 적용한다는 것이며, 초신뢰는 설계단계부터 보안기술을 내재화하여 사이버 위협 없는 안전한 융합 서비스를 한다는 것이다.

정부는 특히 6G 시대에는 이동 중인 플라잉카, 드론 등 비행체와의 해상·재난지역 등에서도 Gbps급 통신 이용이 가능하도록 위성망·지상망의 통합을 추진한다. 이를 위하여 위성·지상 간 통합 접속기술을 개발하고 2031년까지 총 14기의 검증용·실증용 저궤도 위성을 발사하는 위성통신기술 발전전략의 이행도 병행하여 추진할 계획이다.

글로벌 각국에서는 6G 시장 선점을 위해 테라바이트급 무선통신, 3차원 이동통신 등 기술분야에 대한 연구를 활발히 진행 중이며, 6G 산업 선도 및 표준화 주도를 위해 관련 정책들을 적극 추진 중이다. 우리 정부도 6G R&D 전략의 충실한 이행을 통해, 5G에 이어 6G에서도 세계 최초 상용화를 실현하고 글로벌 시장을 주도해 나갈 계획이다. 이를 통해 6G 핵심표준특허 보유 세계 1위, 스마트폰 시장 점유율 세계 1위, 장비 시장 점유율 세계 2위 등 달성을 목표로 한다. 아울러, 5G에서는 부족했던 소부장 분야를 육성하여 국내 네트워크 생태계에 활력을 불어넣고, 6G 관련 보안 산업과 융합서비스 시장도 발굴, 육성할 계획이다.

국내 우위 기술 기반의 표준화 주도권 확보가 6G 시장 선점의 첫 단추이므로, 기술개발이 표준 및 특허로 이어질 수 있도록 연계성을 강화하고 저변 확대를 위한 노력이 필요하다고 할 것이다. 또한 5G와 같이 인프라가 구축되지 않은 상황에서 서비스가 개시되어 국민의 불편을 초래하지 않도록 기술개발, 인프라 구축, 상용서비스 개시를 유기적으로 연계해야 할 것이다.

19 단말기 유통법 폐지의 전망과 과제

온 세계가 AI가 만들어 낼 변화에 주목하고 있는 지금 한국의 디지털 생태계도 삼성이 최초로 출시하는 온디바이스 AI를 탑재한 갤럭시 24로 떠들썩하다. 또한 대통령실에 디지털 정책을 포함한 과학기술정책을 조정할 과학기술수석도 신설되어 큰 기대를 모으고 있다. 나아가 정부는 단말기유통법(단통법)을 폐지하겠다는 정책을 발표한 것은 물론 동시에 제4이동통신사를 선정하기 위한 주파수 경매를 시작했다. 유독 한국은 AI와 함께 통신 시장이 디지털 정책의 핵심 의제가 되고 있다.

2014년 제정된 단말기 유통법의 제정 목적은 크게 2가지였다. 첫째, 불투명하고 차별적 단말기 지원금 지급으로 인해 소비자 후생 배분이 왜곡되는 것을 바로 잡겠다는 것이다. 즉, 단말기 지원금은 모든 이용자의 요금수익을 바탕으로 재원이 마련되지만, 지원금 지급이 일부 이용자에게 집중되어 이용자 차별이 심했다는 것이다. 특히, 동일한 단말기 구입자 간에도 가입유형(번호이동, 기기변경 등), 구입시기 및 장소 등에 따라 지원금 차이가 발생했다는 점이다. 둘째, 번호이동에 집중되는 혜택을 쫓는 빈번한 단말기 교체 현상으로 불필요한 가계통신비 증가와 자원의 낭비가 초래되었다는 것이다.

10년이 지난 2024년 현재의 상황은 어떨까. 이런 입법목적을 달성했다고 평가할 수 있을까. 긍정적인 평가와 부정적인 평가가 공존하는 상황이라고 할 수 있다. 긍정적인 평가로는 이용자 차별이 대폭 해소되었고, 가계통신비도 감소하여 가구 소비지출 구성 중 통신비의 비중이 단통법 시행 전 6.0%에서 법 시행 후 5.2%로 감소했다. 또한 선택약정할인 제도의 도입과 요금제에 비례한 지원금 지급으로 인해 고객의 사용량에 맞는 요금제를 선택하는 등 합리적 통신 소비가 정착되고 있다는 평가이다.

다만, 부정적인 평가도 여전하다. 이는 단통법 폐지 주장의 주요 논거이기도 한데, 보조금 경쟁이 사라져서 이용자의 단말기 구입부담이 증가했다는 것이다. 반면 보조금과 마케팅 비용을 줄여 사업자의 영업이익만 증가하였다는 것이다. 정부의 단통법 폐지발표 이유도 통신사, 유통점 간 자유로운 지원금 경쟁을 촉진하고, 국민들이 저렴하게 휴대전화 단말을 구입할 수 있는 기회를 제공하기 위한 것이라고 한다.

사실 단말기유통법의 경우 미국·영국·프랑스 등 시장경제를 표방하는 대부분의 선진국에는 없는 한국만의 특유의 규제법이며, 그것도 시장에서 마케팅을 제한하는 매우 이례적인 규제법이다. 통신 시장에서 요금, 품질 경쟁이 거의 사라진 상황에서 보조금 경쟁마저 제한하는 것은 바람직하지 않다는 측면에서 단통법의 폐지나 개정의 필요성은 인정된다. 또한 최근 이용자가 유통점을 거치지 않고 자급제폰을 구입해 본인이 선택약정할인 등 요금제를 선택하는 사례가 늘고 있는 등 합리적인 통신소비가 정착되어 가고 있다는 점도 단통법유지의 근거를 약화시키고 있다.

그런데 과연 단통법을 폐지하면 바로 정책효과를 거둘 수 있을까. 사실 단통법 폐지의 핵심 내용은 통신사가 지원금을 공시하도록 한 의무와 유통점이 제공하는 추가 지원금의 상한선(공시지원금의 15%) 규정을 없애는 것이다. 그런데 이미 공시지원금 상한액은 2017년 일몰되었고, 따라서 법 폐지 효과는 유통점의 추가 지원금 한도를 없애는 것뿐이다. 결국 공시지원금 상한선이 폐지되었음에도 보조금 경쟁이 없는 것은 규제가 있어서가 아니라 오히려 시장포화가 원인이라고 볼 수 있다. 최근 갤럭시 24 출시에도 불구하고 공시지원금은 종전과 다르지 않은 상황도 이를 반영한다.

또한 단통법 폐지로 인해 짚어봐야 할 문제도 있다. 먼저, 이용자와 판매자 간 정보 비대칭으로 인해 예전처럼 소위 호갱이 속출할 수 있다. 주로 취약계층이 고가에 단말기를 구입하는 형태의 피해가 나올 수 있는 것은 더 큰 문제이다. 또한 단통법 폐지로 보조금 무한경쟁이 이뤄지면 자금력이 부족한 제4이동통신사업자나 알뜰폰은 경쟁이 어렵게 되어, 정부의 경쟁 활성화 정책의 한 축이 무너지게 될 수 있다.

한편 단말기의 가격 인상은 단통법으로 인한 것은 아니며, 따라서 단통법이 폐지된다고 해도 단말기가 가격이 바로 인하되는 것은 아니라고 봐야 한다. 그동안 통신 요금이 아닌 단말기 가격의 가파른 상승이 가계통신비 인상으로 이어졌다는 점이 확인되고 있다. 또한 국내 스마트폰 시장이 삼성과 애플 독과점 체제로 바뀌면서 제조사의 장려금 비중이 크게 줄었으며, 특히, 애플은 판매 장려금을 지급하지 않고 있어 삼성도 판매 장려금을 늘릴 명분이 없어진 것이다. 결국 통신사도 제조사도 지원금이나 판매 장려금을 지원할 유인이 많지 않은 상황이다.

종래의 통신정책과 같이 이번 단통법 폐지 정책 역시 소비자의 단말기 구입부담 경감과 가계통신비 인하를 목표로 하고 있으며, 이번에도 이통사를 겨냥하고 있다. 이 정책의 초점은 소상공인인 유통점과 통신 이용자의 혜택 확대에 있다. 그러나 진정 통신정책의 목표를 달성하기 위해서는 단통법 폐지로 인해 이용자 차별 이슈가 재발하지 않도록 사후규제를 강화하는 것은 물론 다른 경쟁정책과의 조화나 단말기 정책의 재설계도 필요하다고 할 것이다.

20 단통법 폐지 이후의 통신시장의 전망과 과제

2014년 10월 시행된 단말기 유통구조 개선에 관한 법률(단통법)은 당시 이통시장에서 소위 '휴대폰 구매 보조금'으로 일컫는 '지원금'이 일부 고객에게 편중되어, 이용자 차별 및 가계통신비 부담 심화 등 당시 사회적 부작용이 부각되며 도입되었다. 즉, 번호이동/기기변경이냐, 언제/어디서 샀느냐 등에 따라서 지원금 차이가 너무 크게 발생하니 이용자의 불만이 많았고, 단말기도 빈번하게 교체되니 자원 낭비와 가계통신비 증가에 대한 지적도 잇따랐다. 이에 이용자 차별을 방지하고, 안정된 통신 시장을 조성하자는 목적으로 단통법이 시행되었다.

약 11년이 지난 2025년 7월 22일 단통법이 폐지되었는데, 이는 단통법이 오히려 통신사별 경쟁을 막고, 소비자 선택권을 제한한다는 지적이 계기가 되었다. 단통법 도입으로 이용자 차별은 상당히 해소됐었으며, 가계통신비도 단통법 시행 전에 가구 소비지출 비중에서 약 6%였는데, 법 시행 이후에 5.2% 정도로 감소한 것을 보면 단통법에서 도입한 선택약정할인제도를 통해 합리적인 통신 소비가 정착되고 있다고 평가할 수 있다. 다만, 통신이용자의 고가 단말기에 대한 구입 부담이 여전하다는 점과 마케팅 수단인 보조금 경쟁을 제한하는 것이 세계적으로 유례가 없다는 문제가 있었다.

이에 단통법이 폐지되면서 통신사의 지원금 공시 의무, 유통점의 추가지원금 상한(기존 공시지원금의 15% 이내), 가입 유형과 요금제에 따른 지원금 차별 지급 금지가 폐지되었다. 그 외 단통법의 순기능이라고 할 수 있는 장치들, 지원금을 받지 않는 이용자에 요금할인을 제공하는 선택약정할인 제도, 유통시장 건전화를 위한 판매점 사전승낙제 등 이용자 권익 보호와 시장 건전화를 위해 필요한 조항들은 전기통신사업법으로 이관하여 유지된다. 이에 따라 이용자가 선택하는 통신사 간의 지원금 경쟁으로 인해 이용자의 선택권이 확대되고, 지원금 규모가 커질 것이라는 기대가 높아지고 있다. 특히, 이용자는 선택약정할인을 선택하는 경우에도 유통점의 추가지원금을 받게 되는 혜택을 누리게 된다.

법 폐지 후 1주일 정도가 지나면서 보조금 경쟁이 활발히 이루어지는지에 대해서는 평가가 엇갈리고 있다. 번호이동의 경우 대규모의 보조금이 투입된다는 소식도 있지만 전체적으로 경쟁이 활발하지는 않다는 평가도 있다. 이론적으로는 단통법이 폐지되면 지원금 경쟁도 활성화되면서 단말기 구입 비용은 낮아질 수 있으나, 이것이 지속 가능할 것이냐는 확실치 않다.

지난 정부에서 단통법 폐지 전 번호이동 시에 지원금을 더 주는 전환지원금 정책을 시행한 적이 있는데, 당시에 통신사들이 전환지원금 책정을 많이 하지 않았다. 이는 통신시장이 포화된 상태여서 마케팅 출혈 경쟁을 할 요인이 별로 없었기 때문이었다. 현재 이통시장은 인구 대비 스마트폰 보급률이 110%에 달하는 포화된 시장이며, 통신사의 AI, 정보보호, 6G 투자비를 고려하면 보조금 확대에서는 한계가 있다고 할 것이다. 또한 단말기 구입 비용을 낮추기 위해서는 통신사의 마케팅 경쟁도 중요하지만, 복점인 우리나라 단말기 시장에서 어떻게 경쟁을 유도할 것이냐도 중요하다. 중고폰 활성화, 저가 단말 라인업을 확대한다거나 경쟁력 있는 외산 단말 도입 등 단말기 정책에 대한 고민도 필요하다고 할 것이다.

단통법 폐지로 인해 자금 여력이 부족한 알뜰폰의 타격이 예상된다는 견해가 있지만, 알뜰폰 사업자들은 지원금 수준에 크게 좌우되는 신규, 플래그십 단말 시장보다는 중고폰이나 중저가 자급제 단말 시장에 주력하면서 "저렴한 단말 + 저렴한 요금"을 제공하는 사업자로 경쟁력을 갖추고 있어 단통법 폐지로 인한 직접적 영향은 크지 않을 수 있다. 더불어 과기정통부가 중저가 자급제 단말 확대와 알뜰폰-자급제 연계를 활성화하는 방안을 검토 중인 것으로 알고 있는데, 이를 계기로 오히려 알뜰폰이 더 활성화될 수 있는 계기가 마련될 수도 있을 것이다.

문제는 단통법이 폐지되었다고 해도 차별이냐 차등이냐는 기준을 둘러싼 논란이 지속될 수 있다는 것이다. 가입유형에 따른 차별이 허용되었다고 하더라도 예를 들어, 같은 날짜에 동일한 단말기와 요금제인 경우 번호이동에는 50만 원을 주고, 기기변경에는 지원금을 주지 않는 경우 이런 차별이 허용되는 것인지, 또한 나이 등에 대한 차별은 여전히 금지되는데 어버이날을 맞이해 어르신에게 보조금을 추가 지급하는 것은 금지되는 차별인지에 관한 것이다. 또한 단통법 시행 전 문제 되었던 호갱 이슈, 즉, 정보비대칭성의 문제로 디지털 취약계층이 더 비싼 단말기를 구입하는 문제도 재발할 가능성이 있다.

결국 정부는 경쟁은 활성화하되 차별 기준의 구체화, 정보비대칭성의 해소, 단말기 시장의 경쟁 도입 등 과도한 차별과 불공정 행위로부터 이용자를 보호하는 등의 노력을 기울여야 단통법 폐지의 실질적 정책효과를 달성할 수 있을 것이다.

21 위기의 통신정책이 가야 할 길

2024년 6월 과기정통부의 스테이지엑스에 대한 제4이동통신 주파수 할당 취소 결정으로 당사자가 반발하고 언론과 야당도 정책실패를 지적하며 통신정책 전반에 대한 재검토 여론이 확산되고 있다. 통신정책을 법제화한 전기통신사업법은 통신정책의 목표를 전기통신사업의 적절한 운영과 전기통신의 효율적 관리를 통하여 전기통신사업의 건전한 발전과 이용자의 편의를 도모함으로써 공공복리의 증진에 이바지함을 목적으로 한다고 하고 있다.

보다 구체적으로 보면 통신서비스 경쟁정책이 있는데, 법문은 전기통신사업의 효율적인 경쟁체제의 구축과 공정한 경쟁환경의 조성이라고 규정하고 있다. 그 외에도 통신정책의 목표로는 통신인프라의 구축과 고도화, 효율적인 주파수 관리, 통신 이용자 보호, 보편적 서비스 제공 및 디지털 격차의 해소 등이 있다. 다만, 여러 정책 중 경쟁정책이 실제로 통신정책의 근간을 이루고 있다고 해도 과언이 아니다.

종래 통신시장은 나라마다 다소의 차이는 있지만 대체로 법률상 독점 내지 정부규제가 지배하고 있었고, 경쟁체제가 도입되기 시작한 후에도 유무선 통신의 양대 영역에서 과점구조가 유지되고 있다. 특히, 한국의 통신시장은 유선시장이나 무선시장 모두 국영 독점사업자의 승계기업이 압도적인 시장점유율을 차지하고 있는 준 독점적 경쟁구조를 가지고 있다. 이런 독과점에 따른 폐해를 인위적으로 시정하고, 경쟁시장에 상응하는 시장성과를 담보하여 소비자 편익을 확대하기 위한 목적으로 통신 경쟁정책과 규제가 시행되고 있다.

대표적인 통신규제법인 전기통신사업법이 제정 40주년을 앞두고 있다. 1984년 9월 1일 공중전기통신사업법이란 이름으로 제정된 전기통신사업법은 우리나라가 통신 불모지에서 세계 최고 수준의 유무선 통신인프라 강국으로 도약하는 밑바탕이 되었다. 1991년 전기통신사업법으로 개명하며 도입한 '부가통신사업'은 오늘날 플랫폼 서비스의 첫걸음이 되었다.

또한 1990년대 이어진 법 개정은 통신 시장 경쟁 체제 도입의 신호탄이 됐다. '한국전기통신공사'라는 국가 자본이 운영하던 통신 시장의 독점 체제는 SK, 포스코, LG 등 새롭게 축적된 산업 자본이 들어오며 경쟁 체제로 전환됐고, 경쟁을 통해 성장한 통신 자본은 자생적 투자를 통해 초고속인터넷과 5G로 이어지는 확대 재생산의 선순환 구조를 창출했다. 근대화에서 산업화로, 산업화에서 정보화로 이어진 역사의 법제적 인프라가 바로 전기통신사업법이었던 것이다.

2010년대는 또 한 번 역사적인 전환이 일어난다. 바로 피처폰에서 스마트폰으로 넘어가는 대전환의 시대가 시작되었다. 통신은 '음성'이라는 단순 소통의 수단에서 '인터넷'을 매개로 한 다원화된 소통의 장으로 변모했다. 이러한 시장 변화에 발맞춰 전기통신사업법은 '시장 관리'라는 기존 틀을 깨고 '경쟁 확대'와 '규제 완화'를 화두로 개편됐다. 2012년 알뜰폰 등장과, 2019년 기가통신사업의 허가제에서 등록제로의 진입 규제 완화, 2020년 통신요금 인가제 폐지는 그러한 흐름을 반영하는 것이었다. 그 사이 통신인프라는 광랜과 LTE를 넘어 기가인터넷과 5G로, 서비스는 유무선 결합에서 방송, 통신, 인터넷 융합으로 진화했다. 법제도 개편이 시장의 혁신을 견인한 결과이다.

2020년대에 이르러 우리는 생성형 AI 등장과 함께 AI 대전환이라는 새로운 패러다임에 직면하고 있다. 그러나 통신정책은 AI 대전환을 위한 준비에 미흡하며, 여전히 경쟁 활성화와 이용자 보호라는 종래 전통적인 목표를 벗어나지 못하고 있다. 통신 경쟁정책의 경우에도 여러 정책을 추진하고 있지만, 정책의 일관성이나 정책 간 조율이 미비한 상태에서 각론에 몰두하는 모습을 보이고 있다.

먼저 제4이동통신 정책인데, 정부는 지난주 제4이통통신 선정을 취소하는 방향을 징했다. 징부 입장에서는 자본금이나 주주구성에 내한 사업자의 서약이 이행되지 않고 향후 이행가능성도 희박하다는 점에서 주파수 할당 절차를 중단하지 않을 수밖에 없었던 것으로 보인다. 향후 더 큰 피해를 방지한다는 의미에서 이번 취소 결정은 정책과정에서 발생한 문제점을 조기에 발견하고 적절히 대응한 것으로 평가된다.

다만, 결국 이런 상황에 이른 것은 결국 28GHz 대역 제4이통통신의 미래에 대한 시장의 판단이 정부의 예상과는 달랐기 때문이라고 봐야 한다. 2010년 이후 현재까지 8차례 제4이통 정책이 모두 실패한 이유는 이동통신사업 수행 능력, 즉 '자금력' 문제였고, 특히, 이번 28GHz는 통신망 구축에 막대한 자금이 소요되고 사업성에 의문이 제기되었던 주파수 대역이었다. 정부가 목표 설정 단계에서부터 전문가 등 이해관계자의 의견을 듣는 등 충분한 논의를 통해 실현가능한 목표를 설정하지 않은 것에 대해서는 아쉬움이 남는다.

정부 정책방안 간 상충도 문제이다. 이통3사의 과점적 구조를 개선하여 가계통신비를 인하하는 것을 목표로 추진되었던 '제4이통'과 '알뜰폰'은 사실 서로 경쟁 관계에 있어 양립하기 어려운 정책이다. 그럼에도 정부는 양자를 동시에 추진했고 여기에 더해 이통사에 대한 지속적 통신비 인하 정책까지 진행되면서, 당초 기대했던 이통3사의 과점적 구조 개선의 효과는 거의 나타나지 않고 있다. 이용자로서는 다양한 선택지를 가지게 되는 장점이 있으나, 실제로는 요금경쟁이나 품질경쟁이 일어나지 않아 소비자 효용에는 큰 변화가 없었다.

오히려 신규 사업자의 유입이나 기존 사업자의 지속가능한 생존이 어려워지는 상황이 전개되고 있다. 특히, 알뜰폰은 고사위기로 몰리고 있다. 정부가 통신비 인하 정책에 드라이브를 걸면서 SK텔레콤, KT, LG유플러스 등 통신 3사가 2만 원대 5G 요금제를 출시해 알뜰폰의 가격 경쟁력이 떨어지고 있다.

또한 고가단말기 부담 해소를 위해 도입된 단말기유통법(단통법) 폐지 정책은 아직 시행이 되지 않고 있고 번호이동에 지원금을 더 주는 '전환 지원금' 정책은 효과가 별로 없는 것으로 나타났다. 이미 시장이 포화상태라 통신 3사가 과거처럼 개인 가입자를 대상으로 마케팅 출혈 경쟁을 벌일 유인은 애초부터 크지 않아 정책효과가 제한적이었던 것이다.

그동안 정부의 노력으로 통신인프라가 고도화되고 통신비 인하도 지속적으로 이루어지는 등 성과도 상당했지만, 이는 경쟁정책 고유의 성과라기 보다는 정부의 인위적인 시장 개입의 결과라고 볼 수 있다. 더 큰 문제는 통신정책의 모든 목표가 "가계통신비 인하"로 향하고 있다는 점이다. 물론 소비자 효용 차원에서 중요한 정책이기는 하지만, 다른 중요한 통신정책 목표에 대한 고려가 부족한 것이 문제이다.

기본적인 통신정책의 목표는 통신네트워크를 지속적으로 관리하고 고도화하는 것이다. 또한 주파수 자원을 효율적으로 관리하고 정보통신망 공격이나 불법 콘텐츠로부터 통신 이용자를 보호하는 것, 그리고 통신 약자에 대해 보편적 서비스를 제공하고 디지털 격차를 해소하는 것도 중요한 목표이다. 그럼에도 유독 가계통신비 인하를 강조하다 보니 다른 정책이 소홀히 다루어지거나, 정책간 중복과 충돌이 여러 정책 간 모순과 충돌이 발생하고 있는 것이다. 정책방안 간 충돌을 유의하고 정책방안의 중요도를 균형적으로 고려해야 할 것이다.

또한 네트워크 구축과 경쟁을 중심으로 하는 기간통신사업자 중심의 기존 전기통신사업법 체계를 부가통신사업자인 플랫폼에 대한 진흥과 규제를 포함하는 법체계로의 근본적인 변화가 필요하다. 인터넷을 중심으로 네트워크 사업자와 플랫폼사업자 그리고 최종이용자의 관계를 규율할 필요성이 존재한다는 점에서, 정보통신망법의 이용자 보호 조항을 포함하여 인터넷 생태계의 지속가능성과 이용자 보호를 목적으로 하는 별도의 법체계를 고려할 필요가 있다.

지금은 글로벌 AI 패권경쟁의 시대이다. 미국 바이든 정부는 'AI 기술 우위'를 목표로 2500억 달러 지원 계획을 담은 '혁신경쟁법'을 제정했다. 국방 등 공공분야에 정부 투자를 강화하는 한편, 구글, 애플, 아마존 등 빅테크들은 글로벌 생태계 조기 선점에 나섰다. 중국도 맞불을 놓고 있다. 2030년까지 미국 추월을 목표로 약 160조 원을 투자하는 '차세대 AI 발전계획'을 수립하고, '차세대 AI 오픈플랫폼'을 담당할 15개 선도기업도 선정했다.

한국 2023년 영국 토터스인텔리전스의 '글로벌 AI 지수 조사'에서 종합 6위를 기록했다. 나쁘지 않은 순위지만, 총점은 40.3점으로 미국(100점), 중국(61.5점)과는 격차가 엄존했다. 특히, 민간 투자는 8.3점으로 세계 18위권에 불과했다. 개별 기업인 아마존이 AI 데이터센터 구축에만 매년 100억 달러를 투자 중인 현실을 고려하면 초라한 성적표다.

지금은 국운을 걸고 AI에 집중할 시기이다. AI는 국가 경쟁력의 문제가 아닌 국가 존망의 문제이기 때문이다. 정부는 '통신 규제'라는 회귀적 틀에서 벗어나 "시장주도형 규제"와 'AI 진흥'이라는 미래지향적 목표를 가져야 한다. 시장은 '통신인프라 진화'라는 시각을 넘어 '국가 AI 인프라 혁신'을 본격 추진해야 한다. AI 데이터센터, 소버린 AI, AI 반도체 등 당면한 과제에 정부 정책과 민간 투자를 집중해야 한다. 통신은 우리나라 근대화와 산업화의 역사를 이어받아 '국가사회의 정보화'를 이끈 주역이다. 이는 '국가사회의 AI화'라는 새로운 역사적 사명 앞에서 통신의 역할에 기대를 거는 이유이기도 하다.

22 제4이통 취소, 미래 통신정책 재점검 계기 삼아야

2024년 6월 14일 과학기술정보통신부는 이동통신용 주파수 할당 대상법인인 스테이지엑스가 제출한 서류 등을 검토한 결과 법령이 정한 필요 사항을 이행하지 않았다고 밝혔다. 또 주파수 할당 신청 시 주요 구성 주주들이 서약한 사항도 준수하지 않았다고 덧붙였다. 결국 주파수 할당 취소 여부를 최종 결정하기 위한 청문 절차를 시작하기로 결정했다. 이에 따라 8번째 제4이동통신사업자 선정이 불발로 돌아가게 될 가능성이 커졌다.

이를 두고 해당 사업자는 크게 반발하면서 법적, 행정적 절차를 진행하겠다는 입장이다. 야당도 이미 과포화된 이동통신시장, 28GHz(기가헤르츠)의 사업성, 사업자의 재정적 능력 등을 고려하지 않아 정책 실패가 발생했으며 정부가 책임을 져야 한다는 입장을 밝혔다.

정책 실패란 정부가 수립하고 집행한 정책이 의도한 목표를 달성하지 못하거나, 예상치 못한 부작용을 초래하는 경우를 말한다. 본건과 관련해서는 결과적으로 당초 정책 목표였던 사업자 선정이 좌초됐다는 점에서 정책 실패에 해당한다고 볼 수 있다. 하지만 이것이 전적으로 정부의 책임인지, 아니면 사업자의 책임도 있는 것인지에 대해서는 사실관계를 좀 더 살펴봐야 할 것이다.

법적, 행정적 절차로 보면 현행 전파법령은 주파수 할당에 대해 5가지 절차를 규정하고 있다. ①주파수 할당 신청 법인의 할당 적격 검토 및 통보 ②주파수 경매 입찰 및 낙찰자 선정 ③주파수 할당 대상법인 선정 및 통보 ④주파수 할당을 위한 필요 서류 확인 ⑤주파수 할당 통지다. 제4이동통신 후보 업체는 이 중 ④단계에서 제동이 걸렸다. 여기에서 당초 할당 신청 시 사업자가 제시한 자본금 요건을 충족하지 못했고, 주주 구성의 차이로 동일 법인으로 볼 수 없다는 점을 이유로 할당 취소에 이른 것이다.

정부 입장에서는 자본금이나 주주 구성에 대한 사업자의 서약이 이행되지 않고 향후 이행 가능성도 희박하다는 점에서 주파수 할당 절차를 중단하지 않을 수 없었던 것이다. 나아가 주파수 할당 통지 이후 사업이 개시되지 않거나 4000억 원 정책금융마저 손실로 돌아가 국고에 손해를 끼칠 수 있는 상황을 고려하면 이번 취소 결정은 정책과정에서 발생한 문제점을 조기에 발견하고 적절히 대응한 것으로 평가된다.

다만, 이번 사례는 결국 28GHz 대역 제4이동통신의 미래에 대한 시장의 판단과 정부의 예상이 달랐기 때문이라고 봐야 한다. 정부가 목표 설정 단계에서부터 전문가 등 다양한 이해관계자의 의견을 더 충분히 듣고, 사업자도 사업성을 더 꼼꼼히 검토하고 실현 가능한 사업계획을 제시했다면 하는 아쉬움은 남는다.

이제는 미래 통신정책의 방향을 전체적으로 재점검해야 할 것이다. 통신 네트워크는 국가사회의 기본 인프라로서 이에 대한 지속가능한 투자와 관리를 유도하기 위한 정책이 무엇보다 중요하다. 통신비 인하, 알뜰폰 육성, 단통법 폐지, 28GHz 대역 사용, 망 이용대가 등 쌓여 있는 현안과 함께 6세대(6G), 저궤도 위성통신, 인공지능(AI) 도입 등 향후 통신정책의 과제에 대해 논의하고 중지를 모아야 할 것이다.

VI

디지털 신권리의 발전

1 다크패턴과 소비자 보호

코로나19 펜데믹의 영향으로 온라인 플랫폼상에서 비대면 거래가 확산되면서 온라인상에서 가격, 상품 정보 등을 눈속임하여 소비자의 실수를 유도하는 소위 다크패턴(Dark Patterns)이 늘어나고 있다. 예를 들어 구독 해지, 거래취소 등 버튼을 누르지 못하는 것처럼 보이도록 회색으로 표시하는 행위, 구독 해지 절차나 방법을 찾기 어렵게 하거나 복잡하게 하는 행위, "오늘만 할인", "매진 임박"이라는 문구를 사실과 다르게 표시하는 행위, 무료체험 이후에 자동으로 유료 전환되도록 하면서 유료 결제 시기, 가격에 대해 명확히 고지하지 않는 행위, 여러 동의 박스를 클릭하는 대신 한 번에 동의가 가능한 전체 동의 박스를 두고서는 그 전체 동의의 범위 내에 이용자가 예측하기 어려운 다른 동의를 포함시키는 행위 등이 사례이다.

아직 다크패턴에 대한 명확한 정의는 없지만, 대체로 눈속임 설계, 즉, 소비자를 속이기 위하여 설계된 온라인 사용자 인터페이스를 지칭한다고 할 수 있다. 소비자가 의도하지 않는 구매 결정을 하도록 유도하여 개인정보 침해, 요금추가 등의 폐해를 발생시키며, 결국 정보 왜곡 등을 통해 개인의 자율성을 침해한다. 다만, 온라인 설계가 이용자의 심리를 이용한 넛지 마케팅에 해당하거나 소비자의 선택을 받기 위한 정교한 과정에 해당할 수도 있어 불법적인 소비자 기만행위와의 구분이 어려운 측면이 있다.

최근 다크 패턴이 증가하면서 국내외 규제당국은 대책을 서두르고 있다. EU 의회는 2022. 4. 인터넷 기업이 온라인 허위 정보와 불법적인 콘텐츠, 상품, 서비스로부터 이용자를 보호하도록 하는 내용을 담은 디지털 서비스법을 승인했는데, 법안에는 이용자가 본인 의사와 무관하게 온라인 콘텐츠를 클릭하도록 유도하는 다크패턴을 규제하는 내용을 포함하고 있다.

한국에서도 '윤석열 정부 110대 국정과제' 중 하나로, 플랫폼 분야 거래질서 공정화를 위해 소비자들에 대한 기만행위(눈속임 마케팅, 거짓후기 등)를 시정할 계획이라고 발표하였다. 공정거래위원회도 2022. 7. 다크패턴에 관한 연구 용역을 발주하였으며 이 결과를 토대로 전자상거래법을 개정할 계획이라고 밝혔다. 개인정보보호위원회 및 방송통신위원회도 각각 개인정보보호법, 전기통신사업법을 적용하여 다크패턴 규제집행을 강화할 것으로 알려졌다.

다크패턴에 대해 합의된 정의가 없다는 점에서 어떤 유형을 위법행위로 볼 것인지를 확정하는 것이 쉽지 않다. 또한 다크패턴에 대해 상거래에서 소비자 보호, 개인정보보호, 통신이용자 이익 보호 측면 등의 여러 관점에서 다수의 법령이 적용된다는 점도 규제안의 제정과 집행을 어렵게 하고 있다.

이처럼 다수의 규제 틀이 중복되는 경우에는 규제대상의 범주와 행위 유형이 중복되지 않도록 규제기간 관 협력을 강화할 필요가 있다. 또한 법적 규제도입이 어렵다면 자율 규제도 고려할 필요가 있다. 한편 인터페이스를 설계하는 디자이너의 가치와 의견이 중요하다는 점에서, 디자이너가 이용자들이 어떤 방식으로 사용하고 소통하는지, 법적, 윤리적인 한계는 무엇인지에 대해 이해할 필요가 있다. 향후 다크패턴에 대한 합리적 규제를 통해 정상적인 마케팅을 위축시키지 않으면서 소비자를 효과적으로 보호하기 위한 방안이 도출되기를 기대한다.[4]

---

4 2025년 2월 14일부터 시행된 개정「전자상거래 등에서의 소비자보호에 관한 법률」은 소비자 피해가 크고 기만성이 높은 다크패턴 6가지 유형을 법으로 직접 규제한다.

1. 숨은 갱신 (자동 갱신 고지 미흡): 내용: 정기적으로 공급되는 유료 서비스가 자동으로 갱신되거나 유료로 전환될 때, 그 사실 및 갱신/전환 조건을 소비자에게 충분히 고지하지 않아 소비자가 의도하지 않게 추가적인 금전적 부담을 지게 하는 행위. 법적 의무: 사업자는 유료 전환 또는 자동 갱신 전에 반드시 고지해야 한다.
2. 취소·탈퇴 등 방해: 내용: 소비자가 서비스 계약의 해지, 철회, 회원 탈퇴 등을 원할 때, 이를 가입/구매 시보다 훨씬 어렵거나 복잡하게 설계하여 의사표시를 방해하는 행위. 법적 의무: 계약 해지, 회원 탈퇴 등이 용이하게 이루어질 수 있도록 절차를 제공해야 한다.
3. 몰래 장바구니 추가: 내용: 소비자가 명확하게 선택하지 않은 상품, 서비스 또는 비용(예: 부가 서비스, 기부금 등)을 장바구니나 결제 화면에 자동으로 추가하여 소비자의 의사와 다르게 결제하도록 유도하는 행위. 법적 의무: 소비자가 명시적인 동의를 한 경우에만 최종 결제에 포함해야 한다.

2 가짜뉴스와 표현의 자유

지난 2023년 한일정상회담에서 윤 대통령과 기시다 총리가 자위대 사열 시 각각 고개를 숙인 모습이 찍힌 사진이 배포됐는데, 태극기는 없고 일장기만 보인 것에 대해 전 정부 의전비서관이 페이스북에서 이를 비난하자, 페이스북은 이 정보를 독립적인 팩트체크 기관에서 확인한 일부 거짓 정보라는 문구를 게시했다. 다른 각도에서 찍힌 사진들을 보면 일장기 뒤에 태극기도 같이 있는데, 특정 각도에서 촬영된 사진만 보고 사실을 오도했다는 것이다. 모 공영방송도 일장기를 향해 윤 대통령이 경례하는 모습이라는 멘트를 했다가 사실 확인 후 사과하기도 했다.

이처럼 소위 가짜뉴스가 다양한 매체를 통해 확산되면서 이념별, 성별, 연령별 갈등이 심화되고 있다. SNS에는 공식 언론사가 보도한 것이 아님에도 언론보도로 포장된 허위조작 정보가 넘쳐나고 있다. 최근 등장한 챗GPT도 오류가 있는 데이터를 학습해 사실이 아닌 답변을 내놓는 할루시네이션(hallucination) 현상

4. 거짓된 긴급 알림 (기만적 재고·수량 알림): 내용: 상품의 재고가 소진 임박했거나, 특가 판매 시간이 얼마 남지 않았다는 등 사실과 다르거나 과장된 정보를 제공하여 소비자의 구매를 촉진하는 행위. 법적 의무: 재고나 시간 제한 알림은 객관적인 사실에 근거해야 한다.
5. 오도된 가격 표시: 내용: 소비자가 최종적으로 지불해야 하는 **가격(총액)**에 필수적으로 포함되는 비용(배송비, 세금, 수수료 등)을 숨기거나 축소하여 표시하고, 할인 가격 등 유리한 정보만 부각하여 가격을 오인하게 만드는 행위. 법적 의무: 소비자가 지불할 최종 가격을 명확하게 제시해야 한다
6. 특정 옵션 사전선택: 내용: 사업자에게 유리하거나 소비자에게 불필요한 옵션(예: 유료 부가 서비스, 마케팅 동의)을 기본값으로 미리 선택해 두고, 소비자가 이를 해제하지 않고 지나치도록 유도하는 행위. 법적 의무: 소비자의 명시적인 의사표시(직접 체크)가 없는 한, 특정 옵션은 선택되지 않은 상태로 제공해야 한다.

이 치명적 약점으로 지적되고 있다. 특히, 기존 검색엔진과 달리 챗GPT의 답변은 출처나 근거를 제공하지 않아 팩트체크도 어렵다.

일반적인 의미에서 가짜뉴스란 사실과 다른 정보를 의미한다. 그러나 보통 규제대상으로 논의되는 가짜뉴스는 발화자가 고의적, 악의적으로 허위정보를 유포하는 경우라고 할 수 있다. 즉, 허위라는 사실을 알고 있거나 알 수 있었음에도 불구하고 부주의로 이를 알지 못한 경우이다. 결국 가짜뉴스란 고의적, 악의적으로 생성·유통되는 허위조작정보라고 정의할 수 있다. 따라서 악의성이 없거나 사실이라고 믿을 만한 상당성이 있다면 정당한 의혹 제기로서 보호될 필요가 있다. 이를 보호하는 이유는 표현의 자유를 보장하기 위함이다.

표현의 자유는 사람들이 자신의 생각이나 의견을 자유롭게 표현할 수 있는 권리로 이는 인간으로서의 존엄성을 보장하는 것은 물론 의견의 다양성과 창의성을 촉진하여 더 나은 사회를 만든다. 따라서 가짜뉴스로 인해 사람들의 의견이나 판단을 왜곡시키고 이로 인해 사회적 분열이 발생하는 경우가 아니라면 표현의 자유를 최대한 보장해야 한다.

다만, 최근 한국사회에서 가짜뉴스 이슈는 무엇이 사실인지에 대한 합의도 어려운 것은 물론 동일한 사실에 대해서도 해석에 있어서 정치적 편파성이 농후한 것이 문제이다. 사실은 동일하게 받아들이지만 현상에 대한 분석이 특정 관점에서 이루어지는 경우나, 특정 사실이나 유리한 사실만을 부각시켜 정보의 진정한 의미를 왜곡하는 경우가 많다.

여야 간 극단적인 정치적 대립으로 인해 사실확인 없이 아니면 말고식의 폭로식 주장, 단순화를 통한 의미 왜곡, 자기입장에 유리한 해석만 주장하는 일이 반복되고 있다. 이로 인해 국민통합은 멀어지고 지지세력의 양극화와 갈등은 더욱 심해지고 있다.

가짜뉴스에 대한 폐해를 시정하기 위해 정부가 직접적으로 법적 규제를 가하는 것은 표현의 자유를 고려하면 최후의 수단이 되어야 할 것이다. 결국은 전통적 언론기관은 물론 SNS 미디어의 팩트체크 기능을 활성화하는 등 자율적 자정노력이 실행가능한 해법이다. 이와 더불어 이용자의 윤리책임의식을 고양하기 위한 리터러시 함양도 중요하다고 할 것이다.

3 혐오 표현으로서 악성 댓글과 모욕죄

인터넷 시대를 살면서 어두운 단면 중 하나가 포털 사이트 기사 등에 달리는 악성 댓글이다. 연예인의 자살로 이어지기도 하는 악성 댓글은 인격 살인이라고 불릴 정도로 사회적 해악이 되고 있다. 이에 2019년 10월 가수 겸 배우 설리의 극단적 선택을 계기로 대형 포털은 악성 댓글을 막기 위해 연예 뉴스 댓글 서비스를 폐지했다.

한편 악성 댓글의 경우 모욕죄에 해당하는 경우가 많다. 형법 제311조 모욕죄는 공연히 사람을 모욕하는 경우에 성립하는 범죄로서, 사람의 가치에 대한 사회적 평가를 의미하는 외부적 명예를 보호법익으로 하고, 여기에서 모욕이란 사실을 적시하지 아니하고 사람의 사회적 평가를 저하시킬 만한 추상적 판단이나 경멸적 감정을 표현하는 것을 의미한다. '어용', '앞잡이', '악의 축', '정말 야비한 사람' 이라는 표현이 여기에 해당한다.

다만, 공적 인물이나 대중의 관심을 받는 연예인의 명예와 사생활의 경우에는 표현의 자유라는 기본권이 차지한 위상이나 뉴스 댓글의 특성, 대중의 관심을 받는 연예인의 위상 등을 종합적으로 고려해 일반인보다 모욕죄의 성립이 제한된다. 그렇다면 연예인의 사생활에 대한 모욕적인 표현에 대하여 표현의 자유를 근거로 모욕죄 성립을 부정하는 경우 또는 표현의 자유를 벗어나 모욕죄의 성립을 인정하는 경우를 어떻게 구분할 수 있을까.

이와 관련 2022년 12월 대법원은 '수지'라는 예명으로 활동해 온 유명한 연예인에 대한 댓글 사건에서 그 기준을 제시했다.[5] 피고인은 2015년 10월, 12월 두

5 대법원 2022. 12. 15. 선고 2017도19229 판결.

차례에 걸쳐 인터넷 포털사이트가 제공한 뉴스에 댓글로 "언플이 만든 거품", "그냥 국민호텔녀", "영화 폭망 퇴물", "제왑 언플 징하네" 등 4가지 표현을 했다.

1심 법원은 4개의 표현 모두 '모욕적 언사'라고 판단했다. 피해자가 '연예인'이라는 점, 표현 방법이 '인터넷 뉴스에 대한 댓글'이라는 점을 감안하더라도 사회통념상 허용되는 표현의 자유 보호 영역을 벗어났다고 보았다. 그러나 2심 법원은 위 표현이 모멸적인 언사가 아니라 피해자에 대해 '거칠게 표현'한 것에 불과하거나 모욕적 언사라고 하더라도 전체 글에서 차지하는 비중이나 사용된 맥락을 고려할 때 사회상규에 위배되지 않는다고 판단해 모두 무죄를 선했다. 대중의 관심사에 대한 비판·풍자·패러디를 모욕죄로 형사처벌 하는 데 신중해야 한다고 하면서, 이렇게 하지 않으면 표현의 자유가 위축되고 국민들로 하여금 자기검열을 강제하는 해악을 가져온다고 설명했다.

대법원은 4개의 표현 중 '국민호텔녀'라는 표현에 대해서는 모멸적인 표현으로 평가해 원심심을 파기하고 사건을 다시 심리·판단하도록 원심법원에 환송하였다. 대법원은 공적 인물에 대한 모욕죄 성립 여부 판단에 있어, 공적 관심사에 대한 표현의 자유 보장과 개인의 사적 법익 및 인격권 보호라는 두 법익이 충돌하였을 때에는 구체적인 경우에 표현의 자유로 얻어지는 가치와 인격권의 보호에 의하여 달성되는 가치를 비교형량하여 그 규제의 폭과 방법을 정하여야 한다고 하면서, 표현행위의 형식과 내용이 모욕적이고 경멸적인 인신공격에 해당하거나 타인의 신상에 관하여 인격권을 침해한 경우에는 의견 표명으로서의 한계를 벗어난 것으로서 허용되지 않는다고 보았다.

대법원은 이 원칙에 따라 '국민호텔녀'를 제외한 나머지 표현들에 대해서는 피해자가 소속된 연예기획사의 홍보방식 및 피해자 출연 영화의 실적 등 피해자의 공적인 영역에 대한 비판으로 다소 거칠게 표현했더라도 표현의 자유 영역에 해당한다고 평가할 수 있다고 보았다. 그러나 '국민호텔녀'라는 표현은 피해자의 사생활을 들추어 피해자가 종전에 대중에게 호소하던 청순한 이미지와 반대의 이미지를 암시하면서 피해자를 성적 대상화하는 방법으로 비하하는 것으로서 여성 연예인인 피해자의 사회적 평가를 저하시킬 만한 모멸적인 표현으로 평가할 수 있고, 정당한 비판의 범위를 벗어난다고 보았다.

나아가 대법원은 최근 사회적으로 인종, 성별, 출신 지역 등을 이유로 한 혐오 표현이 문제 되고 있으며, 혐오 표현 중에는 특정된 피해자에 대한 사회적 평가를 저하하여 모욕죄의 구성요건에도 해당하는 것이 적지 않은데, 그러한 범위 내에서는 모욕죄가 혐오 표현에 대한 제한 내지 규제로 기능하고 있는 측면을 고려하여야 한다고 밝혔다.

이번 판결의 의의는 첫째, 공적 사안에 관해서는 표현의 자유를 넓게 보장하되, 공적 인물이라고 하더라도 사적 사안과 관련한 표현에 대해서는 달리 볼 필요가 있다는 점을 지적함으로써 표현의 자유와 인격권을 조화롭게 해석해 양자 사이의 균형을 도모했다고 볼 수 있다. 둘째, 이번 판결은 헌법재판소가 모욕죄가 혐오표현에 대한 일종의 제한이나 규제로 기능하고 있다는 점을 재확인했다는 점에서 의미가 있다.[6] 혐오표현에 대한 규제 입법이 제안되고 있지만, 개념이나 요건의 불명확성으로 인해 논란이 되고 있는 상황에서 모욕죄가 사실상 혐오표현의 규제역할을 하고 있다는 점을 명확히 한 것이다.

인터넷, SNS, AI 플랫폼 등 커뮤니케이션 수단으로서 온라인 미디어가 발전을 거듭하면서 의사 표현의 방식과 수단이 다양화되고 있기 때문에 표현의 자유를 보장할 필요성과 함께 표현의 자유를 한계를 벗어난 인격권 침해를 보호할 필요성도 증대되고 있다. 양자의 가치를 균형적으로 고려해야 할 국가와 기업의 의무가 더욱 강화되고 있는 것이다.

6 헌재 2020.12.23.선고 2017헌바456 결정.

4 댓글 실명제 필요할까

2023년 8월 한국언론진흥재단 미디어연구센터가 20~60대 1,000명을 대상으로 실시한 '인터넷 포털의 뉴스 댓글공간 정화 정책들에 대한 인식조사'에 따르면 '댓글 실명제' 도입 추진에 대한 찬성 의견이 높았다. 즉, 응답자들은 '댓글 실명제를 도입해 모든 법적·윤리적 책임을 질 의향이 있는 사람만 댓글 작성하게 해야 한다'(62.4%)를 '댓글 실명제는 기본권 침해, 소통 기능 위축 가능성 등 부작용이 예상되므로 도입에 매우 신중해야 한다'(37.6%)보다 더 많이 골랐다. 또한 포털 뉴스 댓글 공간에 대한 현재 상태에 대한 인식을 조사한 결과, '원래 취지와 달리 비방·욕설 등을 배설하는 공간이 돼버렸다'(57.4%) 쪽이 '역기능·부작용은 일부 있지만 소통공간·공론장으로 기능하고 있다'(42.6%)보다 더 많은 선택을 받았다.

댓글 실명제 내지 인터넷 실명제는 온라인 공간에서 글이나 댓글 작성 시 게시자의 실명을 공개하게 하는 제도로 2007년 도입되었다. 정보통신망 이용촉진 및 정보보호 등에 관한 법률 제44조의5 제1항 및 같은 법 시행령 제29조 등은 일일 평균 이용자수가 10만 명이 넘는 정보통신서비스 제공자는 게시판 이용자의 본인확인 방법 및 절차를 마련하도록 규정하고 있었다. 제도 도입 이후 5년이 지난 2012년 8월 23일, 헌법재판소는 인터넷게시판 본인확인제도, 이른바 '인터넷 실명제'를 위헌이라고 판단했다.[7] 2007년 인터넷실명제가 전면 도입된 지 5년 만의 일이었다.

헌재는 해당 조항들이 '명예훼손과 모욕적 표현 감소에 효과가 없고, 표현의

7 헌재 2012. 8. 23. 2010헌마47등 결정.

자유만 제한할 뿐'이라며 위헌으로 판단했다. 또한 헌재는 "건전한 인터넷 문화 조성은 인터넷 이용자의 표현의 자유나 개인정보자기결정권을 제약하지 않는 다른 수단에 의해서도 충분히 달성할 수 있다"고 밝혔다. 이어 "표현의 자유는 민주주의의 근간이 되는 중요한 헌법적 가치이므로, 표현의 자유 제한을 정당화하기 위해서는 그 제한으로 인해 달성하려는 공익의 효과가 명백해야 한다"며, "해당 조항들은 국내 인터넷 이용자들의 해외 사이트로의 도피 등 문제를 발생시키고, 본인확인제 이후에 명예훼손, 모욕, 비방의 정보의 게시가 표현의 자유의 사전 제한을 정당화할 정도로 의미 있게 감소했다는 증거도 없다"고 덧붙였다.

헌재는 "익명이나 가명으로 이루어지는 표현은 외부의 명시적·묵시적 압력에 굴복하지 않고도 자신의 생각과 사상을 자유롭게 표출하고 전파해 국가권력이나 사회의 다수의견에 대한 비판을 가능하게 한다"며, "이를 통해 정치적·사회적 약자의 의사 역시 국가의 정책결정에 반영될 가능성을 열어 준다"고 지적했다. 그러면서 "비록 인터넷 공간에서의 익명표현이 부작용을 초래할 우려가 있다 하더라도 그것이 갖는 헌법적 가치에 비춰 강하게 보호되어야 한다"고 결정이유를 밝혔다. 또한 헌재는 2021. 1. 28. 인터넷언론사가 선거운동기간 중 당해 홈페이지의 게시판을 운영하는 경우 실명을 확인받도록 하는 기술적 조치의무를 부과한 조항에 대해서도 위헌결정을 했다.[8]

그러나 2022년 헌재는 공공기관 등이 설치·운영하는 게시판에 대해 본인확인조치를 의무화하고 있는 정보통신망법 제45조의 5 제1항 제1호에 대해서는 다른 판단을 했다. 헌재는 공공기관 등 설치·운영하는 게시판에 언어폭력, 명예훼손, 불법정보 등이 포함된 정보가 게시될 경우 그 게시판에 대한 신뢰성이 저하되고 결국에는 게시판 이용자가 피해를 입을 수 있으며, 공공기관 등의 정상적인 업무 수행에 차질이 빚어질 수도 있다. 따라서 공공기관 등이 설치·운영하는 게시판의 경우 본인확인조치를 통해 책임성과 건전성을 사전에 확보함으로써 해당 게시판에 대한 공공성과 신뢰성을 유지할 필요성이 크며, 그 이용 조건으로 본인확인을 요구하는 것이 과도하다고 보기는 어렵다고 보았다. 따라서 심판대

8 헌재 2021. 1. 28. 선고 2018헌마456 등 결정.

상조항은 청구인의 익명표현의 자유를 침해하지 않는다고 보았다.[9]

결론적으로 헌재는 민간기관, 공직선거법상 인터넷언론사의 실명제에 대해서는 위헌결정을 하고 공공기관 등의 인터넷 실명제에 대해서는 합헌결정을 했다. 공적인 성격이 강한 공공기관 등과 유사한 공직선거법상 실명제에 대해서는 위헌 결정을 한 것은 논리적 일관성이 부족하다. 특히, 지난 두 차례의 대선에서 국정원의 댓글조작사건, 민주당의 댓글조작 사건(이른바 '드루킹 사건') 등이 발생하면서 익명표현의 위험성이 널리 인정되었고 당선을 위해 무슨 일도 마다하지 않는 공직선거의 특성상 실명제의 필요성이 있다고 볼 수 있다는 점을 고려할 필요가 있었다고 본다.

그럼 헌재의 최초의 위헌결정이 있었던 2012년과 비교해 현재의 인터넷 댓글 상황을 어떻게 평가할 수 있을까. 연애인, 유명 스포츠인들이 악플로 극단적 선택을 하거나 자살방조 사이트가 등장하는 등 익명 표현의 부작용이 확대되고 있다. 사회적 약자의 의사 표현을 보장하기 위해 허용된 익명표현의 자유가 오히려 또 다른 약자들에 대한 공격 수단으로 이용되고 있다. 인터넷의 자정작용은 실패하였으며, 따라서 인터넷 댓글에 대한 제재 수단이 필요한 것이 아니냐는 논의도 이루어지고 있다.

원칙적으로 우리 헌법상 표현의 자유에는 익명표현의 자유가 포함된다는 것이 다수 헌법학자의 의견이다. 이는 표현의 자유가 완전히 구현되기 위해서는 자신의 의사를 자유롭게 표현할 수 있어야 하는데 이러한 자유로운 의사표현은 익명이 보장되는 경우에만 가능하기 때문이다.

그러나 앞선 조사에서와 같이 온라인 댓글이 공론장이 아닌 비방 내지 욕설 배설 공간으로 되어 가고 있어 표현에 대한 윤리적, 법적 책임을 확보하는 것이 더 필요한 상황이라는 점이 공감대를 얻고 있다면, 익명표현의 자유에 대한 일정한 제한이 불가피하다고 할 것이다. 댓글 실명제를 법적으로 의무화하는 것까지는 아니더라도 온라인 플랫폼의 자율규제의 강화 나아가 온라인 플랫폼에 대한 불법 콘텐츠 차단 의무 부과 등의 조치를 고민해 볼 필요가 있다고 할 것이다.

---

9 헌재 2022. 12. 22. 선고 2019헌마654 결정.

5 악성 매크로 프로그램 규제해야

캠핑장, 테니스장, 골프장이 초절정의 인기를 누리면서 온라인 예약 민원이 증가하고 있다. 특히, 시작과 동시에 대부분 마감이 이뤄지는 일이 빈번하면서 이것이 매크로(macro) 프로그램을 이용한 것이 아니냐는 의심을 사고 있다. 매크로란 자동적으로 댓글의 등록이나 쪽지의 발송 등의 작업을 하는 프로그램으로, 수작업을 통해 이루어지는 키보드 입력과 마우스 클릭 등의 작업을 사전에 프로그램에 입력 및 저장하고, 일정 시간에 해당 프로그램을 자동적, 반복적으로 실행하는 것이다. 따라서 매크로 자체는 불법이라고 보기 힘들지만, 다만, 실제 매크로 프로그램이 다양하게 악용되어 여러 피해를 낳고 있다.

우선 온라인 예매 사이트에서 티켓을 독점하고, 이를 정상 가격보다 비싸게 재판매함으로써 소비자 피해를 초래하는 등 온라인 암표시장을 양산한다. 둘째, 대학 수강신청, 온라인 투표 등에서 이용자의 정당한 선택 또는 한 표의 가치를 왜곡시킨다. 셋째, 검색포털사이트의 실시간 검색어, SNS의 실시간 트렌드 등에서도 왜곡된 정보를 제공하거나 여론을 조작할 수 있다. 결국 일반 이용자의 문화체육활동에서의 선택권을 봉쇄하는 것은 물론 여론조작으로까지 이어질 수 있어 민주사회에서 심각한 병폐가 될 수 있다.

이에 따라 매크로에 대한 규제가 필요하다는 공감대가 확산되고 규제입법으로도 이어지고 있다. 국회는 2023년 2월 정보통신망에 주문 명령을 자동으로 반복 입력하는 프로그램을 이용해 입장권 등을 부정 판매하는 행위에 대해서 1년 이하의 징역 또는 1000만 원 이하의 벌금에 처하도록 하는 '공연법' 개정안을 통과시켰다. 이제 매크로 프로그램을 이용해 공연 관람권을 사들인 뒤 웃돈을 얹어 되파는 행위가 법적으로 금지된다. 지난 1월에는 골프장 예약을 위해 정보통신망에 접속해 주문명령을 자동으로 반복·입력하는 매크로 프로그램으로 얻은 이용권을 되팔지 못하게 하는 '체육시설의 설치·이용에 관한 법률' 개정안도 발의됐다.

다만, 법안들은 특정한 산업분야에 국한된 것으로 보다 일반적인 차원에서 규제방안을 검토할 필요가 있다. 이와 관련 정보통신망법 제48조 제2항은 "누구든지 정당한 사유 없이 정보통신시스템, 데이터 또는 프로그램 등을 훼손·멸실·변경·위조하거나 그 운용을 방해할 수 있는 프로그램(이하 "악성프로그램")을 전달 또는 유포하여서는 아니 된다."라고 규정하고 있는데 매크로가 여기 악성 프로그램에 해당할 수 있는지에 대해서 논란이 있다.

대법원은 이에 대해 "악성프로그램에 해당하는지 여부는 프로그램 자체를 기준으로 하되, 그 사용용도 및 기술적 구성, 작동 방식, 정보통신시스템 등에 미치는 영향, 프로그램 설치에 대한 운용자의 동의 여부 등을 종합적으로 고려하여 판단하여야 한다."라고 판시해, 매크로 자체는 악성 프로그램에 해당하지 않지만 용도, 기술구성, 시스템 영향 등을 고려해 사안에 따라 판단해야 한다고 보았다.[10] 다만, 보통 악성 프로그램은 바이러스, 웜, 트로이 목마, 스파이웨어, 랜섬웨어 등을 의미하는데, 매크로는 일부 트래픽 증가를 야기할 뿐이어서 훼손·멸실·변경·위조, 운용 방해에 이른다고 볼 수는 없어 이 조항을 적용하는 것은 쉽지 않다.

이 점에서 정보통신망에 주문 명령을 자동으로 반복 입력하는 등의 방법으로 망 이용의 안정성을 저해함으로써 재산상 이득을 얻거나 혹은 인터넷 이용에 장애를 주는 행위를 '악성 매크로 프로그램'으로 정의하고 이를 금지하는 조항을 정보통신망법에 신설하는 방안을 검토할 필요가 있다. 기업들도 이용약관이나 계약서에 매크로 금지조항을 포함으로써 자율적인 해결책을 강구할 필요도 있다고 할 것이다.

공정하고 합리적인 온라인 예약시스템으로 도입된 선착순 방식이 일부 이용자의 일탈로 인해 위기를 맞이하고 있다. 건전한 온라인 생태계를 유지하기 위해 악성 매크로 프로그램에 대한 규제도입을 서둘러야 할 것이다.

---

10 대법원 2019. 12. 12. 선고 2017도16520 판결 정보통신망이용촉진및정보보호등에관한법률위반(정보통신망침해등).

6 디지털 심화 시대의 이정표, 디지털 권리장전

2022년 11월 출시된 생성형 AI인 챗GPT의 등장과 함께 4차산업혁명은 이제 디지털화(digita ization), 디지털 전환(digital transformation)을 거쳐 디지털 심화(digital sophistication) 과정으로 진화하고 있다. 디지털이 인간의 한계를 보완하는 역할을 넘어 인간과 함께 살아가는 디지털 심화가 진행되고 있는 것이다. 이처럼 디지털이 국민의 삶에 막대한 영향을 미치고 있는 상황에서 디지털 혁신을 수용할 수 있는 규범과 질서에 관한 논의가 중요해지고 있다. 규범은 사회구성원의 행동 기준이 되는 것은 물론 인간과 사회가 추구하는 이상을 달성하기 위한 지침이 되는바, 인류가 한 번도 경험해 보지 못한 디지털 기술, 산업, 사회를 혼란 없이 맞이하기 위해서는 새로운 디지털 시대의 규범 논의가 필요한 것이다.

이런 디지털 규범 논의를 주도하고 있는 나라가 한국이다. 2023년 9월 25일 과학기술정보통신부는 윤석열 대통령이 주재한 국무회의에서 디지털 환경에서의 자유와 권리, 공정과 안전 등의 원칙을 담은 '디지털 권리장전'의 내용을 공개했다. 이미 2022년 9월 윤 대통령의 '뉴욕 구상'을 시작으로 다보스 포럼과 G20 정상회의, 유엔 총회, 뉴욕대 '디지털 비전 포럼'에 서 제시된 원칙이 집대성되어 전문, 6장, 28개 조로 구성된 디지털 권리장전이 제정된 것이다.

주요 내용을 보면 제1장에서는 '디지털 공동번영사회 구현'을 위한 기본원칙으로, 디지털 환경에서의 자유와 권리 보장, 디지털에 대한 공정한 접근과 기회의 균등, 안전하고 신뢰할 수 있는 디지털 사회, 자율과 창의 기반의 디지털 혁신의 촉진, 인류 후생의 증진 등 총 5가지를 규정했다. 이어 제2장부터 제6장에서는 5가지 원칙을 구현하기 위한 시민의 보편적 권리와 국가·기업·시민의 주체별 책무를 세부 원칙의 형태로 규정했다. 특히, 디지털 환경에서의 '자유와 권리 보장(제2장)'을 위해 키오스크 등에 차별 없이 접근할 수 있어야 한다는 '디지털 접근의 보장', 자신의 정보에 대한 열람·정정·삭제·전송을 보장하는 '개인정보의 접근·통제', 플랫폼 노동, 원격근무 등과 관련된 '디지털 근로·휴식의 보장' 등을 규정했다.

특히, 해외와는 달리 AI 중심의 논의를 넘어 리터러시 향상, 격차 해소 등 디지털 전반의 이슈를 포괄했다. 또한 윤리·규범적 논의 외에도 디지털 혁신을 강조하고 국제 연대·협력을 통한 인류 후생의 증진 등을 규정했다. 구체적으로 '공정한 접근과 기회의 균등'과 관련해 데이터와 디지털 저작물 등의 디지털 자산이 정당한 법적·정책적 보호를 받아야 한다는 '디지털 자산의 보호', 디지털 격차 해소를 위한 '디지털 리터러시 향상' 등을 규정했다.

이번 디지털 권리장전은 사실 디지털 사회 규범 전반을 포괄하고 있다는 점에서 국민이 국가에 대해 가지는 권리를 지칭하는 권리장전이란 용어는 부적절하다. 이에 제명을 '디지털 공동번영사회의 가치와 원칙에 관한 헌장'으로 하고 '디지털 권리장전'을 약칭이자 부제로서 부연하기로 했지만, 이 약칭 역시 제명과의 관련성이 없다는 점에서 '디지털 사회 헌장'이라는 약칭으로의 변경을 제안한다.

한편, 권리장전은 법적 구속력이 없다는 점에서 실효성에 한계가 있다. 이에 디지털 심화시대의 쟁점들을 해소하고 구체적인 법·제도를 정비하기 위한 실질적인 노력이 뒤따라야 할 것이다. 또한 구체적 정책에서 권리장전과 다른 방향으로 부처 간 엇박자가 생기지 않도록 대통령실과 과학기술정보통신부의 조율 역할도 중요하다고 할 것이다.

7 디지털 사회의 그늘, 불법 스팸 등으로 안전할 자유

디지털 사회로의 전환이 가속화되면서 그 그늘도 짙어지고 있다. 대표적인 그늘이 불법 스팸, 보이스피싱, 스미싱 등이다. 불법 스팸이란 수신자의 동의 없이 무차별적으로 전송되는 전자적 메시지를 의미하며, 이는 이메일, 문자 메시지, 소셜 미디어 메시지 등 다양한 경로를 통해 유입된다. 보이스 피싱이란 전기통신을 이용하여 타인을 기망, 공갈함으로써 자금 또는 재산상의 이익을 취하거나 제3자에게 재산상의 이익을 취하게 하는 행위이다. 2021년 개봉된 보이스와 올해 개봉된 시민 덕희라는 영화가 보이스피싱 피해를 소재로 다룰 정도로 이미 보이스피싱은 사회문제화되고 있다. 스미싱이란 문자(SMS)와 피싱(Phishing)의 합성어로, 인터넷주소가 포함된 문자를 피해자에게 보내 악성코드 설치 후 개인정보를 탈취하는 수법으로 보이스피싱의 하나로 볼 수 있다.

개념상 중복이 있지만 불법 스팸이 단순히 동의 없이 메시지를 전송하는 것이라면, 보이스피싱은 전화, 메시지를 이용해 개인정보를 취득한 후 재산상 이득을 취하는 행위이다. 즉, 불법 스팸은 후속 재산상 범죄의 수단이 된다는 점에서 이에 대한 단속이 중요하다. 필자도 요즘 하루 5건 이상의 주식 투자 권유 스팸을 받고 있다. 계속 신고를 하고 있지만 줄어들 기미는 보이지 않는다.

아니나 다를까 방송통신위원회(방통위)와 한국인터넷진흥원(KISA)에 따르면 최근 불법 스팸이 급증하고 있다. 2024년 6월 스팸 신고가 전월 동기 대비 40.6% 증가했으며, 특히 주식투자, 도박, 스미싱 문자가 증가했으며 주요 발송경로는 대량문자 발송서비스인 것으로 파악되었다. 2023년 하반기를 기준으로 하면 이용자가 KISA에 신고하거나 KISA가 자체적으로 탐지한 건은 총 2억 651만 건인데, 이는 2023년 상반기보다 87.2% 증가한 수치이다.

또한 최근 불법 스팸은 주식, 도박 등 내용이 59%에 이르고 있으며, 2023년에는 13.7%가 해외에 서버를 둔 해외발 스팸이 늘고 있다. 또한 한글 단축 URL 활용이 증가하고 있는데, 투자 전문가, 연예인, 유명인 등을 사칭하는 내용이 포함되어 있다. 그리고 메시지 제목을 메시지 내용과 다른 것으로 하는 사례도 늘고 있다. 예컨대 제목은 택배 도착이지만 내용은 투자 유인 내용인 경우이다. 이처럼 불법 스팸은 더욱 교묘해지고 있으며, 해외 발 스팸의 증가로 단속도 어려워지고 있다.

불법 스팸으로 인한 피해는 첫째, 스팸 메시지를 통해 악성 링크를 클릭하게 하여 개인정보를 탈취하는 등 개인정보 유출 위험이다. 다음으로는 경제적 피해인데, 피싱 메시지로 인해 금융 사기가 발생할 수 있으며, 이에 따라 통해 금전적인 피해도 잇따르고 있다. 끝으로 지속적인 스팸 메시지로 인한 스트레스와 불안감은 사용자의 정신 건강과 일상생활까지 악영향을 끼칠 수 있다.

이처럼 개인뿐만 아니라 사회적으로 악영향을 끼치는 불법 스팸은 왜 근절되지 않는 것일까. 스팸이 발송되는 구조부터 살펴보자. 대량문자 발송 과정을 보면, 3개의 이동통신사와 직접 연결망을 구축한 9개의 '문자 중계사'가 있고 그 아래 소매상 격인 1,175개의 '문자재판매사'가 있다. 문자재판매사들이 문자 발송을 원하는 병원·슈퍼마켓 등과 직접 계약을 맺고 문자 발송 솔루션을 제공하고 있다. 최근 KISA는 불법 스팸 급증 원인 중 하나로 일부 문자재판매사의 해킹을 지목했다. 즉, 일부 문자 재판매사의 문자발송 시스템의 보안이 허술해 개인정보가 유출되고 이들에 대해 불법 스팸이 전송되고 있다는 것이다.

이런 문제를 해결하기 위해 방통위는 스팸 문자메시지 발송을 방지하기 위한 '대량문자발송서비스 사업자 자격인증제'와 '발신번호 블랙리스트 기반 재발송 제한제'를 도입했다. 대량문자발송서비스 사업자 자격인증제란 문자중계사업자로부터 합법적인 전송자격인증을 받은 문자재판매사만 광고성 문자를 발송할 수 있도록 한 제도이다. 스팸전송 방지규정을 위반한 재판매사들은 KISA·방통위·이통사·중계사 등으로 구성된 운영위원회 심의를 거쳐 전송차단·계약해지 등 제재를 받게 된다. 또한 발신번호 블랙리스트 기반 재발송 제한제는 여러 차례 중복 신고된 스팸문자를 KISA가 분석, 발신번호를 문자중계사에 통보해 발송을 차단하는 것이다.

국무조정실 중심으로 과기정통부, 방통위, 금융위, 경찰청 등이 참여하는 '보이스피싱 대응 범정부 TF'를 운영하여 범정부적 대책 마련과 함께 정부합동수사단을 중심으로 강력한 단속과 수사를 실시하고 있다. 그러나 이런 노력에도 불구하고 불법 스팸은 줄어들지 않고 있다. 이는 근본적으로 창과 방패의 싸움처럼 아무리 보안을 강화해도 끊임없이 새로운 피싱 기법이 등장하기 때문인데, 이로 인해 스팸 대책은 주로 이용자의 주의에 의존하고 있는 실정이다. 결국 이용자들은 사실상 스팸 피해에 방치되어 불법 스팸 등으로 개인정보와 재산권을 안전하게 지킬 자유를 침해당하고 있다.

한국에서 불법 스팸은 스팸 스트레스, 스팸 공해, 스팸 공화국이라는 오명으로 불릴 정도로 심각한 문제가 되고 있다. 세계 최고의 치안 수준으로 안전한 밤거리를 자랑하던 대한민국이 이제 디지털 공간에서는 어둠의 거리로 바뀌고 있다. 정부는 사법당국의 역량을 총결집해 불법 스팸 전송자를 수사, 처벌해야 할 것이며, 제도적으로도 이통사, 문자중계사, 문자재판매사의 관리, 감독 책임을 강화하고 문자재판매사에 대해서는 현행보다 진입규제를 강화하는 것은 물론 모니터링과 제재의 수위도 높이는 것을 고려해야 할 것이다.

8 디지털 신질서와 디지털 권리장전 논의의 고려사항

챗GPT의 등장과 함께 4차산업혁명은 이제 디지털화, 디지털 전환을 거쳐 디지털 심화(digital sophistication) 과정에 이르고 있다. 디지털이 인간을 돕고 인간의 한계를 보완하는 역할을 넘어 인간과 공존할 가능성까지 나타나는 디지털 심화가 진행되고 있다. 챗GPT는 사람을 대신해 문서작업을 하고 자율주행차는 사람 대신 운전을 한다. 이처럼 인간과 디지털이 공존하는 새로운 세계가 펼쳐지고 있는 상황에서 새로운 디지털 질서의 모색이 필요하고, 디지털이 국민의 삶의 질에 막대한 영향을 미치고 있다는 점을 고려해 디지털 권리라는 새로운 권리도 필요하다는 논의가 활발히 진행되고 있다.

주요국은 인터넷·디지털 시대에 필요한 권리 헌장, 선언문을 발표하고 있다. 이의 핵심은 국가와 사회가 추구하는 기본 가치, 권리, 또는 책임·의무를 제시하고, 관련 제도를 수립할 때 모든 이해관계자가 동의할 수 있는 공통의 프레임워크를 확립하는 것이다.

EU는 '22. 12. 디지털 권리와 원칙 선언문(European Declaration on Digital Rights and Principles for the Digital Decade)을 발표했는데, 동 선언문은 디지털 전환과 관련한 새로운 권리를 부여하는 것이 아니라 기존의 디지털 관련 권리를 통합하고 EU의 디지털 전환 방향을 제시하고 있다. 선언문은 '사람을 최우선으로 하는 디지털 혁신'이라는 공동 목표를 반영하고 있는데, 인간 중심의 디지털 전환(Putting people at the centre of the digital transformation), 연대와 포용(Solidarity and inclusion), 선택의 자유(Freedom of choice), 디지털 공공 공간 참여(Participation in the digital public space), 안전, 보안 및 권한(Safety, security and empowerment), 지속가능성(Sustainability)이라는 여섯 가지 분야

에서 총 24개의 선언(commitments)으로 구성되어 있다.

미국도 '22. 10. AI 권리를 위한 청사진(The Blueprint for an AI Bill of Rights)을 발표했다. AI 시대에 미국 국민의 권리를 보호하기 위해 자동화된 시스템의 설계·활용 시 지켜야 할 기본 원칙 및 실천 방안을 제시하고 있다. 5대 원칙으로는 안전하고 효과적인 시스템 제공, 알고리즘 차별에서 보호, 데이터 프라이버시 보장, 공지 및 설명 제공, 대안으로써의 인간의 대체, 검토가 있다.

한국도 2022년 9월 윤 대통령이 뉴욕 구상에서 인류 보편적 가치 실현을 위한 새로운 디지털 질서의 필요성을 강조하고 디지털 기술은 자유·연대·인권과 같은 인류 보편적 가치 실현에 기여해야 한다고 언급하며, 디지털 생태계는 모든 인류를 위해 존재하므로 디지털 접근성·편의성 제고를 위한 대내외 지원 필요성을 제기하였다. 또한 「대한민국 디지털 전략」에서는 디지털을 국민 보편적 권리로 선언하겠다는 의지를 표명하고 디지털 활용을 모두가 함께 향유할 수 있는 보편적 권리로서 규정하는 '디지털 권리장전' 수립하기로 했다. 디지털 10대 가치로 인간의 존엄성, 조화되는 자유, 주체 간 평등, 거래의 공정·정의, 안전한 기술 이용, 디지털 역량 교육, 공정한 노동 환경, 디지털 민주주의, 평화 관계 구축, 지속 가능한 발전을 제시했다.

디지털 질서란 디지털 시대에 필요한 규범을 의미한다. 디지털의 특성인 무한복제가능성, 초국경성, 초연결성, 데이터의 집중성, 인간 대체 가능성 등이 가져오는 인터넷의 자유와 개인정보 보호, 저작권 보호, 디지털 기술의 안전성과 신뢰성 확보, 디지털 기술의 공정한 이용과 경쟁 환경 조성, 디지털 격차의 해소 등의 문제에 대응하는 규범을 의미한다. 한국이 디지털 신질서와 디지털 권리를 주창하면서 글로벌 논의를 주도하는 것은 한국이 산업화는 늦었지만 정보화는 앞서 이루어냈고 디지털 대전환도 선도하고 있다는 점에서, 그리고 원조를 받는 국가에서 원조를 하는 최초의 국가라는 점에서 의미가 있다. 다만, 몇 가지 유의할 점도 있다.

첫째, 사실 디지털 질서의 상당 부분은 디지털 기술의 도입으로 생기는 부작용, 기존 질서와의 갈등을 해결하기 위한 규범이라는 점에서, 디지털 기술 및 서비스와 기존 아날로그 규범과의 부정합을 어떻게 해결할 것인지가 중요한 문제이다. 부정합의 본질은 기존 규범에 의해 보호받고 있는 이해관계와의 갈등을 어떻게 조정할 것인가에 관한 문제이다. 이 문제를 해결하기 위해 디지털 기술에 대해 별도의 새로운 규범을 제정하는 방안, 기존 규범을 개정하여 디지털 기술을 도메인별로 수용하는 방안, 디지털 질서에 관한 기본 규범을 제정하고 도메인별로 하위 규범을 정비하는 방안이 있다. 또한 디지털 분야는 국경이 없는 서비스가 실시간으로 이루어진다는 점에서 디지털 질서는 국내적 이슈 외에도 글로벌 이슈라는 점도 고려되어야 하며, 글로벌 디지털 질서는 초강대국에 의해 형성될 수밖에 없다는 점도 유의하여야 한다.

둘째, 디지털 신질서는 안보, 경제, 기술 분야에서 파급되거나 이들의 기초가 되면서 미중이라는 초강대국 간 대결로 귀결되고 있는데, 여기서 중요한 부분 중 하나가 디지털 통상 규범 이슈이다. 디지털 통상이란 디지털 기술 또는 전자적 수단에 의한 상품·서비스·데이터 등의 교역 및 이와 관련된 경제주체 간 초국경적 활동 전반을 의미하는데, 전자상거래 원활화, 디지털 제품의 비차별 대우, 국경 간 데이터 이전 자유화, 컴퓨터 설비 현지화 요구 금지, 소스코드 공개요구 금지, 개인정보 보호나 온라인 소비자 보호 등에 대한 규범이 논의대상이다. 아직 통일된 국제규범은 없지만, 디지털 비즈니스 자유화를 주장하는 미국, 디지털 단일시장 전략 수립 계획, 글로벌 플랫폼 기업 규제 경향의 EU, 독자적 디지털 시장 및 규제체계 유지를 주장하는 중국이 서로 다른 정책을 추진하고 있다. 이런 디지털 통상 논의를 한국의 디지털 신질서의 내용으로 어떻게 수용할 것인지에 대한 고민이 필요하다.

다음으로 디지털 권리의 의미와 내용을 명확히 할 필요가 있다. 디지털 권리는 모든 국민이 디지털 정보, 기기에 대한 접근과 이용 권한을 확보하고, 디지털 기술로 인한 프라이버시 침해 등으로부터 보호를 받음과 동시에 자신의 데이터에 대한 적극적 이용권을 보장받고, 디지털 역량을 갖추어 디지털 전환에 능동적으로 대응하고, 장애인, 노령층 등 디지털 취약계약 계층에 대한 디지털 복지 실현 등이 디지털 대전환 시대에 가장 중요한 국민의 권리이자 국가의 의무가 되고 있다. 이에 디지털 정보, 기술, 서비스, 제품에 차별 없이 접근하고 이를 활용할 수 있는 권리를 "디지털권"으로 정의하고 차후 헌법 개정안에도 이를 반영하는 것을 검토할 필요가 있을 것이다.

디지털 신질서는 기술패권을 놓고 경쟁을 벌이고 있는 미국과 중국에 의해 주도될 가능성이 높다. 두 국가를 중심으로 시장이 재편되고 그 영향력에 따른 새로운 디지털 질서가 만들어질 것이다. 또한 합의된 국제규범이 있는 자유주의 질서가 유지되기보다는 기술력, 경제력, 국방력 등 힘에 의존하는 디지털 질서가 수립될 가능성이 높다. 데이터, 플랫폼, AI 산업 경쟁에서 중국의 국가주도 산업체제의 발전에 위기를 느낀 미국도 중국에 대한 기술통제 등 보호주의를 강화하고 있다. 이런 기술패권 경쟁에 따른 새로운 디지털 질서에 대해 한국은 미국과 중국으로부터 선택을 요구받고 있다.

그동안 한국은 인앱결제방지법, 망이용대가법안 등에서는 국익 차원의 전략을 취했지만, 모빌리티, 법률 등 전문직 플랫폼, 원격 의료 등에 있어서는 국민적 이익을 고려한 디지털 신질서 창출에 실패했다. 안보, 경제, 기술은 물론 디지털 질서 형성에 있어서도 국익을 최우선으로 고려하되, 인권과 민주주의 등 한국이 추구하는 가치까지 포함한 원칙을 정하고, 사안별로 적절한 전략과 대책을 준비해야 할 것이다.

9 디지털 시대 3대 신유형 권리

디지털 시대는 전세계적인 인터넷 네트워크의 발달로 사람과 사람, 사람과 사물의 초연결성이 강화되는 사회이며, 초연결성은 엄청난 개인 데이터의 유통과 집적을 가능케 한다. 또한 이런 데이터의 수집, 처리 과정에서는 사람이 아닌 인공지능이 중요한 역할을 한다. 초연결성, 빅데이터, 인공지능 기술로 집약되는 디지털 시대로의 진입은 인류의 삶을 송두리째 변화시키고 있다. 다만, 디지털 시대는 인간의 존엄한 삶에 위협이 될 수 있는 여러 문제를 동반하고 있으며, 이에 따라 이에 대응할 수 있는 새로운 권리 논의도 활발해지고 있다.

최근 디지털 사회의 권리로서 많이 논의되고 있는 3가지 권리는 연결되지 않을 권리(Right to be disconnected), 잊힐 권리(Right to be forgotten), 디지털 유산에 대한 권리(Right to digital heritage)이다. 각각의 권리의 내용과 향후 과제에 대해 살펴보자.

연결되지 않을 권리란 근무시간 외 직장에서 오는 전자 우편이나 전화, 메시지 등을 받지 않을 수 있는 권리다. 프랑스는 2017년 1월 1일부터 노동법에 '연결되지 않을 권리'를 명시하고, 이에 대한 노사 간 협의 내용을 도출하도록 했다. 글로벌 초연결사회에서 연결되지 않을 권리는 근로자에게 휴식과 여가생활을 보장할 수 있는 장점이 있다. 저녁이 있는 삶이 가능해지며 워라밸(work-life balance)도 달성될 수 있다. 다만, 기업으로서는 경영상 필요한 경우에도 근로를 제공받을 수 없는 문제가 있다. 또한 항상 연결되어 있음으로써 업무시간이 늘어날 수 있는 단점이 있다지만 반대로 시간·장소에 관계없이 업무처리가 가능한 편의와 업무처리 시간이 단축되는 등 효율성이 높아지는 장점이 있다. 이 장점을 극대화한 것이 스마트워크(Smart Work)이다. 이처럼 연결되지 않을 권리는 일과 삶의 균형을 가능하게 하는 권리이지만, 업무의 효율성, 긴급한 경영상 필요 등을 고려해 적정한 수준에서 인정될 필요가 있다.

제22대 국회에서도 박홍배 의원이 연결되지 않을 권리에 관한 입법안을 발의했다. 근로기준법 제62조의2(연결되지 않을 권리 보장)를 신설하여 사용자는 근로자에게 근로 시간이 아닌 시간에 전화, 전자문서, SNS 등 통신수단 등을 이용하여 업무에 관한 지시를 하는 등 근로자의 휴식권을 침해하여서는 아니 된다. 다만, 사업의 특성 또는 급박한 경영상의 사유 등을 고려하여 단체협약 또는 취업규칙으로 정하는 경우에는 그러하지 아니하다고 규정하고 있다. 또한 근로 시간 외 업무지시로 인하여 근무 장소 외에서 행한 근로는 근로한 것으로 간주한다.

동 법안은 과거 법안들과 유사하게 보호범위를 설정하되 정당한 사유를 예외로 두는 점은 유사하지만, 그 예외를 단체협약 또는 취업규칙 등 집단자치 규범으로 설정하도록 하여 기업의 현실에 맞춰 규범을 갖추도록 한다는 점에서 의의가 있다. 즉, 당연히 근로 시간, 근무 장소 외 일한 시간은 근로 시간으로 간주하여 시간 외 수당 또는 보상 휴가를 받을 수 있도록 한다는 점이다. 이 법안과 같이 연결되지 않을 권리를 보장하되, 다만 기업의 경영 상황을 고려한 예외의 인정과 이 예외에 대한 보상방식을 취하되 이 예외는 노사 자치 방식으로 해결하는 방안이 타당한 방향으로 보인다.

다음 잊힐 권리이다. 잊힐 권리란 '본인이 원할 경우 온라인상의 모든 개인정보를 삭제할 수 있는 권리'이다. 잊힐 권리를 최초로 규정하고 있는 EU GDPR 제17조(잊힐 권리 및 삭제권 규정)는 정보주체는 개인정보처리자를 상대로 그와 관련된 개인정보의 삭제권 및 개인정보의 확산을 중지시킬 권리를 가지며, 구체적으로 (1) 수집되거나 처리되는 목적에 정보가 더 이상 부합하지 않는 경우, (2) 정보를 처리할 수 있는 법적 근거가 없는 경우로서, 처리에 대한 동의를 철회하거나 동의한 유효 기간이 만료된 경우, (3) 정보주체가 개인정보의 처리에 반대하는 경우 (4) 정보의 처리 방식이 다른 이유로 인해 본 규정의 조건을 충족하지 못하는 경우라는 요건 중 하나를 충족하도록 하고 있다.

잊힐 권리가 인정되어야 하는 이유는 초연결사회에서는 엄청난 양의 개인정보가 집적, 공유되면서 소위 '제로 프라이버시 사회'의 위험을 만들어 내고 있기 때문이다. 개인으로서 프라이버시 침해의 위험을 대비하고 손해를 배상받기 위해 개인정보자기통제권의 일환으로서 개인정보 삭제 요구권이 필요하게 된 것이다.

현행 개인정보보호법상 개인정보의 정정·삭제 요구권과 처리정지 요구권도 잊힐 권리와 유사한 권리라고 할 수 있으나 이용자가 회원을 탈퇴한 경우에는 적용되기 어려운 문제점이 있다. 이에 국내에서도 이용자 스스로 과거에 인터넷에 올렸지만 지우기 힘들게 된 흔적을 지울 수 있어야 한다는 논의가 진행되어 2016년 4월 방송통신위원회는 「인터넷 자기게시물 접근배제요청권 가이드라인」을 마련하였다.

이용자는 게시판 관리자에게 접근배제를 요청하거나 검색서비스 사업자에게 검색목록 배제를 요청할 수 있다. 관리자 및 사업자는 이용자가 제출한 입증자료를 고려하여 게시물이 이용자 본인의 게시물이라고 판단되는 경우 접근배제 조치 등을 실시한다. 단 다른 법률 또는 법령에서 위임한 명령 등에 따라 보존 필요성이 있는 경우와 게시물이 공익과 상당한 관련성이 있는 경우에는 예외로서 접근배제 요청이 거부될 수 있다.

한편 2023년 4월 개인정보보호위원회는 아동, 청소년 특성을 고려하여 이들이 보다 쉽게 잊힐 권리를 행사할 수 있는 "지우개 서비스"를 도입했다 지우개는 지켜야 할 우리들의 개인정보를 말하는 것으로 아동·청소년 시기에 작성한 게시물 중 개인정보가 포함되어 있는 게시물을 삭제되도록 하거나 다른 사람이 검색하지 못하도록 도와주는 서비스이다. 30세 미만이면 누구나 신청할 수 있지만, 19세 미만에 작성한 개인정보가 포함된 게시물인 경우에만 삭제를 위한 도움을 받을 수 있다. 처리는 삭제나 검색 불가, 상담 등의 방법으로 이루어진다.

잊힐 권리를 법제화할 것인지는 신중히 접근해야 한다. 이미 타인의 게시물에 대해서는 정보통신망법상의 '임시조치', 본인 작성 게시물에 대해서는 개인정보보호법상 '개인정보 삭제 요구권'이 있는 상황이며, 정보주체의 개인정보자기결정권 외에 공익이나 타인의 권리 간에 균형을 고려할 필요가 있기 때문이다.

끝으로 디지털 유산에 관한 권리이다. 우선 디지털 유산이란 사망한 사람이 남긴 디지털 형태의 모든 자료 또는 사망한 이용자가 인터넷 공간에 남긴 부호, 문자, 음성, 음향, 화상, 동영상 등의 정보라고 할 수 있다. 이런 디지털 유산에는 상속재산에 속하는 것과 속하지 않는 것이 있다. 우리 민법상 상속 규정에 따르면 피상속인이 사망하는 순간 피상속인의 재산상의 모든 권리 의무는 일신전속적인 것이 아닌 이상 상속인의 의사와 관계없이 법률상 당연히 상속인에게 이전된다. 일신전속성이란 법률에 따라 특정한 자에게만 귀속되며 타인에게 양도할 수 없는 것을 의미하는데, 보통 인격권, 가족권이 여기에 해당한다. 결국 디지털 유산이 일신전속권인지에 따라 상속 여부가 결정된다.

포털이나 이메일 계정정보는 일신전속적이기 때문에 승계가 불가능하다고 보아야 하는지가 문제이다. 먼저 이런 식별정보는 인격권에 해당하는 개인정보에 해당하기 때문에 승계가 될 수 없다는 견해가 있지만, 독일의 판례와 같이 계정 ID 등에 대한 접속권은 망자와 서비스제공업체 간 계약상 권리인 채권으로서 재산에 관한 사항이므로 상속의 대상이 된다고 볼 수도 있다. 또한 디지털 정보 중 창작성이 있는 경우에는 저작물이 되며, 저작물에 대한 권리인 저작권은 재산권으로서 당연히 상속의 대상이 된다고 할 것이다. 다만, 계정 내에 일상의 생활을 기록한 글과 같이 인격적인 요소가 강한 것이나, 제3자의 개인정보가 포함되어 있는 경우 이는 상속재산에 포함된다고 보기 어렵다.

한편 디지털 유산의 처리에 있어 피상속인이 가지고 있던 개인정보자기결정권을 고려하면 유언과 같이 생전에 본인의 의사에 의한 처리가 가능하도록 하는 방안도 고려할 수 있다. 이를 위해서 서비스 제공자와 이용자 사이에 서비스 이용계약 체결 시 디지털 유산의 처리에 관한 의사를 설정하고 이후 변경도 할 수 있도록 할 필요가 있다.

이런 취지와 유사하게 2023년 4월 허은아 의원은 디지털 유산의 승계 여부 및 범위를 이용자와 서비스 제공자 간 사전에 결정할 수 있는 근거를 담은 정보통신망법 개정안을 발의했다. 이에 따르면 이용자가 사망할 경우, 서비스 제공자는 해당 계정을 휴면으로 설정한 후 이용자가 생전에 정한 방식으로 유산을 처리할 수 있도록 했다. 약관으로 미리 이용자가 디지털 유산 상속 여부, 상속 대상을 정하는 것이다. 서비스 제공자는 자신들의 서비스 특성에 맞게 별도 보존 기한 등을 설정해 이용자의 동의를 얻도록 했다.

디지털 유산에 대한 법제 등의 미비로 디지털 유산의 상속 처리가 법원에서 사안별로 해결되는 것은 비용과 시간이 든다. 디지털 유산에 대한 공론화를 통해 법제나 가이드라인을 마련하는 작업을 진행해야 할 것이다.

초연결성, 빅데이터, 인공지능 등 디지털화의 진전에 따라 개인에 대한 프라이버시, 휴식권 침해 위험도 증가하고 있다. 이제 디지털화의 편익과 함께 이들 위험을 관리할 수 있는 적절한 법제적 대책이 필요하다.

10 망자(忘者)의 인터넷 포털 계정은 상속이 될까

2021년 12월 애플은 iOS 15.2 버전을 배포하면서 애플 계정 설정에서 계정 보유자 사망 후 해당 계정 데이터에 접근할 수 있는 '유산 관리자(Legacy Contacts)'를 최대 5명까지 사전에 지정할 수 있는 '디지털 유산(Digital Legacy)' 프로그램을 발표했다. 지정된 유산 관리자는 접근키를 받게 되며, 이를 계정 보유자 사망 후 사망진단서 등 증빙 서류와 함께 애플에 제출하면 메시지, 사진 등 계정 데이터에 접근하고 이를 내려받거나, 계정을 삭제할 수 있다. 그동안 애플은 개인정보보호를 이유로 수사시기관의 아이폰 잠근해제 요청도 거부해 왔으나, 디지털 유산에 대한 승계를 허용하는 조치를 취한 것이다.

이미 구글은 2013년 4월부터 '휴면계정 관리서비스(Inactive Account Manager)'를 도입했다. 이는 이용자가 자신의 계정이 자동으로 휴면계정이 되는 시점을 3개월이나 6개월, 1년 단위로 설정하고, 계정이 휴면상태로 전환된 이후 남아있는 데이터를 가족이나 친구 등 가까운 지인들에게 전송되도록 하거나 완전히 삭제되도록 설정할 수 있는 서비스이다.

독일에서는 2018. 7. 12. 디지털 유산의 상속에 관한 연방대법원의 판결이 있었다. 사실관계는 페이스북의 이용자인 자녀가 사망하여 부모가 계정접속에 필요한 자료를 요구하였으나, 페이스북이 거부한 것이다. 이에 대해 법원은 망자와 페이스북과의 이용계약은 채권적 권리로서 사망에 따른 포괄적 재산승계 규정에 따라 상속인에게 상속이 되며, 따라서 상속인이 피상속인의 계정과 통신내용에 접속할 수 있는 권한을 가진다고 판단했다.

한국은 아직 플랫폼의 정책이나 법원의 입장이 분명하지 않으며 법제화 방향도 정해지지 않은 상태이다. 다만, 네이버는 회원의 아이디 및 비밀번호와 같은 계정정보를 일신전속적 정보로 보아 유족의 요청이 있는 경우라도 이를 유족에게 제공하지 않는 것을 원칙으로 하고 있다. 다만, 유족 등 정당한 권리를 갖는 자가 요청하는 경우 회원탈퇴를 해주고 있다.

그렇다면 바람직한 디지털 유산의 처리방안은 무엇일까. 우선 디지털 유산이란 사망한 사람이 남긴 디지털 형태의 모든 자료 또는 사망한 이용자가 인터넷 공간에 남긴 부호, 문자, 음성, 음향, 화상, 동영상 등의 정보라고 할 수 있다. 구체적으로 보면 이메일, 홈페이지, 블로페 등 접속ID와 비밀번호 그리고 저장내용을 말하며, 그 외에도 제3자의 공간에 남긴 글, 그림 등도 포함된다고 할 수 있다. 결론적으로 망자가 생존 시 생성한 디지털 정보를 디지털 유산이라고 할 수 있다.

그런데 이런 디지털 유산에는 상속재산에 범주에 속하는 것과 속하지 않는 것이 있다. 우리 민법상 상속규정에 따르면 피상속인이 사망하는 순간 피상속인의 재산상의 모든 권리의무는 일신전속적인 것이 아닌 이상 상속인의 의사와 관계없이 법률상 당연히 상속인에게 이전된다. 일신전속성이란 법률에 따라 특정한 자에게만 귀속되며 타인에게 양도할 수 없는 것을 의미하는데, 보통 인격권, 가족권이 여기에 해당한다. 결국 디지털 유산과 관련하여서는 재산권인지 아니면 일신전속권인지에 따라 상속 여부가 결정된다.

포털이나 이메일 계정정보는 일신전속적이기 때문에 승계가 불가능하다고 보아야 하는지가 문제이다. 먼저 이런 식별정보는 인격권에 해당하는 개인정보에 해당하기 때문에 승계가 될 수 없다는 견해가 있지만, EU, 한국 모두 살아있는 개인에 관한 정보를 개인정보로 보고 있어 망자의 개인정보보호인 계정정보는 현행 개인정보보호법상 보호대상이 아니다. 오히려 독일의 판례와 같이 계정 ID 등에 대한 접속권은 망자와 서비스제공업체 간 계약상 권리인 채권으로서 재산에 관한 사항이므로 상속의 대상이 된다고 볼 수 있다. 또한 디지털 정보 중 창작성이 있는 경우에는 저작물이 되며, 저작물에 대한 권리인 저작권은 재산권으로서 당연히 상속의 대상이 된다고 할 것이다. 다만, 계정 내에 일상의 생활을 기록한 글과 같이 인격적인 요소가 강한 것이나 제3자의 개인정보가 포함되어 있는 경우 이는 상속재산에 포함된다고 보기 어렵다. 이에 대해서는 별도의 디지털 유산에 관한 승계규정 입법이 필요하다고 봐야 한다.

한편 사자의 디지털 정보에 대한 접근이 비밀침해를 금지하는 다른 법률과 충돌할 수 있는 점도 이슈이다. 정보통신망법 제49조에서는 정보통신망에 의하여 처리·보관 또는 전송되는 타인의 정보를 훼손하거나 '타인'의 비밀을 침해·도용 또는 누설하지 못하도록 하고 있고, 전기통신사업법 제83조 제2항에 의하면 전기통신업무 종사자는 통신과 관련하여 알게 된 '타인'의 비밀을 누설할 수 없다고 되어 있다. 여기에 대해서는 우리 대법원은 물론 독일의 대법원도 상속인은 사망한 피상속인의 법적 지위를 승계하기 때문에 타인이 아니라 본인의 지위를 가지는 것으로 해석하고 있어 특별한 문제는 없다고 할 것이다.

한편 디지털 유산의 처리에 있어 피상속인이 가지고 있던 개인정보의 자기결정권을 고려하면 유언과 같이 생전에 본인의 의사에 의한 처리가 가능하도록 하는 방안도 고려할 수 있다. 이를 위해서 정보통신서비스 제공자와 이용자 사이에 서비스 이용계약 체결 시 디지털 유산의 처리에 관한 의사를 설정하고 이후 변경도 할 수 있도록 할 필요가 있다.

디지털 유산에 대한 법제의 미비, 정보통신서비스 제공자의 책임 문제로 인한 정책 미비로 디지털 유산의 상속문제가 법원에 가서 사안별로 해결되는 것은 비용과 시간의 낭비가 따른다. 또한 이 문제를 계속 방치하는 경우 지워지지 않은 채 온라인상에 남겨진 사자의 엄청난 디지털 정보를 어떻게 처리할 것인지가 사회문제화될 가능성도 있어 보인다. 조속히 디지털 유산에 대한 공론화를 통해 법제나 가이드라인을 마련하는 작업을 진행해야 할 것이다.

11 연결되지 않을 권리가 보장되어야 할까

2020년 방영된 넷플릭스 다큐멘터리 소셜 딜레마는 페이스북, 인스타그램, 트위터 등 SNS 플랫폼 기업이 이용자를 플랫폼에 오랜 시간 잡아두기 위해 추천기능, 좋아요 기능을 이용하고 있으며, 보고 싶은 것만을 보여주면서 이용자를 조종하고 있다고 한다. 또한 온라인상의 활동내역을 분석해 이용자의 성향에 맞춘 광고를 노출시켜 상품 구매를 유도하고 있다는 사실을 폭로한 바 있다. 다시 말해 오랜 시간 SNS에 주의(attention)를 기울이게 하고 나아가 이에 몰입하도록 하기 위해 항상 SNS와 연결(connect)되어 있도록 한다는 것이다.

최근 한국에서는 카카오톡이 개인사는 물론 회사업무에서도 광범위하게 사용되는 국민 메신저로 자리 잡았는데, 퇴근 후에도 카카오톡을 통해 상사 등에게 업무지시를 받는 일이 많아지면서 직장인들이 스트레스를 호소하고 있다. 주 52시간 근무제가 보편화됐지만, 제도 시행 이후에도 근무 시간 외 업무지시를 하는 관행은 근절되지 않고 있는 것이다. 지난해 12월 경기연구원의 설문조사 결과에 따르면 전체 응답자 중 87.8%가 퇴근 후 업무지시를 받은 경험이 있으며, 이 중 34.2%는 일주일에 한 번 이상 퇴근 후 업무지시를 받은 것으로 조사됐다.

이런 문제를 해소하기 위해 2022년 9월 8일 노웅래 더불어민주당 의원이 소위 '퇴근 후 카톡 금지법'이란 불리는 근로기준법 일부 개정안을 대표 발의했다. 개정안에는 법에서 정하는 근로시간 이외 시간에 전화, 전자문서, 문자 메시지, SNS 등 각종 통신수단을 이용해 업무 관련 지시를 반복적·지속적으로 하는 등 근로자 생활의 자유를 침해해서는 안 된다는 내용이 담겼다. 사용자가 이를 위반하면 500만 원 이하 과태료를 부과하도록 했다.

사실 2016년에도 비슷한 입법 시도가 있었다. 신경민 의원이 대표 발의한 당시 법안은 근로기준법 제6조 제2항을 신설, '사용자는 이 법에서 정하는 근로시간 이외의 시간에 전화(휴대전화를 포함한다), 문자 메시지, SNS 등 각종 통신수단을 이용하여 업무에 관한 지시를 내리는 등 근로자 사생활의 자유를 침해하여서는 아니 된다'고 규정하고 있었다. 양 법안을 비교해보면 최근 법안이 지속·반복되는 과도한 업무지시만 규제한다는 점, 법 준수를 위해 과태료를 도입한 점이 다르다. 종전 법안보다 규제를 완화하면서도 법의 강제력은 강화했다.

이런 법률이 도입되는 경우 근로자에 인정되는 권리가 소위 연결되지 않을 권리(right to disconnect)이다. 이는 근무시간 외 직장에서 오는 전자 우편이나 전화, 메시지 등을 받지 않을 수 있는 권리로 프랑스는 2017년 1월 1일부터 노동법에 '연결되지 않을 권리'를 명시하고, 이에 대한 노사 간 협의 내용을 도출하도록 했다. 이를 위반한 50인 이상 기업의 사업주에게는 1년 이하 징역 또는 3750유로 이하 벌금을 부과하도록 하고 있다.

통신과 인터넷 기술이 발전하면서 이제 우리는 글로벌 초연결사회(hyper-connected society)에 살고 있다. 게다가 메타버스는 온라인과 오프라인 삶의 경계를 흐릿하게 하고 있다. 과연 이런 시대적 변화 속에서도 연결되지 않을 권리를 보장하는 것이 타당할까.

먼저 연결되지 않을 권리는 근로자에 휴식과 여가생활을 보장할 수 있다는 점에서 긍정적이다. 저녁이 있는 삶이 가능해지며 워라밸(work-life balance)도 달성될 수 있다. 다만, 항상 연결되어 있음으로써 업무시간이 늘어날 수 있는 단점이 있지만 반대로 시간·장소에 관계없이 업무처리가 가능한 편의와 업무처리 시간이 단축되는 등 효율성이 높아지는 장점이 있다.

이 장점을 극대화한 것이 스마트 워크(Smart Work)이다. 이는 특정한 장소에 구애되지 않고 회사 외부에서도 업무를 볼 수 있도록 하는 개념으로 코로나19 상황에서 스마트 워크는 선택이 아니라 재택근무를 위한 필수적인 요소가 되었고 현재도 상당 부분 업무 관행으로 굳어지고 있다. 스마트 워크는 근로자에게 탄력 근무를 가능하게 함으로써 업무시간의 효율적 사용과 복지 증진에 도움이 된다.

또한 연결되지 않을 권리를 실행하는데 있어서, 스타트업, 외국과의 업무가 많은 기업, 고객을 직접 응대하는 전문 서비스직의 경우에는 업무시간을 명확히 특정하기 어렵다는 문제가 있다. 다양한 근로 형태와 근무 시간을 고려하면 일률적인 업무시간 외 연결금지의 법제화는 실효성에 의문이 있다는 것이다.

오히려 일부 전문가의 의견대로 근로시간을 재정의함으로써 퇴근 후 업무지시를 줄이고 나아가 업무지시가 있는 경우에는 초과근무수당을 지급하는 방안이 설득력이 있다. 현재는 사용자 지휘와 감독하에 시간적·장소적으로 구속돼 노무를 제공하는 경우만 근로시간으로 해석하고 있는데, 법률상 '호출대기'라는 영역을 둬 원칙적으로 휴식 시간이지만 실제 업무를 수행할 경우 근로시간으로 인정하자는 의견이다.

초연결사회에서 연결되지 않을 권리의 비현실성을 인정하고 오히려 업무시간을 탄력적으로 정의함으로써 근로자에게 보상이 이루어지도록 하는 방안이 타당해 보인다. 법제화는 강제력이 있는 규범에 의해서만 사회문제 해결이 가능할 때, 그리고 법의 실효성이 담보될 때 추진하는 것이 타당하다. 이미 몇몇 기업들이 자율적으로 업무시간 외 카톡금지를 시행하고 있다는 점도 고려할 필요가 있다.

12 계엄과 '디지털 피난'

2024년 12월 3일 밤 갑작스러운 비상계엄 선포로 온 나라가 시끄러운 상황에서 국민들의 소위 '디지털 피난'이 이어진다. '디지털 피난'이란 인터넷, 전화 등 통신의 차단이나 검열 등 위험을 피하기 위해 다른 통신수단을 찾는 현상을 말한다. 계엄선포 후 국민들은 우선 서버가 해외에 있어 압수수색이 어렵고 보안이 강력하다고 소문난 텔레그램을 찾기 시작했다. 또한 통신검열을 피하기 위해 자신의 IP(인터넷프로토콜)를 숨기는 VPN(가상사설망)에 대한 관심도 높아졌다.

그렇다면 과연 비상계엄 시 통신비밀 침해가 법적으로 가능한 것일까. 헌법 제18조는 모든 국민은 통신의 비밀을 침해받지 아니한다고 규정했으나 제37조 제2항은 국민의 모든 자유와 권리는 국가안전보장·질서유지 또는 공공복리를 위해 필요한 경우에 한해 법률로서 제한할 수 있다고 규정했다. 따라서 통신의 자유도 국가안전보장 등 필요한 경우 제한할 수 있으나 법률상 근거가 필요하다.

통신의 자유를 제한하는 대표적 법률이 통신비밀보호법과 전기통신사업법이다. 통신비밀보호법에는 수사기관이 법원의 허가를 받아 수사 대상자의 통신사실확인자료를 통신사업자에 요청해 제공받는 '통신사실 확인자료 제공제도'와 수사기관이 법원의 허가를 받아 통신사업자의 협조를 얻어 수사 대상자의 통신내용을 확인하는, 소위 감청으로 불리는 '통신제한 조치'가 있다. 전기통신사업법엔 수사기관이 수사를 위해 전기통신가입자의 인적사항을 통신사업자에 요청해 제공받는 '통신자료 제공제도'가 있다.

또한 전기통신사업법 제85조는 과학기술정보통신부 장관이 전시·사변·천재지변 또는 이에 준하는 국가비상사태가 발생하거나 발생할 우려가 있는 경우 중요 통신을 확보하기 위해 통신업무의 전부 또는 일부를 제한·정지할 수 있도록 했다. 이는 전시 또는 국가비상사태 발생 시 전쟁의 효과적인 수행 등을 위해 국가 주요 기관 간에 설치·운용하는 국가지도용 통신 등 중요 통신망을 운용하기 위해 통신사의 통신업무를 제한하는 것으로 결과적으로 통신의 자유를 침해할 우려가 있다.

한편 헌법 제77조에 따르면 비상계엄의 경우 법률이 정한 바에 의해 영장제도, 언론·출판·집회·결사의 자유, 정부나 법원의 권한에 관해 특별한 조치를 할 수 있다. 계엄법 제9조도 체포·구금·압수·수색·거주·이전·언론·출판·집회·결사 또는 단체행동에 대해 특별한 조치를 할 수 있다고 돼 있다.

종합하면 특정한 범죄수사와 관련해 통신의 비밀이 침해될 우려가 있지만 비상계엄 시 일반적으로 통신의 자유에 대해 특별한 조치를 할 수 없다고 봐야 할 것이다. 다만 계엄포고령 위반 등의 범죄가 늘고 이에 따라 강제수사가 증가하면 스마트폰 압수수색, 통신비밀보호법 등에 따른 조치 등 통신비밀 침해가 확대될 수 있다. 또한 언론의 자유를 제한할 수 있으므로 SNS 등에서 개인의 의사표현이 제한될 수 있다.

한편 디지털 피난처로 거론되는 스타링크와 같은 저궤도 위성통신의 경우 단말기만 있으면 국내 통신망을 거치지 않고 통신이 가능하나 현실적으로 이 서비스를 제공하려면 국내 기간통신사업자와 기간통신역무의 국경 간 공급에 관한 협정을 맺고 정부로부터 국경 간 공급승인을 받아야 하기 때문에 여전히 정부의 관여가 가능하다는 한계가 있다.

초연결사회로의 진입이 빠르게 진행되는 상황에서 통신의 비밀이 보장되지 않는 경우 인간의 존엄성과 가치라는 기본권이 침해될 우려가 있다. 따라서 아무리 긴급한 상황이라고 하더라도 통신의 자유에 대한 제한은 엄격한 요건에 따라 시행돼야 할 것이다. 이런 점에서 전기통신사업법상 통신업무 제한의 요건을 보다 명확히 하고 비상계엄 시 개인의 표현의 자유에 대한 광범위한 제한에 대한 우려를 해소하기 위해 별도 제한요건이 마련될 필요가 있다.

Ⅶ

정보보안

1 경제안보와 사이버안보법제의 과제

최근 우크라이나에 대한 러시아의 침공을 앞두고 이미 전쟁은 시작이 되었고 러시아가 상당부분 승리를 거두었다는 소식이 들려온다. 러시아가 사이버해킹, 가짜뉴스 배포 등 여론조작, 정치공작을 통한 소위 하이브리드 전쟁(hybrid warfare)을 개시했고 우크라이나는 국방부와 군의 해킹 공격 등으로 인해 공포와 혼란을 겪고 있다는 것이다. 더불어 러시아는 우크라이나의 NATO 가입을 막기 위해 유럽 소비의 40%를 차지하는 천연가스의 공급중단을 무기화할 수 있음을 밝히고 있다. 이처럼 사이버와 경제도 전쟁에서 중요한 무기가 되고 있다.

안보(安保)와 보안(保安)은 영어로는 다 security다. 다만, 안보는 국가의 안전을 보장한다는 의미로 주로 사용됨에 반해, 보안은 개인, 기업 단위의 안전을 유지한다는 의미로 사용된다. 다시 말해 안보는 주로 국가안보를 의미하며, 그 내용은 국가의 독립, 영토의 보전, 헌법과 법률의 기능 유지라고 할 수 있다. 주로 외교적, 군사적, 법적 의미로 사용된다.

그런데 최근 반도체 등 국가핵심기술의 지원과 보호, 요소수 부족 사태 등을 대비한 주요 자원 및 부품의 확보, 사이버 해킹으로부터 정보시스템의 보호 등이 국가의 안위와 존립에 미치는 영향이 커지면서 이른바 경제안보, 산업안보, 자원안보, 사이버안보가 전통적 안보 이상으로 중요해지고 있다. 특히, 미중 간의 기술패권 전쟁에서 어느 한쪽으로의 선택을 강요받는 한국으로서는 경제와 군사적 측면에서 실리와 명분을 찾기라는 난관을 맞이하고 있다.

정부는 우선 관련 법제와 조직의 정비를 통해 경제안보, 사이버안보에 대비하고 있다. 먼저 전 세계적으로 반도체 부족 현상이 장기화되면서 각국의 반도체 보호무역주의가 심화되고 있다. 각국 정부는 반도체 기업 간 인수합병에 대한 심사를 강화하는 동시에 자국의 반도체 산업육성을 지원하기 위한 정책을 발표하고 있다. 한국도 발빠르게 대응하고 있다. 산업부는 반도체 등 국가첨단산업 지원을 위해 국가첨단전략산업위원회 설치, 국가첨단산업 투자 확대를 위한 인·허가 신속처리 특례 등이 포함된 「국가첨단전략산업 경쟁력 강화 및 육성에 관한 특별조치법」을 제정했다. 외교부는 해외발 공급망 교란이 국내 산업·민생으로 파급되는 제2의 요소수 사태 방지를 위한 범정부적 노력의 일환으로, 올해 초 37개 재외공관에 경제안보 핵심품목 조기경보시스템을 구축하였고, 금년 3월 중 운영 개시를 목표로 '경제안보외교센터'를 설치하기로 했다.

2월 초 기획재정부는 「경제안보를 위한 공급망 관리 기본법」을 제정할 계획을 발표했다. 기본법은 경제부총리를 위원장으로 공급망 위기 대응을 총괄할 공급망관리위원회를 신설한다. 그 외에도 민간 업자에 수출입 및 재고 현황 등 기밀 정보를 요구할 수 있는 권한과 정부가 필요하다고 판단할 경우 민간기업의 외국 특허 출원을 제한하는 등의 강력한 조치도 법안에 담긴 것으로 알려지고 있다. 산업부도 수소와 핵심 광물 등의 안정적 공급망 확보를 위해 자원안보특별법을 제정하겠다고 밝혔다.

이미 영업비밀을 보호하는 부정경쟁방지법의 한계를 보완하고자 「산업기술유출 방지 및 보호에 관한 법률」과 「방위산업기술보호법」이 마련되어 있지만, 좀 더 강력한 경제안보, 산업안보를 위한 법적 기반이 필요하다는 것이 정부의 입장이다.

한편 사이버안보에 관한 법 제정 논의도 한창이다. 21대 국회에서 조태용 국민의힘 의원이 발의한 「사이버안보기본법안」과 김병기 더불어민주당 의원이 발의한 「국가사이버안보법안」이 발의되었다. 조태용 의원안은 사이버안보 컨트롤타워로 국가사이버안보정책조정회의의 의장을 대통령 또는 국가안보실장으로 하고 국정원에 사이버안보대책회의를 두고 있지만, 김병기 의원안은 국정원장이 위원장인 사이버안보위원회를 두고 있다. 김병기 의원안의 경우 국내외 사이버안보 정보 수집에 대한 내용과 절차 관련 조항이 포함되어 있다. 국정원은 법원 허가를 얻어 '국내 디지털 정보 보관자'로부터 관련 정보를 열람·취득할 수 있다. 디지털 정보 보관자는 해당 정보를 저장한 매체의 "소유자, 소지자 또는 보관자"

로 광범위하게 규정되어 있는데, "긴급한 사유가 있는 때"에는 법원 허가 없이도 국정원의 정보수집을 허용한다. 동 법안들은 국정원을 명실상부 민간, 공공부문 모두에 대한 사이버안보 정책 심의, 집행 기관으로 둔다는 점에서 특색이 있다.

이처럼 우리 정부의 경제, 사이버 등 신안보 분야의 발빠른 대응은 필요하고 바람직해 보인다. 다만, 아쉬운 대목이 있다. 먼저 제안된 법안들이 모두 신안보 관련 권한 확보, 컨트롤 타워 구축을 주요 내용으로 하고 있다. 경제안보를 둘러싸고 산업부, 외교부, 기재부 간, 사이버안보를 둘러싼 국정원, 과기정통부 간 주도권 경쟁이 있는데, 법안 추진과정에서 관련 부처 간의 경쟁이나 중복을 효율적으로 정비해야 할 것이다.

다음 원래 안보는 기본권과 충돌할 소지가 있다. 이미 우리는 코로나 19라는 전대미문의 국가위기를 극복하기 위해 국민으로서 누려야 할 기본권을 상당부분 양보하고 있다. 미국이나 유럽보나노 훨씬 우리 국민이 방역이라는 정책목표에 충실히 협조하고 있는 것이다. 우리 국민들의 성숙한 시민의식에 부응하는 차원에서라도 안보를 위한 기본권의 제한은 필요최소한도에 그치고 기본권의 본질적 내용은 침해할 수 없다는 헌법 조항을 준수할 필요가 있다. 이런 측면에서 경제안보나 사이버안보를 위해 기업이나 개인의 권리를 제한할 경우에는 공·사익간 엄격한 비교형량이 있어야 할 것이다.

국민소득이 3만불을 넘어 이제 우리도 선진국에 진입했다는 자존감을 가지기에는 아직 미중 간 패권전쟁, 북한과의 대립 구도 등 속에 많은 과제가 남아 있다. 그동안에도 우리는 역사적으로 열강의 틈바구니 속에 참으로 어려운 삶을 아슬아슬하게 지탱해왔다. 오로지 국익차원에서 안보, 경제, 통상, 디지털 분야 이슈의 해결을 위한 지혜를 모아야 할 때이다.

2 정보통신망의 안전성을 확보하기 위한 법규제

2022년 10월 15일 인터넷데이터센터의 화재로 발생한 국민 메신저 카카오톡 블랙아웃 사태는 우리 사회에서 정보통신망을 안정적으로 유지, 운영하는 것이 얼마나 중요한 것인지를 깨닫게 해주었다. 정보통신망이란 전기통신설비를 이용하거나 전기통신설비와 컴퓨터 및 컴퓨터의 이용기술을 활용하여 정보를 수집·가공·저장·검색·송신 또는 수신하는 정보통신체제를 의미한다. 과연 사회의 기본인프라인 정보통신망이나 정보통신시설을 보호하고 안정성을 유지하기 위한 규제는 어떻게 이루어지고 있을까.

전기통신사업법, 정보통신망법, 정보통신기반보호법, 방송통신발전기본법 등 무려 4개의 법률이 목적, 대상, 수단을 조금씩 달리하면서 정보통신망의 안정성 관련 규제를 담고 있다. 첫째, 전기통신사업법이다. 제22조의7(부가통신사업자의 서비스 안정성 확보 등)에는 이용자 수, 트래픽 양 등이 대통령령으로 정하는 기준에 해당하는 대규모 부가통신사업자는 이용자에게 편리하고 안정적인 전기통신서비스를 제공하기 위하여 서비스 안정수단의 확보, 이용자 요구사항 처리 등의 필요한 조치를 취하여야 한다.

구체적인 조치 내용에는 첫째, 트래픽 발생량의 증가로 안정적인 전기통신서비스의 제공에 중대한 영향을 미칠 것이 예상될 경우 서버 용량의 증가, 인터넷 연결의 원활성 확보 및 트래픽 경로의 최적화, 둘째, 트래픽의 경로 변경 등 안정적인 전기통신서비스의 제공에 중대한 영향을 미칠 것이 예상되는 행위를 할 경우 기간통신사업자에 대한 사전 통보 조치 등이 있다. 이 법은 부가통신사업자에게도 망의 안정성 유지 의무를 부과한 것으로 카카오도 동법의 대상이다. 다만, 동법은 화재로 인한 통신 재난 등을 대비한 규정이 아니고 트래픽 과다. 트래픽

경로 변경 등의 사유가 발생한 경우 부가통신사업자의 책임을 규정한 것이다.

둘째, 정보통신망법이다. 법 45조(정보통신망의 안정성 확보 등)는 정보통신서비스제공자 등은 정보통신서비스의 제공에 사용되는 정보통신망의 안정성 및 정보의 신뢰성을 확보하기 위한 보호조치를 하여야 하며, 과기정통부 장관이 정하는 정보보호지침에는 정보통신망의 지속적인 이용이 가능한 상태를 확보하기 위한 기술적·물리적 보호조치 내용이 포함되어 있다. 정보통신서비스제공자의 범위에는 기간통신사업자는 물론 카카오와 같은 부가통신사업자도 포함된다.

또한 법 제46조는 인터넷데이터센터와 같은 집적정보통신시설을 운영·관리하는 정보통신서비스 제공자는 정보통신시설을 안정적으로 운영하기 위하여 대통령령으로 정하는 바에 따른 보호조치를 하도록 하고 있다. 다만, 데이터센터를 직접 운영하는 사업자의 경우 정보통신망법에 의해 각종 물리적·기술적·관리적 보호조치를 할 의무가 있는 반면 임차해서 사용하는 경우에는 의무가 없으며, 또한 과기정통부가 보호조치 이행여부를 점검 및 보완 명령을 할 수는 규정이 없다. 이를 보완하는 법 개정안이 카카오 사태 이후 발의되었다.

셋째, 정보통신기반보호법이다. 이 법은 해킹 등 전자적 침해행위에 대비하여 주요정보통신기반시설의 보호에 관한 대책을 수립·시행하는 것을 목적으로 하며, 여기서 "정보통신기반시설"이라 함은 국가안전보장·행정·국방·치안·금융·통신·운송·에너지 등의 업무와 관련된 전자적 제어·관리시스템 및 정보통신망법에 따른 정보통신망을 말한다. 주요정보통신기반시설에 대해서 취약점 분석·평가, 주요정보통신기반시설 및 관리 정보를 안전하게 보호하기 위한 예방, 백업, 복구 등 물리적·기술적 대책을 포함한 주요정보통신기반시설 관리대책 수립·시행, 관리대책의 이행 여부 평가가 이루어진다. 인터넷데이터센터도 주요정보통신기반시설에 해당하며, 이에 대해서는 과기정통부의 감독이 이루어진다.

넷째, 방송통신발전기본법이다. 이 법35조(방송통신재난관리기본계획의 수립)에는 과기정통부장관과 방송통신위원회는 주요 방송통신사업자의 방송통신서비스에 관하여 「재난 및 안전관리기본법」에 따른 재난이나 「자연재해대책법」에 따른 재해 및 그 밖에 물리적·기능적 결함 등 방송통신재난의 발생을 예방하고, 방송통신재난을 신속히 수습·복구하기 위한 방송통신재난관리기본계획을 수립·시행하여야 한다고 규정하고 있다. 주요 방송통신사업자에는 KT 등 기간통신사업자, KBS 등 지상파방송사업자, YTN 등 종합편성 또는 보도에 관한 전문편성을 행하는 방송채널사용사업자가 포함된다. 또한 방송통신재난관리기본계획에는 방송통신재난에 대비하기 위하여 필요한 우회 방송통신 경로의 확보, 방송통신 설비의 연계 운용을 위한 정보체계의 구성 등이 포함되어야 한다.

이 법 조항은 지난 2018년 11월 KT 아현국사 지하 통신구 화재 사건 이후 추진되었는데, 당초에는 일정 규모 이상의 서버·저장장치·네트워크 등을 제공하는 부가통신사업자, 즉 '데이터센터 사업자'도 포함되어 있었으나 인터넷기업들이 해외에 없는 과잉규제, 정보통신망법과의 이중규제 등의 이유로 반대하면서 제외되었다. 당시 법안을 추진한 과기정통부는 데이터센터는 4차산업혁명의 핵심 시설로 재난 상황에서 중단될 경우 국민의 생활에 막대한 피해를 입을 수 있는 민생 현안이라고 강조했으나 받아들여지지 않았다. 국회는 이번 카카오 사태에 대한 대책으로 이 법의 개정을 다시 추진하고 있다.

4개의 법이 유사하면서도 조금씩 다른 목적, 대상, 방법을 가지고 있다. 전기통신사업법, 정보통신망법, 정보통신기반보호법이 주로 사전규제로서 일정한 관리 및 보호를 부과하고 있는 것에 반해 방송통신발전기본법은 주로 재난 사고발생을 대비한 사전, 사후 규제를 정하고 있다. 대상은 방송통신발전기본법을 제외하면 부가통신사업자에게 모두 적용된다. 다만, 정보통신망법, 정보통신기반보호법은 데이터센터를 임차하여 운영하는 사업자는 제외되어 있다. 법의 취지는 전기통신사업법이 부가통신사업자의 임의적 트래픽 변경 등으로 인한 이용자 보호, 정보통신망법은 데이터센터의 보호, 정보통신기반보호법은 해킹 등 전자적 침해행위에 대한 주요정보통신기반 시설의 보호, 방송통신발전기본법은 방송통신재난에 대비하는 것으로 조금씩 차이가 있다.

금번 카카오 사태와 관련된 사후 대책으로는 정보통신망법과 방송통신발전기본법의 개정 논의가 가능할 것으로 보인다. 정보통신망법을 개정해 데이터센터 임대사업자도 보호조치 의무 대상에 포함하고 정부의 권한도 사전점검을 포함하는 것으로 확대하거나, 아니면 방송통신발전기본법의 대상에 부가통신사업자를 포함하는 방안이 그것이다. 충분한 논의를 통해 플랫폼에게 부담이 가장 덜 가면서도 안정적인 통신서비스 제공에 필요한 대안이 마련되기를 기대한다. 또한 이번 기회에 4개 법령으로 나누어져 매우 복잡하게 구성된 정보통신망과 시설에 대한 보호법제를 정비하는 방안도 검토할 필요가 있을 것이다.

3 SBOM과 소프트웨어 공급망 보안

2020년 발생한 솔라윈즈(SolarWinds) 사태와 2021년 발생한 로그4j 사태는 보안업계에 새로운 화두를 던졌다. 솔라윈즈는 고객사에 IT 솔루션과 소프트웨어를 공급하는 업체인데, 한 해킹 그룹이 이 업체의 오리온이라는 네트워크 모니터링 솔루션의 업데이트 파일을 공격하여 감염시킨 사건이 솔라윈즈 사태이다. 솔라윈즈는 물론 약 1만 8천여 개 고객사들도 감염된 업데이트 파일로 인해 피해자가 될 수 있었다. 해커 입장에서는 한 회사만 공격했을 뿐인데 그 피해는 무려 1만 8천여 개 회사에서 발생한 것이었다.

한편 로그4j는 서버·프로그램 유지·관리 중에 발생하는 기록 관리를 지원하는 자바 기반의 오픈소스 로깅 라이브러리로 민간과 공공에서 광범위하게 사용되고 있다. 그런데 로그4j에 치명적인 보안 취약점이 발견되면서 악의적 의도를 가진 해커가 로그4j의 취약점을 공격하면 비밀번호 없이 내부망에 접근하거나 랜섬웨어와 같은 악성코드를 심어 시스템을 마비시키는 것도 가능하게 된 것이었다.

두 가지 사태는 오픈소스 소프트웨어에 대한 보안이 기업과 국가의 안전을 위협하는 수준에 이르고 있다는 것과 함께 공급망 공격(supply chain attack)에 대응하기 위해 공급망 보안이 매우 중요하다는 점을 보여주었다. 최근 애플리케이션은 오픈소스 라이브러리를 사용해서 구축되는 경우가 많은데, 이는 소프트웨어 개발의 생산성을 늘리고 비용을 줄이는 장점이 있으나, 보안에는 악영향을 미치는 단점이 있다. 소프트웨어 개발자들이 작동 구조를 파악하기 어려운 외부 코드에 의존하면서 취약점을 알기 어렵게 된 것이다.

또한 오픈소스 소프트웨어 사용은 공급망 공격에 대한 대응을 어렵게 만든다.

공급망 공격은 특정 회사의 시스템 및 데이터에 접속할 수 있는 공급업체를 통해 공격자가 시스템에 침투할 때 발생한다. 즉, 공급 사슬의 상단에 있는 한 업체에 대한 공격으로 이 업체의 소프트웨어를 사용하는 다른 수많은 업체까지 공격을 받게 되는 것이다.

소프트웨어 공급망 공격에 대한 대책으로 공급망 보안의 중요성이 날로 증가하고 있다. 주요국도 공급망 공격에 대비하기 위한 대책을 서두르고 있다. 2021년 4월 미국 국토안보부 산하 사이버보안기반시설보안청(CISA)에서는 'Defending Against Software Supply Chain Attacks'라는 가이드라인을 발표했고, 유럽연합 산하 사이버보안 전문 센터 ENISA는 7월 'ENISA Threat Landscape for Supply Chain Attacks'라는 보고서를 발표했다. 일본도 정부 주도의 'Society 5.0 환경에서의 보안 프레임워크'를 발표한 바 있다.

한국도 2021년 2월 발표된 'K-사이버방역 추진전략'에서 공급망 보안을 강화하기 위한 정책으로 주요 소프트웨어 업체에 단계별 보안진단 및 조치 지원, 중소 소프트웨어 업체에 자가 보안 진단 도구 및 가이드 보급, 주요 소프트웨어 서비스 기업에 개발환경 보안점검 지원 및 공급망 검증체계 구축, 공급망 보안점검 기준 및 점검도구 개발을 제시하였다.

한편 2021년 5월 바이든 행정부는 연방정부의 보안강화 대책으로 사이버 위협정보 공유, 연방정부의 사이버보안 현대화, 소프트웨어 공급망 보안 강화, 소프트웨어 자재명세표(SBOM, Software Bill of Materials) 명시, 사이버보안 취약성 및 사고대응을 위한 플레이북 표준화 등의 내용을 담고 있는 '국가 사이버 보안 강화 명령(Executive Order on Improving the Nation's Cybersecurity, 14028)'을 발표했다. 그리고 이후 CISA와 국가표준기술연구소(NIST)에서는 후속조치의 일환으로 사이버 공급망 위험관리(C-SCRM, Cyber Supply Chain Risk Management) 프레임워크와 보안소프트웨어 개발(Secure Software Development) 프레임워크를 권고하는 등 공급망 보안 강화대책을 추진하고 있다.

이런 활동 중 SBOM은 소프트웨어 구축에 사용되는 다양한 컴포넌트의 상세한 내용 및 공급망의 관계를 포함한 정식 기록으로 소프트웨어 재료명세서이다. 이는 소프트웨어 구성요소를 명확하게 밝힘으로써 국가의 사이버 보안을 강화하는데 있어 매우 중요한 제도이다. 식품의 원재료를 공개하도록 함으로써 식품의 안전을 달성할 수 있는 것과 같이 소프트웨어의 특정 요소에서 취약점이 발견됐을 때 사용자들이 빠르고 정확하게 보안대책을 적용할 수 있도록 한 것이다.

2019년 미국 전기통신 및 정보청(NTIA)에서 발행한 '공급망 관련 SBOM의 역할 및 이점'에 관한 보고서에 따르면 SBOM은 소프트웨어 생산, 선택, 운영 등 전 과정에서 활용가능하다. 소프트웨어 생산 시 소프트웨어 내 취약점에 대한 구성요소 모니터링이 용이하여 새로운 보안 위험이 발견될 경우 잠재적 취약성 판단이 가능하다. 또한, 소프트웨어 선택 시 소프트웨어 전반에 대한 잠재적인 위험 요소를 식별하여 사전 위험분석을 수행할 수 있다. 소프트웨어 운영시에도 현재 소프트웨어에 적용되는 새로운 취약점을 빠르게 식별하여 해결할 수 있으며, 특정 소프트웨어가 영향을 받는지에 대한 여부를 평가할 수 있다.

바이든 정부는 위 행정명령을 통해 연방기관에 납품하는 소프트웨어 제품에 대해 SBOM 제출을 의무화하였다. 이 행정명령에 따라 NTIA는 2021년 7월 SBOM의 최소 구성요소로 데이터필드, 자동화지원, 관행 및 절차를 제시했다. 데이터 필드에는 공급자 이름, 구성요소 이름, 구성요소 버전, 기타 고유 식별자, 종속성 관계, SBOM 데이터 작성자, 타임스태프 등 7가지가 포함되었다. SBOM은 연방정부에 납품하는 업체에 적용되지만 동 업체와 협력하는 업체에도 영향을 줄 수 있어 한국 기업도 적용될 가능성이 높으므로 이에 대한 준비가 필요하다고 할 것이다.

또한 한국도 공급망 공격에 취약한 국가에 속한다. 특히, 공급망 공격의 배후로 지목되는 다수의 지능형 지속 공격(Advanced Persistent Threat: APT) 그룹을 보유하고 있는 북한, 중국, 러시아와 지정학적으로 가까운 위치이며, 실제로도 다수의 공격 피해를 겪고 있다. 그동안 정부는 공공 및 금융기관의 망 분리 규제 등 사이버 보안 위협에 적극 대처하고 있으나, 망 분리만으로는 공급망 보안에 충분하지 않다. 점점 고도화, 지능화되는 소프트웨어 공급망 공격에 대한 현실적 대응을 위해 SBOM의 도입 등 제도적인 대책 마련을 서둘러야 할 것이다.

4 이태원 참사와 디지털 기술

2023년 10월 29일 발생한 이태원 압사 사고의 사망자는 오늘 기준 156명에 이를 정도로 참혹했다. 사고 당일 오후 6시 34분부터 이태원 일대에서 인파로 인한 안전사고 위험을 알린 112 신고는 총 11건에 이르렀음에도, 오후 10시 15분 참사 첫 신고가 접수될 때까지 대한민국의 재난대응시스템은 작동하지 않았던 것이다.

사고원인에 대한 분석도 이루어지고 있지만, 향후 사고를 예방하고 신속하게 대응하기 위해서 첨단 디지털 기술을 사용하자는 목소리가 높아지고 있다. 핵심 내용은 디지털 기술로 수집된 데이터로 실시간 유동 인구를 파악해 과밀집 등 위험상황을 조기에 알릴 수 있는 대응체계를 구축하는 것이다. 데이터 수집, 분석을 위해 다음 몇 가지 기술이 사용된다.

먼저 인공지능 기반의 지능형 CCTV를 이용하는 것이다. CCTV에 인공지능 기술을 적용해 실시간으로 위험 상황을 알려주는 것이다. 육안이 아니라 인공지능이 카메라 영상을 보고 군중 밀집도를 분석해 평상시 대비 과밀도로 판단되는 경우 위험상황을 알려주는 것이다.

이동전화 기지국의 접속 데이터를 활용하는 것도 하나의 방법이다. 이미 서울시는 코로나 확산을 방지하기 위해 KT의 기지국 접속 데이터를 이용해 실시간 인구 밀집도를 5분 단위로 파악하고 있다. 다만, 기지국 접속 데이터는 반경에 제한이 있어서 이번 사고처럼 좁은 골목에 몇 명이 모여 있는지 정확히 파악하기 힘들기 때문에 CCTV 데이터가 보완될 필요가 있다. 그 외에도 드론을 통한 공중 촬영을 이용하는 방법도 생각할 수 있다.

또한 재난 시 각 기관 간 원활한 통신도 중요하다. 정부는 세월호 사고 시 기관

간 통신 미흡을 해결하기 위해 이미 경찰, 소방, 해경 등 재난 관련 기관들이 재난 대응업무에 전용으로 사용하는 전국 단일의 무선 통신망인 재난안전통신망을 구축, 운영해 왔다. 그런데 이 통신망이 매뉴얼에 맞게 활용되지 않아서 피해를 키웠다. 현장 중심의 교육과 사용기관 합동훈련을 지속적으로 실시해야 할 것이다.

정부도 이번 참사를 계기로 정보통신기술 기반으로 군중 밀집 인파사고 예방관리 체계를 마련하기 위해 이동통신 3사의 기지국 기반 위치신호데이터(유동인구), 교통기관의 대중교통데이터 등을 활용한 현장인파관리시스템을 구축하기로 했다.

다만, 문제는 위치정보 등 민감한 개인데이터 수집에 따른 프라이버시 침해 우려이다. 물론 현재 수집되는 데이터는 특정 개인을 식별할 수 있는 정도에 이르지 않기 때문에 법적으로 문제는 없다고 할 수 있으나, 인공지능 기반 CCTV와 기지국 접속데이터가 결합하거나 드론의 경우는 개인식별성이 높아지기 때문에 이런 데이터의 수집, 사용에 있어 엄격한 법적 제한을 설정할 후에 목적에 맞게 사용하도록 할 필요가 있다. 코로나19 바이러스 감염자 역학조사를 위해 감염병 예방법에 위치정보 수집을 허용한 사례를 참고할 필요가 있다.

참사는 예고 없이 찾아오며 대부분은 한 번도 경험하지 못한 새로운 사례이다. 결국 사전에 대응시스템을 갖추는 것은 물론 지속적인 훈련과 매뉴얼의 갱신을 거듭해야 한다. 그리고 디지털 강국인 한국이 보유하고 있는 인공지능, 빅데이터, 이동통신 등 최신 디지털 기술을 적극 활용해야 할 것이다.

5 클라우드 서비스 보안인증제(CSAP) 개편 필요한가

클라우드 서비스는 기존에 개인용 컴퓨터나 기업용 서버에 개별적으로 저장해서 활용하던 데이터나 프로그램을 클라우드 서비스 기업이 제공하는 대형 컴퓨터에 저장해 두고 인터넷을 통해 언제 어디서나 접속해서 다양한 작업을 할 수 있도록 해주는 컴퓨팅 환경이다. 이는 시간과 공간의 제약 없이 언제 어디서나 데이터를 저장하고 활용할 수 있도록 해주기 때문에 디지털 전환의 기반 플랫폼이 되고 있다.

클라우드 서비스는 비용을 절감시키고 최신기술의 적용성 및 비즈니스의 민첩성을 제고시키므로 민간 부문 외에 공공분야에도 도입되고 있다. 이와 관련 최근 정부·공공기관에 클라우드 서비스를 제공하기 위한 필수 요건인 클라우드 서비스 보안인증제(CSAP: Cloud Service Assurance Program)가 이슈가 되고 있다.

CSAP는 2016년 도입 이후 줄곧 미국 정부와 국내 중소기업 등으로부터 개선 요구를 받아왔다. 미국 정부는 CSAP로 인해 아마존웹서비스, 마이크로소프트, 구글 등 자국 기업의 국내 공공분야 진출 실적이 전무하다며 매년 무역장벽보고서 등을 통해 제도 개선을 압박하고 있다. 국내 중소기업도 CSAP가 공공시장에 대한 진입장벽으로 작용하고 있다며 완화를 요구하고 있다. 이와 관련 정부는 CSAP를 데이터의 민감도에 따라 '상', '중', '하' 등 세 등급으로 통합·개편한다는 계획을 발표하면서, 국내 클라우드 사업자들이 반발하고 있다.

CSAP는 공공기관에 신뢰성이 검증된 민간 클라우드 서비스를 공급하기 위해 한국인터넷진흥원이 주관하는 클라우드 서비스 보안 인증 제도이다. 클라우드 서비스 사업자가 제공하는 서비스를 대상으로 정부가 제시하는 정보보호 기준을 준수하는지 여부를 평가·인증하여 이용자들이 안심하고 이용할 수 있도록 지원한다. CSAP는 크게 IaaS(Infrastructure as a Service), SaaS(Software as a Service), DaaS(Desktop as a Service) 인증으로 나뉘며, SaaS 인증은 표준등급과 간편등급으로 구분된다. CSAP의 인증항목은 ISO/IEC 27001과 가상화 보안, 서비스 공급망 관리, 공공기관 요구사항 등의 규정을 기반으로 14개 분야 30개~117개 항목으로 구성되어 있다.

미국의 경우 연방 데이터를 처리하는 모든 클라우드 서비스는 FedRAMP (Federal Risk and Authorization Management Program)라는 인증을 통과해야 한다. FedRAMP는 FIPS(Federal Information Processing Standard) 199를 기반으로 4가지의 등급으로 구분하고 등급별로 차등화된 통제항목을 운영하고 있다. 즉, CSO(Cloud Service Offering)는 FIPS 199 보안 범주에 따라 낮음(Low), 보통(Moderate), 높음(High)이라는 세 가지의 영향 수준(impact level)으로 분류되고, 여기에 통제항목을 대폭 완화한 맞춤형 서비스(Low Impact-SaaS)를 추가하여 총 네 개의 등급으로 구분된다.

CSAP에 대해 제기되고 있는 이슈는 크게 공공과 민간 영역의 물리적 분리 의무화, 데이터를 보관하는 서버의 국내 위치 의무화, 단일 등급의 인증제 실시 등 3가지이다.

첫째, 물리적 분리 이슈이다. 정부는 공공기관이 민간 클라우드 서비스를 이용하는 경우, 공공기관용 클라우드 서비스의 물리자원(서버, 네트워크, 보안장비 등), 출입통제, 운영인력 등을 일반 이용자용 클라우드 서비스 영역과 물리적으로 분리하도록 의무화하고 있다. 물리적 분리는 클라우드 서비스의 대표적인 장점 중 하나인 정보자원(서버, 데이터베이스, 네트워크 등)의 공유가 각각의 영역 내에서 제한적으로 이루어질 수밖에 없어 클라우드 서비스 제공자는 보유한 정보자원을 효율적으로 활용할 수 없게 되고 그로 인해 서비스 사용자가 지불해야 하는 이용단가가 높아지게 되어 가용성과 경제성이 저하된다.

다만, 물리적 분리를 하는 이유는 공공의 데이터와 정보시스템을 민간 영역과 분리 운용함으로써 정부가 공공기관 정보통신망을 해킹 등 침해사고로부터 보호하기 위해 수행하고 있는 사이버보안 정책을 클라우드 서비스 환경하에서도 집행하기 위함이다. 공공기관의 데이터나 정보시스템은 해킹 등 침해사고로 유출되거나 마비되는 경우 국가안보와 국익에 중대한 피해를 유발할 수 있음에 따라 민간보다 높은 수준의 보안을 요구하는 것이다.

현재로서는 경제성과 생산성 측면에서 다소의 비효율성을 감내하더라도 보안성을 담보하기 위해서는 공공과 민간 영역의 분리가 필요할 것으로 판단된다. 다만, 미국의 사례와 같이 상대적으로 중요도나 민감성이 낮은 데이터나 정보시스템은 민간 영역과 함께 즉, 논리적으로 분리된 영역에 두는 것을 허용할 것인지에 대한 검토는 가능할 것이다.

둘째, 데이터를 보관하는 서버를 국내에 위치하도록 하는 규제이다. 이는 공공분야 정보시스템이 외국에 위치하는 경우, 해킹 등 침해사고가 발생하거나 개인정보 유출 등이 발생할 때 국내 행정권과 사법권이 미치지 않아 효율적으로 대응하기가 곤란하기 때문이다. 특히, 국가별로 상이한 법률과 대응체계를 운영하고 있어 어느 나라 법률을 적용해야 하는지 논란이 발생할 수 있다. 이는 특히, 데이터 주권의 측면에서도 중요하다. 공공기관의 행정정보와 국민의 민감한 개인정보가 외국에 위치한 글로벌 기업의 서버에 저장되고 처리되는 경우 그러한 데이터의 저장과 처리에 관한 국내 정책이 제대로 적용되지 못하게 되기 때문이다.

이러한 이유로 미국을 비롯하여 영국, 일본, 독일, 프랑스 등 많은 국가들이 클라우드 데이터센터를 자국에서 운영하도록 의무화하고 있다. 클라우드 서버의 국내 위치 의무화는 데이터 주권의 확립과 효율적인 데이터 보호를 위해 필요한 조치라고 봐야 할 것이다.

셋째, 단일 등급의 인증 제도 이슈이다. 언급한 바와 같이 FedRAMP는 High, Moderate, Low 등으로 인증 등급을 구분하고 등급에 따라 인증기준을 차별화하고 있다. 반면 CSAP는 단일 등급으로 운영하면서 인증조건도 클라우드 서비스를 통해 처리하는 데이터나 정보시스템의 중요도에 상관없이 획일적으로 설정하고 있다. 상대적으로 민감하지 않은 데이터와 정보시스템을 처리하는 클라우드 서비스와 중요한 기밀 데이터를 처리하는 클라우드 서비스를 동일한 기준에 따라 인증을 받는 것은 불합리할 수 있다. 따라서 CSAP도 FedRAMP와 같이 데이터와 정보시스템의 등급에 따라 인증기준을 달리하는 것을 검토할 수 있을 것이다.

다만, CSAP는 규제임과 동시에 사실상 국내 클라우드 서비스 산업을 지원하는 역할을 해 왔다. 국내 클라우드 서비스 기업들은 그간 정부 정책에 따라 공공분야 시장 진입을 위해 물리적 영역 분리 등에 많은 투자를 해왔다. 이런 상황에서 정부가 충분한 의견수렴과 이해득실에 대한 고려 없이 지금껏 유지해 온 정책을 하루아침에 변경한다면 정부 정책에 대한 신뢰는 무너지게 될 것이다.

또한 다국적 클라우드 서비스 기업들은 압도적인 기술력과 시장지배력을 바탕으로 국내 시장을 순식간에 잠식할 가능성도 배제할 수 없다. 따라서 인증기준 개선이 가져올 국내산업에의 영향을 면밀하고 구체적으로 고려하여야 한다. 즉, 정부는 국가의 데이터 주권, 사이버안보 정책의 안정적 수행, 국내 산업지원 등 클라우드 서비스와 연계된 다양한 요소들을 종합적으로 고려하여 인증기준 개편 여부, 개편 시 등급 구분의 기준과 구체적 보완책 등에 대한 신중하고 현명한 정책적 판단을 내려야 할 것이다. 클라우드 서비스의 규제로 인한 이익과 규제 완화로 인한 이익을 비교형량하여 국가안보와 국익을 최대화할 수 있는 방향을 고민해야 할 것이다.[1]

---

1 2023년 이후부터 '상(高)·중(中)·하(下)' 3단계 등급제가 도입되었다. 상등급: 국가안보·외교·통일·국방 등 중대이익 관련 시스템에 해당. 보안요구가 가장 높음, 중등급: 민감정보 또는 비공개 업무자료 처리 시스템에 해당, 하등급: 개인정보를 포함하지 않고 공개된 공공데이터 등을 처리하는 시스템. 비교적 완화된 요건 적용이다. 주요 보안요건은 관리적·기술적·물리적 보호조치, 망 분리(물리적 또는 논리적), 침해사고 대응, 가용성 관리, 접근통제, 데이터 암호화 등 분야별 통제항목이다. 외국 CSP가 한국 공공기관 시장(즉, 정부·공공기관이 도입하는 클라우드서비스)으로 진입하려면 CSAP 인증을 받아야 하는데, 현재까지 외국 CSP에게 부여되는 등급은 "하등급"에 불과해 미국을 중심으로 한 외국측은 CSAP를 한국 클라우드서비스시장에 대한 진입장벽으로 보고 있으며, 미국무역대표부(USTR) 보고서 등에서 해당 제도의 완화를 요구한 바 있다.

6 인증제도를 이용한 해외직구 규제

2024년 5월 16일 한덕수 국무총리는 인천공항 세관에서 주재한 국정 현안 관계 장관 회의에서 국가통합인증마크(KC)를 받지 않은 어린이 제품 34종과 전기·생활용품 34종, 가습기용 소독·보존제 등 생활화학제품 12종 등 80종에 대한 해외직구를 금지하겠다고 밝혔다. 이는 「해외직구 급증에 따른 소비자 안전 강화 및 기업 경쟁력 제고 방안」의 일환으로 발표된 것으로 이 방안의 주요 정책 목표는 크게 소비자 안전 강화, 소비자 피해 예방 및 구제 강화, 기업 경쟁력 제고이다. 특히, 소비자 안전 강화를 위해 국민 안전·건강 위해성이 큰 제품은 안전 인증이 없는 경우 해외직구를 금지하고 또한 해외 플랫폼에 의한 개인정보 침해 우려도 지속적으로 제기되고 있어 가품을 차단하고 개인정보 보호를 강화하는 것이 핵심 내용이다.

원래 이 정책이 추진된 이유는 최근 해외직구가 급증하면서 유해 제품 반입 증가 등 여러 문제점이 노출되었기 때문이다. 특히, 중국계 온라인 쇼핑 플랫폼인 알리익스프레스, 테무 등을 이용하는 한국 소비자가 늘면서 위험하거나 유해한 제품에 대한 관리 필요성이 제기되었다. 또한 해외 플랫폼의 초저가 공세로 인해 국내 플랫폼은 물론 소상공인의 생존이 위협받고 있으며, 해외직구 물품은 인증도 받지 않는 등 규제 사각지대에 있어 국내 업체가 역차별을 받는다는 문제 제기도 있었다.

그러나 정책 발표 후 저가 제품 구매가 불가능해진 소비자들의 반발 여론이 거세지자, 정부는 발표 3일 만에 소비자 선택권을 고려하지 않고 불편을 끼쳤다는 이유로 KC 안전 인증 해외직구 규제 방침을 철회하였다.

해외직구, 즉, 해외 직접구매란 국내에서 구매하기 어려운 제품을 해외 온라인 쇼핑몰에서 소비자가 직접 주문하여 구매하는 것이다. 인터넷과 온라인 쇼핑몰의 발달로 해외 제품을 쉽게 검색하고 구매할 수 있게 된 것이 기술적 배경이라면, 환율의 차이, 관세 면제, 대량 생산 등의 이유로 해외 제품 가격이 국내보다 저렴한 경우가 많은 것이 경제적 배경이라고 할 수 있다. 게다가 국내에 판매되지 않는 해외 브랜드, 신제품, 한정판 등 다양하고 희소성 있는 제품 구매가 가능한 점이 해외직구 수요를 견인하고 있다.

한편 인증(Certification) 제도란 대표적인 기술규제 수단으로 제품·서비스·공정 등이 규정된 요건, 즉, 기술기준에 적합함을 인증기관이 정해진 절차에 따라 평가하여 이를 보장하는 것이다. 한국의 KC 인증, EU의 CE 인증, 미국의 UL 인증, 중국의 CCC 인증이 그 예이다.

인증제도는 제품 및 서비스의 안전성과 품질을 보장하여 소비자 보호에 기여하며, 기업으로서는 제품의 기술력과 신뢰도를 인정받을 수 있다. 또한 국가 간 안전 및 품질기준을 조화시키고 상호 인정함으로써 무역을 증진시키는데 기여한다. 다만, 지나치게 복잡하거나 불필요한 인증제도는 비관세 무역장벽이 되어 자유무역을 훼손할 수도 있다.

한국에서 인증은 법적 근거 여부에 따라 법정 인증과 민간 인증으로 나누어지며, 법정 인증은 강제성 여부에 따라 의무 인증과 임의 인증으로 구분된다. 의무 인증은 국민 안전 등을 확보하기 위해서 개별법에 의거 의무적으로 받아야 하는 인증이다.

KC(Korea Certification) 인증은 「전기용품 및 생활용품 안전관리법」 제5조, 「어린이제품 안전특별법」 제17조에 따라 전기용품, 생활용품, 어린이 제품을 대상으로, 해당 제품과 생산설비 등의 안전성을 인증하는 의무 인증 제도이다. 2009년 부처별로 다른 13개 인증마크를 하나로 통합해 국가 통합 인증 마크를 사용하고 있으며, 국내에서 유통·판매되는 제품은 반드시 KC 인증을 받아야 한다. 다만, 해외직구 제품은 KC 인증이 필요 없으며, 관세청 등 일부 기관에서 위해성을 확인해 국내 반입을 차단하고 있다. 연간 해외직구 이용 건수는 1억 건이 넘어 안전성 검증에 물리적 한계가 있다.

정부는 해외직구에 대해 KC 인증을 도입하여 소비자 안전 보장, 해외직구 감소 내지 해외 기업의 인증비용 추가로 인한 국내 유통업체 및 소상공인 보호 등의 긍정적 정책효과를 기대했다. 즉, 해외 플랫폼에 대해 인증규제를 강화함으로써 국내 산업을 보호하고 소비자 안전을 도모하려고 했다. 마치 미국이 틱톡 규제법, 일본이 행정지도를 통해 자국민의 안전과 산업을 보호하는 것처럼 한국도 인증제도를 통해 이들 목표를 달성하려고 했던 것으로 기본적으로 문제 인식과 정책 방향은 타당하다고 할 수 있다.

그러나 KC 인증의 강제로 소비자의 선택권이 침해되어 결국 소비자 후생이 감소하는 부정적 효과를 간과했다. 즉, 제품 안전에 특별한 문제가 없는 경우에도 미인증이라는 이유로 국내 소비자들의 제품 구입이 불가능해지거나, 지금보다 비싼 가격에 제품을 구매해야 한다면 소비자의 후생이 침해될 수밖에 없다. 저렴한 가격에 큰 문제 없이 사용하던 상당수 전기·생활용품 등의 반입이 제한될 가능성 때문에 소비자의 여론이 격앙되었다. 안전이 중요하다고 하더라도 KC 인증을 통해서만 문제를 해결하려고 한 세련되지 못한 정책이었다.

다만, 여전히 정부로서는 국내에 수입되는 해외직구 상품의 안전성 문제를 해결하여 소비자를 보호하는 역할과 또한 해외 플랫폼의 초저가 공세에 맞서 국내 유통산업과 제조업을 지원하는 역할을 포기할 수 없다. 이런 정책목표를 포함해 안전하면서도 저렴한 상품을 구입하고자 하는 소비자의 요구를 고려하여 좀 더 신중한 정책추진을 기대한다. 또한 정부는 정책 입안 시 일반 국민의 여론을 반영할 수 있는 메커니즘을 강화하는 것은 물론 다양한 정책목표 간의 조화를 꾀해야 할 것이다.

최근 미중 갈등이 심화되면서 탈세계화와 보호주의의 흐름이 가속화되고 있는 글로벌 커머스 시장에서 한국은 어떤 선택을 해야 할지에 대한 고민이 필요한 시기이다. 다만, 무엇보다도 소비자가 해외직구 상품이 아닌 국내 상품을 구매하도록 국내 제조업의 가격, 품질 경쟁력을 높이고 유통 구조를 개선하는 것이 중요한 과제라는 점을 잊지 말아야 할 것이다.

7 MS 발 글로벌 클라우드 대란의 교훈

2024년 7월 19일 전 세계적인 IT 시스템 장애로 세계 주요 항공사, 금융기관, 병원 등에서 서비스가 중단되는 피해가 발생했다. 역사상 최악의 IT 대란으로 평가되는 사태는 세계 1위 보안기업인 크라우드스트라이크사의 보안제품 '팔콘(Falcon)'의 최신 업데이트 시 MS사의 윈도우 시스템을 비정상적으로 종료시키는 등의 장애를 일으킨 것이 원인이었다. 팔콘은 네트워크가 연결되는 장치인 PC, 스마트폰, IoT 장치 등의 사이버 위협을 실시간으로 탐지하고 식별된 위협에 대응하여 피해를 방지하는 기능을 가진 보안 SW이다.

이번 대란 초기에는 MS 클라우드 서비스인 애저(Azure)의 장애로 알려졌으나, 크라우드스트라이크사 제품이 MS사의 윈도우에 장애를 일으킨 것이 사안의 본질로 밝혀졌다. 이번 사태로 인해 미국 주요 항공사, 독일 베를린 공항, 런던 증권 거래소 등 항공·방송·금융·의료 분야 전 세계 주요 서비스에 장애가 발생했는데, 크라우드스트라이크사 고객이 전 세계 24,000여 개로 방대하기 때문에 피해 규모도 광범위했다.

국내에서도 저비용 항공사 발권·예약 시스템 및 온라인 게임 서비스 등 크라우드스트라이크 사의 10개 고객사의 운영 시스템에 장애가 발생하였으나, 해외에 비해 피해 규모는 상대적으로 적은 것으로 파악됐다. 한국이 피해가 적었던 이유는 한마디로 문제가 된 보안 SW의 사용이 적었기 때문이다. 공공부문의 경우 크라우드스트라이크사의 팔콘 제품은 공공분야 진출을 위한 클라우드 보안인증(CSAP)을 취득하지 않아 국내 공공시장에는 진출하지 않은 상태였고, 민간부문은 지니언스, 안랩 등 국내 보안솔루션 사용이 많고 크라우드스트라이크사 제품 사용은 저조했다.

이번 대란을 두고 몇 가지 논쟁이 벌어지고 있다. 첫째, 클라우드의 유용성에 관한 논쟁이다. 클라우드란 구름(cloud)과 같이 무형의 형태로 존재하는 하드웨어·소프트웨어 등의 컴퓨팅 자원을 전기, 수도와 같이 필요한 만큼 쓰고 이에 대한 요금을 지급하는 서비스다. 한마디로 "인터넷을 이용한 IT 자원의 주문형 아웃소싱 서비스"다. 다만, 이런 집중화된 데이터 시스템으로 인해 클라우드 자체나 클라우드에 연결된 SW 제품의 장애가 발생하면 클라우드 이용 시스템 전체의 장애가 나타나기 때문에 과연 클라우드가 최선인가 하는 것이다. 그러나 기업들이 클라우드를 사용하는 이유는 자체적으로 서비스를 유지하는 것보다 비용이 저렴하고 서비스 안정성이 높기 때문이다. 또한 자체적으로 구축하는 것보다 재해 복구도 용이하다.

결론적으로 클라우드는 서버의 구매, 설치, 유지 비용, 소프트웨어 구매 비용, 데이터 손실 위험도 줄일 수 있는 장점을 넘어, 양질의 데이터를 대량으로 수집·저장·처리하고, 이를 활용한 우수한 AI 서비스의 공급을 위한 가치사슬에서 중요한 연결 고리라는 점에서 클라우드로의 전환은 거부할 수 없는 대세라고 봐야 할 것이다. 또한 이번 사건은 사실 클라우드 자체 요인으로 인한 장애도 아니었다는 점을 상기할 필요가 있다.

둘째, 이번 대란을 방지할 수 있는 대안의 하나로 거론되는 멀티클라우드 전략에 관한 것이다. 이는 기업이 둘 이상의 클라우드 업체를 이용하는 전략을 말한다. 단일 클라우드 업체에 의존하는 대신 여러 클라우드 환경을 혼합해 사용하는 방식으로 이로 인해 하나의 클라우드의 장애가 발생하더라도 다른 클라우드로 신속히 전환할 수 있어 리스크를 분산시킬 수 있다. 정부도 클라우드 대란을 계기로 네이버, 카카오, 쿠팡 등 부가통신사업자에게 단일 클라우드 기반이 아닌 2개 이상의 클라우드 기반 주요 서비스의 다중화 권고 등의 내용을 담은 통신재난관리기본계획 수립지침을 의결했다. 다만, 멀티클라우드는 추가적인 비용을 수반하는 만큼 데이터의 중요도에 따라 중요한 데이터는 자체 서버에, 나머지 데이터는 클라우드에 보관하는 하이브리드 전략도 고민할 필요가 있을 것이다.

셋째, 이번 대란과 망 분리 규제와의 관계에 관한 것이다. 망 분리는 기업 보안을 위해 내부 업무망과 일반 인터넷망을 분리하는 것을 말한다. 크게 컴퓨터 두대를 쓰는 물리적 망 분리와 컴퓨터 한 대에 인터넷용 가상 컴퓨터를 구현하는 논리적 망 분리로 나뉜다. 국내에서는 금융을 비롯한 공공 부분에 망 분리 규제가 시행되고 있는데, 망 분리가 외부 침입을 차단하는 실효적인 방법일 수 있지만, 외부 클라우드와 연계하는 서비스형 소프트웨어(SaaS)를 사용할 수 없는 등 업무 생산성을 제한하고 IT 활용을 저해해 혁신을 가로막고 있는 문제에 있어, 정부도 이에 대한 규제 완화를 추진 중이다. 공공분야에서 망 분리 규제와 낮은 외산 클라우드 의존도가 이번 대란의 피해를 줄인 점은 인정되지만, 그렇다고 이를 계기로 장점보다는 단점이 부각되고 있는 망 분리를 지속할 명분을 찾아서는 안 될 것이다.

넷째, 국내 클라우드 우선 전략 내지 소위 소버린 클라우드(sovereign cloud) 전략에 관한 논쟁이다. 이번 대란이 MS라는 글로벌 기업 서비스에서 장애가 발생한 만큼, 한국에 특화된 소버린 클라우드가 대안으로 거론되고 있다. 소버린 클라우드란 특정 국가가 자국의 법률과 규정에 따라 데이터를 독립적으로 관리하는 클라우드 컴퓨팅 서비스를 말한다.

올해 1분기 기준 글로벌 클라우드 시장 점유율은 AWS 31%, MS 25%, 구글 11% 등 빅테크 기업의 시장 점유율이 70%에 달하고 있으며, 한국의 경우에도 과학기술정보통신부 '2023년 부가통신사업 실태조사 결과' 조사에 따르면 클라우드 서비스 제공사 이용 플랫폼은 AWS(60.2%), MS 애저(24%), 네이버클라우드(20.5%), 구글(19.9%) 순이었다. 이처럼 글로벌 빅테크의 시장 독과점 상황에서 국내 클라우드로 멀티 시스템을 구축하면 글로벌 빅테크 기업이 업데이트 결함 등의 문제를 일으키더라도 서비스 안전성을 높일 수 있으며, 또한 사고 발생 시 긴급 대응에도 유리한 측면이 있다. 다만, 국내 기업이 소버린 클라우드를 선택하기 위해서는 국내 클라우드 기업의 기술, 품질이 글로벌 기업에 뒤처지지 않도록 국내 클라우드 산업의 경쟁력을 향상시키기 위한 전략이 필요하다.

이번 대란은 글로벌 초연결 사회의 민낯을 보여주었다. 연결이 확대될 수 있도록 이로 인한 장애와 뒤이은 피해의 규모도 증가한다는 점을 여실히 보여주었다. 또한 사이버 시큐리티 확보 여부가 국가사회의 기본 인프라의 안정성을 좌우할 수 있다는 점을 다시 한번 깨닫게 해 준 계기였다. 사실 이번 사건만 보면 클라우드 업체나 관련 기업이 새로운 기능을 업데이트하는 패치 작업 전에 사전 테스트를 통해 장애 발생 여부 등 영향 분석을 수행하는 관리체계를 준수하는 것이 필수적이라는 것을 확인한 것이 일차적인 교훈이다. 정부도 보안 SW 등 타사의 제품 도입 및 업데이트 시 모의시험 환경에서 사전 검증을 적용하도록 통신재난관리기본계획 수립지침을 의결했다. 다만 이에 더해 글로벌 빅테크에 종속된 국내 클라우드 시장에서 국산 클라우드의 경쟁력 강화와 데이터 주권의 확보를 위한 정책 방안에 대한 고민도 계속돼야 할 것이다.

8 정보통신망 침해와 통신비밀의 보호

배우자와 다툰 후 가출한 상황에서, 함께 사용하던 노트북에 배우자의 구글 계정이 로그인되어 있는 것을 발견하고 배우자의 허락 없이 구글 계정 사진첩에 접속하여 사진을 보고 일부를 다운로드한 경우 이를 정보통신망에 침입하거나 통신비밀을 침해한 것으로 볼 수 있을까. 최근 SK텔레콤의 유심 정보 유출로 인해 어느 때보다 정보통신망의 안정성이나 개인정보 침해에 대한 관심이 고조되고 있다. 이제 컴퓨터와 인터넷이 일상화되면서 모든 정보는 디지털화된 상태에서 저장된다. 이혼을 원하는 사람은 배우자의 부정행위를 찾기 위해 배우자 이메일이나 스마트폰 사진 등을 뒤지기도 하고, 회사에서 직원의 비위를 찾기 위해 그 직원의 파일을 뒤지는 일이 빈번해지고 있다.

배우자 사진 다운로드 사건의 쟁점은 동 행위가 정보통신망법 제48조 제1항 상 "정당한 접근권한 없이 또는 허용된 접근권한을 넘어 정보통신망에 침입하는 행위"에 해당하느냐는 것이다. 이에 대해 원심은 피고인이 이미 접속되어 있는 상태를 기화로 사진을 탐색했을 뿐 식별부호를 직접 입력하지 않았고, 정보통신망 자체의 안정성이나 정보의 신뢰성에 직접적 영향을 주지 않았다는 이유로 무죄를 선고하였다. 그러나 대법원은 원심판결을 파기하고 사건을 환송하였다. 대법원은 정보통신망법상 '정당한 접근권한'의 판단 기준은 서비스 제공자가 부여한 접근권한이며, 피고인의 행위는 서비스 제공자인 구글의 의사에 반하여 정당한 접근권한 없이 정보통신망에 접속한 것으로 동 법 위반에 해당한다고 판단하였다.[2]

---

2 대법원 2024. 11. 14. 선고 2021도5555 판결.

그간 법원은 정보통신망 침입을 부정한 방법으로 타인의 식별부호를 이용하거나 보호조치에 따른 제한을 면할 수 있게 부정한 명령을 입력하는 등의 방법으로 침입하는 행위로 보았으나, 본 판결에서 식별부호를 직접 입력하지 않고 이미 로그인된 상태를 이용한 무단 접근도 정보통신망 침입으로 봄으로써, 정보통신망 침입죄의 적용 범위를 실질적으로 확대하였다. 이 판결로 인해 수사기관이나 변호사가 디지털 증거를 수집하는 과정에서 타인의 계정에 접근하여 증거를 수집하는 행위가 정보통신망법 위반으로 평가될 가능성이 높아졌으며, 또한 가족 간이라고 하더라도 디지털 프라이버시 보호가 엄격히 적용될 필요가 있다는 점을 분명히 했다.

다만, 정보통신망법 제48조는 정보통신망의 안정성 및 정보의 신뢰성을 파괴할 수 있는 침해행위를 금지하는 것이다. 여기에서 안정성은 정보통신망 체계의 물리적·기능적 안정성을 뜻한다. 과연 배우자의 사진 다운로드가 과연 정보통신망의 안정성 및 정보의 신뢰성에 영향을 준 것인지에 대해서는 의문이 있다.

오히려 동 행위는 타인의 비밀 취득에 해당하므로, 정보통신망법 제49조상 정보통신망에 의하여 처리·보관 또는 전송되는 타인의 비밀을 침해하는 행위에 해당할 가능성이 높다. 여기서 비밀 침해'란 타인의 비밀을 정보통신망에 침입하는 등 부정한 수단 또는 방법으로 취득하는 행위를 말하므로, 정보통신망 침입에 해당하지 않은 경우에도 비밀 침해가 성립할 수 있다.

양 조문을 비교해 보면 제48조는 정보통신망의 안정성과 신뢰성을 보호하는 반면, 제49조는 정보통신망에 의해 처리·보관·전송되는 타인의 정보와 비밀을 보호한다. 또한 제48조는 정보통신망 자체를 보호 대상으로 하는 반면, 제49조는 정보통신망에 의해 처리·보관·전송되는 정보와 비밀을 보호 대상으로 한다. 또한 제48조는 정보통신망 침입, 악성프로그램 유포, 정보통신망 장애 유발 행위를 금지하는 반면, 제49조는 타인의 정보 훼손, 비밀 침해·도용·누설 행위를 금지한다.

또한 원래 정보통신망법 제48조의 취지는 해킹과 같은 악의적인 정보통신망 침해행위를 규제하기 위한 것으로, 가족 간의 사진 다운로드와 같은 행위를 규제하기 위한 것은 아니다. 가족관계는 친밀한 인적 결합체로서 일반적인 사회관계와는 다른 특수성을 가진다. 헌법 제36조 제1항은 "혼인과 가족생활은 개인의 존엄과 양성의 평등을 기초로 성립되고 유지되어야 하며, 국가는 이를 보장한다"고 규정하여 가족생활의 자율성을 보장하고 있다. 형법은 전통적으로 가족 내 행위에 대한 개입을 일정 부분 자제해 왔다. 예를 들어, 친족간의 재산범죄에 대한 친족상도례가 대표적인데, 이는 가족 내 문제는 가능한 한 가족 스스로 해결하도록 하고, 국가의 형벌권 행사는 최후의 수단으로 제한해야 한다는 사상에 기초한다. 위 대법원 판결은 가족 간의 사진 다운로드를 정보통신망 침입으로 봐서 형사처벌 대상으로 한 것으로 과도한 국가형벌권 개입이라고 할 수 있다.

한편 통신비밀보호법은 통신의 비밀과 자유를 보장하기 위한 입법으로 정보통신망법 제48조, 제49조와 유사한 취지를 지니고 있다. 다만, 통신비밀보호법은 주로 통신이 이루어지는 과정에 중점을 둔다. 동법상 '감청'은 통신 행위와 동시에 이루어지는 현재성이 요구되므로, 송·수신이 완료된 전기통신의 내용을 지득·채록하는 것은 감청에 해당하지 않는다. 즉, 통신이 발신되어 수신되는 과정에서의 비밀, 통신의 내용 자체를 보호하는데 중점을 둔다. 이에 반해 정보통신망법은 정보통신망에서의 정보 처리 전 과정을 포괄한다. 특히, 정보통신망법 제49조 위반행위의 객체인 '정보통신망에 의해 처리·보관 또는 전송되는 타인의 비밀'에는 정보통신망으로 실시간 처리·전송 중인 비밀뿐만 아니라, 정보통신망으로 처리·전송이 완료되어 원격지 서버에 저장·보관된 것, 사용자의 개인용 컴퓨터에 저장·보관되어 있더라도 정보통신망과 관련된 컴퓨터 프로그램을 활용해서만 열람·검색이 가능한 경우 등 정보통신체제 내에서 저장·보관 중인 것도 포함된다.

또한 통신비밀보호법상 규제 행위는 감청 즉, 전기통신에 대하여 당사자의 동의 없이 전자장치·기계장치 등을 사용하여 통신의 내용을 지득·채록하는 행위, 공개되지 아니한 타인 간의 대화를 녹음 또는 청취하는 행위, 법원의 허가 없이 통신사실확인자료를 제공하는 행위, 통신비밀을 누설하는 행위이나, 정보통신망법상 규제 행위는 정보통신망 침입, 악성프로그램 유포, 정보통신망 장애 유발, 타인의 정보 훼손 및 비밀 침해·도용·누설 행위이다.

결론적으로 통신비밀보호법은 주로 통신의 비밀과 자유라는 헌법상 기본권을 보호하기 위해 통신이 이루어지는 과정에서의 감청 등을 규제하는 반면, 정보통신망법은 인터넷 시대에 정보통신망의 안정성과 신뢰성을 보호하기 위해 정보통신망에 대한 침입, 정보의 훼손, 비밀 침해 등을 규제한다. 행위의 시점이 실시간인지 저장된 정보인지, 대상은 통신 내용인지 정보통신망 자체인지, 방법은 감청인지 침입인지 등의 기본적 차이가 있다. 단, 정보통신망법상 비밀침해 등에 개인의 비밀이 포함되기 때문에 이 점에서 양법은 중첩성을 지닐 수 있다.

최근 SK텔레콤의 사이버 침해 사고와 개인정보 유출로 인해 사이버 보안 거버넌스 개편 등 법제도적 개선안이 논의되고 있다. 차제에 개인정보보호, 통신비밀의 보호, 정보통신망 침입, 정보통신망에 의해 처리·보관·전송되는 타인의 정보와 비밀 보호 등 프라이버시 보호라는 동일한 목적의 복잡한 법제에 대한 정비도 검토할 필요가 있다고 할 것이다.

9 해킹과 정보 유출 무방비 상태인 한국의 민낯

통신사 해킹과 정보 유출로 온 나라가 떠들썩한데 이제 다시 카드사까지 해킹 공격으로 정보유출이 발생하면서 이제 한국은 해킹과 정보 유출에 사실상 무방비 상태라는 비난을 피하기 어렵게 되었다. 2025년 4월에는 2500만 SKT 가입자의 유심정보 유출이 있었고 9월에는 KT 무단 소액결제 사건으로 현재까지 362명의 이용자가 약 2억 4000만 원의 피해를 입었다. 같은 달 롯데카드 서버가 해킹돼 회원 300여만 명의 개인정보가 유출됐다. 이 중 28만 명은 카드번호, 비밀번호, CVC 등 결제와 연관된 핵심 정보가 유출됐다.

최근 해킹과 정보 유출이 종전과 다른 점은 종전 해킹 공격이 단순히 시스템 파괴나 과시 목적이었다면, 최근에는 금전적 이익을 구체적 목표로 하고 있다는 것이다. 탈취한 개인정보를 이용한 사기, 무단 소액결제, 랜섬웨어를 통한 금전 협박 등이 대표적인 사례이다.

특히, KT 무단 소액결제 사건은 이런 경향을 여실히 보여준다. 범죄 조직이 펨토셀(femtocell)이라는 초소형 기지국 장비를 이용해 피해자의 스마트폰과 통신망 사이에 본인 인증정보를 가로채 소액결제를 진행한 것이다. 즉, 해커들이 서버를 공격한 것이 아니라, 통신망 인증 절차를 중간에서 빼앗는 공격을 한 것이다. 결국 이 사건은 전산 해킹이라기보다는, 통신망 취약점을 악용한 사기 범죄이다. 또한 통상의 금전적 피해는 이용자가 부주의로 개인정보를 입력함으로써 이루어지는데 이 사건은 이용자의 부주의나 과실이 없음에도 피해가 발생한 것도 특징이다.

롯데카드 해킹은 약 10년 전부터 알려진 보안 취약점을 방치한 것이 원인이라는 의혹이 제기되는 등 전통적인 해킹에 대한 기본적 대응이 되지 않았을 가능성이 있다는 점에서 충격적이다. ISMS-P 인증을 8월에 받았음에도 해킹이 이루어진 것은 인증제도의 실효성을 의심하게 한다. 또한 최초 발표와 달리 유출 규모, 유출 정보가 계속 확대되면서 카드 부정사용 피해도 있는 것은 아닌지 우려가 확대되고 있다.

다음 해킹과 정보유출에 대한 대응에서 특이한 것은 해킹이나 정보유출 흔적의 발견, 유출 정보의 내용과 규모 등을 확정하는 것이 매우 어렵다는 것이다. 기업은 물론 전문기관, 정부도 정확한 해킹 경로나 정보 유출 여부나 규모 등을 확정하는데 많은 시간이 걸리고, 이 과정에서 기업은 추가적 사실이 밝혀지면서 고의적인 은폐를 하고 있다는 비난을 받고 있다. 이는 결국 보안 전문가가 부족하다는 방증이다. 실력을 갖춘 집요한 해커라는 창과 달리 한가한 수비수에 불과한 방패로는 사이버 위협을 막을 수 없는 것이다.

정부는 다시 종합 내책을 낸는다고 한다. 국무총리는 2025년 9월 22일 정부는 사고가 발생한 원인은 무엇인지 사업자의 보안관리 체계상 미흡한 점은 없었는지 철저하게 조사하고, 유사한 해킹사고가 발생하지 않도록 통신·금융권 정보보호 체계를 전면적으로 재정비해 나가며, 기업의 신고가 있어야만 조사가 가능했던 것을 직권 조사할 수 있도록 하고 보안 의무 위반에 대한 제재도 강화하겠다고 밝혔다. 해킹과의 전쟁을 선포한 셈이다.

조사 및 제재 강화, 체계 전면 재정비는 사실 정부가 국민적 피해가 있을 때마다 항상 내놓는 카드이다. 다 필요한 것이지만 더 필요한 것이 있다. 첫째는 해커 검거 노력이다. 범죄를 저지른 범인은 잡지 못하면서 집단속을 부실하게 해 가족에게 피해를 주었다고 집주인만 처벌하는 형국이다. 원래 국민의 생명·신체·재산을 보호하고 공공질서를 유지하기 치안은 공공행정의 한 분야로, 국가가 국민으로부터 위임받아 독점적으로 수행하는 기능이다. 사이버 치안도 마찬가지다. 일차적인 책임은 국가에 있다. 그런데 우리는 사이버 치안 확보를 위해 해커라는 범인을 잡기 위해 얼마나 노력하고 있는지 의문이다. 중국발, 북한발이라는 설명 외에 해커를 검거한 성과가 기억나지 않는다. 정부는 2014년 만들어진 경찰청 사이버수사국을 2023년 별다른 설명 없이 폐지했다. 사이버공격 수사에 대한 컨트롤 타워를 없앤 셈이다. 해커가 외국에 있는 경우가 많으므로 사이버공격 수사에 대한 국제협력을 강화해야 한다. 먼저 인터폴(Interpol), 유로폴(Europol) 등 국제기구에 사이버 수사관의 파견을 확대해야 한다. 또한 사실 수사를 위해서는 기업의 신고가 활발해야 하는데, 정부가 계속 처벌을 강화하면서 기업이 신고를 꺼리게 만든 측면도 있다.

다음 해킹과 정보 유출 대응 정부 조직에 관한 문제다. 국정원과 행정안전부가 공공부분 사이버보안, 과학기술정보통신부가 민간 부분 사이버보안, 금융위원회가 금융 부분, 개인정보보호위원회가 공공·민간 해킹으로 인한 개인정보 유출 시 조사·제재, 경찰이 사이버 범죄 수사 등을 담당하고 있다. 해커는 공공, 민간 해커가 따로 없는데 대응은 따로 하고 있는 셈이다. 이렇게 복잡하고 다층적인 시스템으로 인해 비효율적인 중복 조사·수사, 인력의 전문성 부족, 상시적인 보안·안전 정책 부족 문제가 발생하고 있다.

사이버보안 이슈의 컨트롤타워 역할을 하는 정부 조직이 필요하다. 현재 대통령 국가안보실이나 최근 논의되는 국가사이버안보위원회는 상위 조정기구이지 실행력을 가지지 못하므로 대안으로서 부족하다. 가칭 '사이버안전청'을 설립해 사이버보안 기술·정책 개발, 사이버 침해 및 개인정보 유출 조사·제재를 총괄하는 전문기관을 설립할 것을 제안한다. 이미 미국은 국토안보부 산하 사이버보안 및 기반시설 안보국(Cybersecurity and Infrastructure Security Agency, CISA)이 연방정부·주정부·민간 핵심 인프라의 사이버보안 및 물리적 보안을 지원하는 사이버 컨트롤타워 역할을 한다. 영국은 2016년 설립된 정보통신본부(GCHQ) 산하 국가사이버보안센터(National Cyber Security Centre, NCSC)가 사이버보안 총괄 역할을 한다.[3]

한국은 인터넷 강국으로 어떤 나라보다 초연결 네트워크 사회다. 이에 어떤 국가보다도 사이버 침해 위협에 노출돼 있다. 특히, 북한과 중국의 해킹 공격 대응은 국가 안보 차원에서도 중요하다. 이제 공공과 민간 분리라는 부처 간 갈등과 인권 관련 해묵은 논쟁을 뒤로 하고 경험과 능력이 있는 인력과 조직을 모두 통합하여 사이버보안 통합 거버넌스를 마련해야 한다. 24시간 사이버 침해를 모니

---

3 이성엽, 「국가 사이버안보 법제와 거버넌스의 바람직한 정립 방향 — 미국의 사례와 한국의 시사점을 중심으로 —」 『행정법연구』 제 67권, 2022년 참조.

터링하여 위협 정보를 전파하고, 해킹 시 즉각적인 보안대책과 정보 유출로 인한 피해 방지 대책을 실행하는 기동성 있는 조직을 만들어야 한다. 시큐리티와 프라이버시가 보장되지 않는 AI 사회는 사람에게 아무런 가치가 없다.

VIII

AI, ICT 거버넌스와 균형국가

1 행정을 압도하는 정치, 정치를 대신하는 법치(法治)

2021년 코로나 19가 4차 대유행이 잦아들지 않고 이에 따라 자영업자를 비롯한 국민의 삶이 어려워지자 정부와 여당은 또다시 5차 재난지원금 카드를 사용하였다. 그러나 이번에도 '전 국민 보편지원'이 필요하다는 여당과 '소득 하위 80% 지급'을 주장하는 정부가 충돌했고 논의 끝에 소득 하위 88% 지급으로 마무리되었다. 이처럼 번번이 재정 건전성은 물론 피해계층에 대한 선별지원의 합리성을 주장하는 정부와 보편지원을 주장하는 정치권은 갈등 양상을 보여주고 있다. 이런 정치권의 행위에 대해 매표정치, 재정의 정치화라는 비판이 가해지고 있지만 이를 적절히 견제할 만한 장치는 찾아보기 어렵다.

2022년 3월 9일 치러지는 제20대 대통령 선거에 나서는 대선 후보자의 절대다수가 법률가이거나 법학도 출신이다. 현재 여야 각각의 여론조사 1위도 법률가이다. 21대 국회의원 300명 중 법조인 출신은 46명으로 15.3%에 달한다. 이렇게 법률가 출신의 정치가가 많다. 왜 이렇게 항상 정치가와 행정가의 갈등이 일어나고 정치는 법률가가 지배하게 되는 것일까.

정치는 권력을 획득하고 유지하는 활동이고 정치가는 국가사회가 가야 할 방향을 논의하고 결정하는 일을 한다. 대표적인 정치가는 대통령, 국회의원 등 국민의 선거에 의해 취임하는 공직자들이며, 이들은 법을 제정하는 역할을 한다. 이들에게 가장 중요한 가치는 권력 획득, 유지를 위해 국민의 선택을 받는 것이다. 법률은 강제력이 있는 사회 규범이고 법률가는 법을 해석, 집행, 판단하는 일을 한다. 이들에게는 법치와 정의가 가장 중요한 가치이다. 행정은 정책과 법을 집행하는 일이고 행정가는 전문성과 공익성을 기반으로 국민들에게 공공서비스를 제공하는 일을 한다. 이들에 중요한 가치는 공익성과 합리성이다.

정치가 행정을 압도하게 된 것은 경제성장에 따라 복잡다기한 이해세력 간의 충돌과 갈등을 조정할 정치력이 절대적으로 필요하게 된 점과 정치권이 5년이라는 단기간 내에 실적을 내기 위해 행정을 대규모로 동원하게 된 점이 이유가 되었다고 할 수 있다. 60, 70년대 경제개발 시대에도 물론 군부정권에 대한 행정의 예속성이 강했지만, 당시에는 행정관료의 전문성과 합리성이 존중받았으나, 최근에는 그런 경향은 보이지 않는다.

법률가들은 경제개발 시대에도 육사와 법대 출신이 주류라는 소위 육법당(陸法黨)이라는 조어가 있을 정도로 중요한 역할을 했지만, 이 시절에는 법치와 공정이라는 가치는 다분히 형식적인 것에 불과했고 오히려 정치와 행정의 수단에 머무르는 것이었다. 대선을 앞둔 이 시기에 법률가의 득세는 공정과 법치를 염원하는 국민의 희망을 반영한다는 의견도 있지만, 과연 법치가 정치를 대신하는 것이 바람직한 것일까.

정치는 원래 법의 영역보다 훨씬 광범위하고 창조성과 포용성이 필요한 영역이다. 민주주의는 국민의 선거에 의해 선출된 대표가 정부를 구성하는 것이고, 법치주의는 민주정치의 근거와 한계를 제공하는 것이다. 정치, 정책, 민주의 가치가 보다 적극적인 원리라면 법치주의는 소극적인 원리이다. 법을 만드는 일이 정치라면 정치와 행정이 법을 근거로 그 한계에서 집행하는 것이 법치이다. 정치는 국민이 인간다운 삶을 가능하도록 하고 상호 간의 갈등을 조정하는 작업이라는 점에서 법치가 정치를 대신하거나 우위에 서는 것은 바람직하지 않다.

과거지향적인 법치가 미래지향적이어야 할 정치의 장애물이 되지 않아야 함은 물론 정치가 전문성을 지닌 행정을 무시하고 단기적 성과에 집착해서도 안 될 것이다.

2 정부와 공공기관 사이

현대 사회에서 기업은 소비자에게 필요한 재화나 서비스를 생산한다. 하지만 우리가 일상생활에서 없어서는 안 될 필수재인 전기, 도로, 철도는 민간기업이 아닌 공공기관이 제공한다. 이처럼 정부 자체는 아니지만 그렇다고 기업도 아닌 중간적인 형태의 조직이 공공기관이다. 공공기관의 설립·운영에 관한 법률에 따르면 공공기관은 개인의 이익이 아닌, 공익을 목적으로 설립된 기관으로 정부의 투자, 출자 또는 재정지원으로 설립·운영되는 기관이며, 공기업, 준정부기관, 기타 공공기관으로 분류된다. 공기업은 재화와 서비스를 직접 생산하여 공급하는 기업체 형태이나, 준정부기관은 기업적 성격보다는 정부의 업무를 위탁해서 집행하는 성격이다. 다만, 자체 수입이 50% 이상 되어야 공기업이 된다. 기타 공공기관은 수입 기준의 적용이 적절하지 않거나 자율성을 보장해줘야 할 필요가 있을 때 설립된다.

대표적인 공공기관으로는 한국전력, 도로공사, 철도공사, 국민연금 등 국민생활에 필수적인 기관들이 있는데, 부처별로 보면 2021년 3월 현재 과학기술정보통신부가 47개, 산업통상자원부가 40개, 문화체육관광부가 32개, 국토교통부가 28개, 보건복지부가 27개, 교육부가 20개 등의 총 350개의 공공기관이 지정되었으며, 직원은 2020년 말 기준 행정부 공무원 1,106,552명의 40%에 이르는 409,374명이다. 이처럼 엄청난 숫자의 공공기관이 정부의 업무를 보조하고 있다. 정부 정책의 대부분을 실제 집행하는 곳은 공공기관이며, 이에 따라 국민이 정부의 정책을 직접 체험하는 곳도 공공기관이다.

현행 법제는 공공기관의 책임경영을 보장하기 위해 기관장에 대해서 3년의 임기를 보장하는 등 공공기관 운영의 자율성을 보장하고 있다. 매년 실시하는 공공기관 경영평가도 공공기관에 자율성과 책임성이 있다는 것을 전제로 한다. 그것이 없다면 공공기관에 책임을 물을 수 없다고 봐야 할 것이다. 실상은 어떨까. 필자의 경험으로 공공기관 경영실적의 상당 부분은 부처의 정책을 집행한 것에 불과하다. 그렇다면 공공기관의 집행실적만이 아니라 정부정책 입안을 포함한 전체 정책과정을 평가하는 것이 타당하지 않을까.

또한 공공기관의 직원은 사실 해당 분야에 오랜 기간 근무하기 때문에 보직이 자주 바뀌는 공무원보다 전문성이 있다. 하지만 이들의 전문성은 정치권과 부처에 내려오는 낙하산 인사의 정치적 입장과 모든 사항에 대한 보고와 승인을 원하는 부처 공무원들의 성향에 의해 무시되곤 한다. 영혼 없는 공무원보다 더 영혼 없는 공공기관 직원이 되고 있는 셈이다.

분업이 꼭 횡적인 경우에만 가능한 것은 아니다. 종적인 경우에도 업무의 성격, 범위에 따라 분업이 가능하다. 정책 방향은 부처가 결정하더라도 세부적인 지침은 공공기관이 정하도록 하고 이들의 자율성을 존중해야 한다. 더구나 복잡하고 해결하기 어려운 정책문제가 점점 많아지는 시대에 정부, 공공기관 간 협력적 거버넌스가 필수적이다. 정부와 공공기관은 후자가 전자의 손발만 되는 사이가 아니라 두뇌도 되는 사이가 돼야 한다.

3 자율규제, 정부규제 그리고 공동규제

최근 온라인 플랫폼의 폐해에 대한 규제, 가짜뉴스에 대한 규제, 수많은 사업자를 대상으로 한 개인정보보호 규제, 가상자산에 대한 금융규제에 있어 정부의 직접적 규제 대신 대안으로 제시되는 것이 자율규제(self-regulation)이다. 자율규제란 정부가 개입하지 않고 사업자 각자가, 또는 조직화된 집단이 스스로 그 구성원의 행위를 통제하는 것이다.

1996년 줄리아 블랙은 자율규제를 명령적 자율규제(mandatory self-regulation), 승인된 자율규제(sanctioned self-regulation), 강제적 자율규제(coerced self-regulation), 자발적 자율규제(voluntary self-regulation)로 구분하였다.[1] 이 중 자발적 자율규제는 국가의 직접, 간접적인 개입이 없다는 점에서 자율규제의 원형이라고 할 수 있으며, 다른 세 가지는 정부와 민간이 공동으로 규제 권한을 행사한다는 점에서 공동규제(co-regulation)라고 할 수 있다.

공동규제는 전통적으로 정부의 역할이었던 규제 영역에 민간 부문이 적극적으로 참여하고 정부는 민간의 역할과 활동을 적극적으로 협력·지원함으로써 규제의 합리성, 효율성, 수용성을 높이는 규제방식이다. 그럼 위의 예시와 같이 인터넷 등 디지털 전환과 관련된 분야에서 종래 정부규제가 아닌 자율규제가 강조되는 이유는 무엇일까.

첫째, 인터넷은 네트워크의 네트워크로서 원래 중앙 권력의 개입이 없는 분산형 시스템이므로 자율과 자유가 보장되는 곳이라는 믿음이다. 그러나 거대 플랫폼이 등장하고 이들의 시장 독점, 불법 콘텐츠 유통 등의 문제가 발생하면서 정

1 Julia Black (1996), 「Constitutionalising Self-Regulation」, 『Modern Law Review』, Vol. 59, No. 1, pp. 24-55.

부규제가 논의되고 있다. 다만, 인터넷에 대한 비규제의 이념이나 공유, 참여, 협력의 철학은 견고하며, 현재 한국의 인터넷정책자율기구처럼 인터넷 분야에서는 자율규제의 역할이 여전히 중요하다.

둘째, 정부규제가 급속한 기술혁신을 저해할 가능성이다. 혁신이 동태적이며 불확실함에 반해 규제는 정태적이며 예측가능해야 하기 때문에, 속성상 정부규제와 혁신은 이질적이다. 이에 많은 경우 성급한 규제가 기술혁신으로 인한 사회적 편익을 막는 아이러니가 발생한다.

셋째, 정부의 규제역량과 정보취득 능력의 한계이다. 복잡하고 급변하는 경제사회에서 글로벌 경제가 보편화되고 시장 권력이 강화되면서 정부의 민간에 대한 정보취득 능력은 한계가 있고 이는 결국 정부의 규제역량의 한계로 나타난다. 이로 인해 결국 정부는 독자적인 규제를 설계하고 집행하기 어렵게 되고 민간과 규제 권한을 배분하게 된다.

끝으로 규제의 합리성, 수용성을 증가시킬 필요성이다. 규제가 시장에서 효과적으로 작동하기 위해서는 그 규제가 합리적이어야 하며 동시에 피규제집단에게 수용성이 있어야 한다. 이런 이유로 정부의 명령적 규제보다는 민간과의 협력적 규제가 효과적이라고 할 수 있다.

순수한 자율규제는 현실에 존재하기 어려울 뿐 아니라 자칫하면 규제 회피를 통한 사익 추구에 해당할 수도 있다. 현실적으로는 국가의 요청에 의하여 국가가 정한 커다란 틀 속에서 자율적인 규제 형식을 만들거나, 사업자들이 스스로 자율규제의 구조와 규정을 만들어서 최종적으로 국가의 승인을 받아 효력이 발생하는 방식 등의 공동규제가 바람직하다. 향후 디지털 전환 분야에서 공동규제에 관한 연구와 규제 설계가 활발히 논의되기를 기대한다.

4 정치적 갈등 해소를 통한 국민통합의 방향

2022. 3. 9. 20대 대통령 선거가 막을 내렸다. 치열한 선거일 것으로 예상했지만 결과는 더 아슬아슬했다. 당선된 후보와 패배한 2위 후보 간 표차는 247,077표, 0.73%에 불과했다. 대선 표심을 읽어보면 무엇보다 지역, 세대, 성별 간 갈등이 심하다는 것을 알 수 있다. 영호남의 지역 갈등은 이번에도 여전했다. 호남에서 이재명 83.2% 윤석열 13.8%, 대구, 경북에서는 윤석열 72.4% 이재명 24.3%였다. 세대 간, 성별 간 갈등도 나타났다. 젊은 세대는 이재명을 선호했고, 20대 이하 남자는 윤석열을, 20대 이하 여자는 이재명을 더 지지했다.

대선 표심 외에도 2021년 10월 미국의 퓨 리서치 센터 (Pew Research Center)에서 발간한 선진국의 갈등 연구(Diversity and Division in Advanced Economies)에 따르면 한국의 갈등 상황은 심각한 것으로 나타났다. 17개 선진국을 대상으로 한 이번 조사에서 한국은 미국, 프랑스와 함께 사회 구성원들이 인지하는 갈등 심각도가 가장 높은 나라로 나타났다. 또한 정치, 인종·민족, 종교, 도시·농촌 갈등 등 4가지 갈등유형에서 가장 심각한 갈등은 정치적 갈등으로 조사되었으며, 특히 미국과 한국의 응답자 90%가 정치적 갈등이 심각한 상태라고 답하였다. 한국의 정치적 갈등과 종교 갈등의 심각도는 1위였으며, 도농 갈등은 2위, 인종·민족 갈등은 3위로 4대 갈등유형 모두 심각한 상황으로 파악되었다.[2]

이처럼 한국의 사회갈등은 심각한 상황이며, 그중에서 보수와 진보 간 정치적

2 Pew Research Center (October 13, 2021). "Diversity and Division in Advanced Economies."Washington, D.C.: Pew Research Center, Global Attitudes Survey. (https://www.pewresearch.org/global/2021/10/13/diversity-and-division-in-advanced-economies/)

갈등이 가장 큰 문제이다. 20대 대통령 당선인에게도 정치적 갈등을 해소하고 국민통합을 이루는 것이 제1의 정책과제로 될 것으로 보인다. 문제는 이런 정치적 갈등은 기본적인 사실관계에 대한 해석과 수용의 차이에서 비롯된다는 것이다. 따라서 사실관계를 정확히 전달하고 이를 기초로 편견 없는 합리적 결정을 할 수 있도록 하는 것이 갈등 해소의 첫걸음이라고 할 수 있다.

이와 관련 정보통신기술의 발전과 스마트폰의 대량 보급을 통해 유튜브와 같은 소셜미디어가 일반화되면서 소위 가짜뉴스 문제가 심각해지고 있다. 사람들은 자신의 이념과 부합하는 뉴스는 진실로, 이념과 다른 뉴스는 허위로 받아들인다. 뉴스의 진실성 여부를 사실이 아니라 신념을 기준으로 판단하는 것이다. 가짜뉴스 범람의 원인 중 하나는 소셜미디어를 통한 정보의 전달과정에는 정보의 진실 여부를 걸러주는 게이트키퍼(gate keeper)가 없다는 것이다. 즉, 사람들이 직접 정보를 주고받으면서 제3의 거름 장치나 편집자가 없는 것이다. 이 점에서 언론 본연의 역할인 사실 검증(Fact checking)의 중요성이 부각되고 있으며, 이에 전통적인 미디어의 역할이 재조명되고 있다.

다음으로 정치적 갈등을 해결하기 위해서는 어떤 정권이 들어서더라도 권력과 부가 누구에게나 공정하게 배분될 것이라는 기대가 형성되어야 한다. 사실 한국 사회에서 진정한 보수와 진보의 구분이 쉽지 않다. 정치인들이 지역, 세대 간 차이를 보수와 진보의 차이로 포장해 득표에 이용한 측면도 있다. 즉, 좌우 대립이 이념적으로 극복되기 어려운 것은 아니라는 것이다. 결국 국민 누구나 지역, 세대, 성별 등 생래적 요인에 구애됨이 없이 실력과 노력 여하에 따라 부와 권력에 대한 접근이 가능한 사회를 만드는 것이 정치적 갈등을 해결하고 국민통합을 이루는 길이다. 특히, 여소야대로 출발하는 이번 정부에서는 협치와 포용 그리고 실력에 따른 공정한 경쟁의 원칙이 더욱 필요한 상황이다.

5 정부 조직개편, 정책 실행력 높이는데 집중해야

2022. 3. 9. 20대 대통령 선거가 막을 내렸다. 보수 진영의 후보가 당선되고 뒤이어 대통령직 인수위원회가 꾸려지고 인수위는 기존 정부의 정책을 점검하고 신정부의 공약을 다듬고 있다. 이 과정에서 신정부의 공약을 수행하기에 적합하도록 행정조직을 개편하는 것도 중요한 업무이다. 아직 인수위가 결정을 내리지 않았지만, 여러 조직개편 시나리오가 회자되고 있다.

원칙적으로 국가에 부여된 행정임무를 수행하기 위해서는 광범위한 인적·물적설비가 구비된 행정기관이 필요하다. 국민에게 행정은 공무원의 행위로 나타나지만 실제로 해당 공무원은 복잡하게 얽힌 행정조직을 통해 행정업무를 수행한다. 결국 행정조직의 문제는 대통령과 행정부의 내부적 관계를 넘어 국민의 생활에 직접 영향을 미치는 이슈이다.

이에 우리 헌법 제96조는 행정 각부의 설치·조직·직무범위는 법률로 정하도록 하는 소위 '행정조직 법정주의'를 선언하고 있다. 이러한 조직법정주의의 근본적인 취지는 행정조직 간 임무배분의 명확성을 통해 행정의 책임소재를 명확하게 하고 이를 통해 국민에게 예측가능성을 보장하며, 국가 행정조직에 대한 의회의 통제권의 실효성을 보장하기 위한 것이다. 또한 행정조직의 경우에도 직무범위를 효율적, 체계적으로 설계하여 중복이나 비효율이 없도록 하기 위함이다. 결국 행정조직 설계의 2대 원칙은 국민의 의사를 반영하는 '민주성'과 불필요한 중복을 제거하거나 조정하는 '효율성'이라고 할 것이다.

우선 민주성의 관점에서 보면 국민이 원하는 것이 무엇이고, 당선인의 어떤 비전에 찬성한 것인지, 그리고 이를 위해 어떤 정책변경이 필요한 것인지, 나아가 이 경우 반드시 행정조직의 변화기 필요한 것인지를 따져 봐야 한다. 코로나 극복을 통한 경제회복, 불평등 해소, 기술패권 및 안보 강화, 기후변화 대응, 인구 감소와 고령화 대응, 공정과 법치의 확립 등이 신정부의 주요 정책과제이다. 이런 문제를 해결하기 위한 정책수단을 동원하기 위해 반드시 필요한 행정조직의 개편 내용은 무엇일까. 일부 기능 조정은 필요할 수 있으나 기존 부처를 통폐합하거나 부처를 신설할 필요까지는 없는 것으로 보인다. 기존 부처 조직의 한계로 인해 정책수행에 심각한 문제가 있다는 것이 아니라면 굳이 조직 통폐합을 진행할 실익이 없다는 것이다.

다음 효율성의 측면에서 신정부의 공약대로 작고 효율적인 정부를 구현하기 위해 필요한 조직개편 방향은 무엇일까. 최근 기술과 시장 변화에서 두드러진 경향은 분야별 관련성과 중첩성이 확대되고 있는 것이다. 이에 따라 부처 간에 동일한 대상을 다른 시각에서 바라보거나 특정한 측면을 강조하는 방식으로 정책의 중복과 혼선이 나타나고 있다. 특히 안보, 기후에너지, 디지털 분야가 그러하다. 전통적인 외교 안보에 경제안보, 사이버안보, 자원안보가 중첩되고 있고, 기후에너지도 산업, 환경, 에너지 등이 중첩된다. 범용기술인 데이터, 플랫폼, AI 정책도 여러 부처가 경쟁적으로 관여하고 있다.

이런 중첩을 해결하기 위해서는 우선 조직의 업무를 명확하고 합리적으로 배분해야 한다. 나아가 대통령 중심의 정책조정 기능을 강화해야 한다. 다만, 그동안 정부의 정책조정 기능은 대통령의 권한을 이용한 지시통제 방식이었다면, 앞으로는 민관이 공동으로 참여하는 위원회 형태가 바람직하다. 민관위원회가 사실상 정책결정을 하고 부처의 실행도 챙기는 것이 필요하며, 다만, 실효성 있는 위원회 운영을 위해서는 대통령실의 관여가 필요하다. 그렇지 않으면 요란하게 계획은 수립하지만 실행은 이루어지지 않는 과시형 위원회가 된다.

사실 여소야대 구조로 인해 법 개정이 필요한 하드웨어적인 조직 변경은 쉽지 않을 뿐만 아니라 그 필요성도 크지 않다. 오히려 향후 신정부의 성패를 좌우할 다부처 관련 국가 핵심 정책과제에 대한 조정력과 실행력을 높이는 소프트웨어적인 접근을 하는 것이 타당하다.[3]

---

3 2023년 2월 27일, 국회 본회의에서 정부조직 법 개정안이 통과되어 기존 18부 4처 18청 체제에서 "19부 3처 19청" 체제로 변경되었다. 국가보훈처를 국가보훈부로 승격했고 재외동포청이

6 책임총리와 책임장관의 조건

2022년 5월 10일이면 윤석열 정부가 출범한다. 새로운 변화에 대한 기대 속에 출범하는 신정부의 공약 중 하나가 책임총리제와 책임장관제를 도입하겠다는 것이다. 책임총리제란 대통령에게 집중되어있는 국정의 권한과 책임을 국무총리가 실질적으로 분담하게 해 총리의 권한을 강화하는 것이다. 따로 법제도가 존재하는 것은 아니며, 헌법상 국무총리의 권한 행사를 명실상부 보장하는 일종의 정치적 레토릭(rhetoric)이다. 책임장관제는 행정 각부의 장관이 고유한 권한을 자율적으로 행사할 수 있도록 하는 것이다. 결국 책임총리, 책임장관 모두 권한의 집중이 아니라 분산이라는 점에서 일종의 분권적인 정치·행정시스템을 지향한다고 볼 수 있다.

사실 한국은 대통령제를 채택하면서도 부통령 대신 국무총리라는 직책을 두고 있는데, 이는 대통령의 최고 권력 행사를 보완하는 것은 물론 이를 견제하는 의미를 지닌다. 결국 헌법 자체가 분권화된 정치·행정체제를 이상으로 하고 있는 것이다. 따라서 책임총리제도는 원래 헌법의 이념과 취지를 명실상부하게 실현하는 것으로 봐야 하며, 오히려 소위 제왕적 대통령제는 헌법과는 괴리된 권력의 과도한 집중 현상으로 봐야 할 것이다.

현행 헌법도 대통령은 국무총리와 행정권을 나누고 있다. 국무총리는 대통령의 보좌기관으로서 행정에 관하여 대통령의 명을 받아 행정 각부를 통할한다. 또한 국무총리는 국무위원 및 행정 각부의 장의 임명제청권, 해임건의권을 가지며, 대통령 유고 시 대통령권한대행권, 소관사무에 관하여 총리령을 발할 수 있는 권

신설(외교부 장관 소속)되었다.

한을 가진다. 행정 각부의 장관은 소관사무를 통할하고 소속 공무원을 지휘·감독하며 부령을 발할 수 있다. 이러한 권한 배분 원칙에 따라 신정부는 국무총리 후보자가 국무위원을 추천했음을 보여주는 문서를 공개하면서 책임총리제의 의지를 보여주었으며, 향후 차관 인선 시에도 장관의 추천을 받겠다는 의견을 피력하고 있어 책임장관제에 대한 기대도 높아지고 있다.

다만 책임총리제, 책임장관제가 법원칙에 부합하며 바람직함에도 불구하고 몇 가지 우려사항이 있다. 먼저 책임총리제 등은 권한과 책임의 일치를 전제로 한다. 즉, 권한을 행사한 범위내에서 책임을 지는 것이 원칙인데, 운영하기에 따라서는 대통령의 국민에 대한 책임을 총리, 장관에게 전가하는 수단이 될 수 있다. 따라서 충분하다고도 실질적인 권한 위임 없이 책임만을 묻는 경우 책임총리제 등은 유명무실해진다. 둘째, 범부처적인 국가적 정책과제의 경우 집권화된 의사결정이 필요하다는 점에서 분권화를 지향하는 책임총리제 등과의 갈등도 예상된다. 특히, 신정부의 공약인 대통령실의 민관합동위원회는 다부처가 관련된 국가적 과제를 집중해서 논의하는 조직인데, 자칫하면 책임총리제 등과 충돌할 수 있다.

따라서 책임총리제, 책임장관제를 성공적으로 안착시키기 위해서는 먼저 대통령이 국무총리와, 대통령, 국무총리가 장관과 필요충분한 권한을 나누어야 한다. 권력은 집중화되는 속성을 가지고 있기 때문에 대통령의 권한 배분에 대한 강력한 의지가 제일 중요하지만, 그 외 제도적인 기반도 필요하다. 다음 다부처 관련 국가적 과제의 조정을 위해 집권적인 컨트롤 타워 구축의 필요성도 높아지고 있다. 민관합동위원회와 같은 콘트톨 타워의 구성과 운용에 있어 세심한 주의를 기울여야 한다. 국무총리실을 포함한 관련 부처, 지자체, 전문가, 이해관계자 등이 참여하는 대표성과 전문성을 살리되, 합의된 정책은 각 부처가 재량껏 집행할 수 있도록 해야 할 것이다.

7 새 정부의 인사원칙

새 정부가 들어서고 주요 정무직에 대한 인사가 막바지에 이르고 있는 지금 검찰, 모피아 출신 편중 인사에 대한 논란이 뜨겁다. 대통령실에는 인사기획관을 비롯해 다수의 검찰 출신이 포진해 있고 내각에도 국가보훈처장, 법제처장, 금융감독원장도 검찰 출신이다. '모피아'란 재무부로부터 기획재정부로 이어지는 관료를 칭하는 것으로 재무부의 영어 약자인 MOF(Ministry of Finance)와 범죄 조직을 뜻하는 '마피아'의 합성어이다. 모피아는 국무총리에 이어 경제부처는 물론 국무조정실장, 보건복지부 차관, 문화체육관광부 차관까지 차지했다.

원래 정권이 교체되어 새 대통령이 취임하면 대통령 선거를 도운 사람을 포함해 정치이념을 같이 하는 사람을 공직에 임명하는 엽관주의(獵官主義) 인사는 당연한 것으로 받아들여져 왔다. 다만, 엽관주의가 행정의 부패, 비능률이 심화되는 폐해를 시정하고자 능력과 자격 위주로 공직을 임용하는 실적주의가 도입되었다. 결론적으로 현대 민주국가에서는 정무직 등 고위직은 엽관주의, 그 외 일반 행정직은 실적주의 임용이 두드러지고 있다.

다만, 이번 정부는 전체적으로 능력이 있는 인재를 등용하겠다는 능력주의를 가장 중요한 인사원칙으로 내세우고 있다. 능력주의는 실적주의와 유사한 인사원칙으로 보이나 결과적으로는 특정 명문대, 특정 지역, 검찰, 모피아라는 특정 집단 출신이 주류를 차지하게 되어 능력주의라고만 보기 어려운 상황이 되어 버렸다. 사법시험과 행정고시를 패스한 검찰이나 모피아가 능력이 있는 것은 자명하지만 이들이 능력을 독점하고 있지는 않기 때문이다.

행정학에서는 행정이 특정한 계층, 집단에 의해서 독점되어 특정 집단 중심의 이익과 가치를 추구하는 것을 막기 위해서 대표관료제(representative bureaucracy)

도입이 필요하다는 이론이 있다. 대표관료제란 사회를 구성하는 주요 집단으로부터 인구비례에 따라 관료를 충원함으로써, 정부관료제가 그 사회의 모든 계층과 집단에 공평하게 대응하도록 하는 인사제도를 말한다. 대표관료제는 그동안 사회적 영역에서 비교적 소외되어 불리한 입장에 놓여 있던 사람들이 자신들의 요구를 본격적으로 제시하면서 등장하게 되었다.

일견 실적주의에 반하는 대표관료제가 필요하게 된 이유는 관료는 출신 집단의 가치와 이익을 위해서 정책을 결정할 가능성이 있다고 보았기 때문이다. 관료들이 민주적 책임성을 가지고 국민의 봉사자로서 역할을 하기 위해서는 조직의 구성 자체에 균형이 필요하다는 것이다.

검찰과 모피아 출신이 우리 사회에서 우수한 능력을 지닌 엘리트라는 점을 부인하기는 어렵다. 공과는 있지만, 검찰은 사회 비리를 척결하고 법치주의를 확립함으로써 국민의 인권을 보장하는 역할을 해왔고, 모피아는 한국의 경제발전의 견인차 역할을 해왔다. 그러나 기술 혁신에 따라 경제, 사회 환경이 급격하게 변화하고 있고, 디지털 대전환이 사회 곳곳에 엄청난 소용돌이를 치고 있는 지금 특정 집단 출신 중심의 정부 관료보다는 다양한 전문가가 유기적으로 머리를 맞대어 해결책을 고민하는 조직이 훨씬 효과적이라고 봐야 한다.

사실 어떤 정부든 대통령의 인사원칙은 신뢰와 능력이다. 즉, 대통령은 자기가 믿을 수 있는 사람이면서 능력 있는 사람을 중용하고 싶을 것이다. 그러나 신뢰나 인연을 과도하게 강조하다 보면 정말 필요한 능력 있는 인재를 찾기 어려울 뿐만 아니라, 정부관료제 전체적으로도 국민적 이익을 대변하는 민주적 책임성을 구현하기 어려워질 우려가 있다.

8 기관장 임기의 법치주의와 민주주의

지난 정부에서 임명된 국민권익위원장, 방송통신위원장 등이 새 정부가 출범했음에도 불구하고 법률에 보장된 임기를 이유로 사퇴를 거부하고 있어 연일 논란이 되고 있다. 집권 여당의 대표는 새 정부의 가치와 철학이 다른 분들이 공공기관장 자리를 차지하고 있는 것은 개인의 영달이 아니면 새 정부를 방해하려는 것으로 자진사퇴가 국민과 새 정부에 대한 최소한의 도리라는 입장이다. 다만, 위원장들과 야당은 위원회는 독립성과 중립성이 법에 의해 보장되고 있는데, 이러한 독립성 보장의 제도적 장치로서 위원들의 신분 보장과 임기를 정해 두고 있고 합의제 기구로 운영되기 때문에 사퇴는 불가하다는 입장이다.

모두 일리가 있는 말이다. 사퇴할 수 없다는 입장은 법의 지배(rule of law), 법치주의 원리에 따라서 법률상 보장된 임기를 준수해야 한다는 것이고, 사퇴가 필요하다는 입장은 민주주의 원리, 책임정치의 원리에 따라 대통령의 행정부 구성권을 존중해야 한다는 것이다.

법치주의는 사람의 자의에 의한 지배가 아니라 법이라는 객관적인 제도에 따른 지배를 의미하는 것으로 국가의 모든 권력작용은 법률에 반해서는 안 되고, 법적인 근거를 가져야 한다는 원칙이다. 민주주의는 왕이나 귀족의 지배가 아니라 국민의 지배를 의미하며, 국민의 지배를 실현하는 대표적 방법은 선거권 행사이다. 국민은 선거로 국회의원과 대통령을 선출하여 각각 대의기관인 국회와 행정부를 구성해, 이들이 헌법과 법률상 권한을 행사하도록 한다. 이에 따라 국회와 대통령이 선출된 권력으로서 민주적 정당성을 가지게 된다.

법치주의와 민주주의 관계는 어떤 관계일까. 법치주의를 국가의 목적이나 내용이 아니라 방법과 성격을 의미하는 것으로 보는 경우 즉, 법치주의를 국가권력을 제한하는 비정치적 기술적 원리으로 보는 입장에서는 다수에 의한 지배를 통한 기본권의 보장이라는 실질은 가진 민주주의와는 갈등관계로 볼 수 있다. 대통령 취임에 따른 임기제 기관장의 거취문제에서 법에 보장된 임기보장이 중요한 것인지, 아니면 국민의 선택에 따라 민주정 정당성이 부여된 대통령의 행정부 구성권이 중요한 것인지에 대한 갈등이 여기에 해당한다.

다만, 국민의 지배, 자유, 기본권이라는 민주주의의를 실현하는 방법은 법률을 통해 자의를 배제하는 것이라는 점에서 민주주의는 법치주의와의 협력이 필수적이고, 또한 자유, 평등을 법의 내용으로 하는 실질적 법치주의의 실현을 위해서는 국민의 선거 등 자유로운 정치참여가 보장되는 민주주의가 필수적이라는 입장에서 양자는 보완적 관계에 있다고 할 수 있다. 만약 임기제 공무원이 정치적 이해관계를 떠나 오로지 국민의 자유와 평등이라는 실질적 법치주의와 민주주의 가치를 추구하는 것이라면 임기보장은 필요할 수 있으며, 그 범위 내에서 대통령의 행정부 구성권은 제한되는 것이라고 볼 수 있다.

다만, 현실적으로 이런 가능성이 높지 않은 상황이라면, 임기보장이라는 법치주의는 기술적, 형식적인 의미에 불과할 수 있으며, 이런 경우라면 국민의 선택권을 존중하여 대통령의 행정부 구성에 협조할 필요가 있다고 할 것이다. 또한 향후 선거를 통해 민주적 정당성이 창출된 정치권력이 헌법과 법률에 따른 공직임명권을 온전히 행사할 수 있도록 대통령 임기와 임기제 기관장의 임기를 일치시키거나 특별 규정을 통해 예외적인 임면권을 보장하는 방법을 검토해야 할 것이다.

9 AI를 법치주의에 적용하려면

최근 국회에서 논의 중인 개인정보보호법 개정안에는 '이동형 영상정보처리기기'에 대한 규정이 포함돼 있다. 그동안 고정형 기기만 규제하던 것을 드론 등 이동형 기기에 따른 프라이버시 침해 가능성이 높아지면서 이에 대한 규제도 도입하게 된 것이다. 규제 내용은 이 기기를 통해 사람 등을 촬영할 경우 불빛이나 소리 등을 통해 촬영사실을 알리도록 하는 것이다.

그런데 일부 시민단체가 국가 또는 지방자치단체가 법령에서 정하는 소관 업무의 수행이 불가능한 때에는 촬영 사실을 표시하거나 알리지 아니할 수 있도록 예외를 둔 것을 비판하고 있다. 이에 따르면 수사기관이 드론과 같은 이동형 영상정보처리기기를 활용하여 대상자 모르게 감시할 수 있게 되어 중대한 프라이버시 침해가 생길 수 있고, 급속하게 발전하는 카메라의 성능과 인공지능 안면인식 기술을 감안하면 침해의 정도는 더욱 심각할 수 있다고 한다.

또한 시민단체는 동 개정안 상 인공지능을 이용한 '완전 자동화 의사결정'을 EU와 같이 동의, 계약, 법률에 의한 경우를 제외하고는 완전 자동화 의사결정을 원칙적으로 금지하지 않고, 이용자에게 거부권을 주되 원칙적으로 허용한 것에 대해서도 이의를 제기하고 있다.

이 사례에서 공통점은 과연 인공지능이 기본권 보장을 핵심 내용으로 하는 법치주의에 기여할 수 있을지에 대한 이견이다. 법치주의는 사람에 의한 지배가 아닌 법에 의한 지배를 의미하는 것으로 편견과 자의에 의한 인간의 결정 대신 객관적이고 중립적인 법규범에 따른 결정이 인간의 자유, 평등과 같은 기본권을 보장할 수 있다는 믿음에 근거하고 있다. 결국 우리가 의사결정에 인공지능을 활용하는 경우에도 이것이 법치주의를 발전시킬 수 있을 때에만 정당화될 수 있다.

즉, 인공지능에 의한 결정에서도 국민들이 자신이 공정하고 평등하게 합리적인 법에 의해 통치되고 있다고 느낄 수 있어야 한다는 것이다.

그렇다면 과연 인공지능이 법치주의에 기여할 수 있을까. 인공지능은 대량의 데이터를 처리함으로써 인력충원 없이도 정보와 지식을 생산할 수 있으며, 가족, 학연, 지연 관계를 벗어남으로써 공정성과 중립성이 기대되며, 이에 따라 인간 상호 간의 대면갈등 없이 기계적으로 업무를 처리할 수 있는 장점이 있다. 결국 인공지능은 인간이 가진 편견과 자의를 배제하고 공정하고 평등한 결정을 가능하게 한다. 흔히 채용 과정에서 인공지능의 역할이 이와 유사하다.

그러나 학습데이터 자체에 편향이 존재하는 경우, 알고리즘의 설계자, 운영자의 편향이 알고리즘에 반영되는 경우, 외부압력 등에 의해 알고리즘 운영자가 결과를 조작하는 경우 등에는 인공지능의 공정성, 중립성도 기대하기 어렵다. 이에 따라 인공지능 알고리즘의 투명성, 공정성, 책임성을 확보하기 위한 인공지능 윤리 내지 법을 통한 규제의 필요성이 제기된다.

개인정보보호법 개정안에 대한 시민단체의 문제제기는 원칙적으로 인공지능에 대한 통제를 통해 기본권을 보호하려는 차원에서 정당하다고 할 수 있다. 다만, 인공지능 기술 자체는 가치중립적이며, 이를 활용하는 인간의 의지와 행위에 따른 인공지능의 선악이 결정되는 것이다. 예컨대, 인공지능 기반의 지능형 CCTV와 드론을 이용해 군중 밀집도를 분석해 평상시 대비 과밀도로 판단되는 경우 위험상황을 알려줌으로써 이태원 참사의 재발을 막을 수 있다면 이때 인공지능은 인간에게 선이 된다. 자동화 의사결정도 사후에 거부권이나 설명요구권을 통해 통제하면 되는데, 원칙적으로 이를 금지하는 것은 인공지능의 편익을 포기하는 것이다.

이러한 일도양단식의 배제적 사고보다는 인공지능이 야기하는 프라이버시 침해, 인간 소외와 같은 부작용을 최소화하면서도 인공지능으로 인한 편익을 최대화할 수 있는 형량적 사고가 필요하다. 현재로서는 인공지능이 인간의 결정을 보조하는 역할을 하고 있다는 점에서 인간이 인공지능을 어떻게 활용하는지에 따라 법치주의에 기여할 수도 있고 그렇지 않을 수도 있다고 할 것이다.

10 AI 시대, 민주주의의 위기

2024년 7월 최근 정국의 상황이 심상치 않다. 여야의 대립은 마주 달리는 기관차와 같더니만 결국 22대 국회는 개원식도 하지 못한 채 멈추어 섰다. 국회에서 다수가 된 거대 야당은 자신들이 원하는 것을 법적 절차를 통해 달성할 수 있게 되었다. 정부의 인구전략기획부와 정무장관 신설, 상속세 등 감세 등 법제화가 필요한 대부분의 정책은 야당이 다수인 국회에서 제동이 걸리고, 야당이 추진하는 법안이나 탄핵은 대통령의 거부권과 헌법재판소의 결정에 의해 무력화되는 일이 벌어지고 있다. 정치는 전체 국민을 위한 것이 아닌 지지층만을 위한 것으로 변질되면서 민주주의를 위협하고 있다. 나아가 정쟁이 격화되면서 저출산 고령화 대책, 미중 간 디지털 패권경쟁, 기술 및 경제 안보 위기 등 산적한 현안을 해결하고 대한민국이 미래로 한 발짝씩 나가는 일이 불가능한 상황이 되고 있다.

AI 시대 디지털 세계는 어떨까. 먼저 최근 등장한 생성형 AI는 인간의 고유 영역으로 여겨지던 창작의 자동화를 가능하게 하고 있다는 점에서 기술발전의 변곡점이 되고 있다. 민주주의 관련해서 보면 생성형 AI는 누구나 쉽게 창작이 가능하다는 점에서 AI 기술에 대한 접근성을 높이고 개인의 능력을 확대한다는 점에서 민주주의에 기여한다. 다만, AI의 활용 능력에 따른 개인 간 격차가 심화되면서 평등 원칙을 침해할 우려가 있다. 특히, 인간의 지능을 넘어서는 초지능 AI가 현실화될 경우, AI를 잘 활용하는 소수의 생산성이 극대화되며 양극화가 심화될 가능성이 있다.

다음 생성형 AI 시장 성장에 따라 자본력을 갖추고 시장을 선점한 소수 거대 글로벌 플랫폼의 독점 심화에 대한 우려가 증가하고 있다. 구글, 유튜브 같은 검색 플랫폼과 메타나 트위터 같은 소셜네트워크 서비스가 전 세계를 장악하고 있다. 엄청난 규모의 투자가 필요한 생성형 AI가 본격화됨에 따라 이들의 독점은 더 가속화되고 있다. 생성형 AI 모델을 가진 소수 글로벌 플랫폼은 이용자와의 접점에서 이용자와 다양한 서비스를 연결하고 제공함에 따라 새로운 게이트키퍼로서 부상하며 막강한 영향력을 발휘하고 있다.

특히, 플랫폼은 개인의 선호를 분석해 맞춤형 콘텐츠를 제공해 확증 편향을 강화하고 가짜뉴스를 확산시켜 정확한 정보에 의한 의사결정을 어렵게 함으로써 민주주의를 뿌리부터 위협하고 있다. 플랫폼의 알고리즘은 상품, 뉴스 소비의 다양성을 제한함으로써 정치적 성향도 양극화시켜 민주주의 전통인 상호 존중과 합의를 불가능하게 하고 있다.

원래 인터넷의 확산으로 인해 소수가 독점하던 정보를 다수가 공유할 수 있게 되면, 민주주의를 강화하고 자유와 평등을 촉진할 수 있을 것으로 기대했다. 그러나 거대 플랫폼이 정보 전달과 정치적 담론 형성에 상당한 통제력을 행사하면서, 결과적으로 가짜뉴스 확산, 필터 버블, 개인정보 침해 등의 위험을 초래하며 특정한 주장과 관점을 증폭시키거나 배제함으로써 민주주의의 가치를 훼손하고 있다.

국민에 의한 국민을 위한 국민의 정치인 민주주의 원칙을 위협하거나 훼손하는 이념, 제도, 세력인 민주주의의 적은 여러 형태로 나타난다. 여기에는 전체주의와 독재주의, 권위주의, 극단주의와 포퓰리즘, 부패와 정경유착, 정보 조작과 선전, 테러리즘과 폭력, 경제적 불평등, 제도적 결함과 이의 악용 등이 포함된다. 오프라인 정치에서 극단적인 정치세력 간 대립 현상은 대부분이 민주주의 적들과 깊은 관련이 있고, 온라인 세계에서 일어나고 있는 정보조작과 선전 역시 민주주의의 주적이 되고 있다.

11 MZ세대 관료들의 퇴직 러시 어떻게 볼 것인가

최근 공무원 그중에서도 MZ세대 젊은 공무원의 민간 이직 러시가 화제다. 금융위원회, 산업부, 기획재정부 등 이른바 핵심 부처 젊은 인재들이 민간기업으로 옮기는 일이 많아지고 있다. 최근 2022년에 이어 올해도 금융위원회 사무관이 가상자산거래소로 이직했고, 산업부 소속의 한 젊은 사무관은 민간 금융회사로 옮겼다.

이런 민간기업 이직 러시는 통계로도 나타난다. 2021년 퇴직 공무원 수는 4만 4676명이었는데 이 중 5년차 이하의 비율은 약 25%(1만 1498명)였다. 규모 면에서는 4년 전에 비해 2배 증가(5613명→1만 1498명)했다. 또한 한국행정연구원이 2022년 3월 수행한 「공직생활실태조사」에서 20대의 이직 의사를 살펴보면, 5급의 경우 긍정 응답이 61.7%로 전체 연령 및 직급에서 가장 높게 나타났다. 2021년 인사혁신처 조사에서도 20대 공무원의 61.5%, 30대 공무원의 52.7%가 이직을 고민하고 있었다.

이처럼 공직의 인기가 바닥없이 추락하는 이유가 무엇일까. 몇 가지 이유가 있지만, 첫째 이유는 공직에 대한 자부심과 보람이 줄어들고 있다는 점이다. 국가와 국민에 봉사한다는 자긍심으로 공직을 수행하고 이를 위해 박봉을 감내하고 있는 공무원의 입장에서는 몇가지 답답한 상황이 계속되고 있다. 먼저 국회와 대통령실이 중심이 되는 정책결정구조 속에서 직업관료의 역할이 축소되고 있다. 중장기적 관점에서 미래를 대비하는 결정보다는 정치적 입장에서 정책결정이 이루어지면서 관료들의 고민이 깊어지고 있다. 더불어 사정기관의 엄격한 법집행으로 인해 관료들은 더욱 소극적이고 위축된 결정을 할 수밖에 없는 상황도 나타나고 있다.

다음으로 최근 민간기업 위주의 정책 드라이브로 인한 문제점이 노출되고 있다. 여러 위원회에서 민간기업인과 전문가의 아이디어가 정책으로 이어지는 방향 자체는 타당하지만, 일부 위원들은 과도하게 사적 입장을 견지하면서 관료들이 조정력을 발휘하지 못하고 있다. 또한 국회, 대통령실이 서울에 소재하고 있어 고위 관료의 대부분은 서울에 거의 상주하고 있는데, 실무 관료들은 세종시에 근무하고 있어 관료 간의 의사소통은 물론 신입 관료들에 대한 업무 교육도 이루어지지 않아서 공직 수행을 위한 경험과 노하우가 전수되지 못하고 있다.

둘째, 폐쇄적이고 경직적인 조직문화로 인해 성장의 기회를 가지지 못하는 점이다. 관료조직의 특성인 연공서열에 따른 상명하복, 수직적이고 위계적인 조직문화 아래서 조직의 논리가 개인의 자율과 창의를 막는 경우가 많다. MZ세대 공무원들은 업무 수행 시 자율과 책임을 중시하고, 관행보다는 효율성을 추구하는 특성이 있지만, 실제 한국의 극심한 부처 간 갈등과 경쟁은 젊은 공무원의 처신을 어렵게 하고 있는 것이다. 또한 열심히 일하는 공무원이 승진하는 것이 아니라 거의 연공서열로 승진이 결정되는 구조도 근무 의욕을 떨어뜨리고 있다. 인사혁신처 조사에 따르면 MZ세대 공무원들의 퇴직 사유 1순위는 조직의 경직성이었다.

셋째, 급여수준도 문제이다. 일부 대기업의 경우 직원 1인당 평균 급여가 1억을 넘어서지만, 기업의 중견관리자에 해당하는 5급 공무원의 평균 연봉은 5,000만 원이 넘지 않는다. 이제 공무원 연금도 국민연금과 큰 차이가 없어 경제적 측면에서 공직으로 유인은 거의 없어졌다.

꿈의 직장이라 불리던 공무원 열풍이 사그라들고 있다. 경쟁률은 점차 줄고, 능력 있는 이들은 민간으로 나가고 있다. 공직의 위상과 경쟁력이 약해지고 있는 것인데, 문제는 향후 우리에게 다가올 미래에는 더욱 공직의 역할이 중요해지고 있다는 것이다. 코로나 위기, 기후변화, 저출산 고령화, 미·중 간의 갈등, 보호주의 강화, 양극화 심화 등의 주제는 유능하고 양심적인 관료들의 역할을 더욱 필요로 하고 있다. 공직사회를 효율성과 실적 기준에 의해 움직이도록 혁신하는 것과 동시에 공직의 가치와 역할을 인정하는 것이 필요하다. 젊고 유능한 인재가 공직에 들어와 이들이 국가와 국민을 위해 봉사하면서 보람을 느낄 수 있도록 해야 할 것이다.

12 공직자에게 책임을 묻는 방법

세계 청소년 축제인 2023 새만금 세계스카우트잼버리 대회 부실 논란이 거세다. 영국과 미국 대표단은 일찍이 무더위와 준비 부실 등을 이유로 철수했고, 태풍의 북상으로 참가자들이 전국으로 재배치되면서 대회의 정상적 진행이 어렵게 됐다. 여야는 서로 책임 공방을 하면서 1천억 원 이상의 예산이 투입됐음에도 운영상의 문제점이 드러난 이유를 분석하고 관련 공무원들의 예산낭비에 대해 국정조사, 형사처벌이 필요하다고 입을 모으고 있다.

2023년 장마 기간 일어난 충북 오송 지하차도 침수 사고로 14명이 숨지고 10명이 다쳤다. 이에 관계 공무원에 대해 특별감찰에 나섰던 국무조정실이 7월 28일 전현직 공직자 36명에 대해 수사를 의뢰했고, 5개 기관의 63명의 공직자 비위행위에 대해서는 징계 조치를 요구했다.

이보다 앞서 2022년 10월 29일 발생한 이태원 압사 사고로 159명이 사망하였는데, 이 참사에 대한 대응 부실로 주무 장관인 행정안전부 장관에 대한 탄핵이 청구되었고, 2023년 7월 25일 헌법재판소는 이를 만장일치로 기각했다. 헌법재판소는 "이 사건 참사는 어느 하나의 원인이나 특정인에 의해 발생하고 확대된 것이 아니다"라며, "헌법과 법률의 관점에서 재난안전법과 공무원의 성실의무 등을 규정한 국가공무원법을 위반했다거나 국민의 기본권을 보호해야 할 헌법상 의무를 위반한 것으로 보기는 어렵다"고 판단했다.[4]

이처럼 최근 대규모 참사나 부실로 인한 대회 파행 등으로 인해 해당 공직자의 책임을 묻는 경우가 증가하고 있다. 원칙적으로 대통령을 비롯한 고위공무원은 국민 전체에 대한 봉사자로서 직무집행을 함에서 위법, 부당한 사항이 있는

4 헌재 2023. 7. 25. 2023헌나1 행정안전부장관(이상민) 탄핵 사건.

경우 정치적, 법적 책임을 진다. 즉, 공무원이 법령을 위반하면 파면, 해임 등 징계책임을 질 뿐만 아니라, 경우에 따라서는 민·형사상 책임과 변상책임을 진다. 또한 선거, 해임 건의 등 정치적 책임을 지기도 한다.

탄핵제도는 일반적인 사법절차나 징계절차에 따라 소추하거나 징계하기 곤란한 고위공무원이 직무상 중대한 비위를 범한 경우에 이를 의회가 소추하여 처벌하거나 파면하는 절차이다. 헌법상으로는 대통령 등 고위공무원이 헌법이나 법률을 위배한 때에 국회는 탄핵의 소추를 의결할 수 있고, 탄핵소추의 의결을 받은 자는 탄핵심판이 있을 때까지 그 권한행사가 정지되며, 탄핵결정이 있으면 공직으로부터 파면된다. 탄핵사유는 헌법 또는 법률을 위배한 것인데, 이 점에서 특별한 요건이 없어 정치적 이유로 가능한 해임 건의와 구분된다. 헌법재판소는 탄핵사유는 모든 법 위반이 아니라 공직자의 파면을 정당화할 정도의 중대한 법 위반으로 본다.

이런 기준에 따르면 이태원 참사 대응 과정에서 장관의 행위는 탄핵사유에 해당하는 중대한 법 위반으로 보기 어렵다. 다수당이라는 이유로 탄핵요건 해당하는 것이 불명확함에도 고위공직자에 대한 탄핵소추를 의결해서 공직 수행을 중단시키는 것은 법적 절차인 탄핵을 정치적 절차로 이용하는 것이다.

탄핵 외에도 공무원의 위법행위에 대한 징계 내지 형사절차가 진행되는 경우가 많다. 특히, 감사원 등 상급 행정기관의 감사가 형사고발로 이어지는 경우 많아지고 있다. 그런데 대형 참사의 경우 사실 누구도 예견할 수 없는 상황으로 전개되는 경우가 많고 관련 매뉴얼도 마련되어 있지 않아 혼란스러울 수밖에 없다는 점을 고려할 필요가 있다. 이럼에도 불구하고 국민 정서를 고려한다는 명분으로 공직자에 대해서 과도한 처벌을 하는 경우, 공무원이 적극적인 행정을 할 수 없도록 만들고, 무사안일과 보신주의를 더욱 강화시킨다. 나아가 우수 인재의 공직 진출을 막게 된다.

보다 엄격하고 합리적인 차원에서 공직자에 대한 책임을 묻도록 해야 한다. 결과에 대한 책임이 아니라 직무 수행과정에서 중대한 과실 여부를 객관적으로 분석해 법적 책임을 물어야 한다. 또한 정치적 책임을 법적 책임화 하는 것, 즉 정치를 통해 풀 것을 법에 의존하는 우를 범하지 말아야 할 것이다. 공직자, 법원에 부담을 주고 그 피해는 다시 국민에게 돌아온다.

13 사법에 의존하지 않는 적극행정 펼쳐야

음식점을 찾은 미성년자에게 점주가 신분증 검사를 하지 않고 술을 판매한 경우, 신분증 검사를 해서 성년임이 확인되어 술을 판매했지만 미성년자가 신분증을 위조한 경우, 나아가 미성년자가 미성년이라는 사실을 숨기고 술을 주문한 뒤, 술이 나오면 본인이 미성년임을 밝히며 거액의 돈을 요구하는 경우, 경쟁업체가 영업 방해를 위해 미성년자를 사주해 술을 마시도록 하는 경우 등 자영업자의 주류 판매와 관련된 다양한 이슈가 사회문제화 되고 있다.

이런 경우 사안에 따라 다르나 원칙적으로 점주는 청소년보호법과 식품위생법 위반 혐의가 적용된다. 청소년보호법 59조에 따라 2년 이하의 징역 또는 2천만 원 이하의 벌금에 처하며, 식품위생법에 따라 행정당국은 영업 취소나 6개월 이내의 영업정지를 할 수 있다.

미성년자가 술을 의도적으로 마셨지만, 미성년자에 대한 처벌은 하지 않고 술을 판매한 자영업자를 처벌하는 것과 아울러 영업정지를 통해 경제적 손실까지 부담토록 하고 있다. 미성년자를 주류, 담배와 같은 유해물로부터 보호하기 위해 판매자에 대해 신원확인 의무를 부여하고 이를 위반하는 경우 강력한 형사적, 행정적 제재를 하고 있는 것이다.

이런 강력한 제재로 인해 자영업자의 반발이 거세지고 있다. 특히, 문제가 되는 것은 구청 등 일선기관에서 영업정지처분을 할 수 있다는 재량 규정을 기속행위로 운용하여 제반 사정상 불합리한 측면이 있어도 영업정지 처분을 할 수밖에 없다는 입장을 취하는 것이다. 나아가 이 사안과 같이 형사 제재가 규정되어 있어 검경에 고발되어 있는 경우 검찰에서 무혐의 결정을 받아오면 영업정지를 하지 않겠다는 입장이나, 불합리해도 영업정지는 불가피하니 억울하면 법원에 가서 다투도록 하는 경우이다.

이런 현상을 소위 "행정의 사법(司法) 의존"이라고 할 수 있다. 이는 책임의 이전 및 회피를 통한 타율적, 소극적, 면책적 행정 경향으로, 행정관료들이 이해관계가 걸린 예민한 사항에 대해서는 자신의 결정에 대한 책임회피를 위하여 적극적인 처분을 하지 않고 최대한 보수적 해석을 하고, 불합리성에 대해서는 법원, 검찰 등 사법기관에서 다투도록 하는 경향을 말한다.

행정은 감사책임을 의식해 경직적, 보수적인 처분만을 함으로써 법령에 대한 기계적 집행을 하고 있는 것이다. 이로 인해 국민들의 권리구제에 많은 시간과 비용이 들고 있다. 이와 관련 2024년 2월 8일 개최된 민생토론회에서 윤 대통령은 "검경에 의존하면 안 된다. 이건 책임 떠넘기기"라며 "법령 개정을 안 해도 할 수 있다. 검사도 기소유예할 수 있듯 행정당국에서도 이런 정상을 참작해서 불이익 처분을 자제하라고 공문을 보낼 수 있다"고 말했다.

이에 후속 조치로 식약처와 중기부는 지자체에 공문을 보내 음식점에서 청소년 대상 주류 제공행위를 적발한 경우 청소년의 가짜 신분증 제시 여부, 영업자가 신분증 확인 의무를 충실히 이행했는지 여부 등 사실을 조사한 후 행정처분 및 고발 여부를 신중히 결정하도록 요청하였다. 또한 지자체의 행정조사 과정에서 CCTV 또는 제3자의 진술 등을 통해 영업자의 청소년 신분증 확인 사실이 입증된 경우, 처분을 면제하고, 처분기준도 영업정지 2개월에서 7일로 완화하도록 법령을 정비하겠다고 밝혔다.

늦은 감이 있지만 이런 적극행정이 조속히 뿌리내릴 필요가 있다. 이를 위해 일선 기관에서 자기책임하에 법령을 해석하고 처분 여부를 결정할 수 있는 행정문화가 정착될 수 있도록 경직적인 감사책임을 완화하는 적극행정 면책이 활성화돼야 한다. 근본적으로는 미성년 주류 판매 행위에 대해 형사처벌을 규정하는 것이 타당한지에 대한 검토도 필요하다. 미성년 보호라는 법익을 형사처벌로만 실현할 수 있는 것은 아니다. 위반행위로 인한 이득에 상응하는 경제적 제재만으로도 위반행위를 억제할 수 있다. 행정법규 전체적으로도 과감한 비범죄화 조치를 검토해야 할 필요가 있다.

14 경쟁당국의 과유불급

과유불급이란 정도를 지나침은 미치지 못함과 같다는 고사성어이다. 최근 경쟁당국인 공정거래위원회가 보여주는 모습이 이와 흡사하다. 먼저 공정위는 2023년 12월 입법 추진을 공식화한 '플랫폼 공정경쟁 촉진법'에 대해 불과 50여 일 만에 전면 재검토를 발표했다. 공정위는 "지금 입법하지 않으면 역사의 죄인으로 남을 것 같다"며 결연한 의지를 보였지만, 산업계, 학계의 반대와 미국의 통상문제 제기에 대한 부담 때문에 입장을 바꾼 것으로 보인다.

공정위는 소수의 독과점 플랫폼에 한정해 시장 교란 행위를 보다 효과적이고 신속하게 차단하고 예방 효과를 제고하기 위해 법 제정을 추진한다고 밝혔다. 플랫폼 시장은 이용자 쏠림현상이 극심한데, 문제는 플랫폼의 반칙행위를 적발·시정하는데 상당한 노력과 시간이 소요된다는 것이다. 반면 기존 공정거래법의 사후약방문식 집행은 한계가 있기 때문에 법을 제정해 지배적 사업자의 반칙행위를 사전에 규제할 필요가 있다는 것이다.

그러나 동 법이 국내 플랫폼 기업에 대한 역차별을 초래해 결국 해외 공룡 플랫폼들이 한국 시장 장악을 용이하게 할 것이라는 우려가 제기되었다. 특히, 최근 온라인 쇼핑 분야에서 중국의 알리익스프레스와 테무가 급성장하는 가운데 이들은 규제하지 못하는 플랫폼 사전규제는 국내 플랫폼만 고사시킬 것이라는 문제 제기가 있었다.

한편 공정위는 이동통신 3사 및 정보통신진흥협회가 2015년부터 상황반을 통한 장려금 모니터링을 기회로 이동통신 3사의 순증감 수준을 일정하게 유지하고 또한 벌점제 도입 및 부과를 통해 장려금 수준을 합의했다고 보고 이를 담합 행위로 조사하고 있는 것으로 알려졌다.

공정위 입장에서는 이를 담합으로 볼 수 있지만, 규제당국 입장에서는 이를 단말기유통법의 정당한 집행으로 보고 있다. 일정 수준을 넘는 장려금 지급은 부당한 이용자 차별에 해당하므로 이를 가이드를 통해 통제하는 것은 당연하다는 것이다. 경쟁당국과 규제당국 간 입장 차이로 사업자들이 모순적인 이중규제를 겪고 있다.

위 두 사안의 공통점은 경쟁당국이 고유의 업무인 공정하고 자유로운 경쟁 촉진을 이유로 해당 산업 분야의 공익을 추구하는 규제당국의 업무와 갈등을 빚고 있다는 것이다. 전문 규제는 경쟁 자체를 보호하는 것이 아니라 경쟁을 위해 서로 다른 조건을 가진 경우 그러한 부족한 조건을 보완해 주는 역할을 하며, 나아가 해당 산업 분야의 성장을 촉진하는 역할을 한다.

이 점에서 보면 규제 최소화, 자율규제를 통해 토종 플랫폼 산업의 성장을 지원하는 규제 당국의 입장을 배제한 채, 경쟁당국이 보호할 플랫폼이 없는 EU를 따라 반경쟁적 효과에 대한 입증도 없이 플랫폼을 규제하는 법을 진행하는 것은 과유불급이라 하지 않을 수 없다.

또한 공정위는 행정기관이 법령상 근거 없이 행정지도로 담합을 유도·조장할 경우 이를 따를 의무가 없으므로 행정지도에 따라 담합을 했다면 법 위반이라는 입장이다. 그러나 행정지도는 행정목적을 달성하기 위해 국민과 기업의 협력을 구하는 비권력적 사실행위로, 원래 구체적인 법적 근거가 없이 조직법상 권한에 속하면 가능하다는 것이 다수설이다. 그러나 공정위는 이런 행정지도를 인정하지 않아 규제당국과 마찰을 일으키고 있다.

물론 규제당국이 공익을 빌미로 해당 산업계의 이익만을 보장하고 소비자의 이익을 침해하는 것은 문제이지만, 경쟁당국이 경쟁을 전가의 보도로 삼고 규제당국의 전문적인 정책수행을 인정하지 않는 것도 문제이다. 모든 산업을 자유로운 경쟁의 관점에서만 봐야 한다면 공정위 외에 다른 부처도, 전문 분야 규제법도 필요 없다고 봐야 할 것이다. 전문 규제기관도 경쟁 활성화, 이용자 보호, 산업 발전 등 공익을 달성하기 위해 존재한다. 또한 부처 간 이견은 외부적으로 표출되기 전에 행정 내부 프로세스에서 조정되는 것이 타당하다.[5]

---

5 장려금 담합 사건 관련 공정위는 2015년 11월경부터 약 7년간, 이동통신 3사와 KAIT가 번호

15 AI 시대, 법학의 위기

범용 기술로서 생성형 인공지능(AI)가 영향을 미치는 분야 중 법률만큼 심대한 것도 찾기 어렵다. 왜냐하면 이 분야는 생성형 AI 학습에 필수적인 법조문, 판례, 법이론 등의 데이터가 양적, 질적으로 상당한 수준으로 공개되어 있으며, 법적 추론에 따른 결론이 대부분 선례에 구속된다는 점에서 생성형 AI의 결론이 타당할 가능성이 높기 때문이다. 이에 법조문과 판례를 암기하고 해석하는 기존의 법학 교육 방법은 AI 시대에는 효용성이 크게 감소한다.

2024년 9월 열린 한국법학교수회 60주년 기념 학술대회에서는 2009년 3월 로스쿨 도입 이후 법학의 위기를 지적하는 목소리가 높았다. 2008년 당시 1만 270명이던 대학교 법학전공 입학정원이 2023년에는 2907명으로 급격히 줄었다. 법학전공 학생 수가 줄다 보니 전국의 법학교수 수, 법학논문 수, 법학박사 취득자도 감소일로여서 향후 연구와 교육을 담당할 학문 후속세대 양성도 불가능해지고 있고 학부의 법학 교육은 존폐의 기로에 있다.

고시낭인 문제를 해결하기 위해 도입된 로스쿨은 변호사 시험(변시) 입시학원

이동 가입자 순증·순감(번호이동 실적) 수준을 조정하고 또 판매장려금(프로모션, 장려금 지급액) 수준을 유지·조정하기 위한 합의 및 실행행위를 했다고 판단했다. 공정위는 이 같은 조정행위가 자유경쟁을 제한하는 부당한 공동행위(담합행위)에 해당한다고 판단했다. 최초 심사보고서에는 총 과징금 약 1,140억 원(1,140억 2,600만 원) 규모로 제시되었고, 통신사별로 SK텔레콤 약 426억 원, KT 약 330억 원, LG유플러스 약 383억 원 수준이었으나, 최종 의결서에서는 매출산정 기준 재검토 등을 거쳐 총 과징금 약 963억 원으로 확정되었다. 통신사별로 SK텔레콤 388억 원, KT 299억 원, LG유플러스 276억 원이었다. 공정위는 이 조정행위가 주무부처인 방송통신위원회(방통위)의 판매장려금 과다지급·차별지급 등에 대한 행정지도나 법령에 따른 조치 범위를 넘어섰고, 따라서 단독으로 경쟁제한적 공동행위가 발생했다고 보았다. 이통 3사는 행정소송을 제기한 상황이다.

으로 전락했다. 로스쿨 학생들은 변시 합격을 위해 변시 과목 위주로 1만 2천여 개에 달하는 판례를 암기할 뿐, 기초법학이나 지식재산, 공정거래 등 변시 선택 과목 수강은 외면하고 있다.

로스쿨과 변호사 시험 도입 15년이 2024년 현재 학부 법학의 위기로 인해 법학이 법적 소양을 갖춘 민주시민의 양성을 위한 중추적인 역할을 하는 것이 불가능해지고 있고, 기초법학의 소멸로 법학의 학문성이 쇠퇴하면서 법학의 정체성과 지속가능성에 의문이 제기되고 있다. 이런 문제의 근본 원인은 약 50%에 불과한 변시 합격률로 인해 로스쿨도 학생도 변시 합격 외에는 다른 것에 관심을 둘 여력이 없기 때문이다

문제는 법학의 양적, 질적 위기는 단순히 법학이라는 학문 분야의 위기에 머물지 않는다는 것이다. 법은 정의(justice)의 다른 이름이다. 법학은 사회의 정의로운 운영을 위해 필수적인 법의 원리와 작동을 규명하는 학문으로 법학의 위기는 법치주의와 민주주의 위기를 가져오고 나아가 국가사회 공동체의 위기로 이어진다.

다양한 해결책이 제시되고 있다. 여기에는 기초법학의 필수과목화, 변시 합격률 상향이나 자격시험화, 학부 법학 교육의 강화 등이 포함돼 있다. 한국과 유사한 법조인 양성 제도를 지닌 일본의 사례를 참고할 수 있다. 일본은 2004년 로스쿨 체제를 도입했으나, 한국과 달리 4년제 학부 법학과를 존치하고 있으며, 변호사 시험에 응시하려면 로스쿨을 졸업하지 않더라도 예비시험에 합격하면 사법시험 응시 자격이 주어진다. 또한 일본의 법학부 학생 중에서 학문적 관심을 가진 학생들이 로스쿨에 진학하여 졸업하고 사법시험에도 합격한 뒤, 교수의 추천을 받아 조교가 되거나 박사과정에 진학하는 방식으로 학문 후속세대를 양성하고 있다. 일본은 학문으로서 법학과 실무로서 법학을 조화롭게 유지하려고 노력하고 있다.

향후 단순히 법률 지식만 보유한 법조인은 AI에 의해 대체될 가능성이 높다. 디지털 신기술 발전, 고도로 복잡한 이해관계 갈등, 글로벌 기후 및 전쟁 위기 등 끊임없이 새롭게 제기되는 문제에 대해 창의적인 해결책을 제시할 수 있는 법조인만 살아남게 될 것이다.

로스쿨 설치법에 따르면 우수한 법조인은 풍부한 교양, 인간 및 사회에 대한 깊은 이해, 자유·평등·정의를 지향하는 가치관, 건전한 직업윤리관, 복잡다기한 법적 분쟁을 전문적·효율적으로 해결할 수 있는 지식 및 능력를 갖춘 자이다. 현재의 법학 교육이 과연 이런 역할을 하고 있다고 할 수 있을까. 법학이 학문 연구에 종사하는 법학자, 분쟁의 해결에 기여하는 법조인, 법적 소양을 갖춘 민주시민을 포괄적으로 양성하는 학문으로 자리매김할 수도 있도록 제도 개혁을 서둘러야 할 것이다.

16 신정부의 바람직한 AI, 데이터, 미디어 거버넌스 방향

국민주권과 실용주의를 내세운 이재명 정부는 출범과 함께 AI 100조 투자, 소버린 AI 추진 등을 위해 AI 미래기획 수석, 과학기술정보통신부 장관, 중소벤처기업부 장관을 AI 기업 출신 인사로 임명하는 등 AI, 데이터, 미디어 등 디지털 정책 분야에서 산업 중심의 대변화를 예고했다. 국정기획위원회는 정부 조직 개편 TF를 만들어 기재부 분리, 검찰 개혁, 기후에너지부 신설 등을 포함한 조직 개편안을 마련하고 있으며, AI를 포함한 디지털 분야의 거버넌스 개편도 검토하고 있는 것으로 알려졌다

한국의 디지털 정책 거버넌스로는 과학기술정보통신부, 방송통신위원회, 개인정보보호위원회가 있다. 1994년 김영삼 정부에서 신설된 정보통신부는 2008년 이명박 정부 출범으로 폐지되고 ICT 정책 기능을 여러 부처로 분산하는 분산형 ICT 정책추진체계를 채택하였다. 다만, 방송통신이 융합하는 시대에 대응하기 위해 정보통신부와 방송위원회를 통합하여 방송통신위원회를 설립하였다. 2013년 출범한 박근혜 정부는 분산형 ICT 정책추진체계에서 나타난 ICT 산업성장 둔화 등에 대한 대책으로 여러 부처의 ICT 기능을 총괄하는 집중형 독임제 ICT 부처의 필요성을 절감하였고, 이는 결국 과학기술부와 구 정보통신부의 기능이 합쳐진 미래창조과학부의 탄생으로 이어졌다. 방통위는 지상파, 보도, 종합편성 등 정책 및 규제 업무 등을 수행하고 그 외 방송통신 정책 및 진흥 업무는 미래창조과학부로 이관하였다. 이런 과학기술과 정보통신의 통합, 유료방송과 방송정책, 방송·통신 분야 규제 기구의 분리를 내용을 하는 과기정통부, 방통위 분리 체제는 문재인 정부를 거쳐 윤석열 정부에서도 이어졌다.

그러나 16년 이상 이어온 방송 분야의 분리 정책은 실패로 끝났다. 방송통신

위원회는 공영방송 지배구조나 감독 업무에 관한 여야 간 대립으로 인해 토론과 합의를 통한 합리적 의사결정이 불가능했다. 따라서 가칭 "공영방송위원회"를 별도의 합의제 기구로 두되 그 외 방송정책, 방송·통신 분야 규제는 과기정통부로 이관하는 것을 검토할 필요가 있다. 혹자는 반대로 과기정통부의 통신, 방송 정책 기능을 분리해 가칭 "정보미디어부" 내지 "미디어커뮤니케이션부"를 두자고 하나, AI를 포함한 디지털 전 분야의 혁신을 추진하기 위해서는 네트워크 정책과의 결합이 필수적이라는 점에서 설득력이 떨어진다.

AI를 기반으로 사회 전 분야의 디지털 혁신을 추진하기 위해서 이 분야 기획 예산, 규제 개혁, 정부 혁신 기능을 같이 수행하는 부총리급의 가칭 "AI 디지털혁신부(Ministry of AI & Digital Innovation)"를 설치할 필요가 있다. 여기에다 대통령실의 AI 미래기획 수석, 국가인공지능위원회 삼각체제를 구축해 AI 혁신을 추진해야 할 것이다. 특히, 국가인공지능위원회의 사무국 기능을 담당하기 위해 AI 디지털 혁신부에 AI 정책실을 신설할 필요가 있다. 이렇게 되면 AI 최고의사결정 기관으로서 대통령실, AI 기획 및 조정을 위한 위원회, AI 정책 실행을 위한 행정 부처의 유기적인 협력이 가능하게 될 것이다. 다만, 과학기술과 정보통신을 분리하여 과학기술은 교육부에, 정보통신은 산업부와 합치는 방안은 이명박 정부의 분산형 ICT 정책추진 체계의 실패를 답습하는 것으로 바람직한 방향으로 보기 어렵다.

다음 개인정보보호위원회는 2020. 8. 중앙행정기관으로서 새롭게 출범하여 지난 5년간 개인정보 유출에 대한 막대한 과징금 부과 등을 통해 개인정보보호에 대한 사회적 인식을 제고했고 전 분야 마이데이터와 AI 시대를 대비한 개인정보 활용 특례 도입을 통해 디지털 혁신에 기여했다. 다만, 여전히 개인정보 유출은 지속되고 있고, 국내 AI 경쟁력에 개인정보 규제가 장애가 되고 있다는 비판이 있다.

AI 시대 바람직한 개인정보 거버넌스 모델에 대해서는 크게 보면 독립위원회 역할을 강화하는 방안과 아울러 전문 부처로서 정보, 보안 업무를 총괄하는 방안이 논의된다. 그 외 위원회 구성 강화, 정책 및 사업 집행기관으로서 개인정보보호원 신설, 개인정보분쟁조정위원회 역할 강화, 개인정보보호기금 신설 등이 제시되고 있다. 추가로 방통위의 위치정보법과 금융위의 신용정보법의 이관, 개인영상정보보호법 제정도 거론된다.

우선 개인정보 규제와 혁신을 위원회 구조에서 하는 것이 타당한가 하는 것이 쟁점이다. 방통위 사례에서 확인한 바와 같이 위원회 체제는 독립성, 합의성을 기초로 하기 때문에 신속한 의사결정과 집행이 필요한 진흥 업무에는 적합하지 않다고 볼 수 있다. 기본적으로 개인정보보호위원회는 독립규제위원회로서 권한과 역할을 강화하는 방향으로 가야 할 것이다. 개인정보보호 규제는 원칙으로 프라이버시권을 보호함으로써 인간의 존엄성을 보장하는 것을 목표로 한다. 다만, 인간의 존엄한 경제적 삶을 위해 필요한 범위 내에서 개인정보보호 규제는 한계를 지니게 되므로 이 범위 내에서 개인정보 활용을 위한 적극적 방안을 모색하는 것이 필요하다. AX 시대 개인정보는 가장 중요한 AI의 원재료라는 측면에서 데이터 활용의 극대화를 위한 규제 예외나 특례의 인정이 필요하다.

또한 독립규제기관으로서 독립성, 공정성, 투명성, 전문성 향상이 필요한바, 공공기관 등에 대한 개인정보 규제 강화, 조사 및 제재 처분의 대심적 기능 강화, 인력의 전문성과 공정성 강화, 집행력 강화를 위한 개인정보보호원 신설도 고려할 필요가 있다. 특히, 입법부, 사법부를 포함한 공공기관에 대한 개인정보보호 규제 강화를 위해서는 현재의 국무총리 소속은 한계를 가질 수밖에 없으므로 대통령 소속으로의 변경을 검토할 필요가 있다. 또한 국가 법체계의 정합성을 위해 특별한 규율이 필요한 분야에 대한 추가 입법과 그러한 필요성이 없는 분야의 특별법에 대한 통합이 필요하다. 전자의 예가 가칭 "AI 혁신을 위한 개인정보보호 특례법" 제정이고 후자의 예가 위치정보법이라고 할 수 있다.[6]

---

6 2025년 새 정부의 미디어, 인공지능 조직개편이 확정되었다. 10월 1일부로 방송통신위원회가 폐지되고 새로운 기구인 방송미디어통신위원회(방미통위)가 출범했다. 종전과 달리 미디어라는 명칭이 추가되었는데, 실제로 과학기술정보통신부(과기정통부) 소관이던 유료방송 등 미디어 진흥 기능을 넘겨받아 방송, 미디어 분야 정책과 규제 기능이 통합되었다. 위원도 기존 5인의 상임위원 체제에서 3인의 상임위원과 4인의 비상임위원 총 7인 체제로 변경된다. 위원장과 비상임위원 1명은 대통령, 상임위원 1명과 비상임위원 1명은 여당, 상임위원 1명과 비상임위원 2명은 야당 추천 인사로 꾸려진다. 결국 여권이 4명, 야권이 3명을 추천한다.

17 수명 다한 방통위 모델, 구조개혁 미룰 수 없다

요즘 정부 부처 중 방송통신위원회(방통위)만큼 미디어 노출 빈도가 높은 부처는 없는 것 같다. 헌법에만 있는 제도로 여겨졌던 탄핵이 방통위에는 일상이 됐기 때문이다. 국회는 2023년 11월 이동관 위원장부터 김홍일, 이진숙 위원장과 이상인 부위원장까지 불과 9개월 남짓 4인의 방통위 위원에 대해 공영방송 이사 선임을 문제 삼아 탄핵을 발의했고, 이 중 이진숙 위원장을 제외하고는 탄핵 의결 전 사퇴하는 전대미문의 일이 일어났다. 국회 과학기술정보방송통신위원회(과방위)도 거의 공영방송 이사 선임 이슈만을 다루고 있는데, 3차에 이르는 방송장악 청문회 등으로 인해 다른 과학, 통신 현안은 논의조차 되지 않고 있다.

이에 따라 과방위 대응을 하는 방통위도 사실상 불능 상태에 빠졌다. 2023년 10월 인앱 결제에 대해 구글에 475억 원, 애플에 205억 원 과징금을 부과하는 시정조치안을 발표했지만 의결이 이뤄지지 않고 있다. 그 외에도 인공지능으로부터 이용자 보호, 온라인동영상서비스 망 이용 대가 부과, 단말기 유통법 폐지, 사이버 레커 대처 등 시급히 처리해야 할 사안이 멈춰 섰다.

방통위는 2008년 이명박 정부에서 방송과 통신의 융합에 대응하기 위해 만들어진 여야 합의제 행정기관이다. 이미 1990년대부터 방송과 통신은 기술, 시장, 기업 부문에서 융합이 이루어지고 있음에도 불구하고 행정조직은 분리되어 있는 문제를 해결하기 위해 민간 기구인 방송위원회와 행정기관인 정보통신부가 통합돼 탄생했다. 출범 당시 방통위는 방송, 통신, 전파, 개인정보 전반에 관한 정책과 규제 기관이었지만, 2013년 방송·통신의 융합·진흥 및 전파관리, 정보통신산업에 관한 사무를 현 과학기술정보통신부로 이관함에 따라 현재는 유료방송을 제외한 방송정책, 방송·통신 분야 규제 기구로 축소됐다.

그런데 16년 이상 이어온 방송통신위원회는 정쟁의 장이었지 정책을 입안하고 집행하는 장이 아니었다. 미국의 방송통신 규제기관인 연방통신위원회(FCC)를 모델로 했지만, 민영 위주의 지상파방송 체제를 가지고 있어 공영방송 지배구조 이슈가 없었던 FCC와 달리 공영방송 이사 선임은 물론 종편, 보도채널 인허가권을 지닌 방통위는 애초부터 정치의 소용돌이에 놓일 수밖에 없는 한계가 있었다. 이런 과도한 정치 편향으로 인해 방통위는 2022년, 2023년 연속 정부 업무평가에서 최하위를 기록했다.

더 이상 소프트웨어적인 개선만으로는 방통위의 존속이 어려워졌다. 이에 공영방송 지배구조나 감독 업무에 한해서는 국가인권위원회와 같이 행정부로부터 독립된 규제기관으로 두는 구조적인 개선책을 검토할 필요가 있다. 그동안 정책은 정치와 행정의 혼혈아였고, 공영방송 정책도 여야 간 토론과 합의를 통해 합리적 의사결정이 가능할 것으로 기대했지만 극단적인 대결 양상으로 치닫는 한국의 정치구조하에서 이는 불가능해졌다고 봐야 한다.

이런 구조개혁을 위해 가칭 '공영방송위원회법' 제정과 방통위설치법 등의 개정이 필요하다. 다만, 그 전이라도 과방위에서 공영방송 감독 업무를 특위나 소위로 분리할 것을 제안한다. 또한 공영방송 지배구조 개선 등을 논의하기 위한 여야정 협의체 구성도 검토할 수 있다.

1987년 헌법 체제가 만들어 낸 국회의 행정부 우위 구조는 점점 정치가 행정을 압도하는 현상을 낳고 있는데, 이를 가장 여실히 보여주는 것이 방송정책 분야이다. 이로 인한 피해는 오로지 국민과 기업 몫이다. 과학기술, 통신, 미디어 등 국민의 먹고사는 문제의 근본을 다루는 정책에서 공영방송이라는 정치를 분리함으로써 중진국의 함정에 다시 빠지는 일이 없도록 해야 한다.

18 과학기술정보방송통신에서 공영방송 분리하자

국회 상임위원회 중 가장 긴 이름을 지닌 과학기술정보방송통신위원회(과방위)가 KBS, MBC, EBS 등 공영방송 이사진 선임을 둘러싼 정쟁에 매몰되면서 본연의 업무인 과학기술, 정보통신이 뒷전으로 밀려났다. 2024년 5월에 출범한 22대 국회 과방위에 계류된 법안 100건 중 77건이 과학기술, 정보통신 관련 법안이다. 인공지능(AI)기본법은 물론 망사용대가법, 디지털포용법 등 21대 국회 만료로 폐기된 법안들이 다시 발의됐지만 논의가 멈췄고, 단통법(이동통신단말장치 유통구조 개선에 관한 법률) 폐지, 플랫폼 자율규제 관련 전기통신사업법, 이공계 지원 관련 법안도 대기 중이다.

22대 국회 과방위는 그간 총 15차례 전체회의를 열었는데 대부분 더불어민주당이 주도한 방송4법 개정, 이진숙 방송통신위원회(방통위) 위원장 임명, 방통위의 공영방송 이사 선임 관련 청문회 등 공영방송 이사진 교체와 관련된 회의였다. 국회법에 따르면 과방위는 과학기술정보통신부, 방통위, 원자력안전위원회, 우주항공청 업무를 담당한다. 그런데 과방위는 공영방송 이사 선임이라는 방통위 소관업무 일부에 대부분 시간을 할애했다.

과방위에 대응해야 하는 방통위도 마찬가지다. 원래 방통위는 5인 위원회 합의제 구조를 갖췄지만 2023년 8월부터 2인체제로 운영됐고 최근엔 이진숙 위원장 탄핵소추로 인한 업무정지로 직무대행 1인체제로 운영된다. 공영방송 이사 선임을 제외한 구글과 애플의 인앱결제 강제 금지법 위반 관련 과징금 부과, 네이버 뉴스 알고리즘, 통신사 판매장려금 담합문제, OTT 요금인상 대응, AI 이용자 보호 등 현안은 논의가 대부분 중단됐다. 방통위 설치법상 이런 주요 현안들은 모두 방통위 심의·의결사항인데 이제 1인체제가 되면서 더이상의 논의가 불가능하게 됐다. 헌법재판소의 탄핵인용 여부에 대한 결정이 내려지는 수개월 동안 방통위는 개점휴업 상태가 된다.

이렇게 되자 과학기술과 방송통신을 분리하자는 여론이 확산한다. 현 상태가 계속되면 인공지능산업 진흥 등 당면한 국가적 어젠다의 입법이 이뤄지지 않아 국가경쟁력이 훼손될 수 있다는 것이다. 필자도 이런 지적에 동의한다. 그렇다면 구체적인 방안엔 무엇이 있을까.

단기적으로 국회 차원에선 기존 과방위에서 공영방송부문만 특별위원회 내지 소위원회로 분리하는 방안이 있다. 국회법 제44조에 따르면 국회는 특히 필요하다고 인정한 안건을 효율적으로 심사하기 위해 본회의의 의결로 특별위원회를 둘 수 있고 제57조에 따르면 위원회는 소관사항을 분담·심사하기 위해 상설소위원회를 둘 수 있다. 공영방송특별위원회나 공영방송소위원회를 두되 과방위 위원을 겸임토록 해서 안건 자체를 분리해 별도 위원회에서 심의하는 방안이다. 이미 국회는 예산결산, 윤리, 인구위기, 재난안전, 민생경제특별위원회를 운영한다.

행정부 차원에서는 중장기적으로 정부조직법을 개정해 과학기술, 정보통신, 유료방송은 과학기술정보통신부로, 공영방송은 독립규제위원회인 신설 공영방송위원회로 이관하는 것이다. 유료방송 정책과 통신 및 인터넷 정책은 독임제 부처인 과학기술정보통신부로 이관하고 공영방송 지배구조, 관리·감독에 관한 업무는 여야 합의제 구조를 유지하는 것이다. 이렇게 되면 국회도 행정부 변경에 맞춰 공영방송위원회를 국회 운영위원회나 정무위원회의 소관으로 두는 것을 검토할 수 있다.

사실 방통위는 수십 년 계속된 기술, 서비스, 산업부문의 방송과 통신의 융합이라는 시대적인 변화의 요구를 수용하기 위해 2008년 당시 민간기구인 방송위원회와 행정기관인 정보통신부가 통합돼 탄생했다. 그러나 16년이 지난 2024년 현재 방통위는 당초 기대와 달리 공영방송을 둘러싼 정쟁으로 인해 더이상 지속하기 어려운 모델이라는 점이 확인됐다. 공영방송 이슈가 다른 모든 방송·통신 현안을 뒤덮는 상황을 극복하기 위해선 공영방송을 분리하는 방법 외엔 대안을 찾기 어려운 상황이다. 여야 정치권이 국가의 백년대계를 위해 빠른 논의를 진행해주기 바란다.

19 실 많은 진흥·규제 분리 다시 통합해야… 효율적 업무 수행 위해 '독임제' 바람직

디지털 융합이 가속화됨에 따라 미디어, 정보통신기술(ICT) 시장도 격변을 거듭하고 있다. 방송, 통신의 경계가 무너지고 이어서 인터넷과의 경계도 흐려지면서 이제 미디어 시장은 전통적인 레거시 방송사업자 중심에서 글로벌 플랫폼과 온라인동영상서비스(OTT) 중심으로 재편되고 있다. 세계 각국도 이런 미디어 환경 변화에 따라 미디어 법제를 재편하기 위한 시도를 하고 있다.

OTT에 대해 보면 2018년 11월 유럽연합(EU)은 시청각서비스 지침을 개정해 방송 외에도 주문형 비디오 플랫폼, 동영상 공유 플랫폼을 이 지침의 규제 대상으로 포함했다. 독일도 방송법을 개정해 넷플릭스 등을 유사방송·텔레미디어 사업자로 분류해 방송법 체계로 편입시켰다. 다만 미국은 아직도 OTT, 특히 실시간 동영상을 제공하는 OTT에 대해 다채널프로그램방송사업자(MVPD)로 분류할지에 대해 고심 중이다.

한국의 경우 OTT 사업자는 전기통신사업법상 부가통신사업자의 지위를 지닌다. 향후 과학기술정보통신부는 OTT를 특수 유형의 부가통신사업으로 분류해 세액공제, 자율등급 도입 등 OTT 산업의 혁신과 성장을 지원하겠다는 입장이고, 문화체육관광부는 영상미디어콘텐츠산업진흥법에 OTT 등을 포함해 진흥책을 추진하겠다는 입장이며, 방송통신위원회는 기존 방송법을 대체하는 시청각미디어서비스법을 제정해 OTT도 규제 대상에 포함할 계획이다.

미디어 거버넌스로 보면 미국은 1934년 설립된 연방통신위원회가 통신, 방송, 주파수 정책과 규제를 통합해 수행하고 있다. 영국 역시 방송통신규제위원회가 통신 및 방송의 정책과 규제를 시행한다. 캐나다의 경우에도 방송통신위원회가 통합규제기관이다. 일본의 경우에는 부처 조직인 총무성이 통신, 방송, ICT

정책과 규제 업무를 총괄하고 있다.

한국은 다른 국가와 달리 과기정통부와 방통위가 통신, 방송, 인터넷 정책과 규제를 분담하는 분리형 거버넌스 구조를 취하고 있다. 2008년 이명박 정부 시절 방송위원회와 정보통신부를 통합해 방송통신위원회가 출범했으나, 2013년 박근혜 정부가 진흥과 규제를 분리했다. 이때 정보통신과 과학기술을 통합한 미래창조과학부, 방송통신위원회로 이원화된 거버넌스가 만들어졌고, 2017년 현 정부 출범 이후에도 미래창조과학부가 과기정통부로 이름만 변경된 채 존속하고 있다.

10년간의 미디어 진흥과 규제 분리가 실이 많았다는 공감대가 형성되면서 다시 양자를 통합하자는 견해가 대두되고 있다. 문체부, 과기정통부, 방통위의 미디어 관련 업무를 통합해 정보미디어부 내지 미디어정보통신부를 창립하되 KBS 등은 공영방송위원회 내지 공영미디어위원회에서 규제하자는 안이 있다. 또한 1기 방통위와 같이 과기정통부의 미디어 정책과 규제를 기존 방통위와 합쳐 미디어정보통신위원회를 만들자는 견해도 있다.

결국 올 IP 시대가 진전됨에 따라 미디어, ICT 관련 부처의 통폐합은 불가피해 보인다. 통합 조직의 형태로는 위원회와 독임제가 가능한데, 진흥과 규제 업무의 효율적 수행을 위해서는 독임제가 바람직하다. 다만 미디어 분야의 사후 규제를 위해 부처 산하의 경쟁규제위원회와 독립적인 공영방송 정책 수행을 위해 부처로부터 독립된 위원회 조직을 고려할 필요가 있다.

20 편면적인 민간과 공직 간 인사 교류 개선해야

새로 출범한 이재명 정부의 내각 등 공직 인선의 주요 특징은 현역 국회의원과 기업인의 중용이라고 할 수 있다. 특히, 기업인 발탁이 눈에 띈다. 배경훈 LG 인공지능(AI) 연구원장을 과학기술정보통신부 장관 후보자에 지명했고 중소벤처기업부 장관 후보자에는 한성숙 전 네이버 대표, 산업통상자원부 장관 후보자로 김정관 두산에너빌리티 사장이 발탁되었다. 내각은 아니지만 대통령실 AI 미래기획수석에 하정우 전 네이버클라우드 센터장을 선임한 것도 파격적이다. 이런 기업인 중용은 이 대통령이 경제, 산업 부처 수장의 경우 산업현장에서의 실무 경험을 중시한다는 반증이라고 할 수 있다.

그런데 기업인의 공직 진출에 대해서는 기대와 우려가 교차한다. 기대는 기업의 효율성 및 성과 지향적 마인드를 공직에 접목할 수 있고 관료주의적 절차에 얽매이지 않고 실질적인 결과물을 만들 수 있으며, 또한 시장 및 경제에 대한 깊은 이해를 바탕으로 혁신을 주도할 수 있다는 것이다. 특히, 배경원 후보자와 하정우 수석은 한국호의 미래를 좌우할 AI 산업의 최고 전문가로서 소버린 AI 등 AI 정책의 실질적 성과를 만들어낼 것으로 기대를 모으고 있다. 물론 우려도 상존한다. 먼저 과거 기업 경험으로 인해 이해 상충 문제에 노출될 가능성이 있는데, 이로 인해 이는 공정한 정책 결정에 대한 신뢰를 훼손할 수 있다. 또한 공공부문은 절차적 정당성과 투명성이 중요하며 충분한 공론화와 합의 형성이 필수적인데, 기업의 '탑다운(Top-down)' 방식의 의사결정 방식과 배치될 수 있다. 물론 절차의 강조가 공무원 조직의 변화에 대한 저항의 수단으로 악용되는 경우에는 속도감 있게 공무원 조직을 설득하고 움직일 수 있는 민간기업 CEO와 비슷한 강력한 리더십이 필요할 수도 있다.

한편 기업인의 공직 진출이 활발한 것과 달리 공직자의 민간 진출은 법적인 제약이 있다는 점에서 민간과 공직 간 인사 교류는 편면적(One-way)이라고 할 수 있다. 퇴직 공직자의 민간 진출 제한은 재직 중 얻은 기밀 정보의 오용이나 전관으로서 부당한 영향력 행사를 방지하기 위한 목적인데, 보다 근본적으로는 정부의 정책 결정이 사적 이익이 아닌 공공의 이익을 위해 이루어진다는 국민의 신뢰를 유지하기 위한 것이다.

법적인 제한의 형태는 국가별로 차이가 있다. 한국은 퇴직 공직자의 민간 '취업 자체'를 일정기간 제한하는 것에 중점을 두는 반면, 미국은 '퇴직 후의 특정 행위'를 제한하는 것에 중점을 둔다. 한국은 4급 이상 공무원 등 재산 등록 의무자였던 퇴직 공직자는 퇴직 전 5년간 소속했던 부서 또는 기관의 업무와 밀접한 관련성이 있는 일정 규모 이상의 영리 사기업체 등에 퇴직일로부터 3년간 취업이 제한된다. 반면 미국은 퇴직 공직자가 특정 회사에 취업하는 것은 자유롭지만, 퇴직 후 일정 기간 자신이 재직했던 정부 기관을 상대로 로비, 대표, 자문 등을 하거나 특정 업무를 취급하는 것을 제한한다.

한국의 취업 자체 제한 방식은 유능한 공직자들이 자신의 전문성과 경험을 민간 부분에서 자유롭게 발휘하여 국가 전체의 인적 자원 활용의 효율성을 높이는 것을 차단하는 것은 물론 공직자의 직업의 자유를 과도하게 제한하고 공무원의 생계유지도 어렵게 하는 문제가 있다.

한국은 이미 성숙한 시민과 언론 감시, 통제 사회로 진입했고 공무원들의 윤리의식도 높다는 점에서 이제 더 이상 취업제한이라는 후진적인 사전규제, 구조규제를 지속할 것이 아니라 특정 행위 금지라는 사후규제, 행태규제로의 전환을 검토할 필요가 있다. 물론 이런 전환에 따른 부작용을 방지하기 위한 효율적인 감시 및 처벌 시스템과 투명성 확보 방안이 전제되어야 한다. 기존 편면적인 민간과 공직 간 인사 교류 시스템을 쌍방향으로 개선함으로써 우수한 인재가 공직과 민간에서 각각 최고의 역량을 발휘할 수 있도록 해야 할 것이다.

21 국가경쟁력 제고, 이건 바꾸자 - 정부 조직 개편 통해 정부 효율성 제고해야

국민주권과 실용주의를 내세운 이재명 정부는 출범과 함께 AI 100조 투자, 소버린 AI 추진 등을 통한 AI 경쟁력 강화를 비롯해 경제, 사회 전 분야에서 국가경쟁력 제고를 위한 정책을 추진하고 있다. 그러나 대내외적 여건이 녹록하지 않다. 대외적으로는 2025년 1월 출범한 미국 트럼프 2기 행정부가 노골적으로 '미국 우선주의(America First)'를 내세우면서, 한국에 대해서도 25% 상호 관세를 부과하는 것은 물론 환경, 플랫폼, 방송 규제 등 사실상 전 산업 분야에서 외국인에게 불리한 규제를 비관세 장벽으로 제시하고 이의 철폐를 요구하고 있다.

국내적으로는 주요국 간 기술 패권 경쟁의 심화 속에서 한국의 위치는 점점 하락하고 있다. 과학기술정보통신부가 2년마다 한국, 미국, 유럽연합(EU), 일본, 중국 등 주요 5개국의 핵심기술을 비교해 발표하는 '기술수준 평가'에서 2022년 기준 중국이 한국을 추월한 것으로 나타났다. 또한 스위스 국제경영개발대학원(IMD)이 매년 세계 국가들의 경쟁력을 평가하는 2025년 IMD 순위에서도 한국은 69개국 중 27위를 기록해 2024년보다 7단계 하락했다.

한국은 추격자 전략에서 퍼스트 무버 전략으로의 전환을 완성하지 못한 채, 중국으로부터 추격을 당하면서, 일부 분야를 제외하면 대부분의 첨단기술에서 중국에 밀려났고, 인재 유출, 투자 위축까지 겹치면서 총체적인 위기 상황을 맞고 있다. 특히, 게임체인저가 될 AI 분야의 경우 중국이 미국과의 격차를 줄이고 프랑스가 선전하면서 AI 3대 강국 목표는 멀어지고 있다.

한국이 이런 상황에서 생존하고 지속적인 성장을 하기 전략은 무엇일까. 냉정하고 차분히 우리의 성과와 실패를 점검하고 변화된 상황에 적응할 수 있는 새로운 발전 전략을 고민해야 한다. 이런 발전 전략 중 가장 중요한 것이 실제 누가 발전 전략을 수립하고 시행하는가 하는 문제, 즉 효율적이고 유능한 정부 조직을 설계하는 거버넌스 전략이다.

신정부의 정부 조직개편 방향에 대해서는 국정기획위원회가 초안을 마련하고 대통령실과 협의를 진행하고 있는 것으로 알려졌지만, 아직 상세 내용은 공개되어 있지 않다. 다만, 대선공약과 보도 내용을 보면 다음 몇 가지 방향이 있는 것으로 보인다.

첫 번째 정부 조직개편의 핵심 과제는 검찰의 수사·기소 분리이다. 검찰청을 폐지하고 수사를 전담하는 중대범죄수사청을 행정안전부 산하에 설치하고, 법무부 산하에는 기소와 공소 유지를 담당하는 공소청을 설치하는 내용이 핵심이다. 기획재정부의 예산 기능 분리도 정부 조직개편의 핵심이다. 현재 예산과 세제, 경제 정책까지 모두 총괄하는 기재부를 나눠 예산을 담당하는 예산처를 국무총리실 산하에 두고 경제 정책을 기획하는 재정경제부를 신설하는 방안이다. 재정경제부는 금융위원회가 담당하던 금융정책 기능을 가져오는 방안도 거론된다.

다음 과학기술정보통신부 장관을 과학기술부총리로 승격시켜 AI 산업 육성의 컨트롤타워를 맡기는 것도 거론된다. 여기에 더해 기재부가 쥐고 있는 R&D 예산 심사·배정 권한도 과기정통부가 대부분 이관받는다는 계획이다. 또한 기후에너지부를 신설해 기후위기 대응과 에너지 정책을 아우르는 컨트롤타워를 구성할 계획이다. 에너지 정책을 이관한 경우 산업부는 산업과 통상만 남게 되는데, 통상 기능도 외교부로 이관하거나 미국무역대표부와 같은 독립 부처로 격상하는 방안을 검토하고 있다. 이 경우 산업부는 순수 산업정책 부서로 축소된다.

이런 신정부의 정부조직 개편 방향과 관련 국가경쟁력 제고와 직접 관련이 있는 것은 과학기술 및 산업 기능, 예산과 경제 정책 기능, 통상 기능 3가지라고 할 수 있다. 첫째, 과학기술 및 산업 기능 관련 한국의 거버넌스로는 과학기술정보통신부, 방송통신위원회, 개인정보보호위원회, 산업통상자원부가 있다. 1994년 김영삼 정부에서 신설된 정보통신부는 2008년 이명박 정부 출범으로 폐지되고 ICT 정책 기능을 지식경제부(현 산업부) 등 여러 부처로 분산하는 분산형 ICT 정책추진체계를 채택하였다. 다만, 방송통신이 융합하는 시대에 대응하기 위해 정보통신부와 방송위원회를 통합하여 방송통신위원회를 설립하였다. 2013년 출범한 박근혜 정부는 분산형 ICT 정책추진체계에서 나타난 ICT 산업성장 둔화 등에 대한 대책으로 여러 부처의 ICT 기능을 총괄하는 집중형 독임제 ICT 부처의 필요성을 절감하였고, 이는 결국 과학기술부와 구 정보통신부의 기능이 합쳐진 미래창조과학부의 탄생으로 이어졌다. 방통위는 방송통신 분야 규제 업무를 맡고 정책 업무는 미래창조과학부로 이관되었다.

이런 과학기술과 정보통신의 통합, 방송정책과 규제의 분리를 내용으로 하는 과기정통부, 방통위 분리 체제는 문재인 정부를 거쳐 윤석열 정부에서도 이어졌다. 그러나 17년 이상 이어온 방송 분야의 분리 정책은 실패로 끝났다. 방송통신위원회는 공영방송 업무에 관한 여야 간 대립으로 인해 합리적 의사결정이 불가능했다. 따라서 가칭 "공영방송위원회"를 별도의 합의제 기구로 두되 그 외 방송 업무는 과기정통부로 이관하는 것을 검토할 필요가 있다.

또한 AI를 기반으로 사회 전 분야의 디지털 혁신을 추진하기 위해서 이 분야 기획 예산, 규제 개혁, 정부 혁신 기능을 같이 수행하는 부총리급의 가칭 "AI 디지털혁신부"의 설치나 기존 과기정통부의 부총리 격상이 필요하다. 개인정보보호위원회는 독립규제위원회로서 권한과 역할을 강화하는 방향으로 가야 할 것이다. 개인정보보호 규제는 원칙적으로 프라이버시권을 보호함으로써 인간의 존엄성을 보장하는 것을 목표로 하지만, 인간의 존엄한 경제적 삶의 중요성도 간과되어서는 안 된다. 특히, 개인정보는 중요한 AI의 원재료라는 측면에서 데이터 활용의 극대화를 위한 규제 특례의 인정이 필요하다.

둘째, 예산과 경제 정책 기능이다. 현재 기재부가 예산과 경제 정책을 모두 총괄하면서 예산이 경제에 치우치고, 단기적인 경제 성과에 집중하는 경향이 있고, 특히, 기재부가 예산 편성권을 쥐고 다른 부처의 상급 부처 역할을 하면서 부처의 자율성을 저해하고 효율적인 사업 추진을 어렵게 한다는 비판이 있다. 예산 기능은 단순한 재원 배분을 넘어, 국가의 장기적인 비전과 목표에 부합하는 총괄 조정 기능을 수행해야 한다는 측면에서 예산 기능을 분리해 총리실에 두는 방향은 검토할 만하다. 이와 관련 정책과 규제 기능을 같이 가지는 경우 규제 기능이 우세하게 되는 관성이 있다는 점에서 금융위원회의 금융정책 기능은 경제 정책과 결합하는 것이 금융산업의 경쟁력 강화 차원에서 바람직할 수 있다.

셋째, 통상 기능이다. 김대중 정부 출범 직후인 1998년 기존 외무부에 통상 기능을 통합한 외교통상부가 신설되면서 산업자원부의 통상 교섭권이 이관됐고, 2013년 박근혜 정부 출범 직후 외교통상부가 외교부로 다시 분리된 뒤로는 계속 산업부가 통상 기능을 갖고 있다. 외교부는 외교와 통상의 분리가 비효율적이며, 특히 대미 협상 과정에서 외교부의 역량과 인맥이 중요하다는 입장인 반면, 산업부는 산업정책과 통상 협상은 긴밀하게 연결되어야 하며, 특히 반도체·배터리 등 첨단산업 공급망 재편이 본격화하는 상황에서 산업정책에 입각한 경제안보형 통상의 중요성이 커지고 있다는 점을 강조하고 있다. 산업과 분리된 통상이란 사상누각에 불과하다는 점에서 후자의 입장이 타당하다. 기존에도 산업부의 통상 기능이 일반 산업을 제외한 ICT, 바이오 등 다른 부처 소관 산업의 이해를 반영하는 것이 어려운데, 비경제부처인 외교부는 이런 문제를 더 키울 수 있다.

그 외 기후에너지부 신설의 경우 에너지 산업 지원과 환경 규제라는 이질적인 기능이 섞이면서 융화가 어려울 수 있다. 에너지 산업은 AI 산업 지원의 핵심 인프라인데 환경 규제 논리와 계속 마찰을 빚을 우려가 있다. 또한 산업 분야의 AX를 위해서는 대통령실의 AI 미래기획 수석이 산업정책 업무도 관장할 수 있어야 하나, 현재는 별도의 경제성장 수석이 산업정책을 관장하고 있는 것이 문제가 될 수 있다. 정책실장의 협력, 조정 역할이 중요하다고 할 수 있다.

결론적으로 국가경쟁력 강화를 위한 정부조직 개편은 효율적이고, 민첩하게 변화에 대응하며, 미래를 선도하는 정부를 지향해야 한다. 다만, 이러한 하드웨어적인 개편 이외에도 적극행정을 유도하는 등 공무원들의 의식과 행동을 변화시킬 수 있는 소프트웨어적인 개혁 작업이 병행되어야 할 것이다.[7]

---

7 2025년 9월 26일 「정부조직법」 개정안이 국회 본회의를 통과했다. 개정법안에는 다음과 같은 핵심 변화가 포함되어 있다. 검찰청 폐지 및 수사·기소 기능 분리: 검찰청이 폐지되고, 수사 기능을 담당할 중대범죄수사청(중수청)과 기소 기능을 담당할 공소청이 신설된다. 기획재정부 분리: 기재부 기능 중 예산 기능은 기획예산처로 이관하고, 나머지 기능은 재정경제부에 귀속하는 방식으로 개편된다. 환경·에너지·기후 대응 조직 강화: 환경부 명칭을 기후에너지환경부로 변경하고, 에너지·기후 대응 기능을 확대하는 내용이 포함된다. 기타 방송통신위원회 폐지 및 방송미디어통신위원회 신설 등 미디어·통신 분야 거버넌스 재편이 포함되었다.

22 능력주의와 공정성의 역설

2020년 5월부터 시행 중인 채용 공정화에 관한 법률은 회사가 구직자에 대하여 본인의 용모·키·체중 등의 신체적 조건, 본인의 출신 지역·혼인 여부·재산, 본인의 직계존비속 및 형제자매의 학력·직업·재산 정보를 수집할 수 없도록 하고 있다. 2017년부터 시행 중인 공공기관 블라인드 채용 가이드라인에 따르면 공공기관은 출신지, 가족관계, 학력, 외모를 인사자료로 삼을 수 없게 하고 있다. 로스쿨 입시에서도 출신학교나 부모의 직업을 명시·암시하는 기재는 금지되고 있다.

이런 블라인드 인사는 채용이나 입학 과정에서 편견이나 부당한 영향력이 개입되어 불합리한 차별을 야기할 수 있는 것을 막고 능력에 따른 인사를 함으로써 채용, 입학 과정의 공정성을 유지하기 위한 것이다. 여기서 공정성이란 차별의 제거와 능력주의 원칙(meritocracy)의 관철을 의미한다. 능력주의란 개인의 능력에 따라 사회적 지위와 권력이 부여되는 사회를 추구하는 이념이다. 최근 공개오디션 방식으로 대변인을 선출한 30대 제1야당 대표는 선거 공천에도 자격시험을 도입할 계획을 밝힌 바 있는데 이것이 바로 능력주의의 사례이다.

그러나 능력주의에 대한 반론도 상당하다. 영국의 사회학자 마이클 영은 1958년 펴낸 〈능력주의의 부상(The Rise of Meritocracy)〉에서 1860년 영국인에 대한 보통교육이 시작된 후 노골적인 계급사회였던 영국이 능력주의를 내세운 위선적인 계급사회로 바뀌는 과정을 묘사했다. 개인의 타고난 소질과 노력을 합쳐 '능력'이라고 하지만, 소질은 유전적 영향에서 자유롭지 않고, 노력도 이를 할 수 있는 환경과 여건이 다르다. 결국, 능력주의는 능력자들을 위한 신분제 역할을 한다는 것이다. 마이클 샌델 교수는 2020년에 발표한 〈능력주의의 폭정

(the tyranny of merit)〉에서 아이비리그라고 하는 대학교에 입학하기 위해서는 SAT 시험에서 고득점을 받아야 하는데 이를 위해서는 고등학교 때부터 다양한 체험과 봉사 경험이 필요하다. 결국, SAT 고득점은 능력보다는 부모의 사회적 지위와 같은 행운에 의해 결정된다고 한다.

이처럼 연고주의(緣故主義), 엽관주의(獵官主義)의 폐해를 시정하기 위해 도입된 능력주의가 공격받고 있다. 우선 지나친 능력주의는 합리적 의사결정을 방해할 수 있다. 예컨대 채용, 입학 과정의 공정성을 유지하기 위해 편견의 여지가 있는 정보를 배제하다 보면 결국 아무런 정보 없이 채용과 입학을 결정하게 된다. 사용할 수 있는 정보는 소위 객관식 시험이라는 정량적 지표인데 지표의 고득점은 부모 찬스 때문인 경우가 많아서 결국 객관적 지표에 대한 과신은 오히려 불평등을 구조화할 수 있다. 공정성을 유지하기 위한 블라인드 인사가 거꾸로 공정성을 저해하는 역설을 가져올 수 있는 것이다.

또한 능력주의는 개인의 소질과 노력을 발휘할 동일한 기회를 보장한다고 하지만, 주어진 여건의 차이로 인해 발생하는 불평등한 결과를 치유하지 못한다. 이에 마이클 샌델은 기회의 평등이나 결과의 평등이 아닌 '조건의 평등(equality of condition)'을 대안으로 제시한다. 이는 모든 사람이 공공의 삶 속에서 이해관계를 공감하며 공동선에 대해 깊이 고민하는 존재 방식과 문화를 익히는 것이라고 한다. 또한 승자들은 자신들의 성공이 자신의 능력에 대한 보상이 아니라 운과 사회적 요구 등 다른 요소임을 자성하고 겸손해야 한다고 말한다.

사회적 편견이나 연고를 배제하고 공정성을 이루기 위한 능력주의가 타당하지만 이의 지나친 강조는 오히려 공정성을 저해하고 있는 것은 아닌지 돌아볼 필요가 있다. 구체적이고 타당한 결정을 하기 위해 충분한 정보를 제공할 필요가 있으며, 성공한 사람들이 공동체에 대한 부채 의식을 가지고 경쟁에서 밀려난 사람들도 포용할 수 있는 사회 시스템을 구축해야 할 것이다.

23 국가에 의한 차별과 민간에 의한 차별

2022년 1월 4일 서울행정법원 행정8부는 "학원·독서실·스터디카페를 방역패스 의무적용 시설에 포함하는 것을 멈춰 달라"며 전국학부모단체연합 등이 보건복지부 장관 등을 상대로 낸 집행정지 신청사건(2021아13365)에서 "보건복지부 장관이 한 특별방역대책 후속조치 중 학원·독서실·스터디 카페를 방역패스 의무적용 시설로 포함시킨 부분은 본안 판결 선고일까지 효력을 정지한다"며 일부 인용 결정했다.

법원은 방역패스 정책은 백신 미접종자 중 학원·독서실 등을 이용해 시험 등에 대비하려는 사람의 학습권이 현저히 제한되므로, 사실상 그들의 교육의 자유와 직업선택의 자유 등을 직접 침해하는 조치이며, 이 정책으로 의사에 관계없이 백신을 맞아야 하므로, 개인의 신체에 관한 의사결정을 간접적으로 강제받아 신체에 관한 자기결정권을 행사하지 못하게 되는 등 이는 백신 미접종자 집단에게 중대한 불이익을 주는 조치라고 지적했다. 또한 법원은 12세 이상 전체 백신 미접종자 중 감염자 비율은 1천명당 1.5명으로 감염 비율 자체가 매우 낮다고 지적했다. 결국 법원은 방역패스가 헌법상 기본권을 중대하게 침해하고 있음에 반해 그러한 정책의 효과성은 의심된다는 측면에서 일단 제동을 걸었던 것이다.

방역패스는 정부가 2021년 11월 1일 위드 코로나 조치를 시작하며 유흥시설·노래연습장·목욕탕·실내체육시설 등 다중이용시설에 대해 백신 접종자에게만 출입을 허용했던 정책이었는데, 2021년 12월 6일 식당·카페·학원·독서실 등으로 범위를 넓혔다. 이는 국가기관이 객관적이고 합리적인 이유 없이 특정 집단의 국민을 불리하게 차별하는 것을 금지하는 제11조 1항에 위반된다는 것이 법원의 판단이다. 동 조항은 모든 국민은 법 앞에 평등하고 누구든지 합리적 이유 없이는 생활의 모든 영역에서 차별을 받지 않는다는 평등원칙을 선언하고 있다.

한편 최근 노키즈존(No kids zone)·노교수존과 같이 가게에 특정 연령대, 소속, 집단을 대상으로 출입을 막는 현상이 사회 문제가 되고 있다. 이런 출입금지에 대해 자영업자 입장에서는 매출에의 영향, 다른 고객의 보호 등 이유로 영업의 자유에 속한다는 입장이나 고객 입장에서는 개인의 행동의 자유를 침해하고 사회적으로는 부당한 차별을 심화시킬 수도 있다. 나아가 코로나 확산 초기 대구 확진자가 급증하자 도시를 봉쇄하자는 논의처럼 특정 집단을 배제하는 차별이 사회 양극화를 초래할 우려도 있다.

이러한 차별은 민간에 의한 민간의 차별로, 이를 제한하기 위해 국회에서는 다수의 차별금지법이 발의돼 있다. 법안들은 원래 국가와 국민 간에 적용되던 평등원칙을 일반 국민 간의 사적 분야에까지 폭넓게 직접 적용하고 있다. 법안들은 합리적 이유 없이 성별, 장애, 병력, 나이, 성적 지향성, 출신 국가, 출신 민족, 인종, 피부색, 언어 등을 이유로 고용·교육기관의 교육 및 직업훈련 등에서 차별을 받지 않도록 하는 내용 등을 담고 있다. 다만 이 법안들은 개인과 기업의 자유가 제약되거나 침해될 수도 있어 법 제정까지는 상당한 논란이 예상된다. 민간에 의한 차별이 국가기관의 의한 차별보다 폭넓게 허용되지만, 현실의 삶에서 국가뿐 아니라 대기업이나 거대 플랫폼 등 민간의 영향력도 무시할 수 없다는 점에서 이제 비차별의 이슈는 국가만이 아니라 민간도 진지하게 허용 범위와 방식을 고민해야 할 것이다.

24 디지털 대전환기 대학이 가야 할 길

초연결과 데이터, 인공지능이 주도하는 디지털 대전환이 세상을 근본적으로 변화시키고 있다. 대용량 초고속 네트워크를 통해 사회 각 부분이 연결되고 있고 인공지능 기술이 급속도로 발전하면서 대량의 데이터 분석과 가공이 가능해지는 디지털 대전환이 진행 중이다. 특히, 지난 2년 넘게 진행된 코로나 팬데믹은 비대면 디지털 사회로의 전환을 가속화하고 있다.

대학도 예외가 아니다. 온라인 강의가 일상화되는 것은 물론 필요한 지식을 가상공간에서 여러 방식으로 얻을 수 있게 되면서, 교수의 일방적인 지식 전달식 교육은 위기를 맞고 있다. 여기에 한국의 대학은 저출산 경향이 뚜렷해지면서 나타난 학령인구의 감소로 이중의 위기를 맞고 있다. 입학생의 부족은 등록금 수입 감소로 인한 재정 악화로 이어지는데, 14년간의 등록금 동결은 이를 더욱 부채질하면서 대학의 기본임무인 교육과 연구의 부실을 초래하고 있는 셈이다. 특히, 사립대학의 재정이 문제다. 2020년 사립대의 72%인 85개 대학이 적자를 기록했으며, 전체 사립대학의 적자 규모도 2019년 2727억 원에서 2020년 4200억 원으로 54%나 증가했다.

이런 막막한 현실에 비해 대학에 대한 사회의 기대는 더욱 높아지고 있다. 그중에서도 최근 새 정부의 가장 시급한 요청은 디지털 대전환에 대처하기 위해 대학이 반도체 등 디지털 분야 인력양성과 연구개발의 중심이 되어야 한다는 것이다.

이 같은 상황에서 대학의 위기를 해결하기 위한 기본 방향은 대학의 구조조정과 경쟁력 강화인데, 구체적으로는 다음 몇 가지 과제를 생각해 볼 수 있다. 첫째, 디지털 분야 전문인력 양성을 위한 정원 조정이다. 최근 정원확대 등 조정이 불가능해지자 정원통제를 받지 않는 계약학과의 신설이 대안이 되고 있지만 이는 미봉책에 불과하다. 대학의 고질적 병폐인 학과 이기주의를 극복하고 디지털 산업에서 요구되는 인력을 배출하는 학과의 정원을 늘릴 필요가 있다.

둘째, 임무지향형 연구개발 기능 강화다. 사회문제 해결이나 정책목표를 달성하는 등 실질적인 임무를 달성하는 연구개발이 되어야 한다. 작금의 대학은 대학평가에서 상위등급을 얻기 위해 논문, 특허 숫자 늘리기 경쟁에 집중하고 있다. 이로 인해 대학의 가장 중요한 기능인 강의가 소홀해질 우려가 있다.

셋째, 디지털 대전환에 적응하기 위한 평생교육 시스템의 구축이다. 평생교육은 단순히 성인의 재교육 수요 확대에 대응하는 측면을 넘어 인공지능 도입 등 디지털 전환 과정에서 발생하는 일자리 감소에 대응하는 적극적인 진로 및 경력개발 강화방안이 되어야 한다.

넷째, 유연한 등록금 정책 등을 통한 재정건전화이다. 대학 위기의 본질은 재정의 악화이며 당연히 문제의 해결책은 재정의 건전화이다. 대학의 재정수입은 등록금, 국가장학금, 기부금 등이다. 사립대 연평균 등록금은 2010년 751만 4000원이었으며 2021년에도 752만 3700원으로 거의 차이가 없는데, 같은 기간 물가상승률은 25.5%에 달했다. 기업이사회의 통제로 대규모의 기업기부도 사실상 불가능해졌다. 대학이 등록금을 조정하고 미활용 자산을 수익화할 수 있도록 각종 규제를 완화해주어야 한다.

대학의 위기는 미래 국가경쟁력의 약화로 이어진다. 한때 대학은 상아탑이라 불리는 학문의 전당이었지만, 이제 이는 현실적으로 가능하지도 바람직하지도 않다. 디지털 대전환에 필요한 기술, 인문을 아우르는 융합형 전문인재를 공급하고, 디지털 전환을 위한 인문, 사회, 공학을 아우르는 통합적 연구를 수행하는 것이 바로 디지털 대전환 시대 대학의 역할이다. 이를 수행하기 위해 대학에 대한 규제 완화, 정부의 지원과 기업의 투자, 대학의 혁신 노력이 함께 진행되어야 한다.

25 혁신·지역성 균형 있게 고려한 규제자유특구 돼야

202년 8월 4일 정부는 새 정부 출범 이후 처음으로 제8차 규제자유특구위원회를 개최해 전남 개조전기차특구 지정안 등 규제자유특구 3곳을 신규로 지정했다. 전남 개조전기차특구에서는 내연기관 차량을 전기차로 개조해 무게증가에 따른 주행 안전성 기준을 마련하는 실증사업을 추진한다. 주행 안전성 관련 법령상 기준이 없어 신기술을 활용하는데 애로를 겪는 문제를 해결하기 위해 전남 개조전기차특구에서 전기차 개조를 허용하면서 기준을 제정하는 것이다.

이처럼 규제자유특구는 지역을 단위로 지역과 기업이 직면한 신사업 관련 덩어리 규제를 패키지로 완화해 주는 제도로 특정 지역 전체에 규제를 적용하지 않는다는 점에서 법치주의에 대한 중대한 예외다. 또한 규제자유특구는 신기술을 규제 없이 산업화할 수 있도록 하기 위해 규제 신속확인, 임시허가, 실증특례라는 규제혁신 3종 세트를 내용으로 한 규제샌드박스를 도입했다는 점에서는 산업통상자원부의 산업융합, 과학기술정보통신부의 정보통신 융합, 금융위원회의 금융혁신과 동일하다.

다만 규제자유특구는 산업육성을 위한 핵심규제완화라는 목표하에 비수도권을 대상으로 시도지사가 신청하는 것이라는 점에서 기술 중심 개별 규제완화라는 목표하에 전국을 대상으로 기업이 신청하는 다른 규제샌드박스와 차이가 있다. 특히 규제자유특구는 규제유예를 넘어 국가혁신클러스터 등 각 부처의 지역산입 육성정책의 일환이라는 점에서 의미가 있다.

정부 발표에 따르면 제도 도입 3년차인 현재 규제자유특구는 규제로 막혀 있던 분야에 75개 실증, 149개 특례를 허용하고 지역 투자유치 2조 7000억 원, 신규일자리 창출 3000여 명, 기업유치 239개사 등 지역경제 활력에 기여했다. 다만 이런 양적 성장에도 불구하고 세계 시장을 선도할 수 있는 신산업 육성이나 관련 법령 개정의 성과는 미미하다. 이에 정부는 특구 신청자격을 기초지자체까지 확대하고 대형사업의 경우 실증기간을 4년까지 연장하고 부처 법령개정계획 제출을 의무화하는 내용을 담은 고도화 방안을 마련했다.

그러나 혁신성과 지역성이라는 두 마리 토끼를 잡고자 한 규제자유특구제도가 혁신보다 지역성에 초점을 두는 것은 아닌지 우려된다. 원래 규제샌드박스 제도는 기존 법령규정에도 불구하고 혁신성을 이유로 특정 기업에 규제적인 특권을 부여하는 것이기 때문에 동종 경쟁기업에는 반사적 불이익을 줄 수 있다. 예컨대 개인정보 파기의무의 예외를 인정하는 블록체인특구의 경우 동 지역 외에 소재하는 기업의 경우 이런 특권을 누릴 수 없다. 물론 이번에 마련된 고도화 방안에 주소지와 관계없이 특례적용이 가능하도록 하는 협력사업자 개념이 도입된 점은 긍정적이다.

다만 블록체인 기술이 가지는 데이터 삭제 불가능성은 이미 오랜기간 논의된 이슈고 이에 대한 기존 법령의 개정이 필요하고 가능함에도 불구하고 이를 하지 않고 특정 지역에서만 이를 허용하는 것이 어떤 실익이 있는 것인지 알기 어렵다. 원칙적으로 규제 이슈가 법 개정을 통해 해결 가능하고 해당 규제 대상 산업이 특별히 해당 지역에서만 비교우위가 있는 것이 아니라면 규제자유특구 지정에 보다 신중을 기할 필요가 있다.

규제자유특구는 기업가의 혁신과 정부의 규제에 대한 사전실험을 가능하게 하고 나아가 지역특화산업 육성까지도 가능한 장점이 있지만 반대로 동종기업의 경쟁에 악영향을 미칠 수도 있고 혁신성보다 지역성을 과도하게 강조하는 경우 전체 국민의 편익에 부정적 효과를 가져올 수도 있다. 혁신성과 지역성을 균형 있게 고려하는 정책이 필요하며 규제자유특구를 포함한 규제샌드박스의 본질적 목표는 규제적용을 일시적으로 유예한 후 법 개정 여부를 판단하고 실행하는 것이라는 점을 유의해야 할 것이다.

26 정보통신 분야 과징금의 본질

행정법상 각종 의무를 위반하는 자에 대해서 행정청은 의무 이행을 확보하기 위한 다양한 수단을 마련하고 있다. 불법 건축물 철거와 같이 의무를 불이행할 때 행정기관이 강제로 의무를 실현하는 행정상 강제집행, 의무 위반에 대해 과태료, 형벌 등을 부과하는 행정벌, 의무 불이행 여부와 무관하게 공공의 안전·질서를 긴급히 확보하기 위해 행정청이 직접 물리력을 행사하는 행정상 즉시강제가 그것이다.

이 외에도 현대 행정에서 새로운 수단으로 등장한 것이 과징금이다. 과징금이란 행정법상 의무를 불이행하였거나 위반한 자에게 가해지는 금전적 부담을 말한다. 행정기본법 제28조 제1항은 과징금을 "행정청이 법령 등에 따른 의무를 위반한 자에 대하여 그 위반행위에 대하여 부과하는 금전상 제재"로 규정하고 있다. 같은 금전상 부담이지만, 과태료가 비교적 경미한 의무 위반에 부과하는 소액의 정액 행정질서벌이라는 점에서, 벌금은 법률 위반에 대한 형사처벌이라는 점에서 구분된다. 과징금은 손해배상, 이행강제 등 민사적 제재와 달리 행정청이 직접·일방적으로 발동 가능하다는 점에서 자기집행적·권력적 성격을 지닌다. 즉, 법원의 판결을 기다리지 않고 의무 위반이 있으면 바로 집행 가능하다는 점에서 강력한 효력이 있다. 과징금은 행정제재로서 형사제재와는 달리 반사회성, 반윤리성 및 고의 등을 요건으로 하지 않고, 그 외의 부과 요건의 증명 강도도 형사처벌의 경우보다 완화되어 있다. 과징금은 강력한 공권력 집행 수단임과 동시 국가의 재정에도 기여하는 특성이 있다.

과징금의 본질 내지 유형은 크게 3가지로 나눌 수 있다. 첫째, 부당이득 환수형 과징금이다. 이는 법령 위반행위에 따른 부당이득을 환수하는 성격을 갖는 과징금으로, '본래의 과징금'이라고도 한다. 원칙적으로 행정법상의 의무를 위반한 자에 대하여 당해 위반행위로 얻게 된 경제적 이익을 박탈하기 위한 목적으로 부과하는 금전적인 제재이다. 둘째, 영업정지 대체형 과징금이다. 영업의 정지에 갈음하거나 선택 관계에 놓이는 과징금으로, '변형된 과징금'이라고도 하는데, 이는 행정 법규 위반으로 영업정지를 명하여야 하나 그 영업정지처분이 일반 국민에게 큰 불편을 초래하거나 공익을 해칠 우려가 있는 경우 영업정지를 대신하여 그 영업으로 인한 이익을 박탈하는 하는 것이다. 이 경우에도 부당이득 환수 성격은 동일하다. 셋째, 제재형 과징금이다. 이는 행정제재로서 금전적 제재 성격을 갖는 과징금이다. 오늘날 과징금은 부당이득 환수 기능과 제재적 기능이 혼합된 형태가 일반화되고 있으나, 다른 행정제재와 다른고유 속성은 부당이득 환수라고 봐야 할 것이다.

한국의 과징금은 1980년 법률 제3320호로 제정된 공정거래법 제6조에서 경제기획원장관의 가격인하명령에 불응한 시장지배적 지위를 보유한 사업자에게 그 가격인상의 차액에 해당하는 금액을 국고에 납부하도록 한 것이 그 시초이다. 그 이후 전기통신사업법, 개인정보보호법 등 여러 경제행정법에 과징금이 도입되었다.

전기통신사업법은 전기통신사업자가 설비 제공 거부 등 불합리하거나 차별적인 조건·제한 부과, 이용자 이익 저해 행위 등 제50조 제1항의 금지 행위를 위반한 경우, 또한 의무 위반 시 사업의 정지를 명하여야 하나, 사업의 정지가 해당 사업의 이용자 등에게 심한 불편을 주거나 공익을 해칠 우려가 있는 경우에는 이에 갈음하여 과징금을 부과할 수 있도록 하고 있다. 전자는 금지행위 위반에 대한 제재 및 억제와 위반행위로 인한 부당이득 환수의 성격이며, 후자는 영업정지 대체 과징금이다. 산정기준은 전기통신사업자의 금지행위와 관련된 전기통신역무의 직전 3개 사업연도의 연평균 매출액의 3%를 기준으로 한다.

개인정보보호법은 수집, 이용 동의 등 위반하여 개인정보를 처리한 경우. 안전성 확보에 필요한 조치를 하지 아니하여 개인정보가 분실·도난·유출·위조·변조·훼손된 경우 등 9개 사유에 대해 과징금을 부과한다. 다만, 개인정보처리자가 제29조에 따른 안전성 확보에 필요한 조치를 다한 경우에는 과징금을 부과하지 않는다. 산정기준은 전체 매출액의 100분의 3을 초과하지 않는 범위이나, 사업자가 입증하면 전체 매출액에서 위반행위와 관련이 없는 매출액을 제외한 매출액을 기준으로 과징금을 산정한다. 영업정지 대체 과징금이 없다는 점과 전체 매출을 기준으로 한다는 점에서 전기통신사업법과 다르다.

과징금 제도의 본질과 관련해 개인정보보호법상 중요한 이슈는 9가지 부과 사유 중 안전성 확보조치 미이행으로 인한 개인정보 유출 등의 몇 가지 요건에서는 개인정보처리자의 부당한 이득이 발생하지 않는다는 점이다. 이 경우 과징금의 성격은 오로지 제재적 성격인데, 이런 경우에도 매출액을 기준으로 과징금을 산정하는 것이 적절한가 하는 것이다.

개인정보보호위원회는 맞춤형 광고를 위해 동의 없이 행태 정보를 수집·이용한 행위에 대해 구글 692억 원, 메타 308억 원의 과징금을 부과한 바 있는데, 이처럼 이득이 발생한 경우와 안전조치 위반은 다르다고 봐야 하지 않느냐는 것이다. 신용정보법은 개인정보보호법과 달리 개인신용정보 유출 시 매출액에 연동하지 않고 50억 원 이하 과징금을 부과하고 있는 점도 참고할 필요가 있다.

향후 의무 위반의 성격, 결과 등을 고려해 사안별로 매출액에 연동해 부당이득을 환수할 것인지 아니면 제재적 성격의 정액 금전을 부과할 것인지를 판단해 입법을 개선할 필요가 있다. 또한 과징금의 본질에 비추어 보면 부당이득 환수와 제재적 성격 중 후자가 지나치게 강조되는 경우 벌금과의 차이가 없어져 중복 제재의 문제가 있다는 점도 유의해야 할 것이다.

27 M&A 과정에서 이용자 보호

기업 인수합병(M&A)은 기업 간의 자본적, 인적, 조직적 결부를 통하여 기업활동을 단일한 관리 체제에 통합함으로써 개별기업의 경제적인 독립성을 소멸시키는 과정이다. 합병, 영업 양수 등이 사례인데, 이는 기업의 성장이나 시장 지배를 위한 대표적인 수단이며 그 외 한계기업의 정리 및 시장 퇴출을 위한 수단으로서의 의미가 있다.

이런 M&A 과정에서 발생하는 이슈 중 하나가 인수 대상 기업의 이용자 보호이다. 이용자는 기존 기업과 약관 등을 통해 계약을 맺고 재화나 용역을 제공받고 있는데, M&A 이후 인수 주체가 이용자의 기존 계약상의 권리를 침해하거나 불이익을 주는 경우가 자주 발생하고 있다. 인수기업은 인수를 위해 들인 자금을 회수하기 위해 기존 서비스를 중단되거나 품질을 저하시키거나 이용자에게 불리한 약관 변경, 요금 인상 등을 시도할 유인을 가진다.

정부로부터 허가 등을 받은 사업을 인수하는 경우에는 정부가 면허 이전에 대한 인가를 통해 동 인수의 적법, 적정성을 심사하면서 이용자 보호 조치도 심사하기 때문에 큰 문제가 없다. 예를 들어 전기통신사업법 제18조 제2항은 과학기술정보통신부장관이 M&A 인가 시 경쟁 촉진, 이용자 보호, 기술 발전, 국민경제 등을 위하여 필요한 조건을 붙일 수 있도록 규정하고 있으며, 특히 제4호에서는 "이용자 보호에 필요한 조치"를 명시적으로 언급하고 있다.

개인정보보호법은 개인정보자기결정권을 보장하기 위한 특별한 조치를 하고 있다. 상법 원칙상 영업양수도, 합병의 경우 포괄적으로 권리, 의무가 승계되기 때문에 개인정보 이전에 동의 절차가 필요 없지만, 예외적으로 개인정보보호법은 양도인 등은 이용자에게 개인정보 이전 사실을 통지하도록 하고 있으며, 나아가 정보주체가 개인정보의 이전을 원하지 아니하는 경우 이를 거부할 권리도 부여하고 있다. 개인정보도 영업자산에 포함되지만 개인정보의 인격권적인 성격을 인정해 계약으로부터 탈퇴의 자유를 부여하고 있는 것이다.

규제 산업이 아닌 일반적 기업결합 심사는 공정거래법이 적용되는데 동법상 기업결합 심사는 독과점으로 인한 경쟁 제한을 방지하여 이용자 후생을 보호하는 데 초점을 맞춘다. 기업결합으로 시장 경쟁이 줄어들면, 가격 인상, 서비스 품질 저하, 그리고 소비자 선택권 축소 등의 문제가 발생할 수 있기 때문이다. 이에 따라 경쟁 당국은 이런 문제를 해소하기 위한 구조적, 행태적 조치를 기업결합 인가의 조건으로 부과한다.

최근 국내 1위 항공사가 2위 항공사를 합병하면서 항공기 이코노미석 배열을 '3-4-3'으로 변경함으로써, 좌석 폭이 약 1인치 좁아진 것에 대해, 요금은 그대로인데 공간이 줄었다는 점에서 소비자 반발이 거세다. 항공사가 향후 10대 항공기에 대해서는 기존 '3-3-3' 배열 유지하기로 했지만, 이런 이용자 이익 침해 결정을 한 것이 놀랍다. 또 최근 골프장 M&A 시 기존 회원들의 예약권을 제한하는 등 권리를 침해하는 일이 많다. 체육시설 설치 및 이용에 관한 법률 제27조에 따르면 양수인은 양도인의 회원권에 대한 권리·의무를 승계하도록 규정하고 있지만, 실제 그렇지 않은 것이 현실이다.

기업은 M&A를 통해 비용 절감, 시너지 효과를 추구한다. 다만, 이런 효율성 추구가 인력 감축, 서비스 축소, 요금 인상 등으로 이용자에게는 불편을 초래할 수 있다. 그런데 이용자는 계약상 약자이다. 대부분의 서비스가 표준계약 내지 약관 형태로 되어 이용자는 협상력이 없고 계약 해지 외에 다른 선택지가 없다. 즉, 정보 비대칭, 교섭력 불균형 때문에 이용자의 권익이 쉽게 침해되는 것이다. 이 점에서 규제당국과 경쟁 및 소비자 당국은 소비자를 보호하는 안전장치를 마련해야 한다. 일반 소비자보호법이 개별 산업에서의 이용자 보호에 취약하다면 항공, 스포츠 등 규제 산업별로 이용자 보호를 위한 금지행위 규정을 도입할 필요가 있다.

28 미디어, AI 거버넌스 개편 “기대 반 우려반”

새 정부의 미디어, 인공지능 조직개편이 확정되었다. 10월 1일부로 방송통신위원회가 폐지되고 새로운 기구인 방송미디어통신위원회(방미통위)가 출범했다. 종전과 달리 미디어라는 명칭이 추가되었는데, 실제로 과학기술정보통신부(과기정통부) 소관이던 유료방송 등 미디어 진흥 기능을 넘겨받아 방송, 미디어 분야 정책과 규제 기능이 통합되었다. 위원도 기존 5인의 상임위원 체제에서 3인의 상임위원과 4인의 비상임위원 총 7인 체제로 변경된다. 위원장과 비상임위원 1명은 대통령, 상임위원 1명과 비상임위원 1명은 여당, 상임위원 1명과 비상임위원 2명은 야당 추천 인사로 꾸려진다. 결국 여권이 4명, 야권이 3명을 추천한다.

방송미디어 조직의 17년 만의 변화로 인해 기대와 우려가 교차하고 있다. 우선 방미통위 출범은 기존에 과기정통부와 방통위로 분산되었던 유료방송 등 미디어 진흥 및 규제 기능을 방미통위로 통합하여, 변화하는 미디어 환경에 부합하는 일관되고 통합적인 정책 추진이 가능하게 되었다는 의미가 있다. 다만, 통신정책과 방송 정책의 분리로 사실상 구 정보통신부와 방송위원회 체제로 회귀하면서 통신, 방송 융합정책 추진에 애로가 예상된다. 또한 방미통위에 온라인동영상서비스(OTT)와 관련 기능이 제외되면서 이에 대한 진흥과 규제가 공백 상태이다. 또 방미통위가 고질적인 정치적 갈등을 극복하고 정치적 독립성과 전문성을 기반으로 미디어, 콘텐츠, 플랫폼 규제 부서로서 역할을 할 수 있을 것인지 우려된다.

한편 9월 30일 국무회의에서 정부조직법 개정으로 과기정통부가 부총리급으로 승격했다. 과기정통부 장관이 부총리직을 겸임하며, 과학기술·인공지능(AI) 정책 분야의 총괄·조정 기능을 수행한다. 부총리 직속으로 과학기술·AI 정책협력관이 신설되고, 과학기술·AI 관계 장관회의도 설치된다. AI 전담 조직도 기존 국(局) 수준의 AI 기반정책관이 'AI 정책실'로 격상된다.

이는 부처 간 칸막이를 허물고 국가 과학기술 및 AI 정책을 총괄·조정할 수 있는 제도적 기반을 마련했다는 점과 AI 정책실 신설을 통해 국가 AI 혁신을 주도할 동력을 확보했다는 점에서 의의가 있다. 다만, 실질적으로 부총리급 위상에 걸맞는 연구개발 예산 심의 및 총괄·조정 권한 부여 여부, 대통령 소속 국가AI전략위원회의 총괄·조정 기능과의 관계 설정 등의 과제가 남아 있다. 특히, 총괄·조정 기능의 비대화에 따른 문제를 유의해야 한다. AI 관련해서 보면 부총리로서 과기정통부, 부처 조정 기구로서 국무총리실, 최상위 조정 기구로서 대통령실, 여기에다 대통령 소속 국가AI전략위원회까지 중첩적으로 구성되어 있다. 역할과 한계를 명확히 하지 않으면 옥상옥의 비효율이 예상된다.

이번 거버넌스 개편의 또 다른 특징 중 하나는 양 부처 모두 진흥 기능과 규제 기능이 통합되었다는 것이다. 방미통위는 기존의 미디어 규제 기능에 과기정통부의 미디어 진흥 기능이 통합되었고, 과기정통부는 AI 진흥 기능과 동시에 AI 기본법상 규제 기능을 통합적으로 수행한다. 문제는 진흥보다는 규제가 우위를 차지하는 행정조직의 관성 때문에 진흥 정책에 차질이 빚어질 가능성이 있다는 것이다. 이런 점들을 유의하면서 새 거버넌스가 AI 3대 강국 도약, 미디어 규제의 독립성과 전문성 확보라는 목표를 차질 없이 수행하기 바란다.

29 진정한 규제혁신의 방향

이재명 정부도 역대 정부와 같이 규제개혁에 시동을 걸었다. 대통령은 2025년 9월 25일 제1차, 10월 11일 제2차 핵심 규제 합리화 전략회의를 연달아 주재했다. 1차 회의에서는 "거미줄처럼 얽혀 있는 규제를 확 걷어내자는 게 이번 정부의 목표"라고 강조하고, 정부는 AI 학습 관련 저작권 데이터 활용을 확대하고 공공데이터를 적극 개방하는 한편, 자율주행차·이동형 로봇 등의 자율주행 기술 개발에 필요한 원본 데이터도 활용할 수 있도록 법을 개정하기로 했다. 2차 회의에서는 바이오, 재생에너지·순환경제, K-컬처 등 신산업 분야의 과감한 규제 합리화를 추진하기로 했다. 우리 미래를 책임질 신산업 성장을 가로막는 핵심 규제 혁파에 대해 대통령이 의지를 보인 만큼 어느 때보다 기대가 크다.

다만 규제개혁이 실질적 성과를 내기 위해서는, 역대 정부의 노력에 불구하고 기업이 체감하는 규제 완화가 미흡한 이유가 무엇인지 또한 미국 등 주요국에 비해 한국의 규제가 왜 강한지에 대한 분석이 필요하다. 첫째 이유는 이익집단의 반발과 사회적 가치 훼손에 대한 시민들의 우려이다. 신산업에 대한 규제 완화는 구산업의 이해관계를 침해하기 때문에 저항이 따른다. 모빌리티, 원격의료, 리걸테크가 대표적이다. 또한 규제 완화로 인해 사회적 안전이나 환경, 개인정보 침해 같은 우려가 제기되면 반대 여론이 높아진다. 특히, 규제 완화가 곧 기업 편들기라는 프레임이 작용하면 규제 완화가 더 어려워진다. 다음 규제개혁에 대한 공무원 저항이다. 규제는 부처 입장에서는 권한, 예산, 조직이다. 규제를 없애면 권한과 예산이 줄어드니 저항할 수밖에 없는 것이다. 또한 규제 완화로 인해 발생할 수 있는 사고 등에 대한 감사 책임도 규제 완화를 어렵게 한다.

한국이 유독 규제가 강한 이유는 한국이 성문법 중심으로 사전에 위험을 방지하는 촘촘한 규제를 시행하는 대륙법계인 것이 영향이 크다. 예측 가능성은 높으나 변화 대응 속도가 늦다. 반면 영미법계인 미국은 판례법 중심이어서 유연하고 혁신 친화적이다. 일단 허용하고 문제가 발생하면 사후 책임을 추궁한다. 경제에서도 한국은 정부 주도의 압축 성장 모델을 택하면서 규제를 통해 시장에 깊숙이 개입하는 관행이 남아 있다. 미국은 시장 개입을 최소화하는 시장 경제를 강조해왔으며, 규제는 반독점, 환경, 소비자 보호 등 필수 영역에 집중된다.

진정한 규제혁신을 위해서는 새로운 접근이 필요하다. 기존 규제를 축소하는 것과 규제 신설을 제어하는 두 방향이다. 정부는 2019년부터 규제를 담당하는 부처가 해당 규제를 계속 유지해야 하는 이유와 합리성을 입증하지 못할 경우 해당 규제는 폐지되거나 개선되도록 하는 규제입증 책임제를 시행하고 있으나, 이 역시 별 효과가 없다. 이제 규제개혁, 규제 합리화가 아닌 규제통합, 규제폐지를 목표로 하되, 그 기준은 법률 단위로 해야 한다. 중복, 유사한 법을 통합하고 규범력이 없는 법률은 폐지하는 것이다. 부처는 법률의 통합과 폐지에 대한 구체적 목표를 설정하고 실행해야 한다. 이로 인한 잉여 인력은 필요한 곳으로 재배치한다. 또 다른 기준은 미국 등의 글로벌 스탠다드이다. 이와 다른 규제는 한국 특유의 필요성이 입증되지 않는 한 폐지를 검토해야 한다.

규제를 신설하는 주된 이유는 위험을 야기한 기업의 책임을 강화할 필요가 있다는 국회와 여론의 질타 때문이다. 다만, 필요성이 인정되더라도 과도한 규제가 되지 않도록 해야 하며, 이 경우에도 글로벌 스탠다드를 고려해야 한다. 특히 규제 과다의 주요인인 국회 입법에 대한 규제심사를 시급히 도입해야 하며, 대부분 서면 회의로 이루어지고 있는 형식적인 부처 자체 규제심사도 개선해야 한다. 끝으로 이해관계자, 공무원, 시민이라는 삼중의 규제장벽을 넘어설 수 있는 것은 규제혁신에 대한 대통령의 강력한 의지뿐이라는 점을 유의해야 할 것이다.

게재지

I 인공지능의 발전과 규제

1 AI 시대 인간에게 던져야 할 질문들 「고대투데이」 2025.02.03.

2 AI도 권리주체가 될 수 있을까 「조선비즈」 2021.08.12. 〈Tech & Law〉

3 인공지능 발명에 대한 권리문제의 대안으로서 사용자주의 도입 「조선비즈」 2022.06.02. 〈Tech & Law〉

4 인공지능 영향평가 어떻게 해야 하나 「뉴스1」 2022.10.21. 〈IT프리즘〉

5 생성형 AI에 대한 규제 필요한가 「뉴스1」 2023.04.13. 〈IT프리즘〉

6 생성형 AI에서 데이터 이용의 과제 「전자신문」 2023.05.11. 〈ET 시론〉

7 생성형 AI로 인한 법률 시장의 변화 「영남일보」 2023.06.16. 〈광장에서〉

8 AI 규제 어디로 가야 하나 「뉴스1」 2023.06.28. 〈IT프리즘〉

9 생성형 AI로 인한 경쟁의 변화 「영남일보」 2023.07.14. 〈광장에서〉

10 생성형 AI와 사이버보안 「뉴스1」 2023.07.26. 〈IT프리즘〉

11 생성형 AI와 글로벌 프라이버시 보호 규제 「조선비즈」 2023.07.30. 〈Tech & Law〉

12 주요 국가의 AI 규제의 차이점과 시사점 「조선비즈」 2023.08.31. 〈Tech & Law〉

13 불붙은 인공지능 규제 경쟁 「영남일보」 2023.11.10. 〈광장에서〉

14 혁신과 규제의 갈림길에 선 챗GPT 「서울경제」 2023.12.04. 〈시론〉

15 국내 최초 본격 AI 규제인 "자동화 결정 대응권" 「조선비즈」 2024.03.05. 〈Tech & Law〉

16 AI는 법률상담을 할 수 있을까 「뉴스1」 2024.04.29. 〈IT프리즘〉

17 AI산업 근간 뒤흔드는 데이터법 운용
「서울경제」 2024.05.18. 〈이성엽의 테크프론티어〉

18 AI 버블 논쟁의 시시비비 「세계일보」 2024.08.06. 〈오늘의 시선〉

19 워터마크와 AI 생성 허위정보 규제 「뉴스1」 2024.02.26. 〈IT프리즘〉.

20 딥페이크 성범죄 문제, 기술 보완 넘어 디지털 윤리 교육 필수
「이코노미조선」 2024.09.09. 〈Tech & Law〉

21 소버린 AI 전략 가능할까 「서울경제」 2024.09.07. 〈이성엽의 테크프론티어〉

22 AI, 디지털 교과서 논란과 과제 「뉴스1」 2024.09.19. 〈IT프리즘〉

23 EU 인공지능법의 브뤼셀 효과 「머니투데이」 2024.10.15. 〈투데이 창〉

24 국가 핵심 자산으로 부상하는 AI
「서울경제」 2024.11.02. 〈이성엽의 테크프론티어〉

25 인공지능 기본법의 분석과 평가 「법률신문」 2025.02.08. 〈연구논단〉

26 인공지능 세 번의 충격과 한국의 현주소 「뉴스1」 2025.02.19. 〈IT프리즘〉

27 인공지능 거버넌스 정비 시급하다 「머니투데이」 2024.06.13. 〈투데이 창〉

28 규제에서 진흥으로 바뀌는 EU의 AI 정책
「서울경제」 2025.02.21. 〈이성엽의 테크프론티어〉

29 생성형 AI에서 이용자 보호와 책임 「머니투데이」 2025.03.13. 〈투데이 창〉

30 신정부의 AI 전략 방향 「머니투데이」 2025.06.13. 〈투데이 창〉

31 미·중 AI 경쟁 양상과 한국의 위상
「서울경제」 2025. 06.14. 〈이성엽의 테크프론티어〉

32 미중 패권전쟁과 AI 주권 확보 「서울경제」 2025.08.08. 〈이성엽의 테크프론티어〉

33 인공지능(AI)과 개인정보보호 규제의 정합성
「머니투데이」 2025.08.14. 〈투데이 창〉

34 트럼프 2기 정부 출범에 따른 디지털 정책의 변화와 대응
「전자신문」 2024.12.19. 〈ET시론〉

35 AI 기본법 시행 유예와 재검토 필요하다 「전자신문」 2025.06.24. 〈ET단상〉

36 AI 만난 리걸테크의 미래 「서울경제」 2024.07.13. 〈이성엽의 테크프론티어〉

37 'CES 2025'에서 본 인공지능의 미래 「머니투데이」 2025.01.14. 〈투데이 창〉

38 AI 시대 빛과 그림자, 대응방안은 「고대신문」 2025.09.08.

39 AI 도입에 따른 일자리 전망 「뉴스1」 2025.10.27. 〈IT프리즘〉

40 EU의 AI 규제완화 추진과 시사점 「뉴스1」 2025.11.25. 〈IT프리즘〉

II 데이터, 개인정보의 활용과 보호

1 공개된 개인정보를 영리목적으로 동의 없이 사용할 수 있을까
「조선비즈」 2021.10.12. 〈Tech & Law〉

2 불법 유통 영화·드라마 링크 공유는 저작권 침해일까
「조선비즈」 2021.12.06. 〈Tech & Law〉

3 디지털 플랫폼 정부와 마이데이터 22.4 「아시아경제」 2022.04.20. 〈논단〉

4 '규제에 발 묶인' 금융 마이데이터 서비스 22.5
「한국경제」 2022.05.29. 〈이성엽의 기술법정책〉

5 전 분야 마이데이터 성공적 추진을 위한 제언 「전자신문」 2023.11.22. 〈ET시론〉

6 가입자 1억 명 넘은 마이데이터의 명암 24.3 「뉴스1」 2024.03.25. 〈IT프리즘〉

7 마이데이터 시행 3년, 한계와 미래 과제는 24
「이코노미조선 560호」 2024.10.14. 〈Tech & Law〉

8 의료, 통신으로 확대되는 마이데이터 25.4 「전자신문」 2025.04.13. 〈ET시론〉

9 데이터기본법의 주요 내용의 분석과 평가 「법률신문」 2021.12.23. 〈연구논단〉

10 데이터기본법과 산업디지털법 「전자신문」 2022.01.20. 〈ET시론〉

11 위험에 처한 통신 비밀의 보호 「뉴스1」 2022.10.31. 〈IT프리즘〉

12 진료기록은 의사와 환자 중 누구의 소유일까
「조선비즈」 2022.03.02. 〈Tech & Law〉

13 디지털 대전환 시대, 新개인정보정책 패러다임
「뉴스1」 2022.10.31. 〈이성엽의 IT프리즘〉

14 디지털 플랫폼 정부 시대…개인정보의 활용
「뉴스1」 2022.10.31. 〈이성엽의 IT프리즘〉

15 데이터 크롤링과 데이터의 접근, 공유 「조선비즈」 2022.08.18. 〈Tech & Law〉

16 비밀녹음 허용되어야 하나 「영남일보」 2022.08.31. 〈영남시론〉

17 온라인 맞춤형 광고의 명암 「영남일보」 2022.09.28. 〈영남시론〉

18 개인정보 유상판매 정당한가 「머니투데이」 2022.10.19. 〈투데이 창〉

19 데이터 규제혁신의 과제 「전자신문」 2022.9.29. 〈ET시론〉

20 안면인식과 개인정보보호 「조선비즈」 2023.01.06. 〈Tech & Law〉

21 가명처리를 사전에 정지할 권리가 있을까
「조선비즈」 2023.02.13. 〈Tech & Law〉

22 챗GPT와 개인정보보호법 「조선비즈」 2023.03.08. 〈Tech & Law〉

23 초거대 AI 시대 '개인정보법제'의 역할 「머니투데이」 2023.03.17. 〈투데이 창〉

24 아동·청소년의 온라인 흔적 지우개 사업 「영남일보」 2023.05.19. 〈광장에서〉

25 아동의 위치정보의 자기 결정권 「영남일보」 2023.08.11. 〈광장에서〉

26 데이터의 집중과 공유·개방의 과제 「조선비즈」 2023.10.13. 〈Tech & Law〉

27 탈세계화 시대와 데이터 주권 전쟁
「서울경제」 2024.03.23. 〈이싱엽의 테크프론티어〉

28 금융데이터 규제혁신 서둘러야 「머니투데이」 2023.05.18. 〈투데이 창〉

29 CCTV의 확산과 프라이버시 보호 「뉴스1」 2023.10.25. 〈IT프리즘〉

30 개인정보의 법리에 대한 오해와 진실 「뉴스1」 2024.08.26. 〈IT프리즘〉

31 소비자 간 온라인 거래, 개인정보보호 대책 필요 「동아일보」 2024.12.04.

32 평판 조회의 법적 이슈와 과제 「뉴스1」 2025.03.26. 〈IT프리즘〉

33 개인정보 유출 방지를 위한 개인정보보호 체계의 개선 방향
「캠코웹진」 2025.8월호

34 데이터 계약의 유형 「법률신문」 2023.02.15. 〈연구논단〉

35 AI 시대 개인정보희 활용과 보호 「머니투데이」 2025.04.11. 〈투데이 창〉

36 'AI 3대 강국' 가려면 데이터 규제 정비해야 「중앙일보」 2025.08.13.

37 AI 등 신기술과 프라이버시 보호 방향 「전자신문」 2025.08.24. 〈ET시론〉

III 플랫폼 경쟁과 규제

1 미국의 플랫폼 반독점 패키지법, 혁신과 선택을 위해 플랫폼 독점을 규제한다.
「월간통상」 2021.10월호

2 미국과 중국의 플랫폼 규제 동향과 시사점 「뉴스1」 2021.10.10. 〈IT프리즘〉

3 플랫폼 노동의 명암 「영남일보」 2021.12.15. 〈영남시론〉

4 인앱결제강제방지법 논란과 시사점 「조선비즈」 2022.04.01. 〈Tech & Law〉

5 플랫폼 규제, 한국이 EU와 달라야 하는 이유 「이데일리」 2022.05.17. 〈목멱칼럼〉

6 플랫폼 기업과 핀셋 규제 「서울경제」 2021.09.15. 〈시론〉

7 망 이용료 갈등, 세계가 지켜본다 「아시아경제」 2022.05.11. 〈논단〉

8 넷플릭스, '망 이용대가 소송' 1심 패소의 의미 「KISO저널」 2021.08.23.

9 디지털 플랫폼 자율규제 설계의 방향 「전자신문」 2022.07.21. 〈ET시론〉

10 택시대란의 교훈...갈등 관리 없이는 혁신도 없다
「이데일리」 2022.08.09. 〈목멱칼럼〉

11 카카오 대란, 플랫폼 규제 빌미 돼선 안된다 「이데일리」 2022.11.01. 〈목멱칼럼〉

12 배달 플랫폼 자율규제와 법적 규제 「뉴스1」 2023.03.14. 〈IT프리즘〉

13 불법 콘텐츠와 플랫폼의 책임 「조선비즈」 2023.05.08. 〈Tech & Law〉

14 타다 무죄의 교훈 「조선비즈」 2023.06.08. 〈Tech & Law〉

15 위기 맞는 한국의 플랫폼 산업 「머니투데이」 2023.11.03. 〈투데이 창〉

16 뒷걸음치는 한국의 혁신 플랫폼 「머니투데이」 2023.10.17. 〈투데이 창〉

17 EU의 디지털서비스법(EU Digital Service Act)의 시사점
「법무부 전문가칼럼」 2024.01.26.

18 메타의 접속경로 변경 소송 판결 확정의 내용과 시사점
「조선비즈」 2024.01.22. 〈Tech & Law〉

19 오프라인에서 불법은 온라인에서도 불법이다
「서울경제」 2024.01.12. 〈이성엽의 테크프론티어〉

20 유해 콘텐츠 온상 빅테크 플랫폼, 법 적용 실효성 높여야
「이코노미조선」 2024.11.11.

21 국가 플랫폼 자본주의 시대의 도래- 글로벌 빅테크, 권역화 시대에 진입하다
「Chief Executive」 2024.12월호 〈국제사회 톺아보기〉

22 플랫폼과 국가 간 관계의 현재와 미래 「머니투데이」 2025.05.14. 〈투데이 창〉

23 글로벌 미디어 빅테크의 진격과 규제형평성 「뉴스1」 2024.10.28. 〈IT프리즘〉

24 유튜브 규제 어디까지 가능할까 「관훈저널」 2025.3월호

25 글로벌 빅테크가 장악한 한국의 디지털 서비스 미래
「뉴스1」 2025.04.28. 〈이성엽의 IT프리즘〉

26 디지털세의 도입과 우리의 준비 「영남일보」 2021.11.17. 〈영남시론〉

IV 디지털 신산업의 발전

1 데이터와 AI 인프라로서 클라우드컴퓨팅 「뉴스1」 2021.11.19. 〈IT프리즘〉

2 디지털 전환의 핵심 기술, 디지털 트윈 「영남일보」 2021.11.19. 〈영남시론〉

3 판결문 공개와 리컬테크(legal tech) 「뉴스1」 2021.08.05. 〈IT프리즘〉

4 "아는 변호사 없다" 62%인데…선진형 리걸테크, 규제로 막나 「중앙일보」 2022.04.26. 〈Law談〉

5 디지털 법률플랫폼과 변호사의 업무 「뉴스1」 2022.10.31. 〈IT프리즘〉

6 흔들리는 리걸테크, 혁신 싹 밟는 '제2 타다' 안된다 「동아일보」 2024.11.01. 〈동아시론〉

7 스타트업 성장을 위해 자금, 인력, 규제 애로 해소해야 「머니투데이」 2022.01.17. 〈유니콘팩토리〉

8 스타트업을 위한 규제 차등화 「머니투데이」 2022.04.18. 〈유니콘팩토리〉

9 스타트업의 성장을 위한 세심한 규제의 필요성 「머니투데이」 2021.10.18. 〈유니콘팩토리〉

10 플랫폼 스타트업 압박하는 전문자격사 「머니투데이」 2021.07.05. 〈유니콘팩토리〉

11 블록체인, 메타버스, NFT가 열어가는 신세계 「영남일보」 2022.02.16. 〈영남시론〉

12 NFT의 도전과 과제 「영남일보」 2022.12.21. 〈영남시론〉

13 한국 가상자산시장의 특성과 과제 「아시아경제」 2022.03.23. 〈논단〉

14 가상자산 시장에 대한 규제방향 「머니투데이」 2022.12.21. 〈투데이 창〉

15 새 역사 여는 한국의 디지털 금융 「뉴스1」 2021.01.14. 〈IT프리즘〉

16 디지털 금융과 금산분리 제도 「전자신문」 2022.12.08. 〈ET 시론〉

17 가상인간 유감 「영남일보」 2022.05.11. 〈영남시론〉

18 비대면 진료, 합의 가능한 수준부터 시작하자 「아시아경제」 2022.06.15. 〈논단〉

19 모빌리티 혁신과 택시 대란 「아시아경제」 2022.07.19. 〈발언대〉

20 메타버스는 게임인가 「머니투데이」 2022.11.22. 〈투데이 창〉

21 트래블테크(travel tech) 국가 전략산업으로 육성해야
「전자신문」 2023.09.21. 〈ET시론〉

V 통신미디어 산업의 발전

1 쏟아지는 OTT와 소비자 보호 「영남일보」 2021.10.20. 〈영남시론〉

2 OTT에 대한 최소 규제와 최대 진흥 「아시아경제」 2021.10.21. 〈시시비비〉

3 OTT 콘텐츠 독점과 소비자 선택권 「뉴스1」 2022.09.16. 〈IT프리즘〉

4 기로에 선 방송미디어 산업, 규제혁신이 답이다
「전자신문」 2023.07.13. 〈ET시론〉

5 넷플릭스 등과의 콘텐츠 경쟁 위해, 낡은 방송 규제 손볼 때다
「동아일보」 2022.05.03. 〈동아시론〉

6 닻 올린 미디어·콘텐츠 산업 진흥과 규제 혁신
「전자신문」 2024.03.28. 〈ET시론〉

7 대기업의 미디어 산업 소유규제 완화해야 「뉴스1」 2024.11.27. 〈IT프리즘〉

8 콘텐츠란 무엇이며 이에 대해서는 어떤 규제가 있을까
「조선비즈」 2022.11.28. 〈Tech & Law〉

9 콘텐츠 이용료 인상의 딜레마 「아시아경제」 2021.09.23. 〈시시비비〉

10 미디어, 콘텐츠 산업이 한국의 미래다 「영남일보」 2023.04.21. 〈광장에서〉

11 패스트(FAST)의 가능성 「뉴스1」 2023.09.25. 〈IT프리즘〉

12 통신망 가치의 재조명 「뉴스1」 2021.11.09. 〈IT프리즘〉

13 5G 주파수의 법과 정책의 함의 「조선비즈」 2022.07.06. 〈Tech & Law〉

14 디지털 대전환과 통신사업 규제개편 「뉴스1」 2023.02.22. 〈IT프리즘〉

15 지속가능한 알뜰폰 서비스를 위한 과제
「뉴스1」 2022.04.28. 〈이성엽의 IT프리즘〉

16 고가단말기로 인한 소비자의 통신비 부담 「영남일보」 2023.02.24. 〈광장에서〉

17 저궤도 위성을 이용한 통신서비스의 미래 「뉴스1」 2023.08.21. 〈IT프리즘〉

18 6G 통신의 미래상 「뉴스1」 2023.11.30. 〈IT프리즘〉

19 단말기 유통법 폐지의 전망과 과제 「뉴스1」 2024.01.29. 〈IT프리즘〉

20 단통법 폐지 이후의 통신시장의 전망과 과제 「뉴스1」 2025.07.28. 〈IT프리즘〉

21 위기의 통신정책이 가야 할 길 「전자신문」 2024.06.27. 〈ET시론〉

22 제4이통 취소, 미래 통신정책 재점검 계기 삼아야 「동아일보」 2024.06.27. 〈시론〉

Ⅵ 디지털 이용자 보호와 권리 보장

1 다크패턴과 소비자 보호 「영남일보」 2023.01.27. 〈광장에서〉

2 가짜뉴스와 표현의 자유 「영남일보」 2023.03.24. 〈광장에서〉

3 혐오 표현으로서 악성 댓글과 모욕죄 「조선비즈」 2023.04.05. 〈Tech & Law〉

4 댓글 실명제 필요할까 「조선비즈」 2023.11.20. 〈Tech & Law〉

5 악성 매크로 프로그램 규제해야 「머니투데이」 2023.04.18. 〈투데이 창〉

6 디지털 심화 시대의 이정표, 디지털 권리장전 「영남일보」 2023.10.13. 〈광장에서〉

7 디지털 사회의 그늘, 불법 스팸 등으로 안전할 자유 「뉴스1」 2024.06.25. 〈IT프리즘〉

8 디지털 신질서와 디지털 권리장전 논의의 고려사항 「뉴스1」 2023.05.30. 〈IT프리즘〉

9 디지털 시대 3대 신유형 권리 「전자신문」 2024.09.26. 〈ET시론〉

10 망자(忘者)의 인터넷 포털 계정은 상속이 될까 「조선비즈」 2022.01.27. 〈Tech & Law〉

11 연결되지 않을 권리가 보장되어야 할까 「조선비즈」 2022.09.26. 〈Tech & Law〉

12 계엄과 디지털 피난 「머니투데이」 2024.12.12. 〈투데이 창〉

Ⅶ 정보보안 규제

1 경제안보와 사이버안보법제의 과제 「뉴스1」 2022.02.24. 〈IT프리즘〉

2 정보통신망의 안전성을 확보하기 위한 법규제
「조선비즈」 2022.10.25. 〈Tech & Law〉

3 SBOM과 소프트웨어 공급망 보안 「뉴스1」 2022.11.22. 〈IT프리즘〉

4 이태원 참사와 디지털 기술 「영남일보」 2022.11.23. 〈영남시론〉

5 클라우드 서비스 보안인증제(CSAP) 개편 필요한가
「뉴스1」 2022.12.29. 〈IT프리즘〉

6 인증제도를 이용한 해외직구 규제 「뉴스1」 2024.05.27. 〈IT프리즘〉

7 MS 발 글로벌 클라우드 대란의 교훈 「뉴스1」 2024.07.28. 〈IT프리즘〉

8 정보통신망 침해와 통신비밀의 보호 「뉴스1」 2025.05.28. 〈IT프리즘〉

9 해킹과 정보 유출 무방비 상태인 한국의 민낯 「뉴스1」 2025.09.26. 〈IT프리즘〉

Ⅷ AI, ICT 거버넌스와 균형국가

1 행정을 압도하는 정치, 정치를 대신하는 법치(法治)
「영남일보」 2021.08.18. 〈영남시론〉

2 정부와 공공기관 사이 「아시아경제」 2021.08.26. 〈시시비비〉

3 자율규제, 정부규제 그리고 공동규제 「아시아경제」 2021.11.18. 〈시시비비〉

4 정치적 갈등 해소를 통한 국민통합의 방향 「영남일보」 2022.03.16. 〈영남시론〉

5 정부 조직개편, 정책 실행력 높이는데 집중해야
「이데일리」 2022.04.04. 〈목멱칼럼〉

6 책임총리와 책임장관의 조건 「영남일보」 2022.04.13. 〈영남시론〉

7 새 정부의 인사원칙 「영남일보」 2022.06.08. 〈영남시론〉

8 기관장 임기의 법치주의와 민주주의 「영남일보」 2022.08.03. 〈영남시론〉

9 AI를 법치주의에 적용하려면 「이데일리」 2022.12.14. 〈목멱칼럼〉

10 AI 시대, 민주주의의 위기 「머니투데이」 2024.07.11. 〈투데이 창〉

11 MZ세대 관료들의 퇴직 러시 어떻게 볼 것인가
「머니투데이」 2023.01.19. 〈투데이 창〉

12 공직자에게 책임을 묻는 방법 「머니투데이」 2023.08.11. 〈투데이 창〉

13 사법에 의존하지 않는 적극행정 펼쳐야 「머니투데이」 2024.02.14. 〈투데이 창〉

14 경쟁당국의 과유불급 「머니투데이」 2024.03.14. 〈투데이 창〉

15 AI 시대, 법학의 위기 「머니투데이」 2024.09.12. 〈투데이 창〉

16 신정부의 바람직한 AI, 데이터, 미디어 거버넌스 방향
「뉴스1」 2025.06.29. 〈IT프리즘〉

17 수명 다한 방통위 모델, 구조개혁 미룰 수 없다
「동아일보」 2024.08.22. 〈오늘과 내일〉

18 과학기술정보방송통신에서 공영방송 분리하자
「머니투데이」 2024.08.13. 〈투데이 창〉

19 실 많은 진흥·규제 분리 다시 통합해야…효율적 업무 수행 위해 '독임제' 바람직
「서울신문」 2022.01.20.

20 편면적인 민간과 공직 간 인사 교류 개선해야
「머니투데이」 2025.07.10. 〈투데이 창〉

21 국가경쟁력 제고, 이건 바꾸자 「헌정」 2025.08. 〈헌정〉

22 능력주의와 공정성의 역설 「고대신문」 2021.10.10. 〈탁류세평〉

23 국가에 의한 차별과 민간에 의한 차별 「영남일보」 2022.01.12. 〈영남시론〉

24 디지털 대전환기 대학이 가야 할 길 「이데일리」 2022.07.12. 〈목멱칼럼〉

25 혁신·지역성 균형 있게 고려한 규제자유특구 돼야
「머니투데이」 2022.08.11. 〈투데이 창〉

26 정보통신 분야 과징금의 본질 「뉴스1」 2025.08.26. 〈IT프리즘〉

27 M&A 과정에서 이용자 보호 「머니투데이」 2025.09.11. 〈투데이 창〉

28 미디어·AI 거버넌스 개편 "기대 반 우려 반"
「서울경제」 2025.10.11. 〈이성엽의 테크프론티어〉

29 진정한 규제혁신의 방향 「머니투데이」 2025.11.13. 〈투데이 창〉

저자 약력

이성엽

고려대학교 기술경영전문대학원 교수

고려대학교 법학과, 서울대학교 행정대학원, 미네소타대학교 로스쿨을 거쳐 서울대학교 법학박사를 취득했으며 하버드대학교 로스쿨 방문학자를 거쳤다. 제35회 행정고시에 합격 후 정보통신부 서기관, 김·장 법률사무소 변호사(뉴욕주)를 거쳐 고려대학교 교수로 재직 중이며, 기술법정책센터장과 데이터, AI법센터 대표를 겸하고 있다. 행정규제법 및 ICT법정책을 연구하고 있으며, (사) 한국정보통신법학회 회장, (사) 한국데이터, 인공지능법정책학회 명예 회장, (사) 한국공법학회 부회장, (사) 한국방송학회 부회장, 국무총리 규제자유특구위원회 위원, 국무총리 국가데이터정책위원회 위원, 개인정보보호위원회 규제심사위원장으로 활동하고 있다.

인공지능 대전환(AX)과 법

초판발행 2026년 1월 5일

지은이 이성엽
펴낸이 안종만·안상준

편 집 최유라
기획/마케팅 김한유
표지디자인 BEN STORY
제 작 고철민·김원표

펴낸곳 (주) 박영사
서울특별시 금천구 가산디지털2로 53, 210호(가산동, 한라시그마밸리)
등록 1959.3.11. 제300-1959-1호(倫)
전 화 02)733-6771
f a x 02)736-4818
e-mail pys@pybook.co.kr
homepage www.pybook.co.kr
ISBN 979-11-303-9905-8 93360

정 가 35,000원